TABLEAV
DE L'INCONSTANCE
DES MAVVAIS ANGES
ET DEMONS,

OV IL EST AMPLEMENT TRAI-
cté des Sorciers & de la Sorcelerie.

LIVRE TRES-VTILE ET NECES-
saire, non seulement aux Iuges, mais à tous ceux
qui viuent soubs les loix Chrestiennes.

AVEC

Vn Discours contenant la Procedure faicte par les Inquisiteurs d'Espagne
& de Nauarre, à 53. Magiciens, Apostats, Iuifs, & Sorciers, en la ville
de Logrogne en Castille, le 9. Nouembre 1610. En laquelle on voit, com-
bien l'exercice de la Iustice en France, est plus iuridiquement traicté, &
auec de plus belles formes qu'en tous autres Empires, Royaumes, Republi-
ques & Estats.

PAR PIERRE DE LANCRE Conseiller du Roy au
Parlement de Bordeaux.

Maleficos non patieris viuere.   Exod. 22.

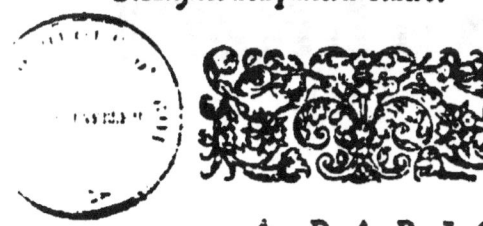

A PARIS,

Chez IEAN BERJON, rue S. Iean de Beauuais, au Cheual
volant, & en sa boutique au Palais à la
gallerie des prisonniers.

―――――――――

M. DC. XII.
AVEC PRIVILEGE DV ROY.

A MONSEIGNEVR
DE SILLERY CHAN-
cclier de France.

MONSEIGNEVR,
Ce grand Africain se moquant *Tertul. in Apologeti.*
des Philosophes, qui estimoient les
Demons estre vrais Dieux, auoit
raison de blasmer leur mauuaise
creance, & la foiblesse de leur iugement. En voicy son exemple. Apollon declara
Socrates le plus sage des mortels: & en recompense Socrates sacrifia au Dieu Æsculape fils d'A-
pollon. Voyez leur inconstance:(dict-il) Apollon
rendoit tesmoignage de supresme sagesse en faueur
de Socrates, & en reuenche Socrates sacrifioit à
Æsculape: par ce moyen vn Dieu honoroit vn
homme mortel, & vn homme mortel, qui denioit
tout à faict les Dieux, sacrifioit neantmoins a vn
faux Dieu. O inconsideré Apollon! O volage Socrates! tu denie les Dieux & neantmoins tu leur
sacrifie parce qu'ils t'estiment sage. Il ne s'en faut
estonner, (adiouste ce Pere ancien) car nomen

á ij

hoc philosophorum Dæmonia non fugat. Ains la plus part de ces Philosophes mauuais Chrestiens ont plus d'inclination que les gens simples à l'humeur de Socrates, lequel ne faisoit rien nisi per Demonium liceret. Si Tertullien estoit de ce siecle, ie croy qu'il estimeroit tous ces Iuges, desquels la mescreance engendre l'impunité des Sorciers, & l'impunité la multiplicité, vrays Philosophes en sa façon, & blasmant leur foiblesse, s'escrieroit fort à propos, de ce que plusieurs sortes de gens releuez en dignité, & sages en apparence Demonia non fugant. Qu'il se trouue beaucoup de Iuges, lesquels denians de la seule bouche les effects des Demons & Sorciers, semblent en quelque façon, du cœur sacrifier aux Demons, en tant qu'ils ne veulent en euiter ny blasmer le commerce, & moins encore en punir les suppos. Or ce que nous auons veu leur faisant le procez, m'a tous à faict destourné de leur aduis. Et pour temoigner combien vne bonne ame Chrestienne s'en doibt esloigner, ie vous diray, Monseigneur, que i'ay cydeuant representé à la France l'inconstance des hommes, & ay mis en comparaison toutes les nations, pour sçauoir quelle estoit plus ou moins inconstante. Mais maintenant ie vous represente des choses de beaucoup plus haute leuee & consideration, qui est l'inconstance des mauuais Anges & Demons. Les hommes volages estoient malaisez à cognoistre, se cachans parmy la variation & diuersité de leurs actions: mais les mauuais Anges & Demons le sont beaucoup d'auantage, ne marchans qu'en tenebres. Et d'ailleurs estans creatures spirituelles & non corporelles: ce sont les plus puissans ennemis non seulement des hommes, ains de Dieu mesme: lequel (supposé leur propre malice) pour sa plus grande gloire, semble s'estre choisy & voulu trouuer comme opposites de si couuerts, si rusez & si forts ennemis. Donc c'est icy vne procedure nouuelle contre Satan & les siens, qui sont principalement les Sorciers: vous en auez decerné la commission souueraine par le commandement de sa Majesté, & la nous auez donnee. Aussi estes-vous le premier & le souuerain chef de toutes les compagnies souueraines de ce Royaume, qui faictes mouuoir tous les ressorts de ce sacré horologe de la Iustice, & qui guidez en toute droicture le charriot du soleil de la France par tous les lieux de ses venerables Parlements. Le besoing qu'a ce Royaume de chasser tous les Magiciens, Deuins & Sorciers, paroist assez par les nouuelles inuentions & par les maux & malefices, que ces detestables enfans de Lucifer font esclorre tous les iours en iceluy. Ce grand personnage le sieur Du Vair, dont la probité, la suffisance en toutes choses, & particulierement l'excellence de la langue Françoise, tiendrõt à iamais la France comme en obligation, en a rencontré & descouuert puis peu de iours des traicts si rares & si inoüys, esclos par vn seul Magicien & sorcier, que tous les liures qui ont parlé du sortilege deuant luy, semblent n'auoir raporté que petites choses communes, dont les contes se promesnent dans la bouche du vulgaire. Mais il faut confesser à nostre grand regret, que ce Parlement de Guyenne en a veu des exemples si extraordinaires, si clairs, & en si grand nombre, que la nouueauté & la multiplicité ont si fort deterré les Iuges, qu'au lieu de les roydir à la punition, ils ont esté portez bien souuent au pardon. L'Arrest du Loup-garou prononcé en robe rouge, & le Loup-garou mesme, ayant esté laissé en vie à cause de sa grande ieunesse, & autres circonstances, nous en a plus aprins que tous ceux ausquels iu'qu'icy on a faict le procez és Parlements & autres compagnies souueraines. Le seul païs de Labourt qui n'est qu'vn recoing de la Guyenne, en fourniroit parauanture plus que tout le reste de la France: le nombre des Sorciers y estant si grand, que Satan y est demeuré maistre absolu: les Iuges ayans esté contraincts de quiter les accusez de Sortilege pour faire le procez aux tesmoins. Les Officiers de la Iustice se trouuent quasi foibles en ce lieu là, pour vn ennemy si subtil & si rusé, lequel bien souuent mesle des propres parens des Iuges pour les interesser, & leur clorre la bouche des l'entree. Et le mal s'est glissé si auant, qu'il est à craindre qu'il ne s'en prenne desormais à toute sorte de Iuges, lesquels comme ces anciens Philosophes, mesprisans & traictans nonchallamment cette abomination, veulent faire passer la seule estrangeté des crimes & malefices des Sorciers, pour impossibilité. C'est vn malins & pernicieux ennemy que Satan, qui a mis la guerre au ciel, la fraude au paradis, la tromperie en la terre, c'est vn lyon qui est tousiours aux aguets pour faire mourir l'innocent, quand il le peut surprendre à cachettes & à l'escart. Neantmoins auec tout cela, encore que le Diable se confiant par sa superbe à toutes ces qualitez, ne tasche particulierement qu'à couurir ses ruses, & comme insidiateur faire en sorte qu'on ne sçache ce qu'il traicte & manie auec ses suppos, (qui est la plus grande finesse qui soit en luy) si est-ce pourtant que la plus part des secrets du sortilege & des sabbats, quoy qu'il n'ait esté veu ny recognu cy deuant qu'a tastons & (comme on dict) à iour emprunté, est maintenant si bien esclaircy: que non seulement les doctes & les iudicieux en seront faicts capables, ains encor tous ces faux Philosophes & Iuges mecreans. Car nous l'auons si curieusement faict suiure en toutes ses assemblees nocturnes, par vne infinité de Sorcieres qui auoient quité le mestier, & d'enfans, lesquels comme espions affidez, assistoient à chaque Sabbat: que nous en auons sceu & decouuert iusques à la moindre circonstance. Si bien que depuis les plus obstinez n'en peuuent mes-huy plus douter sans encourir soupçon de malice, d'interest ou de consorce. Or estoit-il bien raisonnable, Monseigneur, puis que les inconstances esquelles ils font choir les mortels tous les iours, sont les plus dangereuses & les plus preiudiciables qui se puissent trouuer (veu qu'elles ne tendent qu'à nous deuoyer de nostre salut) que ie vous en rendisse compte. Outre que d'ailleurs la commission pour faire le procez aux Sorciers du païs de Labourt, Bayonne & païs circonuoisin, estant vne commission celebre, pour auoir esté decernee en toute souueraineté, doibt estre censee vn pur bienfaict donné fauorablement sans le requerir, qui merite vne particuliere recognoissance. Que s'il y a eu de la longueur & retardement à en mettre les procedures par estat, & en dresser le registre: ie vous puis dire pour toute excuse (en ayant beaucoup d'autres) que rendre compte des Demons, est chose aussi malaisee & de longue baleine, que si on se mettoit en debuoir de rendre compte des feüilles des Sybilles que le vent souloit esparpiller en mille lieux: ou des Oracles, qui ne consistoient qu'en

equi-

equiuoques, Amphibologies, Cauillations & responces à double entente. Tout mon contentement est Monseigneur, que moy qui suis le comptable, voyant combien la verité, la pieté & la pureté de la doctrine de l'Eglise Romaine reluisent en vous, suis tout à faict asseuré de vous trouuer aussi disposé à croire en ce subiect (chose en ce malheureux siecle assez rare) ce qui est des opinions fondées en bōnes raisons, naturelles Philosophiques, Theologiques & Chrestiennes, comme ie desire de tout mon cœur, sans que nul mauuais Demon m'en puisse onc deuoyer, que vous me croiez.

Monseigneur

Vostre tref-humble tref-obeyssant, & tres-obligé seruiteur,

P. DE LANCRE.

IO. SPAGNETI SVPREMI
AQVITANIÆ SENATVS EXPRÆSIDIS,
& Sacri Regis Christianissimi
Consistorij consiliarij,

TANCRATIVM SORTILEGORVM

QVÆ IN EXPEDITIONE
Cantabrica aduersus Sortilegos à P. Ancorano eiusdem Senatus consiliario, & eodem Spagneto lectis Duumuiris facta & eruta sunt ex veris nec fictè perstringens.

*Vper relicto Cantabrûm sinu, datis*
Partim fugæ, partim rogo,
Sagis, refixoque ostio Proserpinæ
Regni, ipsius peculium
Postquam auximus, turbæ vt Charontis cymbula
Impar scelestæ vix natet,
Fatalis vrnæ dum mouemus calculos,
Nigrumque Theta præuales.
Gaudebam ab hac prorsus redemptum me cruce,
Sat iam retectis Dæmonum
Versutijs: Laruas, Stryges decusseram.
Dulci paratus otio.
Quid, Ancorane mi, mihi mentem quatis.
Tuus hic liber? quò me rapit?
Vis barbaris nos denuò dare hospites?
Orcum mouere iterum cupis?

Agnosco me, heu! relapsum ad oram Cantabrûm,
  Blaterare enim illos audio,
Maris boatus intonat nunc auribus,
  Subest crepido hic Marmoris,
Montis superbum miror illic verticem
  Lunaris; inculta omnia:
Hic angulus verè Inferorum, Tartari
  Gibbus, solumque Dæmonum.
Obsessa nostri cerno limina hospitij,
  Hic clamor est rixantium.
Quis dicat agmina tristè conquerentium?
  Turbasue supplicantium?
Hic se sagina, at ille sacro puluere,
  Alter peruncto pollice,
Voce hic, susurro at ille, farre alter nigro,
  Mille & dolis incognitis,
Se quisque saucium exhibet, dum brachium huic,
  Aut alteri motat caput
Arcana vis subtùs furentis spiritus,
  Sisti haud valente turbine:
Huic crus, pedem illi, atque alteri genu aut femur
  Sic Dæmon occupat malus.
Sunt quæ caninam sustinent rabiem nurus,
  Sors omnium miserrima.
Quasi fulminis telo sacer sit quilibet:
  Erinnys urget singulos.
Mox stare iussa ad nos adest nocentium
  Obscura plebs, plebs horrida,
Transuersa figens ad medullas lumina.
  Succis recocta Colchicis.

Ex omnibus nobis anus quamplurimæ
  Subblandientes (Numinis
Virtute supremi remoto fascino
  Ex ore Iudicantium)
Suam efficacis explicant scientiæ
  Proteruiam, Phantasmata:
Raptori vt illæ equo, vt iubentur, insidens,
  Tauro, capróue fœtido,
Coruo, strygi, miluo, & figuram Dæmone
  Variante tranant aëra,
Raptúque miro barbaram Africæ plagam
  Statim aduolantes, refluunt,
Sæpè implicatæ carbasis Ponto rates
  Mergunt citato turbine.
Nocturna postmodum edocent & nos sacra,
  Nefas! inultæ vix queunt,
Audire vix tutum prophanis auribus,
  Nisi inuocato Numine.
Illæ vt profundo noctis in silentio,
  Suo monente Numine,
Suo mouente Numine, ac vnctæ, vt lubet,
  Pergunt inunctæ sæpiùs,
Prius sed excantato ad aurem coniuge,
  Raptísque secum liberis,
Pergunt, at euolant magis, quò dux rapit,
  Sistantur illæ dum loco.
Sacer est locus, pallens, profanis inuius,
  Mortem minantur omnia:
Hâc voluitur Cocytus, hâc Phlegethon, fluunt
  Stygiæ & Auernales vndæ.

ã ã iij

Errantia illic nigricante lumine
    Cernas per vmbram corpora,
Vidisse verius videre quam putes,
    Ita syderantur lumina
Mirére tantum confluentium Chaos,
    Quantum exprimant nec calculi,
Arena littoris, Poliue Sydera
    Donec tibi sint cognita:
Comitia fiunt hæc calata sub Dio,
    Mutantque sedes, vt Scytæ.
En aureæ cellæ Tyrannus insidens,
    Antistes vt grauißimus,
Vultu truci, vtroque emicante lumine
    Sitiente dudum sanguinem,
Huic ora nigro turpiter tabo madent,
    Hunc fronte Pana dixeris:
Ad Principem, nutante dextera, ruit
    Veneficarum ingens globus,
Et masculorum turba succedit minor,
    Cohors subest infantium:
Quàm multæ aues glomerantur ad sata, aut nouo
    Ad læta gramina sydere:
A singulis suo data Regi fide,
    Ad osculum his podex datur.
Mox turba, adorato prius sic Numine,
    (Illi Deum, scelus! vocant)
Effusa toto spargitur frequens loco,
    Sua singulos ars occupat.
Videre pancratium hic datur, mirum, genus
    Omne hic subest exercitij,

Sed præualent Quinquertia, vt primum ordinem
    Antiquiores vendicent
Anus, quibus peritiores aßident
    Nurus, seorsum dißitæ,
Certam paratas in necem herbas deligunt
    Tellure vectas Colchica,
Versisque bufonum exuuijs, miscent eas
    Aranearum pulueri,
Suamque Auerno condiunt pestem lacu,
    Dira imprecantes omnia:
Sic temperant suum nouercæ Toxicum
    Orco daturæ victimam:
Arcana nec fas est recludere omnia
    Hæc ferre non valentibus.
Classis secundæ sors subest foelicior,
    Præest Dea huic libidinum:
Omnes virentia incolunt Cupidinis
    Arua hæc soluti legibus,
Viri puellis, & puellæ masculis
    Miscentur absque iniuria:
Bacchantur omnes, nec soror fratrem fugit,
    Nec filium mater salax:
Omnes beati, nemo adulter, nulla sis,
    Ignota matrimonia:
Illinc inauspicata nomina exulant
    Domum & forum mouentia.
Suas habet Veneresque Pluto, sitque homo,
    Humanitus quo gaudeat.
At tertius succurrit ordo mysticas
    Illas sacerdotes habens,

Quæ pessumæ omnium, peruncta dexteras,
　Impuberes noctu inuolant,
Sui pedes ad Numinis voluunt, minis
　Tandem coactos deuouent,
Et Principis candenti inurunt stigmate,
　Eique fiunt mancipi:
Hos ad remotam graminis crepidinem
　Quartam in coronam conferunt,
Illicque bufonum gregi quiuis suo
　Custos datur, regredi nefas.
Corybantum at exultantium dementia
　Postremò eorum agitat pedes:
Hi voce, cymbalis, sonóque tympani,
　Et perforatis fistulis,
Fidibusque tensis stridulæ testudinis,
　Titubantia vrgent sydera;
Velut oculata terga sint, se in turbinem
　Dorso intuentur æmulo.
Præter furorem nil videre illic queas,
　Cerrita ceu Cereris Sacra.
Rite his peractis tunc datur quiescere,
　Labor remissus gratior:
Funduntur omnes ad sibi oblatas dapes,
　Laruata sunt hic omnia,
Fugiunt manus, fugiunt & ora fercula,
　Sedare orexim nec valent:
Illæ Dædaleæ sunt imagines; fluunt;
　Sisti aut capi non se sinunt.
Mensis remotis, vocibus nouissimis
　Disceditur, receditur.

At interim tota illa scena obscæna sit
    Lamijs, sigurisque horridis:
Quæ præpotentes arte sunt venefica,
    Morborum & artifices necis,
Quæ nempè Quæstori Orcio notæ magis,
    Thesaurum ob auctum Tartari,
In præmium vmbra his maximum decernitur,
    Fiant vt vmbræ dum velint.
Illic triformi gutture vlulantes canes,
    Isthic Chimeras prospicis.
Suas & vrbes, regnaque incolasque habet
    Pluto, vt putes sua omnia.
Europa quicquid, quicquid Africa possidet,
    Plagæque mundi cæteræ,
Mentita dantur omnia illic: somnia,
    An vera sint, vix asseras.
At, Ancorane mi, statim adsis, da mánum,
    Mihi proximus fias citò,
Proh! mentem Erinnys mí quatit, fio ipse iam,
    Ni fallor, vmbra, vox cadit,
En me Lycanthropi vagique Erebi canes
    Vidére, tutior fuga.
Cessit furor, iam mens redit, stringo tuum,
    Amice, amica opus manu,
Per te recens amicus hic mihi nascitur,
    Non illum amem, per quem alteram
Vitam beatus viuo? viuam illi & tibi,
    Nam fata nec nos diuident:
Sic Castorem communicatis sortibus
    Frater beatum reddidit,

At passus alternas vices Pollux tamen,
 Nullas vices tu senties:
Æterna præmium labori sit tuo
 Vita, & superstes sæculis.
Verùm beati quicquid vsquàm possidet
 Vterque nostrûm, id symbolum
Fauentis auræ, munerisque est illius
 Herois antiqui, Iouis
Qui dexteræ adhæret, peritèque intima
 Arcana voluit imperij,
Hic legibus, Iurique custos, & sacro
 Datus sigillo Principis
Nos in Duumviros legit, Cantabricam
 Purgare iussos hanc luem:
Fatorum enim vrnam dum mouet, prudens suam
 Cuique sortem promouet:
Hinc ocium nobis, ab illo legibus
 Robur datum regnum beat.

SONNET

dudict sieur d'Espaigner au sieur
de Lancre.

POur te monstrer constant a tretter l'Inconstance,
 Lancre, tu nous fais veoir les changements diuers
 Des bizarres Demons hostes de l'Vniuers,
Par ce second tableau que tu peins a la France:
Mais quoy? ne vois tu pas combien peu de Constance
 On te donra, voyant sur le bord des Enfers
 Les vmbres voltiger de ce peuple peruers,
Duquel tes iugements ont faict iuste vengeance.
Et maintenant tu fais par vn contraire sort,
 Que l'immortalité succede a cette mort,
 Ta plume leur donnant vne immortele vie:
Et pour vn second mal; tu feras naistre ainsi
 Mille & mille Sorciers des cendres de ceux cy,
 Qui pour reuiure auront de mesme mort enuie.

EXTRAICT DV PRIVILEGE.

PAR lettres Patentes du Roy donnees à Paris, le tresiesme May mil six cens douze, signees par le Roy en son Conseil, de Vabres: & seellees en cire iaune sur simple queuë, il est permis à IEAN BERJON & NICOLAS BVON, marchans libraires & Imprimeurs en ceste ville de Paris, imprimer ou faire imprimer par qui bon leur semblera vn liure intitulé, *LE TABLEAV DE L'INCONSTANCE des mauuais Anges & Demõs*, PAR PIERRE DE LANCRE *Conseiller du Roy au Parlement de Bordeaux*, pour le temps & terme de six ans entiers & cõsecutifs à commêcer du iour que ledit liure aura esté acheué d'imprimer, iusques audit temps de six ans. Estant semblablement fait deffences par les mesmes lettres, à tous Imprimeurs, marchans libraires & autres quelsconques, d'imprimer ou faire imprimer, vendre ou distribuer ledit liure durant ledit temps, sans l'expres consentement desdits BERJON & BVON, ou de ceux ausquels ils auront donné permission, sur peine de confiscation desdits liures la part qu'ils seront trouuez, & de cinq cents liures d'amende au contreuenant, comme plus a plain est declaré esdites lettres de Priuilege.

ADVER-

ADVERTISSEMENS,

E Roy ayant eu aduis que son pays de Labourt estoit grandement infecté de Sorciers, decerna commissió à vn President & vn Cóseiller de la Cour de Parlement de Bourdeaux, pour la recherche du crime de Sorcelerie audict païs de Labourt, & autres circóuoisins, enuiron le mois de May de l'an mil six cens neuf, & ce pour leur faire & parfaire le procez souuerainemét, non obstãt oppositions ou appellations quelcóques. Cette cómission fut adressee au sieur President d'Espaignet Conseiller du Roy en son Conseil d'Estat, & à moy.

La commission verifiee en la Cour, nous y auons vaqué seulement quatre mois, parce qu'il faloit de toute necessité, que ledict sieur President allast seruir le Roy en la Chambre de Guyenne establie à Nerac. Et d'autãt qu'il s'est passé vne infinité de choses incognues, estrãges & hors de toute creance, dont les liures qui ont traicté ce subiect n'ont iamais parlé: voire mesme que le Diable est venu tenir ses

ẽ

assises aux portes de Bourdeaux & au carrefour du Palais Gallienne, comme n'aguieres a declaré au supplice Isaac du Queyran Sorcier notable, qui fut executé à mort en l'an 1609. Il me semble qu'il est & sera grādement vtile, voire necessaire & à la France & à toute la Chrestienté, de les voir redigees par escript, & ce pour plusieurs considerations.

La premiere, on leuera l'erreur de plusieurs qui nient les principes du Sortilege, croians que ce n'est que prestige, songe, & illusion: & ferons voir clairement que le doubte, & l'impunité ou douceur que nos peres & les Cours de Parlements y ont apporté iusqu'icy, ont nourry & maintenu la faulse croyance & engendré la multiplicité.

La seconde, que l'Heresie, l'Apostasie, la Sodomie, le Sacrilege, & autres crimes execrables, qui se trouuent enuelopez dans le Sortilege, estans maintenant tout formellement verifiez, il ne faut desormais se tenir à cette douceur ancienne dont vsoyent nos Parlemens. Et ne peut on trouuer mauuais si les Iuges ne les renuoyent pas à leurs Pasteurs, puis qu'il ne s'en trouue que trop qui sont frapez de cette mesme contagion.

La troisiesme, que le nombre infiny des tes-

ADVERTISSEMENS.

moins, qui nous en ont dit & descouuert les secrets, l'experience que nous en auons tiré par des indices & presomptions violentes, que les Iurisconsultes appellent *Iuris & de iure*, les confessiōs volontaires & autres validees par la torture apuice de la rencōtre des marques insensibles que nous auons veu, & dont l'espreuue a esté faicte en nostre presence: accompagnees de tant de circonstances notables, passees par les heures ou abbois de la mort, & par la reconciliation auec Dieu, que vray-semblablement les ames recherchent ces extremitez.

Tout cela (dis-ie) doibt tellement confirmer les plus durs, stupides, aueugles & hebetez, qu'il n'y a maintenant dequoy reuoquer en doubte que la Sorcelerie ne soit, & que le Diable ne transporte les Sorciers reellement & corporellement au sabbat. Et partant il ne faut mes-huy plus disputer ny hesiter là dessus, mesmes aprés le consentement vniuersel de toutes nations, & la veuë oculaire de tous les secrets que nous auons veu de nos yeux, en tant que l'Eglise le permet à vn franc Iuge & bon Chrestien, qui ne doibt entrer en des curiositez prohibees.

La quatriesme, on dōnera beaucoup de contentement à ceux qui ont cydeuant traicté ce mesme subiect, voyans si clairement verifié ce qu'ils n'auoient peu dire ny escrire, sans laisser plusieurs choses en doubte & sans esclaircissement & resolution certaine.

Mais auec tout cela, ie ne pretés faire le Magicien ny le Sorcier. Et encore qu'on die que le plussouuent *crimina etiam dum fingimus docemus*, si est-ce que mon intention est toute côtraire, me contentant, côme dit Tertullien, de cognoistre ces abominations, *Non quidem socia conscientia, sed inimica scientia, non inuitatoria operatione, sed expugnatoria dominatione.*

Trouuât en ce poinct tres-bon l'aduis de Solô, lequel oyant conter des fables à vn iouëur de tragedies se mit si fort en cholere, qu'encor qu'il luy dict que ce n'estoit que pour resiouïr le monde, il ne se peut apaiser, creignât que l'aprentissage ne passast plustost en conuoitise d'en faire l'essay, que non qu'il se contint dans les bornes d'vne simple ioye.

Et Caton vne autrefois sur vn pareil subiect, frapant la terre d'vn baston qu'il auoit en main, s'escria: Bien tost ce que nous aprenons maintenant en nous iouänt, sera par nous mis & ratifié par contract. Car tous mauuais exemples & enseignemens se tirent au com-

ADVERTISSEMENS.

mencement de bonnes choses: si bien que les fables mesmes qui semblent indiscrétes & se dire par icu, forment souuent en nous par la simple audition, de violens desirs, qui nous poussent à contéter nos curiositez pernicieuses. Et s'il est ainsi des fables, les vraies histoires, comme celles que nous dirons cy aprés, ont encore plus de pouuoir.

Ie ne veux donc soubs pretexte de raconter simplement ce que i'ay veu, recherchant les ruses de Satan pour en esuiter les sinistres effects, enseigner comment il les faict. Ie puis bien dire ce que soixante ou quatre vingts insignes Sorcieres, & cinq cens tesmoins marquez du charactere du Diable, (qui confirme merueilleusement leur deposition) nous ont dict que Satan leur à faict faire: mais par quels moyens, ie ne le puis dire ny descouurir puis que les Sorciers ne le sçauent eux-mesmes.

Ainsi ie croy qu'il sera mieux à propos, que ie me contente de faire voir au public les simples confessions des Sorciers, & les depositiós des tesmoins qui vont tous les iours au Sabbat, & font tout l'effort qu'ils peuuent pour s'en degager & remedier, traisnans encor leur lien: & celles de plusieurs autres qui confessent y auoir esté & n'y aller plus, s'estans defaicts du sabbat & du Diable.

ADVERTISSEMENS.

Car de m'enfoncer és secrets de la Magie ou Sortilege, & questions des ruses du Diable, rechercher commét les Demons entrent, possedent & sortent des corps humains, & autres choses semblables, ie n'en pourrois dire que ce que les bós liures en aprennent à tous ceux qui daignent prendre la peine de les lire: mesmes les modernes, entre lesquels i'approuue principalement ceux qui ont eu vne pareille cognoissance, que les sages & prudés s'acquirent, faisant exactemét le procez aux Sorciers. C'est pourquoy ie suis resolu de n'y entrer pas, ains me contenter du simple recit des depositions des tesmoins, & confessions des accusez: lesquelles ont tant d'estrágeté en soy, qu'elles ne lairront pas de contenter le Lecteur, bien que ie les laisse en leur naïfueté.

cōme les aquisiteurs anciens & moder- nes, comme Remigius, Boguet & Del Rio.

Et ne faut trouuer estrange si ie nóme quelques Sorciers ou Sorcieres par nom & surnó, il ne se peut faire autrement sans oster toute la grace de mon discours, & parauanture toute l'apparéce & esclaircissement de la preuue, & qualité du crime. Mais pourtant me retiens-ie beaucoup, & me contrains, (bien que l'atrocité & priuilege du crime me deust iustement dispenser) si bien que ie ne veux nommer plusieurs personnes deferees en nos pro-

ADVERTISSEMENS.

cedures qui traifnent encor leur lien, ny plufieurs autres, aufquels mefmes nous auós faict & parfaict le procez iufques à fentence ou iugement diffinitif: parce que parauáture Dieu leur ouurira quelque chemin de refipifcence & de falut.

Comme auffi ie veux taire & fupprimer pour certaines cófiderations, le nom d'aucuns Preftres prifonniers en vertu de nos decrets, aufquels pareillement le procez a efté faict & parfaict par recolemens & confrontemens. Non pas pour leur refpect, car ie les voy indignement vaguer par le monde, bien que contre le moins chargé de cinq qu'ils font, il y a dix tefmoins recolez & cófrontez fans obiect, qui les accufent entre autres chofes de leur auoir ouy dire Meffe au fabbat, & veu contrefaire tous les myfteres du Sainct Sacremēt de l'Euchariftie, dancer, feftiner, s'accoupler, & fe mefler par tous les autres defordres. Mais ie le fay pour efuiter fcandale, & parce que plufieurs perfonnes qui fe font confeffez à eux deuant qu'ils fuffent preuenus, & qui ont receu le Sainct Sacremēt de leurs mains, pourroient entrer en quelque fcrupule de confcience, voyans ou lifans tant d'abominations qu'ils ont commis.

ADVERTISSEMENS.

Reste seulemét à prier le Lecteur de ne trouuer mauuais, si parlant de l'accouplement i'ay esté forcé d'en parler vn peu trop ouuertement: n'ayant peu supprimer ce discours si important, ny donner des noms aux choses naturelles tous nouueaux. Les paroles couuertes ont souuent vn sens plus descouuert & malicieux que celles qui parlent clairement: & ces gens à demy muets qui ne s'expriment qu'à demy mot, parlent plus auec silence, que les parleurs qui disent plus qu'ils ne sçauent, auec leur garrulité.

A quoy i'appelleray à garand la langue Fráçoise, l'idiome de laquelle ne peut souffrir tant de desguisement que la langue Latine & autres semblables, ny se tenir si ferme derriere le rideau de l'obscurité. Estant tres-certain que si les liures qui traictét des Sorciers estoyét traduicts en nostre langue vulgaire, il s'y trouueroit beaucoup de choses plus hardies qu'en mes discours. Mais la langue Latine les tient à couuert, principalement du costé des femmes, lesquelles neantmoins en sçauent plus que nous ne leur en sçaurions iamais aprendre.

A quoy i'adiousteray vn seul poinct, c'est que ce liure parlant principalement de la Sorcelerie

ADVERTISSEMENS.

celerie & des Sorciers, semble estre mal à propos intitulé, Tableau de l'Inconstance. En quoy lecteur tu me pardonneras, si ayant donné mesme nom au premier tome de mes discours, i'ay voulu continuer ce mesme titre en ce second: estant certain qu'il ny a rien de plus inconstant & volage que les Demons, l'inconstance desquels est d'autant pardessus celle des hommes, qu'ils sont en leur origine doüez de quelque plus haute precellence que tous les mortels, estans Anges aussi parfaicts que les bons, puis qu'ils n'ont rien perdu que la grace. Mais affin que tu ne te trompe en ce mot d'Inconstáce, & que tu sçaches qu'est-ce que i'entends par iceluy, ie te renuoye au premier discours de mon premier tome.

Et quant aux Sorciers, renonçant leur Createur, adorant le Diable, faisant paction auec luy, & laissant escouler vne infinité d'autres mauuais marchez qu'ils font ensemble, on peut dire qu'ils font des traicts d'inconstance beaucoup plus pernicieux & preiudiciables à leur salut, qu'aucuns autres qui se pourroient iamais faire ny trouuer parmy les actions des mortels.

Que si aprés le premier discours qui parle precisément de l'Inconstance des Demons, il semble que ie ne veüille plus traicter de l'inconstance, ains seulement de la Sorcelerie & des Sorciers: qu'est-ce autre chose qu'vne suite d'actions inconstantes, que le Diable & les Sorciers laissent escouler en leurs maudites assemblees & par tout ailleurs?

Se departir de Dieu pour adorer le Diable, & au lieu de baiser les pieds du Crucifix aux sainctes assemblees de l'Eglise, baiser le derriere d'vn bouc sale & puant, en cette abominable assemblee du sabbat: au lieu de prescher la vertu, prescher toute sorte de vice, d'irreligion, d'impieté, & d'imposture.

Dancer indecemment, festiner ordement, s'acoupler diaboliquement, sodomiser execrablement, blasfemer scandaleusement, se venger insidieusement, courir aprés tous desirs horribles, sales & desnaturez brutalement, tenir les crapaux, les viperes, les lezards & toute sorte de poison precieusement: aymer vn bouc puant ardamment, le carresser amoureusement, s'acointer & s'acoupler auec luy horriblement & impudemment: ne sont-ce pas des traicts desreglez d'vne legereté non pareille, & d'vne inconstance execrable. qui ne se peuuent expier par autre feu que par celuy que la Iustice diuine a logé en enfer? Si

ADVERTISSEMENS.
ce n'eſt qu'en ceſte vie Dieu les aye reduicts au chemin de ſalut, aprés quelque notable penitence.

Il faut donc recognoiſtre de bonne foy, que le Diable qui leur a faict abandonner Dieu, les a priuez de la vraye conſtance, & n'a autre plus formel & auantageux amuſement qu'à les deſuoyer perpetuellement de là, & les tenir touſiours en ce deuoyement, pour leur tourner la penſee vers luy ſeul, comme vray pere d'inconſtance. Si bien que tous les diſcours de ce ſecond tome, ne contenans que les traicts de l'inconſtance des Demons, & le deuoyement & precipice des Sorciers, ce ſont de vrays & certains diſcours de l'inconſtance, & de la plus fine & endiablee qui ſe puiſſe trouuer.

Ainſi ie t'aduiſe qu'il te faut prendre le liure entier, comme ſi ce n'eſtoit qu'vn ſeul diſcours qui portaſt en teſte cette inſcription: Tableau de l'inconſtance des Sorciers, puis que le Diable & les Sorciers, ce n'eſt autre choſe qu'vn maiſtre abominable, & de meſchans diſciples, leſquels eſtans inconſtamment deſuoyez de Dieu, ont baillé leur ame au Diable pour l'aprentiſſage du Sortilege, qui n'eſt qu'abomination: & en fin ſont de-

ADVERTISSEMENS.
uenus si suffisans en ce mestier, qu'ils sont tousiours sur le point, comme maistres, de faire leur chef d'œuure sur toy mesme, si tu ne reçois, & fais ton profit, des bons aduis que tu trouueras dans ce liure.

TABLE DES DISCOVRS
LIVRE I.
DISCOVRS I.

DE L'inconstance des Demons. f. 1.

II.

Qu'il ne se faut estonner, puis qu'il y a un si grand nombre de mauuais Anges, qu'il y ait tant de Magiciens, Deuins & Sorciers : & pourquoy ceux du pays de Labourt ont tant d'inclination, & courent si fort à cette abomination. f. 26.

III.

Pourquoy il y a plus de femmes sorcieres que d'hommes. Et d'une certaine sorte de femmes qu'on tient au pays de Labourt pour Marguillieres qu'on appelle Benedictes. f. 48.

LIVRE II.
DISCOVRS I.

Quand se faict le sabbat & en quelle forme le Diable s'y represente. f. 65.

II.

Du transport des Sorciers au sabbat. f. 78.

III.

Si les Sorciers pour aller au sabbat ont besoing de s'oindre d'aucune graisse ou onguent. Et pourquoy Dieu permet qu'elles surprennent ainsi tant d'enfans innocens. f. 111.

TABLE DES DISCOVRS.
IV.
Description du sabbat. Du poison qui se faict en iceluy. Et quelques depositions notables de certaines Sorcieres fort suffisantes. f. 124.

V.
Du Coq, & s'il est vray ce qu'on dict, que tout aussi tost qu'il chante & se faict entendre au sabbat, il dissippe & faict esuanoüir l'assemblee. f. 154.

LIVRE III.
DISCOVRS I.

Du Pacte exprés ou tacite que les Sorciers ont acoustumé de faire auec le Diable. f. 169.

II.
De la marque des Sorciers. f. 181.

III.
Du festin qui se faict au sabbat, & quelles bonnes viandes on y mange. f. 193.

IV.
De la dance des Sorciers au sabbat. f. 199.

V.
De l'acouplement de Satan auec les Sorciers & Sorcieres, & si d'iceluy se peut engendrer quelque fruict. f. 213.

LIVRE IIII.
DISCOVRS I.

De la transformation des Sorciers. f. 235.

II.
De la lycanthropie & changement de l'homme en loup: &

TABLE DES DISCOVRS.
du Loup-garou auquel la Cour de Parlement de Bordeaux
fit le procez. f. 254.

III.
Arrest du Loup-garou prononcé en robe rouge au Parlement de Bordeaux le 6. Septembre 1603. f. 264

IV.
Quelle vie a mené ce Loup-garou dans ce monastere de sainct François, où il auoit esté relegué: & si par sa forme de vie, il a desmenty cette accusation. f. 312.

LIVRE V.
DISCOVRS I.
Du laue-main des Sorciers. Du laue-pied. De la guerison par oraison superstitieuse, & autres moyens illicites. Et si on peut en saine conscience recourir au Sorcier qui a donné le mal, & le contraindre à l'oster. f. 329.

II.
Quel moyen il y a de recognoistre les faulses apparitions des ames des decedez, & les distinguer d'auec celles des Demons. Et si on peut discerner les bons Anges d'auec les mauuais. f. 366.

III.
Discours de l'acte de la foy celebré en la ville de Logrogne en Nauarre, le 7. & 8. Nouembre 1610. contenant les procedures de l'Inquisition contre les Sorciers. f. 382.

LIVRE VI.
DISCOVRS I.
Si vn Prestre commet ou tombe en irregularité pour

TABLE DES DISCOVRS

estre interprete ou truchement contre les Sorciers. f. 395.

II.
Des Prestres Sorciers, & combien de choses singulieres & belles circonstances se sont passees en leurs procedures, soit pour la sorcelerie, soit pour le iugement du crime de sortilege. f. 409.

III.
Que le Diable en derrision du plus precieux sacrement de l'Eglise, faict celebrer au sabbat quelque forme de Messe. f. 433.

IV.
Sçauoir si le sortilege en vn Prestre, est vn delict commun ou priuilegié: & si on luy peut iustement desnier son renuoy pardeuant son Iuge Ecclesiastique. f. 463.

V.
Qu'il faut faire mourir les sorciers (bien qu'ils ne soient preuenus d'aucun malefice) pour auoir esté simplement au sabbat, pactisé auec le Diable, & faict audict lieu tout ce qu'ordinairement les autres Sorciers ont accoustumé d'y faire. f. 526.

TABLEAV

TABLEAV DE L'INCONSTANCE DES DEMONS, MAGICIENS ET SORCIERS.

LIVRE PREMIER
De L'inconſtance des Demons.

1. Des diuerſes formes & figures eſquelles paroiſſent les Demons, pour tromper & deceuoir l'homme.
2. Que le Diable nous attaque, & ſecrettement & ouuertement, & nous pouſſe inceſſament au mal pour mieux nous faire ſiens.
3. Que le Diable inconſtant Protee, nous met les armes en main contre nous meſmes, & ſe ſert de nous pour noſtre propre deffaicte.
4. Que les Demons s'accommodans au bizarre, & changeans le naturel de l'homme, ſe plient & ſe transforment en cent mille façons pour le ſurprendre.
5. Pluſieurs bons autheurs ont creu que s'il n'y auoit autant de mauuais Anges, que de bons : pour le moins qu'il y en auoit autant de Hierarchies.

DISCOVRS I.

E deſeſpoir de l'homme, ſon precipice, ſa ruine entiere, & ſa damnation, eſt le premier but & le principal deſſin des mauuais Demons, ils ne viſent qu'a noſtre cheute, ils ne s'eſioüiſſent qu'a noſtre achopement, ils ne s'eſbranlent que pour nous eſbransler, & ſemblent n'apreſter & aſſaiſonner leurs tourmens (entant que faire le peuuent) que pour nous tourmenter. L'homme ſeul mourant en peché mortel, & non autre

1. Des diuerſes formes eſquelles les Demons ſe tranſforment pour deceuoir l'homme.

A

TABLEAV DE L'INCONSTANCE

creature, est faict compagnon & associé des Demons. Et c'est la raison pour laquelle ils dressēt tāt de pieges & lacets, & inuentēt tant de malencontreux artifices pour nous surprēdre. A quoy ie vous prie tant de formes difformes, tāt de figures diuerses & diffigurees, tant de voiles & masques de toutes sortes, tant de pernicieuses & abominables licences, libertez, voluptez, plaisirs cōtre nature, ausquels il s'acharne deuant nous, pour nous attirer à luy par la piece ou plaisir qu'il sçait nous estre plus à cœur, si ce n'est pour nous perdre? Dieu qui cognoist parfaictemēt ses desseins luy a baillé, deuisant auec Iob, vn nom tres-propre & conuenable, & l'a appellé Behemoth, comme ayant seul la ressemblance de plusieurs & diuerses bestes ensemble, soit ioignāt la rage & malice à la fierté du lion, du tygre, de l'ours; soit se transformant de faict en dragon ou en hydre à plusieurs testes.

Concussit ceruice nobis leo factus, & inde fit draco terribilis, mudo sus, modo pardalis ungens.

Le premier corps que ie trouue qu'il a emprunté, & la premiere des bestes dont il a prins la forme a esté le serpent: lors que remuant au dedans sa langue trop mobile il charma la premiere des femmes & la mere de nostre mal'heur, à la faueur de ce rusé serpent. Dieu voulant faire voir à l'homme par cet animal, les entortillemens, ruses & replis de la tentation: & cette fourbe luy ayant si heureusement reüssi, il se seruit de la mesme peau de serpent, s'insinuant & serpētant si à propos & à tēps, qu'il se fit maistre de toute la prudēce & sagesse des Grecs & des Romains, lesquels depuis l'adorerēt pour Dieu. Et ce fut parauāture ce qui occasiōna Pherecides Syriē, d'appeller le prince des Demons Ophionaus, precipité par Iupiter du plus haut des cieux auec sa suite. Mais tout le mōde ne se chausse pas à vn poinct.

Les Demons ont mille moyens pour seduire les hommes & les induire à tētation. Là où la finesse du serpent ne peut atteindre, il y porte la force du lion, & les souplesses du singe. C'est ce Peridicmene, qui, au raport d'Hesiode, tourmēte le fort Hercule soubs le petit corps d'vn taon: mais estāt recognu de luy par la faueur de Pallas, est mis à mort comme mouche. Il faict perdre courage à Brutus & luy rabat toutes ses pretentions, luy faisant voir cet horrible spectre. Bref enflé de tant de victoires, il s'ose mesme attaquer au Fils de Dieu en habit d'vn venerable Anachorete; & cela ne luy succedant, il se sert de la pourpre Royalle. C'est ce Iupiter qui en taureau rauit Europe, en pluye d'or viola Danaé, en cigne corrompit Leda, en aigle enleua Asterie & Ganymede, & en serpent surprint Mnemosine.

Et n'oubliant pas sa premiere figure de serpent qui luy auoit esté tant fauorable, il l'imprima sur le ventre d'Attia mere d'Auguste, aprés en auoir abusé. Et bien que le serpent d'airain de Moyse, faict par le commandement de Dieu, fut la representation & figure de ce grand mystere de nostre redemption, & qu'il l'eust ainsi eleué pour seruir de remede contre la morsure des serpens que Satan eleue contre chacun des mortels, si est-ce que dessors que les Hebrieux abusans de cette figure vindrent à l'adorer, Dieu suscita le Roy Ezechias qui la mit en pieces.

Iesus Christ appelle aussi le Diable serpent, & donne pouuoir aux siens de le fouler aux pieds. Et sainct Iean l'appelle dragon & le serpent antique: & dans nos historiens Romains le Diable soubs le nom d'Æsculape fit son entree triomphante dans la ville de Rome en cette hideuse forme de serpent, conduit par Quintus Ogulinus. Qui monstre l'inconstance & brutale humeur de Lucifer & des autres Demons les compagnons, lesquels veulent faire ostentation de leur gloire & superbe, & poser leur siege en Aquillon, & se rendre semblables au Tout-puissant: se rabaissans neantmoins vilement iusques là, que de prendre la figure & la forme de certains animaux, & encore des plus hideux & des plus vils. Ayant tres-bien esté remarqué par ceux qui ont voulu donner cognoissance & distinguer les aparitions des bons Anges de celles des mauuais, que les bons Anges constans en la grace de Dieu ne prennent iamais vne figure brutale lors qu'ils veulent aparoir aux hommes, ny celle d'vne femme, ains perpetuellement d'vn homme: & les mauuais Anges au contraire. Que si par fois Satan prend

S. Luc. 10.

Val. Maxi. lib. 1. cap. Met. 15
Le Diable fit son entree a Rome soubs le nom d'Æsculape en forme de serpent.

Les bons Anges ne prennent iamais la forme de beste ny la forme de femme.

A ij

la forme d'homme, c'est tousiours auec quelque defaut, ou extrauagante disproportion, ou trop noir, ou trop blanc, ou trop rouge, ou trop grand, ou trop petit. En fin l'Ange de lumiere porte tousiours quelque rayon de lumiere qui le fait recognoistre, & au contraire vn mauuais Ange marche en tenebres, & couure les yeux, & souuent l'entendement de ceux qu'il veut piper & deceuoir.

Que le diable nous attaque secrettement, mais par apres tout ouuertement lors qu'il nous a faict ce s tout à faict

Le Diable s'estant vne fois insinué & ayant mis le pied chez nous, il n'vse & ne se sert plus de ruses, ains mettant le masque bas, il contraint tout ouuertement les hômes qu'il a desia faicts siens, à exercer toute sorte de forfaicts, violant tout droit d'hospitalité: iusques à depoüiller les peres de tout amour & affection de pere, esmoussant en eux tous les aiguillons de nature: & par mesme moyen aux enfans en reuenche d'vn si grand forfaict, tout respect du sang paternel.

Comment le diable nous fait la guerre ouuerte s'aydât des hômes côtre eux mesmes.

Que peut-on imaginer de plus barbare que de voir Satan forçant la nature, contraindre les peres d'immoler leurs propres enfans à l'idole Moloch, dans laquelle ils les iettoient tous pour estre deuorez des flammes? Mais le Demon Saturne passe bien plus auant, repaissant ses entrailles, sans toutesfois assouuir sa cruauté, de la chair de ses propres enfans, qui n'estoient pas plustost sortis du ventre de leur mere, que celuy de leur pere leur seruoit de tombeau & sepulchre viuant. Tantalus allaitté des Furies, a voulu assaisonner sa cruauté, faisant aprester la chair de son fils Pelops, affin qu'on n'eust horreur la voyant seruir en table. Ne fut-ce pas ouuertement que Medee, ne se resouuenant plus de nom de mere, en plein midy, à la veüe de son mary, trempa ses mains dans le pur sang de ses enfans?

Et pour le regard des estrangers, le nombre de ceux qu'on mettoit à mort estoit si grand, qu'on lit que le Demon soubs cette faulse diuinité qu'ils appelloyent Diane Taurine, ne receuoit d'autres victimes que celles des estrangers, qu'on tuoit deslors qu'ils abordoient en ces quartiers là. Et ceux qui venoient de Sepharuaim en Samarie, venoient aussi par mesme moyen en vn terre si cruelle qu'il leur falloit sacrifier leurs propres enfans. Ainsi vous voyez que soubs pretexte de religion, la pieté & le droit de nature estoient violez, & les autels regorgeoient de sang humain: & particulierement encore lors que les Carthaginois pour apaiser leur Dieu Saturne, & se le rendre propice, immolerent deux cens ieunes gentils-hommes tout à vn coup.

Voila quand à la guerre ouuerte qu'il a dressé contre les hommes par les armes des mesmes hommes. Mais en voicy où il s'est trouué en personne, impatient de trop attendre, pour faire curee des Heresiarques, qui luy sont autant acquis qu'il se plaist à les tourmenter. I'ameneray icy le seul exemple de Bucer, parmy vn nombre infiny d'autres qui se presentent, lequel estant aux abois de la mort, assailly de tourmens insuportables, assisté toutesfois de ses amis, le Diable s'y trouua aussi, l'acueillant auec vne figure si hideuse, qu'il n'y eust personne qui de frayeur ne perdit presque la vie. Mais l'acueil fut si rude que iettant du lict en bas ce miserable corps, il le creua, espendant çà & là ses entrailles, & poussant son ame és enfers, par les mesmes lieux & precipices qu'il auoit autrefois precipité Gonderic Roy des Vandales, & en la mesme forme qu'il auoit aussi traicté Geyseric, lequel fut saisi d'vne telle peur à la veüe d'vn spectre qui s'aparut à luy, que pour crainte de perdre son Royaume, il perdit & la vie & l'ame tout ensemble.

Les terribles & furieux monumens que nous font voir tant de diuers autheurs, en la face & en tout le corps de la Pythonisse ou Prestresse du Demon Phœbus, nous monstrent assez quel estoit l'Esprit qui les agitoit & contraignoit de faire des traicts d'autant plus indignes qu'ils estoiét mal seans à ce sexe. Car qui est celuy s'il n'est du tout eshonté qui ne rougira, voyant vne femme montee sur vn trepied, dodinant la teste toute escheuelee, ayant les leures renuersees, les yeux contournez, le sein panthelant, & les flancs luy batans iusques à ce qu'elle se peut deliurer de ce forcené auorton & furieux Esprit dont elle estoit agitee?

Spumea tunc primum rabies vesana per ora
Effluit, & gemitus & anhelo clara meatu.

At Thebe nondum patiens humanis in antro
Bacchatur vates, magnum si pectore possit
Excussisse Deum.
— *Sal me non vultus, non color unus.*
Non comptæ mansere comæ, sed pectus anhelum.

Le mesme peut on dire des Sybilles; car encore que Clement Alexandrin atteste que S. Paul ayt dict en leur recommandation, exhortât le monde à lire leurs liures, *libros Græcos sumite, Sybillas aggredite*, si est-ce que sainct Paul a adiousté ces mots, *quomodo vnum Deum significent et ea quæ futura sunt, & inuenietis in eis filium Dei clarius & apertius scriptum*. Pour monstrer qu'il ne les falloit croire qu'en ce seul poinct, lors qu'elles parloyent de la venuë du Fils de Dieu, de laquelle Dieu a voulu pour tesmoigner sa puissance, que les faux Dieux des Payés, leur Dieu Apollon, leurs Pythonisses, leurs Sybilles & leurs Sacrificateurs, Aruspices & Poëtes furieux parlassent, & en predisêt des choses vrayes, mesmes en despit d'eux: ne pouuans auoir d'eux mesmes, ny par le moyê du Diable, le don de Prophetie & diuination, ny de si nobles pensees que celles qui decouuroient la venuë de Iesus Christ. Qui a faict dire à S. Ambroise d'elles, côme femmes & côme volages, qu'il croit qu'elles estoiêt poussées & incitees d'vn mauuais Esprit: mais le peuple les voyât florissâtes d'vne perpetuelle virginité, & predire le futur pardô de Dieu, creut aisément qu'elles estoit remplies de l'Esprit de Dieu, qui les fit entrer en credit & reputation singuliere enuers les hômes.

Si bien qu'il seroit à propos, comme n'ayant rien dit hors ce diuin subiect qui ne procede du malin Esprit, que toutes leurs responses & tous leurs vers equiuoques & amphibologiques fussent supprimez.

Nous imiterons en cela l'Empereur Auguste, qui les fit chercher dâs Samos, dâs Eritra, dans Troye, dâs l'Afrique, & par toutes les colonies d'Italie, & ordonna qu'a certain iour prefix on portast deuant le Prefect de la cité tous les vers des Sybilles, pour estre iugez & censurez par quinze hommes tres-doctes, afin que nul ne les eust & n'en peust abuser en particulier. Par ce qu'en ce mesme temps le Diable cautcleux en faisoit courir faussement plusieurs, soubs le nom des Sybilles.

Et environ quatre cens ans après, Stilicon beau Pere de l'Empereur Honorius print soing & fit en sorte, que tous ces vers qui avoient esté mis en certain lieu à part, furent abolis & suprimez: bien que le Diable y meslast cette mauuaise intétion, sçauoir que c'estoit pour exciter par ce moyé quelque sedition contre son gendre. Voulez vous voir leurs responces? Elles sont toutes à double sens & à double entente, faulses, captieuses & pleines de finesse & de surprise, & ne s'en lit d'Apollon qui en estoit le plus grand maistre, qu'vne seule veritable, lors qu'il respondit à des curieux qui l'interrogeoient.

Quid frustra petitis? non nostrum est scire futura.

Ciceron se moquant de la diuinité & saincteté d'Apollō, quoy que Payen, nous resout tres bien & nous aprend, quel estat nous deuons faire des Oracles de tous les faux Dieux & faux Prophetes.

Sed iam ad te venio (dict-il) ô sancte Apollo, qui vmbilicum terrarum obsides, vnde superstitiosa primum euasit vox fera, huis enim oraculis Crisippus totum volumen impleuit, partim falsis, vt ego opinor, partim casu veris, partim flexiloquis & obscuris, vt interpres egeat interprete & sors ipsa referenda sit ad sortes.

Aussi rendoit Apollon ses Oracles en Grec, (langage d'vne nation qui a tousjours esté estimee perfide) & non en Latin. C'est pourquoy on tient mesme que ce que le Poëte Ennius (de qui nous auons apris l'Oracle ou response Amphibologiq; faite à Pyrrhus) a voulu dire en ce vers.

Aio te AEacida Romanos vincere posse, est faux.

Outre qu'au temps de Pyrrhus ceux qui ont parlé des Oracles disent, qu'Apollon estoit desja si vieux qu'il ne faisoit plus de vers, par ce que les muses qui sont ieunes ne s'agreent de conuerser auec les vieillars.

Voulez vous voir comment il trompoit la curiosité des Empereurs anciens & autres grāds personnages? Vn Oracle dict à Philippe de Macedoine, qu'il se gardast des carrosses, le Diable le poussa à cette extremité pour se deffendre

Cicero 2. de Diuinat. Beau trait de Ciceron qui se moque de la diuinité d'Apollon.

Que les responses que les Oracles rendoiēt estoient nō seulement faulses, mais bien encore les contes. Cæl. Caleag. de Oraculis. Que les responses des Oracles & Pythonisses estoiēt tousiours à double entente.

de cette infauste responsc, qu'il fit briser & rompe tous les carrosses, & pour l'eluder & monstrer (se moquant de luy) que le Diable luy auoit predit vne chose qui estoit vraye absolument, il fit encore qu'il fut tué par Pausanias, & se trouua que c'estoit auec vne espee sur laquelle il y auoit vn carrosse graué & entaillé au dessus. Qui eust iamais peu tirer quelque precaution d'vne si ridicule & ambigue responce?

Agatocles en son histoire dit que l'Oracle se moqua tout de mesme d'Amilcar, lequel ayant assiegé Syracuse entendit vne voix d'vn faux Demon qui luy dict, comme pour Oracle, Demain tu disneras dans Syracuse, ce qui aduint. Car estât suruenu par mal'heur quelque tumulte dans l'armee d'Amilcar, les Syracusains se seruans de cette occasion, se ruerent sur l'armee d'Amilcar, le prindrent, & le menerent fuyant la responce trompeuse du Demon, disner dans la ville de Syracuse.

La mere de Baudoin Conte de Flandres qui estoit Espagnole, enuoya consulter les magiciens de la ville de Tholede, où les Arabes auoient laissé les plus hauts traicts de leur doctrine, pour s'informer qu'elle yssue auroit la guerre que son fils entreprenoit contre le Roy Philippe Auguste II. de ce nom Roy de France, lesquels luy respondirēt si douteusement qu'elle pouuoit prendre leur responce à son aduantage, si bien qu'elle en print la ioye toute entiere. La responce fut, Que le Roy seroit foulé en la bataille soubs les pieds des cheuaux, qu'il seroit sans sepulture, & que son fils Baudoin Conte de Flandres seroit mené en grand triomphe dans la ville de Paris. Or il aduint tout le contraire de ce qu'elle pensoit : car le Roy en la bataille de Bouines à la verité fut abatu de son cheual & porté par terre, foulé des pieds des cheuaux : mais neantmoins estant remonté il gagna la bataille, ainsi il n'eust point de sepulture, car il n'y mourut point, ains il print prisonnier Baudouin Conte de Flandres son ennemi, lequel fut mené en grand triomphe, comme vaincu & non comme victorieux, dans la ville de Paris.

Gaspard

Gaspard Bugati Italien raconte, que ce grand Capitaine Anthoine de Leua, ayāt receu vne prediction d'vn Demon qu'il mourroit en France, & seroit enseuely tres-honnorablement, suiuant la superbe Espagnole, auec nos Roys, ou comme Roy en l'Eglise Sainct Denys, cette response l'abusa si bien, qu'il creut par la qu'indubitablement il prendroit la ville de Paris, & qu'auec le temps il seroit enseuely en la Royale Eglise de S. Denys, où sont la plus grand' partie des Mausolees des Roys de France: Et le promettoit ainsi à son maistre Charles V. Mais le Demon trompeur l'abusa, car il se trouua bien qu'il mourut en France, mais il ne print Paris, ains il fut porté à Milan où il fut enseuely dans l'Eglise S. Denys. Voila les effects ordinaires des douteuses responses des Demons.

Ces fauces responses estoyent aussi pratiquees par leurs Prestres & Sacrificateurs aussi faux, incertains & volages qu'eux, & fondez d'aussi mauuais principes que leurs maistres, lesquelles estoyent distribuees au peuple par petites finesses. Certains Prestres sorciers escriuoient de petites responses en certaines tablettes, cōme memoires de diuers euenemens, lesquelles ces mechants Prestres faisoient industrieusement choir de dessus les Autels cōme à l'improuiste par mesgarde & comme fortuitement, donnant de la fraicur par ce moyen aux Princes & au peuple, ou de l'esperance, à leur discretion.

Que la distribution des responses des Oracles, se faisoit aussi par faulceté & mauuais artifice.

Quant aux anciens Poëtes ou Vacinateurs soit hommes soit femmes, lesquels predisoyent mille choses futures, la verité est que la plus grande partie de tels exemples ont esté feints par leurs autheurs. Ce que Ciceron dict au 2. *de diuinatione*, tenant pour fabuleux ce qu'on dict de Cassandre Troyenne, d'vn certain vaticinateur nommé Publicius, & des Vaticinateurs de Martius: & dict qu'il ne peut cōprendre quelle authorité ny precellēce a cette fureur, d'aucuns appellee diuine, que ce qu'vn sage ne peut voir vn fol le voye, & que celuy qui a perdu les sens humains ait recouuré ou acquis les diuins Ou bien il faut dire, que le Diable frauduleusement & pour quelque mechante fin leur faisoit

Titt. Liue l. 22. Les anciens Vaticinateurs estoiēt des imposteurs De vatibus Martijs. Pourquoy les Vaticinateurs en leurs predictions se trouuoient parfois veritables.

B

TABLEAV DE L'INCONSTANCE

predire ces accidans, par luy entendus, par expresse coniecture, pour imiter Dieu en l'anticipation ou diuination des choses aduenir, & pour oster la reputation aux vrays Prophetes, & la donner a ces Poëtes furieux. Ou bien que Dieu fit parler ces Poëtes diuinateurs, comme il fit parler l'Asnesse de Balaam, par quelque secrete disposition & volonté a nous incognuë. Ou bien qu'ils entreprenoient à deuiner par cas fortuit par rencontre & a tastons comme nous pourrions dire de ce meschāt vaticinateur Prothee dans Virgile.

*Virg. au
Georg.*

*Est in Carpathio Neptuni gurgite vates
Cœruleus Protheus.*

De Mopsus dans Ouide, de Polybius Corinthien dans Ciceron, de Heleus, dans Herodote, d'Arunte, dans Lucain de Meon, dans Statius, de Carmenta ou de Nicostrata deuineresse, de Manto, de Sosipatre de Theano, de Martha, d'Euclippe, & d'vne infinité d'autres dont parlent les Historiens, lesquels tous le Diable a atrapez par ces vaticinations enthousiasmes diaboliques & se les a faict siens.

Inepties des Augures & Aruspices.

De mesme pouuons nous dire, que tous ces Augures Aruspices & autres en irrision desquels Carneades & Panætius demandoient si Iupiter auoit commandé que la Corneille chantat du costé gauche, & le Corbeau du droit, surquoy Varron dict aussi que les Dieux seroient bien de loysir a bon escient s'ils confioient leurs conseils a des Corbeaux & a des Corneilles.

Ce sont des hommes furieux, & neantmoins ils veulent paroistre Dieux fort suffisans, *emulantur diuinitatem dum furantur diuinationem* dict Tertull.

*Tertul. in Apologet.
Blond. lib. de la Rome triomphante.*

Le sage consul Publius Claudius estant aduerti que certains poulets n'auguroient aucune chose fauorable par ce qu'ils ne vouloient manger, il les fit ietter dans le Tibre, disant puis qu'ils n'auoient volonté de manger qu'ils allassent boire.

Cic. lib. 2. de diuinat.

Ciceron au 2. de sa diuination dict, *quid ergo Aruspicum responsa commemorem? possum quidem innumerabilia recensere quæ aut nullos habuerunt exitus, aut contrarios.*

Il se moquoit d'eux a bon escient, bien que le plus sou-

DES DEMONS MAG. ET SORC. LIV. I.

uent il en parle a paroles couuertes pour n'entrer & soupçon de religion violee enuers sa partie.

Ils croient que les oyseaux pour voler en haut & s'acoster du ciel, fussent comme nonces & secretaires des Dieux.

Vn autheur Italien a bonne grace disant qu'il n'y a pas long temps qu'vn Michel Lescot homme superstitieux, en vn sien liure de Phisionomie, traicta fort ridiculeusement des Augures: car le Diable a cela qu'apres auoir embrouillé l'entēdemēt des Pythonisses des Sybilles des Vaticinateurs des Aruspices & des Augures, il embrouille d'auantage l'entendement de ceux qui veulent faire profession d'en enseigner & d'escrire le mestier; Cestuy cy donc, (dict il) n'ayant vergogne de nōmer & hōnorer du mot de science, cette folie, donne encore plus folement des noms graues à certains mots extrauagans inuentez du Diable, lesquels il atribue a cette inepte & ridicule profession : si bien qu'il distingue ces Augures en douze especes, par ce qu'il y a douze signes du ciel, c'est a sçauoir en Fernoua, en Feruecchia, in Viaram, in Confernoua in Conferrecchia, in Scimalar vecchia, in Scassar noua, in Scassar vecchia, in Emponenth, in Harrenam, & les autres deux ne se trouuent dans son liure, car le Diable les a emportez. Et declarant ces douze especes d'Augure, il traicte les plus belles matieres qu'il est possible lesquelles il escriuit & enuoya à l'Empereur Federic pendāt qu'il estoit yure, ou pendāt que le Diable luy dictoit ces fātazies & grotesques. Il auoit peut estre aprins cela dict l'Italien soubs le noyer de Beneuent *nel infelice congregatione de striozzi*.

Ie ne suis pourtant de l'aduis de ceux qui disent, que les Demons sont si inconstans pour estre de nature ignee ou Aeree qu'ils surnagēt sur l'eau: ou pour le moins estant dans le corps des Sorciers ils les font surnager au dessus des riuieres, si bien qu'ils n'enfoncent iamais

Car outre que par cette proposition ils approuent cette sorte de preuue de la sorcellerie qui se faict par l'eau froide, qui est illicité & ne peut estre admise sans vne grande contumelie de Dieu, estant prohibee par le can. *consuleisti.* 244.

B ij

La verité est que leur legereté qui faict qu'ils surnagent, & font parfois surnager les Sorcieres, & les empeschent d'enfoncer, ne vient de ce qu'on dict qu'ils sont de nature ignee ou aeree, car ils sont exempts de toute concretion qui vient des corps, & ne sont capables d'aucune qualité qui en procede. De maniere que *Demones spiritus sunt. Et qui a omnis quæ ex corporibus est concretionis expertes sunt, nullas earum qualitatum quæ in corporibus sunt admittunt.* Mais ils les font parfois surnager pour tromper le monde, & sur tout pour abuser les Iuges que le Diable amuze par cette folle curiosité, qui est parfois aduenuë à de tres-saincts personnages. A la verité les Demons ont quelque certaine legereté, *Habent virtuem motiuam*, laquelle faict qu'ils peuuent aisemēt & en vn moment surnager & enfoncer, & en communiquer les moyens aux Sorciers non pas que de la on doibue tirer vne preuue certaine & infallible qu'ils sont Sorciers.

Non moins insuportables & hydeux estoiēt les Coribantes des Gaulois qui aux sacrifices de la mere des Dieux sautoient & dançoient obseruant certaines cadances estranges, s'entrocossant du front, & se iettant enbas la teste la premiere à guise des pescheurs de perles.

Ea frena furenti
Concutit, & stimulos sub pectore vertit Apollo.

Mais qui pourra contenir le rire voyant pour le iourd'huy des Turcs au tour de leurs fols & enragez qu'ils respectent comme petits Dieux, quoy qu'ils ne laissent pourtant de les tenir bien serrez: Ceux la encore retirēt quelque proffit de leur folie, au contraire des Sacrificateurs de Cybele, de Bellone, & de Baal, qui ne ressentoient que de griefues douleurs lors qu'ils venoient à se balafrer le visage auec des cousteaux trenchans, & se decoupper en toutes façons bransslant en outre le corps & se dechirant entre eux a belles dents, pour bailler plus de grace à cette rage forcenee. C'est ainsi que ces Demons inconstans nous pochent les yeux pour nous faire rouler la pierre de nos malheurs.

Et ses plus fauoris se sont encore ressentis de ces caresses, comme le monstre S. Augustin raportant que c'estoit le

jeu & passetemps des Donatistes Heretiques de s'entretuer
par charité, ou à faute de la trouuer, se precipiter du haut de
quelque rocher, ou bien par eau s'en aller au feu infernal.
Voila les belles & constantes instructions que Sathan donne à ses suppots.

Le monde est vn theatre ou le Diable ioüe vne infinité de diuers & dissemblables personnages. C'est le Globe & le cerne que cette beste sanglante va tournoyant estant tousiours en queste dequoy elle pourra remplir cest Enfer qui ne dict iamais (c'est assez) tendant neantmoins à son centre, où elle va en fin descharger toute sa proye, qu'elle gaigne partie par ruse, partie par violence, comme sçachant tresbien coudre la peau du Renard à celle du Lion. Et ceux qu'il ne peut enserrer ouuertement en ses griffes, il s'efforce pour le moins de les esblouïr par fauces promesses, presens & richesses feintes ou malencontreuses, qui sont choses qui brisent la roche des cœurs les plus fermes & as-seurez, il ne se soucie pourueu qu'il en aye.

Que les Demons volages se transforment en mille sortes pour nous tromper. L'estat de dieu iamais c'est attre.

Mais voyons nostre Behemoth a la semblance de plu-sieurs bestes. Et remarquons-en deux des plus rusées esquel-les il se transforme de Loup & de Renard couuert de la peau de loup parmy les hommes il contrefaict & feint fort subtilement la voix de l'homme pour le surprendre. S'il se mesle auec les chiens pour bailler la fourbe au Pasteur, il n'y a rien de plus semblable au chien. Il marche d'vn pas lent & tardif, monstrant qu'il ne pense rien moins de faire mal, s'il deploye les astuces du Renard, il se comporte en telle façon qu'il faict ses brisées de bien petits rameaux, il ne ploye encore les grosses branches des grands pechez. Il ne nous porte tout d'vn coup a l'homicide & a l'inceste: Il vient à pas de laine arrachant tout doucement les vertus de l'ame, pour y planter des petites fautes qui peu à peu vien-nent à croistre. les vies des saincts Peres en sont toutes pleines d'exemples.

Le diable ou Demon Behemoth prend la forme des bestes les plus vora-ces ou ru-sées qu'il peut.

Enfin les malings Esprits & ces mauuais Demons, sont si ennemis de la constance, qui ne doit estre attribuee qu'au bien faire, si variables & changeans (mais tousiours a nostre

Demons ennemis de la Constan-ce.

preiudice, que tous les bons autheurs & anciens & modernes en voulant parler veritablement, les ont appellez inconstans & volages, & ce principalement pour les nous faire cognoistre, & nous donner par cette cognoissance moien de nous en garentir.

Inconstance des Demons.

S. Thomas confirme grandement l'inconstance des Demons, quand il dict que les prestiges & illusions de Sathan ne peuuent guieres durer, veu qu'elles ne sont de nature ou substance subsistante, ains ce sont seulement quelques accidens que les dialecticiens appellent cōmuns, desquels c'est le propre par vne alteration naturelle, d'estre vistement changez. mais puis que c'est touiours en pis, & au preiudice du genre humain, on peut dire que ce changement & alteration, est la vray marque d'vne inconstance malicieuse & enragee.

Arrianus in Alexand.

Alexandre interrogeant vn Philosophe Indien, par quel moyen les hommes pourroient deuenir Dieux, respondit que ce seroit par la constance, adioustant que l'inconstance auoit aussi cette proprieté, qu'elle les abatardissoit & les faisoit deuenir hommes & mauuais.

Estre inconstant & clocher c'est mesme chose.
En quel sens il faut prendre que Vulcan Lucifer & les mauuais Anges tombant du Ciel deuinrent boiteux.
Pourquoy on dict que les Demōs sont inconstans comme la foudre.

Le Philosophe Epictete dict que les fols clochent des deux pieds, & met au rang d'iceux les inconstans: disant que ce n'est autre chose estre inconstant que clocher, or il semble que comme Vulcain le forgeron des Dieux tombant du ciel deuint boiteux, de mesme le Diable tombant du ciel pour attiser touiours les fournaises des supplices que Dieu a preparé aux mechans, est deuenu boiteux, c'est a dire inconstant n'allant iamais droict, & portant ça & la les passions immoderees des hommes legers & volages.

En l'Escriture saincte il est dict, que Sathan tomba des cieux comme la foudre ou l'esclair, *videbam Sathanam sicut fulgur de celo cadentem*: ou ie vay remarquant son inconstance par le simbole ou Hyeroglyphe de la foudre ou esclair. Car qui a il de plus leger que la foudre qui va ores d'vn costé ores de l'autre? n'allant iamais droit ains marchant touiours inconstamment en ses effects. Quant à l'esclair combien passe il vistement? volage qu'il est, composé d'vne petite exhalation? Toutes ces choses conuiennent tres-bien aux malins Esprits, & pour ce est il dict dans l'Escriture saincte qu'on voyoit Sathan tombant du ciel aussi viste que la foudre. Et le Poete Nonnus parlant du Diable dict aussi fort à propos qu'il...

Pline faict mention d'vne pierre qu'il nomme *lapis ...*, laquelle mesme estant attachée, rompoit tout & s'en fuioit. Theophraste la nomme la pierre d'inconstance qui s'eschappe tousiours & ne demeure iamais en mesme lieu: tel a esté le Demon pierre fugitiue fuyant son createur Et s'esloignant de luy, causant pareillement mille legeretez en l'homme, & rendant son cœur vraye pierre d'inconstance.

Platon és liures de la Republique dict, que Dieu fit tomber és entrailles de la terre l'argent vif, qui donna subiect à Anaxagoras, de dire, que l'argent vif estoit espars parmy tout le monde, chose veritable és Diables & Demons, lesquels Dieu deschassant du ciel, & les precipitant, vne partie aux cachots d'Enfer, & l'autre demeurant par l'air, il a vrayement faict tomber l'argent vif, soit en la terre, soit en l'air, marque de l'inconstance de ces Demons legers actifs & inconstans. Test donc vray encore en ce sens ce que Anaxagoras disoit, que le monde est plein d'argent vif.

Les Anciens tenoient le Peuplier pour arbre dedié aux Enfers & aux Demons, & ce pour quelques considerations, mais vne des plus belles & plus à propos de nostre subiect, c'est que comme Pline tesmoigne, ses feuilles sont inconstantes se tournât sans dessus dessoubs au Solstice, & se renuersant d'elles mesmes.

Il y a vn certain raisin qui se tourne de soy-mesme & se vire suiuant la chaleur, duquel Pline parlant des vignes fait mention, & dit, qu'à Rome aux sacrifices qu'on faisoit aux Dieux d'Enfer & aux Demons, on se seruoit du vin espraint & tiré de ce raisin inconstant.

Iadis les Diables faisoient escrire leurs Oracles en des feuilles, marques d'inconstance & legereté, & quand ils entroient en possession des Sybilles & Prophetesses, qu'elles agitations, quels mouuements d'inconstance remarquoit on en leurs actions?

Contree toute touchée d'ailes. Herodote dit qu'vne certaine contree inhabitable, estoit toute pleine d'ailes selon l'opinion des Payens, & que pour cela elle s'appelloit *Gerens alas* : C'est à mon aduis à ceste contree, que nous pouuons dire estre semblable celle des malins Esprits, où il n'y a que des ailes de legereté d'inconstance & de mutabilité : pource dans Photius en sa Bibliotheque vn sainct Pere fort ancien, nommé Asterius, appelle les Diables, tous ailez : Sans doute non pour autre raison que pour leur mobilité & inconstance.

Femme qui enfanta l'inconstance. Le P. del Rio parle d'vne certaine femme qui enfanta vn petit Demon lequel sortant de son ventre vint à sauter & gambader : Or celuy d'où il l'a pris remarque, que toute la nuict precedente & quelque autre auparauant ceste femme ne faisoit que crier ces mots leger volage sot inconstant, reiterant ces mots pendant sa grossesse comme grosse de l'inconstance mesme.

Les Sauterelles sont Hierogly-phes des Diables. Les Hieroglyphes des Diables sont des Sauterelles : aussi sainct Iean vist que le puis d'enfer estant ouuert vne armee de Sauterelles en sortit & voyla les symboles de l'inconstance.

Auant que Apollonius ce grand Magicien & seruiteur du Diable naquist, Prothee le Dieu d'inconstance se changeant en mille & mille formes aduertit sa mere qu'elle enfanteroit vn Prothee changant : chose qui arriua par-apres : car ce Magicien par art diabolique se metamorphosa en plus de sortes qu'vn Prothee.

Les images des Demons parmy les Indiens sont de plume, pour signifier leur inconstance. Les Indiens, comme il appert par les lettres escrites de ce pays là, adorent & les Dieux du ciel, comme ils disent, & les Diables, mais ils font les images des Diables de plumes extremement diuerses en couleur : sans doute c'est pour signifier leur inconstance & mutabilité marquee per les plumes & par la diuersité des couleurs.

Explicatiō nouuelle de mad... Quelques Peres comme sainct Basile de Seleucie, & sainct Gregoire le grand, expliquant ce passage du Psalmiste, *non seruauerunt pactum, conuersi sunt in arcum prauum*, disent qu'il se peut accom-

accommoder aux Diables qui ont esté conuertis, *in arcum peruer-* *prauum*, en des arcs peruers. Et de vray la premiere lettre *sum, sem-* du nom de Sathan, se faisoit iadis comme vn arc, *Curuatum* *blable.* *in modum arcus*, dit Athenee, & en croissant de Lune.

Accipe Lunatum cornu testudine sigma. Aethen. lib. v.

Sathan donc en son nom porte pour premiere lettre, celle qui est semblable à vn arc, pour monstrer que c'est l'arc qui nous decoche des sagettes d'inconstance, semblable à celles que les Parthes dardoient, qui estoient teintes d'vn venin qui faisoit faire mille & mille sauts & legeretez à ceux qui en estoient ferus, comme il arriue aussi à ces autres que la Tarentale a mordus en Italie, *Conuersi sunt in arcum* Morsure *prauum.* Encore pouuons nous dire, que l'arc qui tantost est de la Ta-bandé, & tantost desbandé est signe de l'inconstance de rentale. ces Esprits damnez, lesquels *conuersi sunt in arcum prauum.* se en Ita-lie.

C'est vne belle remarque du Scholiaste d'Aristophane, *in* Le Trepié *Concionatricibus*, qui dict que le Trepié d'où le Diable rendoit d'où les De-les Oracles, estoit tellemét faict, que tous ses pieds estoient mons ren-inesgaux, & que iamais il ne pouuoit aller ny estre bien doient les droit : tellement que ceux qui estoient assis dessus branssoit à loiét çà & là : n'est-ce pas vn beau symbole de l'incōstance? pieds ines-gaux &

Acosta dict que les Iapponnois en quelqu'vn de leurs pourquoy. temples, n'auoient autres images de leurs faux Dieux, c'est à dire des Diables, que des roües grandes & petites, façonnees & chargees de quelques testes & visages humains : ainsi le Diable vouloit estre adoré en ce qui represente le plus l'inconstance, sçauoir est, és roües.

Aussi parmy les Indiens y a vne sorte d'adoration inconstante, comme l'appelle le mesme Acosta : En icelle on demande aux Dieux, c'est à dire aux Diables, ce que l'on veut, les loüant & exaltant : Mais s'ils n'accordent ce qu'on demande, on les bat, on bastonne leurs images & statuës, & bien tost apres on se met à genoux deuant elles, en leur demandant pardon.

Les saincts Peres appellent les Diables *aereas potestates*: n'est ce pas pour monstrer leur instabilité ? car qui a-il plus leger, viste & mouuant que l'air, qui est la demeure de la plus part

C

des Demons ? ou bien qui a-il de plus floüer, que le corps d'air que ces Demons se forgent, pour tromper le genre humain, & assortir plus seurement leurs tromperies & illusions.

Les Prestres Ægyptiens tous les iours bigarroient leurs visages, & paignoient leurs cheueux de diuerses couleurs pour faire leurs sacrifices, affin de monstrer leur inconstance en ces peintures diuerses, & signifier combien elles plaisoient aux Esprits inconstans à qui ils seruoient.

Opinion estrange touchant la naissance des Sorciers.

Les Pythagoriciens estimoient que lors que les hommes naissoient, ie dy les hommes qui deuoient estre Sorciers, vn certain animal naissoit auec eux, lequel ils appelloient ores vne beste à plusieurs testes, ores la discorde, ores l'inconstãce & mutabilité: Iamblichus l'appelle la beste à plusieurs testes, incõstante & legere; c'estoit sans doute le Diable qu'ils entendoient.

Isles balladines.

Il y a plusieurs Isles balladines & danceresses, comme sçauent ceux qui ont leu Pline, Strabon & autres. Or en ces Isles, particulierement au milieu de la mer, les Diables ont faict leur Sabbat auec les Sorciers, selon la deposition d'aucuns Sorciers preuenus au Parlement de Tholoze. Ainsi le Diable a accoustumé de faire ses plus grands exploicts és choses branslantes & croulantes de toutes parts, & inconstant qu'il est, il choisit volontiers pour faire ses assemblees des Isles inconstantes.

Solin. Combien mal emploioient les Troglodites leur pierre Hekacontalithos.

Les Atheniens selon que tesmoigne Agatharchieles l'Historien, ne faisoit qu'vne fois l'an sacrifice solemnel au Dieu d'Enfer, qui est aux Diables: mais c'estoit lors que les raisins commançoient à changer de couleur, & quittoient leur verjus, lors qu'ils estoient sur le poinct de leur changement, & sur le poinct de leur inconstance, & de ces raisins ils en faisoient leurs libations.

Les Troglodites en leurs sorcelleries magiques, offroient au Diable vne pierre ou gemme nommee *Hekacontalithos*, c'est à dire, pierre qui en vaut soixante d'autres, comme ayant en soy les couleurs de soixante pierres diuerses, tant elle changeoit & se chargeoit de diuerses couleurs: pierre

DES DEMONS, MAGIC. ET SORC. ...

inconstante t'a beauté & diuersité est bien mal employée, puis qu'elle ne seruoit qu'aux Demons & aux Sorciers.

Les Arabes selon Phylostrate en la vie d'Apollonius, pour faire leurs sorcelleries & deuenir deuins, mangeoient ou le cœur ou le foye d'vn Dragon volant. Or on a remarqué du Dragon, que iamais il ne repose, ains est comme en continuelle instabilité & mouuement.

On a remarqué que les peaux des Loups-garoux, sont tousiours de trois ou quatre couleurs, pour monstrer que leurs maistres pour les faire mieux courir, leur baille la robbe de varieté mere de l'inconstance. Neron l'Empereur, comme escrit Xiphilin, endiablé qu'il estoit, prenoit ainsi par-fois la peau d'vn Loup ou de quelque autre beste, inconstant qu'il estoit, il auoit des desirs inconstans & brutaux.

Au fleuue Stix, dict Photius en sa Bibliotheque, toutes choses perdent leur poids, & sont rendues legeres, mesmes le fer, lequel y surnage. C'est ce que le Diable fait, il oste le poids & la fermeté aux choses qu'il a en son pouuoir, & sur tout aux ames qu'il possede, & les entretient tousiours en inconstance, mouuement, & legereté pernicieuse. *Que veut dire que tout ce qu'on iette dans le fleuue Stix perd son poids & pesanteur.*

Les Sorciers faisāt leur Sabbat en Allemagne, furēt apperceus de quelqu'vn, qui voulant approcher trouua que tout estoit disparu, & qu'il ne restoit autre chose que des plumes volant en l'air, & d'autres dont toute la terre estoit couuerte. Voila les belles visions de legereté & d'inconstance, que le Diable fait voir à ceux qui se veulent tant soy peu approcher de luy, c'est la ionchee du Sabbat, on n'y marche que sur la plume, parce qu'il les tient tousiours sur le poinct de les transporter en l'air, & sur la terre les faire sauter trepigner, & voler comme vne plume.

Vne des remarquables choses qu'on se pourroit imaginer, est celle qu'a bien noté *Curopalates in lib. de officijs Constantinopolitanis*, c'est qu'en vn certain lieu où les Sorciers auoient tenu leur Sabbat, on trouua iusqu'a trois cens Chamœleons sur la terre, chose admirable : mais neantmoins qui ne pourroit mieux exprimer cōbien les Demons & les Sor- *Trois cens Chamœleons furēt trouuez en vn lieu où le Diable auoit tenu le Sabbat*

C ij

ciers sont addonnez à la legereté & à l'inconstace, puis que le Chameleon en est le vray Hieroglyphe.

Seconde raison pour laquelle le diable mesme sortant du corps des demoniaques ont horreur de retourner en Enfer.

Mais pourquoy est-ce que les Diables sont si inconstans, qu'estans chassez hors des corps des demoniaques ils ont horreur de retourner en Enfer, bien que ce soit leur prin-cipal manoir: La premiere raison est, qu'ils ne peuuent se contenter & satisfaire au grand desir qu'ils ont de tormen-ter les hommes: de maniere que par le commandement de Dieu l'estans remis dans l'Enfer, estans par maniere de di-re, priuez de ce plaisir (mouuäs & legers qu'ils sont) ne pou-uans souffrir vn mesme estre, ils portent autant de haine à l'Enfer, & l'ont autant à contre-cœur, comme ils prennent de plaisir de nuire aux hommes: Et de faict, ils s'encruelis-sent contre les pauures ames: car ils ne sont renfermez en Enfer seulement pour souffrir, mais aussi affin qu'ils soient ministres de la Iustice diuine, & bourreaux des damnez.

La seconde, que la liberté de vaguer leur est ostee. Or toutes choses créees naturellement appettent leur liberté, & plus celles qui sont douées de quelque nature excellen-te, cõme sont les Demons; Mais ie diroy plustost, qu'à for-ce qu'ils ont l'humeur inconstante & vagabonde, ils desi-rent d'estre tousiours errans: Car bien qu'ils soient dehors, ils ne souffrent pas moins de peine, d'autant que *suum sem-per secum cruciantem ignem circumferunt:* Ainsi quand ils sont preci-pitez & enclos en Enfer, la peine ne leur est augmentee.

Qu'a-on dict? que sortant du corps des Demoniaques pour retourner en Enfer, ils sont priuez du plaisir qu'ils ont à tormeter les hômes: pour vn Demoniaque qu'ils torment-ent dehors, ils tormentent vne infinité d'ames en Enfer. Ainsi ie ne voy autre raison pourquoy ils ont l'Enfer en hor-reur, leur peine & leur plaisir (si plaisir ils peuuët auoir) les suiuät par tout enchainez ou deschainez, que pour ce qu'ils sont en plus de liberté de semer leurs cautelles, faire des conuêtions & pactions abominables, dresser des assemblees illicites, & attirer plusieurs personnes à leur cordelle, au lieu que ceux qu'ils trouuent en Enfer leur sont desia tous acquis & n'ont pas faute de bourreaux pour les tormêter.

DES DEMONS, MAG. ET SORC. LIV. I.

Ceux-cy prennent plaisir d'aller à la chasse des ames & en engouffrer tant qu'ils peuuent dans ces abysmes de l'Enfer.

Ie ne veux oublier ce que les bons autheurs escriuent, que comme le Diable est imitateur de Dieu, qu'aussi les mauuais Anges en imitation des bons, se trouuent en quelque façon estre colloquez & distinguez en neuf Hierarchies aussi bien que les bons (bien que parauanture cet ordre ne vienne d'eux) ainsi ils le tirent de leurs operations.

La premiere Hierarchie des mauuais anges est celle des faux Dieux, qu'on a ainsi colloqués en ce premier rang, par ce que de tout temps ils ont tasché à estre honorez comme Dieux, par sacrifice & adoration, iusques à la vouloir exiger de Dieu mesme; comme ce Sathan qui s'efforça de tenter Iesus Christ: au nombre desquels furent ceux, entre autres, lesquels soubs le nom du Dieu Apollon parloient à Delphe, & ces autres qui rendoient les responces Pythiennes, & plusieurs Idoles des Ægyptiens, qui se faisoient adorer comme Dieux, & le chef ou Prince de ceux cy est Beelsebub.

La seconde est composée des esprits de Mensonge, par ce qu'ils sont imposteurs, faux & mensongers, disant touiours vne chose pour vne autre: comme fut celuy en la bouche des Prophetes d'Achab. Ils s'entremeslent aux Oracles, & abusent les hommes par les predictions des Prophetes Pythiens, qui ne sont iamais sans double entente & leur chef est Python.

La troisiesme de ceux, lesquels on appelle vases d'ire & de courroux, vaisseaux d'iniquité, inuenteurs de tous maux & de tous mechants arts, tels que Platon depeint ce mechant Demon Theutas, qui a appris la tromperie des ieux & toute sorte de hazard, les vaisseaux de fureur en Esaye 13. vaisseaux d'ire, dans Hierem. 50. vaisseaux de mort, au Pseau. 7. leur chef est Belial, qui veut dire desobeissant.

La quatriesme de ceux qu'on appelle & dict estre vengeurs des mechancetez, des crimes & meffaicts, dont leur chef est Asmodee.

Le cinquiesme de ceux qu'on tient pour estre trompeurs

C iij

affronteurs & prestigiateurs, qui seruent particulierement aux Magiciens, Enchanteurs & Sorciers, qui contrefont les miracles & seduisent le peuple & leur chef est Sathan.

La sixiesme de certains Demons qui se font appeller puissances aerées, par ce qu'ils se meslent es nuees, orages, foudres & esclairs, corrompent l'air & le rendant contagieux amenent la peste & autres maux, dont leur chef s'appelle Meresin.

La septiesme de certains Demons qui sont les Furies, semeurs de maux, discords, rapines & incendies, guerres, ruines & saccagemens: leur chef est Abbadon c'est a dire exterminateur.

La huictiesme est de ceux qu'on tient pour espions & faux accusateurs, Demons qui sont tousiours en aguet leur Prince est Astharoth.

La neufiesme est de ceux qu'on tient pour tentateurs ou insidiateurs, dresseurs de pieges & d'embuches, qu'on croit estre a l'entour de chaque personne pour contrecarrer le bon Ange, & pour cette raison sont appellez mauuais Genies: & leur chef est Maimon.

Or toutes ces malheureuses operations, & toutes ces diuerses appellations, monstrent clairement que ce sont malins Esprits, mauuais Anges ou Demons, qui ne sont constans qu'a mal faire.

Et quant au nom des chefs de ces neuf Hierarchies, ils sont energiques & tendant tousiours a l'inconstance, comme sont aussi les noms de quelques autres Demons qui se trouuent dans l'Escriture saincte.

Comme *Diabolus* qui signifie en Grec calomniateur,
Belial, qui veut dire sans ioug ou sans seigneur,
Beelsebub, homme de mouches,
Sathan, qui signifie aduersaire,
Behemoth, qui veut dire beste,
Leuiathan, qui est autant qu'Ammon celeur de pecheurs ou de pechez, ou celuy qui les ioinct & accumule ensemble.

Le Dante en son Enfer leur baille vn autre nom, & sans

DES DEMONS MAG. ET SORC. LIV. I.   25

auoir esgard à ces neuf Hierarchies qui ne peuuent auoir que chacune leur chef, il nomme dix Demons ou mauuais Anges principaux. Qui monstre que les Demons sont si inconstans, volages & tenebreux qu'ils nous donnent peine de les recognoistre. Il nomme le premier *Alchino* qui veut dire enclin au vice, le 2. *Calchabrina*, mespriseur de la grace de Dieu, le 3. *Cignazzo*, chetif chien & mordant, le 4. *Barbariccia*, frauduleux, le 5. *Libicoccho*, affronteur, le 6. *Draghinazzo*, venimeux, le 7. *Cirriato sannuto*, pourceau, le 8. *Graffiacane*, oppresseur, le 9. *Farfarello*, enioleur ou conteur de bayes, & le 10. *Rubicante*, furieux, tout feu & tout audace.

Et comme parmy les bons Anges il y a quelque superiorité & degré d'excelence tendant à bien: Aussi entre les mauuais Esprits, aucuns sont superieurs & les autres inferieurs, leur superiorité neantmoins tendāt tousiours a mal: si bien que Lucifer que le mesme Dante appelle fort à propos en son enfer *L'Emperador del doloroso regno*. C'est vrayement l'Empereur & le plus grād de tous les mauuais Anges & Demons, lequel a tellemēt peruerty, & contaminé cette preeminēce, qu'on peut dire que, & luy & tous les mauuais Esprits, qui ont receu de Dieu de plus grāds dons naturels, de puissance, de force, de sciēce, & autres choses semblables, ce sont ceux la lesquels par vne damnable inconstance, ont commis & commettent les plus grandes fautes, & attirent le monde aux plus enormes forfaicts, soit pour auoir auec plus d'ardeur desiré de s'esgaler au tout puissant leur Maistre; & s'estre monstrés plus ingrats enuers luy, soit pour infester d'auantage & auec plus de violence la nature humaine, & particulierement l'homme, par ce qu'il porte en soy l'image du Sauueur empreinte en son visage, ayant fracassé, violé & rompu le pacte sempiternel, qu'ils auoient faict auec sa diuine Maiesté.

Dante en son Enf.

Neantmoins nos Sorciers tiennent la plus part de ces Demons pour leurs Dieux, qui a introduict tant de faux Dieux parmy le monde; chacun tenant pour Dieu, ou son bienfaicteur, ou celuy qui le tenoit ou tient attaché par quelque mauuais pacte & conuention. Ou bien quelque bon

Qui est ce qui est cause qu'on a inuenté tāt de faux Dieux.

euenement ou effect, quelque ineptie ou ordure, ou quelque sale animal, ou bien quelqueplante abiecte, que l'hôme voire les plus vils animaux foulent tous les iours aux pieds.

Et n'est pas merueille que mesme les anciens Romains, quoy que moralement constans & plus ingenieux que tous autres peuples & nations, fussent neantmoins si volages que de se forger tous les iours de nouueaux Dieux, qui n'estoient qu'autât d'Idoles ou Demons. Car on a tres-bien obserué que la faute venoit de ce que subiugant vn Royaume ou vne Prouince, ils emmenoient & leurs Dieux & leurs erreurs tout ensemble, & en paroient leurs triomphes: & par-fois les logeoient en leur Capitole, comme fit Fabius Maximus la statue d'Hercules, qu'il fit mettre au Capitole ayāt debellé les Tarentins qui le tenoient pour Dieu.

Plut en la vie de Fab. Max.

Cette pluralité de Dieux prouenoit aussi, de ce qu'ils formoient vn Dieu pour l'accomplissement de chaque effect, si bien que chaque effect ou bon euenement causoit vn Dieu, & nul de leurs Dieux aucun bon euenement: iusques a en constituer ou former dix ou douze pour garder vn chetif espy de bled, & le conduire à sa perfection. A vostre aduis combien de faux Dieux formoient ils pour garder ou esleuer vn enfant qui estoit beaucoup plus precieux qu'vn espy de bled? combien de mauuais Demons emploioient ils en son esleuation? Lucine comme Deesse estoit suppliee de se rencontrer a la porte pour l'accueillir, & le ietter heureusement dans le monde. La deesse Opis estoit employee pour le faire tetter. Le Dieu Vagicanus pour l'empecher de pleurer. La Deesse Cunine pour le garder d'encombre pendant qu'il estoit au berceau La Deesse Runine pour en auoir soing pendant qu'il estoit a la mammelle. Le Dieu Statilinus pour le garder assis. La Deesse Adeone pour le faire marcher. La Deesse Abeone pour le faire voyager. La Deesse Mentale pour luy donner bon entendement. Le Dieu Volumnus & la Deesse Volumna pour le rendre de bonne volonté. Les Dieux des nopses pour le guider en son mariage. Les Dieux agrestes ou la Deesse

Iud. Serclier en son A ntidemō ch. I nu. Il falloit, vne infinité de Dieux pour esleuer vn enfant S. Aug. lib. 4. de ciuit. Dei cap. 21. Aucuns l'appellent Vaticanus les autres Vagitanus. Varro. lib. de tonnas en faict vne Deesse & l'appelle Statilina.

Deesse Fructifere pour fertiliser son labourage. Le Dieu Mars & la Deesse Bellone pour le rendre vaillant. La Deesse Victoire pour le rendre victorieux. Le Dieu Honorin pour le rendre honoré. La Deesse pecune pour estre pecunieux. Le Dieu Æsculan & son fils Argentin pour faire en sorte qu'il eust airain & argent a foison.

Ainsi Sathan se faisoit anciennement adorer apertement & immediatement par l'idolatrie de ces pauures ignorans, & maintenant il continue par celle des Magiciens & Sorciers qui sont tousiours accompagnez de leur mauuais Ange, qui les conduict par tout & ne les abandonne iamais de peur qu'ils se reiettent a Dieu: qui est celuy seul qui les peut tirer des pattes de tout malin Esprit.

Nous finirons donc auec ce bon mot de Sinesius, qui a dict fort à propos que les calamitez des pauures mortels sont les festins des Demons inconstans, trauersiers & pipeurs. Et au contraire les larmes des penitens sont le Nectar & l'Ambrosie des bons Anges, tousiours constans en la grace de Dieu, nos protecteurs & bien-faicteurs, qui ne s'employent & delectent qu'a bien faire. Qui monstre que c'est à ceux là ausquels il nous faut addresser, d'autant que ce sont eux seulement qui nous peuuent presenter par la main au souuerain maistre de tous les Anges, & conduire au lieu où gist nostre beatitude, qui est le haut poinct auquel chacun de nous doibt viser.

Les calamitez des mortels sont les festins des Demons.

D

DE L'INCONSTANCE

Qu'il ne se faut estonner puis qu'il y a vn si grand nombre de mauuais Anges, qu'il y ait tant de Magiciens Deuins & Sorciers, & pourquoy ceux du pays de Labourt ont tant d'inclination, & courent si fort à ceste abomination.

1. Qu'il y a vn nombre infini de mauuais Anges.
2. Pourquoy Dieu s'est voulu donner vn si puissant ennemy que le Diable.
3. Les Sorcieres ont mesme en ce monde vn pied dans l'Enfer.
4. Description du pays de Labourt.
5. Les frontieres sont communement riouteuses, parce qu'elles se maintiennent tousiours & viuent en ialousie.
6. Sentence arbitrale entre le Roy Louys xij & la Royne de Castille.
7. Commission decernee au sieur President Espaguet pour visiter toute la coste du pays de Labourt.
8. Le Socoa au pays Labourt, est vn lieu où il se seroit vn port tres-asseuré.
9. Les Demons & malins Esprits, ayans esté chassez du Lappon & des Indes: se sont iettez en ces montagnes de Labourt.
10. Pourquoy ceux de Labourt, mesme le menu peuple a tant d'inclination au Sortilege.
11. Les Basques faisans leurs Magistrats & autres Officiers, leur baillent volontiers des noms Ecclesiastiques.

DISCOVRS II.

PLVSIEVRS & Anciens & Modernes ont creu, voyant que Iesus Christ menaçoit ses ennemis de tant de legions d'Anges, qu'il y en auoit vn nombre infiny, & croyoit-on qu'il y en eust presqu'autant de mauuais que de bons, puis qu'on ne peut asseurer que probablement, qu'il n'y en a que la troisiesme partie seulemēt qui soit descheüe du ciel & de la grace de Dieu. Ce grand Sorcier Agrippa estoit de cest aduis, lequel dict qu'il y auoit autant de mauuais Anges que de bons, qu'il y en auoit neuf Hierarchies de bons, partant qu'il y en auoit neuf Hierarchies de mauuais, ausquels, de de tout temps la commission du bourrelage des peines eternelles contre les pauures ames pecheresses auoit esté decernee. Et VVier son disciple a faict l'inuentaire de la monarchie de Sathan, auec les noms & surnoms de 72. Princes, & de sept millions quatre cens cinq mille neuf cens vingt cinq Diables, qui est vn nombre fantastique, qui ne peut estre appuyé sur autre raison que sur la reuelation de Sathan mesme. Les Poëtes nous ont aussi voulu donner à entendre par leurs feintes, qu'il y en auoit vn nombre infiny : Et n'ont feint pour autre chose que Cerbere gardien des enfers, le seiour des mauuais Anges, eut trois testes, que pour representer en quelque sorte autres trois Hierarchies de Demons, lesquels rauageoiēt les trois elemens l'air, l'eau & la terre : car celuy du feu, c'est leur propre seiour, c'est le ressort par le moien duquel ils nous affligent, c'est auec iceluy qu'ils nous impriment mesme en ceste vie les terreurs effroyables de ce grand & dernier iour. C'est pourquoy ils introduisent Proserpine maistresse des Enfers chantant d'elle mesme.

> *Naturæ triplicis ego sum Lucina puella*
> *Taurea, itemque triceps, missa e cælo aurea Phæbe,*
> *Quàm multa variant formæque trinaque signa.*
> *Quæ terna & simulachra sero terræ, aeris, ignis,*
> *Quippe meis atris terrarum est cura Molossis,*

Neantmoins les Theologiens tiennent, qu'en la creation des Anges il ne s'en trouue aucun de mauuais, *sed ex bonorum ordinibus propter præuaricationem quosdam cœlis pulsos & deiectos*, & se laissent aller en quelque façon à ce poinct, qu'il y a quelque apparence que seulement *Tertia pars Angelorum lapsa est.*

Mais quand bien ainsi seroit qu'il n'y en eust qu'vne troi-

D ij

sieſme partie, le nombre des Anges eſt ſi grand, qu'il n'y en auroit que trop de ceſte troiſieſme pour rauager le monde & courir par tous les elemens, outre que des plus puiſſans ont faict le ſaut : Eſtant certain que de chacune des neuf Hierarchies des bons Anges, pluſieurs ont eſté chaſſez du ciel, ſi bien qu'il ne faut ſ'eſmerueiller, de ce qu'ils precipitent tant d'ames, & les font treſbucher au fond des Enfers. Ce qu'ils ne peuuent mieux faire qu'auec certains agens qu'ils eſtabliſſent par tous les coings du monde, leſquels ſeduicts par ſes cauteles, vont auſſi ſeduiſant les paures ames foibles, & principalement celles des femmes & enfans, faiſant des pepinieres du plus grand nombre d'enfans qu'ils peuuent, & dreſſant comme des Academies & aſſemblees, où chacun eſt tenu de comparoir à certaines heures tenebreuſes; De maniere que puis qu'il y a tant de mauuais Anges & Demons, il ne faut ſ'eſtonner ſi on voit tant de Magiciens Deuins & Sorciers.

C'eſt merueille que Dieu qui a voulu faire l'homme à ſon image, & luy former vn monde & tant de belles choſes au dedans pour ſon ſeul contentement, l'ait neantmoins logé en lieu où il ne peut faire vn pas, qu'il ne rencontre vn ennemy qui ne cherche qu'à le perdre & le precipiter, de telle façon que meſme il n'en eſt pas quitte pour le coup de ſon premier precipice, ains il ſe trouue lié pour iamais aux peines eternelles : Sathan ayant cette aſtuce, d'exiger de ces paures ames qui ſe donnent a luy, qu'elles ſ'eioüiront auec luy, & l'ayderont à ſouffrir les peines qu'il ſouffre en Enfer, faiſant cette obligation commune à ceux qu'il trouue volontaires de ſe donner à luy, ne leur pouuant faire part d'aucun autre bien que de ſa viſion affreuſe, & de ſon tourment.

Pourquoi Dieu s'eſt voulu donner vn ſi puiſſant ennemy que le Diable.

Sathan eſt donc le ſeul & vray ennemy de l'homme; mais comment de l'homme ? Il eſt vrayement l'ennemy de Dieu, qui veut imiter en toutes choſes les plus excellens ouurages, contrepeſer & balancer auec luy le gouuernement du ciel & de la terre. Tellement qu'on a quelque iuſte raiſon d'admirer, de ce que Dieu tout puiſſant ſe ſoit voulu donner vn ennemy si puissant luy mesme, si ce n'est qu'on die qu'il la faict pour sa plus grande gloire. Car outre l'honneur qu'il a de la creation de tant de choses admirables qui sont de la cognoissance des mortels, & vn million d'autres surnaturelles qui outrepassent la portee des ames les plus releuees, il merite tant de loüange & d'honneur, & s'acquiert tant d'obligation sur nous en la conseruation, que ie ne sçay lequel ie doibs le plus priser. Donc quand il nous à creés & fait naistre, il s'est trouué aussi tost vn ennemy du genre humain, auec vne puissance si souueraine, qu'il luy a donné pouuoir de nous faire siens s'il peut, & à nous pleine liberté de le suiure: dequoy abusant il a voulu entreprendre sur le propre Fils de Dieu, & le transporter ores sur la montagne, ores sur le pinacle du temple. De maniere qu'on diroit que Dieu s'estant reserué le iour & la lumiere pour faire voir ses œuures, il luy a laissé la nuict & les tenebres pour faire voir les siennes, & auoir comme mi-party le gouuernement & l'empire du monde, luy donnant l'Enfer & les peines & tourments, & se gardant le Paradis & la recompence des esleus. La vertu & les genereux exploicts ne se peuuent esclorre sans espines & sans quelque rude combat.

La victoria sanguinosa,
Spesso far suole il Capitan piu degno.

Dieu mesme a permis à Sathan de violenter beaucoup plus les ames sainctes, les mieux reglees & celles qui semblent estre plus en sa protection que les autres.

Or il n'a rendu Sathan en chose quelconque si puissant, si souuerain ni si auctorisé qu'en nombre & puissance de Demons & mauuais Anges, & ne luy a lasché plus librement la chaine, de laquelle il le tient enchainé que sur les Sorciers & autres gens semblables: lesquels soubs pretexte de quelque petite nouueauté, ont d'ors & desia tel commerce auec luy qu'ils ont en ce monde vn pied dans l'Enfer. *Les Sorciers ont mesme en ce monde vn pied dans l'Enfer.*

Mais de voir tant de Demons & mauuais Esprits, & tant de Sorciers & Sorcieres confinez en ce pays de Labourt, qui n'est qu'vn petit recoing de la France, de voir que c'est la *C'est merueille qu'il y ait tãt de Demons &*

de Sorciers au pays de Labourt.

pepiniere, & qu'en nul lieu de l'Europe qu'on sçache, il n'y a rien qui aproche du nombre infiny que nous y en auons trouué, c'est la merueille. Ce qu'il nous faut necessairement espelucher, puisque nous en cherchons le remede: affin de donner aduis au Roy, que la puissance souueraine qu'il luy a pleu nous mettre en main, n'est le souuerain & vnique emplaitre à ceste vlcere puis que des-ja la gangrene s'y voit clairement. I'en pourroy estre quitte en disant qu'il plaist au souuerain createur d'affliger ainsi ce peuple par Demons & par Sorciers, mais pourtant on en peut rendre quelques raisons morales & populaires, fondees sur l'humeur de ce peuple, & sur la situation de leur contree.

Le pays de Labourt est vn Bailliage composé de vingt sept parroisses, aulcunes desquelles font quelque commerce & negotiation, & pour estre le pays populeux, ils sont tenus au moindre son de tabourin qui soit sur la frontiere où ils sont logez, de secourir le Roy de deux mille hommes, & cependant & par prouision il y a vne compaignie de mille hommes en pied, comme les milices d'Italie, desquels est Capitaine le Baillif. Ils sont le long de la coste de la mer, ou bien esgarez & vn peu aduancez dans la montaigne, & s'appelloient anciennement Cantabri. Ils ont vn langage fort particulier: & bien que le pays seul parmy nous qui sommes François, se nomme le pays de Basques, si est ce que la langue Basque s'estend beaucoup plus auant. Car tout le pays de Labourt, la basse & haute Nauarre & vne partie d'Espaigne parlēt Basque, & pour mal-aysé que soit le langage, si est ce qu'outre les Basques la plus part des Bayonnois, haut & bas Nauarrois, & Espagnols circonuoisins pour le moins ceux des lisieres le sçauent. Et ma-on asseuré qu'en l'an 1609. le sieur de Mons disputant au priué conseil du Roy contre quelques gens de Sainct Iean de Lus, certains dommages & interests qu'ils disoyēt auoir faicts & soufferts pour auoir enuoyé quelques nauires en Canada, il luy fut maintenu que de tout temps & auant qu'il en eust cognoissance les Basques y trafiquoyent: si bien que les Canadois ne traictoient parmy les François en autre lan-

La langue Basque s'estend fort auant.

Ceux de Canada ne sçauent autre langue pour traicter auec les François

ge qu'en celle des Basques

Et pour monstrer particulierement que la situation du lieu est en partie cause qu'il y a tant de Sorciers, il faut sçauoir que c'est vn pays de montaigne, la liziere de trois Royames, France, Nauarre, Espagne. Le meslange de trois langues François, Basque, & Espaignol, l'enclaueure de deux Eueschez, car le Diocese d'Acqs va bien auant dans la Nauarre. Or toutes ces diuersitez donnēt a Sathan de merueilleuses commoditez de faire en ce lieu ses assemblees & Sabbats, veu que d'ailleurs c'est vne costé de mer qui rend les gens rustiques, rudes & mal policez desquels l'esprit volage est tout ainsi que leur fortune & moyens attaché a des cordages & banderolles mouuantes comme le vent, qui n'ont autres champs que les montagnes & la Mer, autres viures & grains, que du millet & du poisson, ne les mangent soubs autre couuert que celuy du Ciel, ne sur autres nappes que leurs voiles. Bref leur contree est si infertille qu'ils sont constraincts de se ietter dans cest element inquiete, lequel ils ont tellement accoustumé de voir orageux, & plain de bourrasques, qu'ils n'abhorrēt & n'apprehendent rien tant que sa tranquilité & bonnace : logeant toute leur bonne fortune & conduite sur les flots qui les agitent nuict & iour : qui faict que leur commerce, leur conuersation & leur foy est du tout maritime : traictant toutes choses quand ils ont mis pied a terre, tout de mesme que quand ils sont sur les ondes & en ondoyant; tousiours hastez & precipitez, & gens qui pour la moindre grotesque qui leur passe deuant les yeux, vous courent sus, & vous portent le poignard à la gorge.

que celle desBasques Situation du pays de Labourt

Mais comment est-ce que ce pays de Labourt. Est si infertille? Car s'ils estoient bien en la grace de Dieu ce peu qu'ils ont accoustumé de semer seroit suffisant pour les garder pour le moins de la faim veu qu'anciennemēt pour peu de grains qu'on semoit, on faisoit de tresgrandes recoltes. Et ne se faut esmerueiller si Isaac recueillit iadis cent grains pour vn, veu que deux mil ans apres, il fut enuoyé a l'Empereur Auguste quatre cens grains de bled tirez d'vn

Infertilité du pays de Labourt

seul grain au territoire de Bizance en Barbarie. Et vne autre-fois trois cens quarante comme dict Pline. Et pourquoy diriés vous que la terre portoit en ce temps la tant de grains *Tanta vbertatis causa erat* (dict il) *quia ipsorum imperatorum manibus colebantur agri, gaudente terra vomere laureato & triumphali aratore.*

Or en ce pays de Labour ils se iettent presque tous à cest inconstant exercice de la mer, & mesprisent ce constant labeur & culture de la terre. Et bien que nature ait donné à tout le monde la terre pour nourrice, ils aiment mieux (legers & volages qu'ils sont) celle de la mer orageuse, que celle de cette douce & paisible Deesse Ceres.

La mer l'eau & le poisson se prennent pour la hayne.

Les Anciens prenoyent aussi la mer, l'eau, & le poisson, pour la haine, comme plusieurs les prenent pour l'inconstance, la raison est par ce que l'eau esteint le feu qu'on attribue à l'amour: voire les Ægiptiens, haioyent si fort toutes choses maritimes comme inutilles & presque du tout hors le commerce & viure necessaire de l'homme, qu'ils estimoyent celuy la souillé & contaminé, qui eut parlé & conuersé auec vn homme de marine, & pour cette raison reiettant és sacrifices le sel qui prouenoit de la mer ils souloient le prendre & tirer de la fontaine de Iupiter Hammon.

La mer est vn chemin sans chemin, il s'enfile par-fois encore qu'il semble n'estre aucunement tracé, beaucoup plus aisément que la terre. Neantmoins c'est vne grande inconstance & legereté de se ietter ainsi à tous momens & à toutes occasions, côme font les gens de ce pays, à la mercy d'vn element si muable, & de tant d'inconstantes creatures à la fois: Car ce grād Occean n'a accoustumé de nous trainer si les vents ne nous poussent. Ainsi les mers nous portent, & les vents nous transportent, nous soufflent & resoufflent dans leur flux & reflux, l'air qu'on y prend & les vapeurs qu'on y reçoit nous mouillent, nous brouillent, & nous detrempent dans l'humidité de tant d'eau, & dessus & dessoubs qu'en fin on ne peut dire, que la nauigation ne soit auec tant d'orages, vn vray & temeraire desespoir, causé

par

par le vent de l'inconstance, soubs la connoitise que l'auarice insatiable, & quelque humeur volage leur donne de trouuer des tresors.

Les Anciens ont bien recognu cette rudesse de mœurs par la situation des lieux, puis qu'ils nous ont faict voir que mesmes les villes qui sont haut & bas sont composées de mœurs toutes differentes: qui faict que pour voisins qu'ils soyent, ils se guerroyent & s'esgorgent le plus souuent. Voila ce qu'on peut dire d'eux & de la mauuaise assiette de leur pays. Secondement le pays est si paure, sterile & ingrat, & eux hors la mer si oisifs & faineans, que cette oisiueté les mene presque auant qu'ils soient vieux à quelque espece d'intollerable mendicité, ie dy intolerable, car pour estre voisins de l'Espagnol, ils se ressentent merueilleusement de leur superbe & arrogance.

Ceux du pays de [...] bourroient à moitié de l'année ou biê plus

La mer mesme leur defaut & n'ont autre port que celuy de Siboro & Sainct-Ieâ deluz, qui n'est qu'vne mesme chose. Car ces deux parroisses sont iointes par vn pont auec vn pont-leuis que chacune peut leuer & tirer a soy, tant les habitans sont ennemis. Si bien qu'il faut reuenant des Indes, de Terre-neuue, de Canada, & autres lieux, que leurs vaisseaux prennent port en Espagne, sçauoir est à Sainct Sebastian au passage ou à Fontarrabie, chez lesquels ils sont soubs la verge, & en toute soubsmission comme en terre ennemie, dans laquelle, puis ces dernieres annees nous ne pouuons estre sans quelque petite apprehension, & sont si miserables, que plus ils s'approchent de la coste de France, plus les Espagnols les tiennent soubs boucle. Ce que ie veux vn peu particulariser, par ce qu'on est sur le poinct d'y donner quelque ordre.

Passant deuant Fontarabie pour se retirer à Handaye, & de là à Vrrogne vne des meilleures parroisses de Labourt, bien qu'il y ait vne riuiere portant nauire en pleine mer laquelle est mytoienne entre la France & l'Espagne, & encore plusieurs grands sables, si est ce qu'ils ne veulent souffrir que ceux de Labourt y aillent & nauigent qu'auec

5. Les frontieres sont communement riotenses parce qu'elles se maintiennent toul-

E

Sous &c vent en la... louzie.
Sentence arbitrale entre le Roy Louys XII. & La Royne de Castille.

de petits bateaux de pescheur, prenant pretexte de ce qu'en l'an 1509. le Roy Louis XII. s'estant accordé d'arbitres auec la Royne de Castille, le feu sieur de la Martonie premier President de la cour de Parlement de Bordeaux, s'estant porté iusqu'à Bayonne pour cest effect, se laissa tellement surprendre, qu'il ne daigna s'approcher iusques à Handaye pour voir les lieux à l'œil. Qui fut cause que par la sentence arbitralle, il fut dict, que les François ioüiroient de la moytié de ladicte riuiere, mais seulement auec des bateaux sans quille; & au contraire les Espagnols auec toute sorte de vaisseaux, soit nauires ou autres sans quille & auec quille. Et bien que ladicte sentence ne soit signee, comme i'ay veu, que par des arbitres Espagnols, & non dudict premier President, lequel parauanture pour cette seule occasion, ne la voulut signer; & qu'elle soit seulement par prouision pour dix ans, si est ce que l'Espagnol s'est tousiours depuis maintenu en cette possession. De maniere que ceux de Handaye qui sont logez vis à vis de cette place forte, sont tellement gourmandez, qu'aussitost qu'ils paroissent sur la riuiere auec vn bateau autre que de pescheur, & tant soit peu extraordinaire, ceux de Fontarrabie les font retirer à coups de canon.

Il y eust du mal-entendu en cest arbitrage; car lors que le Roy François bailla ses enfans en ostage pour sortir de prison, on fit vn pont de gros bateaux à quille sur ladicte riuiere, dont la moitié estoit à nous, & faicte par nous, & l'autre moitié par les Espagnols.

Ils sont encore si miserables que leur ayant osté l'vsage du port, sauf pour leur commodité, sçauoir pour pescher & leur aller vendre du poisson, ils leur veulent encore oster les isles & les sables que la riuiere faict en basse mer, & ont fondé vne autre pretention là dessus: Car bien que la riuiere soit mytoienne, & que chaque Royaume ait son passage de son costé, si est ce qu'outre les Isles qui sont de leur costé desquelles ils ioüissent entierement, ils veulent encore ioüir de la moytié des nostres que la riuiere a faict à nostre bord. Et croy qu'à la fin ils les voudront toutes, ne se

DES DEMONS MAG. ET SORC. LIV. I. 31

contentant de celles qui sont du costé de Fontarrabie qui sont beaucoup plus grandes que les nostres.

Ils gourmandent ces pauures habitans de Handaye aussi bien là dessus que sur le passage des bateaux à quille; Car en l'an 1608. quelques habitans du lieu François, ayant faict & releué quelque fossé dans ces Isles qui sont du costé de France, ceux de Fontarrabie vindrent le tabourin battant auec Gallions & armes à feu, & abbatirent & razerent les fossez, mais pourtant à cachettes & par surprise. Qui fut cause que le feu Roy Henry le Grand se ressouuenant que le sieur de la Force Gouuerneur de Bearn, auoit n'aguieres rendu la pareille à quelques Espagnols abigees, lesquels auoient vsé de force ouuerte enuers les Bearnois, decerna commission au sieur President Espagnet, pendant que nous vacquions ensemble à la recherche des Sorciers, pour visiter toute ladicte coste, & ces Isles, & passage de riuiere contentieux en la forme des bateaux. Dequoy il a faict vne carte & figure exacte, & son procez verbal qu'il enuoya à sa maiesté; ayant trouué que la nauigation sur ladicte riuiere auec toute sorte de bateaux à quille, nous doibt estre permise, aussi bien qu'à eux. Et que les Isles qui sont de nostre costé nous apartiennent aussi bien qu'aux Espagnols celles du leur.

Et afin que desormais les Basques qui reuiennent de la terre neuue, des Indes & autres voïages ne soient necessitez de surgir & prendre port à Sainct-Sebastian, au passage, ou à Fontarrabie, on a auisé de faire au premier iour vn port & haure à vn lieu appellé au Bocoa, entre Handaye & Siboro, duquel nous pourrons tenir en bride ceux qui voudroient prendre port à Fontarrabie, & au contraire ceux de Fontarrabie pour estre plus en arriere que ledict lieu de Socoa, ne pourront empecher que toute sorte de nauires n'abordent au Socoa, Siboro, & Sainct Iean deluz qui sont trois ports à suite outre celuy de Bayonne.

Pour le fort qu'on supplioit lors le Roy de bastir audict

Debat entre les Basques & les Espagnols pour les Isles & sables qui sont vis à vis de Fontarrabie.

7. Commission decernee au sieur President Espagnet pour visiter toute la coste du pays de Labourt

8 Le Socoa e't vn lieu

E ij

36 TABLEAV DE L'INCONSTANCE

en Labourt si on se doit vn port recerchere. lieu du Socoa, le lieu y est merueilleusement disposé. Car outre qu'il y a vn aduancement de rocher bien haut pour descouurir de fort loing les vaisseaux, il y a vne petite riuiere d'eau douce par le derriere, qui pourroit facilement entourner vne grande partie de l'enceincte dudict fort. Mais comme le haute y est tres-necessaire, tout à rebours, sçauoir s'y on y doibt faire le fort, ou non, il y a plusieurs notables considerations qui doiuent estre bien particulierement examinees.

A tous ces deffauts qui rendent ces pauures gens souffreteux & incommodez, i'adiousteray qu'ils ont d'ailleurs si peu d'industrie, qu'il faut que pour s'addonner presque tous à la marine & estre impropres au labourage, les terres & leurs champs demeurēt la plus grande partie incultes, & la mendicité s'y loge, qui sont deux qualitez que le Diable desire en ses supposts: & c'est parmy ces gens qu'il exerce aisement ses ruzes, faisant semblant de courir à leur besoing, & leur bailler des viures & des moyens & neantmoins ne leur donne rien. Il les esblouit dans ces grandes & hautes montagnes, & ne leur laisse iouir de chose quelconque : car si les champs sont steriles ils ne daignent prendre la peine de les cultiuer, & s'ils sont fertiles & bien cultiuez, ceux qui sont Sorciers parmy eux les perdent par malefice, iettant des poudres sur iceux pour en perdre les fruicts.

Ceux de Labourt impropres au Labourage & tres mauuais artisans. Tiercement les voyant ainsi necessiteux & du tout impropres au labourage, mauuais artisans & peu versez es ouurages de la main, & les femmes peu occupees, en leurs familles, comme celles qui n'ont presque rien a menager, Sathan faict semblant de les secourir, & pour mieux les surprendre il leur oste, d'abordee l'entendement, & leur presente quelque ioye, auec vne si grande estrangeté & merueille des choses qu'il leur faict voir, & d'autres qu'il leur faict desirer & leur met en esperance, qu'auec la grande ruze celerite & violence qu'il y adiouste, il est mal-aysé qu'on ne tombe dans le piege, leur donnant auec cela quelque espece de plaisir, & leur faisant

DES DEMONS, MAG. ET SORC. LIV. I. 37

voir cauteleusemēt en ses Orgyes & Sabbats, vne si grande pompe & magnificence, où il fait aborder en vn moment tant de personnes, de toutes qualitez, & parroistre tant de varieté de choses nouuelles, & ce auec vn si grand esclat, que la plus part des Sorciers allant esdictes assemblees, croyent aller en quelque Paradis terrestre, où il n'y va que des gens esleus & triez, outre que Sathan les appriuoise par ce moyen, & les assubiettit & oblige de se trouuer à certaines heures à ces monstruositez; & qui pis est leur persuade qu'il n'y a non plus de peine à souffrir les peines de l'Enfer que celles qu'ils souffrent esdicts Sabbats.

En quatriesme lieu les hommes n'y aymēt ny leur patrie, ny leurs femmes & enfans. Ils sont comme ces veloux à deux poils, marquez de deux marques en leur lisiere: la nature les ayant logez sur la frontiere de France & d'Espagne, partie en montagne partie sur la coste de la mer, la langue mypartie de Basque & de François, & aucuns de Basque & d'Espagnol. Le commerce qu'ils ont presque plus en Nauarre & Espagne qu'en France, les tient en quelque indifference de mœurs, d'habits & d'affection, pour le moins le menu peuple. Car les gentils-hommes frequētant la Cour, ne sont de cette humeur, ayāt esté esleués à la Frāçoise. Bien que plusieurs ayent du bien & maisons nobles en France & en Espagne, ou Nauarre. L'absence & longs voyages qu'ils font sur mer causent ce desamour, & engendrent cette haine, en aucuns tepidité, ou froideur en d'autres. D'autant qu'il n'y a que les enfans & les vieillards qui gardent le logis, personnes sans conduite & sans iugement, lesquels pour leur foiblesse le Diable manie comme il luy plaist.

Les Basques sont voyageurs qu'ils n'ayment ny leurs femmes ny leur patrie.

Que si les femmes desirent le retour de leurs maris pour quelque petite commodité qu'ils raportēt du voyage, c'est l'hiuer qu'ils reuiennent qui est la plus rude saison de l'annee, laquelle pour n'estre industrieux, ils passent en cazaniers, beuuant & mangeant tout, ne laissant aucune prouision à leur famille, s'en retournant aussi pauures au voyage de Terre-neuue comme ils y estoient allez au commen-

E iij

uient. Ie laisse les naufrages qui ne peuuent laisser que les familles deplorées, ausquels ils sont beaucoup plus subiects, comme nous dirons cy aprés, que tous autres voyageurs, d'autant que la plus part sont Sorciers, & se voyent, quoy qu'ils soient en voyage, és Sabbats de Labourt.

Ils n'ayment aussi guieres leurs femmes, & ne les cognoissent pas bonnement, parce qu'ils ne les pratiquent que la moytié de l'annee, & pour leurs enfans, la liberté qu'ils prennent d'essayer leurs femmes quelques annees auant les espouser & les prendre cõme à l'essay, fait qu'ils ne leur touchent guieres au cœur, comme leur estant perpetuellement en doute, reuant tousiours sur la façon, & sur le mesconte du temps qu'ils sont arriués & departis de leurs maisons, si bien que si elles deuiennent Sorcieres, & endiablees, ils reuiennent sauuages & marins.

La longue iustice des maris engedre le desamour de leurs femmes.

Pour les femmes elles viuent en pareil ou plus grand desgoust, d'autant qu'elles n'ont la conuersation de leurs maris qu'à demy, & auec tous ces essays, doutes, incertitudes & longueurs, elles ne les tiennent aussi pour maris qu'à demy, n'en ayans le secours qu'il faudroit pour leurs familles & pour elles mesmes: n'estant traictees en femmes qu'à demy, si bien que la plus part trouuent à leur retour que les meres ont choisi & donné à leurs enfans vn autre pere, en ayant faict vn present à Sathan.

Loyer lib. 2. c. 7. Boguet.

Et comme les Indiens en l'isle Espagnolle prenant la fumee d'vne certaine herbe appellee Cohoba, ont l'esprit troublé, & mettant les mains entre deux genoux & la teste baissee, ayant ainsi demeuré quelque temps en extase, se leuent tout esperdus & affolez contant merueilles de leurs faux Dieux qu'ils appellent Cemis, tout ainsi que font nos Sorcieres qui reuiennent du Sabbat. Demesme ceux cy vsent du Petun ou Nicotiane en ayant chacun vne planche en leurs Iardins pour petits qu'ils soient, la fumee de laquelle ils prennent pour se descharger le cerueau, & se soustenir aucunement contre la faim. Or ie ne sçay si cette fumee les estourdit comme cette autre herbe les Indiens: Mais ie sçay bien & est certain qu'elle leur rend l'ha-

Le Petun rend ceux qui en vsent de mauuaise haleine.

l'ame & le corps si puant, qu'il n'y a creature qui ne l'ait accoustumé qui le puisse souffrir, & en vsent trois ou quatre fois par iour. Ainsi elles les sentent au sauuage, & les tiennent pour puants, & leurs enfans pour auortons, maleficiez & bastards, qu'elles font mourir, & qu'elles presentent au Diable comme faicts la plus part à demy carte. Et voyant que la puanteur & cette forte odeur de la marine leur plaist, elles se iettent encore à vne plus abominable puanteur, & aymēt plus baiser le Diable en forme de Bouc puant, en cette partie sale de derriere où elles font leur adoration que leurs maris en la bouche.

En cinquiesme lieu le monde n'y est pas nourry en la crainte de Dieu. Les Pasteurs, les Prestres & Curés sont desia establis par le Diable presque en toutes les parroisses plus celebres. Tellement que Sathan commence à posseder non seulement les Prestres: mais bien encore certaines Eglises pollues & profanees. Car nous auons verifié qu'il tient le Sabbat en la chappelle du Sainct-Esprit sur la montagne de la Rhune, & en l'Eglise de Dordach. Et ainsi au lieu de confesser & remedier (comme ils disent) des personnes par les suffrages de l'Eglise, ils les perdent : & s'ils disent la Messe de iour és vrayes Eglises, ils la disent de nuict és Sabbats. Et tous les actes secrets qu'ils font de iour dans l'Eglise, comme confessions, prieres basses & mentalles & autres choses semblables, ils les font tousiours à l'honneur & aduantage du Diable.

Qui me fait croire que la deuotion & bonne instruction de plusieurs bons religieux ayant chassé les Demons & mauuais Anges du pays des Indes, du Iappon & autres lieux, ils se sont iettez à foule en la Chrestienté : & ayant trouué icy & les personnes & lieu bien disposés, ils y ont faict leur principale demeure, & peu à peu se rendent maistres absolus du pays, ayant gaigné les femmes, les enfans & la plus part des Prestres & des Pasteurs; & trouué moyen de releguer les peres & les maris en terre neuue & ailleurs où la religion est du tout incognue, pour plus facilement establir son regne. Et de fait plusieurs Anglois, Escossois

9 Les Demons & malings Esprits ayant esté chassez du Iappon & des Indes se sont iettez en ces montagnes de Labourt.

& autres voyageurs venant querir des vins en cette ville de Bordeaulx, nous ont asseuré auoir veu en leur voyage de grandes troupes de Demons en forme d'hommes espouuentables passer en France. Qui fait que le nombre des Sorciers est si grand en ce pays de Labourt, & si trouue tant d'ames denoyées, que de penser les ramener ou deterrer par la voye de la iustice, il est du tout impossible. La deuotion & bonne instruction y feroient beaucoup plus d'effort.

On fait estat qu'il y a trente mille ames en ce pays de Labourt contant ceux qui sont en voyage sur mer: & que parmy tout ce peuple, il y a bien peu de familles qui ne touchent au Sortilege par quelque bout. Si le nombre des Sorciers qu'on condamne au feu est si grand (nous dict vn iour quelqu'vn parmy eux) il sera mal-aisé que ie n'aye part aux cendres. Qui est cause que le plus souuent on voit que le fils accuse le pere & la mere, le frere la sœur, le mary la femme, & parfois tout au rebours. Laquelle proximité fait que plusieurs chefs de famille, officiers & autres gens de qualité s'y trouuant embarrassez, ayment mieux souffrir l'incommodité qui peut estre en cette abomination que les Sorciers tiennent tousiours en quelque doute parmy les leurs, que de voir tant de bourrelage, de gibets, de flammes & de feux de gens qui leur sont si proches. Nous n'auons esté en nul doute de la preuue; la multiplicité & le nombre infiny nous faisoit horreur. Ils s'en fuioient à nostre arriuée par carauannes & par mer & par terre, la basse & haute Nauarre, & la frontiere d'Espagne, s'en remplissoient d'heure à heure. Ils feignoient des pelerinages à Monsarrat & Sainct Iaques, d'autres des voyages en Terreneuue & ailleurs, & mit-on tellement l'alarme en Nauarre & Espagne, que les Inquisiteurs estant venus sur la frontiere, nous escriuirēt qu'il nous pleust leur enuoier le nom, l'aage & autres marques des Sorciers fugitifs, affin qu'ils les nous peussēt renuoyer, ce qu'ils feroient disoient-ils de tres-bon cœur. Et nous leur rescriuimes encor de meilleur qu'ils les gardassent soigneusement, & les empeschassent

DES DEMONS MAG. ET SORC. LIV. I. 41

sent de reuenir, estant plus en peine de nous en deffaire que de les recouurer. C'est vn mechant meuble duquel il ne faut faire inuentaire.

Tout le plus grand effort de Satan est enuers les enfans, lesquels ayāt prins les Eglises comme les vrayes maisons de Dieu pour Asyles, & les Pasteurs pour patrons; ils trouuent les Eglises profanees & les Curés supposts de Satan infectés de cette ordure. Neantmoins ne trouuant aucune retraicte plus seure, ils dorment à troupes dans les Eglises comme lieux de respect, & leur semble que le Diable ne les peut arracher de là pour les tirer en ses abominables assemblees.

D'ailleurs cette nation a vne merueilleuse inclination au sortilege; les personnes sont legeres & mouuantes de corps & d'esprit, prōptes & hastees en toutes leurs actions, ayant tousiours vn pied en l'air, & comme on dit, la teste prés du bōnet. Aussi hayēt ils en quelque façon, & ie ne sçay pourquoy les chapeaux, & ne prennent plaisir d'en voir en leurs Bilsars: Ils sont plus enclins à l'homicide & à la vengeance qu'au larrecin & au pardon: Ils vont volōtiers la nuict comme les Chahuans, aymēt les veilles & la dance aussi bien de nuict que de iour: Et non la dance reposee & graue, ains decoupee & turbulente: Celle qui plus leur tourmente & agite le corps, & la plus penible leur semble la plus noble & la mieux seante, Et dancent auec le mesme tabourin qu'ils ont accoustumé de dancer au Sabbat, tesmoin l'aueugle de Siboro que plusieus nous ont dict auoir veu souuét au Sabbat. Quelque chose qu'on die ils sont fidelles; la gloire les tient en fidelité, quand rien autre chose ne les y porteroit; car ils croyent que larrecin est vne vileté de l'ame & vne soubsmission d'vn cœur abiect non releué, qui tesmoigne falement qu'il est necessiteux, sans autre consideration de la peine apposee par les loix à ce delict. Ie n'en vy iamais condāner en ce Parlement pour auoir desrobé chose d'importance; Et conuersant en leur pays ie n'y vy onc demander l'aumosne, n'y gueuser qu'a des estrangers: Enfin c'est la plus deliberee nation qui soit point; & puis dire auoir veu

Pour quoy ceux de Labourt, mesmes le menu peuple a tant d'inclination au sortilege.

Le Basque est fidele.

F

des filles & enfans tellement precipitez en tout ce qu'on leur commandoit, qu'ils se heurtoyent à tous coups aux portes & fenestres de rencontre iusques à se blesser, tant ils alloient viste.

L'habit contraire & cheueleure des filles qui se baignent les puceles contre la chasteté, mesme estant vente.

A quoy i'adiousteray l'habit des femmes & des filles, mesme leurs coeffures, lesquelles semblent aucunement impudiques. Ie parle de celles du commun, car la coeffure des femmes de qualité à Bayonne & les toiles pendantes, auec leurs ouurages qui parroissent au dessoubs accompagnées de fraizes, & pieces ouurées qu'elles portent sur la poitrine, sont fort honnestes mais penibles & de grand labeur & despense. Elles m'ont confessé qu'il y faut la moitié du iour pour les bien blanchir, accommoder & agencer : Mais parmy les filles & femmes du commun y comprenant Bayonne comme ville capitale dont tout le reste puise l'exemple, aucunes sont tondues, sauf les extremitez qui sont à long poil, d'autres vn peu plus releuées, sont à tout leur poil coiiurant à demy les iouës, leurs cheueux voletant sur les espaules, & accompagnant les yeux de quelque façon, qu'elles semblent beaucoup plus belles en cette naiueté, & ont plus d'attraict que si on les voyoit à champ ouuert. Elles sont dans cette belle cheueleure, tellement à leur auantage, & si fortement armées que le soleil iettant ses rayons sur cette touffe de cheueux comme dans vne nuée, l'esclat en est aussi violent & forme d'aussi brillans esclairs qu'il fait dans le ciel, lors qu'on voit naistre Iris, d'où vient leur fascination des yeux, aussi dangereuse en amour qu'en sortilege, bien que parmy elles porter la perruque entiere soit la marque de virginité. Et pour le commun des femmes en quelques lieux voulant faire les martiales, elles portent certains tourions ou morions indecens, & d'vne forme si peu seante, qu'on diroit que c'est plustost l'armet de Priape que celuy du Dieu Mars, leur coeffure semble tesmoigner leur desir ; Car les veuues portent le morion sans creste pour marquer que le masle leur deffaut : Et en Labourt les femmes monstrent leur derriere tellement que tout l'ornement de leurs cotillons plissez est derriere, & afin qu'il soit veu elles retroussent leur robbe & la mettent sur la teste & se couurent iusqu'aux yeux. En fin c'est vn pays de pommes elles ne mangent que pommes, ne boyuent que ius de pommes, qui est occasion qu'elles mordent si volontiers à cette pomme de transgression, qui fist outrepasser le commandement de Dieu, & franchir la prohibition à nostre premier pere. Ce sont des Eues qui seduisent volontiers les enfans d'Adam, & nues par la teste, viuant parmy les montagnes en toute liberté & naïueté comme faisoit Eue dans le Paradis terrestre, elles escoutent & hommes & Demons, & prestent l'oreille a tous serpens qui les veulent seduire & bien qu'elles frequentent iour & nuict les cemetieres, qu'elles couurent & entournent leurs tombeaux de croix & d'herbes de senteur, ne voulant pas mesme que l'odeur du corps de leurs maris leur sente au nez. C'est vne piperie, car telle pleure ou fait semblant de pleurer son mary à chaudes larmes mort puis vingt ans, qui ne ietta pas vne larme le premier iour des funerailles : elles sont là assises ou croupies à troupes & non à genoux, caquetant & deuisant le plus souuent de ce qu'elles ont veu la nuict precedente, & du plaisir qu'elles ont prins au Sabbat, l'aspreté & hauteur de ces montagnes, l'obscurité des antres qui s'y rencontrent, les cauernes grottes & chambres d'amour qui se trouuent le long de cette coste de mer. Mer laquelle de son escume iadis engendra Venus : Venus qui renaist si souuent parmy ces gens maritimes, par la seule veüe du sperme de la Baleine qu'ils prennent chaque annee, d'où on dict aussi que Venus a prins sa naissance : ce meslange de grandes filles & ieunes pescheurs qu'on voit à la coste d'Anglet en mandille, & tout nuds au dessoubs, se pesle-meslant dans les ondes, fait que l'Amour les tient à l'attache, les prend par le filet, les conuie de pescher en cette eau trouble, & leur donne autant de desir qu'elles ont de liberté, & de commodité, s'estant mouillees par tout, de s'aller seicher dans la

En la Bourt. leur ma- noir leur moyen. consistent en pescheries.

chambre d'amour voisine, que Venus semble auoir planté pour cette seule occasion tout exprés sur le bord de la mer.

Les Basques faisât leurs Magiſtrats & autres Officiers leur baillet volontiers des noms ecclesiastiques.

I'ay fait encore vne autre obseruation, qu'en toutes leurs parroisses ils prennent des noms de gens ecclesiastiques, & les petits Magistrats populaires s'appellent Abbés. En tous leurs festins ils ne manquent iamais de faire vn Euesque, & en leurs ieux vn autre Abbé de Maugouuer. Or tout cela n'est que prendre le nom & rendre ridicule le mystere. Il y a aussi en toutes les grandes Eglises du pays, vne femme qu'ils appellët la Benedicte, qui fait la function de Marguillier: ie trouue qu'elle s'approche de trop prés des Prestres libertins, & aymeroy autât estre en Allemagne, où i'ay veu souuent vne femme suiure vn Prestre au village, & porter aprés luy le calice & les ornemens dont il venoit de dire Messe: icy elle garnit l'autel, blanchit & accommode les nappes, & baille les frezes blanches aux petits Saincts qui sont sur l'autel; chose laquelle se faisant à bonne intention est plus indecente que mauuaise. C'est pourquoy le sieur Euesque de Bayonne est aprés à reformer tout cela: comme aussi ie trouue messeant qu'à Sainct Iean de Luz, & en plusieurs autres lieux, vne cordee de femmes (i'en y ay veu iusques à dix) vont amasser par toute l'Eglise, comme font nos bourgeois en nos parroisses. Et pour les offrandes ie trouue aussi fort messeant que toutes les femmes & filles y vont par vanité, chacune selon leur ranc, & y employent tant de temps, que la Messe est bien souuent dicte auant qu'elles ayent acheué: & les hommes, sauf les Magistrats, n'y vont aucunement: Et quand les femmes y vont, elles donnent vne chandelle attachee à vn petit gasteau faict de forme la plus indecente qui pourroit estre pour vne honneste femme.

Ie ne veux oublier qu'en Labourt les villageois & villageoises les plus gueux, se font appeller sieurs & dames d'vne telle maison, qui sont les maisons que chacun d'eux a en son village, quand ce ne seroit qu'vn parc à pourceaux. Or aucunes de ces maisons sont rangees dans la rue du village, d'autres estant vn peu escartees & hors de ranc & ordre ont quelques petites terres : & labourage à l'entour si bien qu'ils laissent ordinairement leur cognom, & le nom de leurs familles, & mesme les femmes les noms de leurs maris, pour prendre celuy de leurs maisons pour chetiues qu'elles soyent, & peut on dire, si la mutation & changement de nom est en certain cas vne espece de crime, que pour le moins c'est icy vne espece d'inconstance & legereté, & qu'en cela ils s'accommodent aucunement a l'humeur du Diable, veu qu'ils veulent varier en toutes choses comme luy, & se deguiser pour se faire mescognoistre: encore que tout homme bié censé tasche a perpetuer son nom, sa famille & sa maison, & au cōtraire ils enseuelissent leur nom & la memoire de leur famille dans la ruine d'vne mechante maison de village.

D'ailleurs les croix sont tresbelles & bien ornees, mais le seruice de l'Eglise faict, vn homme se l'emporte hors l'Eglise & la garde chez soy. C'est chose qui ne doibt bouger de l'Eglise si elle y peut estre en asseurance, comme elle peut maintenant que nous sommes en pleine paix, & tousiours: car vne maison devillageois n'est si forte que l'Eglise. Or ils portent des croix fort grandes & pesantes ayant sept ou huict sonnettes dorees: ils veulent que la criox face vn bruict de sonnettes en la forme d'vne mascarade de village, i'oyseroy dire vn bruit brutal au lieu qu'elles n'en doiuent faire d'autre que diuin La croix nous doibt bruire dans le cœur. Et s'empraindre par la voix des hommes, & par les belles & sainctes parolles qui se disent dans l'Eglise ou que l'Eglise nous apprēd & non par sonnettes. Le voisinage & cōmerce de l'Espagnol leur a baillé cette mechāte coustume: si bien qu'en tout le pays de Labourt, leurs croix sonnent & leurs Prestres dançent, & sont les premiers au bal qui se faict au village.

Les croix ont des sōnettes.

Adioustōs-y l'addresse & agilité qu'ils ont à Anglet, Bidart & autres lieux semblables, lors que les hommes de tous aages & les femmes & filles se tenans à cette corde & filé de pescheurs, vont cōme se presenter au dieu Neptune, & accueillir ces grands bouillons d'eau, dans lesquels à mesme instant ils se iettent sans rien apprehender ny recognoistre, tout ainsi que des Ixions dans les nuees, surmontant les flots de la mer bruyans comme tonnerre: desorte qu'on les voit aussi tost surnageans comme Tritons au dessus de ces grandes montagnes d'eau : donnant doucement passage & tel loisir aux vagues de s'estendre & allonger sur ce sable que les spectateurs mesme y sont bien souuent surprins lors qu'ils en veulent contempler la merueille.

Et à Sainct Iean de Lus & Siboro les enfans vont l'esté de mesme a l'embouchure de la mer, ou la petite riuiere qui separe ces deux gros bourgs, se presente a son yssue sur le passage pour empecher l'entree à ce grand Ocean: mais enfin elle se va noyer & perdre dans icelluy, faisant vne telle rumeur & effort à ce rencontre, que ie m'esmerueille comment ces enfans tout nuds qui vont nager au dessus, & comme secourir ce fleuue compatriote & comme nay parmy eux, ne se perdent cent mille fois dans ces grāds monceaux blancs comme floccons de neige, attendu que leur seule blancheur est vn bandeau qui nos esbloüit, le seul bruict vn espouuentail qui nous estonne, & ce furieux rencontre vne violence qui nous rauit en telle façon, que le moindre effort de ceux là est capable de noyer le plus ferme courage du plus constant Philosophe du monde.

Ie laisse à part l'addresse de ces autres enfans, lesquels se precipitant du haut du pont de Sainct Iean de Lus dans cette riuiere les pieds contre mont & la teste en bas, vont pour plaisir à la queste d'vne chetiue piece d'argent, puis comme plongeons on les voit resortir à cinq cens pas de leur premier saut ou entree. Auez vous entendu parler du voyage des Argonautes lors qu'ils alloyent à la toison d'or, & le remuement de leurs vaisseaux à l'entree de leur mer.

Ie vy mettre vn nauiere dans l'eau, & le faire ingenieusement sauter du quay dans la riuiere auec vne troupe de ieunes pilotes qui se remuoyent a l'entour comme singes: & de quelques enfans au dedans, lesquels pour donner le branfle a ce grand corps & masse de bois, couroient ores de bord à bord, ores de bout en bout, ores grimpant & roulant par ces cordes pour le faire pancher & deprendre de quelque mauuaise ecluse, mais auec vne telle promptitude & dexterite, que c'estoit merueille de voir leurs diuers mouuemens.

Or cette legereté de corps auec toutes ces occasions & circonstances, passe iusques dans l'ame : aussi est ce elle qui pousse le corps: & le Diable se seruant des humeurs deprauees, mauuaises acoustumances & habitudes, & de tout ce que les personnes ont en elles de disposition vicieuse & corrompue : il ne faut s'estonner si par ruze & artifice, il les faict si legerement courir a cette abomination du sortilege, les y amorçant par tous les exercices de la mesme legereté, qui sont entre autres la curiosité, desir de nouueauté, les festins, la dance, & les voyages sur mer; a quoy ils ont plus d'inclination que tout autre peuple qui soit en l'vniuers.

DE L'INCONSTANCE

Pourquoy il a y plus de femmes Sorcieres que d'hômes, & d'vne certaine sorte de femmes qu'on tient au pays de Labourt pour Marguillieres, qu'on appelle Benedictes.

1. Que les Poëtes de tout temps ont recommandé & celebré en leurs ouurages quelque insigne magicienne ou Sorciere.
2. Pourquoy il y a plus de femmes Sorcieres que d'hommes.
3. Des Benedictes du pays de Labourt, & autres femmes qui amassent les offrandes.
4. Sçauoir si vne femme ou vne fille peut faire la charge de Benedicte ou Marguilliere dans vne Eglise.

DISCOVRS III.

1. Que les Poëtes de tout temps ont recommandé & celebré en leurs ouurages quelque insigne Magicienne ou Sorciere.

ON a obserué de tout temps qu'il y a plus de femmes Sorcieres que d'hômes. Ce qui se voit clairement dans les Poëtes Grecs, Latins, Italiens, & François, chacun desquels a celebré quelque femme pour excellente Magicenne & Sorciere, i'en mettray icy quelques vnes des plus celebres, & commenceray par les Poëtes Grecs comme les plus anciens.

Moschus in Europa.
Epicharmus in Hebes nuptiis.

Moschus en son Europe met Io au rang des Sorcieres.
De boue cornuta facta est mox fœmina pulchra.
Et Epicharmus aux nopces de Hebe dict de la Sorciere Empusa.

Empusa.

Empusa planta, bos fit, atque vipera,
Lapisque Musca, pulchra & illa fœmina,
Quicquid cupit, vel denique illi conferat.

Et

DES DEMONS, MAG. ET SORC. LIV. I.   49

Et Aristophane long temps apres luy a dict aussi qu'elle *Aristoph.* auoit la faculté de se transformer & changer en telle forme qu'elle vouloit.

> Nam maximam profecto belluam,
> Qualem nouam sit cuncta cum libet, statim
> Formosa, d'c vbi est, eamus recta eo.
> Haud fœmina est, sed rursus illa, est canis.

Dans Homere il est parlé de Cassandre, laquelle quoy que *Homere* grande Magicienne & Sorciere ne sceut iamais remedier *Cassandre* à la prinse & destruction de Troye, ni se garantir elle mesme, & euiter la force & violence d'Aiax: Et dans l'Iliade il *Hom. Iliad.* parle d'Agamede.   *1. 1.*

> Quæ tot venena nouit,
> Quot nutrit fœcunda tellus, aut lata.   *Agamede.*
                                               Odyss. 4.

Et en l'Odissée, il faict mention d'Eidothea qui enseigne *Eidothea* à Menelaus plusieurs prestiges de la magie.

Elles commencerent lors à se peupler & n'y a Poëte qui en ayt farcy ses œuures d'vn si grand nombre que le Poëte Theocrite, lequel ayant mis en teste cette diablesse Sorciere insigne & magicienne qu'il nomme Hecate, celle la & *Hecate* deux de ses filles qui viennēt aprés en remplirent le monde & les enfers. Elle faisoit la Pythonisse, rendoit des Oracles pour attirer le monde par quelque forme de religion, & enseignoit l'art magique, voicy ce qu'en dict vn autheur.

Fuerunt qui dixerint Perseum è nympha quadam indigena Hecatem vir- *Nat Comes* *ginem suscepisse, venationibus magnopere deditam, quæ prima omnium* *l. 6. Mytho.* *lethiferas radices inuenit peritissimaque fuit conficiendorum venenorum ac* *cap. 6.* *medicamentorum, quæ in hospitibus experiebatur: quippe cum patrem etiam suum venenis sustulerit. Hanc primam vim aconyti obseruasse tradunt. Et verbenas etiam inter veneficas herbas reperisse. Hanc ablegatam in Colchorū regionē Ætatæ patruo nupsisse inquiūt è quo nata est Circe & Medea.*

Elle engendra par vn accouplement incestueux suiuant la loüable coustume des Sorcieres, ces deux principalles, & suffisantes maistresses tant chantees par les autheurs, *Tybulle.* Circe & Medee. Outre cette autre grande Sorciere, Chrysamne *quæ dicitur sacerdos Hecates* & dict vn Poëte qu'elle auoit *Polliāne* cela de particulier qu'elle se faisoit suiure a tous les chiens *lib. 8.* enragez.

G

TABLEAV DE L'INCONSTANCE

Sola tenere malas Medeæ dicitur artes,
Sola feros Hecates perdomuisse canes.

Et Apolonius dict que les anciens luy faisoyent certains sacrifices auec des ceremonies & formes si particulieres, qu'elles n'estoient departies qu'à elle seule lesquelles il a tresbien exprimees par ces vers.

Obseruat medium vt nox fecerit humida cursum,
Flumnis ipse petas vndas, ibi lotus & vluis,
Cyanea veste indutus fader ipse momento,
Mox foueam, iugulata tibi sit protinus agna,
Famina, & inde super foueam pyra structa crementur,
Atque voces Hecatem Perseida, mellaque libans,
Dulcia munera apum places hanc: hisque peractis,
Rursus abire pyra moneo: conuertere nullus,
Te retro strepitusue pedum fremitusue caninus,
Cogat: nam sacri fiet labor irritus omnis.

Le mesme Theocrite introduit Simœtha laquelle faict ainsi son enchantement.

―――― *Sed tu o luna,*
Luceas pulchre ad te enim conuertam carmina placide o Dea,
Et ad subterraneam Hecatem, quam etiam catuli tinnent.

Anaxo

Venit Eubuli filia canistrum ferens ad nos Anaxo,
Ad lucum Dianæ.

Perimeda.

Pharmaca hæc efficiam non inferiora, neque Circes,
Neque Medeæ, neque flauæ Perimedæ.

Thestilis.

Thestyli canes nobis per vrbes latrant,
Dea adest in triuijs vas æneum quam primum pulsa.

Theucharila.

Theucharila, rogat Simœtham vt magicam.
Tu tupam spectet, qui est le Sabbat,
Et me adeo Teucharilla Thressa nutrix fœlicis memoriæ, &c.

Et au mesme lieu Theocrite introduict Simœtha parlant ainsi de sa chambriere Philista.

Sed venit ad me Philistæ,
Mater meæ tibicinæ, atque eadem mater Melixonis.

Et encore ailleurs il descrit l'enchantement que faict la
Sorciere Simetra auec du laurier enchaté pour attirer Delphis en amour.

Vrit me Delphis, vro hanc in Delphide laurum,
Et velut hæc stridet flammis succensa, nec vsquam:
Cernimus è tenui cinerem superesse fauilla:
Sic paribus flammis tabescant Delphidis artus.

Encor n'a il pas oublié Hecate de laquelle il raconte, que comme maistresse de toute sorte de poisons & presidant aux venins & venefices on l'inuoquoit comme Deesse, la priant d'assortir & ramener à effect les maux & malefices que les autres Sorciers vouloient faire.

Terrestrique Hecate, catulis qua terror & horror,
Dum per defunctos ruit, & via humanis atri,
Salue Hecate grauis, & noctis hac perfice diua.

De Hecate fut instruite Circe, laquelle auoit tousiours quatre Sorcieres, lesquelles commes ses seruantes, luy alloiét cueillant & recherchât les simples & les plantes quelle employoit à faire ses poisons & ses charmes. Bien que fabuleusement Ouide attribue cet office, & le donne pour charge particuliere aux Nereides & aux Nymphes.

Nereides Nymphæ simul, quæ vellera motis,
Nulla trahunt digitis, nec fila sequentia ducunt,
Gramina disponunt, sparsósque sine ordine flores,
Secernunt calathis, variisque coloribus herbas:
Ipsa quod hæ faciunt opus exigit, ipsa quis vsus,
Quæque sit in folio, quæ sit concordia mistis.
Nouit, & aduertens pensas examinat herbas.

Virgile voulant monstrer combien Circe excelloit en cet abominable mestier dict, que par le moyen de ses herbes, elle sçauoit changer les hommes en bestes.

Hinc exaudiri gemitus, iræque leonum,
Vincla recusantum, ac sera sub nocte rudentum:
Setigerique sues, atque in præsepibus vrsi,
Sæuire, ac formæ magnorum vlulare luporum,
Quos hominum ex facie Dea sæua potentibus herbis
Induerat Circe in vultus ac terga ferarum.

TABLEAV DE L'INCONSTANCE

Petron. Arb. in fragmen.

Ainsi changea elle les compagnons d'Vlisses en pourceaux qui a meu Petronius Arbiter de dire

Ph. bela Circe,
Carminibus magicis socios mutauit vlixis.

Medee.

Que diray ie de Medee, laquelle selon Euphorion fut fille d'Hecate, & aprint si bien le mestier que chez le iudicieux Poëte Italien Anguillara, elle se vante orgueilleusement qu'elle sçait faire vne infinité de choses qui sont au dessus de la nature.

Nel mar s'io voglio, hor placo hor rompo l'onde,
Fo la terra mughiar, tremar y monti,
E facendo stupir l'istesse sponde.
Tornar so i fiumi in su, ne proprij fondi,
S'io chiamo Borea in aria, ei mi r'isponde,
E gli Austri, e gli euri al mio voler son pronti,
E quando l'arte mia loro e contraria,
D'al ciel gli scaccia, e fa tranquilla l'aria.

Bruslant de ialousie de ce que la belle Creusa auoit espousé Theseus, elle la fit aussi brusler auec vne couronne enchantee qu'elle luy enuoya.

Les Thessaliennes.

Les Thessaliennes ont aussi de tout temps esté estimees grandes Sorcieres & magiciennes, puis que comme dict Menandre elles sçauoient & pouuoient faire descendre la lune en terre. A quoy alludãt Aristophane a publié ces vers.

Aristoph. in Nebulis.

Veneficam si fœminam ipse Thessalam,
Coemero, captabo lunam noctibus.

Mais venons à celles qui ont esté recommandees & celebrees par les Poëtes Latins, le Poëte Pomponius fort ancien parle de Marsa.

L. Pomponi. Atellanarū in Picturibus. Marsa.

Mirum ni hæc Marsa est, in colubros,
Callet canticulam.

Nemesius se rencontre auec Ouide a celebrer la Sorciere Mycale.

Nemes. 4. eclog.

Hæc eadem nobis quæ versicoloria fila,
Et mille ignotas Mycale circumtulit artes,

Ouid. 12. Metam.

Et Ouide.

Mater erat Mycale quam deduxisse canendo,

DES DEMONS, MAG. ET SORC. LIV. I.

Sæpe reluctantis constabat cornua lunæ.

Virgile tesmoigne que la Sorciere Amaryllis aprint à lier. *Virg. Æ-*
clog. 8.
Amaryllis.
    Necte tribus nodis ternos Amaryllicolores
    Necte Amarylli modo, & Veneris dic vincu'a necto.

Et abusant de l'excellence du nombre ternaire lequel il dict estre agreable aux Dieux, il monstre combien excellente en ce mestier estoit Crateis nourrice de Sylla.

    At nutrix patula componens sulfura testa
    Narcissum, cassiamque herbas incendit olentes
    Terque nouena ligat triplici diuersa colore
    Fila ter in gremium, mecum inquit despue virgo
    Despue ter virgo, numero Deus impare gaudet. *Cratæis*
Virg. in
Cir.

Aux Georgiques il parle de Iuno *Virg. Georg.*
3.
    Hoc quondam monstro horribiles exercuit iras
    Inachiæ Iuno pestem meditata iuuencæ.

En l'Æneide, d'Athalantha. *Virg.*
Æn.
    Hesperidum templi custos monstrata Sacerdos
    Hæc se carminibus promittit soluere mentes
    Quas velit.

Es Eclogues Lycoris. *Virg. Eclog.*
10.
    Pauca meo Gallo, sed quæ legat ipsa Lycoris.

Horace en recognoissoit encor dauantage de son temps: car il a dict de Gratidia ou Canidia qui fut celle qui trompa Pompee: car luy ayant demandé leuenement de la guerre Pharsalique, elle l'asseura qu'il seroit victorieux, neantmoins il fut vaincu. *Horace*
Satyr. 8.

    Vidi egomet nigra succinctam vadere palla
    Canidiam, pedibus nigris, passoque capillo.

De l'aisnee ou de la plus vieille Sagana. *Ibid. Saga-*
na maior.
    Cum Sagana maiore vlulantem; pallor vtrasque
    Fecerat horrendas aspectu, scalpere terram
    Vnquibus, & pullam diuellere mordicus agnam
    Ceperunt.

De la plus ieune portant mesme nom. *Horat. odæ 5.*
Epodon Sa-
gana minor.
    At expedita Sagana per totam domum.
      Spargens Auernales aquas
    Horret cappillis,

TABLEAV DE L'INCONSTANCE

Ok. 5. Epst.
Sara.

De Veia ou Venia ou Abacta: car souuent elles prenoient plusieurs noms.

Abacta nulla Veia conscientia.
Ligonibus duris humum
Exhauriebat.

Ibid. jbid.

De Folia.

N..d fuisse masculæ libidinis
Ariminensem Foliam.

Ouid. pr. Amor.

Ouide n'a pas oublié Dipsade

Illa magas artes Aatæ carmina nouit
Inque caput liquidas arte recuruat aquas.

Prop. lib. pr. Eleg. Ægypt. Citais.

Non plus que Properce Citalis ou Citais qu'aucuns prennent pour Circé, & d'autres pour Medee.

Tunc ego crediderim vobis & sydera & amnes
Posse Citalinis ducere carminibus.

Tibulle lib. 1. Eleg. Eleg. 2.

Tibulle n'a voulu nommer la sienne & s'est contenté d'en rapporter ces vers.

Et mihi verax
Pollicita est magico saga ministerio
Hanc ego de cælo ducentem sydera vidi
Fluminis hæc rapidi carmine vertit iter.

Iuuenal. saty. pr.

Iuuenal fait mention de Locusta.

Instituitque rudes melior Locusta propinquas
Ter famam & populum nigros efferre maritos.

Erichtho Lucain lib. 6.

Lucain d'Erichtho.

Hos scelerum ritus, hæc diræ carmina gentis
Effera damnarat nimiæ pietatis Erichtho:
Inque nouos ritus pollutam duxerat artem.

Senec. Medee vers. 752. & in Her. vers. 30. Claud. lib. 2. in Russi- num.

Et son oncle Seneque d'vne nourrice entre autres qui sçauoit lier & deslier, & faire mille autres choses estranges.

Et dans Claudian vne Sorciere se vante de sçauoir faire des traicts plus hardis, & estre plus puissante que toutes celles de son temps.

Namque mihi magicæ vires cuique futuri
Præscius ardor inest. Noui quo Thessala cantu
Eripiat lunare Iubar, &c.

Petro. Arb. in satyrico.

Petronius Arbiter en resleue vne qui parle plus haut que

toutes, & luy donne le nom d'Enothea. *Enothea.*

Quicquid in orbe vides, paret mihi, florida tellus
Cum volo siccatis arescit languida succis,
Cum volo fundit aquas.

Il nomme encore Proselenon & Chrysis, la premiere desquelles trainoit tousiours la Lune apres soy.

Nec diu spatiatus considerans iubet eno.
Dic fueram cum illa (Chrysis veut-il dire)
Supernam contexem Proselenon aniculam
Trahens, &c.

Les Historiens & autres bons autheurs en ont recogneu vne infinité d'autres. T. Liue dit que Publicia & Licinia se deffirent de leurs maris par venefice & sortilege & Cornelius Tacitus, que Locusta recommandée par Horace, est celle qui enseigna Agrippine de faire mourir l'Empereur Claudius son mary, auec du poison que cette Sorciere luy auoit preparé. *T. Liu. l'epitome du xlviii. Cor. Tacit.*

Strabo publie par tout les Sorcieres qu'il appelle Castabalides. *Strab. l. 11.*

Sainct Augustin parle de plusieurs, mais entre autres de Phylumena *in eis contubernio Apelles hæreticus vel Seuerus vtebatur, vt Egeria Numa Pompilius.* *D. Aug. de Hæresibus.*

Les responses de Proserpine dans Porphire ne sont que responses diaboliques, & celles des Sybiles bien qu'elles ayent annoncé par force la venuë du Fils Dieu, ont esté tenuës pour fort suspectes d'auoir quelque communication auec les Demons: tesmoin que quand il falloit bastir quelque temple aux faux Dieux, on consultoit leurs liures, comme le temple de Venus Deesse ennemie de toutes bonnes mœurs, & par consequent de Dieu, fut par le conseil des liures sybillins basty demie lieuë hors de Rome, par Marcellus apres qu'il eust vaincu les Siciliens.

Tant de Vestales lesquelles ayant seulement dict & proferé certains petits mots, faisoient merueilles c'estoient parauanture autant de Sorcieres ou disciples de Satan. Ce fut luy qui apprint à Tuscia Vestale accusée d'inceste, de porter en signe d'innocēce & iustification de l'eau dans vn vase. *Vestales. Plin. li. 18 c. 2. Valer. Max.*

percé. Et à Emilia lors que le feu sacré se trouua mort, de faire vne petite priere en paroles incognues à la Deesse Vesta : puis couurant d'vn voile ce feu estouffé le r'alumer aussi tost : & de plus leur auoit enseigné entre autres choses d'arrester les serfs fugitifs, pourueu qu'ils n'eussent tout afait outrepassé la porte de la ville.

Sabellic. lib. 14. l. c. 5. partie diuine Claudia vestale.

Saxo Grammaticus conte que Craca Magicienne tout aussi tost que les viandes estoient posees sur la table, les conuertissoit en autre forme toute differente.

Saxo Gram. Craca.

Dans Lucian Bacchis enseigne à Melitta à faire vne composition & meslange de certaines drogues pour ensorceler les hommes, & les attirer en amour.

Lucian. Melitta.

Et dans P. Manutius vne certaine vieille Sorciere nommee Eriphile auoit le regard si capable de fascination, que toute sorte d'animaux qu'elle regardoit, se trouuoient surprins & empoisonnez du venin de ses yeux. D'où est venu le prouerbe *Anus Eriphus*. De mesme certaines femmes en Scythie appellees Vities, lesquelles auoient toutes cette fascination des yeux si aisee, que leur regard estoit enuenimé & plein de contagion.

P. Manut. Eriphus.

Et dans Natalis Comes, il est parlé de Mestra d'Iinx & d'Amphitrite.

Nat. Com. l. 8. c. 8. c. 18.

L'Arioste introduit Astolphe comme faisant ses plaintes à Rogier de l'enchanteresse & Sorciere Alcine.

L'Ariofte.

> *E per ch'essi non vadino pe'l mondo*
> *Di lei narrando la vita lasciua,*
> *Chi qua qui la per lo terren secondo,*
> *Gli muta altri in Abeti, altri in oliua*
> *Altri in Palma, altri in Cedro, altri seconde*
> *Che redi me su queste verde riua*
> *Altri in liquido fonte, alcuni in fera*
> *Come pui aggrada a quella fata altera.*

Et encor Melissa trompe Agramante ayant faucement prins la figure & la forme de Rodomont.

Le Tasso a introduit Armide fille d'Arbilan Roy de Damas, qui fut donnee à nourrir à Hydraotte frere dudict Arbilan grand Magicien & enchanteur : lequel tout aussi tost

Torquato Tasso Armide.

tost qu'il la cognut capable de ses instructions, la rendit si excellente enchanteresse & Sorciere, qu'auec le charme de cette admirable beauté dont la Nature l'auoit doüee par dessus les plus belles de l'Orient, l'estant aduisé de la ietter dans cette puissante armee Chrestiēne qu'Vrbain xi. feit assembler soubs la conduite de Godefroy de Buillon, ioüa si accortement de ses beaux yeux, & charma si bien les principaux chefs d'icelle, qu'elle cuida ruiner vne partie de la Chrestienté; & se tint longuement en delices dans vn chasteau enchanté auec Renaut le plus vaillant & estimé de tous.

Ronsard n'a pas oublié la Magicienne Hecate à laquelle parlant françois il luy dict.

   icy ie te promets
Par ton Hecate, & par ses triples testes.

A quoy il faut adiouster tous ces noms, *Sagæ*, *Strigæ*, *Lamiæ*, *Laruæ*, *Fatidicæ*, *Furiæ*, *Harpiæ*. Et ce que les Italiens appellent *Fate*, *Nimphe*, *Sybille*, *Bianche*, *Donne*, *Buone*, ausquelles elles donnent pour Royne Habondia tous noms d'appellation feminine, qui monstre que la femme a plus d'inclination naturelle à la sorcelerie que l'homme. C'est pourquoy il y a plus de femmes Sorcieres que d'hommes, & bien que parauanture c'est vn secret de Dieu, si est-ce qu'on en peut rendre quelque raison probable.

Bodin dict tres-bien que ce n'est pas pour la foiblesse & fragilité du sexe, puis qu'on voit qu'elles souffrent la torture plus constamment que les hommes, & qu'on en a veu de si acariastres à taire des meschancetez, qu'apres la mort de Hyppias Tyran d'Athenes, & en la cōiuratiō de Neron, les femmes se tranchoient la langue pour oster toute esperence aux Iuges de tirer la verité par leur bouche: & auons veu des Sorcieres à Bayonne la souffrir si virilement & auec tant de ioye, qu'aprés auoir vn peu sommeillé dās les tourmens comme dans quelque douceur & delice, elles disoyent qu'elles venoyent de leur Paradis, & qu'elles auoyent parlé à leur Monsieur. Ce seroit donc plustost la force de la cupidité bestiale qui pousse & reduit la

Hecate. Ronsard au 4. liure de la France.

a Pourquoy il y a plus de femmes Sorcieres que d'hōmes. Stressi. lib. 3. c. 7.

Bodin en la refutatiō des opinions d'VVier.

femme a des des extremitez, esquelles elle se iette volontiers pour ioüir de ses appetits, pour se venger, ou pour autres nouueautez & curiositez qui se voyent esdictes assemblees. Qui a meu aucuns Philosophes de mettre la femme entre l'homme & la beste brute.

Platon

Mais affin que nous ne les blasmions de si grands defauts sans authorité. Plutarque au liure de la tranquillité de l'esprit, Strabon au premier liure de sa Geographie, Diodore au cinquiesme liure des gestes des anciens, & sainct Augustin au troisiesme liure de la Cité de Dieu tesmoignent que la femme a cette mauuaise inclination d'estre plus opiniastre que l'homme, ce qu'ils disent proceder de ce que l'infidelité, l'ambition, la superbe, & la luxure, regnent plus és femmes qu'és hommes. A quoy T. Liue adiouste que le premier vsage des poisons & venefices, & l'exercice de toute sorte de superstitions est venu des femmes.

T. Liue. lib. 3.

Il est donc tres-vray, que le maling esprit tire plus facilement l'esprit volage des femmes à la superstition & idolatrie, que celuy des hommes : d'où vient qu'on lict dans ce grand liure de la Genese, que la doctrine diabolique fut dés le commencement du monde plustost enseignee à Eue qu'à Adam, & elle plustost seduite par Satan en forme de serpent que luy. Outre que nous auons veu par vne infinité d'experiences, que le Diable voulant mener vne femme mariee au Sabbat, met bien quelque Demon auprés du mary, luy voulant rauir sa femme, & contrefaict le corps de la femme iusques à seruir au mary de succube, s'il est besoing, mais non guiere iamais qu'il contreface le mary, ny qu'il suppose vn corps au lieu du sien, faisant l'incube. Ie ne d'y pas qu'il ne puisse supposer aussi bien l'vn que l'autre, & y a plusieurs exemples des incubes dans les liures aussi bien que des succubes. Mais nous n'auons iamais veu l'experience de ce poinct là, sçauoir que le Diable voulant mener le mary Sorcier au Sabbat, ait faict l'incube, & supposé le corps du mary pour tromper la femme

Val. Max. liu. 2. de in-stitut.antiqua.

qui n'estoit Sorciere. Aussi est-il vray, suiuant ce premier exemple d'Eue, que la femme fait tousiours plustost Sorcier son mary, que le mary la femme.

D'auantage Dieu a voulu affoiblir Satan, ce qu'il a faict notoirement luy constituant premierement son regne, & luy donnant pouuoir sur des creatures moins dignes, comme sur les serpens, & sur les plus foibles, comme sur les insectes, puis sur les autres bestes brutes, plustost que sur le genre humain, puis sur les femmes, puis sur les hommes qui viuent en bestes, plustost que sur les autres qui viuent en hommes.

Satan qui a eu de tout temps quelque Megere pour abuser le monde, s'est aduisé d'vne ruse en ce pays de Labourt, car pour prendre pied dans les Eglises qui souloyent autresfois seruir d'Asyles contre luy & contre tous malings esprits, voulant mettre le nez par tout, ou pour le moins polluer les saincts temples, & y semer toute la confusion & desordre qu'il pourroit, il a trouué moyen d'introduire certaines femmes pour demander les offrandes & autres petites choses qu'on a accoustumé de donner à l'Eglise. Ie vis en vn certain village des plus fameux dix femmes à suitte l'vne de l'autre, portant les bacins auec lesquels on va quester dans l'Eglise cette aumosne des ames deuotes & charitables. Puis ie vy vne certaine femme qu'ils appellent la Benedicte faisant la Marguillere, s'approcher des autels, y porter des aubes, du luminaire & autres choses semblables. Ie m'estonnay que cest office fut donné à ces dix premieres & non à des hommes & aux plus notables personnes de la parroisse, cõme on les donne és bonnes villes de France aux plus honnorables bourgeois, & encore plus de ce qu'elles alloiẽt de gallerie en gallerie (car toutes les belles & grãdes Eglises sont composees de deux ou trois estages de galleries) & là elles alloyent prendre les hommes par la cappe, par ce qu'estant appuiez sur l'accoudoir de la gallerie ils leur tournent le dos, où parfois il y auoit plus de cent degrez à monter, & là leur demander l'offrande.

Des Benedictes de Labourt & femmes qui amassent les offrandes.

H ij

S'auoir si vne femme ou fille peut estre benedicte ou Marguilliere dans nos Iglises.

Quant à la Marguillere elle auoit beaucoup plus de commerce auec les Prestres : Car dés l'aube du iour il falloit qu'elle fut la premiere à l'Eglise pour mettre les nappes blanches & autres ornemens sur l'autel : où il y a parfois de si mauuaises rencontres qu'il n'est pas possible que le Diable ne s'y mesle, lequel ne cherche qu'à polluer le sanctuaire de Dieu, & en corrompre les ministres; & defaict il ne faut pas douter que plusieurs de ces femmes ne soyent Sorcieres, ou pour le moins que aucuns de leur famille ne le soyent. Quant aux Marguilleres ou Benedictes nous en trouuasmes deux Sorcieres, comme elles furent deferees en Iustice par deuant nous, ce qu'il ne faut trouuer estrange, puis que la plus grande partie des Prestres sont Sorciers, & que nous auons trouué deux Eglises ou chappelles où le Diable tient le Sabbat.

Et qu'and bien les femmes seroint capables en quelque sorte de faire le seruice diuin, & qu'il se trouue des religieuses d'aussi bonne vie que sçauroyent estre les plus saincts Hermites qui ayent iamais esté, si est-ce que l'Eglise mesme a tousiours faict cette difference, que les femmes ou filles, pour vierges & chastes qu'elles soyent, ne peuuent celebrer la Messe, toucher le Sainct sacrement de l'Eucharistie, ny mesme s'approcher des autels: on leur en permet la veuë à l'eleuation ou on leur donne licence de tirer le voile & le rideau, & leur a-on aussi concedé les responses.

Il est honteux à vne femme de s'enfermer dans vne Eglise auec vn Prestre, ce que la Benedicte peut faire en toute liberté; & le matin à l'obscur, & sur le midy qui est l'heure du silence des Eglises, & sur le soir lors que l'Esprit tenebreux commence à tirer les rideaux pour faire esuanoüir la clarté : outre que l'Eglise a certaines prieres qui se font la nuict, lesquelles estant paracheuees, c'est à la Benedicte & aux Prestres qui doiuét serrer les ornemens & tuer le luminaire, de demeurer les derniers dans l'Eglise pour y faire les derniers offices. Si bien que le champ leur demeure à eux seuls sans vergogne ny scandale, & demeurent en toute commodité & liberté de dire & faire ce qu'ils voudront, ou de prendre telles assignations & commoditez que le Diable leur dictera, soit d'aller au Sabbat ensemblement, s'ils sont tous deux Sorciers comme nous en auons veu, soit de faire & commettre mille autres abominations indignes du lieu & de leurs qualitez. Le pretexte de faire les affaires de l'Eglise luy sert de manteau pour couurir la breche qu'elle fait à son honneur.

Et puis que la loy ciuille enioint à la femme de s'abstenir de toutes charges ciuiles & publiques, combien seroit il plus seant qu'elle s'abstint de s'approcher des ornemens de nos Eglises, de la personne de nos Prestres, & de la sainteté de nos autels. Tertullien le dict tresbien *lib. de virg. vel. non permittitur, inquit, mulieri in ecclesia loqui, sed nec docere nec tangere nec offerre, nec vllius virilis muneris, nedum sacerdotalis officij partem sibi vendicare.* Ce qui semble estre tiré du ch. *Cum in cunctis, de Electio.*

l Fœmina de reg. Iur. L.

Tertul. lib. de virg. vel.

N'obste qu'il y auoit anciennement des femmes qui auoient l'administration de l'Eglise qu'on appelloit *Diaconissas*, car elles n'auoient charge simplement que de garder la porte, & encore seulement celle par où les femmes seules entroyent dans l'Eglise, comme on faict en Italie aux stations, où de deux portes qu'il y a aux Eglises, par l'vne entrent seulement les hommes, & par l'autre les femmes, sans se mesler ensemble, de peur de cent mille malheurs qui aduiennent en Italie à la premiere veuë que les femmes rencontrent les hommes auec lesquels elles ont ou desirent auoir quelque mauuais desseing. Et c'est comme il faut entendre ce que dict sainct Ignace *ep. 12. Saluto inquit custodes sacrorum vestibulorum diaconissas,* Et le decret du P. Zacharie, *de non admittendo in contubernium presbitero Diacona vel monaca.*

Que si parfois les anciens les ont receues pour Prestresses ou Marguillieres suiuant l'aduis de Platon au 6. de ses loix, c'estoit entre elles seulement, & es lieux sacrez ou les hommes ne pouuoyent entrer sans violer les loix, & polluer les ceremonies: crime qui fut reproché par les Romains à Clodius.

Platon lib. 6. de leg.

Halicar. L.

H iij

Et bien qu'il semble que cela se doibue entendre seulement des femmes mariees, & que l'arrest de la Cour de parlement de Paris du 24. Iuillet 1600. recité par Peleus, l'entende & l'explique ainsi, trouuant iniuste qu'vne femme mariee puisse en despit de son mary estre esleuë marguillere dans vne Eglise, & qu'il se trouue dans Pausanias qu'il estoit permis aux filles. *Sacerdotium* dict il *Dianæ Triclariæ penes virginem erat donec illa nuberet.*

Peleus lib. 1. tit. 50.

Paul. in Achat. & in Corinthiacis.

Si est ce que ie le trouueroy aussi perilleux, voire d'auantage, pour vne fille que pour vne femme mariee. Car la femme mariee à pour surueillant le mary qui l'acompagnat par tout, & ayant tousiours l'œil sur elle, la peut empescher de faire du mal. De maniere que ie trouue qu'elles estoient admises au sacerdoce en compagnie de leurs maris, Romulus y ayant mis cette precaution, croyant que l'assistence de leurs maris les deliurat des embusches de Satan, & de toute sorte de peril & inconuenient.

Italie. volunt Romulus vxores cum suis maritis fungi sacerdotio.

Mais vne fille & vne veuue, comme sont ordinairement ces Benedictes, (car elles sont ou filles surrannees ou ieunes veuues) il n'est pas possible dans vn pays si libertin que le pays de Labourt, & où les Prestres sont tenus pour Demy-dieux, que la seule saincteté du temple les tienne pudiques: ains au côtraire cela leruiroit pluftost de couuerture pour estouffer & couurir leurs fautes & impudicitez. Pauline fut deshonnorée par vn Prestre dans le temple d'Anubis, les Prestres mesmes les deburoyent fuir & en euiter la rencontre suiuant l'aduis de sainct Paul qui dict parlant aux Prestres & Ecclesiastiques de son temps, *Iuniores viduas deuita.*

Iosephe. l. 18. Antiq.

1 Timothe. 5. Pomp. Mela de situ orbis. Loyer liu. 3. de spect.

Pomponius Mela raconte qu'en la petite Bretagne à l'opposite de l'isle S. Martin, en vne petite isle en la mer Armorique, on oyt parfois vn Oracle d'vn Dieu Gaulois, lequel auoit en son seruice des Prestresses qui voüoiét chasteté & virginité perpetuelle, qu'on nommoit Gallicenes, qui n'estoient autre chose que Sorcieres; car elles pouuoient (dict il) esmouuoir la mer, les vé..., les orages, & les appaiser, & se transformer en tels animaux que bon leur sembloit, guerissans les malades, voire ceux qui estoient attaincts de maladie incurable, & se mesloient de dire la bonne auanture seulement à ceux qui nauigeoient expressement vers elles.

Mais il ne faut pas trouuer cela estrange de voir des Prestresses vierges ny des Vestales Prestresses es temples des payens ou gentils, leur virginité estoit consacree à Satan & non au vray Dieu, aussi s'y trouuoit il cent mille corruptions & mechancetez, & ne pouuoient vraysemblablement ces Prestresses ny Marguilleres estre vierges, puis que les Deesses desquelles elles seruoient les temples estoient putains insignes.

Le temple de la Deesse Flora à Rome fut basti soubs le regne d'Ancus Martius & pour bien marquer l'excellence de sa bonne vie qui l'auoit esleuée à si haut degré, il fut situé entre quarante quatre cantons de putains consacrees à son seruice, toutes d'aussi bonne vie que leur infame Deesse, laquelle institua le peuple Romain heritier de ses grands moiens qu'elle auoit acquis par sa lubricité. En recognoissance duquel bien-faict, on luy osta ce premier nom de l'Aurenta, celebre par toute l'Italie par excellence d'infamie, & luy donna celuy de Flora, vn peu plus florissant & specieux: la deifiant & ordonnat des festes ieux & ceremonies en son honneur, si sales qu'il ny a vierge dediee à son seruice (s'il s'en fut trouué) qui n'en eust creué de honte puis qu'on auoit mesmevergogne de les representer deuant Caton d'Vtique. Mais quoy vierge: ie croy que la plus effrontee putain des quarante quatre cantons du voisinage de son temple en eust eu horreur, si elle n'eust aspire au prix de la diuinité, aussi bien que Flora, & si elle n'eust espere y paruenir par mesme voye. Aussi ne se trouuoiët elles guiere esloignees de pareils honneurs, puis qu'elles voyoient vn si grand aueuglement es hommes, la plus part desquels ayant paillardé auec cette impudique, lors qu'elle estoit garce publique, ne laissoient de l'adorer par-aprés comme vray Deesse, comme si cette adoration fut le vray remede & expiation de leur faute: se laissant choir de la fornication & souilleure corporelle, en la spirituelle beaucoup plus detestable que l'autre.

Serclier en son Antiq.

Autre chose est de nos vierges; elles ont bien autrement leur honneur en recommendation, & n'est raisonnable qu'elles s'exposent ainsi à la mercy des Prestres, lesquels sont en ce pays là la plus part Sorciers, ny mesme ne l'estant point, aux commoditez que le temps & le lieu & leur authorité leur donne.

Aussi Dieu à voulu pour cet effect, que la puissance de Satan & de tous les Demons & Diables dechainez fut limitée, & beaucoup plus restrainéte que du temps de tous ces Dieux & Deesses des Payens, par ce que leur rage & malice est si grande, que s'ils auoyent maintenant autant de puissance, qu'ils auoient pour lors que Iesus Christ n'estoit encore venu au monde, ou mesme qu'ils voudroient, ils mettroient tous les hommes & Nature mesme à perdition. Ainsi ils sont empeschez d'executer tous les maux & malefices qu'ils feroyent tres-volontiers, par ce que Dieu les a crees substances finies: & d'ailleurs Dieu leur a prohibé & lié les mains de façon, qu'ils ne peuuent pas mesme executer tout autant de mal qu'ils pourroiét & voudroiét bien faire si le tout puissant leur auoit lasché la bride tout à faict.

Qui me faict conclurre qu'il ne faut souffrir en ce pays là ny ailleurs, fille ne femme de quelque condition, aage & qualité qu'elle soit pour Benedicte ou Marguillere, de peur que faisant semblant de bailler le Dimanche vne chemise & fraize blanche, suiuant la coustume, aux petits Saincts qui sont sur les autels, elles ne portent la leur à salir aux Prestres, & ne facent vne infinité d'autres mechancetez, esquelles le pays & l'humeur volage de ce peuple a tant d'inclination: bien que parauenture tous ces bons offices qu'elles font à l'Eglise seroit chose tolerable en autre part moins subiecte à corruption, s'il estoit faict à bonne intention, & par vne ame aussi pure & nette que la saincteté du lieu le requiert.

T A-

Fin du premier liure.

TABLEAV DE L'INCONSTANCE DES DEMONS, MAGICIENS, ET SORCIERS.
LIVRE SECOND.

Quand se faict le Sabbat, & en quelle forme le Diable s'y represente.

1. Le Diable auoit choisi autres fois le Lundy pour tenir le Sabbat, mais depuis il a varié.
2. Qu'on va parfois au Sabbat en plein midy.
3. Quelle heure le Diable prend pour mener les Sorciers au Sabbat.
4. Que le Diable en derision de nos processions, traisne souuent ses gens de paroisse en paroisse.
5. Que pour mesme raison il faict des assemblees & processions generales.
6. Les carrefours sont volōtiers les lieux que le Diable choisit pour tenir le Sabbat.
7. Que le Diable plante volontiers sa grande chaire dorée tout vis à vis du grand autel.
8. Pourquoy on appelle le lieu du Sabbat Lane de boue.
9. Sçauoir si le Maistre Diable & le chef principal de tous les mauuais Anges preside tousiours aux Sabbats.
10. Pleintes des Sorciers cōtre le Diable.
11. Que le Maistre Diable faict parfois defaut au Sabbat.
12. En quelle forme le Diable a accoustumé de se representer au Sabbat.
13. Le Diable est aussi inconstant & variable en sa forme qu'en tout le reste.
14. Comment se faict la renonciation à Dieu, & l'adoration du Diable.
15. Que le Diable faict renouueler fort souuent les renonciations qu'on faict à Dieu.
16. Que le Diable baise parfois le derriere aux enfans.

DISCOVRS I.

LE Diable voulant auoir les premiers vœux & recognoissances de tout le mōde, a aussi choisi les premiers iours de la sepmaine, croyāt par là prēdre quelque auantage & brauer en quelque façon les Chrestiens & bonnes ames, qui vacquēt principalement

1. Le Diable auoit choisi autres fois le Lundy pour tenir le Sabbat mais de-

I

puis il a varié.
Michaëlis in Pneumalogia Scholia. 7.

à certains iours au seruice de Dieu. Car les Turcs celebren le Vendredy, les Iuifs le Samedy, & les Chrestiens le Dimanche. Or il s'est mis deuant tous & à prins iour le Ieudi enuiron la minuict pour auoir la premiere celebration. Neantmoins le Diable inconstant a varié en ce pays de Labourt, & parauanture en tous autres lieux où il a accoustumé de tenir le Sabbat: veu que les iours ordinaires de la conuocation du Sabbat, ou pour mieux dire les nuicts, sont celles du Mercredy venant au Ieudy, & du Vendredy venant au Samedy; car nous auons trouué que toutes les nuicts presque on y va: ce que ie confesse estre vn peu extraordinaire. Tant y a qu'à mesure que nous oyions des tesmoins en chaque parroisse, nous en auons trouué vne infinité qui nous asseuroient y auoir esté la nuict precedente leurs auditions, esquelles nous vaquions tous les iours incessamment, quand nous estions sur le poinct de faire les informations, & parfois qu'ils y auoient esté de iour.

2. Qu'on va au Sabbat parfois en plein midy.

Catherine de Naguille de la paroisse d'Vstarits, aagée de onze ans, & sa compagne, nous ont asseuré qu'elles auoient esté au Sabbat en plein midy, mesme qu'elle y fut transportee estant dans l'Eglise, par ce qu'ayant veillé toute la nuict auec d'autres enfans, elle s'endormit dans l'Eglise sur les onze heures: si bien que le Diable se seruit, & print ceste occasion pour l'y mener.

Ianette d'Abadie de Siboro en disoit autant, Qu'ayant veillé plusieurs nuicts dans l'Eglise auec des autres filles, faisant du iour la nuict, s'estant endormie en sa maison pendant qu'on disoit la grande Messe à Siboro, elle fut transportée au Sabbat par le Diable pendant qu'elle dormoit, & ce aprés qu'il luy eust osté du col certain breuet ou quelque autre chose qu'elle y portoit contre la fascination, que le Diable n'osa, dict elle, emporter tout à faict, ains le laissa sur le sueil de la porte de sa chambre.

C'est aussi ce que dict le Pseaume, *Ab incursu & dæmonio meridiano.* Ie croy que s'il peut transporter vn iour & vne nuict, qu'il le peut aussi bien faire quand il luy plaist en vn autre iour & vne autre nuict.

Quant à l'heure il choisit, & prend son temps lors que les plus noirs rideaux de la nuict sont tirez: c'est en la plus obscure de toutes les heures qui est à l'heure de minuict lorsqu'on est aux plus profondes tenebres, comme presque chacun est en son premier someil & aussi à midy, qui sont les heures esquelles les Demons terrestres ont le plus de pouuoir, tesmoin Origene. *Sicut enim* (dict il) *in nostris tenebris, similiter in meridie pluriores horum Dæmonum tentationes se demonstrant quam cæteris temporibus.*

^à Quelle heure Diable prend pour mener les Sorciers au Sabbat.

Ce qu'Origene & les anciens ont tiré de l'exemple des enfans de Iob lesquels furent tuez sur l'heure de midy, & sur l'heure de disner lors que ne songeant vray-semblablement qu'au plaisir du repas, on est plus aysé à surprendre. Si mieux on n'ayme dire que nostre Sauueur mesme, bien qu'il nasquit à minuict, neantmoins souffrit mort & passion à midy. Nicetas & Theodoret rendent cette autre raison, & disent que c'est parce qu'à midy ou à minuict, la nature tient les hommes plus oppressez de vapeurs, & le monde se trouue plus paresseux, oisif & opprimé de vin, de viande, & de sommeil qu'en tout autre temps, qui faict que le Diable vague plus en ces heures, esquelles il sçait qu'il aura plustost audience qu'en tout le reste du iour & de la nuict.

C'est pourquoy les Russiens adorent les Demons du midy ou qui courent sur l'heure du midy & les craignent plus que tous autres, d'autant que quand les fruicts commencent à meurir, ils marchent par les ruës en plein midy en habit de veuues, & si les artisans & ouuriers les voyant passer ne se prosternent aussitost par terre deuant eux en signe d'adoration, ils les estropient de coups.

Cæli. Rhod. cap. 29. Maiol. li. 3. des Sorcel. to. 2.

D'autres disent qu'il tient ordinairement puis les vnze heures iusqu'à vne heure ou deux aprés minuict, selon les affaires qu'il se donne & à ses suppos. Que tout le monde n'y arriue pas à la fois, non plus qu'on n'arriue pas aussi tout à vn coup aux legitimes assemblees, veu que les vns sont prez, les autres loing, aucūs legers, les autres lents & tardifs.

Outre que chacune des insignes Sorcieres ayant prins charge particuliere de faire quelque malefice, elles sont bien ayſes auant aller au Sabbat d'y faire vn effort, affin qu'eſtant là elles ne ſoyent tourmentees par faute de ne s'en eſtre peu acquiter dans le temps qu'elles auoiét prins pour le faire:& affin de paroiſtre dignes de cette venerable compagnie, en laquelle chacun a accouſtumé de ſe vanter du mal qu'il a faict : ſurquoy Satan donne les delays, principalement quand il voit qu'on s'eſt mis en deuoir, & meſme en peril d'accomplir le malefice auquel on s'eſtoit obligé: non pas qu'il les en quitte abſoluement iamais: car ſi vne Sorciere auoit promis de mener au Sabbat le fils d'vn gueux ſon voiſin dans huict iours, on luy baille quelque delay, dans lequel ſi elle n'en peut venir à bout, il faut qu'elle preſente ſon propre fils, ou quelque autre d'auſſi haut prix ou plus, autrement elle eſt fort mal traictee : ſurquoy il y a de notables deſordres, comme nous dirons cy apres.

Parfois vn Sabbat finy à vn coin de parroiſſe, on s'en va le tenir à vne autre, où le Diable mene les meſmes perſonnes: mais là, on y en remontre d'autres, comme ſi on ioignoit vne compaignie de ſoldats qui auroyent faict monſtre en vn certain quartier au gros de pluſieurs autres compagnies.

4. Que le Diable en deriſion de nos proceſſions traine ſouuent ſes gens de paroiſſe en paroiſſe.
Et par fois il les traine de parroiſſe en parroiſſe comme nous viſmes eſtant à ſainct-Pé. Car tous nos teſmoins nous diſoyent auoir eſté enleuez par les femmes qui auoient accouſtumé de les mener, & les auoyent tranſportez au Sabbat à Baré : puis les retournant en noſtre hoſtel, où ils couchoient de peur de ſubornement, ils eſtoient venus au Sabbat au cimetiere de ſainct-Pé.

5. Que pour meſme raiſon il fa ct des aſſemblées & proceſſions generales.
Quelquefois il y a des Sabbats & aſſemblees generales qui ſe font ordinairement les quatre feſtes annuelles, & va on en vn certain lieu de la coſte de Handaye à ſi grandes foulles (car ie croy que tout le pays ſi trouue) que pluſieurs nous ont dict qu'elles y auoient veu plus de douze mille perſonnes : & Margueritte qui eſtoit vne fille agee de dixſept ans à ſainct-Pé nous dict par exaggeration, qu'il y auoit autant de monde comme d'eſtoilles au ciel, voulant rehauſſer ſa comparaiſon tant qu'elle pouuoit.

6. Les car-
Pour le lieu ordinaire c'eſt es carrefours, comme diſoit

Isaac de Queyran, qui depofoit y auoit efté au carrefour du Palays Galienne, prés la ville de Bourdeaux, ou aux places des parroiffes audeuant des Eglifes, & le plus fouuent au droict de la grand' porte, fi l'Eglife eft plantée au milieu de la place comme elle eft fouuent, affin que le Diable plante fa chaire tout vis à vis du grād autel où on met le Sainct facrement: comme il eft en la place d'Afcain, où tous les tefmoins du lieu, nous ont dict que le Sabbat fe faifoit. *fours font volontiers les lieux que le Diable choifit pour tenir le Sabbat.*

Il a auffi accouftumé les tenir en quelque lieu defert, & fauuage, cōme au milieu d'vne lande; & encore en lieu du tout hors de paffage, de voifinage, d'habitation, & de rencōtre: Et cōmunement l'appellent lane de Aquelarre, qui fignifie Lane de Bouc, comme qui diroit la lane ou lande, où le Bouc conuoque fes affemblees. Et defaict les Sorciers qui conferrent nomment le lieu pour la chofe, & la chofe où affemblee pour le lieu: tellement qu'encore que proprement Lane de Bouc, foit le Sabbat qui fe tient és landes, fi eft-ce qu'ils appellēt auffi bien Lane de Bouc, le Sabbat qui fe tient és Eglifes & és places des villes parroiffes maifons & autres lieux: parce qu'à mon aduis, les premiers lieux qui furent defcouuerts, où lefdictes affemblees fe faifoyent, furent és landes, pour la commodité du lieu. Et d'autant qu'on y voit le plus de ces boucs, cheures & autres animaux femblables. *7 Que le Diable plāte volontiers fa grāde chaire dorée vis à vis du grād autel.*

Pourquoy on appelle le lieu du Sabbat Lane de Bouc.

Car nous auons ouy plus de cinquante, tefmoins qui nous ont affeuré auoir efté à la Lane de bouc, ou au Sabbat fur la mōtagne de la Rhune, parfois à l'entour, parfois dans la chappelle mefme du S. Efprit qui eft au deffus, & parfois dans l'Eglife de Dordach, qui eft fur les lifieres de Labourt: Parfois és maifons particulieres, comme quand nous leur faifions le procés en la parroiffe de Sainct-Pé. Le Sabbat fe tint vne nuict dans noftre hoftel, appellé de Barbare-nena, & en celuy de Maiftre   de Segure Affeffeur criminel à Bayonne, lequel faifoit en mefme temps que nous y eftions vne plus ample inquifition contre certaines Sorcieres, en vertu d'vn arreft de la Cour de Parlement de Bourdeaux: Puis f'en allerēt en mefme nuict le tenir chez le feigneur du lieu qui est le Sr. d'Amou, & en son chasteau de Sainct-Pé. Et n'auons trouué en tout le pays de Labourt aucune autre parroisse que celle de Sainct-Pé, ou le Diable tint le Sabbat és maisons particulieres.

9 Sçauoir si le maistre Diable & le chef principal de tous les mauuais Anges preside tousiours aux Sabbats.

Pour sçauoir maintenant sy le mauuais Ange principal, & le chef ou grand maistre de tous les mauuais Anges, est en chef, & propre personne, en chacun le tant de milliers de Sabbats ou assemblees qui se font par tout le mõde: puis qu'il paroist vniuersellement presque en mesme forme. C'est vne question plus curieuse qu'importante : Car comme le Diable faict paroistre esdicts lieux plusieurs choses reellemẽt, ie ne doute point aussi qu'il n'en y face voir encore d'auantage par illusion. Ainsi il peut fournir en chasque lieu d'vn Demon, qui semblera luy estre du tout semblable.

Plaintes des Sorciers de Labourt contre le Diable.

Surquoy, est fort apropos de raconter ce qui aduint en la parroisse d'Vroigne pendant que nous faisions le procés aux Sorciers; Nostre arriuée meit en crainte & estonnement tout le pays, qui fut cause que les Sorciers en leurs Sabbats se pleignirent à leur maistre le mauuais Ange, luy disant qu'il seroit lors bien en peine de parer ce coup, & les garantir du feu. Cela luy donna occasion pour mieux les deceuoir de s'absenter pour quelques nuicts, & defait enuiron le 20. Iuillet 1609. il auoit faict defaut par trois fois, aux Sabbats ordinaires tenus auant ce iour, & comme s'il eust esté en tres-grand' peine pour garantir ses suposts de nos mains, ausquels nous faisions le procés auec toute la diligence, & ardeur, qui est requise en semblables affaires, il comparut au 4. Sabbat tenu la nuict du 22. Iuillet de la mesme annee 1609. Tous les sorciers & sorcieres se resiouïssans de sa venuë, luy demãderent ou il auoit demeuré si longuement sans les voir, & se trouuer à ses assises, il respondit qu'il venoit de plaider leur cause côtre le sauueur, lequel par blaspheme il appelloit Ianicot, côme qui diroit petit Iean, qu'il auoit gaigné sa cause contre luy, & qu'il s'asseuroit qu'elles ne seroient bruslees: & qu'en recõpense il vouloit que toute la troupe luy portat ou menat dans

11 Que le maistre Diable fait parfois defaut au Sabbat.

DES DEMONS, MAG. ET SORC. LIV. II. 71

certains iours au sabbat, quatre vingts enfans, lesquels on donneroit à vn Prestre qui estoit lors present au sabbat, que les tesmoins nous nommerent, lequel depuis fut detenu prisonnier pour sorcelerie.

Tous nos tesmoins qui assisterent en ce Sabbat (qui estoient en grād nombre) particulariserent tellement ceste action, qu'ils nous dirent que le Diable dict cela parlant à deux notables sorcieres, entre autres, dont l'vne à esté depuis executee à mort, appellee Marissans de Tartas, & l'autre Marierchiquerra de Machinena, & ayant recherché particulieremēt si les sorcieres le trouuoient à dire, & si on recognoissoit quelque defaut particulier pēdant l'absence de ce Grand maistre esdicts sabbats, ils nous dirent qu'ouy, & qu'en la place du Grand maistre, il n'y auoit qu'vn petit Diable ou Demon qui n'auoit point de cornes, lequel ne contentoit pas la compagnie comme son maistre. Qu'elles n'auoient tant de confience en toute la trouppe de mauuais Anges qu'en celuy seul qu'ils auoient accoustumé d'adorer & seruir. De maniere que quand le grand arriua visiblement & à la veuë de toute l'assemblee, le petit deslogea & print l'essor comme vn oiseau, si haut en l'air qu'on le perdit aussi tost de veuë.

Reste maintenant puis qu'il à cōparu, d'en sçauoir la forme, & en quel estat il a accoustumé de se representer, & faire voir esdictes assemblees. Il n'a point de forme constante, toutes ses actions n'estans que mouuemens inconstans pleins d'incertitude, d'illusion, de deception & d'imposture. *En quelle forme le Diable a accoustumé de se presenter au sabbat.*

Marie d'Aguerre aagee de treize ans, & quelques autres deposoient, Qu'esdictes assemblees il y a vne grande cruche au milieu du sabbat, d'où sort le Diable en forme de bouc: qu'estant sorty il deuient si grand qu'il se rend espouuentable: & que le sabbat finy il rentre dans la cruche. *Qu'il y cōparoist en bouc.*

D'autres disent qu'il est comme vn grand tronc d'arbre obscur, sans bras & sans pieds, assis dans vne chaire, ayant quelque forme de visage d'homme, grand & affreux.

72 TABLEAV DE L'INCONSTANCE

D'autres qu'il est comme vn grand bouc, ayant deux cornes deuant & deux en derriere: que celles de deuant se rebraslent en haut comme la perruque d'vne femme. Mais le commun est qu'il a seulement trois cornes, & qu'il a quelque espece de lumiere en celle du milieu, de laquelle il a accoustumé au sabbat d'esclairer, & donner du feu & de la lumiere, mesme à ces Sorcieres qui tiennent quelques chandelles alumees aux ceremonies de la Messe qu'ils veulent contrefaire. On luy voit aussi quelque espece de bonet ou chapeau au dessus de ses cornes. Il a audeuant son membre tiré & pendant, & le monstre tousiours long d'vne coudee, & vne grande queuë au derriere, & vne forme de visage au dessoubs: duquel visage il ne profere aucune parole, ains luy sert pour le donner à baiser à ceux que bon luy semble, honorant certains sorciers ou sorcieres plus les vns que les autres.

Marie d'Aspilcuete habitante de Handaye aagee de 19. ans, depose, Que la premiere fois qu'elle luy fut presentee elle le baisa à ce visage de derriere au dessoubs d'vne grande queuë: qu'elle l'y a baisé par trois fois, & qu'il auoit aussi ce visage faict comme le museau d'vne bouc.

En hôme. D'autres disent qu'il est en forme d'vn grand homme vestu tenebreusement, & qui ne veut estre veu clairement, si bien qu'ils disent qu'il est tout flamboyant, & le visage rouge comme vn fer sortant de la fournaise.

Corneille Brolic aagé de 12. ans, dict, Que lors qu'il luy fut presenté il estoit en forme d'homme, ayant quatre cornes en la teste, & sans bras, & assis dans vne chaire auec quelques femmes de ses fauorites tousiours prés de luy. Et tous sont d'accord que c'est vne grande chaire qui semble doree & fort pompeuse.

En Dieu Ianus à double visage. Ianette d'Abadie de Siboro agee de 16. ans, dict qu'il auoit vn visage deuant, & vn visage derriere la teste, comme on peint le Dieu Ianus.

En leurier. En bœuf. I'ay veu quelque procedure estant à la Tournelle qui le peignoit au sabbat comme vn grand leurier noir: parfois com-

comme vn grand Bœuf d'airain couché à terre, comme vn Bœuf naturel qui se repose.

Toutes lesquelles formes tesmoignent qu'il se monstre ainsi diuersement, & prend la forme de plusieurs animaux pour se faire mescognoistre, & s'accommoder à la portee ceux qu'il attire à sa cordelle & qui le vont adorer.

Pour la renonciation & adoration, c'est la coustume & n'ay iamais veu experience au contraire, qu'il y a tousiours quelque Sorcier ou Sorciere qui presente ceux qui n'ont iamais esté initiez au Sabbat, & grands & petits. Car i'en ay veu qui auoient esté faicts Sorciers, & commencé à l'estre à l'age de 20. & 22. ans. Mais ordinairement ce sont de meschantes Sorcieres qui menent des enfans qu'elles rauissent d'entre les bras de leur pere & mere, parfois les leurs propres. Quand aux estrangers, leur ayant passé la main par le visage ou sur la teste, ou leur ayant baillé à manger quelque pomme ensorcelee & droguee, ou quelque morceau de pain de millet noir, les enfans deuiennent aussi tost si troublez & esperdus, qu'ils n'ont nulle sorte de defence contre la sorciere: Si bien qu'infailliblement s'il n'y vient vn detourbier notable, elle va la nuict en forme de chat prendre & rauir l'enfant d'entre les bras des pere & mere, qui sont aussi ensorcelez & estourdis pendant que la sorciere est dans leur chambre, & ne se peuuent esueiller.

Or cest enfant brusle de desir d'aller tāt qu'il a la sorciere auprés, laquelle le porte tout en chemise hors la maison: si l'enfant est fort acōpagné & auec ses habits elle l'habille, & puis en vn moment elle le porte au sabbat, où elle a accoustumé de dire, le presentant au Diable, Monsieur voicy vn beau present que ie vous porte, c'est vn enfant de bonne maison, il sera à tout iamais à vostre seruice: le Diable abbaissant la teste par forme de gratification, comme s'il vouloit tesmoigner que le present luy est de tant plus agreable que l'enfant est de bonne part, fait aussi semblant de donner en recōpence à la sorciere la sōme de 10. parfois de 20. escus: & la conuie à luy en mener souuent de semblables. Et tout aussi tost elle dict à l'enfant, que c'est vn grand monsieur,

13. Le Diable est aussi inconstant & variable en sa forme qu'en tout le reste.

14. Cōmét-se faict la renonciation à Dieu & l'adoration du Diable.

K

qu'il faut qu'il le recognoisse d'oresnauant pour son maistre souuerain, & à ces fins qu'il renonce & renie son Sauueur, la Vierge Marie, les saincts & sainctes de Paradis, son baptesme, le sainct chresme, le ciel & la terre, & particulierement son pere confesseur, ses pere & mere, parrain & marraine, & autres parens.

Pourquoy le Diable fait particulieremét faire la renonciation a sainctAnthoine.

Et en ay veu qui nous ont dict qu'on leur feit singulierement renoncer sainct Anthoine, ie ne sçay si c'est parce que particulierement de pauures gens simples, mais pourtant deuots recommandent leurs pourceaux à sainct Anthoine, De maniere que vous diriez, que Satan veut qu'ils renoncent à cette recommandation, ou priere d'intercession enuers Dieu qu'ils font à ce bon sainct pour la conseruation de leur bestail.

Qu'il faut prendre vn parrain nouueau & vne marraine quand on fait ladicte renouciation.

Et est à noter que faisant ladicte renonciation, il faut prendre vn parrain nouueau & vne marraine, autres que ceux du vray baptesme. Si bien qu'vne marraine presentant son vray filleul ou filleulle au sabbat, il faut qu'elle luy donne vne autre marraine. Et est aussi à noter, que le Diable veut imiter la nature aussi bien comme il tasche à imiter Dieu le Createur: & comme disent les iurisconsultes de l'adoption, vne vieille fille ne luy peut presenter vne autre fille plus vieille.

La renonciation se faict volontairement & sans recognoistre, les enfans à demy troublez & effrayez, mesmes ceux qui ont quelqu'age de recognoissance, comme sont ordinairement les valets & seruantes qui y vont par commandement, & à la suitte de leurs maistres, & maistresses. Si bien que ie me suis apperceu, que ceux lesquels pour estre de bon age y vont par desein, & resolution formee, si le Diable a opinion qu'ils ne se deuoyront iamais, ou fort malaisément, il les caresse moins, les tenant comme acquis & mieux garrotez que les petits enfans de bonne maison, dont le soing des parens est capable de les deuoyer & les tirer des pattes de Satan.

Corneille Brolic fut violenté dict-il pour luy baiser le derriere, ie ne sçay s'il dict cela par modestie, car c'est vn fort beau & ciuil enfant, mais il dict, en presence du Diable, qu'il aymoit mieux mourir, si bien qu'il ne le baisa dict-il qu'au visage.

Aussi est il sorty de ceste abomination apres tant de peine, qu'il y aura plaisir d'en entendre la façon estrange, lors que nous coucherons par escrit sa deposition entiere.

Mais le Diable pour les attirer plus aisément à cette renonciation & faulse adoration, a accoustumé de leur faire toucher un liure qui contient quelques escritures obscures, puis il leur represente & fait voir vn abisme & comme vne grande mer d'eau noire, dans laquelle il fait semblant de les vouloir precipiter si tout chaudement ils ne renoncent, & font tout ce qu'il luy plaist, ou bien il leur presente vn grand feu pareil à celuy d'Enfer. Paul Grillant
Bod.l.2.
cap.4.

Souvent ceste adoration se fait à genoux; & comme au sabbat (disent les liures) toutes choses sont préposterees & se font de trauers: parfois on l'adore le dos tourné contre luy, parfois les pieds contremont, ayant allumé quelque chandelle de poix fort noire à sa corne du milieu, luy faisant vn execrable hommage ils luy vont baiser le derriere, ou le deuant comme i'ay dict.

Surquoy est à considerer ce que nous dict vne tres-belle femme de Siboro, laquelle n'alloit plus au sabbat, qu'elle ne l'auoit iamais baisé puis qu'elle estoit en age de cognoissance, & que c'estoit à la discretion du Diable, lequel comme on le va adorer, leur presente ores le deuant ores le derriere comme il luy plaist, selon ses pernicieux deseins, & selon qu'il recognoist le bon ou sinistre estat de celuy qui l'adore.

Cette abominable adoration faicte, on mene les enfans aussi tost prés d'autres enfans le long d'vn ruisseau, car le sabbat ne se faict guiere que ce ne soit prés d'vn lac ou d'vn ruisseau, ou de quelque mare, affin de batre l'eau pour faire la gresle, & exciter des orages, & là on leur baille vne gaule blanche, & des crapauds à garder: puis ayant demeuré quelque annee en cest estat selon leur age, on les met à vn degré plus haut, & l'admet-on à la dance.

15 Que le Diable fait renouueller fouuent les renonciations qu'on fait à Dieu. Iannette Dabadie ieune fille de 16. ans de Siboro dit qu'encore que ce soit l'ordinaire, qu'on ne fait ladicte renonciation qu'vne fois ou deux, quād les femmes qui menent premieremēt certains enfans sont mortes, & que le Diable leur en fournit ou subroge quelqu'autre, ou bien quād les Sorcieres mourāt se recōmendent l'vne l'autre de prēdre soing de mener ceux qu'elles laissent au monde, & qu'elles souloient mener, Satan leur faisant prēdre garde qu'il ne perde ses enfans qu'elles luy ont vne fois acquis. Elle depose donc que luy ayant faict faire la premiere fois cette renonciation la plus ample qu'il est possible, toutes les fois qu'elle alloit au Sabbat il la luy faisoit renouueler, puis l'alloit baiser au derriere. Surquoy elle adiouste vne chose notable, que bien souuent il luy faisoit baiser son visage, puis le nombril, puis le membre viril, puis son derriere.

16 Que le Diable baise parfois le derriere aux enfans. Ianne de Hortilopits agee de 14. ans habitante de Sare, enquise si elle auoit adoré le Diable, & si en cette adoration elle luy auoit baisé le derriere, dit que non, ains que le Diable les a tous baisez au cul: c'estoit douze ou quinze enfans ou filles qu'on nous auoit mené de Sare pour seruir de tesmoins, qui alloient tous les iours au Sabbat, & que c'est la coustume audict lieu, que les grands le baisent au derriere, & luy au contraire baise le derriere aux petits enfans.

Bertrand de Handuch habitant de Sare agé de dix ans, l'interprete autrement (tant le Diable prend plaisir de diuersifier tout ce qu'il fait au sabbat) & dict qu'il y a presque tousiours au Sabbat vn grād & petit Diable. Aussi est-il croyable, que ce grād maistre a plusieurs Demons pour satellites, qui vont & viennēt portent & raportēt les Sorciers dedans & hors le Sabbat. Qu'il auoit baisé le grand Diable au cul, & que le petit Diable qui estoit prés du grand au Sabbat, luy auoit rendu vn pareil office, & auoit baisé l'enfant au derriere. Que le cul du grand maistre, auoit vn visage derriere, & que c'estoit le visage de derriere qu'on baisoit, & non le cul. Miguel de Sahourspe en disoit tout autant.

Le Diable vſe du baiſer au Sabbat. Pour ſe mocquer de Dieu, & de ſes plus nobles creatures. Et au lieu que le baiſer eſt la communication des eſprits, le langage des affections, la parole des cœurs, qui donne des nouuelles à l'ame de ſon ame, le Diable pour ſe mocquer à prins ceſte action, & la empruntee de nos Egliſes, ou les Preſtres & autres Eccleſiaſtiques donnēt le baiſer de paix à leurs Prelats: outre que Satan ſe les faict donner en des parties ſi ſales, qu'il eſt tout à faict vergogneux ſeulement de les raconter.

Voila comment le Diable ſe repreſente au Sabbat, les iours & les heures qu'il a accouſtumé de le conuoquer, & les execrables adorations qu'on luy faict, qui ſeroient capables de deſtourner les Diables meſmes (& non ſimplement des ames Chreſtiennes qui auroyent tant ſoict peu de cognoiſſance) s'ils pouuoient ſe deſtourner, & deuoyer eux meſme de ce malheureux ſentier qui les conduit dans l'abiſme, dans lequel leur ſuperbe les à precipitez.

K iij

DE L'INCONSTANCE
Du transport des Sorciers au Sabbat.

1. Si le transport des Sorciers au Sabbat est reel & corporel.
2. L'Ange bon ou mauuais va si viste que tout le monde ne luy est qu'vn seul lieu.
3. Quelle difference il y a du transport faict par vn bon ou mauuais Ange.
4. Bien que plusieurs personnes souffrent illusion, ce n'est pas à dire que tout ce que le Diable opere en eux soit illusion.
5. Que les transports se sont en quatre manieres.
6. Qu'on leue le defaut contre les Sorcieres quand elles ne se trouuent au Sabbat.
7. S'il est vray ce qu'on dict, que les vrayes Sorcieres ne pleurent iamais.
8. Que les Sorcieres appellent en Gascon le Diable lou Peccat.
9. Merueille, que le Diable ne veut qu'on aille au Sabbat au lieu ou on reside, ains chacũ au lieu de sa naissance.
10. Que les Sorcieres estans en prison ne laissent d'aller au Sabbat: & comment cela se peut faire.
11. Que parfois le Diable voulant mener des filles au Sabbat, met leur figure entre les bras de leur mere.
12. Qu'il n'y a rien qui rende le transport impossible.
13. La Marque dont le Diable stigmatise les Sorcieres & les enfans au Sabbat, est vne tresforte preuue de la realité du transport.
14. Deux depositions notables d'vne Sorciere & d'vn Sorcier qui prouuent clairement le transport reel.
15. Que ce Sorcier confessoit vn malefice qui se trouua tresueritable, lequel ne se porroit faire par luy, s'il n'eust esté transporté reellement au Sabbat.

Discovrs II.

1. Si le transport des Sorciers au Sabbat est reel & corporel.

Sçauoir si le transport des Sorciers au Sabbat est vn prestige, songe, ou illusion du Diable, ou bien s'ils y vont reellement & comporellement, est vne question si agitee par les Docteurs & anciens & modernes, & par les Iuges souuerains des Cours de parlement, qu'il me semble qu'on n'en peut mes-huy plus douter ; Ie ne m'enfonceray donc en cette question n'y en aucune autre de Sorcelerie : car ie ne pourroy vfer que des mefmes raifons de tant de bons liures de forte qu'on auroit iufte raifon de me blafmer & de longueur & de larrecin, & par auanture ne m'en defmefle-roy-ie encore fi bien, ny auec vn fi bon ordre, outre qu'il me faudroit obliger à citer les mefmes autheurs, & en compiler à pleines feuilles, ie n'en promets & ne m'oblige qu'à dire ce que les procez que nous auons faict aux Sorciers m'en ont peu apprendre: faifant fur tout eftat de ceux qui ont faict le mefme, & qui en ont comme nous efté iuges fouuerains, comme Remigius, Boguet & autres, & le pere Del Rio, auquel toutes fortes de gens, & principalement les Ecclefiaftiques, & les iuges, ont cette, obligation, l'ayant traicté en poinct de confcience, qu'il nous à apprins qu'eftce que l'Eglife en croit, & par confequent ce qu'vn chacun bon Chreftien doit croire de chofe qui a toufiours femblé iufques icy fi incertaine & douteufe. Nos procedures confirment fon liure; & croy qu'il dict vray, que iamais homme deuant luy n'a plainement fatisfaict à la curiofité & aux doutes de tout le monde, ie n'ay iamais trouué homme (dict il) ientens vn feul lequel ayt enfoncé tout à faict & defcrit touts les doutes qui font en la Magie & defmeflé toutes les fufees de la forcelerie, les Philofophes, les Iurifconfultes, les Theologies en ont parlé, mais chacun felon fa profeffion & tout autant qu'elle en auoit befoing. De maniere que quand bien ceux de fa profeffion en demeureroient fatisfaicts, les autres ne le font guieres, Quiconque en veut traicter dignement, il faut qu'il fe recognoiffe debiteur à tout le monde, fi non qu'il ne s'en mefle point: i'en promets la culture & le labeur mais du fruict i'en laiffe à autruy le iugement.

Il y a plufieurs chofes lefquelles efcriuant de la forcelerie il faut euiter cōme contraires à la foy & aux bonnes mœurs, & de leçon reprouuee & defendue ; d'autres qui femblent eftre legeres & de peu d'importance, qu'il faut releuer & augmenter ; d'autres, lefquelles eftant mifes en lumiere &

publices sans methode obscurement & auec peu de certitude, qu'il faut plus rangément & plus clairement dire & exprimer, & les confirmer par raison & par tesmoings dignes de foy.

Plusieurs grands personnages ont creu que le transport des Sorciers au Sabbat n'estoit que prestige, illusion ou songe: au nombre desquels, a mesme voulu mettre sainct Augustin, soubs pretexte qu'il a dict auoir veu vn Prestre lequel s'estant oingt de certain onguent tomboit à terre rauy en extase, comme si le corps eust esté sans ame, & disoit, estant reuenu à soy, auoir veu beaucoup de choses estranges & merueilleuses, bien qu'il n'eust bougé d'vne place. Tostat dict de mesme, qu'il y auoit certaines Sorcieres en Espagne, lesquelles s'estant ointes de certain onguent, tomboiét côme inanimees; & excitees de cet assoupissement disoyent qu'il leur estoit aduis qu'elles estoient transportees bien loing en l'air, qu'elles estoient ailees, & auoyent veu des lieux fort plaisans, bien qu'elles n'eussent non plus bougé d'vne place: sans que les piqueures & tourmens les peussent esueiller: laquelle experience a depuis esté faicte par plusieurs, mesmes par le sieur de Lagebaston, lequel comme Premier president en la Cour de parlement de Bourdeaux, la secte de Luther & celle de Caluin estant en quelque vogue, desiroit descouurir toute sorte d'heresies & impostures que le Diable alloit semant par tout, & regler ce Parlement sur ce qu'on en deuoit croire & iuger. Qui est cause que longuement nos peres ont vescu en cet erreur fondé sur vne experience malfaitte qu'il ne les falloit condemner à mort ains renuoyer simplement à leurs Curez & pasteurs, comme si ce n'eust esté simplement que prestige & faulce imagination. En cette opinion on compte, Alciat: & ne suis marry que de ce que Del Rio apres y auoir logé plusieurs Heritiques au deçà de cent ans, comme Luther, Melancthô, & autres il met (parlât des François) le sieur de Montagne, duquel mesme, à ce qu'on dict, il estoit aucunement parent du costé de sa mere; qui estoit dscendue de la famille Espagnolle des Loppez, dequoy ie m'esm'esmerueille, Car apres que Del Rio a souſtenu du contraire, & que ledict tranſport ſe faict reellement & corporellement, & nommé tout vn feuillet de Philoſophes Iuriſconſultes & Theologiens qui ſont de cet aduis, lequel il tient pour certain & indubitable, & du tout conforme à la creance de l'Egliſe Catholique, Apoſtolique & Romaine, il dict que c'eſtoit auſſi l'aduis de Maldonat & qu'il là tiré de ſes eſcrits. Or Maldonat eſtoit le cœur & l'ame du ſieur de Montagne, qui le tenoit pour ſi ſuffiſant qu'eſtans à Rome enſemble, lors que ledict ſieur ſouſtenoit quelque aduis & poinct de religion qu'il ne pouuoit bien defendre il penſoit bien eſchapper diſant que c'eſtoit l'aduis du pere Maldonat, le croyant le plus ſuffiſant Theologien de ſon temps & de ſa cognoiſſance & ſon intime amy: il appuyoit tout à faict ſa creance ſur ſes opinions. A la verité il ne dict pas tout à faict que Montagne ſoit Heretique mais il dict que Luther & Melancthon ne croyoient le tranſport reel, & que pluſieurs, & Montagne entre autres, ont ſuiuy l'opinion de ces deux Heretiques. *Del Rio lib. 2. q. 16.*

Ils alleguent pour cette opinion erronée le Concile d'Angoury, que mal à propos Bodin & autres appellent le Concile d'Aquille, le Canon *Epiſcopi*. 26. q. 5. & l'aduis de S. Auguſtin *lib de ſpiritu & anima* c. 28. & l'opinion de Nauarrus; à quoy Del Rio reſpond ſi bien & ſi longuement, que ſon opinion eſt deſia receuë par tous les Parlemens: & ne faut dire qu'il parle en Inquiſiteur, & comme celuy qui pour eſtre ſubiect du Roy d'Eſpagne ou des ſiens, n'a conſideré en ce ſubiect & n'a voulu mettre en approbation que l'Inquiſition d'Eſpagne. Car ſes raiſons ſont ſi fortes que la creance de l'Egliſe eſtant vniuerſelle on ne peut meſhuy eſtre d'autre aduis. *Bed l.2.cap. 4. Bodin l. 2. chap. 4.*

On reſpond au canon *Epiſcopi* qu'il ſe conte beaucoup de choſes en iceluy leſquelles le Diable ne peut faire par nature, comme monter ſur des animaux en-vie, leſquels pour eſtre du tout terreſtres ne ſçauroient voler par l'air, ny meſme en des momens faire vn ſi grand chemin: d'auantage aller à cheuauchons auec Diane, ou auec Herodiade, veu

L

qu'il n'y a nulle Diane qui soit Deesse, ny aucune Herodiade que cette saltatrice qui est tourmentee en enfer: & qu'il ne faut recognoistre autre diuine essence que Dieu; tous ces contes & assertions sont propositions heretiques. Pour le surplus qui est dans ce canon, il est soustenable comme n'excedant les facultez de la nature, ny les forces du Diable si bien que ce canon ne denie point que choses semblables ne puissent aduenir, ains il dict seulement qu'il ne faut croire que cela aduienne tousiours, ny qu'il aduienne auec ces illusions, de Diane, de Herodiade, ny auec ces circonstances qu'on y aille à cheuauchons sur vn baillay ou sur vn baston, ny par la force de longuent duquel le Diable abuse les Sorcieres. Ainsi le canon accuse veritablement d'heresie ceux qui croyent à ces Sorcieres lors qu'elles asseurent qu'elles vont au Sabbat par tous ces moyens, & auec toutes ces illusions & circonstances, & tout ainsi qu'elles le content.

Qui sert aussi de response à S. Augustin lequel dict la mesme chose que le canon *Episcopi*. D'ailleurs ce n'est pas son opinion, ains vne opinion qu'il tient d'autruy: & quand mesme ce seroit la sienne, elle ne doibt auoir plus de force ce que celle du mesme canon. De mesme peut on dire que ce n'est pas l'opinion de Tostat, ains vne simple narration que des Sorcieres en Espagne croyoient auoir esté au Sabbat sans bouger d'vne place, ce que i'accorde auec luy estre vne pure illusion.

Quant à l'argument d'Alciat il est si foible qu'il n'est pas digne d'vn tel personnage, & ne presse nullement: Si le transport estoit reel (dict il) & que tant de personnes fussent corporellement au Sabbat, elles ne s'esuanouïroient pas si aysément à la simple prolation du nom de Iesus comme elles font, car vne chose corporelle ne se peut ainsi esuanouir en vn instãt: or il est certain qu'elles s'esuanouïssent, par ainsi ce n'est qu'illusion.

A quoy on respond que les Sorcieres qui sont corporellement & reellement au Sabbat ne s'esuanouïssent pas, ains estant tout soudainement emportees, & comme chassees

DES DEMONS, MAG. ET SORC. LIV. II. 83

du Sabbat par la simple prolation de ce nom venerable de de Iesus, on ne les y voit plus & disparoissent fugitiues, comme des nuees deuant le soleil. A quoy Alciat adiouste vne fausse opinion que les Demons estant incorporels ne peuuent mouuoir des choses corporelles, & les transporter de lieu en autre, niant du tout le transport de Iesus Christ sur le pinacle du temple & sur la montagne, le voulant tirer d'Origene & de sainct Hierosme; chose qui est tout contre la creance de l'Eglise, aussi faict Alciat comme les Heretiques de ce temps, lesquels alleguant des passages des peres ils tronquent lesdicts passages, s'arrestent quand il leur plaist & font valoir la seule obiection pour la resolution & decision qui suit apres, laquelle ils suppriment parce qu'elle dict tout le contraire de ce qu'ils veulent prouuer. Car la verité est que sainct Hierosme ne dict rien de tout cela, & qu'Origene resoult tout le contraire. *Origen. Homel. 31. in Lucam & D. Hieron. in Matth.*

Del Rio l.l. 2. sect. 16.

On dict encore que l'Ange estãt incorporel ne peut faire mouuoir de lieu vne chose corporelle, partant que les Demons incorporels ne peuuent transporter au Sabbat les Sorciers qui sont corporels, ny les transporter sans leur volonté, infiniment & indeterminement, quand ils veulent, où ils veulent, & auec toute la vistesse qu'il leur plait.

Mais la responce est qu'il ne tient point à l'Ange, ou mauuais Demon, & n'a besoing que Dieu luy baille de nouuelles forces, ny vne faculté & puissance particuliere. *Omnis spiritus ales est*, dict Tertulien, *hoc Angeli & Dæmones igitur momento vbique sunt; totus orbis illis locus vnus est: quid vbique geratur tam facile sciunt quam enunciant, velocitas diuinitas creditur quia substantia ignoratur.* Non que l'Ange par la seule volõté & intelligence puisse mouuoir vn corps infiniment, indeterminémẽt comme il veut, quand il veut, & auec autant de celerité qu'il desireroit, c'est chose qui n'appartient qu'à vne puissance infinie & à Dieu seul: mais il peut mouuoir & transporter vn poids determiné & reglé auec tout autant de celerité que & l'agilité de l'Ange, & la nature de la chose qu'il meut & transporte le peuuent permettre: & encore pourueu que la chose qu'il veut mouuoir & transporter soit presente au

2. l'Ange bon ou mauuais va si viste que tout le mõde ne luy est qu'vn seul lieu.

Tertul. in Apolog. ad gentes.

L ij

corps que le Demon a prins, & tellement presente, qu'elle meuue le corps qui se transporte par sa seule volonté, qu'ils soyent contigus l'vn à l'autre; comme vn vent impetueux pousse vne plume par l'air, car il faut qu'en fin il laisse de la pousser, & qu'elle se pose & arreste en quelque lieu.

<small>1. Quelle difference il y a du transport faict par vn bon ou mauuais Ange. *Remig. lib.1. c. 17 De monolatria, & Torqum Dialog. 5.*</small>

Et en cette façon est faulse l'opinion de Remigius qui dict que les transports faicts par les bons Anges sont tranquilles & sans douleur, & ceux des mauuais tousiours inquietes & accompagnez de lassitude, de frayeur & de peril, car si l'Ange ou Demon veut tellement moderer ce transport que la celerité d'iceluy ne soit plus forte que la force de celuy qui est transporté, il aduiendra que ce transport se fera non seulement sans douleur & lassitude, frayeur crainte ny peril qu'au contraire il n'y aura que plaisir: ayant veu cent personnes qui confessoient auoir esté portees au Sabbat, ores par le Demon, ores par les femmes qui les enleuoient, si vistement & en lieu si haut, comme vous pourries dire au sommet de la montagne de la Rhune en Labourt, qu'ils n'y auoient que plaisir, ne sentant nulle violence bien que ce fut côme d'vn seul sault, ains ils y auoyent le mesme plaisir que les enfans prennent communement, quand assis à cheuanchons sur vne perche en egal contrepoix chacun assis en son bout ils se leuent & abbaissent chacū à son tour, ou comme ceux qui vont se branslāt & rondoyant sur l'Escarpoulette.

Non pas que ie ne face quelque difference entre les transports qui se font par le commandement de Dieu, qui sont faicts par les bons Anges, & ceux qui se font seulement par la permission de Dieu par les mauuais. Car bien qu'on die que les mauuais Anges n'ayent rien perdu que la grace, si est ce que l'Escriture saincte semble y faire quelque difference, ayant voulu marquer que les bons Anges sont encore plus vistes que les mauuais, puis que pour signifier leur celerité incomprehensible elle leur donne six ailes. Es transports faicts par les mauuais, il faut, comme i'ay dict, que le Demon prenne vn corps qui soit voisin & contigu à cet autre corps qu'il veut pousser, & qu'il le tienne par quelque partie du corps capable de receuoir ce mouuement & souffrir ce transport. Le bon Ange portant le Prophete Abacuc touchoit seulemét ses cheueux: neantmoins lors les cheueux ne soustenoient pas le corps : c'estoit donc la vertu de l'Ange attachee à tout le corps par l'empire & commandement de Dieu.

Et quoy qu'on die que les mauuais Anges sont doüez d'vne pareille vertu que les bons, n'estant decheus de force, ains de la seule grace : si est-ce que ie ne puis croire que le Diable tenant vn sorcier qu'il veut transporter au sabbat par vn seul cheueu ne luy feist violence, & ne le meit en danger de se rompre le col s'il le portoit bien hault, l'attache n'estant proportionnee au poids du corps transporté, comme il faut que l'aymant pour attirer à soy & transporter le fer soyent proportionnez l'vn à l'autre. Car vn grain d'ambre ne sçauroit attirer vn faix de paille ny vn peu d'aymant le tombeau de Mahometh.

Et quant au transport du Sauueur, c'est vn acte singulier, où il n'y a ny violence ny peril. C'est pourquoy les Docteurs en parlent auec respect ; tellement qu'ils disent que Iesus Christ ne fut transporté, trainé ny violenté, ains seulement mené, & qu'il suyuit volontairement le Diable lequel alloit deuant comme guide, & non comme maistre. *Aiunt Christum ductum duntaxat & præsente diabolo iuxta sinuysse.*

Ils vsent encore d'vn autre argument, & disent que cela n'aduient qu'à des femmellettes, & à des enfans, desquels on trouue les corps gisans és mesmes lieux où on les a laissez, sans qu'ils ayent esté transportez en lieu quelconque ny bougé de place : comme on lit de certaines femmes qu'on voyoit en festin, & neantmoins on les *Dans la vie* trouuoit en mesme temps chacune en sa maison. *de sainct Germain.*

Et de ce pauure Gascon lequel Bodin dict qu'estant *Bodin liure* esclaue en Turquie, il fut tellement abbreuué de Man- *2. chap. 5.* dragore & autres breuuages, qu'estant tombé en extase *Demono.* on eut moyen de chastrer, comme on faict & pratique à l'endroit de plusieurs autres enuques qui demeurent

L iij

par ce moyen endormis prés de quatre iours.

Mais la responſe eſt non celle que dict Bodin & quelques autres, qui croyent que pendant ces extaſes & aſſouppiſſeméns, au ſortir deſquels les ſorcieres diſent qu'elles ont eſté au ſabbat, les ames ſont enleuees & ont abandonné leurs corps : car l'ame n'abandonne iamais ſon domicile que par la ſeule mort cõme nous dirons cy aprés.

4. Bien que pluſieurs perſonnes ſouffrent illuſion ce n'eſt pas à dire que tout ce que le Diable opere en nous ſoit illuſion.

Il y a bien plus d'apparence à l'autre obiection, qu'il y ait pluſieurs perſonnes qui ſouffrent l'illuſion que le Diable leur faict, ayant troublé & enſeuely leurs ſens interieurs & exterieurs, leur phantaſie eſtant bleſſee, & eſt au pouuoir du Diable, ayant ainſi troublé les facultez de l'ame, perſuader aux ſorciers ce qu'vn melancolique ou vn yurongne penſent voir parfois.

Car ie confeſſe que pluſieurs ſorcieres croyent auoir eſté & veu au ſabbat pluſieurs choſes, bien qu'elles n'ayent bougé d'vne place, & que ce ne ſoit qu'illuſion: Mais de là on ne peut inferer autre choſe ſinon qu'elles ſe trompent quelque fois, n'ayant bougé, de dire qu'elles y ont eſté. Mais de conclure pour cela, qu'il leur aduient touſiours de meſme, & qu'elles n'y vont corporellement, & n'y ont iamais eſté, il ne ſ'enſuit pas. Outre que cela ſe faict pour diuerſes raiſons. La premiere eſt que Dieu permet le plus ſouuent à cauſe de nos pechez que les conuentions faictes auec le Diable ſoient obſeruees de poinct en poinct, parfois il les empeſche; comme quand les Iuges pouſſez de quelque pernicieuſe curioſité ont enuie de faire ſemblables eſſays, afin que par ce moyen les Iuges ſoyent confondus en la peine de ſemblable peché, & qu'ils ſoient quaſi comme aueuglez : ſi bien que le Diable par la permiſſion de Dieu les tranſporte quelquefois reellement en corps & en ame. Et neantmoins afin qu'on croye que le tranſport n'eſt veritable, & que ce n'eſt qu'illuſion il laiſſe là parfois le corps de la ſorciere, non pas le vray corps, ains la figure & ſimulachre d'iceluy. L'autre raiſon eſt, que quelque conuention & pacte exprés ou tacite que le Diable ait faict auec des personnes, il les rompt aisement & les viole quand il luy est plus vtile. Or l'vtilité qui luy en vient les laissant en mesme lieu sans les transporter lors qu'on faict semblables essays, c'est que par ce moyen il persuade aux Iuges que le transport est faux, & empesche l'execution de la Iustice. Et au contraire il obserue le pacte quand il pense par l'entretennement d'iceluy engager & lier plus de gens.

Il y a vn autre argument qu'ils font. Ce qui est impossible par nature est du tout impossible: or le transport au sabbat est impossible par nature, en la façon qu'on en accuse les sorcieres: par ainsi il est du tout impossible. A quoy les modernes respondent tres-bien: que si tout ce qui est impossible par nature estoit impossible tout à faict, on excluroit toutes les actions des intelligences, & toutes les œuures de Dieu qui sont contre nature. Toutes les maladies populaires viennent de Dieu, & ont quelque chose de diuin, puis qu'elles nous sont donnees en tesmoignage de l'ire de Dieu & comme pour fleau: & puis nous auons monstré par authorité, par raisons, par confessions des sorcieres & repenties & autres, & par experience qu'elles en auoient faict que les tempestes & orages se font par leur moyen; il est donc possible. Par ainsi quand on dict que pour adiouster foy à vne sorciere qui dict auoir esté reellement & corporellement au sabbat, il faudroit qu'elle dict chose possible, & que si elle n'est possible par nature, qu'elle ne peut estre tenuë par le droict pour veritable. C'est vn argument sophistique, captieux & notoirement faux. Car les grandes œuures & merueilles de Dieu, les actions des intelligences, & tout ce qui est de la Metaphisique est impossible par nature, & toutesfois ce sont toutes choses veritables, & dont on en voit tous les iours les euenemens.

Bodin liure 4. chap. 3.

L. 13. & l. seq. in si D. de minor. act.

5° Que les transports se font en quatre manieres. Can. Episcopi. 16. q. 5.

* Ainsi les transports se peuuent faire & se font en quatre façons.

1 La premiere par la seule cogitation & pensee: ce que l'Escriture saincte appelle vn transport en esprit comme fut la vision d'Ezechiel.

Translatio in spiritu. Ezechiel c. 8.

2 La seconde quand les sorciers vont de leur pied au sabbat.

3 La troisiesme quand vrayement le Diable les transporte par l'air par mouuement local reglé selon le corps & le lieu.

4 La quatriesme en telle façon qu'ils ne sçauent eux mesmes s'ils ont esté transportez corporellement ou par illusion, comme on tient du rauissement de sainct Paul, lequel dict qu'il n'oseroit asseurer auoir esté rauy en corps & en ame, ou seulement en esprit, si bien que quand les sorcieres n'y veulent aller qu'en songe elles se couchent seulement sur le costé gauche, & lors estant esueillees le Diable leur faict vomir & rendre par la bouche vne certaine vapeur espaisse, dans laquelle elles voyent tout ce qui s'y faict, comme si elles le voyoient dans vn miroir.

Et quand elles veulent estre transportees corporellement elles s'oignent de certain onguent faict de la graisse de petit enfant duquel nous parlerons cy aprés.

D'autres ont dict, & non sans grande apparence de raison, que les sorcieres insignes estoient premierement rauies en extase par des onguens, herbes, ou suffumigations lesquelles leur estourdissoyent les sens, & leur faisoyent voir pendant leur rauissement tout ce qui se passoit au sabbat, ou chose semblable au sabbat : tout ainsi que faict l'herbe Cohoba aux Indiens en l'isle Espagnolle. Puis aprés vn sommeil violent & forcé, ils s'esueillent & content merueilles. Or le Diable leur ayant plusieurs fois representé le sabbat en songe pendant leurs rauissemens & extases, il les y mene par aprés fort aisément corporellement & reellement, & les tient mesme parfois en doute si c'est par illusion ou en verité, afin qu'elles ne le descouurent. Et ne faut point s'arreter à debatre si c'est de nuict ou de jour, car ce doute a fait douter de la verité du sabbat & du transport en iceluy. A la verité il semble que anciennement le Diable ne souloit faire le transport qu'en dormant : car il ne cherchoit qu'endormir l'œil pour surprendre

dre l'esprit & le corps, & les mener à perdition; mais maintenant il est deuenu si ruzé qu'il tient ses assises aussi bien de iour que de nuict, faisant en plein iour des tenebres & des tenebres le iour, ou quelque clarté transparente.

La verité est donc que les sorcieres vont par fois au sabbat en songe & par illusion, mais qu'elles y vont aussi par fois reellement. Et qu'il soit ainsi, il y a quelques autres raisons & experiences conformes à ces raisons qui le nous monstrent clairement.

En premier lieu l'Escriture saincte desireuse de nostre salut defend & prohibe tout ce qui nous peut mener au sortilege, toutes les experiences qui nous dressent à la sorcelerie, & tout ce dont le Diable, les Magiciens & sorciers ont accoustumé d'vser pour nous instruire à ce malheur.

Vous ne ferez point d'experiences dict l'Escriture sainte par figures, par verges, par œuures, par mouuemens, par iours, ny par heures. Par figures ils entendent les cercles dans lesquels les Magiciens font leurs euocations d'Esprits, & les images de cire & autres figures, soit de Geomance ou autres poincts & caracteres. Par verges, les verges ou gaules desquelles les sorciers se seruent pour faire leurs malefices ou pour bailler à garder les Crapaux aux petits enfans au sabbat, ou mesme celles sur lesquelles elles y vont à cheuauchons. Or le Diable se ioüe & se sert volontiers de la verge en imitation de celle de Moyse, auec laquelle il faisoit tant de miracles, ou bien celle si florissante verge d'Aaron.

Par œuures, ils entendent le poison, le venin, poudres, & autres compositions & drogues auec lesquelles ils font tant de malefices & mechancetez execrables. Par mouuemens ils entendent les transports. Par iours & par heures, ce sont les iours & heures de leurs assemblées & sabbats.

D'auantage la mesme saincte Escriture defend aussi à tout le monde de ne frequenter n'employer, & ne se seruir des Magiciens, Deuins & Sorciers. *Exod. 20.*

En second lieu il y a vne infinité d'exemples dans nos procedures de plusieurs, lesquels menez au sabbat, ayant

M

par merueilles proferé le nom de Iesus ont esté griefuement batus, & sont demeurez seuls (toute l'assemblée ayant disparu) en lieu fort sauuage & esloigné de leur maison: tout ainsi que cet exemple dans nos liures de celuy qui ayant demandé du sel au festin du sabbat & dict le nom de Iesus le voyāt mettre sur table, se trouua prés de Naples à cent mille de sa maison. A quoy se rapporte la deposition de tous nos tesmoins, & des sorcieres qui confessent, qui disent tous & asseurent n'auoir iamais veu de sel aux festins du sabbat.

Crollandus lib. 2 de l[...]

En troisiesme lieu on a souuēt dissipé ces assemblees, soit en proferant le nom de Iesus, soit par le chant du coq, ouy en surprise, soit par dessein de plusieurs exactes Inquisiteurs & bons iuges, qui auec des choses sainctes ont vexé & troublé le Diable esdicts sabbats: & en mesme temps les tables se sont trouuees couuertes, auec la vaisselle d'argent que les sorcieres auoient emprunté pour parer le festin, ou porté de leur maison. Et vne de nos sorcieres depose auoir veu dire vne forme de Messe nouuelle au sabbat à Siboro à Maistre Vocal Prestre, où il se feit vne notable collecte de bon argent lequel fut donné & porté à la mere dudict Vocal: cet argent se donna au sabbat & ne fut donné ny en songe ny par illusion.

Et Detsail & plusieurs autres que ie ne veux nōmer, preuenus de sorcelerie sont accusez & conuincus d'auoir tenu au sabbat le bassin des offrandes, où chacun donne de bon argent qu'ils portent de leur logis, & l'ayant recueilly aucuns ont maintenu audict Detsail qu'il l'employoit pour defendre la cause des sorciers, & d'autres luy maintindrent qu'il l'employoit à ses propres vsages, si bien que c'est vn des plus riches de sa parroisse.

En quatriesme lieu vne insigne sorciere appellee Necato qui auoit accoustumé de mener au sabbat vne fille de quatorze ans passez, appellee Marie de Gastagnalde, confessa deuant nous auoir mené ladicte Gastagnalde au sabbat vne certaine nuict bien designee, l'auoir batuë parce qu'elle auoit descouuert beaucoup de choses plus qu'elle ne vouloit: car encore qu'elles confessent, elles taisent tousiours quelque chose : la fille le confessa, & deux autres tesmoins Cristoual & Aspilcueta agez de quinze à seize ans luy maintindrent la luy auoir veuë battre. C'est merueille que tous quatre fussent d'accord du lieu, du temps & des coups, & de toutes autres circonstances du sabbat, & neantmoins que ce n'eust esté qu'illusion : pour le moins sçay-ie bien que la pauure fille se plaignoit grandement des coups : & si les autres trois n'eussent esté d'accord auec elle qu'elle auoit esté batue au sabbat, ou qu'elle seule l'eust dit, on eust peu dire que le Diable l'auoit batue dans son lict en dormant. Outre ce Necato dit qu'elle auoit esté transportée vne nuict vers la coste de Handaye, que là il s'estoit tenu quelque petit sabbat, auquel auoit comparu Desail porte-bassin du sabbat, lequel estant lors prisonnier en vertu de nostre decret l'auoit fort batue parce qu'elle l'auoit accusé : surquoy est grandemēt à considerer que maistre Laurent de Moisset aduocat en la Cour de parlemēt de Bourdeaux vn qui assistoit auec nous au iugement desdites sorcieres au siege de Bayonne, estant allé vers la coste d'Handaye rencontra deux femmes qui luy dirent que Detsail lors prisonnier auoit esté la nuict lors precedente au sabbat, qu'il y auoit batu à outrance ladicte Necato, laquelle deux filles dudict lieu non sorcieres voysines dudict lieu de Handaye & prés du lieu où s'estoit tenu ledict sabbat, auoient recognue à la voix. On se veut esclaicir de cela, si bię que tenāt sur la sellette ladicte Necato qui nous l'auoit desia cōfessé, dit derechef qu'elle auoit esté transportee au sabbat audit lieu & que Detsail la batit outrageusement. On fait venir Detsail, elle luy maintient, ensemble, qu'elle l'auoit tousiours veu au sabbat porter & tenir le bassin.

En cinquiesme lieu nous auons ouy vne infinité de sorcieres & de tesmoins qui disent auoir payé les defauts quād on ne va au sabbat, ores de demy quart d'escu chasque fois, ores de dix sols. Nous en cognoissons les receueurs en quelques parroisses, plusieurs les y ont payez en argent, & d'autres par faute d'argent ont baillé des gages auec quelque delay de payer. Et auons remarqué tres-veritable ce

6. Qu'on leue le defaut contre les sorcieres quand elles ne se trouuent au sabbat.

Del Rio.
lib. 2 sect.
16.

que plusieurs disent que le Diable donna vn Demon à vne sorciere qui luy seruoit comme de mary, & estoit tenu luy denoncer tous les sabbats ordinaires & extraordinaires, si elle auoit excuse pertinente elle estoit excusee pour ce coup, à la charge qu'elle se tenoit tousiours au logis triste & melancolique pour auoir faict ce defaut: si l'excuse estoit impertinente elle estoit batue à outrance : & pendant tout ce temps qu'elle n'y alloit pas elle estoit tousiours troublee & tourmentee & tout ce qu'elle vouloit faire se perdoit ou gastoit à mesure qu'elle y mettoit la main: tellement qu'elle estoit enfin contrainde d'auouër que son defaut auoit esté volontaire, qu'elle auoit eu quelque desing de se desgager, & s'obligeoit par sermēt de ny māquer plus, mais le Diable pour mieux s'en asseurer & la côtenir en deuoir desaussi tost que la nuict s'approchoit luy enuoyoit vn petit Demon, lequel l'appelloit auec vne voix d'homme & incontinent elle s'oignoit, & estāt sortie sur le sueil de sa porte elle trouuoit infailliblement vn Bouc qui l'attendoit à la porte, sur lequel estant montee elle s'en alloit en diligence. Mais cela est bon contre celles que le Diable recognoit estre en quelque degoust, que Dieu tient encore par quelque petit filet; car le cōmun des Sorcieres insignes sçait les iours qu'il faut aller au Sabbat. C'est pourquoy elles ne s'oignent point les autres iours. Quelque fois elles sont aduerties par vn petit Demon, quelque fois par la rumeur de la troupe qui accompagne la Royne du Sabbat par l'air.

7. S'il est vray ce qu'on dict que les vrayes sorcieres ne pleurent iamais.

Vne femme de Biarrix aagee de quarante ans nous parla du Sabbat pleurant aussi amerement que ie vi iamais creature, tout à rebours des autres Sorcieres impenitētes qu'on dict ne pleurer iamais ou fort rarement, ce que nous auons veu par experience es Sorcieres insignes lesquelles les tourmens mesme font plustost rire que pleurer. Elle nous dict

8. Que les Sorcieres appellent le Diable en Gascon Iou Peccat.

qu'elle s'estoit transportee au Sabbat où le Diable qu'elle appelloit en Gascon Iou Peccat luy faysoit voir choses estranges tout à rebours du commun & quasi contre nature. Et auec de grandes larmes & exclamations reiterees par plusieurs fois, elle nous dict, se iettant la teste contre la table fur laquelle nous receuions fon audition, que celuy eftoit bien heureux qui n'auoit iamais veu ny defiré de voir le Sabbat, lou Peccat ny chofes femblables, puis elle adioufta qu'elle aymoit mieux payer les defauts qu'aller au Sabbat, qu'elle en payoit huict fols pour chacun à certaine femme qu'elle nomma: & depuis nous auons rencontré en nos procedures celuy qui leuoit à Siboro lefdicts defauts. Et à la Baftide en la baffe Nauarre vn Sorcier en 1610. fut apperceu en la place publique conteftant le payement de ces defauts auec vne ieune homme, il luy en demandoit huict fouls, le ieune homme n'en auoit que cinq lefquels il luy offroit; on voulut fçauoir qu'eft-ce qu'ils conteftoient fur ces nombres de 8. & de 5. en fin le ieune homme confeffa qu'ayant failly d'aller au Sabbat ce Sorcier qui auoit charge de leuer les defauts auoit prins defaut contre luy, fi bien que le voulant forcer d'en payer huict fols qui eftoit le prix accouftumé il le rudoyoit ainfi, par ce qu'il ne luy vouloit bailler que cinq fouls n'en ayant d'auantage. A cette nouueauté on le prend, on y ioinct d'autres maleficés qu'il confeffa, aucuns volōtairement, d'autres à la torture, tellement qu'il fut puny de mort & brufle, confeffant au fupplice d'auoir efté prouueu au Sabbat de cette noble function.

Marie de la Ralde aagee de 28. ans confeffe qu'elle a frequenté les Sabbats puis l'aage de dix ans que Mariffans l'y mena la premiere fois & à toufiours continué iufqu'à fon decez, puis lequel le Diable feul l'y menoit par fois, mais parfois auffi les voifines s'appelloyent l'vne l'autre, qui eft l'ordinaire entre les grandes Sorcieres que tout le voifinage s'appelle, & y alloyent & reuenoyent enfemble, reellement & corporellement de leur pied fans dormir, fans fonge & illufion. Qu'elles y alloyent auffi vifte de leur pied comme fi elles euffent volé par l'air & y arriuoyent en vn moment. Qu'il y a enuiron cinq ans quelle eft remediee & s'eft feruie des fuffrages de l'Eglife, quelle y alloit auec vn merueilleux plaifir quand le Diable ou fes voifines l'a venoyent femōdre: qu'il tient tellement liee la volonté de

M iij

ceux qui y ont esté vne ou deux fois que malaysément laisse il loger dans leur entendement vn plus fort & violent desir que celuy la : dict auoir oüy vanter plusieurs Sorcieres au Sabbat d'auoir esté transportees de S. Iean de Lus & Siboro d'où elle estoit en Terreneuue, où estant elles se perchoyent sur le haut du mast du nauire n'osant entrer dedans, par ce que le nauire estoit beni st : & que de-là elles iettoyent des poudres & infectoient de poison tout ce que ces pauures mariniers auoyent mis secher au bord de la mer. Mais qu'il y a plusieurs personnes qui vont au Sabbat qui ne furent iamais employees à chose quelconque qu'à estre simplement spectateurs.

Iannette d'Abadie de Siboro aagee de seize ans depose qu'il y a prez de quatre ans qu'elle fut transportee au Sabbat la premiere fois par vne nommee Gratiane: qu'elle veille dans l'Eglise il y a tantost trois mois auec plusieurs autres: si bien qu'elle dort le iour; mais en fin qu'vn Dimanche 13. du mois de Septembre 1609. pendant qu'on disoit la Messe elle estant dans sa maison endormie, le Diable luy vint oster du col certaine chose quelle y portoit contre la fascination, & la luy ietta sur le sueil de la porte, puis l'emmena de plein iour au Sabbat de son pied : & dict qu'il l'y a menee ainsi vne autrefois de plein iour:& d'autant que sa deposition merite pour son estrangeté d'estre veuë toute entiere, ie n'en diray pas d'auantage pour ce coup.

Dict qu'en l'accouplement elle a veu & experimenté fort souuent au Sabbat la semence du Diable estre froide, mais que celle des autres hommes est naturelle, ayant esté accouplee auec le Diable, & cent fois auec d'autres hommes audict Sabbat, & hors d'iceluy iamais, chose qui confirme merueilleusement la realité du Sabbat

Qu'elle a veu cent fois au Sabbat le petit aueugle de Siboro sonner du tabourin & de la fluste, ce que plusieurs autres nous ont confirmé.

Qu'elle y a veu faire cent fois du poison lequel se distribue au Sabbat parmy les insignes Sorcieres, comme font aussi les poudres: lequel poison se faict non es maisons particulieres, ains audict Sabbat, & se faict, se donne & s'employe non par illusion ains reellement & veritablement.

Qu'vn Anduitse de Siboro est celuy qui donne les assignations à comparoir au Sabbat en cette paroisse. Dict qu'elle a esté portee par l'air fort souuent en Terreneuue par ladicte Gratiane qui auoit accoustumé de la mener au Sabbat: & peut auoir six mois & enuiron le mois d'Auril de l'an 1609. qu'elle y fut portee du Sabbat de Siboro en hors, auec plusieurs autres Sorcieres, & s'en reuindrent aussitost. Que le Diable les transportoit tout à la fois. Qu'elle voyoit en Terreneuue des sorcieres transportees presque de toutes les parroisses de Labourt, quelles y alloyent exciter des orages & tempestes pour perdre des nauires, & de faict on y feit perdre de nauire de Marticot, de Miguel Chorena de Siboro, lequel estant Sorcier ayda luy mesme a le perdre, chose laquelle s'estant trouuee veritable (car le nauire s'est perdu enuiron ce temps la) mostre clairement le transport des sorciers qui allerent exciter la tempeste.

Qu'elle a esté batue au Sabbat reellement & corporellement par deux sorcieres qu'elle nomme, par ce qu'elle auoit reuelé les mysteres du Sabbat.

Marguerite fille de Sare aagee de seize à dix sept ans habitante de S. Pé dict qu'vne femme de Sare qui l'auoit faicte sorciere & qui la menoit au Sabbat, estant decedee en prison à Bourdeaux, preuenue de sorcelerie, la recommenda à vne certaine femme auant son depart (car ayant faict vn acquest au Diable de quelque enfant ou fille elles ont soing de le luy conseruer) cette derniere l'a mené tousiours depuis, & transporté au Sabbat.

Surquoy est grandement considerable & y a quelque cabale du Diable là dessus, qu'encore qu'elle habite à S. Pé, & que le Diable face le sabbat presque par toutes les maisons des sorcieres de S. Pé, au cemetiere de l'Eglise, en la place du chasteau du sieur d'Amou & ailleurs: neantmoins il ne veut que cette fille aille au Sabbat en la parroisse de S. Pé où elle habite, ains à celle de Sare d'où elle est natiue: & pour nous en eclaircir, nous fimes venir quinze tes-

9. Merueille que le Diable ne veut qu'on aille au Sabbat au lieu où on reside, ains chacun au lieu de sa naissance.

moins qui alloyent presque toutes les nuicts au sabbat (desquels la procedure de sainct Pé est composee)lesquels nous confesserent tous ingenuement qu'ils ne l'auoyent iamais veuë au sabbat à S. Pé, Surquoy est aussi à considerer que le transport est reel, se faisant tousiours par vne mesme sorciere, qui porte tousiours au sabbat vn mesme enfant tant qu'elle vit: & si elle decede elle en subroge vne autre la plus confidente, & à elle & au Diable, qu'elle peut trouuer.

Ce qui se confirme par la deposition de Catherine d'Arreioüaque d'Ascain aagee de 14. a 15. ans, laquelle auoit accoustumé de veiller auec plusieurs autres enfans & filles, pour n'estre surprinse en dormant : son pere sçachant que celle qui la souloit mener estoit executee à mort, luy dict qu'elle pouuoit bien reuenir coucher en sa maison : mais dés la premiere nuict vne autre femme, qu'elle nomme, la vint querir & continua de l'y mener, & continuoit encore pendant le temps que nous luy faisions le procés: le Diable voulant vn mal extreme à cette fille par-ce qu'estát doüee d'vn merueilleux esprit estoit vn de nos meilleurs tesmoins & qui parloit le plus asseurément en la procedure d'Ascáin.

Or si le transport n'estoit veritable, comment est-ce que deux mille enfans de Labourt presentez au Diable au sabbat par certaines femmes qu'ils nomment par nom & surnom, dont la plus part ont esté executees à mort comme sorcieres, & les autres en sont à la veille, soustiendroient ce transport sans iamais varier ny prendre l'vne pour l'autre? comment est-ce qu'elles mesmes, pour le moins la plus part, le confesseroient? aduouant les auoir presentez, faict renoncer leur Sauueur, les auoir marquez du caractere du Diable, sorcieres & tesmoins se trouuer marquez d'vne marque insensible, dont l'espreuue est faicte par nous mesmes, & mille autres particularitez qu'elles designent : & non seulement les enfans le confessent, ains des femmes de quarante & cinquante ans.

Vne sorciere de Villefranche aagée de 48. ans, femme d'aussi bon iugement, & autant iudicieuse & rassise, parlant

lant autant moralement que ie vy iamais, confeſſa deuant nous ſans iamais varier, perſeuerant à la torture & au ſupplice, comme ſi la ſorcelerie fut en elle (comme ſa modeſtie me le faiſoit croire) plus par malheur que par volonté, qu'elle emmenoit & trãſportoit au ſabbat vne autre ieune femme de 24. ans: & dict qu'vne femme, qu'elle nomma, luy ayant donné deux pommes elle en auoit mangé l'vne & auoit donné l'autre à cette ieune femme de 24 ans, qui luy donnerent aprés quelques annees tant d'habitude auec le Diable qu'elle la menoit au ſabbat. Elle ſe trouua de race ſi infecte que ſon pere fut executé comme ſorcier aagé prez de quatre vingts ans, ſa mere eſt en priſon en cette ville de Bourdeaux, & elle, & cette ieune femme de 24. ans ont auſſi faict le ſaut, ſur leur confeſſion de pluſieurs maleficeſ; Entre leſquels eſtoit qu'elle menoit ſon propre enfant & le tranſportoit les nuicts ordinaires au ſabbat.

Maire Dindarte de Sare aagee de 17. ans dict que quãd elle va au ſabbat elle y va ſeule auec le Diable qui la porte en l'air, ou bien parfois elle appelle ſes voiſines, & y vont enſemble. Et quand elle y va ſeule auec le Diable, il luy donne quelque onguent, duquel s'eſtant frotee ou à nud ou ſur les habits ſeulement, incontinent elle s'en va par l'air: leſquels habits neantmoins ſont nets quand elle arriue au ſabbat, ſans qu'il s'y voye graiſſe ny ordure, On fit ſemblant de la prier de partir, & d'aller en l'air: elle dict que ſi elle auoit de cet onguent qu'elle iroit fort bien, & tout deuant nous: on luy dict qu'elle en emprunte ou ſi elle va au ſabbat la nuict enſuiuant qu'elle n'oublie d'en apporter: elle reſond que les ſorcieres ne luy envoudront donner par ce qu'elles ſe haiſſent à mort. Et eſtant allee la nuict enſuiuant au ſabbat elle nous dict que le Diable ne luy en auoit voulu donner, ſçachant qu'elle auoit decouuert tout ce qui ſe faiſoit en ces aſſemblees: & qu'entre autres choſes il luy demanda ſi elle l'auoit point renié. Or elle diſoit vne choſe merueilleuſe, c'eſt que le Diable eſtoit venu ouurir cette nuict vne feneſtre à ſeize teſmoins de la parroiſſe de Sare qui couchoient au deſſoubs de noſtre chambre tous enfemble, eftant aduis à ces pauures gens qu'ils eftoiẽt plus asseurez en noftre hoftel qu'ailleurs. Et qu'ils auoient efté menez au fabbat l'vn apres l'autre à la file, par les forciers qui auoyent accouftumé de les y mener, ce qu'ils nous confefferent tous fauf vn, lequel auffi d'vn commun confentement fuft trouué n'y auoir efté veu : ce qu'il fouftenoit auffi fort & ferme.

Ie m'informay fort particulierement à elle fi on pouuoit eftre mené ou tranfporté au fabbat en veillant. Et pour enfoncer ce poinct notable de forcelerie, me vint fort à propos qu'elle fouftint à la Dame de Chantocorena qu'elle l'auoit veuë au fabbat la nuict du 28. Septẽbre 1609. ce qu'elle dict eftre notoirement faux, attendu qu'elle auoit veillé toute la nuict. Surquoy la verité eft, que nos prifonieres pẽdant qu'on leur faifoit les recolemens & confrontemens s'efforçoyent de veiller, pour nous perfuader & quafi nous donner affeurãce certaine qu'elles n'y auoyent efté : car les tefmoins maintenoyẽt à la plus part qu'encore qu'elles fuffent prifonnieres elles n'auoyent laiffé de les venir querir, & les auoir tranfportez au fabbat. Ce qu'elle nous fit femblant d'expliquer, & nous dict que la verité eftoit qu'on n'alloit iamais au fabbat qu'on n'euft dormy; c'eft pourquoy (difoit elle) on veille aux Eglifes & ailleurs, mais qu'il fuffit d'auoir feulement fermé vn œil : car en ceft inftant on y eft tranfporté. Et quand elle nous a dict que les forcieres y vont en veillant & s'aduertiffent l'vne l'autre, cela s'entend que fçachant des le foir qu'il y faut aller la nuict enfuiuant, elles s'aduertiffent des le mefme foir, puis fe vont coucher puis fe leuent, & fi en vont chacune en fa façon, quelque fois feules quelque fois accompagnees du Diable, quelque fois plufieurs voifines enfemble. Ainfi il femble qu'elle veuille dire (car elles cachent toufiours quelque chofe, & ne veulent iamais tout dire, non pas mefme celles qui font en voye de faire leur retraitte & abandonner le Diable) qu'on n'y va iamais fans qu'on ayt dormy, mais neantmoins qu'on s'efueille, & qu'on y va fans dormir, feuls ou accompagnez, tout efueillez & non endormis, & par ainsi reellement & non auec illusion, en quelque sens qu'on le prenne : bien qu'il semble puis que tant d'enfans veillent pour n'aller au sabbat, que le Diable ne les peut surprendre s'ils ne dorment, par tant qu'on n'y est iamais transporté en veillant. Mais la verité est, que cela est vray en ce qui est des enfans lesquels ne sont encore confirmez en la sorcelerie, & qui s'en defendent par les veilles & par autres moyens : mais que les vieilles & insignes sorcieres ayent besoin de dormir n'y s'oindre pour aller au sabbat, ou elles vont sans force, & de leur pleine & franche volonté, vne infinité nous ont tesmoigné le contraire, lesquelles nous ont asseuré que la nuict en l'esté estant dix ou douze en rue à veiller & filer ensemble, sur les onze heures, la nuict que l'heure du sabbat s'approchoit, elles se disoyent toutes à-Dieu & bon-soir, chacune faisant semblant de se retirer en sa maison : mais celles qui deuoyent aller au sabbat ne rentroyent nullement en leurs maisons, ains sans y rentrer alloyent toutes ensemble audict sabbat. Aussi n'y a il apparence que pour aller au sabbat à trois pas, comme à Ascain, en la place, & à Sainct Pé dans les maisons, & à Sainct Iean de Lus & Siboro sur le pont, il faille se graisser ny oindre pour aller à trois pas, plusieurs sorcieres ayant leur maison sur ladicte place. Et ne peut aussi estre illusion puis qu'elles y vont en veillant, en quelque façon qu'on le prenne. Aussi semble il impossibe qu'en vn clin d'œil, comme disoit cette Dindarte, on y puisse estre transporté si le sabbat estoit en Terre-neuue, ou autre lieu bien loing. Car il faut, encore que le Diable transporte en vn moment, qu'il y ayt du temps, & quelque proportion de la personne qu'il veut transporter, auec la didistance des lieux : & ne pourroit à vn clin d'œil transporter vne sorciere au sabbat qui se tiendroit au bout du monde. Il y a vne autre raison pour laquelle elles disent qu'elles n'y vont iamais en veillāt, c'est qu'elles pensent s'excuser aucunemēt par là, donnāt entendre que ce n'est qu'en dormāt, & ainsi par songe & illusiō, & par force, chacū n'estant maistre de ses songes: ce qu'elles ne disent encore qu'à l'article de la mort pour excuser leurs parens: car tousiours auparauant elles maintiennent qu'elles y ont esté en corps & en ame, comme faisoit celle cy, laquelle fut executee à mort sur sa confession & huict tesmoins *de visu*, & confession particuliere d'auoir mené trois enfans au sabbat, leur auoir faict renier leur Createur, les auoir faict de plus adorer le Diable & faict prendre sa marque.

Ce que tous les modernes) principalement ceux qui par l'experiéce d'vne infinité de sorcieres, ausquelles ils ont faict le procez, sont les mieux instruicts) accordét: leur resolutiō cōmune estant, qu'on va au sabbat par fois en songe & par illusion, & parfois en corps & en ame reellemét & corporellmét sans songe ne illusion, & en veillát & non en dormant: mesmes, lors qu'on renonce & renie son Sauueur, & qu'on y est marqué d'vn marque insensible & visible, de laquelle presque toutes les sorcieres, & les enfās qu'elles ont presenté au Diable, se trouuét marquez Et pour les sorcieres qui demeurent insensibles & cōme rauiës en extase, qui croyét auoir esté au sabbat & n'ōt bougé de lieu, il est à croire que parfois c'est illusiō pour les raisōs que nous auōs dict cy dessus. Mais parfois encore qu'elles ne bougent, ou pour mieux dire semblent ne bouger de deuant nos yeux, elles y vont aussi neantmoins, en corps & en ame, reellement & corporellement, le Diable supposant vn fantosme en leur place, qui a du tout leur ressemblance ; non pas, comme dict Bodin, que lors que les sorcieres sont rauiës en extase l'ame soict separee du corps par moyens diaboliques, demeurant le corps insensible & stupide : car l'ame n'abandonne iamais son domicile que par la mort.

10 Que les sorcieres, estant en prison ne laissent d'aller au sabbat. Et comment ce a se peut faire.

Surquoy nous auōs receu vne depositiō notable: Vne fille d'Ascain nommee Dojartzabal, aagee de quinze à seize ans maintint à vne de nos prisonniers, laquelle a despuis esté executee à mort, qu'elle la menoit au sabbat mesme la nuict deuāt son cōfrontemét. La sorciere respōdit que cela estoit notoirement faux d'autant qu'elle n'estoit sorciere, & que quād elle le seroit, elle estoit prisōniere attachee par le pied

auec de gros fers & veillee par plufieurs perſones qui ne l'a-
uoient iamais perduë de veuë: d'auantage qu'elle couchoit
prés de ſa mere qui ne l'auoit trouuee à dire, que ſa mere tenant ſon tranſport en ſoupçon la veilloit & parloit à chaque
moment à elle. Elle reſpondoit qu'il eſtoit vray, & qu'elle
l'eſtoit venuë querir cette nuict dans ſon lict en forme de
chat: que les Sorcieres bien qu'elles ſoyent priſonnieres ne
laiſſent de mener les enfans ou filles qu'elles ont enſor-
celé & gaſté, tout ainſi que ſi elles eſtoient en pleine liberté. Qu'a la verité le Diable ne les peut abſolument tirer
de priſon & arracher tout à faict des mains de la iuſtice,
mais qu'il les peut fort bien tirer de priſon pour les mener
au ſabbat, eſtant toutefois contrainct de les y remettre:
mais cependant il ſe ſert d'elles pour ne perdre ſa proye,
qu'il les va conſoler en priſon, les aſſeurer voire, qu'il s'accouple auec elles dans ladicte priſon.

N'obſtā que ſa mere la veille, manie & l'interroge à tous
momens ſans la trouuer à dire: car elle dict que Satan la
voulant tirer ſubtilemēt d'aupres de ſa mere il la faiſoit enleuer par ladicte ſorciere à l'accouſtumé, mettant ſa figure
qui la reſſembloit du tout en ſa place, afin que ſa mere ne
la trouuat à dire: que ſi ſa mere la manioit elle trouuoit ce
corps fantaſtique lequel reſpondoit à tout ce que ſa mere
luy euſt peu demander. Puis le Diable la venoit inſtruire au
ſabbat de tout ce qui s'eſtoit paſſé pendant ſon abſence,
afin qu'elle ne fut ſurprinſe, & qu'il paruſt qu'elle n'auoit
bougé de ſon lict: puis le Diable la ramenoit auec ſa ſorciere: & qu'eſtant de retour & prés de ſon lict elle trouuoit
encore ſa figure tenāt ſa place pres de ſadicte mere, laquelle
ne bougeoit iamais de la qu'en ceſt inſtant qu'elle ſe mettoit au lict, & non encore tout d'vn coup, ains chaſque
membre de ſon corps prenant place, ladicte figure ſeulement faiſoit place à ce ſeul membre: comme ſi les pieds ſe
poſoient les premiers la teſte & tout le reſte du corps demeurant, les pieds de la figure s'euanoüiſſoient ſeulement:
& ainſi de chaſque membre à ſuitte. A quoy ſe rapporte encore plus formellement ceſt autre exemple. Le ſieur de la

*Que par-
fois le Dia-
ble voulant
mener des
filles au ſab-
bat met leur
figure en-
tre les bras
de leur
mere.*

maison de Ioanissena soupçonnant sa seruante estre sorciere, & elle le niant, il se resolut de veiller toute vne nuict: & l'ayant attachee à sa iambe bien serré elle estant auprés du feu vne nuict qu'elle deuoit aller au sabbat, tout aussi tost qu'elle faisoit le moindre semblant de dormir il l'esueilloit rudement. Neantmoins le Diable trompa le maistre, car elle fut au sabbat, confessa y auoir esté & luy en dict toutes les particularitez confirmees par vne infinité d'autres qui y auoient esté.

Il ne faut donc croire que quand le corps paroist n'auoir bougé de place, qu'il demeure insensible, & que neantil côte tout ce qui s'est passé au sabbat, que ce soit vne licence de l'ame qui ayt abandonné tant soit peu le corps, & comme vne mort fugitiue; ains Tertullien *De resurrectione carnis*, dict vray, que l'ame ne se separe iamais du corps & n'abādonne son domicile que la vraye mort ne l'en ensuiue. *Nusquam anima sine carne est quandiu in carne est.* Ainsi les transports ne se peuuent faire de l'ame sans le corps, ains le Diable transporte les sorciers en ame & en corps: & si bien le corps semble demeurer à nostre veuë, c'est vn simulachre du corps que le Diable nous faict voir: qui faict qu'on a tant de peine à les esueiller, parce que ce n'est pas le vray corps. Si l'ame se va promener seule pour assister au sabbat, & s'informer & porter nouuelles d'iceluy, elle ne peut plus rentrer dans son domicile ny rappeller son corps: car par ce delaissement de corps, l'ame faict cession de biens & de vie, & n'y peut auoir regrez de cette priuation à aucune habitude, la resurrection estant vne piece de la pure diuinité, qui est au delà de toute puissance des Anges bons ou mauuais. Mais ce pendant tous les plus entendus & mieux versez en cette matiere & qui en ont faict de plus belles experiences, tiennent que les sorcieres qui ne bougent, soit qu'elles aillent au sabbat reellement, le Diable laissant leur corps à la veuë du monde soubs vne fausse figure, soit qu'elles n'y aillent que par illusion & par songe, ne peuuent rendre si bon compte du sabbat, & que celà ne peut arriuer qu'à celles qui y ont desia esté corporellement &

aprés s'estre preallablement logees soubs la banniere du Diable.

Or cette translation & transport reel, se prouue aussi par ce qu'il n'y a rien qui le rende impossible. Car qu'est-ce qui defaut ou qu'est-ce qui manque? ce n'est pas à faute de corps qui meuue, car le Diable prend vn corps: la resistence du corps qu'on transporte n'empesche non plus, ny le poids d'iceluy, veu que la puissance & force du Diable est beaucoup plus grande, qui pourroit mesme faire mouuoir de lieu des montagnes. N'obste la distance du lieu où on transporte ledict corps, & le peu de temps que le Diable y employe: car il faut donner cela à la celerité du mouuement, cela estant aisé à l'agilité & soupplesse & à la faculté de la nature angelique. Dauantage Dieu le permet & ne s'y oppose aucunemét, veu qu'on lict en l'Escriture saincte & autres bons liures vne infinité d'exemples des transports faicts par sa permission. D'ailleurs les sorcieres qui confessent, remarquent les lieux du sabbat, les places, les arbres, les buissons, les fleuues, les champs, les maisons, l'ordre des festins, les viandes, si les conuiues ne sont voilez, elles les recognoissent, elles ont aussi vne cognoissance particuliere, & nomment ceux qu'ils ont rencontré en chemin qui les ont saluez & parlé parfois à eux. Force gens de bien les rencontrent allant & venant: parfois on les a veuës descendre des nuees toutes nues & blessees, & parfois elles reuiennent du sabbat si harassees de ce transport qu'elles en demeurent plusieurs iours au lict.

12. Qu'il n'y a rien qui rede le transport reel impossible.

Outre ce tous les sorciers & sorcieres & enfans & filles de bon aage qui sont hors de cette abomination, portant encore le carrectere du Diable: & vne marque insensible qui tesmoigne certainement qu'ils ont esté au sabbat, accordent tous mesme chose, & sont d'accord de la moindre circonstance; plusieurs sorciers le confessent estant sur le poinct d'estre iettez dans le feu, ou le deguiser ne profite rien.

13. La marque dont le Diable stigmatise les sorcieres & les enfans au sabbat est vne tresforte preuue de la realité du transport.

Or de choses vaines & illusoires, on ne sçauroit trouuer vne mesme, conforme & asseuree contestation, ny vn si fort consentement, entre des nations, des lieux, des temps, des aages, & des volontez si contraires, si ennemies & si esloignees. Car l'action d'vn chacun est particuliere & chacun s'imagine choses diuerses: le cerueau & la phantasie de tout le monde est entierement dissemblable. Or c'est la forge de laquelle Satan a besoing pour forger mesmes images ou faire voir mesmes choses Le mensonge ny toutes ces idees ou plustost grotesques ne pourroient trouuer vne si grande conformité, toutes ces phantasies & songes ne sont pas en la puissance des sorcieres, & ne les peuuent ainsi songer & abandonner quand bon leur semble, les sorcieres conuerties ou repenties ne pouuant plus auoir ny promener semblables songes & illusions par leur teste, cela monstré que ce n'est pas vn songe que le transport, veu qu'elles les laissent seulement deslors qu'elles ne veulent plus estre sorcieres: qui tesmoigne clairement que le transport n'est pas songe

Adioustons y que l'Eglise Catholique Apostolique & Romaine, qui ne peut errer, les punit de mort; Or elle erreroit grandement d'en vser si seuerement s'ils n'estoient sorciers & criminels que par songe. Il faut donc necessairement inferer que quiconque croit que les transports sont seulement prestiges, songes, & illusions, peche contre l'Eglise laquelle ne punit de crimes incertains, occultes & non manifestes, & ne punit comme Heretiques que ceux qui le sont veritablemét & non par songe & illusion. Et les Parlemens qui en ont maintenant plus de cognoissance & certitude & plus d'experience que du temps du canon *Episcopi* que la sorcelerie n'estoit si commune & frequéte, n'en font maintenant aucune difficulté.

c. cōsulaisti. 2. q. 5.

14. Deux depositiōs notables d'vne sorciere, & d'vn sorcier qui prouuent clairemét le trāsport reel.

Pour ce Parlement il y en a vne infinité d'exemples, mais deux notables, l'vn de cette sorciere de laquelle parle le sieur de Raymond & tous les liures aprés luy, au iugement de laquelle i'assistay: sans malefice quelcōque elle fut condamnée à la mort pour auoir faict paction auec Satan, s'estre donnée à luy, & auoir souffert qu'il la cogneust charnellement: si bien que comme sienne il la transporta au sabbat

bat sur la montagne de Dome en Perigort.

L'autre d'vn ieune homme de 25. ans nommé Isaac de Queiran natif de Nerac de la religion pretendue reformée, nourry & esleué en icelle, pour monstrer que le Diable en tient à l'attache de toutes sortes de religion (tesmoin que le plus grand seminaire de sorciers a esté de tout temps à Geneue) lequel fut condamné à la mort en l'année 1609. sur sa simple confession sans aucun tesmoin: mais auec vn apparent malefice, d'auoir baillé quelque drogue dans vne noisette à vn enfant de fort bonne maison, auec laquelle il luy auoit tellement lié le benefice de la langue qu'il en demeura presque muet, & assés longuement aux abbois de la mort. Or entr'autres choses il informa tellement la Cour de la verité du trasport qu'il est impossible en tous les liures qui en traictent d'en trouuer vn exemple si formel. Car ayant quitté le seruice du pere de cest enfant, & se tenant chez vn autre maistre en la ville de Bourdeaux, il fut en pleine minuict dans la maison de son premier maistre, monta sur le toict, descendit par la cheminee, alluma vne chandelle dans la chambre, espia la commodité de mettre sa drogue en la bouche de la damoiselle maistresse de la maison: mais voyant que l'enfant estoit en plus belle posture de la receuoir, & que principalement le Diable en veut aux enfans, il luy mit cette drogue en la bouche, puis fut ramené par la cheminee sur le toict, par vn petit Demon qui l'accompagnoit tousiours, & du toict à terre: Et confessa qu'il auoit aussi esté transporté par dessus la porte Daufin, & de là qu'il alloit au sabbat au carrefour du palais Galienne. Mais cest exemple merite d'estre vn peu plus entendu, par ce qu'il est moderne, aduenu l'année 1609. & tres-veritable, ayāt perseueré en sa confession en tous les poincts principaux de la sorcelerie, iusques à l'article de la mort. Et afin qu'on ne doute plus si les Parlemens les condamnent à mort ou non, cette année 1609. la Cour de parlemēt de Bourdeaux en a cōdamné vne infinité. En voicy vn autre exēple bien exprés.

Catherine de Landalde aagee de trēte ans de la parroisse

Sa deposition est toute entiere au discours de la description du sabbat.

d'Vstaritz depose qu'elle ne fut iamais au sabbat que de son pied, qu'elle y a esté sans dormir & sans estre preue nuë d'aucun sommeil qui la peust faire tomber en songe ne illusion, ne douter de la realité du sabbat. Tellement qu'estant prés du feu le soir, il luy venoit vne telle enuie d'aller audict sabbat, qu'elle ne pouuoit en chose quelconque auoir vn plus fort & violent desir que celuyla.

Boguet. Vne femme mena son fils au sabbat, & par ce qu'il sçauoit iouer de la fluste elle le fit monter sur vn arbre, & le fit iouer: tant de monde arriua cependant au sabbat qu'il festonne, il tomba & se rompit vne espaule: le sabbat s'esuanoüit. Cet accident ne peust si bien se couurir qu'il ne vint aux oreilles de la iustice, laquelle ayant prins vne sorciere bien tost après, elle confessa le tout & descouurit le cheutte.

Marie de Mariagrane aagee de quinse ans, dict qu'elle a esté souuent au sabbat de Biarrix, sa grand mere, sa tante, elle & vne autre fille, toutes quatre à la fois montees sur vn Diable en forme d'Asne. Mais en voicy vne deposition du mesme pays de Labourt fort authentique.

Pardeuant le Lieutenant de Labourt Boniface de Lasse, en la parroisse d'Vstarits, à la requeste de maistre Iean d'Hirigoien Aduocat du Roy, fut faict le procés à Marie de Chorropique, fille de la maison de Ianetabarta, & enuiron à quarante sorcieres le 5. Iuillet l'an 1576.

Iehannes du Hard aagé de 56. ans, Dict que sortant de l'Eglise auec ladicte Chorropique elle luy toucha le bras, & aussi tost il deuint comme mort. Mais voicy sa cõfession mot à mot, ladicte Chorropique cõfesse qu'Augerot d'Armore luy dict qu'il l'iroit trouuer le soir chez elle de nuict, qu'il sisleroit, & qu'elle sortit, qu'il la meneroit en vn lieu où elle ne perdroit rien: ce qu'il fit, & la mena toute esueillee en vne lande qui apartient à la maison d'Etchenique: & à l'entree de ladicte lande il luy dit qu'il l'auoit menee pour la faire sorciere, & qu'il falloit qu'elle reniat Dieu, & print le Diable pour pere & seigneur: ce qu'elle fit, & promit à l'aduenir de viure suiuant la volonté du Diable: & incontinent ladicte abjuration faicte, ledict d'Armore la cognut charnellement. Et l'ayant menee plus auant dans ladicte lande ils trouuerent vn grād hōme ayant le visage couuert, à l'entour duquel il y auoit vne infinité de gens qu'elle nōme: & voyant tant de mōde, elle ayant dict le nom de Iesus par admiration, tout disparut, mesme ledict d'Armore, & elle demeura toute seule. Et enuiron trois heures auant iour, ledict d'Armore la vint trouuer, & l'ayant prinse par la main & faict leuer, il la tança de ce qu'elle auoit proferé le nom de Iesus: & luy dict que si elle y retournoit qu'il la batroit bien. Et la seconde fois il l'alla trouuer de mesme, & s'en allerent au sabbat prés le moulin neuf de la maison noble de Haitze, où ils trouuerent vn grand seigneur vestu de noir: où estant, vn nommé Menioin porta vn pot de terre où il y auoit dedans de grosses araignes enflees d'vne drogue blanche appellee reagal, & deux crapaux que ladicte accusee escorcha cependant que ledict Augerot broyoit ledict reagal & araignes dans vn mortier: & ce faict employa ledict crapaux par elle escorché, aprés les auoir prealablement batus auec vne gaule, afin qu'ils feussent enuenimez comme on faict la ciuette, mais tout à rebours pour en tirer du bien. Cette composition faicte & remise dans le pot, ils en ietterent tous sur quelque pasturage pour faire mourir le bestail. De là ils s'en allerent au bourg d'Iraurits chez vn nommé Sorsail où ils prindrent vn enfant au berceuil, sçauoir ce Menioin & Armore: & ne le pouuant emporter craignant d'estre descouuerts, ils l'estranglerent, ayant ouuert la porte auec le doigt, car elle ne se fermoit qu'auec vne cheuille, puis mirent ledict enfant dans le lict entre le pere & la mere afin que ledict pere creust que sadicte femme l'auoit suffoqué. Plus ils tuerent tout de mesme vn autre enfant de Menioin de Hirigoien luy baillant du poison. & de faict il ne vescut que trois iours. Et à tous ces actes ladicte accusee les attendoit és portes des maisons, & les autres entroiēt faire lesdicts meurtres. Plus à vn autre sabbat ladicte de Hirigoien dame de Sorhans rapporta au diable qu'elle

O ij

empoisonné feu Marie d'Armore : dequoy toute la compagnie luy sçeut bon gré. Qu'vne autre fois deux sorciers qu'elle nomme, luy monstrerent le cœur d'vn enfant duquel vne femme s'estoit auortee, & luy dirent qu'il le falloit garder pour en faire vn sacrifice au Diable en signe de l'obeïssance qu'ils luy debuoient.

Dict qu'estant vn iour entrez chez vn Menion Landalde le trouuant au lict vn peu malade, Augerot cordonnier fit semblant de regarder ses souliers y met des poisons, il enfla du pied puis de la iambe, puis du corps, & mourut.

Le 2. Octobre 1576. ledict de Lasse dict qu'il la condamnez à estre pendue & bruslee. Et attendu que ladicte Chorropique ne fut appellante ny personne pour elle, il dict dans sa sentence & sur la fin, qu'il la fit côduire au supplice, elle soustint au supplice toute sa precedente confession. Si bien qu'on dict qu'il en fit mourir plus de quarante, sans auoir esgard à l'ordonnance & stile des Parlemens, qui veulent qu'encore que les condamnez par les Iuges ordinaires & autres Iuges d'appel, par ignorance ou simplicité ne soient appellans, que les Iuges doibuent faire interuenir le Substitut du Procureur general, & luy enioindre d'interietter appel de la condamnation de mort. Cestuy-cy n'en fit rien, ains passa outre attendu la matiere dont estoit question : & Dieu permit qu'il n'en fut iamais reprins. Or i'ay voulu inserer icy tout du long sa deposition, afin que non seulement on veit que franchement & toute esueillee, ledict sorcier nommé Augerot d'Armore, la menoit reelement & corporellement au sabbat, à l'entree duquel il la cognut charnellemét & sans illusion, mesme l'y ayant laissee parce qu'elle auoit proferé le nom de Iesus : il la reuint querir & la remena ; Ains affin qu'on puisse descouurir vne infinité d'autres faicts importans de la sorcelerie.

Remig. lib.
2. c. 14.
Dæmonol.
g. 4. t. 5.

Del-Rio lib.
2 q. 10.

I'en pourroy alleguer vne infinité d'autres exemples qui nous sont passez deuant les yeux, autant ou plus formels que ceux-cy : mais ie me contenteray de dire que c'est l'aduis de Remigius, de Boguet & de Del Rio, desquels trois ie fay principalement estat par ce que les deux premiers côme Iuges souuerains en ont veu vne infinité d'experiences, & le dernier en a parlé plus chrestiennement & selon la foy qu'aucun autre. Et encore que Remigius en quelque petit poinct se soit escarté de la vraye opinion, c'est que tous les iours l'experience nous faict voir & decouurre choses nouuelles, & n'a manqué *in substantialibus* ny es poincts principaux & maximes du sortilege. Quant à Boguet on ne peut dire qu'il ne soit aussi suffisant & entendu, en ce qui est de la decouuerte de cette abomination, qu'aucun autre qui l'ayt deuancé, & ne le peut on reprendre de peu de cognoissance, ains simplement qu'il a eu plus de hardiesse à les condamner que n'auroit vn Iuge timide. S'il a outrepassé les bornes & la douceur des compagnies souueraines des Parlemens, condamnant les sorcieres sur la deposition de deux tesmoins, & par fois sur la simple confession du sorcier auec vn tesmoin, (Quant à moy dict il ie seray tousiours d'aduis que sur le moindre fondement on les face mourir) il n'est subiect à nos formes. Et pourra dire qu'il à plus de zele & de courage que nos compaignies souueraines: qu'on ne sçauroit estre trop hardy. Et de tant comme il dict luy mesme, que c'est vn crime qui se commet de nuict & tousiours à cachettes, il faut aussi qu'il soit traicté extraordinairement, sans y obseruer l'ordre du droict ny les procedures ordinaires : outre qu'il a affaire à des sorcieres parauenture plus endiablees, malefiques & mal faisantes que les nostres.

Bog. ch. 591.

Quant à Del Rio si on dict qu'il a bien peu escrire & parler *de sigillo confessionis, & de modo accusandi*, mais non *de modo iudicandi*, encore qu'il ayt esté vingt ans aduocat, par ce que bon aduocat ne fut iamais (comme on dict communement mais ie ne sçay si vrayement) bon Iuge: que ses opinions & iugemens tiennent plus de l'Inquisition d'Espagne que des Parlemens de France. Ie respondray pour luy ce que dict le sieur du Bellay Euesque tresdocte & suffisant personnage : Que ce sont les meilleurs & plus veritables discours qu'on en puisse faire, & les plus approuuees & saines opinions, qu'vn homme sçauant & bon Chrestien puisse tenir en chose qui ne se faict qu'en tenebres, & par le pere des tenebres, ennemy de la lumiere & du iour & comme maistre de la nuict. Car voulant traicter de la Magie & des sorciers il renuoye le lecteur au bon pere Del-Rio, chez lequel le plus curieux homme du monde, & le plus incredule a dequoy contenter sa curiosité & dureté de creance. Si bien que ie confesse de bonne foy que ie ne sçaurois rien adiouster à ses raisons que la confirmation par les experiences que nous auons faict, de ce qu'il nous en a laissé par escrit: ce qui m'a faict embrasser cette forme d'escriture. Ie me suis donc seruy de l'exemple de ce docte Prelat, & n'ay voulu redire les mesmes choses, refaire les mesmes discours, car ce n'eust esté que transcrire les mesmes allegations, & en fin traduire son liure en langue vulgaire.

Et outre l'aduis de ces trois, c'est aussi l'opinion de l'Eglise & des Parlemens & inquisiteurs d'Italie, de France, Allemagne, Espagne & Nauarre. Et quiconque en desire autre certitude, ie luy diray volontiers ce que dict fort religieusement ce bon pere: *iniquum plane est*, en ce subiect, *aliam exigi certitudinem quam quæ iuxta criminis naturam potest haberi*. Quiconque veut esclairer les actions du Diable es misteres du sortilege, c'est tout autant que s'il pensoit auec vn de ces petits vers luissans qui esclairent la nuict, esclairer vniuersellement tout le monde, ce qu'à peine peut faire le soleil: outre que ce crime se commet aux plus espaisses tenebres d'vne nuict fort obscure.

Del Rio.

DE L'INCONSTANCE

Si les sorcieres pour aller au sabbat ont besoing de s'oindre d'aucune graisse ou onguent, & pourquoy Dieu permet qu'elles surprenent ainsi tant d'enfans innocens.

1. Si les sorcieres ont besoing d'onguent ou Graisse pour estre transportees au sabbat.
2. Pourquoy le Diable vse d'onguens graisses & onctions.
3. Que le Diable pourroit bien faire le transport sans graisse ni onction.
4. Que l'onguent & les graisses ne seruent rien au transport.
5. La sorciere Necato fut transportee au sabbat estant prisonniere sans graisse ny onguent.
6. Comment est ce que les sorcieres qui ont confessé cent fois, nient tout au supplice.
7. Dequoy est composee la graisse des sorcieres.
8. Pourquoy le Diable se sert des femmes pour transporter les enfans au sabbat.
9. Pourquoy Dieu permet que les enfans innocens soyent ainsi donnez au Diable par les sorcieres.
10. Il semble que Dieu ayt associé le Diable au maniement de cet vniuers, tant il luy a lasché la bride & donné de licence.

DISCOVRS III.

Ous auons esté en cette curiosité de sçauoir si ce bruit commun estoit veritable, que les sorcieres se frottoyent de quelque onguent pour estre transportez au sabbat: si elles passoyent par la cheminee, comme on dict, & si elles y pouuoyent aller sans vser de cet onguent, & dequoy il estoit composé.

1. Si les sorcieres ont besoing d'onguent pour estre transportees au sabbat.

Le Diable est si inconstant, qu'il n'a nulle certaine forme lors qu'il veut nuire ny mesme lors qu'il veut vser des choses nuisibles; c'est pourquoy lors qu'il porte les sorcieres au sabbat il veut qu'elles en ignorent la façon: qui faict qu'il les y porte & transporte en plusieurs & diuerses sortes, & si il leur faict croire qu'il y faut de l'onguent: aucunes s'en frottent & d'autres non: & si elles en vient c'est en diuerses manieres, & leur tient les ingrediens si cachez, que nous n'auons encore trouué sorciere, qui nous en ayt plainemēt satisfaicts bien que nous en ayons approfondi la recherche pour leur en decouurir les abus & l'imposture.

Il les transporte au sabbat montez sur des bastons, ou sur des balays, ou en forme de bouc, d'asne, de cheual ou autre animal: ces bastons sont oincts de quelque onguent ou graisse, & cet onguent est composé de graisse d'enfant qu'ils ont meurtri: sans que iamais nous ayons peu decouurir si c'est le mesme onguent, & composé de mesmes ingrediens que celuy qui leur sert de poison: duquel nous auons beaucoup mieux decouuert & sceu la composition que de celuy cy: & les liures mesmes n'en disent autre chose.

Del Rio lib. 2. q 16. f. 151.

2. Pourquoy le Diable vse d'onguens graisses & onctions.

Le Diable vse d'onguens graisses & onctions, pour imiter nostre Seigneur qui nous a donné le sainct sacrement de Babtesme & celuy de la Saincte onction. Mais encore a on trouué par vne infinité d'experiences, que le Diable auoit quelque respect à certains iours: si bien que les Magiciens & diuinateurs & autre telle sorte de gens ne peuuent rien deuiner le Vendredy ny le Dimanche, estant leur puissance liee & restraincte esdicts iours en honneur de la Passion & Resurrection du Sauueur: comme aussi ne faict il pas si ordinairement ses Orgyes & assemblees en ces iours la qu'es autres iours de la sepmaine.

3 Que le Diable pourroit bien faire le transport sans graisse ny onguēt.

Satan pourroit bien faire ledict transport sans onguent, mais il y adiouste cette mechanceté superflue, pour donner volonté & moyen aux sorcieres de tuer force enfans, leur persuadant que sans cest onguent, il n'est possible qu'elles se transportent au sabbat. Et veut qu'il soit composé de chair d'enfans, non baptisez afin que ces enfans innocens, estant priuez de vie par ces mechantes sorcieres, ces pauures petites ames demeurent priuees de la gloire de Paradis.

Et

DES DEMONS MAG. ET SORC. LIV. II. 113

Et pour mieux assortir sa mechanceté, & paruenir à ce qu'il desire, il leur faict croire au commencement, qu'il suffit que les nouices en empruntent, puis il leur dict qu'il est necessaire qu'elles mesmes se le preparent, & à ces fins qu'elles tuent de leurs propres mains quelque enfant : & leur donne à entendre que la graisse des enfans morts de mort naturelle & non forcée, ne vaut rien, & ne peut seruir. Et à fin de les induire à tels parricides, il leur persuade diuerses choses.

Les sorcieres de Frãce, dict Bodin en la refutatiõ d'V Vier croyent que se mettant vn balay entre les iambes, & disant quelques paroles qu'elles sont transportees sans graisse ny onction : Au contraire celles d'Italie ont tousiours vn bouc à la porte qui les attend pour les transporter. Il le faict & les induit à cela, par ce qu'estant femmes foiblettes de courage, elles n'auroyent la hardiesse de prendre l'essor & le vol qui est parfois necessaire pour estre transportees & bien haut, & bien loing. Ou bien par ce qu'elles sont trop molles & douillettes pour souffrir ce rude attouchement de Satan, & du corps qu'il emprunte pour faire ledict transport. Car par cette onction il leur stupifie, estourdit, & corrompt le sentiment, & leur met dans l'entendement que cet onguent a vne merueilleuse vertu pour leur oster la crainte d'aller à mont, & d'estre precipitees par les violentes volees des petits Folets par l'air au milieu des tenebres, & aux plus grandes horreurs de la nuict. Ou bien il le faict pour imiter & contrefaire aucunement les saincts sacremens de Dieu, entremeslant toutes ces mechantes ceremonies d'autant que par icelles il pense apporter quelque reuerence & veneration à ces assemblees.

Or cest onguent ne sert de rien au transport, car bien que quelqu'vn sans estre sorcier s'en frottant ayt esté au sabbat, c'est par la permission de Dieu, qui à voulu punir son incredule & temeraire curiosité; Mais si vn homme de bien ferme en la foy s'en frottoit pour se mocquer de Satan, ou bien mesme vne sorciere es iours qu'elle n'est obligee d'aller au sabbat : ny l'vn ny l'autre ne seroit transporté,

4 Que l'ónguent ny la graisse ne seruent rien au transport.

P

pour ce qu'ils n'ont pas faict pacte d'y aller qu'esdicts iours du sabbat. Outre que nous sommes certains par la deposition de plus de vingt ou trente tesmoins de bon aage, que plusieurs sorcieres vont au sabbat sans estre oinctes ny graissées de chose quelconque: & qu'elles ne sont tenues de passer par les tuyaux des cheminees, non plus que par autre lieu: Car plusieurs tesmoins deuant nous ont maintenu à des Prestres prisoniers, ausquels nous auons faict le procez, qu'ils alloyent au sabbat pendant leur prison: or sçay-ie bien qu'estant six Prestres prisoniers de compagnie, ils n'auoyent ny onguent ny cheminee en leur chābre ou prison.

5. La sorcie re Necato fut transportée au sabbat estāt prisonniere sans graisse ny onguēt.

D'ailleurs on maintint a la sorciere Necato à Vrrugne, qu'estant prisonniere, elle alloit presque toutes les nuicts au sabbat; ie puis asseurer qu'elle n'auoit ny onguent ny graisse, ny cōmodité d'en auoir, car elle estoit prisonniere soubs la clef & seule dans vne chambre en vne maison d'honneur, & 20. ou 25. tesmoins qui alloyent presque tous au sabbat, qui couchoyent dans deux autres chambres en mesme maison. Trois tesmoins luy maintindrent qu'elle auoit esté au sabbat au Lacoua en la coste de Handaye le penultiesme & dernier de iuillet 1609. On leur dict & represente qu'elle est prisonniere, & qu'eux mesmes se trompoiēt, car ils n'auoyent esté transportez au sabbat, veu qu'ils estoyent aussi bien qu'elle enfermez soubs la clef ces nuicts qu'ils disoyent qu'ils estoyent en troupe, & qu'elle n'auoit eu moyen de recouurir onguent ny graisse. Nous les confrontons ensemble, vne fille nōmee Gastagnalde luy maintint qu'elle auoit accoustumé de l'y porter, qu'elle estoit samarraine de sabbat, que la nuict precedente elle l'auoit transportée en l'air au lieu cy dessus allegué, où elle l'auoit tresbien batue: Ce qu'enfin Necato confessa ingenuement, & dit que c'estoit par ce qu'elle auoit batu vn crapaut qu'elle luy auoit baillé à garder.

Cristoual de la Garralde aagé de 15. à 16. ans, dict qu'en hayne de ce qu'il nous auoit tout découuert le iour auparauant, quoy qu'il fust enserré comme les autres tesmoins sans graisse ny onguent, il fut transporté au sabbat par Mariſſans de Tartas ſorciere, laquelle le porta ſi loing & ſi haut en l'air, qu'il n'a peu recognoiſtre le lieu du ſabbat: Qu'il y auoit eſté bien eſtrillé, & auoit veu cette Necato batre ladicte Gaſtagnalde, & racontoit quelques autres particularitez.

Nouuelle ruze du Diable

Aſpilcuetta dit que le dernier de Iuillet eſtant couché auec Chriſtoual precedent teſmoin, il fut enleué par vn regent qui à accouſtumé le mener au ſabbat, lequel ſouloit enſeigner les enfans à Vrrogne, & ſe tient maintenant prés de Fontarrabie: & que Marriſſans de Tartas vint en meſme inſtant enleuer ſon compagnon, & que tous quatre s'en allerent en l'air, ſon regent l'ayant chargé ſur le col, le Diable leur ayant ouuert & portes & feneſtres: & eſtant arriuez au ſabbat, il vit Necato qui auoit emporté Gaſtagnalde, laquelle il luy vit auſſi batre à outrance. Et Gaſtagnalde diſoit qu'eſtant couchee auec vne fille de vingt ou 25. ans nõmee Sãdoteguy, Necato l'auoit emportee en l'air ſãs eſtre oincte ny graiſſee, & qu'elle l'auoit fort batue; ce que Necato cõfeſſa, & qu'ils auoyẽt eſté ramenés en meſme façon.

De maniere que tous les enfans qui ſont menez au ſabbat par des ſorcieres, depoſent ſimplement qu'elles leur ont paſſé la main par le viſage ou ſur la teſte, mais ils ne diſent pas qu'elles ayẽt les mais oinctes ny graiſſees: bien diſent ils que tout auſſi toſt qu'elles leur ont ainſi paſſé la main, qu'ils ſont tous troublez & eſperdus: ou bien quand elles leur ont baillé à manger quelque pomme ou quelque morceau de pain de millet noir: & que la nuict enſuiuant elles ne faillent d'aller chez eux les enleuer, encore qu'ils ſoyent dans les bras de leurs peres & meres, freres ou ſeurs, ſans que perſonne ſe puiſſe eueiller: & vniuerſellement deux ou trois cens enfans en Labourt diſent & depoſent cela meſme. Ie parle ſimplemét de cet onguent & de cette graiſſe pour ſoindre, & eſtre tranſportees au ſabbat: car pour le poiſon duquel elles empoiſonnét les perſonnes & gaſtent les fruicts, nous en ſommes vn peu mieux eſclaircis: ſans que nous ayons iamais peu deſcouurir ſi c'eſt meſme choſe, en voir ny recouurer, quelque diligente recherche que nous en ayons peu faire.

P ij

Marie d'Aspilcuete habitante de Handaye aagee de 19. ans, dict qu'vne sorciere nommee Mariacho de Moleres, lors qu'elle vouloit estre transportee en l'air, s'oignoit de quelque eau vn peu espaisse & verdastre, & s'en frottoit les mains, les hanches, & les genoux, & chargeoit ladict Aspilcuete sur le col: ce qu'elle luy a veu faire toutes les fois qu'elle l'a transportee.

Maria Dindarte de la paroisse de Sare aagee de 17. ans, dit que quand elle alloit au sabbat, elle y alloit seule, ou bien elle appelloit ses voisines sorcieres, & y alloyent ensemble: que si ses voisines estoyent absentes ou desia parties, elle dict que le Diable luy donnoit quelque onguent duquel s'estant graissee ou à nud ou sur les habits, (lesquels estoyent nets aussitost qu'elle arriuoit au sabbat) incontinent elle s'en alloit par l'air: & dict qu'elle y fut ainsi la nuict du 27. septembre 1609. qu'elle n'a plus de cet onguent, & qu'elle en demandera la premiere fois qu'elle ira: qui monstre qu'elle ne le sçauoit pas faire : contre ce que dict Del Rio, que le Diable leur en faict prester au commencement, puis qu'il les contraint d'apprendre à le faire ; Si estoit ce vne des plus insignes sorcieres, car elle alloit en l'air & si menoit trois enfans au sabbat. En quoy il faut obseruer, que toute ieune & fille qu'elle estoit elle confessoit de mener ces enfans, lesquels confessoyent le mesme & se trouuent marquez L'autre qu'elle alloyt en l'air & neantmoins qu'elle confessoit: car on tient & plusieurs sorcieres le nous ont ainsi confirmé que iamais guiere sorciere qui va en l'air ne confesse, par ce qu'elle est des maistresses & insignes Aussi est il vray, qu'ayant perpetuellement confessé sans torture, voire aprez auoir soustenu plusieurs malefices, voyages & adorations du sabbat à plusieurs sorcieres, lesquelles auoyét esté condamnees à mort, en partie sur son tesmoignage & deposition, neantmoins au supplice elle nia tout.

<small>6 Commét est ce qu'il aduient que les sorcie.</small> Ce qu'il ne faut trouuer estrange, d'autant que lors qu'elles sont au supplice, elles voyent vn si grand nombre de leurs parens, amis & voisins sorciers qui les importu-

DES DEMONS MAG. ET SORC. LIV. II. 117

nent par geste & signes & par prieres, quand ils peuuent s'approcher, qu'estant esmeuës à pitié elles les deschargent. Ce qu'elles font parfois aussi de crainte : Car lors qu'on alloit executer celles qui estoient condamnees à mort, mesme apres que les mariniers furent venus de Terre-neuue, qui estoient en nombre en tout le Labourt de cinq ou six mille, il y auoit vn tel desordre & vne si grande foule, qu'il n'y auoit ny ordre ny seureté en ces executions: chacun l'approchoit si librement de la sorciere lors qu'on la menoit sur la charrette, qu'à Marie Bonne de sainct Iean de Lus estant en cest estat, sorciere insigne, qui auoit librement confessé & serui de tesmoin contre plusieurs autres, on luy porta souuēt le poignard à la gorge pour la faire dedire, & descharger plusieurs personnes qu'elle auoit accusé, sans que les Bailles, Abbez & Iurats ny les plus releuez officiers de la iustice, en peussent estre les maistres.

De maniere que l'executeur, le trompette, le sergent, les interpretes, & greffiers eurent tant de peur, qu'à peine les pouuions nous par apres faire aller à l'execution de quelque autre, que par force. Et peut on dire que les sorcieres sur le poinct d'estre executees à mort, craignoiēt vne autre mort que celle que la iustice auoit ordonné, & le Diable pour les affliger dauantage (inconstant & incertain qu'il est) leur donnoit encore tous ces troubles & terreurs, afin de les desuoyer & rendre incōstantes en leurs confessions.

Les liures & les Inquisiteurs disēt, que les sorcieres composent & font ces onguens ou graisses, ou que le Diable les leur donne: Que la plus part le font auec de la graisse de petit enfant que Satan faict occire à des sorcieres. Mais ils tiennent que ces onguens ne peuuent seruir en ce cas à autre effect, que pour assoupir les sens des sorciers, affin que Satan iouïsse mieux à son aise d'eux, veu que le Diable y mesle des choses qui endorment, comme de la Mandragore ou de la pierre Memphite.

Baptiste a Porta lequel i'ay veu souuent à Naples, nous monstrant des choses merueilleuses qu'il auoit tiré de la nature, & VVier s'esforcent de dire, que c'est vn onguent

P iij

tes qui ont confessé cent fois neantmoins nient tout aulx plice.

Boguet c. 25 7 D:quoy est composee cette graisse des sorciers.

qui a force naturelle & foporatiue : mais ils femblent le dire pour furprendre le monde, & afin qu'on en face l'experience. Cardan dict que l'oignement faict de la graiffe de petits enfans endort premieremẽt ces vieilles forcieres, puis leur faict voir & fonger merueilles. Or tout cela sẽble estre contre nature, car il n'est pas vray femblable, puisqu'il les cueille pour aller au fabbat, qu'il les tire du lict & du fommeil pour f'oindre, qu'il les guide par aprés par les maifons pour aller querir les enfans qu'elles ont accouftumé de mener, puis qu'il les trãfporte par l'air, que cet onguent auec ce mouuemant fi rapide les endorme : cela feroit bon pour celles qui ne bougeroiẽt d'vne place, & lefquelles aprés auoir dormy conteroient nouuelles du fabbat : Mais pour celles qui font reellement tranfportees, il femble que cet onguent ne feroit apropos, f'il n'eftoit appliqué que pour dormir & affoupir les fens, que le tranfport vray-femblablement tient tout cueillez & non affoupis comme ils difent : Ie croy que le Diable ne veut qu'on fçache tout, n'y qu'elles defcouurent entierement tout ce qu'elles fçauent.

Cardan. lib. 18. de fubtil.

Marie de Naguille aagee de feize ans, dict que fa mere Saubadine de Subiette forciere decedee en prifon à Bourdeaux, la fouloit mener au fabbat, & y voulant aller le Diable les venoit aduertir, leur ouuroit la fenestre, puis les attendoit en bas, & auant fortir fa mere tiroit vn pot de dedans vn coffre, f'oignoit le haut de la tefte & non le vifage, de quelque huyle ou graiffe, puis prenant ladicte Marie fa fille foubs les aiffelles, f'en alloient en l'air au fabbat : & au retour le Diable fe mettoit deuant & les ramenoit toutes en l'air. Que ce fabbat fe tenoit au lieu appellé à Pagola qui eft le paffage d'Vftarits, iufques à vn petit bois prés la maifon de Haitze, qu'on appelle Barrendeguy ; & de là toutes les forcieres f'en alloient à pied, chacune prenant la route vers fa maifon, fi bien que Petry d'Aguerre, fa femme & toute fafamille, la plus part defquels ont efté depuis executez à mort pour forcelerie, f'en alloient auec la deposante & sa mere en deuisant, & passoient deuant la maison de ladicte deposante, & la laissoient là, & les autres poursuiuoient leur chemin. Qui monstre clairement que le transport est parfois reel & corporel, & que l'onguent & vsage d'iceluy, est fort incertain.

A quoy il faut adiouster ce que les bons autheurs disent tous, & ce que l'euidence & notorieté des preuues nous à apprins, que la graisse ny les onguens ne sont rien au transport: d'autant que si celles qui sont transportees disent pendant qu'elles sont en l'air quelque bonne & saincte parole de Dieu, elles ont beau estre graissees, le Diable les laisse choir sans les transporter plus auant.

Tout cecy s'approche de ce qu'on dict de Lucius Domitius qui rencontra deux hommes, s'en retournant à Rome, qui luy frotterent tellemēt la barbe de quelque chose, que de noire qu'elle estoit elle deuint rousse, de façon que toute la famille en print le nom, furent appellez Ænobarbes: & de faict la plus grande partie de ceux de la famille eurent tousiours depuis la barbe rousse. *Sueto. in vita Neroc. 1.*

Voila ce que nous auons peu apprendre des graisses ou onguens dõt elles sēblent vser pour le trāsport. Nous parlerons ailleurs de ceux dont elles se seruent pour le poison.

Mais pourquoy le Diable se sert-il ainsi de ces femmes pour mener les enfans & les transporter au sabbat : & puis qu'il est capable de faire tous maleficces, & ces trāsports luy, mesme : pourquoy employe il ainsi ces sorcieres. Il y en a deux raisons, la premiere, d'autant que par ce moyen il luy sēble qu'il faict vne plus notable iniure à nostre Seigneur, se seruāt de creatures douees de raison, passees par le Baptesme qui est vn sacremēt, & armees du S. Chresme, si bien que par vn plus grand opprobre il les arrache du troupeau de Dieu: outre que le monde n'abhorre pas tant la conuersation & cōmerce des sorcieres, que celuy du Diable : Car s'il se monstroit & descouuroit ouuertement à toutes occasions, plusieurs auroient en horreur de traicter auec luy, tellement que par cet artifice il attire plus de gens à sa cordelle. *8 pourquoy le Diable se sert des femmes pour transporter les enfans au sabbat. Del Rio lib. 3. q. 2.*

La secõde raison est par ce que le Diable faict beaucoup de choses par autruy, & par l'entremise des sorcieres qu'il ne sçauroit faire auec pareille commodité immediatement par luy mesme: Par exemple s'il faut que le Diable ait quelque excellent prescheur de la parole de Dieu cõme quand il voulut resister à Moyse par Iamnes & Mãbres, & à S. Paul, par Elimas, ou bien s'il faut semer des heresies, il les semera mieux par des personnes heretiques, par des sorciers & magiciens prescheurs & seducteurs du peuple que par luy mesme: comme il fit par Simon Magus par Menandre, par vn Marcus & plusieurs autres.

Ou bien s'il faut abuser des choses sacrees (ce qui est tresfrequent és malefices) desquelles abusant par le ministere des hommes, il gaigne beaucoup plus d'ames & attrape beaucoup plus de gens dans ses retz. Car aux cõtempteurs des choses sacrees il augmẽte le contemnement & mespris, & à ses adorateurs il persuade faulsement que cela vient de Dieu & non de luy: & ainsi il induit par ce moyen plusieurs à la defense des sorciers & les iette dans le peché. Outre que par ce mesme moyen il faict que les sorciers adioustent le sacrilege, à la superstition magique: qui faict que Dieu estant plus grieuement offencé, permet beaucoup plus de choses à Satan sur les miserables mortels qu'il ne feroit.

D. August. tract. 7. in Ioannem.

Remig. lib. 2. Demonol. c. 9.

Neantmoins parfois ce qu'il pourroit faire par autruy & par les sorcieres, il ayme mieux le faire & operer par luy mesme, tant afin qu'il gaigne leur bõne grace, & qu'il semble qu'il a bien merité d'eux & qu'il les oblige, qu'aussi par ce qu'il leur oste tout soubçon de faute, ou bien pour monstrer combien il a de puissance.

9 Del-Rio 3 lib. 9 S. Pourquoy Dieu permet que les enfans innocens soient ainsi donnez au Diable par les sorcieres.

Mais pourquoy est ce que Dieu permet que les enfans innocens qui ne l'ont iamais offencé, soient ainsi enleuez par les sorcieres & mis soubs l'empire du Diable: Car i'oseray dire qu'il y en a plus de deux mille en Labourt presque chasque nuict d'ordinaire au sabbat.

Et puis que Satan ennemi ancien de la Nature, est lié iusqu'au iour du Iugement, si qu'il ne peut nuire à personne sinon tout autant que Dieu le luy permet: Qui se daigne
addoucir

ad doucir iufque là que de corriger fimplement les fiens, les regler par difcipline, ou exercer par patience, & non les expofer ainfi à la moindre faute à la gueule du malin Efprit: pourquoy eſt-ce qu'il permet, que les Demons agiſſent ainfi & verſent parmy le monde, auec vne ſi ſupreſme authorité & empire, qu'ils ſemblent pluſtoſt nuire au genre humain, l'offencer ou eſpargner en vertu de leur propre puiſſance, que de la ſeule permiſſion & licence de Dieu. De maniere que redoutant Satan comme ennemy, pluſieurs ſont contraints de ſe ietter à ſon party, l'adorer & reſpecter comme Dieu.

Que veut dire qu'il a de tout temps obtenu de ſi grandes & notables permiſſions & licences qu'on diroit, que s'il n'eſt maiſtre tout à faict, il eſt pour le moins aſſocié ou compagnon, & a part au maniement de cet vniuers. Les Demons obtindrent de Dieu d'entrer dans les corps des pourceaux, & diroit-on qu'à moins de cela, ils ne vouloient abandonner les corps de ceux dont ils eſtoient entrez en poſſeſſion. Ils firent paroiſtre menteurs les Prophetes d'Achab, & ſi affligerent mortellement le bon Iob. Or à tout cela on reſpond que la verité eſt, qu'ils peuuẽt nuire à tous ceux auſquels Dieu n'a defendu ou prohibé de faire mal. Meſme que Dieu preſerue tous ceux qui syncerement & de bon cœur ont recours à luy: il les deliure du piege de ceux qui les veulent ſurprendre, & de toute mauuaiſe parole, de la frayeur de la nuict, de la fleche qui vole & ſe tire de iour, du rencontre du Demon de midy, & luy donne la force de marcher ſur l'aſpic & baſilic, & de fouler aux pieds le lion & le dragon, il faict guerroier les Demons meſmes, ſi bien que l'inferieur eſt vaincu & mal traicté par le ſuperieur: Les magiciens & ſorciers ſe tuent & ſe deſtruiſent l'vn l'autre quand il luy plaiſt.

Il faut donc croire que ce qu'on trouue le plus eſtrange, qui eſt de ce que Dieu permet que Satan nuiſe ainſi aux enfans innocens, que pour les baptiſez, il ne le ſçauroit faire ſans la permiſſion de Dieu, & que Dieu le permet, par ce que par leur mort prematuree, ils ſont preſeruez de plu-

10 Il ſemble que Dieu ayt aſſocié le Diable au maniement de ceſt vniuers tant il luy à laſché la bride & donné de licence. Math. 8. & 31.

Liberat eos à laqueo venantium & à verbo aſpero. A timore nocturno. A ſagitta volante in die Ab incurſu & dæmonio meridiano. Et tribuit virtutem ſuper aſpidem ambulandi & conculcandi leonem & draconem.

Q

sieurs enormes pechez que Dieu a preueu de tout temps que l'occasion & l'aage leur eussent faict commettre : de maniere qu'ils sont rauis au ciel heureux & bien asseurez que l'aage & la malice ne peruertiront leur entendement. Parfois aussi Dieu le permet pour punir ou esprouuer les parens.

Et pour les non baptisez, Dieu permet bien souuent à Satan de les tuer pour la mesme raison, encore mieux & plus facilement qu'aux baptisez ausquels Dieu a conferé plus de grace : par ce que Dieu preuoyant les enormes pechez qu'ils cōmettroyent s'ils viuoyent, ne veut qu'ils s'acquierent vne plus grieue damnatiō, & ne peut on dire pour cela ny se plaindre que Dieu soit cruel ou iniuste, car pour le seul peché originel ils meritoyent la mort.

Dieu permet donc que les petits enfans soyent mis & liurez entre les mains de Satan, comme il permet que les gens de bien abastardis par quelqu⸗peché enorme, soyent affligez, ayant choisi ce moyen plustost que tout autre pour les releuer : Ou bien il les chastie auec telles verges affin que leur patience soit diuulguee & se puisse tirer en exemple par le peuple, comme il fut pratiqué en Iob.

D'ailleurs Dieu donne souuent pouuoir aux sorcires de tuer leurs propres enfans, affin des les obliger & approfondir d'auantage aux peines eternelles. Surquoy plusieurs ont obserué qu'entre les premiers nez d'Egypte il y auoit plusieurs innocens, cependant Dieu les fit tous passer au trenchant de l'espee : Que Dieu fit mourir l'enfant que Dauid auoit eu de Bersabee en adultere : Quo Iesus Christ parlant de l'aueugle né, Cestuy-cy n'a pas peché dit-il, non plus que ses pere & mere, il a neantmoins esté affligé afin que les œuures de Dieu feussent manifestees en luy.

Exod. 9.
2. Regum 12.
Ioannis 9.

Mais pourquoy les Diables s'en prennent ils ainsi à ces pauures enfans innocens ? y en a plusieurs raisons : C'est vn aage peu rusé pour s'en aduiser, foible & peu hardy pour le reueler & accuser, peu caut & peu curieux pour s'en preseruer, & imbecille pour resister : Outre qu'il s'en sert comme d'instrument & moyen de mal faire & exercer plusieurs maleſices. Car le Diable faict entendre aux ſorcieres que prenant certain nombre de cœurs d'enfans il s'en faict vne compoſition, de laquelle mangeant nul tourment ne les peut contraindre de reueler les ſecrets du ſortilege. D'ailleurs du corps de ces enfans ils compoſent ce fameux onguent qu'on appelle en Italie *vnguentum pagamim*. A quoy aucuns adiouſtent que le Diable recognoiſt fort bien que les enfans obeiſſent volontiers aux flateries de peres & meres, & partant qu'ils s'obſtinent & aheurtent tellement à ce qui eſt de la volonté & exemple qu'ils leur donnent, que facilement ils s'accouſtument à viure comme eux, croire ce qu'ils leur mettent en croyance, ſeruir meſme maiſtre, adorer ce qu'ils adorent, & enfin ſe plaiſent à ſe damner auec eux; Et alleguent (entre pluſieurs qui ſe ſont laiſſez ſeduire au ſeul exemple de leurs parens ſans nulle information precedente, & ſans s'enquerir plus auant, de la fin mal'heureuſe & infauſte qui pouuoit aduenir de leur imitation) Ce qu'on dict de Kabod duc de Friſe, lequel retira ſon pied du baſſin comme on eſtoit preſt de le baptiſer: & quoy qu'on l'aſſeurat que ſes parés eſtoient damnez pour n'auoir eſté baptiſez, C'eſt tout vn dict-Il, il faut que ie les accompagne en Enfer, ça ie ne me veux ſeparer d'eux en ce monde ny en l'autre.

Crillandus.

124

DE L'INCONSTANCE

Description du Sabbat, du poison qui se faict en iceluy, & quelques depositions notables de certaines sorcieres fort suffisantes, qui verifient clairement le transport.

1 *Que le Tasso descript fort bien le sabbat.*	5 *Poison qui se faict au sabbat & ailleurs, & dequoy il est composé.*
2 *Maistre des ceremonies & gouverneur du sabbat.*	6 *Description singuliere du sabbat.*
3 *Plusieurs sorcieres croyent que le sortilege est vne espece de religion voire la meilleure.*	7 *En quel aage les enfans sont des poisons.*
4 *Que le Diable faict croire qu'il est le vray Dieu, & que le sabbat est le commencement de la plus grande gloire d'Enfer.*	8 *Que ceux qui ne vont au sabbat, & qui n'y sont representez qu'en figure n'ont aucuns mouuemens.*
	9 *Dent de saincte Appollonie a notoirement donné allegement à vn enfant ensorcelé.*

DISCOVRS IIII.

1 Que le Tasso descript fort bien le sabbat.

LE Tasso descriuant l'enchantement que fit Ismenus magicien & sorcier dans la forest de Hierusalem, semble descrire le sabbat tout de mesme que nos sorciers le nous dépeignent.

Sorge non lungi a le Christiane tende
Fra solitarie valli alta foresta
Foltissima di piante antiche horrende,
Che spargon d'ogni intorno ombra funesta.

Puis il adiouste apres quelques vers,

Qui s'aduna le stregbe, & il suo vago

Con c'ascuna di lor notturno viene
Vien soura i nembi, e chi d'vn fero Drago,
E chi forma d'vn Hirco informe tiene,
(Consilio infame)che fallace imago,
Suol alletar di desiato bene
A celebrar con pompe immonde & sozze
I profani conuiti, & l'empie nozze.

La discription du sabbat qui se faict en diuerses contrees semble estre aussi vn peu diuerse. La diuersité des lieux où il se tient, du maistre qui y preside, tout diuers & tout variable, & les diuerses humeurs de ceux qui y sont appellez, font la diuersité. Mais tout bien consideré on est d'accord pour le principal & pour le plus important des ceremonies plus serieuses. C'est pourquoy ie raporteray ce que nous auons appris par nos procedures, & diray simplement ce que quelques notables sorcieres ont deposé deuant nous, sans rien changer ny alterer de leur deposition, affin que chacun en prenne ce qu'il luy plaira.

En la procedure d'Vstaries qui est le siege de la Iustice de Labourt, faisant le proces à Petri Daguerre, aagé de septante trois ans, lequel depuis a esté executé à mort comme insigne sorcier, deux tesmoins luy maintindrent qu'il estoit le Maistre des ceremonies & gouuerneur du sabbat. Que le Diable luy mettoit en main vn baston tout doré, auec lequel comme vn Maistre de camp, il rengeoit & les personnes, & toutes choses au sabbat: Et qu'iceluy finy il rendoit ce baston au Grand maistre de l'assemblee.

2. Maistre des ceremonies & gouuerneur du Sabbat.

Leger Riuasseau confessa en la Cour qu'il auoyt esté au sabbat par deux fois, sans adorer le Diable ny faire comme les autres, parce qu'il auoyt ainsi faict son pacte auec luy, & baillé la moitié de son pied gauche pour auoir la faculté de guerir, & la liberté de voir le sabbat simplemēt sans estre obligé à autre chose. Et disoyt que le sabbat se faisoit presque tousiours enuiron la minuit, à vn carrefour, le plus souuent la nuict du Mercredy ou du Vendredy: Que le Diable cherchoit la nuict la plus orageuse qu'il pouuoit, affin que les vens & les orages portassent plus loing & plus im-

Q iij

petucusement leurs poudres: Que deux Diables notables presidoyent en ces sabbats, le grand Negre qu'on appelloit maistre Leonard, & vn autre petit Diable que maistre Leonard subrogeoit quelquefois en sa place, qu'ils appellent maistre Iean Mullin : Qu'on adoroit le Grand maistre, & qu'apres qu'on luy auoit baisé le derriere, ils estoyent enuiron soixante qui dançoyent sans habits, dos à dos, chacun vn grand chat attaché à la queue de la chemise, puis ils dançoient tous nuds: Que ce maistre Leonard prenant la forme d'vn renard noir bourdonnoit au commencement vne parole mal articulee, & qu'apres cela tout le monde estoit en silence.

2. Plusieurs sorcieres croyent indignement que la sorcelerie est vne espece de religion voire la meilleure. Plusieurs d'entre eux croyent aussi que le sabbat est si plaisant que c'est le vray Paradis.

Vne sorciere entre autres fort insigne nous dict qu'elle auoit tousiours creu, que la sorcelerie estoit la meilleure religion, se fondant sur ce qu'elle y auoit veu souuent dire quelque forme de Messe auec plus de pompe que dans la vraye Eglise.

Ieanne Dibasson aagee de vingt neuf ans nous dict que le sabbat estoit le vray Paradis, où il y a beaucoup plus de plaisir qu'on n'en peut exprimer: Que ceux qui y vont trouuent le temps si court à force de plaisir & de contentement, qu'ils n'en peuuent sortir sans vn merueilleux regret, de maniere qu'il leur tarde infiniment qu'ils n'y reuiennent.

Marie de la Ralde aagee de vingt-huict ans tres-belle femme laquelle a quité cette abomination puis cinq ou six ans, deposé, qu'elle a esté sorciere & frequenté les sabbats puis l'aage de dix ans, y ayant este menee la premiere fois par Marrissans femme de Sarrauch, & apres son decez le Diable l'y menoit luy mesme.

Que la premiere fois qu'elle y fut elle y vit le Diable en forme de tronc d'arbre, sans pieds, qui sembloit estre dans vne chaire, auec quelque forme de face humaine fort tenebreuse, mais depuis elle la veu souuent en forme d'homme, *La marque.* tantost rouge, tantost noir: Qu'elle la veu souuent approcher vn fer chaud prés des enfans, qu'on luy presentoit, mais qu'elle ne sçait s'il les marquoit auec cela.

Qu'elle ne l'a iamais baisé puis qu'elle est en aage de cognoissance, & ne sçait si auparauant elle l'auoit baisé: bien a veu que comme on le va adorer, ores il leur presente le visage à baiser, ores le derriere comme il luy plaist & à sa discretion.

Qu'elle auoit vn singulier plaisir d'aller au sabbat, si bien que quand on la venoit semondre d'y aller, elle y alloit comme à nopces : non pas tant pour la liberté & licence qu'on a de s'accointer ensemble (ce que par modestie elle dict n'auoir iamais faict ny veu faire) mais parce que le Diable tenoit tellement liés leurs cœurs & leurs volontez qu'à peine y laissoit il entrer nul autre desir : Outre que les sorcieres croyent aller en quelque lieu où il y a cent mille choses estranges & nouuelles à voir, & y entendent tant de diuers & melodieux instrumés qu'elles sont rauies, & croyēt estre dans quelque Paradis terrestre: D'ailleurs que le Diable leur persuade que la crainte de l'Enfer qu'on aprehende si fort, est vne niayserie, & leur donne à entendre que les peines eternelles ne les tourmenteront pas d'auantage que certain feu artificiel qu'il leur faict cauteleusement allumer; par lequel il les faict passer & repasser sans souffrir aucun mal: D'auātage elles y voyent tant de Prestres, leurs pasteurs, Curez, vicaires & confesseurs & autres gens de qualité de toutes sortes, tant de chefs de famille & tant de maistresses des maisons principales dudict païs, tant de gens voilez, qu'elles presupposent grans parce qu'ils se cachent, & veulent estre incognus, qu'elles croyent & prennent à tres grand honneur & à tiltre de bonne fortune d'y estre receuës.

Pour le poison, dict qu'elle a veu des sorcieres prendre des crapaux à belles dens puis les escorcher & piler ne sçachant que c'est qu'elles en faisoyent apres cela.

Au reste elle dict qu'elle ne croyoit faire aucun mal d'aller au sabbat, & qu'elle y auoit beaucoup plus de plaisir & contentement que d'aller à la Messe, parce que le Diable leur faisoit à croire qu'il estoit le vray Dieu & que la ioye que les sorciers prenoyent au sabbat n'estoit qu'vn com-

4. Que le Diable fait à croire qu'il est le vray Dieu & que le sabbat est.

le commen- mencement d'vne beaucoup plus grande gloire, dépri-
cement de mant noſtre Seigneur & luy diſant pluſieurs blaſphemes:
la plus grā Qu'auant eſtre remediee dict que lors qu'on leuoit l'Hoſtie
de gloire elle la voyoit touſiours noire bien qu'elle fuſt blanche: que
d'enfer. ſi Dieu luy permettoit quelque bonne penſee le Diable
auſſi toſt luy en ſuggeroit vne mechante & toute contraire.

Marie d'Aſpilcouëtte habitante de Handaye aagee de dixneuf ans, dict qu'elle a frequenté les ſabbats puis l'aage de ſept ans, & qu'elle y fut conduitte la premiere fois par Catherine de Moleres qui a depuis eſté executee à mort, luy ayant eſté maintenu, qu'elle auoit chargé le haut mal par ſon ſeul attouchement à vn fort honneſte homme: Que neantmoins il y a deux ans qu'elle s'eſt retiree des liens de Satan, & qu'elle en a ſecoüé le ioug.

Que le Diable eſtoit en forme de bouc, ayant vne queue, & au deſſoubs vn viſage d'homme noir, où elle fut contrainte le baiſer, & n'a parole par ce viſage de derriere, qu'on luy fit adorer & baiſer: puis ladicte Moleres luy donna ſept crapaux à garder.

Que ladicte Moleres la tranſportoit au ſabbat par l'air, où elle voyoit dancer auec violons, trompettes ou tabourins qui rendoyent vne treſgrande harmonie: Qu'eſdictes aſſemblees y a vn extreme plaiſir & reiouïſſance. Qu'on y faict l'amour en toute liberté deuant tout le monde.

5. Poiſon Que pluſieurs s'employent à couper la teſte à des crapaux
qui ſe faict & les autres à en faire du poiſon: qu'on en faict au logis
au ſabbat & auſſi bien qu'au ſabbat, auec des crapaux, de la graine de
ailleurs & l'eſcorce & de la mouëlle d'vn arbriſſeau qu'elles appellent
dequoy il en leur langue Soubādourra, & en noſtre Gaſcōgne du Pu-
eſt compo- dis ou Arbre maudict, & l'appelle on vulgairement l'Ar-
ſé. bre des ſorciers outre ce ils y mettent des petites Languerottes & des Araignes.

Qu'il y a de deux ſortes de poiſon, l'vn eſpais comme onguent, l'autre liquide, elles ſe ſeruent du premier qui eſt eſpais pour maleficier les perſonnes, ſoit qu'elles le leur faſcent prendre par la bouche, ſoit que ceſt onguēt les touche ſur les veſtemens: eſtant ſi violent, que pour peu qu'elles
les

DES DEMONS, MAG. ET SORC. LIV. II. 129

les en iettent sur les habits de quelqu'vn il en mourra sans doute ou en demeurera maleficé toute sa vie.

Pour celuy qui est liquide, elles le mettent dans vn petit vase de terre, troué en plusieurs endroits par le bout enforme d'arrousoir, & iettent & font sortir cest onguent par ces trous, & l'espendent le plus qu'elles peuuent sur les fruicts : & tout aussi tost qu'il est ietté il s'excite vne nuee noire, laquelle se conuertit & se faict en brouee, & a ouy dire aux celebres sorcieres, que ledict poison n'est bon que pour gaster toute sorte de bleds seulement, & que pour perdre les autres fruicts, comme pommes, poires & glands: ils vsent d'vne autre sorte de poison en poudre, qui se faict de crapaux rostis & sechez au feu, puis elles les pilent & mettent en poudre, laquelle ils iettent dans les vapeurs qui s'excitent de la mer ou de la montagne, & les poudres se meslent auec la nuee, puis ladicte nuee se fondāt en brouee ou menuē pluye, cela gaste & perd tous lesdicts fruicts.

Elles se seruent encore d'vn autre poison d'eau verdastre, qu'elle ne sceut dire dequoy elle estoit composee, & s'en frottent les mains, & si elles en touchent seulement les habits, on en meurt, ou on en est maleficié & miserable pour toute sa vie. Or ce dernier est si violent que lesdictes sorcieres qui en ont touché sont obligees dans deux ou trois heures de se lauer les mains de quelque autre eau qui sert de remede ou cōtrepoison, autremēt elles mesmes en mourroiēt.

Qu'elle a veu les sorcieres partant du sabbat voller par l'air à troupes, & au retour se iacter auec grande ioye, qu'elles venoyent d'exciter la tempeste sur la mer vers Terreneuue, & qu'elles en auoyent faict le voyage dans deux ou trois heures, estant guidees par le Diable, en personne, en forme de ieune homme de quinze ans. *Que les sorcieres vollent par l'air à troupes.*

A veu aussi les sorcieres insignes se changer en plusieurs sortes de bestes, pour faire peur à ceux qu'elles rencontroient: Mais celles qui se transformoyent ainsi, disoyent qu'elles n'estoyēt veritablement transformees, mais seulement qu'elles sembloyēt l'estre & neātmoins pendāt qu'elles sōt ainsi en apparē, ce bestes, elles ne parlēt du tout point.

R

Qu'elle a veu sonner du cornet au sabbat : a veu ladicte Moleres se vanter au sabbat d'auoir donné le haut mal à vn chanoine de Nostre dame de Bayonne.

Que pour ne confesser iamais le secret de l'escole, on faict au sabbat vne paste de millet noir, auec de la poudre du foye de quelque enfant non baptisé qu'on faict secher, puis meslant cette poudre auec ladicte paste, elle a cette vertu de taciturnité: si bien que qui en mange ne confesse iamais.

Qu'on presente par fois au sabbat vn cœur d'enfant non baptisé, lequel le Diable met en pieces, & en baille à qui luy plait.

Dict que les grandes sorcieres sont ordinairemēt assistees de quelque Demon qui est tousiours sur leur espaule gauche en forme de crapaud, sans qu'il puisse estre veu que de ceux qui sont ou ont esté sorciers, & a ledict crapaud deux petites cornes en la teste.

Ieannette de Belloc dicte Atsoua fille de 24. ans, nous dict que puis son bas aage elle auoit esté faicte sorciere par vne femme nommee Oylarchahar, laquelle la mena au sabbat la premiere fois & la presenta au Diable, & aprés son decez Marie Martin dame, de la maison d'Adamcehorena print sa place. Et d'autant qu'enuirō le mois de Feburier 1609. elle s'alla cōfesser à maistre Iean de Harrousteguy Prieur de Souburnoue nepueu de ladicte Martin, il enioignit à sa tante de la laisser en paix, & ne la mener plus au sabbat.

En quel aage les enfans commencent adorer le Diable.

Qu'es festes solemnelles on baisoit le Diable au derriere, mais les notables sorcieres le baisoiēt au visage. Que les enfans enuiron l'aage de deux ou trois ans, & puis qu'ils sçauent parler, font la renonciation à Iesus Christ, à la Saincte vierge, à leur Baptesme & à tout le reste, & cōmencent des lors à prēdre habitude, à recognoistre & adorer le Diable.

6. Description singuliere du sabbat.

Dict que le sabbat est comme vne foire celebre de toutes sortes des choses en laquelle aucuns se promenent en leur propre forme, & d'autres sont transformez ne sçait pourquoy, en chiens, en chats, asnes, cheuaux, pourceaux, & autres animaux: les petits enfans & filles gardēt les troupeaux du sabbat, qui sont vn monde de crapaux prés d'vn ruisseau auec des petites gaules blanches qu'on leur donne, sans les laisser approcher du gros des autres sorciers: Les mediocres & ceux qui sont de bō aage parmy eux, on leur permet simplemēt de voir, & leur en dōne on le plaisir & l'etonnement, les tenant cōme en apprentissage. Pour les autres il y en a de deux sortes, Aucūs sont voilez pour donner opinion aux pauures que ce sont des Princes & grands seigneurs, & qu'aucun d'eux n'ayt horreur d'y estre & faire ce qu'ils font en adorāt le Diable: Les autres disent que c'est que le Diable faict semblant de vouloir imiter ce traict de S. Paul aux Chorinthiens xi. qui dict qu'il faut que la femme marche le chef couuert à raison des Anges: Boguet dict que c'est donc à cause des mauuais Anges & Demons qui ayment les cheueux de la femme, qui faict qu'on voit tant de femmes voilees. Les autres sont decouuerts & tout ouuertemēt dancent, s'accouplent, font du poison, & autres fonctions diaboliques, & ceux cy ne sont si prés du maistre, si fauoris ne si employez, Ils baillent l'asperges de l'vrine du Diable: ils y vont à l'offrande, & y a veu tenir le bassin à vn Esteben Detzail lors prisōnier: & disoit on qu'il s'en estoit enrichy. Qu'elle y a veu iouër du tabourin à Ansugarlo, de Handaye, lequel a depuis esté executé à mort cōme insigne sorcier, & du violon à Gastellore. Elle nous disoit qu'on eust veu desloger du sabbat & voler l'vne en l'air, l'autre vers le Ciel, l'autre vers la terre, & l'autre parfois vers des grands feux allumez audict lieu, cōme fuzees qui sōt iettees par plusieurs, ou cōme esclairs: l'vne arriue, l'autre part, & tout à vn coup plusieurs partent, plusieurs arriuēt, chacune rendāt compte des vents & orages qu'elle a excité, des nauires & vaisseaux qu'elle à faict perdre: & s'en vont de Labourt, Siboro, & S. Iean de Lus, iusques à Arcachon qui est vne des testes de l'Ocean, aussi l'appellent ils la teste de Buch, assés prés de Bourdeaux, & en Terreneuue par ce qu'elles y voyent leurs peres, leurs maris, leurs enfans, & d'autres parens, & que c'est leur voyage ordinaire, mesme en a veu plusieurs qui notoirement sont en Terreneuue qu'elles menoyent au sabbat.

R ij

Dict que les forcieres font des poifons à cachettes, encores mefmes qu'elles foyent au fabbat : fi bien que voulant apprendre elle en a efté fouuent chaffee, encore qu'elle ayt 24. ans : qu'on tire quelques pierres des teftes des crapaux quels forcieres vendent.

De la tranf- formation. Quant à la tranformation, dict qu'encore que parfois elles fe facent voir hautes comme vne maifon, pourtant elle n'a iamais veu aucune d'elles fe transformer en befte en fa prefence, mais feulement certaines beftes courir par le fabbat, & deuenir grandes & petites, mais fi foudainement qu'elle n'en a iamais peu decouurir la façon. En voi-cy vne plus fçauante.

Ieannette d'Abadie habitante de Siboro, aagee de feize ans, depofe qu'elle fut menee la premiere fois au fabbat par vne nómee Gratiáne : qu'il y a enuiron neuf mois qu'elle veille & faict tout ce qu'elle peut pour fe remedier : que puis les trois premiers mois defdicts neuf, parce qu'elle veilloit la nuit chez elle, le Diable la menoit toufiours au fabbat de plain iour : & les fix mois reftant iufques au 16. Septẽbre 1609. elle n'y eft allee que deux fois, parce qu'elle a veillé & veille encore dans l'Eglife : & la derniere fois qu'elle y a efté, ce fut le 13. de Septembre 1609. ce qu'elle conte d'vne bizarre & bien terrible façon.

Car elle dict qu'ayant veillé dans l'Eglife de Siboro, la nuict du Samedy venant au Dimanche, le iour venu, elle s'en alla dormir chez elle, & pendant qu'on difoit la grande Meffe, le Diable luy vint arracher vn Higo de cuir qu'elle portoit au col, comme font vne infinité d'autres; qui eft vne forme de main ou poing ferré, le poulce paffé entre les deux doigts, qu'elles croyent & portent comme remede à toute fafcination & fortilege : & parce que le Diable ne peut fouffrir ce poignet, elle dict qu'il ne l'ofa emporter, ains le laiffa prés du fueil de la porte de la chambre dans laquelle elle dormoit.

Et reuenant au commencement & à la premiere entree qu'elle fut au fabbat, elle dict qu'elle y vid le Diable en forme d'homme noir & hideux, auec fix cornes en la tefte, par-

fois huict, & vne grande queuë derriere, vn visage deuant
& vn autre derriere la teste, comme on peint le dieu Ianus:
que ladicte Gratianne l'ayant presentee, receut vne grande
poignee d'or en recõpense, puis la fit renoncer & renier son
Createur, la saincte Vierge, les Saincts, le Baptesme, pere,
mere, parens, le ciel, la terre & tout ce qui est au monde, laquelle renonciation il luy faisoit renouueller toutes les fois
qu'elle alloit au sabbat, puis elle l'alloit baiser au derriere:
Que le Diable luy faisoit baiser souuent son visage, puis son
nombril, puis son membre, puis son derriere : Qu'elle a
veu souuent baptiser des enfans au sabbat, qu'elle nous ex-
pliqua estre des enfans des sorcieres & non autres, lesquelles ont accoustumé faire plustost baptiser leurs enfans au
sabbat qu'en l'Eglise, & les presenter au Diable plustost
qu'à Dieu.

Qu'elle a veu qu'aprés le sabbat toute l'assemblee s'en alloit au cimetiere de S. Iean de Lus & de Siboro, ou pour
le moins vne grãde partie, faire baptiser des crapaux, parce
que le Diable n'ose entreprendre de le faire dans la maison
de Dieu qui est l'Eglise : lesquels crapaux estoient habillez
de veloux rouge, & parfois de veloux noir, vne sonnette
au col, & vne autre aux pieds, auec vn parrain qui tenoit
la teste dudict crapaux, & vne marraine qui le tenoit par les
pieds, comme on fait vne creature dans l'Eglise, & ne sceut
nommer le parrain, mais bien la marraine, qui est la fille de
la dame de Martibelsarena, laquelle dame elle a veu dancer au sabbat auec quatre crapaux, l'vn vestu de veloux
noir auec des sonnettes aux pieds, & les autres trois sans
estre vestus, lesquels elle portoit, sçauoir le vestu sur l'espaule gauche, l'autre sur la droitte, & les autres deux vn à chaque poing comme vn oiseau.

Surquoy est notable ce qui est aduenu à vne lieuë ou enuiron prés la ville de Bazas, au mois de Septembre dernier
1610. Comme vn honneste homme se promenoit parmy
les champs, il vid vn chien se tourmenter auprés & és enuirons d'vn trou, comme s'il y fust entré quelque lieure ou autre proye : cela donna subiect & fit entrer en curiosité cest

honneste homme & autres qui si rencontrerent, de rechercher pourquoy ce chien se tourmentoit si fort : on ouure ce trou, il se trouua au dedans deux grands pots liez & estoupez bouche à bouche l'vne ouuerture côtre l'autre, & bien curieusement bouchez de toile, & liez de bonne ficelle, le chien ne se voulant appaiser pour cela on les ouure : ils se trouuerent pleins de son, & au dedans vn gros crapaud vestu de taffetas verd : Il y venoit au derriere vn homme, mais aucunemét de loing, soupçonné d'estre sorcier, lequel s'approchant, confessa ingenuement que c'estoit luy qui auoit enserré ce prisonnier dans ces pots, mais que ce n'estoit que pour le faire consommer là dedans, & trouuer vne certaine pierre que les crapaux ont dans la teste qu'on nomme crapaudine. Mais pour auoir cette pierre, il ne le falloit pas ainsi reuestir de liuree, il y auoit là quelque chose du mestier qui estoit en horreur iusqu'au chien.

Pour l'accouplemét, qu'elle a veu tout le monde se mesler incestueusemét & contre tout ordre de nature, comme nous auons dict cy deuãt, s'accusant elle mesme d'auoir esté depucellee par Satan & cognue vne infinité de fois par vn sien parent & autres qui l'en daignoient semondre : qu'elle fuyoit l'accouplement du Diable, à cause qu'ayant son membre faict en escailles il fait souffrir vne extresme douleur; outre que sa semence est extremement froide, si bien qu'elle n'engrosse iamais, ny celle des autres hômes au sabbat, bien qu'elle soit naturelle : Que hors du sabbat elle ne fit iamais faute, mais que dans le sabbat elle auoit vn merueilleux plaisir en ces accouplemés : voire elle nous tesmoignoit vn merueilleux plaisir à le dire & le conter, nommant toutes choses par leur nom plus librement & effrontément que nous ne le luy osions faire demander, chose qui confirme merueilleusement la realité du sabbat. Car il est plus vray-semblable qu'elle se soit accouplee au sabbat auec des gens qu'elle nommoit, que non que Satan les y ait faict voir dans son lict par illusion, ou qu'il les luy ait portez corporellement : n'ayant peu sentir cent fois (comme elle dict) cette semence naturelle que s'accouplant corporellement & reellement auec vn homme naturel qu'elle a nommé Pedro Detcheuerrito qui est encore viuant.

Qu'elle y a veu des tables dressées auec force viures, mais quand on en vouloit prendre on ne trouuoit rien soubs la main, sauf quand on y auoit porté des enfans baptisez ou non baptisez, car de ces deux elle en auoit veu fort souuent seruir & manger : mesmes vn qu'on tenoit estre fils de Maistre de Lasse. Qu'on les coupe à quartiers au sabbat pour en faire part à plusieurs parroisses.

D'auantage dict qu'elle a veu plusieurs petits Demons sans bras, allumer vn grand feu, ietter des sorcieres du sabbat là dedans, & les retirant sans douleur le Diable leur dire qu'elles n'auroient non plus de mal du feu d'Enfer: Qu'elle a veu le Grand maistre de l'assemblee se ietter dans les flammes au sabbat, se faire brusler iusques à ce qu'il estoit reduit en poudre, & les grandes & insignes sorcieres prendre lesdictes poudres pour ensorceler les petits enfans & les mener au sabbat, & en prenoient aussi dans la bouche pour ne reueler iamais : & a veu aussi ce mauuais Demon au sabbat se reduire tout en menus vers.

Qu'elle a ouy dire souuent messe à quelques Prestres, & entre autres à Migualena & Vocal, vestus de rouge & de blanc : que le Maistre de l'assemblee & autres petits Demons estoient sur l'autel en forme de Saincts : que pour aller au sabbat, elle ne laissoit d'aller à l'Eglise, mais elle trembloit quand elle y voyoit faire l'esleuation, & tremble encore toutes les fois qu'elle la voit. Et quand elle se veut approcher du Crucifix, pour luy baiser les pieds elle deuient toute esperdue & troublee, sans sçauoir qu'elle priere elle fait, parce qu'elle voit en mesme instāt cōme vne personne noire & hideuse qui est tout au bas & au dessoubs des pieds dudict Crucifix, qui faict contenance de l'en empescher.

Quant aux sorciers qui ne cōfessent ny à la torture ny au supplice, elle dict auoir veu que le Diable leur perce le pied gauche auec vn poinçon, & leur tire vn peu de sang au dessoubs du petit doigt dudict pied gauche, lequel sang il suce, & celuy la ne cōfesse iamais chose qui cōcerne le sortilege:

ce qu'elle a veu pratiquer en la perſonne de maiſtre François de Bideguaray Preſtre au lieu appellé à Bordegaina, où
le ſabbat a accouſtamé ſe tenir, ſi bien qu'elle nous a dict
qu'il ne confeſſeroit iamais.

Qu'elle a veu au ſabbat entre vne infinité qu'elle nomme
& cognoiſt, vn nommé Anduitze qui eſt celuy qui va donner les aſſignations aux ſorcieres pour ſe trouuer au ſabbat.

Dict qu'elle a eſté portee fort ſouuent en Terre-neuue
par Gratianne, qui eſt celle qui auoit accouſtumé de la mener, & peut auoir ſix mois ou enuiron qu'elle l'y tranſporta
par l'air, comme ſi elle euſt volé, ſe tenant à la robe de ladicte Gratianne, où elles alloient & reuenoient en vn inſtant en cōpagnie de pluſieurs autres ſorcieres que le Diable emportoit toutes à la fois : Qu'eſtant là elle y voyoit
preſque de toute ſorte de gens de Labourt, qui foiſoient
eſleuer des orages, pour faire perdre des nauires & autres
vaiſſeaux : comme de faict elles en firent perdre vn, appar-
tenāt à Marticot de Mignelcorena de Siboro, lequel eſtant
ſorcier ayda luy meſme à le perdre.

Qu'elle a veu des ſorciers ſe transformer en loup, en
chien, en chat & autres animaux, en ſe lauant les mains de
quelque eau qu'elles auoyent dans vn pot, & reprenoyent
leur forme quand bon leur ſembloit : & ce au ſabbat, par
les chemins, & en tous lieux & eſtant transformee ne peuuent eſtre veuës, & ne voit-on rien prés d'elles que quelque lueur.

Qu'aux grandes feſtes il y a des aſſemblees generales des
ſorciers, ſi bien qu'elle en a veu vne fois douze mille en la
coſte de Vnderalſe prés de Handaye. Qu'on y tient quelque forme de conſeil, où il ſe reſout ſeulement que chacun fera tant de mal qu'il pourra ; & à ces fins le poiſon &
les poudres ſe diſtribuent à vn chacun.

Et pluſieurs autres nous ont dict que les plaiſirs & la ioye
y ſont ſi grands & de tant de ſortes, qu'il n'y a homme ny
femme qui n'y coure tres-volontiers: il n'y a que les enfans
qui craignent aucunement: encore n'eſt-ce que les fort petits,

tits, qui gardent les crapaux : La femme se ioüe en presence de son mary sans soupçon ny ialousie, voire il en est souuent le proxenete : le pere depucelle la fille sans vergogne: la mere arrache le pucellage du fils sans crainte : le frere de la sœur: on y voit les peres & meres porter & presenter leurs enfans ; Enfin aux grandes assemblees qui se font aux festes annuelles il va & vient tant de gens au sabbat de toutes les parties de la terre, qu'vne nous dict qu'elle y auoit veu autant de gens comme d'estoiles au ciel: De maniere qu'elles ne croyent qu'il soit mal faict d'aller au sabbat, ains que c'est plustost malice de leur interdire & prohiber vn si grand contentement: que cet exercice ne leur oste la grace de Dieu: qu'auec cela elles vont tous les iours à l'Eglise, & ne croyent auoir perdu leur part de Paradis: & quand bien il faudroit aller en Enfer, elles croyent & pensent pour le moins estre desia appriuoisées auec le Diable, & que les peines eternelles, le feu d'Enfer & celuy du sabbat c'est mesme chose; Outre que Satan faict en ce lieu tant de choses estranges & nouuelles, que leur simplicité & abus prend cela pour quelques miracles: en telle façon que quand elles sont preuenues de la Iustice, elles ne pleurent & ne iettent vne seule larme, trouuant fort estrange qu'vne chose si agreable & plaisante soit punie ou recherchee: le Diable leur donne mesme le contentement & cette consolation de les y conduire, pendant qu'elles sont en prison. Surquoy vne me trouua vne excuse fort plaisante, & me dict qu'elle y auoit mesme esté pendant son audition qui dura deux iours, sçauoir la nuict d'entre-deux pour prendre congé & faire la figue au Diable.

Il y en eut quelques autres qui nous descouurirent leurs secrets des poudres & du poison, qui sont dignes de quelque consideration. Et nous dirent qu'au sabbat on faisoit du poison auec des crapaux & la moüelle de cet arbrisseau maudict qu'ils appellent Arbre des sorciers, qu'ils broyent dans vn mortier: & estant faict il est distribué dans l'assemblee par des sorcieres qui le font comme des boulangeres du sabbat : Car elles font aussi cette mechante paste de

S

millet noir & toutes les poudres.

Bod. l. 4. c. 4.

Bodin dict qu'à Gazal en Piedmont l'an 1536. l'on apperceut qu'vne sorciere nommee Androgina entroit par les maisons, & bien tost aprés on y mouroit: Elle y fut surprise, & confessa que quarante sorcieres ses compagnes auoient faict la coniuration: & de faict elles alloiēt graisser les loquets des portes pour faire mourir les personnes. Ce qui aduint de mesme à Geneue l'an 1563. si bien qu'elles y mirent la peste, qui y demeura plus de sept ans. On lit le mesme de cent septante sorcieres executees à Rome pour cas semblable, soubs le consulat de Claudius Marcellus & Valerius Flaccus: mais la maladie n'estant encore bien recognue on les prenoit simplement pour empoisonneresses.

Aucuns nous ont dict, qu'on est tenu d'en acheter, mais cela s'entend seulement de ceux & celles qui le sçauent exploiter. Le Gros dict qu'on n'y est forcé, ains que chacun en achete à discretion, & en prend plus ou moins pour son argent, selon qu'il est en volonté & affectionné à malfaire. Il est à fort bon marché, car elles disent que pour vn soul on en a pour faire force mal: car il est si violent & ennemy du corps humain, qu'il y en a qui deposent qu'vn pauure ieune homme ayant laissé ses sabots pour monter vne eschelle, vne sorciere luy en ayant mis seulement vn peu dans vn d'iceux, les ayant reprins il en demeura boiteux toute sa vie.

Bod. l. 4. a. 4.

Ie ne puis pourtant croire ce que dict Bodin, que les magistrats ou Iuges en Allemagne font prendre à des ieunes enfans des souliers neufs graissez d'oing de pourceau, & les enuoient à l'Eglise auec cette chausseure, laquelle a vne telle vertu, que s'il y a des sorcieres dans l'Eglise elles n'en peuuent iamais sortir s'il ne plaist à ceux qui ont aux pieds cette sorte de souliers.

En voicy vn autre bien estrange; Vn ieune enfant donnant la paix en l'Eglise de Mendiondo en Labourt, son chapeau luy estant eschappé des mains & tombé à terre, vne sorciere le luy releua soubs pretexte de luy faire vn bon office, & l'enfant ne l'eust si tost mis sur la teste, qu'il ne se trouuast tres-mal: De maniere qu'aprés auoir tousiours languy il en mourut dans quelques iours.

Or aprés que chacun en a prins pour son argent, ils le vont cacher soubs terre, ou en quelque lieu fort malaisé à trouuer. On nous descouurit que le magazin estoit tenu dans quelque rocher malaisé, tout sur le bord de la mer, vers Handaye (car nous ne laissions rien à furetter) Nous y fumes en assez belle compagnie le 19. Iuillet 1609. On fit effort de monter à la cime de ce rocher, que quelque enfant de ceux qui auoient esté au sabbat & qui y alloit toutes les nuicts, nous auoit reuelé, mais il ne fut iamais possible d'y monter, tant le precipice & la pente en estoit perilleuse : Tellement qu'on ne fit autre chose pour ce iour que dôner l'alarme à ceux de Fontarrabie, voyant tant de cheuaux & de peuple qui parroissoit sur la coste. On y retourna pour la seconde fois, & on trouua la place du pot marquee par son assiette, que les sorcieres auoient enleué la nuict precedente: ce qui nous fut confirmé par tous ces tesmoins qui vont au sabbat toutes les nuicts, qui y auoient assisté, & qui nous nommerent la façon & les sorciers qui l'auoient emporté.

Marie de Marigrane de Biarrix nous dit aussi & deposa, que Marie Bonne d'Annotte sorciere, l'auoit enmenee sur vn rocher en la coste de Biarrix & en sa preséce en auoit serré vn autre pot, & le tenoit là pour exciter les orages & faire perdre les vaisseaux qui s'arrestent ou prennent port à la veuë de ladicte coste : lequel pot sur le bruict & recherche qu'on fit la premiere fois, fut osté par cette femme, ne sçait ce qu'elle en a faict, & ne s'est peu trouuer, car elle a esté auec toute la parroisse pour monstrer le lieu aux officiers d'icelle.

Quand aux poudres il y a quelque autre mystere. Riuasseau disoit qu'elles se faisoient auec vn chat escorché, vn crapaud, vn lezard, & vn aspic, qu'il mettoit tout cela sur le fouyer soubs de bonne braise, si longuement qu'il reuenoit en poudre, que l'ayant tiré hors de là, il regardoit si les poudres estoient reuillees (c'estoit son mot, & croy que c'est le mot de l'art) qui vouloit dire qu'on prenoit garde

S ij

s'il s'y estoit engendré & s'il y parroissoit encore certains petits vermisseaux piquans, & s'ils ne parroissoient, on les remettoit encore soubs la braise iusques à ce qu'elles fussent reuillees: puis on les mettoit soubs terre assez profond, iusqu'à ce qu'on s'en voulut seruir: qu'elles sont bonnes pour empoisonner, & pour guerir aussi & seruir de contrepoison à ceux qui ont esté maleficiez par l'attouchement des sorciers.

Or quand on les iette en Labourt elles disent en basque; Cecy pour les bleds, cecy pour les pommes, qui sont leurs vignes, reste peu pour le pressoir: vous viendrez en fleur & non en grain. I'adiousteray vne chose bien notable qu'vn tesmoin nous dict sur la perte des fruicts, que la dame de Chantocorena ayant demãdé cõgé à vn sabbat de Sare, de ietter des poudres sur les fruicts, & en ayant ietté sur vn iardin & sur vn pré ioignant, les ognons du iardin ne peurent receuoir l'infection, & neantmoins tout le reste mourut, ensemble l'herbe du pré, & vne vintaine de moutons qui estoient dedans: Ie ne sçay si c'est que le Diable respectast l'ognon pource que les anciens le tenoient aussi grand Dieu que luy.

Margueritte fille de Sare aagee de dix sept à dix huict ans, dict qu'elle & vne autre pauure fille demandant l'aumosne à vn pressoir à S. Pé, pour toute aumosne vne mechãte sorciere, leur donna quelque mechant morceau de pain noir, auec lequel se les ayant faictes siennes, la nuict ensuiuant elle les mena au sabbat: & peu de iours aprés estant emmenee de Labourt à Bourdeaux en prison pour sorcelerie, auant partir elle voulut conseruer ces deux pauures filles à Satan, & les recommanda à vne mechante sorciere auant son depart, afin qu'elle eust soing en son absence de les mener toutes les nuicts au sabbat: à quoy elle n'a iamais manqué, car elle les y mesne tousiours depuis. Surquoy est grandement considerable, & y a certaine cabale du Diable là dessus, qu'encore qu'elle habite à S. Pé, & que le Diable y face & tienne le sabbat presque par toutes les maisons des sorciers, neantmoins il ne veut qu'elle aille au sabbat ordinaire à S. Pé ains à Sare, qui est vne autre parroisse. Et pour nous en esclaircir, nous fimes venir quinze tesmoins qui alloiết tous presque toutes les nuicts au sabbat à Sainct Pé qui confesserent ingenuement ne luy auoir iamais veuë.

La compagne de cette Margueritte, estoit vne autre fille presque de mesme aage, nommee Lisalde, lesquelles bien que filles menoyent toutes deux quelques enfans au sabbat quoy que bien souuent elles y fussent menees elles mesmes par d'autres, qui nous sembloit iusqu'à lors estre chose nouuelle. Or ces deux filles disoient, que le Diable auoit tenu le sabbat enuiron la nuict du 23. Septembre 1609. & pendant que nous estions à Sainct-Pé à leur faire le proces & au chasteau d'Amou qui est au sieur dudict lieu, Baillif de Labourt, & en plusieurs autres maisós: Et que quelque tếps auparauant vne certaine sorciere du sabbat, perça la cuisse audict sieur d'Amou & luy suça le sang, luy estant couché dans son lict. Qu'elles iettent quelque eau dans les entrees des maisons pour maleficier & endommager le monde: Qu'elles oignent les licts, les hommes estant endormis dedans: Qu'il tient les sabbats dans les maisons esquelles il porte en forme de bouc vne boiteuse nommee Ieannette Biscar, laquelle paraprés faict la culbute, deuant luy: Qu'vne femme nommee Sansinena y dict souuent la Messe. Et d'autant que plusieurs sorcieres se plaignoient au sabbat de ce que nous les condamnions à estre bruslees, & que le Diable ne les pouuoit bonnement asseurer, encore qu'il leur fit entendre les faisant passer par quelque feu artificiel sans douleur, que celuy de la Iustice ne les offenceroit non plus, il leur disoit qu'il nous feroit brusler nous mesmes: & de faict il fit pedre en apparéce les sieurs d'Amou & Orobie promoteurs de la commissio contre les sorciers, comme deposoyent certains tesmoins qui disoyent que le Diable au sabbat les auoit forcez d'en tirer la corde. Il leur bailla bie vne plus chaude & forte illusion, Car deux tesmoins & ces deux filles nous attesterent que la nuict du 24. Septembre 1609. venant au 25. le Diable entrant dans nostre

S iij

hostel à S. Pé, commença son entree par vn sale accouplement & cognut sur la porte de nostre logis la dame de Sansinena assez belle, pour mieux signaler son entree: puis monta haut en ma chambre dans laquelle il fit (disent elles) contenance de n'oser entrer, ains s'arresta sur la porte aprez l'auoir ouuerte à sa troupe : qu'ils y demeurerent puis onze heures iusques à vn heure & demye aprez minuict: & trois notables sorcieres s'estant mises soubs mes rideaux en intention & auec ce mauuais dessin de m'empoisonner, elles alloyent & venoyent de mon lict vers le Diable qui estoit sur la porte de ma chambre, luy dire qu'il n'y auoit nul moyé de m'offencer, bien qu'elles s'en essayassent par plusieurs fois, & y feissent tous leurs efforts, mesmes cette premiere concubine de Satan la dame de Sansinena, celle d'Amorea à qui i'auois faict le procez le iour auparauant, & plusieurs autres. Qu'on y dit deux Messes, l'vne fut dicte dans ma chambre par vn Prestre du lieu de S. Pé & l'autre par la dame de Sansinena dans la cuisine. Qu'il y auoit vne forme d'autel dressé, & particularisoyent cette belle visite iusques là, que les sorciers mirent le manteau noir de Barrabam (Ainsi appellent elles le Diable quand elles sont entre les mains de la Iustice, & qu'elles font semblant de l'auoir en horreur) sur la table de ma chambre, & de là toute cette belle troupe s'en alla chez vn Assesseur criminel, qui estoit au mesme lieu de S. Pé, pour instruire vne plus ample inquisition contre quelques sorcieres eschappees du Parlement de Bourdeaux: où elles demeurerēt enuiron demye heure, puis s'en allerent au chasteau du sieur d'Amou, & trois sorcieres l'ayant trouué au lict, l'accotterent & luy mirent la corde au col, sçauoir la dame de Sansinena, la dame vieille d'Arrosteguy & celle de Laurensena. Or de tout cela le sieur d'Amou ne moy n'en sentimes iamais rien. Neantmoins ces deux filles nous asseuroyent l'auoir veu & assisté à tous les actes iusqu'au moindre: Ioannes Dichinique depose les auoir veuës entrer, mais qu'il demeura au desoubs de ma chambre sans monter: Et Marie de Laurensena dict auoir veu Detcheto sorcier cette mesme nuict sortir de nostre hostel auec plusieurs autres sorciers: Cathalin de Hilsou en dict autāt: Et la nuit du Vēdredy deux autres tesmoins nous asseurerēt qu'ils auoyent aussi esté au sabbat au dessoubs de nostre chambre.

Depuis nous auons veu plusieurs sorcieres confessant & nous descriuant presque toutes vniformement le sabbat en la mesme façon que nous venons de l'exprimer. Car nostre commission finie en ayant laissé vn monde en ce païs de Labourt & autres circonuoisins sans les pouuoir iuger, le Palais & Cour de parlemēt de Bourdeaux en à esté remplie, si bien que ne pouuant trouuer prisons capables pour les enfermer dans la Cōciergerie de la Cour, on fut contraint de les mettre dans vn des chasteaux de la ville nōmé le chasteau du Ha: Or i'alloys espiant & escoutāt ce qu'elles confessoyent de nouueau & de rare. Ie mettray donc encore cette deposition qui me semble descouurir vn poinct nouueau de sortilege qui nous estoit incognu.

Catherine de Barrendeguy dicte Cathalin de Bardos de la paroisse de Hatso, aagee de 60. ans ou enuiron.

Dict qu'elle a veu au sabbat Marie Pipy d'Olgaray, laquelle seruoit d'eschanson au sabbat, & bailloit à boire aux autres sorcieres.

Celle cy fut ouye au Parlement & en la Tournelle le 3. Septēbre 1610. & voicy ce qu'elle dict à la torture.

Que la premiere fois que les ieunes filles & enfans vont au sabbat, le Diable leur faict renoncer Dieu, la vierge Marie, les Saincts & tout le reste que nous auons dict cy dessus, & aprez les marque tous d'vne de ses cornes dās l'œil gauche: comme nous vismes clairement en la personne de sa fille Marie de la Rat ieune fille aagee de dixsept ans; laquelle elle confessoit auoir menee au sabbat, comme faisoit aussi la fille qui estoit presente, & laquelle monstroit visiblement l'œil louche & hagard, auec vne marque au dedans comme vne patte de crapaud, ou autre petit caractere, à la verité malaisé à bien discerner, vn peu plus obscure que ce ciel blanc qui entourne la prunelle de l'œil. Elle disoit aussi que le Diable caressoit fort les belles femmes, & ne faisoit pas grand compte des vieilles.

Que le Diable induit les petits enfans à accuser ceux

mesmes qui ne sont pas sorciers pour les perdre.

Maistre despensier du Diable. Qu'vn Ioannes d'Olgaray est le maistre despencier du Diable.

Qu'elle a veu au sabbat Hirigoyen Prestre & vicaire de la paroisse de Faſso qui dançoit & adoroit le Diable : Et a veu au sabbat Marie de Hauſſy auec laquelle ce Prestre dançoit, comme auſsi dict auoir veu vne femme veuue nommée Salbouhouria laquelle ledict Prestre entretient, & en a eu vn enfant lequel comme le bruit commun est il faict nourrir : ce qu'elle dict estre veritable pour auoir souuent parlé audit Prestre, lequel la prie de ne le vouloir descouurir.

Dict auſsi auoir veu au sabbat pluſieurs autres Prestres qu'elle a nommé par nom, & surnom & sont couchez es regiſtres de la Cour.

7. En quel aage les enfans font du poison. 8. Qu' ceux qui ne sont repreſentez, & qui ne vont au sabbat q̃ ǽ figur: n'ót aucū mouuement.
Que les enfans ne font du poiſon & ne sont initiez à ſi haut miſtere qu'à l'aage de 20. ou vingtquatre ans.

Qu'elle a veu au sabbat la figure de Petry de Lyſalde qui ne se remuoit aucunement. Et que les sorcieres qui veulent mal à quelque personne lors qu'elles sont au sabbat de nuict ont pouuoir de representer la figure de celuy auquel elles veulent mal. Mais la figure ne bouge point : & que le Diable faict & forme ladicte figure à la priere desdicts sorciers, pour les faire accuser de sortilege, mais en ce cas ladicte figure ne bouge iamais, qui est vn poinct de sorcelerie bien notable.

Dict auſsi y auoir veu la figure d'Eſtebenot de Bourhary laquelle ne se bougeoit non plus, & au contraire les vrays sorciers vont & viennent & se remuent.

Et au supplice elle dict à son confeſseur Basque de l'ordre des Auguſtins, que tout ce qu'elle auoit dict à la torture eſtoit vray, & de plus qu'elle auoit veu au sabbat la figure de Ieanne Biſcarrena sans aucun mouuement, tout ainſi qu'elle à dict des autres cy deſsus.

Et ayant par pluſieurs fois accuſé & d'eſcharge vne sorciere nommée Caruart, enfin eſtant aux abbois de la mort, elle dict qu'elle eſtoit sorciere, l'ayant veuë pluſieurs fois au sabbat menant ses enfans propres : disant qu'elle ne vouloit

DES DEMONS, MAG. ET SORC. LIV. II. 145

loict damner son ame pour personne: voila ce qu'elle dit &
à la Torture & au supplice.

Ie me veux approcher de plus prés & vous mettre icy la
deposition d'vn sorcier lequel vray-semblablement Satan
auoit conseillé de se venir tenir dans Bourdeaux, pour faire
le mechant traict qu'il fit.

Isaac de Queyran natif de la ville de Nerac agee de 25.
ans, dict qu'il y a deux ans & demy qu'il est party de la ville de Nerac, & aprez auoir changé plusieurs fois de maistre,
il s'en alla tenir dans vne fort bonne & honnorable maison
en la ville de Bourdeaux, ou il se loüa pour penser des cheuaux, qu'il en sortir pour vne fort legere occasion, qui est
que le fils aisné de la maison ayant ietté quelques noisettes
à terre qu'on luy auoit seruy à table, il dict à ce vallet, Te:
dequoy le vallet se faschant luy dict rudement qu'il n'en
diroit pas dauantage à vn chien, qu'il cassa ces noisettes &
les donna à l'enfant, que la dessus la damoiselle mere de
l'enfant se fascha contre luy, de ce qu'il auoit parlé si rudement à son fils, & que cela fut cause qu'il sortit hors ladicte
maison, & s'alla mettre en seruice ailleurs, ou il demeura
neuf ou dix mois.

Interrogé comment il apprint le mestier de sorcier & en
quel aage il commença.

Dict qu'en l'agee de dix à douze ans, estant au seruice
d'vn honneste homme prés la ville de la Bastide d'Armaignac, il alla querir du feu chez vne vieille voisine de la maison où il se tenoit: que cette vieille luy dict en prenant du
feu qu'il se donnat bien garde de remuer deux pots qui
estoyent au feu, car s'il les renuersoit il se mettroit en peine,
qu'elle luy dict que c'estoit des poisons que le Grand maistre luy auoit commandé de faire: que ladicte vieille le
voyant escouter & entrer en quelque curiosité, luy demanda aussi, s'il voulloit aller au sabbat auec elle, & qu'il
y verroit de belles choses: que le soir estant retourne chez
ladicte vieille, elle le suborna tout à faict, & estant presque
nuict, luy graissa l'vn de ses bras prés du poing, sans qu'il ayt
peu se resouuenir lequel des deux, ny qu'il ayt sceu dire de

T

qu'elle graiſſe, ny de quelle couleur : & qu'en meſme temps il fut enleué & porté en l'air, mais non pour cela fort haut, iuſques auprez du lieu où on faiſoit le ſabbat : qu'il fut mis à terre ſans ſe faire aucun mal, parce qu'il ſe mit à prier Dieu, que le lieu eſt eſloigné de la ville de la Baſtide enuiron vne lieuë ſur le ras de la lande, ſans qu'il ayt peu autrement nommer ny deſigner le lieu : qu'il y vit pluſieurs hommes & femmes qui crioyent & dançoyent, dequoy il eut frayeur, & ſ'en retourna pour ce coup ſans ſe meſler parmy eux.

Dict que le l'endemain ſ'en allant ſeul à la metairie de ſon maiſtre, il rencontra ſur ſon chemin vn grand homme fort noir, lequel luy dict qu'vne femme l'auoit aſſeuré qu'il luy auoit promis d'aller au ſabbat, & pourquoy il n'y eſtoit venu. A quoy ayant reſpondu qu'eſt ce qu'il vouloit qu'il y allaſt faire, l'homme noir luy dict, Demeure demeure ie te bailleray bien choſe qui t'y fera venir : & en meſme temps il le frappa d'vn coup de gaule par le derriere de l'eſpaule, qui luy fit mal deux iours aprez, & qu'outre il le marqua lors ſur le bras auprez la main, bien qu'il n'y ayt apparu aucune marque, puis il deſparut.

Interroge combien il garda cette marque & de quelle couleur elle eſtoit, dict qu'il ne la garda que deux ou trois iours, & qu'elle eſtoit faicte comme ſi on l'eut frappé d'vn coup de gaule, apparoiſſant noire & tannee.

Dict qu'il a eſté vne autre fois au ſabbat pendant qu'il eſtoit au ſeruice de ce meſme maiſtre, mais en vn autre quartier : qu'il fallut paſſer la riuiere qui eſt prés la ville de la Baſtide, & qu'il rencontra ſur le pont de ladicte riuiere le meſme grand homme noir, lequel luy demanda ſ'il ne ſe ſouuenoit pas du coup qu'il luy auoit donné, & ſ'il ne vouloit point venir auec luy, qu'il luy cōmanda de le venir trouuer ſur le ſoir derriere le moulin qui eſt prés le pont, ce qu'il fit, & y eſtant il vit arriuer le grand homme auec force gens à la file, qui luy demanda ſ'il ne vouloit point aller quand & luy : & luy ayant dict où eſt ce qu'il le vouloit emmener, en meſme temps le grand homme le print & le chargea sur son col le voulant ietter dans l'estang du moulin & le faire noyer, Ce qu'il eust faict sans qu'il se mit à crier, qui fit sortir ceux qui estoyent dans le moulin, & aussi tost le grand homme & toute sa troupe disparurent.

Interrogé s'il a esté despuis esdictes assemblees du sabbat.

Dict que deux iours aprez gardant la vigne de son maistre le grand homme noir le vint prendre de nuict, & l'enleua en l'air & l'emporta sur le sable dans vne lande prés Sainct Iustin, distant de ladicte vigne d'vn quart de leuë, ou il trouua plus de cinquante personnes qui dançoyent au son qu'vn petit Diabloton noir faisoit auec vn petit tabourin, lequel n'auoit figure d'homme, ains auoit la face tout affreuse & farouche : que le grand homme noir estoit assis sur vn seige au bout d'vne table, au tour de laquelle estoyent les autres qui estoyent venus au sabbat, & mangeoyent de la viande & du pain qui estoit sur vne nappe. Et aprez auoir beu & mangé ils retournerent tous dançer, se tenant par les mains en derriere dos à dos : qu'il dança auec eux, & comme ils ouïrent chanter les coqs le Grand maistre leur commanda de s'en aller & se retirer, Tellement que ceux qui estoyent de loing furent portez par l'air, & pour luy qui estoit prés, il s'en retourna de son pied dans ladicte vigne.

Qu'auant qu'ils se separassent dudict lieu, il leur commanda de se retrouuer au sabbat dans la lande de Roguilloict à vn quart de lieuë de la Bastide, & de fait ils y furent & luy aussi deux ou trois iours aprez. Et vn quart d'heure auant partir, luy & plusieurs autres le baiserent à vn fesse qui estoit blanche & rouge, & auoit la forme d'vne grande cuisse d'vn homme, & estoit velue.

Qu'ayant quité son premier maistre, il s'en alla se mettre en seruice en la ville de Nerac, & de là à Bourdeaux.

Qu'il se mit en la ville de Bourdeaux palefrenier en vne fort honneste maison où il y auoit vn fils aisné duquel nous auons parlé cy deuant, lequel il accompaignoit parfois au college & luy portoit son liure.

Que là il trouua vne certaine nourrice, laquelle il cognut charnellement vne seule fois dans l'escuirie, enuiron deux mois aprez qu'il fut sorty de ladicte maison.

Dict qu'vn iour, & depuis qu'il a quité cette maison, où il donna quelque mechante drogue à cet enfant qui estoit l'aisné, le pere de l'enfant l'enuoya querir chez son dernier maistre,& le mena prés de só enfant,lequel se print à rire aussi tost qu'il le vit: qu'il luy donna quelque pomme qu'il auoit en sa pochette, puis se retira, & donnant le bon soir au pere & mere de l'enfant, ils le prierent de venir voir quelquefois leur enfant, croyant parce qu'ils l'auoyent veu rire à ce premier abbord,qu'il print quelque plaisir à le voir.

Interrogé si depuis qu'il auoit quité le seruice du pere de cet enfant il est allé de nuict en ladicte maison,pour bailler quelque drogue & maleficier ledict enfant

Respond qu'il peut auoir enuiron d'eux mois qu'il y a esté vne seule fois,&qu'ayant ouuert de nuict la porte de la maison de son dernier maistre, il trouua le maling Esprit à la porte, qui estoit le mesme homme noir qui l'auoit auparauant seduit, qui luy dit qu'il falloit aller voir l'enfant de son autre maistre, & luy faire prendre vne drogue qu'il luy donna de la grosseur d'vn noyau d'vne noisette, qui sembloit estre de couleur noire & verte, qu'ils y furent de ce pas : qu'estant à l'endroit de la maison ce maling Esprit l'enleua sur le toict,& l'ayant faict passer par le tuyau de la cheminee, il se trouua dans la chambre ou cet enfant estoit couché : qu'il alluma vn bout de chandelle qu'il trouua sur le manteau de la cheminee, & qu'il vit la damoiselle mere de l'enfant couchee dans vn lict, sa fille de chambre dans vn autre, & le fils aisné couche auec vne sienne seur dans vn autre, & ce en l'absence du maistre de la maison qui estoit allé en haut païs.

Que s'estát approché du lict de l'enfant, il le vit dormant la bouche entrouuerte, qu'il luy mit cette drogue que le maling Esprit luy auoict donnee, & tout aussi tost il s'en retourna par le mesme endroict, par où il estoit entré : & estát descendu en la rue il dict au maling Esprit qu'il auoit executé son commandement, & ce faict il luy commanda de se retirer ce qu'il fit.

Interrogé quel subiect il auoit de procurer vn si grand malheur à cette honneste famille, & quelle occasion luy auoit donné ce pauure enfant de le rendre ainsi miserable.

Nulle, dict il, ains qu'il le fit pour obeir au maling Esprit, qui le tourmentoit incessamment & de nuit & de iour pour ce faire.

Interrogé s'il a iamais persuadé la nourrice d'aller au Sabbat & s'il l'y a veuë ou menee.

Dict qu'il peut auoir trois mois qu'il cōseilla ladicte nourrice d'y aller quand & luy, ce qu'elle luy promit: Et de faict vne nuit qu'il n'a sceu specifier, le maling Esprit la porta par l'air sur vn carrefour qui est au delà le Palais-Gallienne, & aprés le mesme maling Esprit le vint querir, & le mena de son pied iusques à la porte Daufin, & là il le porta en l'air, & le fit sauter par dessus la muraille de la ville, & de là il s'en alla de son pied iusques audict carrefour, où il trouua la nourrice auec vne vingtaine d'autres hommes & femmes.

Qu'ils se recognurent, & qu'elle luy dict s'il estoit là, & aprés ils dancerent tous ensemble au son d'vn Tabourin, que sonnoit vn petit Diabloton: qu'il se retira seul aprés que le Sabbat fut finy, & fut porté en l'air par le mesme lieu, sans qu'il sçache comment la nourrice fit sa retraicte.

Interrogé s'il ne sçait pas que par le moyē de ladicte medecine qu'il fit prendre à cet enfant, il en est deuenu muet.

Dict qu'on le luy a dict, mesme vne certaine femme qui demeure en ladicte maison, & qu'il luy auoit dict lors qu'il prieroit Dieu pour luy.

Interrogé s'il n'a pas promis de desensorceler ledict enfãt.

Respond qu'à la verité par force il a promis de le guerir, & à asseuré que le lendemain enuiron l'heure de midy il seroit guary, ayant cōfessé au pere de l'enfant, qu'il luy auoit donné & faict prendre ce mauuais morceau par la bouche. Et moyennant qu'il le guerit, que le pere auoit promis luy pardonner.

T iij

Interrogé de quels remedes il s'eſt ſeruy pour le guerir.

Dict qu'aprés que ſon maiſtre ancien luy eut promis de luy pardonner s'il gueriſſoit ſon enfant, on l'enferma dans vne chambre, ou cabinet, & là chargé de deſeſpoir il appella le maling Eſprit, luy diſant, Monſieur venez moy tirer de cette peine, & puis que ledict ſieur luy auoit pardonné, qu'il falloit qu'il gueriſt ſon enfant. Puis ayant encore appellé Satan par le trou d'vne vitre rompue, il vint auſſi toſt heurter à ladicte feneſtre, & luy demãda en quelle peine il eſtoit, ce qu'il luy declara & le Diable luy commanda d'ouurir la feneſtre, par laquelle il entra dans ladicte chambre : & s'eſtant de nouueau faict conter la peine en laquelle il eſtoit, le pardon qu'on luy auoit promis à cõdition de guerir l'enfant, il luy conta qu'il auoit preparé pour le guerir vne herbe qu'on appelle la Pelude, & que l'ayant faict bruſler auec vn eſſerment, il vouloit faire boire des cendres à cet enfant meſlees auec du vin blanc, ce que le maling Eſprit ayãt entendu, luy dict qu'il n'euſt point de peur, & à meſme inſtant ſortit de ladicte chambre par deſſous la porte d'icelle, quoy qu'elle fut fermee, & depuis ne la veu ny ſçeu de ſes nouuelles.

Que ce coup la il luy apparut en forme d'vn oiſeau noir, de la grandeur d'vn oye, & que s'en allant il l'aſſeura que l'enfant feroit tout à fait guery dans le lendemain : qu'aprés que le maling Eſprit l'eut abandonné il s'aperçeut d'vne plie de toile, & de quelque gros baſton, auec leſquels il ſe coula par la feneſtre, & de là gaigna l'eſcurie de la maiſon d'où il ſauta en la ruë, puis s'en alla chez vn cardeur de ſes amis.

Interrogé qui luy auoit apprins cette recepte de faire bruſler vne herbe qu'on nomme la Pelude qui a la racine noire, auec vn ſarment, & paſſer par vn tamis les cendres, puis les batre & meſler auec du vin blanc & le faire boire à l'enfant.

Dict qu'il ne ſçait quelle herbe c'eſt, & moins encore à quoy elle eſt propre, & que Dieu le faiſoit parler en cette façon.

Interrogé pourquoy il defiroit que quelqu'vn y fuft & entre autres la Grande mere de l'enfant, lors qu'il vouloit appliquer fon remede, & fi c'eftoit point pour tirer le mal de l'enfant & le donner à cette Grande mere.

Dict que non, ains que c'eftoit fimplement pour ce qu'elle le cognoiffoit.

Interrogé fi l'enfant ayant recouuré quelque peu de fanté, eftant monté fur vn petit cheual reuenant du college, ledict Ifaac faifant femblant de le carreffer, le toucha derriere l'efchine, tellement que de cet attouchement l'enfant eftant de retour chez fon pere, tomba aux mefmes accidens.

Dict qu'il ne le toucha pas, ains dict feulemét qu'il eftoit bien ayfe de le voir en ce bon eftat.

Depuis le 7. May 1609. Il fut oüy en la Chambre de la Tournelle, où il adioufta que s'en allant vn iour au champs prés la ville de Bourdeaux en vn lieu qu'on appelle à Gradignan, le grand homme noir le rencontra fur le chemin & luy dict, qu'il y auoit long temps qu'il ne l'auoit veu : & luy ayant refpondu rudement qu'il n'auoit affaire de luy, il fe mit en deuoir de le faire noyer dans le ruiffeau du moulin d'Ars, ce qu'il euft faict, fans qu'il fe mit à crier, & à prier Dieu, & lors il le laiffa.

Le 7. May 1609.

Que le 8. de May 1609. il accorda prefque tout ce qu'il auoit dict pardeuant le Lieutenant criminel, & le iour auparauant en la châbre de la Tournelle : mefme qu'il eftoit veritable qu'vne nuict eftant couché en la falle baffe de la maifon du pere de cet enfant, le Diable le vint trouuer & le fit fortir par la feneftre, & de là luy fit fauter la muraille du iardin, puis luy fit fauter la haute muraille & foffé de la ville prés la porte Dauphin, puis le mena au fabbat au carrefour du Palais Gallienne, où il rencontra huict ou neuf perfonnes & quelques femmes qui dançoient fe tenant par leurs habits : que le grand Diable eftoit affis : qu'il y euft des nappes mifes, qu'il y mangea ne fçait quelle viande, que les petits Diables les feruoient, qu'il y beut de bon vin, le grand Satan eftant au bout de table : & aprés qu'ils eurent mangé quelque viande rostie, il leur fut seruy des pommes & des raisins, & au retour, on le fit resauter par les mesmes endroicts.

Qu'estant chez son dernier maistre il fut aussi au sabbat, ou le Diable le chargea de cette boullette pour donner à cet enfant: si bien qu'il fut aussi transporté à ce mesme carrefour, & au reste il fut porté chez son maistre ancien, pere de cet enfant, pour faire ce coup malheureux (qui monstre clairement le transport) en la confession duquel il a persisté iusques à la mort.

Surquoy il y a plusieurs choses à considerer, mais le mal est qu'il faut taire les plus belles pour beaucoup de bonnes considerations, nul ne prenant plaisir de voir publier les afflictions que Dieu enuoye à sa famille, bien que le plus souuent, les familles qui reçoiuent les plus grands fleaux soient vrayement les plus aimees & cheries de Dieu, chacū estant subiect à pareils inconueniens. C'est pourquoy i'ay voulu supprimer les noms de l'enfant & des familles, bien qu'il ayt ratifié tout ce que ie dy au supplice en presence de plus de dix mille personnes.

Ie diray seulement qu'estant ledict enfant demeuré miserable & comme muet prés de trois mois, le pere & toute la famille ne pouuant deuiner la maladie de leur fils, ny le pauure enfant l'exprimer; le benefice de la langue luy estāt osté, ils eurent recours à Dieu & se seruirent des reliques, & autres choses sainctes approuuees de l'Eglise, qui leur furēt si vtiles, que la langue luy estant venuë courte, luy estant touchee de la dant de saincte Apollonie, il commença à remuer la langue & faisoit signe, ne pouuant parler, que cette saincte relique qu'il auoit touché luy auoit donné vn notoire allegement, & donnoit à entendre le grand bien qu'il en auoit receu se touchant la langue auec le doigt deuant tout le monde.

9. La Dent de saincte Apollonie à notoirement dōné allegement à vn enfant ensorcelé.

Et quand on luy vouloit donner de l'eau beniste, encore que le rideau de son lict fut tiré, il la sentoit venir, & frissonnoit, & faisoit signe qu'il y auoit quelqu'vn à la ruelle du lict.

Il

Il escriuoit en rond (qui est vne trace nouuelle) pendant que le benefice de la langue luy estoit osté.

Et fut chose merueilleuse que la nourrice comme vn bõ pere religieux luy voulut faire dire le *Pater noster*, *l'Aue Maria* Et sa croyance, quoy qu'il semblast qu'elle y estoit parfois disposee, si est-ce qu'elle ne le voulut, ou ne le peut iamais dire. Mais aprés s'en estre tant defenduë, qu'elle tesmoignoit clairement que la prohibition en estoit malefique & venoit d'autre part que d'elle mesme & de sa propre volonté, elle dict ingenuement faisant neantmoins tousiours aucunement l'ignorante, qu'elle ne les diroit pas, & qu'elle ne les sçauroit dire: & aprez luy auoir demandé cent fois pour quoy, sans qu'elle en voulust dire autre raison, sinon qu'elle ne sçauroit, le bon pere l'ayant faict dire à quelques autres seruiteurs notoirement aussi ignorans & parauanture plus qu'elle, & ce pour la conuier & la mettre hors de toute excuse, luy dict & la pria de le vouloir pour le moins dire aprez luy, à la charge qu'il le luy exprimeroit mot à mot. Ce qu'ayant faict semblant d'agreer, & ne s'en pouuant desdire, tãt on luy rendoit la chose facile, l'ayant commencé, comme elle fut à ces mots. *Credo in Iesum Christũ*, elle s'en fuit sans qu'il fut iamais possible à maistre ny maistresse de la faire passer outre. Qui monstre manifestement qu'il y a quelque chose du sortilege en elle & quelle à faict quelque espece de conuention auec le maling Esprit.

Quant à ce pauure sorcier, il quita la Religion pretenduë reformee, & mourut en celle de l'Eglise Catholique Apostolique & Romaine bien confessé & repentant de ses pechez auoüant iusques à l'article de la mort sa deposition & tous les traicts de la sorcelerie, & mesme du transport ainsi qu'ils sont icy couchez.

V

DE L'INCONSTANCE

Du Coq, & s'il est vray ce qu'on dict, que tout aussi tost qu'il est entendu au sabbat, il dissipe par son chant, & faict esuanoüir toute l'assemblee.

1. *Le Coq sonne la retraicte aux Sorciers, lors qu'ils sont au sabbat.*
2. *Le chant du Coq est contraire aux Demons, aussi bien qu'aux Lions.*
3. *Exemple merueilleux du Coq dans Pierre Damian.*
4. *Le Coq hyeroglyphe de quelque diuinité.*
5. *Le Coq dedié à plusieurs Dieux.*
6. *Plusieurs rabaissent le Coq autant que les autres ont accoustumé de le rehausser.*
7. *Pourquoy on sacrifioit vn Coq à la nuict.*
8. *Coq espion des Adulteres.*
9. *Pourquoy on met vn Coq, dans le sac des Parricides.*
10. *Que les Sorciers sçauent coniurer les Coqs & leur interdire le chant.*

Discovrs V.

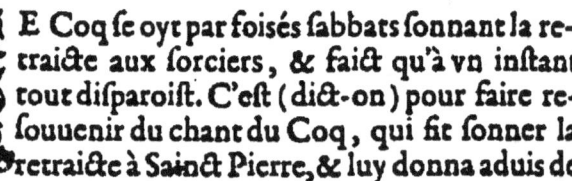

1 Le Coq sonne la retraicte aux Sorciers lors qu'ils sont au Sabbat.

LE Coq se oyt par foisés sabbats sonnant la retraicte aux sorciers, & faict qu'à vn instant tout disparoist. C'est (dict-on) pour faire ressouuenir du chant du Coq, qui fit sonner la retraicte à Sainct Pierre, & luy donna aduis de retourner à son Createur.

Et puis qu'il leur chante la mesme note, que ne se rauisent ils aprés tant d'adorations abominables ; & pourquoy ne reuiennent ils à celuy qui faict disparoir ceste puissance qui semble si grande, par le chant triste d'vn si petit animal, lequel Dieu permet tout petit seul & chetif qu'il est, de demeurer victorieux & maistre du champ lors que tout disparoist, comme pour donner aduis à la Iustice, de pourfuiure vne si grande execration.

C'est donc quelque certaine espece de repentance que le Coq chante à ces pauures abusez, leur annonçant le iour: & au contraire Satan les enchante & les voudroit tenir perpetuellement en erreur & en tenebres.

C'est pourquoy les anciens ont dict. *Gallum dicatum men-* *Pli, lib. 10.* *si*, comme vray partageur & denonciateur des heures, *cap. 21.* principalement de celles de la nuict, pource que celles du iour sont si tumultueuses & bruyantes, qu'il est malaisé de prendre garde quand le Coq les annonce : bien qu'on die qu'il seruoit anciennement d'horloge, auant que les heures fussent reglees comme elles sont.

Ou bien comme le Coq precurseur & prenonce de la lumiere appelle les Religieux & tous Chrestiens à rendre graces à Dieu, de ce qu'il les à preseruez la nuict precedente, d'vn ennemy si coniuré & si puissant ; Satan ne peut souffrir cette si saincte semonce, & moins encore tant de beaux chants que l'Eglise commence à entonner aprés ce premier chant du Coq, lequel semble comme donner le ton à tous ces beaux concerts, qui commencent des ce chant la à chanter les loüanges de Dieu par toutes les Eglises de l'vniuers.

On pourroit dire encore, que ce chant releué du *2. Le chant* Coq, qui se hausse & s'esleue ainsi vers le Ciel, pour *du Coq est* mieux l'insinuer à ceux qui l'oyent, est aussi contraire *contraire* aux Demons & malings Esprits, comme il est formida- *aussi bien* ble au Lion : tesmoin la deuise de Xiste V. lequel por- *qu'aux* tant vn Lion rugissant en ses armes, accompagné de ces *Lions.* mots asserteurs de la fierté & superbe du Lion.

Quis non me rugiente timebit?

Quelqu'vn luy mit au dessoubs, *Gallus*. Pour dire que *Cette de-* d'vn seul petit regard le Coq rabaisse cet orgueil du *uise peut* Lion, & luy faict quiter la place. Surquoy est fort à *receuoir,* propos ce que dict Proclus au libelle de la Magie, Que *vn autre* par fois il s'est veu des Anges Solaires, qui ont apparu *sens,* en forme de Coq, & bien que de foy les Anges foient fans forme, ils fe font laiffez voir en celle-là, & au contraire qu'il s'eft veu des Demons qui auoient prins la forme de Lion, lefquels difparoiffoient tout auffi toft qu'on leur mettoit vn Coq audeuant : ce qui procede (dict Proclus) de ce que parmy les chofes qui font conftituées en mefme rang & ordre, celles qui font inferieures font toufiours contrainctes de reuerer & refpecter les fuperieures, mettant le Coq au rang de chofe fuperieure pardeffus le Lion.

D'auantage c'eft vne fentinelle, qui découure les mauuais deffins de l'ennemy general du genre humain. Car ces affemblees illicites ainfi conuoquees la nuict & en tenebres, tefmoignent leur mauuaife intention, fuiuant l'aduis du Philofophe Demonax, à l'Empereur Adrian, qui ne voulut fe trouuer aux facrifices de la Deeffe Eleufine, pour la feule occafion qu'ils fe faifoient la nuict.

Mais bien qu'on die qu'a ces heures de minuict & de l'aube du iour, le Coq chante, & que les fpectres & autres vifions ont communément accouftumé d'apparoir en ce mefme temps, comme eftant amateurs des tenebres, fi eft-ce que les Chreftiens ne croiroyent pas volontiers que Dieu euft donné vne telle puiffance au Coq fur des ennemis fi puiffants que les Demons.

Les Philofophes par auanture imputeroient cela auffitoft à l'antipathie naturelle, que les naturaliftes ont de tout temps recognu entre le Coq, le Lion & le ferpent : Mais ce feroit mal à propos : car le Diable n'eft comparé au Lion & au Serpent, que fimplement par Metaphore.

S'il y a donc quelque chofe de verité en cette experience, ie penferoy que ce feroit parce que le Coq faict memoire que par la refurrection de Dieu, qui fut faicte le fainct Dimanche, le tout puiffant triompha de Satan, lequel fut atterré incontinent aprez l'heure de minuict.

Qui sont choses lesquelles sont mesmes venues en consideration à l'Eglise, laquelle chante auec S. Ambroise en la louange du S. Dimanche.

> Deja le Heraut du iour chante
> La sentinelle de la nuict,
> Au chant duquel s'esuanouït
> Le bal de la troupe mechante.
>
> Le volleur rengayne ses armes,
> L'homme est de sa cheute marry,
> La Pierre d'Eglise à son cry
> Laue sa faute de ses larmes.
>
> Le Coq reprend celuy qui nie,
> Le Coq chantant faict reuenir,
> Au cœur de l'homme vn souuenir
> Qu'en Dieu seul il faut qu'il se fie.
>
> Iesus regarde qui t'offence,
> Fay luire à nos sens ton soleil,
> Chasse de nos cœurs le sommeil,
> Et par toy nostre voix commence.

Præco diei iam sonat &c.

Prudence en à faict vn hymne qui le declare aussi tres-bien. *Prud. Hymno ad Gallicantum.*

> Les Demons courans qui se mirent
> Dans les tenebres de la nuict,
> Quand du Coq ils oyent le bruict
> Tout espouuantez se retirent.
>
> C'est l'approche qui les tourmente
> Du iour, du salut & de Dieu,
> Qui faict abandonner le lieu
> Aux sergens de la noire tente.
>
> Dieu monstra du Coq la puissance,

A sainct Pierre luy prononçant
Qu'au troisiesme cri: de son chant,
Il nieroit sa cognoissance.

De là nous croyons que c'est l'heure
Que Iesus reuint des bas lieux,
Quand le Coq chantant si ioyeux
De sa venue nous asseure.

<small>Maiolus liu 2 des Diuinatiõs</small> Le Coq que la nature à faict pour esueiller les hommes au labeur, & leur rompre le somme, a quelque cognoissance des astres, car par trois chants diuers il marque diuerses heures.

Il se couche lors que le soleil se couche. Il preuoit le leuer du soleil, & annonce la venuë du iour par le battement de ses aisles & la frequence de son chant.

Que si aux premires heures de la nuict, & vn peu aprez que le soleil est couché, il vient à chanter enroüé & qu'il bate l'aisle, C'est signe qu'il y aura des vents & des tempestes. Car cette exhalation humide, & constitution d'air venant du midy, vient à remplir peu à peu ses organes destinez à la voix, & les comble de pituité, & faict qu'ils ne peuuent s'entendre qu'enrouez, de laquelle enroueure les Coqs se voulant deliurer, ils sont contraints se refugier & s'aider tant du mouuement que de la voix

Ou bien c'est, que le larinx dilaté par l'air plus espais, luy faict la voix plus grosse & la rend enrouee.

<small>Ælian.</small> On voit aussi communement que les poules & les Coqs, Si tost qu'ils sentent la pluye, s'en courent d'vne grande course en la maison: Et si le matin ils ne vont que comme contraints pour repaistre, c'est signe de grandes tempestes & pluyes, ou proches ou presentes, & qui ne cesseront pas si tost.

Mais d'ou vient qu'il chante ainsi à certaines heures tousiours reglees? Democrite dans Ciceron dict qu'il croit que la digestion qu'il faict en est cause, parce qu'en ce mesme temps, ce qu'il auoit mangé s'estãt euacué hors l'estomach, est digeré par tout le corps: mais la raison d'Ambrosius Leo Nolanus, semble estre beaucoup meilleure lequel dict que cela luy prouient de quelque certaine salacité qui est en luy, car estant animal fort lascif, cela luy procede de quelque imagination venerienne: ce qui se decouure assez, en ce que les ieunes Coqs ne chantent iamais reglément auāt qu'ils soyent capables de couurir les poules. Or parmy les autres oyseaux, plusieurs chantent pendant qu'ils sont auec les femelles, ou qu'ils sont en ardeur d'y aller, comme les canards les passereaux & les perdris. Donc le Coq la viande tombant dans les entrailles, & le sommeil se reculant, (en quel poinct leurs corps sont aisément excitez & propres à saillir les femelles) incontinent il se souuient des poules, & afin qu'il ayt plus de semence, il la prouoque par le chatoüillement du chant: de maniere qu'il chante volontiers lors qu'il est en cet estat, son sommeil qui n'est continuel ains interrompu & entrecoupé ne luy donnant aucun empechement, mesme lors qu'il est de bon aage.

En fin c'est vn oiseau si plein d'admiration que les anciens de tout temps en tiroyent plusieurs grands & notables presages: nous ayant laissé par escrit, que comme l'Empereur Tybere deust n'aistre, sa mere Liuia tira vn œuf de dessoubs vne poule, lequel elle tint en son sein iusques à ce qu'il fut eclos, d'où il sortit vn Coq si hautement cresté, que les Augures interpreterent que celuy qui naistroit d'elle, seroit monarque. Ciceron escrit aussi, qu'en Thebaïde, les Coqs chantant toutes les nuicts predirent aux Bœotiens la victoire contre les Lacedemoniens; ce que les Augures interpreterent ainsi, pource que cet oiseau vaincu se tait, & chante quand il est victorieux.

Petrus Damianus liu. XI. de ses Epistres Ep. 17. escriuant au recteur des religieux de Montcassin, apporte vn exemple admirable pour monstrer, que Dieu se sert souuent du Coq, & qu'ayant vne fois esté admis es misteres de la Passion de son fils Iesus Christ il s'en est depuis souuent seruy, pour tesmoigner que c'est vn oiseau sacré & misterieux duquel il a tiré plusieurs miracles.

3 Exemple merueilleux du Coq dans Pierre Damian.
P. Damian. liu. XI. Epist. Ep 17

Il y auoit (dict il) en la ville de Bologne en Italie deux amis & comperes, lesquels voulant vn iour banqueter ensemble, se firent porter vn Coq, vn deux le met en pieces comme on feroit vn bon chapon, & y fit vne bonne saulse, son compagnon le voyant ainsi bien tranché se mit à dire par risée, *Profecto Compater, sic explicuisti Gallum, vt ipse S. Petrus etiam si velit redintegrare non possit.* A quoy il respondit aussi tost. *Plane non modo B. Petrus, sed & si ipse Christus imperet, Gallus hic nunquam resurget : Ad hanc vocem repente Gallus viuus, & plumis vndique coopertus exiliuit, alas percussit & cecinit, plumas cuncussit, totumque liquamen super eos qui conuescebantur aspersit.* Et dict que pour digne peine d'vn si grand blaspheme, par l'aspersiō de la saulse que le Coq en-vie leur fit sauter au trauers, ils furent attaints d'yne lepre si forte, que toute leur posterité s'en sentit aussi bien qu'eux : tellement qu'ils furēt contraints d'aller seruir vn monastere portant le nom de S. Pierre, en la mesme ville de Bologne. Ce qui se fit (dict l'Autheur) affin que doresnauant personne ne soit si temeraire, de parler mal à propos de la toute puissance de Dieu.

Math. 26. ver. 74.

Tellement que le Coq, *qui dudum arguerat Petrum in terra negantem, tunc probauit Petrum cum eo quem negauerat, in cælo regnantem.*

Pierius de Hieroglyphicis De Gallo.

Ceux qui ont voulu expliquer & descouurir les hieroglyphes des Ægiptiens, voulant loüer le Coq, ont dict que cet oiseau signifioit & estoit prins pour la nation qui porte ce mesme nom; qui est cette natiō belliqueuse des Gaulois: si bien que voulant loüer cet oiseau de vaillance & de bonne fortune, on n'a sceu trouuer à qui le comparer plus à propos, qu'aux vaillans & bien heureux Gaulois. De maniere que tousiours on a tenu cet oiseau comme presageant bonne fortune & victoire à cette nation dont il portoit le nom : le tirant de ce qui aduint en France à l'Empereur Vitellius, lequel estāt en son tribunal dans la ville de Vienne, rendant la iustice, vn Coq se vint mettre sur ses espaules, puis sur sa teste, voulant presager qu'il tumberoit en la puissance de quelque Gaulois, comme Suetone mesme l'interprete : Ce qui aduint tost apres, car il fut vaincu par vn Antonius, lequel estant né en la ville de Tholose, fut appellé

pellé en sa ieunesse Bech : or anciennement on appelloit ainsi le bec du Coq, ensemble de tous oiseaux, ce qui a esté premierement des Scythes, qui appelloyent mesme la viande Bech.

Et s'estant esleué quelque trouble ou tumulte es Gaules contre Neron, il se trouua aussi escrit par toutes les colomnes à Rome, *Galli te cantando excitarunt:* tournant tres à propos ce mot à la nation Gauloise.

Cet oiseau estoit aussi parmy les anciens hyeroglyphe de quelque diuinité : tesmoin que c'estoit vn precepte de Pythagoras, *Gallū nutrire*, qui n'estoit qu'vn aduis à tout le monde, qu'il falloit nourrir cette partie diuine de nostre ame, de la cognoissance des choses diuines comme d'vne viande solide, & comme d'vne celestee ambroisie.

4. Le Coq hieroglyphe de quelque diuinité.

C'est pourquoy Socrates mourant, comme il esperoit accoupler la diuinité de son ame auec cette autre diuinité du monde superieur, dict qu'il debuoit vn Coq à Æsculapius, c'est à dire au Medecin des ames, lors mesmes qu'il estoit hors de danger de toute maladie : Car estant sur se point que son ame debuoit abandonner son corps, c'est lors qu'il creut qu'il estoit guery tout à faict, & qu'il estoit en plaine conualescence. Ou bien, comme d'autres l'interpretent, il dict ces mots, parce que destors qu'il eut prins ce poison mortel, il se sentit aussi tost iouïr du benefice d'vne bonne & vraye santé, son ame abandonnant & delaissant son pernicieux domicile, duquel il sçauoit tresbien que deriuoyent toutes les maladies de l'ame.

De là on a tiré plusieurs bons enseignemens : Car lors que le Coq chante, on a de coustume de prendre & conceuoir quelque bonne esperance de santé, & comme vne victoire sur nos maux, ou pour le moins quelque allegement. Les timides sont deliurez de la peur, & reçoiuent comme vn certain aduis par son chant, que plusieurs embusches qui leur estoient tendues sont dissippees, d'autant qu'annonçant le iour, ce sont les benefices de la venue de sa lumiere.

L'excellence de cet oiseau est telle, que les anciens, & mesme les Poëtes, n'ont trouué raisonnable de le de-

5. Le Coq dedié à

plusieurs Dieux.

dier à vn seul de leurs Dieux, l'ayant dedié à vne infinité: On le Dedia à Apollon, & plus proprement au Dieu Mars. C'est pourquoy dans le fort des Eleens, il y auoit vne statue de Pallas d'or & d'yuoire, haut esleuee qui estoit vn ouurage de Phidias, auec vn Coq au dessus de son casque, que Pausanias dict estre le vray Hieroglyphe de vaillance.

Et au contraire les Sybarites gens nez auec toute mollesse, prohiberent qu'il n'y eut nul Coq en leur ville, affin qu'ils ne rompissent leur sommeil de nuict: comme aussi ils auoyent chassé tous ouuriers de leur ville, dont leurs mestiers menent bruit, & estoient capables de troubler leur repos.

Il fut aussi dedié à Mercure, parce qu'estant esueillé des la minuict, il a accoustumé comme dict Lucrece,

————— plaudentibus alis
Auroram clara consuetus voce vocare.

Il a esté dedié au soleil, c'est pourquoy le bouclier d'Idomeneus portoit vn Coq graué au dessus, pource qu'il auoit tiré son origine de Minos & de Pasiphae, qui estoit fille du Soleil, auquel il est plus conuenablement dedié qu'à tout autre, parce qu'il cognoit son leuer & l'annonce aux mortels. Qui a faict dire à Pline, que le Coq par sõ chãt cõpartissoit le iour de trois heures en trois heures. Et en fin il le louë tant, qu'il dict qu'estant vainqueur, il sonne luy mesmes ses fanfares, & dict que guiere iamais sa victoire ne se passe, sans la mort du vaincu. Et l'esleuãt encore plus haut, il dict qu'il sçait non seulement chãter, & que son chant est fort mysterieux puis qu'il discerne les heures, ains qu'il sçait parler: & de faict l'an du Consulat de M. Lepidus & Q. Catulus, vn Coq parla au territoire d'Arrimini.

Pli. liu. 10 c. 2.

Ce n'est pas tout ce qu'on dict de son excellence: Car on lit dans Iob qu'il a quelque entendement ou intelligence, voulant entendre par le Coq, les Prophetes & l'Escriture saincte, parce qu'entre les tenebres de la vie presente, ils ont quasi comme en chantant annoncé la lumiere à venir, ayant dict souuent ces mots, La nuict a precedé, mais maintenant le iour s'approche.

Et sainct Gregoire voulant bien instruire vn bon pasteur en l'Eglise, dict qu'il doit imiter le Coq, & les compare fort ingenicusement l'vn à l'autre.

Les autres le rabaissent autant que ces premiers l'ont voulu releuer, le prenant de ce que les Poëtes ont feint, que la nuict estoit vne grande Deesse, & si grande & si ancienne, qu'Orphee l'appelle la mere des Dieux & des hommes.

Te canimus Nox alma parens hominumque deumque,
Cunctorum alma parens quam Cyprida dicimus esse.

Or quand on luy sacrifioit, on souloit immoler vn Coq, pour estre l'animal le plus ennemy du silence qu'autre qui se puisse trouuer, comme dict Theugenes *lib. 2. de Diis.* Et de tant que la nuict a plusieurs enfans, entre lesquels on a mis & compté la mort, comme temoigne Ciceron au 3. liure *de Nat. Deorum.* quoy qu'ils l'ayent appellee la mere de toutes choses, parce qu'elle a precedé la creation & productiō de toutes choses: si ont ils enseigné qu'elle estoit appellee *Nox à nocendo*, luy ayāt dōné le nom de Nuict parce quelle nuict & est infeste aux hommes sains, leur iettant dessus quelque serein & mauuaise humeur qui leur est grandemēt nuisible, & aux malades leur rangregeant leurs maux, lesquels notoirement s'augmentent la nuict.

Or à la mort fille de la nuict, on souloit aussi bien immoler vn Coq qu'à la nuict mesme, la fille se ressentant de l'iniure que le Coq faisoit à sa mere, & se resiouyssant de certe victime, parce qu'il interrōpoit trop souuēt son silence, esueilloit le monde à heures importunes, & troubloit l'ordre vniuersel qui a este establi en cette premiere constitution du monde, qui est le sommeil & le repos de la nuict, donné aux hommes & à tous animaux pour rafraischissement de leurs labeurs.

On la bien prins encore en plus mauuaise part, & la on bien plus dechiré, quand on a dict que c'estoit l'espion des Adulteres tesmoin ce que les Poëtes ont dict, qu'vn ieune homme nommé Gallus, ayant esté mis en sentinelle par le

s. Greg. de cura pastor. lib. 3. c. vl. & c. 3 4 5. cap. 30 in Iob.
Nat. Comes lib 5. cap. 12.
6 Plusieurs rabaissent le Coq autant que les autres l'ont voulu rehausser.
Orpheus in Hymnis.
7 Pourquoy on sacrifioit vn Coq à la nuict.

Nat. Comes lib. 3. c. 12.

8. Coq espion des adulteres.

X ij

Dieu Mars, pendant qu'il estoit couché auec Venus, il fit si mal le guet, que s'estant endormy, Vulcan surprint Mars en adultere: en hayne dequoy Mars luy bailla depuis le nom de Coq, que les Latins appellent *Gallus*. C'est pourquoy maintenant pour ne mourir en mesme mal'heur, & monstrer qu'il est plus esueillé & en meilleur poinct de faire la sentinelle, il a accoustumé de crier si haut, comme si par son chant & son cry, il deuoit non seulemẽt esueiller Mars, & luy donner aduis qu'il se gardast du Soleil, mais bien encore aduertir tous les adulteres ses compagnons, qui vont coucher au nid d'autruy. D'ailleurs c'est vn animal si lascif, qu'il est suffisant de couurir treze poules par iour, courant sur toutes celles qu'il rencontre, sans respecter les autres Coqs ses voisins.

Serres de la maison ru stique.

Si bien que de là on est allé à vne plus haute consideratiõ, l'ayãt employé pour hyeroglyphe d'ingratitude, voire d'impieté, d'autant que cõme l'hyppopotame & quelques autres animaux, chassant son propre pere d'alentour de sa mere qui la engendré (denaturé qu'il est & ingrat) il la coure & la remplit de sa mauuaise semence: voire si son pere desia vieux, luy veut donner quelque empeschement, non seulement il le chasse ignominieusement, mais par fois il le tue. De mesme le Coq ingrat chasse souuent son pere d'alentour de sa mere, & la cognoist & se mesle incestueusement auec elle.

9. Pourquoy on met le Coq dans le sac des parricides.

Pisirius lib. 24. De Gallo.

Qui a meu les iustes Legislateurs, de le declarer comme parricide ou cõme bourreau des parricides, le faisant ietter dans les riuieres auec les parricides, cousu dans vn sac de cuir, accompaigné d'vn chien, d'vn singe & d'vn serpent affin qu'estant animaux ingrats & cruels coupables de mesme crime, ils soyent obligez à souffrir mesme peine. Comme Philippides dans Aristophane, lequel ayant batu outrageusement son pere, se defend par l'exemple du Coq qui a accoustumé de traicter le sien encore plus mal.

Lucret. 2. de nr. nat.

A quoy se rencontrent aucunement les vers du Poëte Lucrece, lequel parlant de la terre dict ainsi.

Gallos attribuunt (sc. terræ) quia numen qui violarit
Matris, & ingrati genitoribus inuenti sint,

Significare volunt indignos esse putandos
Vitam progeniem qui in auram luminis edant.

D'ailleurs les naturalistes ont obserué, que bien souuent contre tout ordre de nature il faict & esclot des œufs si pernicieux, qu'il en naist des serpens : si bien que Tacite dict, que la Sorciere Martine fit mourir Germanicus auec vn œuf de Coq.

Et ne sçay par quelle mechante coustume, les Reistres quand ils vont par les champs, lors qu'ils suyuët les armees, ont tousiours des Coqs sur leurs chariots de bagage : i'eusse voulu croire que c'estoit, pour tenir ceux qui les conduisent esueillez de peur de larrecin, mais on m'a asseuré que c'estoit, parce qu'estant arriuez le soir au giste, ils deuinent, & comme si c'estoient faux Demons, contre tout droict d'hospitalité, ils donnent à leur maistre, quelque cognoissance du lieu, ou leurs hostes tiennent leur argent caché.

Mais reuenant à nos sorciers voicy ce que nous en auons veu & apprins de nous mesme, & que nous estimons estre plus certain. Puis peu de iours, & enuiron la sainct Martin de l'annee 1611. estant aduerti que le Diable apparoissoit à vne pauure femme qui est ma voisine aux champs, ie fus curieux de l'enuoyer querir, ne me voulant fier de ses responces à personne quelconque qu'a moy-mesme. I'auoy en ce temps deux bons & sçauans Religieux auec moy, l'vn desquels se mit aprés pour tascher à le luy faire confesser : ce quelle fit ingenuement, mais non sans quelque vergogne. C'estoit vne femme qui se tient encore en vne petite maison fort triste, & en lieu assez escarté, ou il n'y a autre iour que celuy de la porte, accompagnee seulement d'vne sienne fille & d'vn gendre, lesquels allant à la iournee tous les iours, la laissoient en proye à Satan. En fin ie voulus sçauoir de sa bouche propre, toutes les circonstances d'vne si pernicieuse visite. Or elle me dict que le Diable luy estoit iusqu'alors apparu trois ou quatre fois en forme d'homme commun assez bien vestu, & luy auoit annoncé d'abord, qu'il recognoissoit à son visage & maintient, qu'elle auoit

X. iij

quelque singulier déplaisir auquel il prouuoiroit aisément si elle vouloit. Ce deplaisir estoit qu'ayant emprunté quelque peu d'argent pour marier sa fille, on le luy auoit derobé, dequoy elle cuida mourir de regret. Le Diable qui accourt volōtiers és lieux solitaires, sombres & opaques comme celuy la, & qui se trouue ordinairement és delespoirs de gens pusillanimes & craintifs comme cette pauure femme, l'auoit desia toute troublee, si bien quelle regardoit perpetuellement en mesme lieu, & n'osoit iamais jetter les yeux sur le visage des personnes. En fin apres l'auoir consolee, & donné aduis que le Diable la vouloit surprendre, nous la laissames en resolution de iamais plus n'escouter Satan. Neantmoins i'ay esté aduerty depuis que le Diable l'auoit visitee si souuent que maintenant elle n'apprehende nullement de le voir, qui est signe qu'il ne s'estoit que trop appriuoisé d'elle. Et son gendre & sa fille nous ont depuis asseuré, qu'encore qu'ils ne vissent le Diable lors qu'il venoit en leur maison pour la visiter, si est ce qu'ils cognoissoient tres-bien quand il s'en alloit & departoit d'elle, d'autant que le Coq ne failloit iamais de chanter à son depart, ne sçachant dire, si le Coq chantant à ses heures, le Diable disparoissoit cōme faict toute l'assemblee nocturne au sabbat. Ou bien si Dieu auoit donné ce remede à cette pauure femme, de contraindre le Coq de chanter pour chasser le maling Esprit d'auprés d'elle, & luy dōner quelque moyen de reuenir à soy. Ou bien si estant délogé le Coq chantoit en signe de victoire. Tant y a que ces pauures gens simples qui n'ont iamais recognu ces proprietez en cet oiseau domestique, nous ont dict franchemēt qu'ils s'apperceuoient clairement, que le Diable ne faisoit que partir & déloger d'auprés leur mere lors que le Coq chantoit. Ce qu'ils auoient si souuent recognu qu'il ny auoit rien de plus certain.

De mesme disoit Isaac du Queyran sorcier, lequel auant estre pédu & bruslé en cette ville de Bourdeaux, no' asseura qu'estāt au sabbat, qui estoit assemblé au carrefour du palais Gallienne tout contre les portes de la ville, tout disparut aussi tost que le Coq chanta. Qui me confirme plus que tous les liures du monde, que c'est vn oiseau mysterieux, duquel semble que Dieu se soit voulu seruir pour rappeller & retenir les siens en son seruice auant sa mort & passion.

Qui a meu Satan de le retenir pour ennemy, & d'apprendre vn secret aux sorciers pour l'empescher de chanter, de peur que par son chāt il ne dissippe toutes ces mauuaises assemblees qui se font au sabbat, où ils se font entendre, mesmement la nuict à plus de mille pas, qui est de luy frotter la teste & le front d'huyle d'olif. Ou bien comme dict Pline, luy faire vn collier de sarmant de vigne.

10. Que les sorciers sçauent coniurer les Coqs, & leur interdite le chāt. *Card. lib. 10 Cato. Vecker liu. 8. des secrets. Plin. lib. 29. cap. 5.*

169

TABLEAV DE L'INCONSTANCE DES DEMONS, MAGICIENS ET SORCIERS.

LIVRE TROIZIESME.

Du Pacte exprés ou tacite que les Sorciers ont accoustumé de faire auec le Diable.

1. Les Demons ne font rien d'auantageux pour les hommes, que ce ne soit en vertu de quelque mechante conuention.
2. Le Diable faict tousiours ses promesses aussi bien que ses respouses doubles & à deux ententes.
3. Pacte par escrit faict auec le Diable.
4. Promesse par escrit faicte auec vn homme, par laquelle il s'obligeoit à vn Medecin, qu'aussi tost qu'il seroit decedé, son esprit viendroit seruir le Medecin tant qu'il viuroit, comme les Demons ont acoustumé de faire.
5. Pacte faict auec vn sorcier qu'il bailleroit la moitié de son pied à Satan.
6. Sçauoir si le Diable a acoustumé de faire paction auecles enfans, qu'ils n'ayent attaint la puberté.
7. On n'ose guiere debatre les questions qu'on a faict auec Satan, lors qu'il a manqué à sa promesse.

DISCOVRS I.

LES Demons ne font aucune sorte de plaisir aux Sorciers ou Magiciens, que ce ne soit en vertu du pacte, ou conuention expresse ou tacite qu'ils ont faict auec eux, S. Augustin le dict ainsi. *Omnes artes huiusmodi (dict-il) vel nugatoriæ vel noxiæ superstitionis, quæ*

1 Les Demons ne fōt rié d'auantageux our les hōmes que ce ne soit en vertu de quelquemechāte cōuentiō

Y

170　　Tableau de l'Inconstance

S. August. li. de doctrina Christi. 23. can. illud 26. q. 2.

dam pestifera Societate hominum & dæmonum quasi pacta infidelis & dolosæ amicitiæ sunt constituta.

Il n'y a point de doute que tous les effects de Satan, & toutes les facultez qu'il donne aux Sorciers & Magiciens, ne procedent du pacte & societé contractee auec les Demons, comme ont bien remarqué S. Cyprian & S. Augustin.

D. Cypria. De duplici martyrio

Percusserunt fœdus cum morte, & cum inferno fecerunt pactum.

S. August. de doctr. Christi. Esaye 28.

Tous les Theologiens tant vieux que modernes, ont recognu ce pacte des Sorciers auec Satan. Ceux qui ont faict le procés aux Sorciers de mesme, Grillandus, Sprenger, Remigius Spinæus, Boguet & autres. Et le Poëte Lucain en parle expressement en ces vers.

Lucan. lib. 6. Paulo post medium.

>　Quis labor hic superis cantus herbasque sequendi
>　Spernendique timor, cuius commercia pacti
>　Obstrictos habuere Deos.

Et Ouide *lib. 7. Metamor.* marquant cette association en la personne de Medee.

>　Tuque triceps Hecate quæ cœptis conscia nostris.
>　Adiutrix venis, cantusque artesque magorum,
>　Quæque magos Tellus pollentibus instruis herbis,
>　Diique omnes nemorum, Diique omnes noctis adeste,
>　Quorum ope cum volui, ripis mirantibus, amnes
>　In fontes rediere suos.

Cæsar. Illustrium miraculo. l. 2. c. 2.

On lit des exemples des conuentions expresses auec les Demons, dans Amphilochius & Cæsarius & dans Simon Metaphrastes parlant de S. Theophile. Satan a bien osé rechercher nostre Seigneur & le conuier à faire paction auec luy par des offres & promesses. *Hæc omnia tibi dabo si cadens adoraueris me.*

Il n'y a point de doute que le Diable ne nous lie par pacte exprés ou tacite, le plus extroictement qu'il peut, que les plus legitimes conuentions ne soient des cauteles nō communes & simplement telles que les plus subtils cauillateurs pourroient inuenter: mais encores des ruses desliees & tressubtiles, venāt de l'ouurier du souuerain fraudeur de ruses, par le moyen desquelles, il nous tient tellement obligez à la rigueur, qu'il n'y a presque moyen quelconque d'en eschapper & d'en sortir.

DES DEMONS, MAG. ET SORC. LIV. II. 171

Pour ses promesses il les faict tousiours doubles & à deux ententes, parce que quand bien il y manqueroit, & qu'il ne voudroit tenir la conuention, selon le sens de ceux qui ont pactisé auec luy, il luy est plus aisé d'en souffrir le reproche, que d'en voir l'execution, si elle n'est du tout auantageuse pour luy. Enfin il faict si bien son marché, qu'il ne nous en vient iamais que ruine & dānation, voire quād mesme Dieu faict la grace à vn pauure Sorcier de sortir & eschapper de ses liés, il en sort communement si deschiré & si mal traicté, l'yssue en est si lōgue & si malaisée, que celuy qui en sort en est tout esperdu & troublé. Tellemēt qu'on n'en eschappe guiere iamais, sans langueur, mort ignominieuse ou desespoir: si ce n'est par vne grace particuliere de Dieu, & nō encore par la seule vertu de celuy qui veut rōpre le pacte: car il ne sçauroit en sortir sans aide, ains par la vertu & merite de quelque grand & sainct personnage. *Le Diable fait tousiours ses promesses aussi bicque ses iceiiōtes doubles & en deux ententes.*

L'exemple en est tres-beau en la vie de S. Hilariō descrite par S. Hierosme, lequel raconte que le Diable ne voulant estouffer l'amitié que portoit vne ieune fille à vn ieune hōme qui l'auoit ensorcelee, disant ne le pouuoir faire, à cause qu'il l'auoit ainsi pactisé, qu'on n'ostat quelques charmes & characteres que ce ieune hōme auoit caché sous le sueil de la porte de celle qu'il aymoit: S Hilariō rōpant&le pacte& le sortilege, contraignit ce mauuais Demō de desllier cet amour cōceu par malefice, sās oster les charme&charactere. *3 Pacte par escrit faict auec le Diable.*

Mais en voicy vn autre exemple plus formel d'vn pacte par escrit, en la vie du grād S. Basile, lequel est si beau qu'encore qu'il soit commū ie ne feray difficulté de le loger icy.

Poterius auoit vne fille vnique, de laquelle vn valet de son pere deuint amoureux: & sçachāt que sa conditiō ny ses seruices, ne pourroiēt iamais le releuer à vne si haute fortune, il eust recours à vn Magiciē ou Sorcier, lequel luy dōna vne lettre pour porter à Satan, par laquelle il luy mandoit.

Monseigneur, d'autāt qu'il me faut retirer de la Religiō des Chrestiens, afin que ie multiplie vostre party, duquel estāt, il est raisonnable que ie vous glorifie & assemble tāt de gēs que ie pourray, ie vous enuoye ce porteur pour estre du nombre: c'est pourquoy ie vous prie de l'aider en ses amours. C'estoit as-

Y ij

fez dict: car le maling Esprit est bon entēdeur pour suppleer le defaut de la briefueté de la lettre & conceuoir le reste.

Ce pauure hōme ayāt cette lettre, eut commandemēt de la porter de nuict prés le tombeau d'vn Payen, & là hausser la main & la mōstrer en l'air, comme qui voudroit donner quelque chose à quelqu'vn plus releué que luy: tout aussi tost quelque Demon vient à ce pauure amoureux, & le conduit au Grand maistre.

Lequel d'abord se craignāt, qu'il ne seroit à l'aduenir bien ferme & cōstant en ce pernicieux dessin d'estre son esclaue, sinon entāt qu'il se pourroit seruir de luy en sa conqueste, luy fit vne belle protestatiō, Qu'il se souuint qu'il ne l'estoit pas allé querir: Puis il luy dict, Vous autres Chrestiens vous estes perfides & obstinez: Quand vous auez quelque violēt desir, vous vous departez de vostre maistre, & auez recours à moy: mais quand vostre desir est accompli, vous me tournez le dos comme à vn ennemi, & vous en retournez à vostre Dieu lequel estant benin & clement, vous pardonne & reçoit volontiers.

Mais fay moy vne promesse escrite & signee de ta main, par laquelle tu renonce volontairemēt ton Christ & tō Baptesme, & me promets que tu adhereras & seras auec moy iusqu'au iour du iugemēt; & aprés icelui tu te delecteras encore auec moy de souffrir les peines eternelles, & i'accompliray ton desir.

Ce pauure aueugle, qui ne cherchoit que le bout de sa poursuite, sans considerer l'importance de cette mauuaise cōuention, fait la promesse par escrit, & la luy dōne. Et tout aussi tost Satan enuoye plusieurs Demōs troubler le sens de cette pauure fille, laquelle ils rendirent si passionnee de l'amour de ce ieune homme, qu'à toute heure elle se iettoit aux pieds de son pere, pour le luy demander à mary.

Le pere bien estonné, de la vileté des amours de sa fille, la renuoya au cōmencement bien loing; mais voyant sa perseuerāce & l'effort violent de ses prieres, qui estoient pour la ietter en quelque desespoir, sollicité d'ailleurs de ce qu'elle estoit vnique, se laissa vaincre à la priere, & donna à son valet pour femme, celle qu'il auoit tousiours deuant respecté comme maistresse.

Et ayant ainsi vescu quelque temps, elle qui estoit deuote s'estant aduisee que son mary n'alloit plus à l'Eglise, luy en fit vn grand reproche, & le coniura qu'ils allassent le lendemain tous deux communier ensemble.

Le valet qui auoit abandonné le Sauueur & son Eglise, & le Diable luy en ayant aussi à l'accoustumé faict vne particuliere defense, fut si pressé de sa femme, qu'il luy confessa le tout : de maniere qu'on fut contraint de recourir à S. Basile qui estoit à Antioche : Lequel luy demanda d'abordee, s'il auoit enuie de reuenir à Iesus Christ : à quoy il respondit que tres volontiers, mais qu'il estoit impossible, d'autant qu'il l'auoit renoncé par escrit, & recognu Satan par conuentiō expresse, escrite & signee de sa main, pour Seigneur. C'est tout vn dict S. Basile. Et le prenant par la main, luy faisant faire le signe de la croix, il l'enferma pendant trois iours dans vne chapelle. Et luy ayant prescrit certaines prieres & certaine forme de viure, il le visita plusieurs fois, & trouua qu'il estoit si tourmenté des Esprits, qu'il oyoit tant de clameurs & de horribles cris, & qu'on luy faisoit tant de menaces & mauuais traictemens, qu'il creut que si on ne tiroit son obligation & promesse des mains de Satan, il ne seroit iamais bien en la grace de Dieu, ny tout entierement à luy. De maniere que le bon Sainct, ayant recognu que c'estoit aussi le poinct principal, ne faillit de mener son penitent dans l'Eglise, & ayant faict faire vne procession generale, & le tenant par la main, le Diable arriua qui le print par l'autre, & le tira si rudement qu'il les ramenoit presque tous deux à soy.

S. Basile commence à l'exorciser, & luy dict, Malheureux seducteur des ames, ne te contente tu pas de ceux qui te sont desia acquis il y a long temps, sans prendre ainsi & tenter l'œuure de mon Dieu. Satan respond, Ie ne suis pas allé vers luy, ains ayant renoncé son Iesus Christ, il m'a recognu & s'est donné à moy, i'ay sa recognoissance escrite & signee de sa main.

Rends la donc, dict S. Basile, & incontinent cet escrit voi lant par l'air, fut mis entre les mains de S. Basile, lequel demanda à ce pauure homme si c'estoit la sa promesse, il dict que ouy incontinent S. Basile la deschira deuant tout le peuple, & bailla à communier à son penitent.

Voila la plus formelle & la plus authentique conuention, qui fut iamais & qui se trouue dans nos liures. Mais tous les siecles ne portent pas vn si sainct personnage pour tirer de peine tant de pauures ames qui composent auec Satan, & canceller de si mauuaises & damnables obligations.

Mais en voicy vn modelle plus nouueau d'vn autre qui a esté faicte & conceuë en la personne d'vn certain Medecin cognu en ce païs par tout le monde.

4. Promess. se par escrit faicte auec vn homme par laquelle il s'obligeoit à vn Medecin qu'aussitost qu'il seroit decedé de son esprit viendroit seruir ledict Medecin comme les Demons ont accoustumé de faire. La Conuention & la platine sont encore entre les mains d'vn de mes amis.

En l'an 1574. vn homme nommé Trois Rieux, s'obligea enuers vn Medecin Escossois qui s'estoit venu accazer en cette ville de Bourdeaux nommé Macrodor, de luy seruir aprez sa mort de Demon, & à ces fins il luy engageoit son esprit, s'obligeant de luy reueler toutes choses secretes incognues aux hommes, & luy faire tous les bons offices que semblables Esprits ont accoustumé de faire à ceux qui entrent en pareilles curiositez: mesme se trouuer & apparoir visiblement à sa dextre toutes les festes solemnelles, auec sa robbe & vn iuppin ou casaquin de veloux tané, & des chausses de mesme estoffe & couleur: bref en mesme habit qu'il estoit lors dudict pacte & conuention, lequel estoit escrit sur du parchemin vierge en lettre de sang d'homme, que le téps auoit faicte violette: & fut trouuee ladicte obligatiō auec vne platine de cuyure de forme rōde d'assez mediocre grādeur, dans laquelle estoyent grauez les sept noms de Dieu, des sept Anges, des sept planetes, & plusieurs autres caracteres, lignes, poincts & autres choses à moy incognues.

Or ce Macrodor estoit communement tenu pour Magicien & sorcier, & à faict luy & toute sa famille vne fort pauure fin: & pendant sa vie sa plus grande fortune a esté de seruir de Medecin aux pauures prisonniers de la Conciergerie, parmy lesquels il y a mille desespoirs, qui conuiét la plus part à faire des conuentions execrables, auec Satan

En l'an 1610

mesmes en ces derniers siecles, que les prisons & les ruynes du chasteau du Ha sont pleines de sorciers & sorcieres.

Depuis, & le penultiesme Nouembre mil six cens huit, ie fus raporteur d'vn nommé Legier Riuasseau, lequel confessoit auoir veu plusieurs fois le Sabbat, mais de loing (disoit il) sans y auoir iamais esté dedans, ny adoré le Diable comme les autres, mesme y auoir veu Ieanne Perrin sa compagne & prisonniere auec luy: & disoit que le Diable ble luy auoit commandé de la descouurir & deferer, parce qu'elle faisoit plus de mal que le Diable mesme ne vouloit & qu'il ne luy commandoit, & en tuoit tousiours trois pour vn:(car de deux elle ne pouuoit, disoit il, & ie ne sçay pourquoy) puis nous dict que desirant sçauoir guerir & desensorceler, & voir le sabbat sans danger, deux de ses amis le menerét dans vne chambre obscure, ou il demeura huit iours entiers, & trois heures chasque iour: que le Diable luy apparut & luy dict que s'il desiroit qu'il luy permit de guerir & desensorceler, qu'il falloit qu'il luy baillast deux doigts & demy de son pied, ce qu'il luy promit. Et la conuention ainsi faicte ces deux sorciers le vindrent retirer de là, d'où il sortit si transporté, que iamais depuis il n'a peu eschapper de cet homme noir: lequel au bout de huict iours luy emporta la chair du gros & du second doigt, & la moitie du troisiesme doigt du pied gauche, qui estoyent deux doigts & demy, sans luy faire mal. Et que s'il ne se fut contente de sçauoir guerir, & qu'il eust voulu sçauoir donner le mal, qu'il luy eust fallu bailler la moitié du pied & les cinq doigts tout nettement. Que six mois aprez les os desdicts doigts du pied estant decharnez se secherét, & enfin comme maleficiez luy tomberent auec douleur, & les enseuelit & mit soubs terre au pied d'vn arbre. Voila le pacte exprez qu'il fit auec le Diable, lequel fut éxecuté de part & d'autre. Car il nous monstra son pied, & auoit fort bien à dire les deux doigts & demy que le Diable auoit emporté: & il sçauoit fort bien guerir: & disoit auoir esté au sabbat sans auoir renié Dieu, ny adoré le Diable, n'estant contraint de faire comme les autres, parce que sa conuention estoit simplement qu'il gueriroit & verroit le sabbat sans peril.

De mesme en fut il d'vn Prestre en Limosin nómé Au pe-

5 Pacte fait auec vn sorcier qu'il bailleroit la moitié de son pied.

grand Magicien & sorcier, qui donna au Diable par convention expresse vn des doigts de sa main, lequel visiblement il auoit roide comme vn fuseau sans le pouuoir plier.

Vn Italien excellent sauteur de corde & parauanture le premier de toute l'Italie me dict à Florence l'an 1600. en presence de plusieurs gentilshommes François, que ne sçachant rien du tout en ce perilleux mestier, cette suffisance luy estoit venuë en vne nuict. Car l'ayant demandee (disoit il) à la Benoiste vierge vne nuict, le lendemain matin il trouua tellement sa priere exaucee, qu'il me dit qu'il auoit beaucoup moins de peur de tomber estant sur la corde, qu'estant à terre & en plain champ. Mais ie trouue que s'il estoit si bien en la grace de Dieu & de la Saincte vierge, qu'il peust ainsi facilement obtenir ce qu'il desiroit, qu'il auoit grand tort de demander en don vne faculté si inepte, & si mal seante à vn homme d'honneur. Tellement que ie croiroy plustost que c'estoit le pacte qu'il auoit faict auec le Diable, lequel l'auoit induict à faire vne si mauuaise election, & demander la suffisance d'vn exercice le plus propre qu'on sçauroit trouuer pour luy faire rompre le col.

I'ay veu aussi des enfans entrer en ces pernicieux desirs, & monter leur ambition si haut, que pour auoir le pris en leurs classes, ils se fussent volontiers donnez à Satan, lequel les prenant au mot, leur faisoit faire des vers si excellens que leur regent les admiroit: & en ay veu vn duquel on disoit, quoy qu'il fut ieune de quatorze à quinze ans, qu'il en faisoit aussi bien ou mieux que Virgile: & son regent le mit tellement en soupçon à ses compagnons, que le bruit courut qu'il y auoit de la part de cet enfant quelque pacte auec quelque mauuais Demon: ce qui se recognut encore mieux parce que cette perfectiō & exellence cessa bien tost aprés, & n'alloit plus que sur le commun.

Iay veu vne autre promesse escrite & signee de la main d'vne Damoiselle d'asses bonne maison, laquelle la mauuaise fortune auoit ietté en quelque desroute de ses affaires,

DES DEMONS, MAG. ET SORC. LIV. III. 177

res, ce qui la fit tomber presque en desespoir, & de ce desespoir entrer en ce mauuais desir, pour se maintenir en mesme estat qu'elle auoit esté auparauant, de contracter auec le Diable: ce qu'elle fit par le moyen d'vn Prestre sorcier, lequel luy promit vne Mandragore, laquelle luy donneroit le premier iour certaine somme, & à certains iours cette premiere somme deuoit doubler, & moyenãt ce elle s'estoit donnée au Diable: & pour cueillir, cette herbe le Diable & le sorcier luy donnerent tant de peine, & y mirent tant de façon, qu'on la trouua la nuict dans vne forest la cherchant auec vne chandelle allumee de poix ou de resine; qui mit tellement les voisins en alarme, qu'ils la prindrent & la voulurent mener à la Iustice. Mais le Diable qui n'a pas faute d'inuention luy fit dire faulsement qu'elle estoit malade de certaine maladie, qui luy donnoit occasion de chercher cette herbe qui estoit le vray & seul remede pour en guerir: Outre que la maison d'où elle estoit la mit en tel respect, que cela demeura impuni, & elle tousiours depuis miserable: & des lors parfois si-trainee, qu'on eust dict qu'elle estoit eschappee aux chiens: qui est encore la plus grande recompence que le Diable donne à ceux qui inconstamment abandonnent leur Createur, & font pacte de l'aller seruir: Aussi n'a elle iamais profité depuis, & est abandonnee de celuy qu'elle a malheureusement abandonné la premiere.

Voicy ce qu'en dict Messire Louys Gaufredy Prestre fameux Magicien & sorcier auquel le Parlement d'Aix en Prouence à faict le procez n'aguieres. *C'est le dernier d'Auril. 1611.*

Lisant vn liure de Magie le Diable luy apparut, ils entrerent en conuention, le Prestre se donna à luy à la charge que le Diable luy donneroit moyen de suborner tant de filles & femmes qu'il voudroit leur soufflant simplement au nez & seroit estimé homme de bien parmy les gens de bien. Voicy les mots de la promesse extraicts de sa procedure imprimee, que ie n'eusse osé inserer si elle n'auoit premierement couru par toute la France.

Z

Ie Louys Gaufredy renonce à tous les biens tant spirituels que corporels qui me pourroyent estre conferez de la part de Dieu, de la vierge Marie & de tous les Saincts de Paradis, pareillement de mon patron S. Iean Baptiste, S. Pierre, S. Paul & S. François, & de me donner de corps & d'ame à Lucifer icy present auec tous les biens que ie feray à iamais : excepté la valeur du Sacrement pour le regard de ceux qui le receuront. Et ainsi le signe & atteste.

Deux ou trois iours aprez le Diable reuint selon sa promesse, & luy en ayant faict vne autre il luy dict. *Par la vertu de ton souffle, tu enflammeras en ton amour toutes les filles & femmes que tu auras enuie d'auoir, pourueu que ce souffle leur arriue aux narines.*

Il aduint que voulant iouyr d'vne fille nommee, Madelaine de la Palud, après luy auoir soufflé aux narines plusieurs fois, in dict qu'il la cognut aussi plusieurs fois : & deux ou trois iours aprez leur premier accouplement, il confessa qu'il luy auoit donné vn Diable nommé Asmodee pour l'assister & entretenir, & pour l'eschaufer d'auantage en son amour. Et que la voyant ainsi transportee il la fit donner au Diable nommé Beelsebub, qu'il luy fit paroistre reuestu en gentilhomme, auquel elle fit vn promesse contenant le don qu'elle luy faisoit de sa personne, laquelle il luy dicta. Et la fille dict qu'aussitost ledict Gaufredy en presence de Beelsebub la piqua auec vn petit poinçon en forme d'eguille en la ioincture du penultiesme doigt, pour auoir du sang.

<small>Bodin l. 3. cap. 2. Del Rio lib. 6. c. 2 sect. 3. q. . & Boguet ch. 50.</small> Bodin faict mention d'vn pacte & conuention faicte par vn Aduocat auec le Diable signée de son sang. Et Del Rio dict, qu'en l'an 1589. il y eut vne femme laquelle vit à ses pieds sa cedule ou promesse reduite en cendre, rapportee par le Demon auquel elle estoit vouee. Et outre ce au mesme lieu il raconte d'vn autre qui auoit faict, comme l'Aduocat qui est dans Bodin, vne promesse à Satan escrite de sa propre main.

<small>« Sçauoir si le Diable a accoustu-</small> Mais il dict aussi vne chose bien faulse que les Diables ne font paction expresse auec les enfans qui leur sont vouez,

DES DEMONS, MAG. ET SORC. LIV. III. 179

fils n'ont attaint l'aage de puberté: Ce qu'il veut confirmer par la deposition de Ieanne Haruillier, qui depota qu'encore que sa mere l'eust vouee à Satan des sa naissance, neantmoins qu'il ne la cognut charnellement qu'elle n'eust attainct l'aage de douze ans. Car pour la copulation ie le croiroy volontiers, mais pour la renonciation du Sauueur & l'adoration, & pacte faict au mauuais Demon nous auons veu cent depositions au contraire de plusieurs enfans, lesquels des l'aage de six ans iusques à douze & plus haut, ont faict pacte auec luy, renoncé Dieu, & receu le sceau & la marque insensible comme ses esclaues.

me d. faire pactió auec les enfans qu'il sn'ayet attaint la puberté. Bodin li. 4. ch. 5 De la Demo.

Au reste on a obserué que Satan faict par fois le veritable, & sortant de l'imposture, il faict semblant de vouloir tenir marché & garder ric à ric ses conuentions, principalement es facultez qu'il donne à ceux qui se donnent à luy à certaines conditions, mais les veritez qui se trouuent es conuentions & pactes de Satan, sont des rencontres auantageuses pour luy, qui démort ayfément de ses marchez pour prendre son auantage, pourueu que par iceluy il puisse perdre tout à faict ceux qui luy en pourroient faire reproche. Le tout est qu'il est si effroiable en sa communication en particulier (car en foule au sabbat, on eschappe tellement quellement) que personne ne se peut guiere iamais trouuer en commodité pour debatre les conditions apposees au contract de sa perdition.

7. On n'ose guiere debatre les cõuentions qu'on a faict auec Satan lors qu'il a mãque à tenir promesse.

C'est pourquoy on dict tres-bien contre ceux qui sont si malheureux d'auoir faict de semblables conuentions, qu'il n'y a poinct de plus mauuais conseil, que celuy qu'on ne peut iamais quiter ou delaisser: Il n'y a point de peche plus dommageable ny qui nous tienne plus serrez, que celuy duquel on ne peut iamais se defaire. Cette conuention faicte auec le Diable contient vn pacte fourny de conditions si longues & si obligatoires, qu'outre qu'on s'y trouue enfourné pour toute sa vie, & obligé à la rigueur, il a tant d'influence à ce qui est de l'autre monde, qu'on ne peut en aucune façon euiter les peines eternelles, si

Z ij

le pacte ne se rompt durant cette vie mortelle. Ce qui ne se peut faire, comme nous auons dict, sans vne grande grace de Dieu, ou sans l'assistance particuliere de quelque grand & sainct personnage, chose qui se trouue rarement en ce siecle. Qui faict qu'vn chacun se doibt bien garder de tomber en ce malheur, le Diable ne laissant guiere eschapper ceux qu'il a vne fois enfilez en ses rets.

DE L'INCONSTANCE
De la marque des Sorciers.

1. Sçauoir si la marque des Sorciers vient par imagination, ou par maladie.
2. Que le Diable veut stigmatiser les Sorciers, comme Dieu stigmatise ses Saincts.
3. Toutes les Sorcieres de Biarrix sont communément marquees en l'œil gauche.
4. Que Satan imprime par fois des marques sur le corps des Sorciers, par fois il les essaye, & par fois il ne les marque pas du tout.
5. Pourquoy le Diable imprime plusieurs marques.
6. Les Salutadores sont gens qui se meslet de guerir certaines maladies
7. D'vn Salutador lequel vint en Labourt qui disoit auoir trois marques sur son corps.

DISCOVRS II.

Vcuns croyent que la marque qui se trouue grauee sur plusieurs personnes de toutes âges, vient d'imagination comme aux femmes grosses, les autres de maladie : & se fondent sur quelques aduis de Galien & Fernel, qui disent auoir autresfois veu quelques malades & femmes grosses, qui auoyẽt des marques en leur personne, lesquelles leur estoient venuës en leur grossesse & auec la maladie. Mais outre qu'ils n'en virent parauanture en toute leur vie trois, il s'en trouue parmy les Sorciers, ou Sorcieres de Labourt plus de trois mille marquez : & presque tous les enfans qui vont au Sabbat, qui sont en nombre infini, la plus part desquels ne furent iamais malades. De maniere que ie croy que la marque que Satan imprime à ses suppos, est de grande consideration pour le iugement du crime de sorce-

marginalia: 1 Sc. si la marque des Sorciers vient par imaginatiõ ou maladie.

La marque est de grande consideration pour le iugemẽt du crime de Sorcelerie. Boguet ch. 50.

Z iij

lerie ; comme témoignent aussi tous les modernes qui ont esté Iuges comme nous, lesquels tiennent que les marques sont indices si forts, & induisent des presomptions si violentes contre les Sorciers, qu'estant iointes (disent-ils) auec d'autres indices il est loisible de passer à leur condamnation. C'est pourquoy il est raisonnable de sçauoir ce que nous en auons apris par nos procedures.

Marie de la Ralde habitante de Siboro aagee de vingt-huict ans dict, quelle a veu souuent approcher vn fer chaud prés des enfans qu'on presentoit à Satā, & sur les premieres heures de cete abominable presentatiō: mais qu'elle ne sçait s'il les marquoit auec cela luy mesme, ou s'il les faisoit marquer aux Sorciers qui auoient la conduite de l'enfant, & d'autres nous ont dict auoir veu que bien souuent il en prenoit le soing luy mesmes, par fois c'estoient lesdictes femmes.

a Que le Diable par ces marques se veut parangonner à Dieu & stigmatiser les siens cōme Dieu faict les Saincts.

Par cette marque il semble que Satan vueille imiter nostre Seigneur, qui a donné par fois & empraint des stigmates à des saincts personnages ses plus fauoris seruiteurs, ausquels il a voulu faire part des sainctes marques de son martyre, voyant que pour l'amour de luy ils enduroiēt tous les iours quelque espece de martyre, soit en macerant leur corps pour espurer leur ame, soit en souffrant des peines mortelles pour soustenir la foy de leur maistre, & garder estroictement ses saincts commandemens. Il se veut par tel moyen parangōner à Dieu, *Ipsas quoque res*, dict Tertulié, *diuinorum mysteriorum emaculatur*. Et comme Dieu marquoit en l'ancienne loy les siens, de la Circoncision (auquel signe a

S. Greg. &
S. Hierosl.

succedé en la loy Euangelique le signe de la Croix) ce corrupteur du genre humain imprime des marques aux siens,

Iren. li 16 c. 24. Epiph.l. 1. Tit. 1. *Contra hæret.*
Tert. de præ-
script. Iusti.
Apolog. 2.
pro Christia-
nis.
Bed. l. hist.

comme jadis les Carpocratiens anciens heretiques & Sorciers, marquoient leurs disciples d'vn fer chaud au bas de l'oreille droicte. Dans Irenee Epiphane & Tertulien il est faict mention d'vne autre sorte d'esclaues de Satan, qu'il Baptisoit & marquoit au front. *Tingit & ipse quosdam credentes & fideles suos, expiationes delictorum de lauacro promisit, & sic initiat mitræ, signat adhuc in frontibus milites suos*.

Comme aussi Iustin rapporte vne imitation des Demons, introduisans vne espece de Baptesme dans leurs temples. Les anciens marquoient leurs esclaues, & les Empereurs Romains leurs gendarmes. Et encores tous ceux qui sont de la milice du Prettre Iean, ont vne Croix legerement marquee auec vn fer chaud sur la peau. Et les Iacobites impriment aussi sur le front vne Croix. Simon le Magicien comme rapporte Bede, inuenta vne sorte de tonsure pour marquer les siens. Satan est le vray singe de Dieu, neantmoins son imitation est imparfaicte : car Dieu baille aux siens les mesmes plaies que firent les cinq clous en ses membres precieux, & veut qu'elles soient visibles, pour attirer par vn si digne exemple les sainctes ames à vn si grand merite, & à vne si cordiale remuneration: au lieu que Satan les donne à cachettes, & les ayant mesme empraintes, les enseuelit & cache en telle partie & endroict du corps, qu'il faudroit mettre ce mesme corps en pieces pour la trouuer: Voire pour eluder la iustice & ses Officiers, il les imprime souuent, ou en des parties si sales qu'on à horreur de les y aller chercher: comme dans le fondement de l'homme, ou en la nature de la femme: ou bien comme il est extresme & denaturé, au lieu le plus noble & le plus precieux qui soit en toute la personne: ou il semble impossible de l'imprimer, comme és yeux, ou dans la bouche.

Remigius dict que plusieurs ont pensé, que le Diable marquoit les Sorciers comme en signe de plus grande & cruelle seruitude, & afin que s'ils prenoient la fuite comme souuent font les esclaues, ils fussent plus obligez à leur retour. Or la marque (dict il) se souloit faire par Satan, ordinairement és lieux, où on donne & applique le Cresme au Baptesme d'vn chacun. Mais ie ne croiroy pas volontiers ceux qui disent que le Diable baille & impose sa marque, *tanquam contrarium Symbolum*, pour effacer les marques de ce sainct caractere: car Satan n'est pas si ignorant qu'il ne sçache, que c'est folie de penser arracher cette saincte marque ce seau sacré, lequel est du tout empraint & graué dans l'ame, par cette marque infame qu'il imprime à ses suppos.

tanquam perfidiæ Symbolum. Mais aprés tout, c'est folie (dict-il) de vouloir rendre raison pourquoy il imprime cette marque, ny du lieu où il l'imprime, veu qu'il iouë à destruire les loix de Dieu, & les regles de la nature. Car qui sçauroit rendre raison de la marque de celuy que Del-Rio appelle Devaux, lequel en auoit vne au dos qui ressembloit vn petit chien noir, en laquelle il ne sentoit aucune douleur lors que lon y enfonçoit vne esguille, mais si on le menaçoit seulement à l'endroict de cette marque, le Sorcier se pleignoit grandement, encore qu'il ne vit celuy qui dressoit ainsi le doigt contre sa marque & qui en faisoit la menace.

Del Rio.l. 2 9 et Bogu.c.48.

Qui sçauroit dire pourquoy ces marques non decouuertes les tiennent en silence? car on a veu plusieurs Sorcieres qui ont prié les Iuges de les faire raire, disant qu'autrement il n'estoit possible de tirer d'elles aucune verité ny secret de leur mestier. Qui meust parauanture l'Empereur Domitian de faire raire le poil au sorcier Apollonius Thianæus.

D'autres ont dict que la marque a cette proprieté, & se donne par Satan à cet effect, afin que ceux qui l'ont ne s'endorment iamais, & ne perdent l'heure du Sabbat, ains attendent ioyeusement & auec quelque ardeur l'assemblee prochaine.

Maiol liu.3 c de force.t.2.

Mais ie croy que la meilleure raison est, que le Diable les marque pour leur monstrer sa puissance: & que tout ainsi que leur imprimant ces marques il leur faict voir qu'il peut les rendre insensibles, leur faire sentir du bien & du mal quand il luy plaist, il leur veut aussi persuader par là, qu'il est le vray maistre de leur mal & de leur bien, & qu'ils n'en doyuent attendre d'autre que de luy.

Vne fille nous a dict, qui faisoit semblant de cognoistre les sorciers & sorcieres au premier trait d'œil qu'elle jettoit sur eux, que toutes celles de Biarrix estoient marquees en l'œil gauche, d'vne marque semblable à vne patte de crapaud, ce que celles de ladicte parroisse qui confessoyent, disoyent aussi. Mais nous n'auons sçeu bien verifier ce poinct: car ceste fille ny autre, ne nous à sçeu nettemét faire voir ces marques

3. Toutes les sorcieres de Biarrix commu-nément mar-quees en l'œil gau-che.

ques en cet endroict: estât tres-certain qu'vne sorciere confirmee de tous points, voit, descouure, & cognoist des choses enuisageant seulement les sorciers, que ceux qui ne sont du serment du crapaud ne peuuent voir.

Atsoua se trouuant vn iour au iugement de quelques sorcieres, appellee par nous, pource qu'elle nous auoit faict croire qu'elle nous monstreroit que les sorcieres cõfirmees auoient vn Demon sur l'espaule gauche, elle fit quelque semblant de le voir, mais il luy fut impossible de le nous monstrer.

Ie sçay bien que les plus suffisans se cognoissent entre eux: & defaict on dit que souuent on en a veu, lesquels voyant mener plusieurs sorciers au supplice, disoyent deuãt tout le monde, celle la confessera: celle la ne dira mot, quand on luy arracheroit les entrailles: celle cy a deux Demons sur les deux espaules qui la tiennent tellement aheurtee à ne decouurir cette execration, qu'elle mourra comme martyre & tout en riant, ce qu'on voyoit arriuer en mesme instant.

Nous auions vn Chirurgien estrangier, mais neantmoins pour lors habitant de Bayonne, qui à force de visiter lesdits sorciers, & rechercher les marques y deuint merueilleusement entendu & suffisant. Neantmoins nous nous en fiyõs bien autant à vne ieune fille de dix-sept ans nommee Morguy, que les Abbez des parroisses auoient procuré d'estre tousiours à nostre suite, ayant esté quelque temps aurapauant menee plusieurs annees au Sabbat par quelque mechante sorciere: mais ayant depuis quité le mestier, par la grace de Dieu, c'estoit principalement elle qui visitoit les ieunes filles & enfans de sa sorte, qu'elle auoit recognus au Sabbat, qui nous estoient donnez pour tesmoins: le Chirurgiẽ estoit pour les sorciers, & elle pour les tesmoins, estant plus raisonnable d'esteindre en luy la cõcupiscence que telles visites peuuent allumer, (luy faisant seulement voir des charognes envie, si horribles, que c'est merueille que le Diable mesme les veuille cognoistre) que l'amorcer par la visite, la sõde, l'atouchemẽt & l'espreuue de ces ieunes fillettes, qui ne sõt en ce païs là que trop libres pour laisser voir la marque

Vne fille de 17. ans merueilleusemẽt adextre a trouuer les marques des enfans.

A a

en quelque partie qu'elle foit. Elle leur mettoit vne efguille longue dans le centre de la marque, laquelle eftoit par fois grande, & par fois aufli petite que la tefte d'vne efpingle. Mais elle la leur fourroit en plaine veuë fans douleur & fans plainte. Au lieu que le Chirurgien voulant faire l'efpreuue bandoit les yeux aux Sorcieres, lefquelles par mechanceté tafchoient à cacher leurs marques, voire auec vn tel artifice, qu'eftant vingt ou trente en mefme prifon, elles fe vifitoient l'vne l'autre : & fi elles fe trouuoient la marque, le Diable leur auoit aprins de fe gratter & efgratigner fi outrageufement, que par fois leurs efpaules fembloient des efpaules de fupplice, qui viennent de fouffrir le foüet ou des efcourgees violentes. Mais tout cela n'empefchoit pas qu'on ne decouurit vifiblement la marque.

Comment fe faifoit la vifite pour trouuer la marque.

Or pour faire ladicte vifite tres-certainement, il auoit vne efpingle en la main gauche, auec la tefte de laquelle il faifoit femblant de pincer la forciere en plufieurs lieux, qu'elle ne pouuoit voir ayant les yeux bãdez, & en la main droicte il auoit vne eguille, ou vne alcine bien deliee, & ayant pincé la Sorciere auec la tefte de l'efpingle, en plufieurs lieux elle fe tremouffoit & fe plaignoit artificiellement, comme fi elle eut fouffert quelque grande douleur: & neantmoins bien qu'en mefme temps on luy mit l'efguille iufques au os elle ne difoit mot. L'efpreuue en fut faicte tres-clairement par le fieur de Gramont Gouuerneur de Bayonne & pays de Labourt, en prefence du fieur de Vauffelas & fa femme, lequel par fortune s'en alloit en ce temps là Ambaffadeur en Efpagne, il enfonça fi auant vne efpingle bien longue dans le bras d'vne forciere appellee Iannette de Belloc, que toute la compagnie & luy mefme en auoit quelque commiferation: mais n'ayant nul fentiment en ce lieu que la marque occupoit, elle l'enfonça elle mefme iufques au bout fans douleur ne fentiment quelconque.

La verité eft que les marques de celles qui font long temps y a hors du Sabbat, fe trouuent par fois fenfibles, & celles qui fentent l'efguille, n'eftant plus forcieres, difent qu'en cette mesme marque estant sorcieres, elles l'eussent soufferte iusques à la teste sans douleur, lesquels changemens ont donné occasion à plusieurs, de tenir ces marques pour indices fallacieux, & sur lesquels il ne falloit faire fondement quelconque pour en adiuger quelque peine aux sorciers pour petite quelle soit. Et de cet aduis est DelRio, qui dit qu'elles sont effacees bien souuét par le Diable, pour eluder les iuges, & par fois qu'il en imprime qui sont sensibles, & par fois que les plus grands sorciers n'en ont point: comme nous auons veu l'enfant qui faisoit le Loup-garou vers Coutras, que la Cour de Parlemement de Bourdeaux par Arrest prononcé en robbe rouge a relegué dans le monastere des Cordeliers de cette ville, lors qu'on iugea son procez, auoit vne marque insensible, laquelle maintenant qu'il n'est plus sorcier i'ay veu paroistre fort peu, & estre quasi sensible: car il ne sçauroit souffrir qu'on luy mit si profondement la sonde, comme on faisoit pour lors. Mais c'est tousiours pour mesme raison, qui est pour tromper les iuges, & les tenir en incertitude: tenant pour certain, que ces esclaues qui n'ont point de jâbes, & qui d'ailleurs n'ont aucune enuie d'eschapper, n'ont nul besoing de marque, ains seulement ceux lesquels inconstás comme luy, ne cherchent que le moyen de rompre leurs liens, & violer le pacte & conuention qu'ils ont faict auec luy.

DelRio.li. t. Sect. 4.f.24.

Dequoy DelRio a esté iustement reprins par Boguet: car bien que nous sçachions par experience & pour l'auoir ainsi veu plusieurs fois, que le Chirurgien & ladicte Morguy nous ayant dict qu'ils auoient decouuert la marque, & neátmoins nous la voulant faire voir qu'elle s'esuanouissoit par fois à mesme instant, & ne pouuoit estre monstree au grand estonnement de tous les deux qui l'auoient veuë & descouuerte, en presence du Syndic, des Interpretes, des Greffiers, & du Concierge, si est-ce qu'on ne peut nier que lors qu'elle se trouue, ce ne soit vn indice bien fort.

Ils alleguent l'exéple de Stadius, lequel du temps du Roy Henry III. faisoit profession publique de Chiromáce à Paris: Or ayant dict vn iour deuát le Roy, que tous les pendus

Bodin en l'an 1578.

auoyét vne marque infaillible d'vne certaine ligne qui leur entournoit le poulce, tout ainſi que faict vne bague: on luy dōna vn Exempt des gardes pour aller viſiter le poulce d'vn pauure miſerable qui deuoit eſtre pēdu dans demie heure, & n'y ayant trouué la marque qu'il deſiroit, demeurāt tout honteux,il fut cōtraint de dire, que ladite marque eſtoit effacee, dèſque le patiēt auoit eſté liuré és mains du bourreau, bien qu'eſtant à l'heure en priſon il ne ſe fut encore approché de luy.

Ce ſont des reſueurs, qui diſent que chacū porte en ſoy le plus aſſeuré liure de la cognoiſſance de ſa fortune, ſans s'incōmoder, & tordre le col à viſer en haut pour regarder les planetes & les aſtres qui influent dans noſtre horoſcope, & s'eſſayant d'authoriſer cette reſuerie par vn trait de l'Eſcriture ſaincte du Prophete Iob. c. 37. *Qui in manu omnium hominum ſignat vt nouerint ſinguli opera ſua.*

4 Que Satan imprime par fois des marques, les efface & par fois ne marque nullement les ſorciers.

Il n'eſt pas de meſmes des marques des ſorciers! Ie cōfeſſe que ce que dict Del Rio eſt tres-veritable, que Satan les imprime, les efface, & par fois ne les marque point du tout, ſelon qu'il recognoiſt la choſe luy eſtre plus auātageuſe: mais ſi la marque ſe trouue, que ce ne ſoit vn indice & preſomption violéte, il n'y a doute quelconque: meſmement és enfans d'vne ſorciere accuſee d'auoir eſté au Sabbat,&y auoir mené des enfans. Nous en auons veu vne eſtre accuſee d'en y auoir mené iuſqu'à vingt-deux; ſi les vingt-deux enfās luy maintiennent qu'elle les a menez au Sabbat vn tel iour, & à vn tel lieu, & qu'elle les a fait renōcer leur Createur, & leur a fait dōner le ſeau & caractere du Diable, & que tous ces enfans ſe trouuēt auoir la marque inſenſible, n'eſt ce pas vn indice & preſomption violente? Qui a marqué ces vingt-deux enfans? qui leur a dict qu'ils eſtoient marquez, veu que le plus ſouuent les Sorcieres meſmes qui le ſont, ignorent qu'elles le ſoient & ne s'en reſouuiennent?

Meſſieurs de la Grand-chābre me faiſoient appeller, & encore meſſieurs de la Tournelle plus ſouuēt, pour s'eſclaircir auec moy de quelque point de ſorcelerie, duquel nous aurions veu quelque preuue ou experiéce en nos procedures. Le 3. Septembre 1610. ils m'appellerent pour voir ſi ie recognoiſtrois la marque dans l'œil à vne ieune fille de dix-ſept ans: ie la recognus dés l'entree de la Chambre, & dy qu'elle l'auoit dans l'œil gauche, lequel eſtoit aucunement louche & egaré & plus hagard que l'autre: on regarda au-dedans, on y trouua comme quelque petit nuage qui ſembloit vne patte de crapaud, & la fille confeſſa que ſa mere l'auoit menee au ſabbat, & faict renoncer Dieu, & Satan l'auoit marquee de ſa corne dans l'œil gauche, ce que ſa mere confeſſoit auſſi, laquelle eſtoit ſur la ſellette preuenuë de meſme crime. *C'eſt vne grāde preuue contre les ſorcieres quand les enfans quelles menent au ſabbat ſe trouuent marquez.*

C'eſt donc choſe que ie deſire en toutes les procedures & inſtruction des procez contre les ſorcieres accuſees d'auoir mené des enfans, que les enfans ſoyent viſitez, & s'ils ſe trouuent auoir la marque inſenſible, il n'y a preuue que ie trouue plus certaine que celle la.

Six enfans nous dirent, qu'ils auoyent eſté menez au ſabbat par vne ſorciere d'Vrrogne priſonniere, qui auoit accouſtumé les mener, nommée Mariſſans de Tartas, & vn maiſtre d'eſcole qui auoit eſté regent au meſme village, lequel s'en eſtoit fuy en la baſſe Nauarre apprehendant noſtre venuë. Au confrontement, ils luy maintindrent tous cinq, (car le ſixieſme eſtoit mené par le regent). dequoy ils eſtoyent tres-bien d'accord entre eux, depoſant qu'elle les ſouloit mener tous cinq au ſabbat, qu'elle les y auoit menez la nuict precedente ſur la montaigne de la Rhune qui eſt là auprés: & qu'au retour en compagnie du ſixieſme, mené par ce maiſtre d'eſcole, elle & luy les auoyēt foüettez tous ſix en vne borde ou maiſounette qu'ils cottoyent tres-bien & iudicieuſement.

Et comme nous leur diſions que cela n'eſtoit poſſible, veu qu'elle eſtoit priſoniere, ils nous dirent, comme auſſi nous en auons meſme preuue par tout les enfans qui eſtoyent menez par les ſorciers des autres paroiſſes qui eſtoyent en nos priſons, qu'ils auoyent eſté foitez ſi outrageuſement, que le ſang en ſortoit, & que les marques du foüet y eſtoyēt groſſes comme le doigt: & en voulant faire la viſite cuidant les ſurprendre en menſonge, ils nous dirent tous d'vn commun accord, qu'elle leur auoit frotté le derriere de quelque certaine eau, qui auoit osté tous vestiges du fouët, mais nous les trouuames tous marquez, & ouymes leurs meres qui les portoyent, faire leurs plaintes pardeuant nous, en compagnie d'vne infinité d'autres touchez de pareil malheur: si bien qu'elles sont contraintes ne trouuant autre remede, d'en remplir la nuict les Eglises pour les garantir du transport du sabbat.

5. Pourquoy le Diable imprime plusieurs marques.

Ie ne veux oublier que i'ay veu vne sorciere de Macaye qui fut bruslee le 12. Iuillet 1610. laquelle auoit trois marques: elle confessoit qu'elle auoit esté trois fois au sabbat: non pas elle, mais seulement sa figure (disoit elle) toutesfois il y auoit neuf tesmoins sans obiect qui maintenoyent l'y auoir veuë vne infinité de fois.

C'est que le Diable voulant imiter Nostre Seigneur, lequel ayant esté renyé par S. Pierre par trois-fois, voulut expier ses trois abiurations par autant d'adueus: ainsi faict il, car recognoissant les sorcieres qui sont en quelque voye de l'abandonner, il les faict renyer Dieu, & se faict adorer toutes les fois qu'elles vont au sabbat: se contentant de la premiere adoration & du premier exploict de celles qu'il recognoist deuoir estre constantes en son seruice & recognoissance qu'elles ont faict de luy.

Dance en son dialog. des sorciers. Bodin l. 2. ch. 4. de sa demono.

Mais cela n'est pas si certain qu'il en faille faire vne regle indubitable, comme veulent faire Dance & Bodin, qui disent que le Diable ne marque point celles qui s'adonnent à luy, & qu'il cognoist deuoir estre fermes & constantes en son seruice: car i'ay veu que les plus grands sorciers & sorcieres qui sont passez par nos mains estoyent marquez d'vne, de deux, & par fois de trois marques, & les plus vieilles & celles qui estoyent à luy de plus longue main.

6 Los Salutadores. Torquem. coll. 3. & Boguet. 7 D'vn Salutador lequel vint en Labourt qui disoit auoir trois marques sur son corps.

Que dirons nous de certaines gens en Espaigne qui se font appeller vulgairement *los Salutadores*, qui se meslent de guerir certaines maladies? on dict qu'ils ont tous de naissance vne marque en forme de demy rouë cóme celle qu'on peint es tableaux de saincte Catherine.

Enuiron le commencement de Septembre 1610. il y en

eut vn qui vint d'Espagne au païs de Labourt, lequel donnoit entendre qu'il auoit naturellement trois marques sur son corps, l'vne soubs la langue, l'autre sur l'espaule, & l'autre en quelque autre part que ie n'ay peu sçauoir.

Mais voicy ce qu'en dict ce grand magicien & sorcier Messire Louys Gaufredy Prestre, auquel le Parlemēt d'Aix a faict le procez le dernier d'Auril 1611. Il dict que la premiere fois qu'on va au sabbat, tous sorciers ou magiciens sont marquez auec le petit doigt du Diable, qui a cette charge particuliere & est comme Chancellier du sabbat, attachant le seau & caractere de Satan à chacun qui se donne à luy.

Que comme le Diable faict sa marque, on sent vn peu de chaleur qui penetre plus ou moins profondement la chair, que plus ou moins il prince le lieu qu'il touche.

Qu'il auoit esté marqué de son consentement, & qu'il auoit faict marquer Margueritte de la Palud qui estoit vne fille qu'il auoit debauchee par le moyen du pacte qu'il auoit faict auec Satan: qu'elle est marquee à la teste, au cœur, au ventre, aux cuisses, aux iambes, aux pieds, & en plusieurs autres endroits de son corps: qu'elle a encore vne eguille dans sa cuisse qui ne sort point, & ne se peut tirer du lieu où elle est, laquelle il y a veu mettre. Et quand le Diable met ainsi des eguilles, & lors qu'il les veut faire entrer, on diroit qu'on perce vn parchemin: que ces marques se font, comme en forme de protestation qu'on sera toute sa vie bon & fidelle amy du Diable. Et bien qu'il se soit parfois trouué des sorciers & magiciēs qui se sont conuertis, pourtant leurs marques durent tousiours, à cause de la protestation & veu qu'ils auoyent faict de seruir le Diable.

Ie ne veux oublier pour la marque, qu'il se trouue aussi bien par fois quelque certaine marque es choses qu'es personnes: lesquelles marques les Historiens ne sachant si elles deriuent de Dieu ou de Satan, nous donnent pour prodiges. Gregoire de Tours dict que soubs le Roy Childebert & de son regne le 12. les vases & vstancilles des maisons, comme vaisselle d'argent & d'autre matiere se trouuerent

Gregoire de Tours lib. 9. histor. nũ 5.

192 TABLEAV DE L'INCONSTANCE

Puis la ville de Chartres iusques à Bourdeaux.

en plusieurs lieux marquez de diuerses marques, lesquelles estoyent si bien empreintes, qu'il estoit du tout impossible de les enleuer ny effacer sans qu'on peust iamais sçauoir par qui ne comment elles auoyent esté grauees: *incœptum est autem hoc prodigium* (dict il) *ab vrbis Carnotenæ territorio, & veniens per Aurelianensem vsque Burdegalensem terminum peraccessit, non pretermittens vllam vrbem quæ fuit in medio.*

Celles que Satan imprime sur la chair des sorciers & des enfans & autres qu'on luy donne & mene au sabbat sont de mesme sorte, on n'en peut iamais effacer le charactere, tant que les personnes sont à luy. A la verité on en a veu se ternir aucunement, & se rendre quelque peu sensibles, dès lors que quitant le Diable, ceux qui les ont se reiettant à Dieu, commencent à estre en sa grace, dequoy nous auons veu vne infinité d'experiences.

DE L'INCONSTANCE

Du festin du sabbat, & quelles bonnes viandes on y mange.

1. *Festins magiques de Numa, de Pases & de Tiridates.*
2. *Que veut dire l'adage, Pasetis semiobolus.*
3. *Le pain du sabbat est communement de millet noir.*
4. *Les sorciers és cimetieres ne desenseuelissent autres corps, que de ceux qui ont esté sorciers ou sorcieres, sauf des enfans.*

5. *Celuy ne rencontra pas trop mal qui dict qu'il sembloit que Satan tirast tous les viures qu'il estale au sabbas, de Salemanque, parce qu'en sous le sel y manque.*
6. *Traict merueilleux aduenu en la ville de Limoges.*
7. *Pourquoy Dieu permet que les viandes qui se seruent au sabbat sont insipides & de manuas goust.*

Discovrs III.

Es festins de Numa dans Plutarque, & ceux de Pases dans Appion, ceux de Tiridates Roy d'Armenie, qui conuia Neron à vn festin tout preparé & ordonné par magie, tous trois tenus pour sorciers dans les bons liures, semblent estre differens de ceux qui se font au sabbat. Car encore qu'on y vit force viures, vn buffet bien chargé & garni de vases d'or & riches coupes & hanaps, force gens bien vestus, mais incognus, qui en faisoyent le seruice, & qu'on se retirast plus famelique que iamais : si est ce qu'il y a difference de Numa, de Pases, & de Tiridates au maistre des sorciers qui est Satan. Leurs festins estoyēt priuez & se faisoyēt à quelqu'vn de leurs amis ; mais ceux cy se font en general par le chef & maistre general de l'ennemy du genre hu-

1. Festins magiques de Numa, de Pases, & de Tiridates. Plutar.in Numa. Dionys. Halic. l. 6. Antiq. Roman.

B b

main, à tous ses suppos : en quoy ie pense qu'il y a plusieurs notables illusions, mais il y a aussi plusieurs choses veritables.

Grossis lib. 3. cap. 7. del paiage de Zenua.

Surquoy il eut fallu ouir Lescot ce grand magicien de Parme, lequel de nostre temps faisoit paroistre de si excellens appreits, qu'il tiroit tout le mōde en admiration. Mais oyons premierement nos sorciers, puis nous dirons ce qui nous semble estre illusion. Car le Diable qui est imposteur & variable ne peut representer chose quelcōque en verité,

Ego sum via, veritas & vita.

qu'il n'y mesle quelque mensonge : & c'est en quoy gist son inconstance ; Aussi est il le pere de mensonge & ennemy iuré de Dieu pere de la verité, voire la verité mesme.

2. Que veut dire l'adage Paseris semiobolus.

Aussi auoit il apprins vne autre sorte d'imposture à Pases: C'est qu'il estoit si delic coupeur de bourse, qu'aux vieux adages on trouue *Pasetis semiobolus*, d'autant qu'il estoit si caut & rusé, que quand il achetoit quelque chose, & qu'il en bailloit de bon argent, il payoit *refuga pecunia*, les deniers qu'il en donnoit reuenoyent aussi tost à luy : ainsi il auoit la chose & le prix. Ou bien ie ne sçay si ses festins estoyent composez d'aussi mauuaises viandes, comme il bailloit de mauuais & faux argent pour les achepter.

Del Rio lib. 2. q.16. f.151

Les liures disent que les sorciers mengent au sabbat de ce que le Diable leur a apresté : mais bien souuēt il ne s'y trouue que des viandes qu'ils ont porté eux mesmes. Parfois il y a plusieurs tables seruies de bons viures & d'autres fois de tres meschans : & à table on se sied selon sa qualité, ayant chacun son Demon assis auprés, & parfois vis à vis. Ils benissent leur table inuoquant Beelsebub, & le tenant pour celuy qui leur faict ce bien, auec vne sorte de benediction & signe de croix, que nous dirons cy aprés. Et quand ils ont mangé, chaque Demō prend sa disciple par la main & dance auec elle. D'autres fois ils ne se tiennent qu'auec vne main, car de l'autre elles tiennent cette chandelle allumee auec laquelle elles reuiennent d'adorer le Diable : & aprés cela chacune chāte en honneur de son Demō des chāsons tres impudiques & sales. Aucuns de nos sorciers nous ont dict, qu'on dresse des tables au sabbat, que la nappe semble dorée, & qu'on y sert de toutes sortes de bons viures auec pain, sel & vin. Mais le gros des sorcieres mieux entendues lesquelles confessent, dict tout au rebours, qu'õ n'y sert que crapaux, chair de pendus, charognes qu'on desenseuelit & arrache des cimetieres fraischement mises soubs terre, chair d'enfans non baptisez, ou bestes mortes d'elles mesmes. Qu'auec cela on n'y mange rien qui ne soit insipide, attendu qu'on n'y met iamais de sel: si quelqu'vn veut porter la main aux bonnes viandes, il ne manie aucun corps solide, & ne trouue rien au dessoubs que du vent, sauf de ces meschantes viandes qu'on ne peut manger qu'auec horreur. Ce sont faulses viandes, faux cuisiniers & faux seruiteurs, & leur pain est quelque mechante tourte noire faicte de millet noir, & de quelque autre drogue, auec laquelle ils amiellent les enfans: lesquels ne sont iamais assis à table, & ausquels on en faict quasi manger par force iusques à les batre, comme plusieurs nous ont dict en auoir esté batus parce qu'ils n'en vouoyent manger.

3. Le pain du sabbat est communement faict de millet noir.

Et pour mieux deceuoir les enfans, & ceux qui commencent à se trouuer à ces festins, (car les enfans qui gardent les crapaux ne sont que spectateurs) le Diable veut qu'ils facent semblant de manger, qu'ils ruminent comme les bœufs & remuent les maschoires comme si veritablement ils mangeoient.

Mais Daspilcouete nous dict, qu'au sabbat s'y faict d'vne certaine paste de millet noir meslé auec de la poudre de foye de quelque enfant non baptisé, lequel on sert aux festins esdictes assemblees nocturnes, pource que dés aussi tost qu'on en a mangé on a le don de silence & taciturnité, sans que la torture y puisse faire aucun effort.

Dict aussi auoir veu des insignes sorcieres porter quelquefois au sabbat le cœur de quelque enfant qu'elles disoyent estre mort sans baptesme. Ce cœur estoit preseté au Diable, lequel l'ayant detranché à petits morceaux, le departoit aux sorciers que bõ luy sembloit. Qu'il a veu faire de cette paste de millet noir à vne femme de Hādaye nõmee Mescabelsa, laquelle par aprés la vendoit à ceux qui en vouloyēt achepter.

Bb ij

Or ie veux encore qu'il y ayt en ce festin de l'illusion en beaucoup de choses, car certainement il y en a, si est ce que nous auons vne infinité de sorciers qui deposent y auoir mangé & veu manger plusieurs mechans morceaux. Ieanne d'Abadie de Siboro, aagee de seize ans, dict y auoir veu manger plusieurs enfans baptisez & non baptisez, & entre autres vn qu'on disoit estre fils de maistre Iean de Lasse Lieutenant en la Visenechancé des Lannes, duquel enfant elle a veu manger l'oreille à Marie Balcoin: mais qu'on ne mange iamais vn enfant entier à vn sabbat faict en vn seule parroisse : ains celuy la mesme qu'elle vit porter & couper à vn sabbat à Siboro, fut mis à quatre quartiers, dont l'vn fut mangé à Siboro, & les autres trois furent enuoyez à trois autres diuerses parroisses. Que tous les enfans qu'on peut desrober de cette forme, on les porte au sabbat sans Baptesme, & sont mis en pieces & mangez. Qu'elle a veu desenterrer force hommes, femmes, & petits enfans es cimetieres (car elles n'osent entrer dans l'Eglise pour commettre cette mechanceté) & leur arracher le cœur, le mettre en pieces, & le seruir esdictes tables pour le faire manger à ceux que le Diable veut qu'ils ne confessent iamais rien.

4. Es cimetieres on ne desenseuelit autres corps que de ceux qui ont esté sorciers ou sorcieres, sauf des enfans.

Mais elle nous apprent là vn secret de l'escole: c'est qu'es cimetieres on ne desenseuelit (pour des hommes & femmes) que des corps des sorciers ou sorcieres : car Dieu ne permet qu'on trouble le repos des autres: mais qu'on desenseuelit bié des enfans baptisez, parce qu'ils en font vne infinité d'excellens poisons: que les chandelles faictes de leurs bras seruët à beaucoup de choses:& aussi que les enfäs non baptisez ne se mettent en terre saincte ny es cimetieres. Et de faict au raport du sieur de Cessac au mois de Decembre mil six cens neuf, vne sorciere du païs de Labourt fut preuenue d'auoir faict rostir vne partie d'vn enfant, & les tesmoins disoyent luy en auoir veu tourner la broche: laquelle fut condamnee à la mort pour cela & pour autres maleficies.

Vne autre sorciere à Bayonne ayāt vn enfant il fut donné

DES DEMONS, MAG. ET SORC. LIV. III. 197

par charité & mis en nourrice chés vne honneste femme hors de tout reproche. Peu de iours aprés l'enfant fut trouué au milieu d'vne chambre la ceruelle & les fesses mãgees. Y a il là de l'illusion? n'estoit-ce pas le reste de quelque festin du Sabbat?

Quant au defaut de sel es festins du Sabbat, ie laisse les exemples dans les liures, qui disent que plusieurs personnes voyant porter du sel longuement attendu, benissant la venuë, & accompagnant l'admiration, du nom de Iesus, se sont trouuez seuls à table esdicts lieux, tout le reste ayant disparu à vn moment. Et diray seulement que les Demons n'y en veulent pas, parce que Dieu, leur ennemy mortel, vouloit tousiours qu'en la vieille loy, il n'y eust victime quelconque, & ne se fit sacrifice, qu'il n'y eust du sel : & qu'en la loy Euangelique Dieu a pareillement commandé aux siens d'auoir du sel quand & eux. *Pacem in vobis & habete salem.* Et le Sauueur n'a dict aux siens. *Vos estis sal terræ*, sinon parce que nostre ame tout ainsi que la terre estant subiecte à plusieurs corruptions, il la faut saupoudrer & saler, pour la garantir du toute de cette corruption, & luy donner vne odeur souëfue & vn bon goust, tuant les vers des pechez, & l'empechant de sentir au relant & moysi ; afin que comme les choses trempees dans le sel demeurent incorruptibles, *ita anima vitæ æterna sapore condiatur.*

Celuy ne rencontra pas trop mal qui diſoit qu'il ſembloit que Satan tiraſt tous les viures qu'il eſtale au Sabbat de Salemãque, parce qu'en tous le ſel y manque. S. Marc 9.

Coloſſ. 4.

Et l'an 1609. Il aduint vne chose bien memorable en la ville de Limoges, à propos de cette paste de millet noir que les sorciers donnent à manger aux petits enfans, qui est si puante que rien plus, de laquelle elles se seruent pour leur troubler le sens & les manciper à Satan. Vne boulangere de la ville voulant faire du pain blanc à l'accoustumé, sa paste fust tellement charmee & droguee par l'infusiõ qu'y fit dedans vne sorciere, qu'elle fit du pain si noir, si insipide & si infect que chacun auoit quasi horreur de le voir, à plus forte raison d'en manger. Racontant ce faict si estrange à son confesseur, elle prend conseil de luy, prés d'vne bõne feste: luy dict qu'elle tenoit vne sienne ennemie en soupçon, qui auoit quelque bruit & reputation de sorciere. En fin il luy

6 Trait merueilleux aduenu en la ville de Limoges.

Bb iij

conseil a de jetter dans la paste la premiere fois qu'elle feroit du pain, quelques petits morceaux d'vn Agnus Dei de cire. Ce qu'ayant accōply, il se trouua merueilleusement qu'elle auoit faict de meilleur pain que nul autre qu'elle eut faict en sa vie. Mais depuis n'en y mettant plus, croyant que le sortilege fut meshuy finy, sa paste se trouua aussi noire & puante que du fumier. Et le bruit du sortilege en courut par toute la ville.

Pourquoy Dieu permet que les viandes qui se seruēt au Sabbat sont insipides & de mauuais goust.

C'estoit vrayement de bon sel que ces petits morceaux d'Agnus Dei, qui temoignoiēt, ayant quelque participation & rapport auec le vray Agneau de Dieu, que le Diable ne pourroit alterer ny corrompre ce à quoy ils seroient appliquez. Le sel peut empescher les corruptions qui viennent des choses naturelles : mais ces choses sainctes benites, & accompagnees de la grace de Dieu, mises & logees en bonne main, peuuent empescher les efforts du Diable & conseruer les choses en leur naturel.

Que si par fois Dieu permet que Satan eclipse le sel de ses festins abominables, encores y a il rapporté cette prouidence & precaution comme en tout le reste de ses œuures, que toutes ces viandes aprestees par ces Demons, ont tousiours accoustumé d'estre ou feintes, ou fades & de mauuais goust manquant de sel & de tout bon assaisonnement, parce que Dieu ne veut pas qu'auec ces viādes pour feintes ou vrayes qu'elles soient, les Demons puissent absolument allecher le genre humain, pour le precipiter dans l'abysme des Enfers.

DE L'INCONSTANCE

De la dance des Sorciers au Sabbat.

1. Que la dance a esté tirée de la guerre.
2. Que la Sarabande est la dance la plus passionnee qui ait iamais esté.
3. Que la dance des Sorciers est vne dance de furieux & de gens forcenez.
4. Que le Diable prend plaisir au Sabbat de dancer auec les plus belles.
5. Que le dire de Ciceron, Nemo fere saltat sobrius, se trouue faux és dances des Sorcieres au Sabbat.
6. Iamais fille ne retourna du Bal si chaste comme elle y est allee.
7. La forme de laquelle on dance au Sabbat.
8. Que les boiteux, les decrepites & les estropiats dancent au Sabbat plus legerement que les autres.
9. La saltatione è soggetto do persone ignobili, dict l'Italien.

Discovrs IIII.

Les modernes qui ont recherché l'origine de la Dance, ont dict, qu'ayant prins son commencement d'vne bonne source, elle s'est depuis relaschee en des mouuemens si sales, que c'est vergogne de les vouloir raconter. Car la verité est que la fouque & allegresse de la guerre inuenta premierement quelque saltation, ou forme de pas reglez, desquels les gens de guerre vsoyent à l'entree des batailles & combats. Et dict on qu'en Phrygie les Coribantes, & en Crete le Cureres, souloyēt vser de ces saltations, se mouuans à pas comptez & s'esbrālans par ordre, croyant que par ce moyen ils jettoient leurs dards, iauelots & faiettes plus rigoureusement, & plus à propos: assaillant & se retirant beaucoup mieux à temps. *Hæc saltatio*, dict Lucian, *ab armatis desaltabatur, gladios ad scuta collidentibus, ac bellicum quiddam & attonitum saltantibus.*

Flauius Vopiscus recite, que ses soldats sautant & dançant, chantoient vne certaine chanson en son hōneur, ayant tué plusieurs ennemis de sa propre main.

Mille, mille, mille, mille, mille, mille decolauimus.
Vnus homo mille, mille, mille, mille decolauimus.
Mille, mille, mille viuat qui mille occidit.

Et ce iour qu'estant Tribun de la sixiesme legion Gallicane, il tua sept cens hommes, on luy fit cette autre chanson.

Mille Francos, mille Sarmatas semel occidimus,
Mille, mille, mille, mille Persas quærimus.

Si bien que les dances dont on vsoit pour lors, estoient fort honnestes decentes, serieuses & graues, comme faictes à l'imitation de celles de la guerre.

Mais comme les esprits des hommes ont volontiers inclination & leur pente au mal, on tourna aussitost toutes les dances & saltations en delices. De là à prins son origine cette dāce que les anciés appelloiét Pirhyque, qui est venuë iusques à nous, de laquelle s'aydent nos basteleurs, qui dancent à cadance, & sont quelque forme de combat, faisant semblant de se choquer, s'entreheurtans à plusieurs tours & retours: ores auec des espees courtes, ores auec des boucliers, ores auec des iauelots & houlettes. Ce que i'ay veu merueilleusement exprimer aux Iuifs à Rome, és iours de Carnaual en plaine ruë. Comme aussi ay-ie veu vne sorte de dance à Naples tiree fort gentiment de la guerre: car c'estoient des gens de cheual armez d'escuz & de iauelots qui couroient aux Carrozeles, deux poursuiuās iettant certaines boulettes de terre, contre deux fuyans, lesquels les receuoient sur leurs escuz ou boucliers de bois, peints dorez & bien accommodez, auec vn bruict & rencontre si à propos: & outre ce accompagnés d'vn chant si melodieux

de

de quelques hauts-bois, que c'estoit vn merueilleux plaisir d'en entendre le bruict. Puis ils dancerent vn balet à cheual si ingenieusement, que iamais les hures ne se cōfondirent. Qui a faict dire à ce sage Socrates que les bons sauteurs & danceurs, estoient merueilleusement propres aux exercices de la guerre.

Et comme les batailles & les assauts, ne se liurent sans instrumens qui poussent & animent le monde, & encouragent les plus lasches : de mesme la dance est monstrueuse sans quelque son & harmonie, & ressent tout à faict la folie. Qui a faict dire sagement à l'Italien. *Chi balsa sensa suono el e matto o el e menchon.* *Luci: De La cedemonis, injustitione.*

Aucuns ont voulu annoblir la dance, disant que l'origine est venuë de l'aller & venir, ou du cours des estoilles & planetes, & de leurs embrassemens, & de leur ordre en desordre? & que c'estoit quasi vne certaine representation de la dance harmonique des choses celestes.

D'autres nous ont laissé par escrit, que cette dance ou saltation fut reduicte en religion, veu qu'anciennement ils faisoient peu de festes sans saltation. Les Romains auoient leurs Prestres Saliens lesquels sautoient en l'honneur du Dieu Mars, auec telle enuie l'vn de l'autre, que Macrobe raconte, qu'Apius Claudius tenu pour vn des plus sages & vertueux de son temps, estant du nombre de ces Saliens, se vantoit quoy qu'extremement vieux, qu'il gaignoit à sauter tous ses compagnons.

Il n'estoit permis aux Roys des Indes de s'enyurer, comme il estoit permis aux Roys de Perse, neantmoins le iour qu'ils sacrifioyent au Soleil, cela leur estoit toleré. De maniere qu'ils sautoient à la Persienne, dançoient & tripudioyent à leur plaisir. C'est pourquoy les Poëtes ont mesme introduict les Dieux sautant.

Saltabat medius d'uum pater atque virorum. *Eumenii &...*

Ces saincts & religieux commencemens de la dance, s'estant relaschez à toute sorte de turpitude & indecence, ont esté violez & corrompus, par la licence de nos derniers siecles : & cette virile & robuste seuerité a af-

Cc

foibly & depraué la vigueur de ces cœurs martiaux. Ce ne sont plus pas de guerre qui vont virilement & droittement vers l'ennemy, ce sont pas pusillanimes, pas de surprise & de vanité delicieuse, qui vont vers l'amy pour l'attirer au combat. Ce n'est plus vn saut pour donner terreur aux hommes, c'est vn saut impudique pour atterrer des femmes: si bien que Mars n'a maintenant plus de honte d'auoir esté surprins auec Venus: on ne saute plus pour luy, ains seulement que pour elle & pour sa suite.

Et encore plus salement & vilainement és Sabbats, desquels on peut dire ce que disoit Arnobé, qui semble quasi exprimer les sales mouuemens des dances qui se font en ces malencontreuses assemblees, & ces ords & sales desirs, que le Diable engendre és cœurs, d'vne infinité de ieunes vierges qui y sont : tout audeuant desquelles & le Diable, & vne infinité de Sorcieres font ouuertement leurs accouplemens diaboliques. Car (dict-il) les colleges des Prestres, des Pontifes & des Magistrats, sont assis és spectacles, & toute autre sorte de gens, iusques aux sainctes Vierges qui conseruent si curieusement ce feu du ciel, le peuple, le Senat, les Roys: Et là, *quod nefarium esset auditu, gentis illa genitrix martia regnatoris & populi procreatrix amans saltatur Venus, & per affectus omnes meretricia vilitatis impudica exprimitur imitatione bacchari. Saltatur & magna sacris compta cum infulis mater ; & contra decus ætatis illa Peßinuntia Dyndimene, in bubulci vnius amplexu flagitiosa fingitur appetitione gestire.*

Arnobe l. 4

Ce ne sont point jeux & dances, ce sont incestes & autres crimes & forfaicts, lesquels nous pouuons dire à la verité estre venus à nous de ce mauuais & pernicieux voysinage d'Espagne : d'où les Basques & ceux du pays de Labourt sont voysins. Aussi n'ont ils pas vne dance noble comme ceux qui sont plus auant dans la France: ains toutes les dances les plus decoupees, & celles qui agitent & tourmentent plus le corps, celles qui plus le defigurent, & toutes les plus indecentes sont venues de là. Toutes les Pirrhyques, les Morisques, les sauts perilleux, les dances sur les cordes, la Cascata du haut des escheles, le voler auec des ailes postices, les Pyroüettes, la dance sur les demy-piques, l'Escarpolette, les Rodades, les forces d'Hercules sur la femme renuersee sans toucher du dos à terre, les Canaries des pieds & des mains, tous ces bastelages sont presque venus de l'Espagne. Et n'aguieres elle nous a encore donné de nouuelle inuention la Chicona ou Saraban de. Laquelle Clement Alexandrin appelle *mutam turpitudinem*: & vn pere ancien dict que c'est *flabella ventorum quibus incendium concupiscentiæ accenditur*.

_{2 Que la Sarabande est la dance la plus passionnee qui ait iamais esté.}

_{Clem. Alexand. lib. 5. cap. 10.}

C'est la dance la plus lubrique & la plus effrontee qui se puisse voir, laquelle des courtisanes Espagnoles s'estant depuis rendues comediantes, ont tellement mise en vogue sur nos theatres, que maintenant nos plus petites filles font profession de la dancer parfaictement. D'ailleurs c'est la dance la plus violente, la plus animee, la plus passionnee, & dont les gestes, quoy que muets, semblent plus demander auec silence, ce que l'homme lubrique desire de la femme, que tout autre. Car l'homme & la femme passant & repassant plusieurs fois à certains pas mesurez l'vn prés de l'autre, on diroit que chaque membre & petite partie du corps cherche & prend sa mesure pour se ioindre & s'associer l'vn l'autre en temps & lieu. La seule Bergamasque est venue d'Italie, qui est aucunement accompagnee de gestes deshonestes, mais fort peu au respect de l'autre.

_{S. Chrisost. Homilia 59. in Genesim. Del Rea lib. 3. singularis. cap. 16.}

Or toutes ces dances se font encore auec beaucoup plus de liberté & plus efrontément au Sabbat: car les plus sages & moderees croyent ne faillir, de commettre inceste toutes les nuicts auec leurs peres, freres & autres plus proches, voire en presence de leurs maris. Et tiennent mesmes à tiltre de Royauté comme Roynes du Sabbat, d'estre cognues publiquement deuant tout le mōde, de ce malheureux Demon: quoy que son accouplement soit accompagné d'vn merueilleux & horrible tourment, comme nous dirons en son lieu.

Il est bien certain, que la plus part des peuples anciennement, vsoyent & pratiquoient la dance en leurs sacrifices, voire en toutes leurs festes les plus solemnelles : & les filles en Perse, s'approchant de la coustume qui s'obserue aux Sabbats, adoroient le Soleil dançant toutes nues au son de quelque instrument, comme font nos Sorcieres, qui dancent en ces maudites assemblees, par fois nues & par fois en chemise, vn gros chat attaché au derriere d'icelles, comme nous ont dict plusieurs d'entre elles.

<small>Que la dance des Sorciers est vne dance de gens furieux & forcenez de rage. Bodin liure 2. c. 4. de la Demo.</small>

Mais les dances des Sorciers sont d'autre sorte : car elles rendent presque les hommes furieux, & font auorter le plus souuent les femmes.

Non pas que ie sois de l'aduis de Bodin, lequel dict que la volte, laquelle outre les mouuemens violens & impudiques, a cela de mauuais, qu'vne infinité d'homicides & auortemens en aduiennent, a esté portee en France par des Sorciers Italiens. Car la verité est qu'il ne s'en dance en nul lieu d'Italie, sauf en Piedmont, & fort peu en quelque coing de Lombardie : & l'ont empruntee du voisinage de nos Prouençaux ? & Nice estant à nous, qui est en la coste de Prouence, nous la leur auons aprinse, ou bien lors que nous auions tant de bonnes villes en Piedmont : & de faict par tout ce pays la, l'appellent la Niffarda, & est la dance la plus commune en Piedmont qui se dance au bal, soit és villes, soit és festes des villages : si bien qu'on employe la plus grande partie du temps que le bal se tient, sans dancer autre chose, tant ceste grande agitation leur plaist.

<small>I'y ay faict trois voyages, & ay veu chaque bonne ville en son triomphe c'est a dire le iour de la feste.</small>

De maniere qu'il me souuient que Dom Pietro de Medicis passant à Bourdeaux lors que la feu Royne mere & la Royne Marguerite estoient à Nerac, il y seiourna plus de six sepmaines, pendant lequel seiour venant tout fraischement d'Italie, i'auois l'honneur (la langue Italiéne me donnât ce priuilege) de l'entretenir à toute heure. Et detât que le sieur de Sansac pour lors gouuerneur de la ville de Bourdeaux, auoit receu commandement de la Royne mere, de l'honnoter & caresser côme son parent, il eust vn iour enuie de voir les dames & le bal, pour voir dancer à la Françoise,

<small>En l'an 1577.</small>

DES DEMONS, MAG. ET SORC. LIV. III. 205

si bien que me voyant dancer la volte auec vne tres-belle damoyselle, il la trouua si estrange qu'il me pria de luy en donner quelque air sur le luth pour l'emporter à Florence: sur tout il trouuoit rude, par ce qu'il estoit Italien, qu'on se ioignit de si prés, & qu'aprés quelques tours de salle on vint aux prises, portant la main au busc, qui va vn peu bien bas, pour plus aisément aller amont, & rehausser la femme, comme on faisoit en ce temps là.

On commence à la laisser en France, ayant fort à propos recognu que c'est aux furieux & forcenez seuls à vser de telles dances & sauts violens. Que si elle eust continué guiere d'auantage, il eust fallu faire comme on faict en Allemagne & traicter les François en malades, contraignant les grands sauteurs & danceurs de dances violentes, à dancer posément & en cadance graue & pesante: les traictant comme insensez, & gens qui sont attaints (disent ils) de la maladie de S. Vitus & Modestus, feste que l'Eglise celebre au mois de Iuing. *15. Iuing.*

Ie ne voudrois pas pour cela sauter à l'autre extremité, *Bod. liu. 1.* & faire cõme ceux de Geneue, qui haissent toute sorte de *c. 4. Demō.* dances. Car le Diable leur en apprend par fois de plus rudes qu'aux autres, & les faict souuent dancer auec la verge & le baston, comme on faict les animaux.

Tesmoin ce que dict Bodin que Satan auoit apprins *Bod. ibid.* vne ieune fille de Geneue à faire dancer & sauter toute personne qu'elle touchoit auec vne vierge de fer qu'il luy auoit baillee, & se mocquoit des iuges qui luy faisoyent le procez disant qu'ils ne la pourroyent faire mourir.

Ie diray donc volontiers & donneray pour aduis aux sorciers ou sorcieres, & sur tout aux ieunes fillettes qui se laissent debaucher & en sorceler à ce vieux Bouc de Satan, ce que tres à propos souloit dire Theocrite en quelque part.

Vos vero capellæ, nolite saltare,
Ne forte in vos hircus incurrat.

Ne sautez point ieunes fillettes, & ne vous agitez, affin que ce malheureux Bouc ne coure aprés vous. Le Diable qui se represente en bouc au sabbat, faict tous exercices

C c iij

soubs la figure & forme de cet animal: animal si desagreable si immonde & puant, qu'il n'en pouuoit choisir aucun autre qui le fut tant que celuy la.

4. Que le Diable prend plaisir au sabbat de dancer auec les plus belles.

Il est assis comme vn bouc en sa chaire dorée, il dance au sabbat auec les filles & femmes, & auec les plus belles, ores menant la dance, ores se mettant à la main de celles qui luy sont plus à gré: & s'accouple en cette forme auec elles. Et comme il a la faculté & permission de Dieu, de se transformer en tel animal qu'il veut, il est en degré superieur plus laid que le plus horrible bouc que nature ayt iamais produict. Tellement que ie m'esmerueille, qu'il se trouue femme quelquonque si vilaine, qui veuille baiser c'est animal en nulle partie du corps: à plus forte raison qui n'ait horreur de l'adorer & le baiser es plus sales, & parfois es plus vergogneuses parties d'iceluy.

Mais c'est merueille, que pensant faire quelque grand horreur à des filles & des femmes belles & ieunes, qui sembloyent en apparence estre tres delicates & doüillettes, ie leur ay bien souuent demandé, quel plaisir elles pouuoient prendre au sabbat, veu qu'elles y estoyent transportées en l'air auec violence & peril, elles y estoyent forcees de renoncer & renier leur Sauueur, la saincte Vierge, leurs peres & meres, les douceurs du ciel & de la terre, pour adorer vne Diable en forme de bouc hydeux, & le baiser encore & caresser es plus sales parties, souffrir son accouplement auec douleur pareil à celuy d'vne femme qui est en mal d'enfant: garder, baiser & alaicter, escorcher & manger, les crapaux: dancer en derriere, si salement que les yeux en deuroyent tomber de honte aux plus efrontées: manger aux festins de la chair de pendus, charognes, cœurs d'enfans non baptisez: voir prophaner les plus precieux Sacremés de l'Eglise, & autres execratiõs si abominables: que les ouïr seulement raconter, faict dresser les cheuaux, herisser & frisonner toutes les parties du corps: & neantmoins elles disoyent franchement, qu'elles y alloyent & voyoient toutes ces execrations auec vne volupté admirable, & vn desir enragé d'y aller & d'y estre, trouuant les iours trop

DES DEMONS, MAG. ET SORC. LIV. III. 207

reculez de la nuict pour faire le voyage si desiré, & le poinct ou les heures pour y aller trop lentes, & y estãt, trop courtes pour vn si agreable seiour & delicieux amusement. Que toutes ces abominations, toutes ces horreurs, ces ombres n'estoyent que choses si soudaines, & qui s'esuanouissoient si viste, que nulle douleur, ny deplaisir ne se pouuoit accrocher en leur corps ny en leur esprit : si bien qu'il ne leur restoit que toute nouueauté, tout assouissement de leur curiosité, & accomplissement entier & libre de leurs desirs, & amoureux & vindicatifs, qui sont delices des Dieux & non des hommes mortels.

Et par ce que de tous ces exercices qu'elles font au sabbat, il n'y en a pas vn qui soit si approchant des exercices reglez & communs parmy les hommes, & moins en reproche que celuy de la Dance, elles s'excusent aucunement sur celuy la, & disent qu'elles ne sont allees au sabbat que pour dancer, comme ils sont perpetuellement en ce païs de Labourt, allãt en ces lieux, comme en vne feste de parroisse.

Nemo fere saltat sobrius dict quelqu'vn, Mais il se trompe, on n'y mange rien que venin & poison : ainsi on y saute & dance bien sobre de bonnes viandes, mais on est remply d'execrables, & telles que le plus horrible animal de la terre & le plus vorace, auroit horreur de les flerer, à plus forte raison vn Chrestien.

5. Que ce dict de Ciceron *Nemo fere saltat sobrius* se trouue faux en la dance des sorciers au sabbat.

Et s'il est vray ce qu'on dit que iamais femme ny fille ne reuint du bal si chaste comme elle y est allee, combien immonde reuiét celle qui s'est abandonnee, & à prins ce malheureux dessin d'aller au bal des Demõs & mauuais Esprits, qui a dancé à leur main, qui les a si salement baisez, qui s'est donnée à eux en proye, les a adorez, & s'est mesme accouplee auec eux ? C'est estre à bon escient inconstante & volage : c'est estre non seulement impudique voire putain efrontee ; mais bien folle enragee, indigne des graces que Dieu luy auoit faict & versé sur elle, lors qu'il la mit au monde, & la fit naistre Chrestienne.

6. Iamais femme ne reuint du bal si chaste comme elle y est allee.

Nous fismes en plusieurs lieux dancer les enfans & filles en la mesme façon qu'elles dançoient au sabbat, tant pour

7. La forme de la

quelle on dance au sabbat

les deterrer d'vne telle saleté, leur faisant recognoistre, combien le plus modeste mouuement estoit sale, vilain & malseant à vne honneste fille: Qu'aussi, par ce qu'au confrontement, la plus part des sorcieres accusees d'auoir entre autres choses dancé à la main du Diable, & par fois mené la dance, nioyent tout, & disoyent que les filles estoyent abusees, & qu'elles n'eussent sceu exprimer les formes de dance qu'elles disoyent auoir veu au sabbat.

C'estoyent des enfans & filles de bon aage, & qui estoyēt desia en voye de salut auant nostre commission. A la verité aucunes en estoyent dehors tout à faict, & n'alloyent plus au sabbat il y auoit quelque temps: les autres estoyent encore à se debatre sur la perche, & attachez par vn pied, dormoient dans les Eglises, se confessoyēt & cōmunioyent, pour s'oster du tout des pattes de Satan. Or on dict qu'on y dance tousiours le dos tourné au centre de la dance, qui faict que les filles sont si accoustumees à porter les mains en arriere en cette dance ronde, qu'elles y trainent tout le corps, & luy donnent vn ply courbé en arriere, ayant les bras à demy tournez: si bien que la plus part ont le ventre communement grand, enflé & auancé, & vn peu penchant sur le deuant. Ie ne sçay si la dance leur cause cela, ou l'ordure & mechantes viandes qu'on leur faict manger. Au reste on y dance fort peu souuent vn à vn, c'est à dire vn homme seul auec vne femme ou fille, comme nous faisons en nos gaillardes: ains elles nous ont dit & asseuré, qu'on n'y dansoit que trois sortes de bransles, communement se tournant les espaules l'vn l'autre, & le dos d'vn chascun visant dans le rond de la dance, & le visage en dehors. La premiere c'est à la Bohemienne, car aussi les Bohemes coureurs sont à demy Diables: ie dy ces longs poils sans patrie, qui ne sont ny Ægyptiens, ny du Royaume de Boheme, ains ils naissent par tout en chemin faisant & passant païs, & dans les champs, & soubs les arbres, & font des dances & bastelages à demy comme au sabbat. Aussi sont ils frequens au païs de Labourt, pour l'aisance du passage de Nauarre & de l'Espagne.

La

La seconde c'est à sauts, comme noz artisans font es villes & villages, par les rues & par les champs: & ces deux sont en rond. Et la troisiesme est aussi le dos tourné, mais se tenant tous en long, & sans se deprédre des mains, ils s'approchent de si prés qu'ils se touchent, & se rencontrent dos à dos, vn homme auec vne femme: & à certaine cadance ils se choquent & frapent impudément cul contre cul. Mais aussi il nous fut dit, que le Diable bizarre, ne les faisoit pas tous mettre rangément le dos tourne vers la couronne de la dance, comme communement dict tout le monde: ains l'vn ayant le dos tourné, & lautre non : & ainsi tout à suite iusqu'à la fin de la dance : Dequoy aucuns se sont essayez de vouloir rendre la raison, & ont dit que le Diable les dispose ainsi la face tournee, hors le rondeau, ou parfois l'vn tourne & l'autre non, affin que ceux qui dancent ne se voyent pas en face, & qu'ils n'ayent loysir de se remarquer aisémét l'vn l'autre: & par ce moyen ne puissent s'entraccuser s'ils estoyent prins par iustice : raison notoirement faulse, par ce qu'ils se voyent aussi bien presque, ou peu sen faut, le dos tourné que face à face : Car ce demy rond qu'ils font ne les esloigne guiere plus loing l'vn de l'autre, que s'ils estoyent main à main à droicte dance. Mais c'est que le Diable qui n'aime que desordre, veut que toutes choses se facent à rebours, ne se souciant qu'ils se cognoissent, & qu'ils s'entraccusent, mesmement lors qu'il est asseuré, que l'accusation de l'vn fera perir l'autre.

Bod. liu. 2. c. 4 Demono.

Or elles dancent au son du petit tabourin & de la fluste, & par fois auec ce long instrument qu'ils posent sur le col, puis l'allongeant iusqu'auprés de la ceinture, ils le batent auec vn petit baston : parfois auec vn violon. Mais ce ne sont les seuls instrumens du sabbat, car nous auons apprins de plusieurs, qu'on y oyt toute sorte d'instrumens, auec vne telle harmonie qu'il n'y a concert au monde qui le puisse esgaler.

Quant aux boiteux, aux estropiats, aux vieux decrepites & caducs ce sont ceux qui dancent plus legerement, car se sont festes de desordre, où tout paroist dereglé & contre nature.

8. Que les boiteux les decrepites & les estro

piats, dan-
cent plus
legeremét
au sabbat
que les au-
tres.
strozzi lib.
4. cap. 4. del
Palagio de
gli incanti.

Et est chose notable, que le lieu mesme & la terre sur laquelle ils tripudient, & trepignent ainsi des pieds, reçoit vne telle malediction, qu'il n'y peut croistre ny herbe ny autre chose. Strozzi autheur Italien dit auoir veu dans vn champ à Castelnouô prés de Vincense, vn cercle en rond à l'entour d'vn chastaigner, ou les sorcieres estant au sabbat, auoyent accoustumé de dancer, si foulé, que iamais herbe n'y pouuoit naistre.

Aprés la dance ils se mettent par fois à sauter, & font à qui fera vn plus beau saut, iusques à en faire gageure. Marie de la Parque habitante de Handaye aagee de 19. a 20. ans, & plusieurs autres deposent, Qu'estát vne nuict au sabbat, elles virent que Domingina Maletena sorciere, sur la montagne de la Rhune, si haute, & le pied ou baze si large, qu'elle voit & borne trois Royaumes, France, Espagne, & Nauarre, fit par emulation auec vn autre de laquelle elles nous dirent aussi le nom, à qui feroit vn plus beau saut, si bien qu'elle sauta du haut de ladicte montagne, iusques sur vn sable qui est entre Handaye & Fontarrabie, qui est bien prés de deux lieües, & que la seconde s'en approchant aucunement, alla iusques à la porte d'vn habitant de Handaye. Qu'elles le voyoient clairement: & que la plus part du sabbat se retirant, allerent vers elles, & trouuerent ladict Domingina qui les attendoit, pour recueillir le fruict de la victoire & le pris de la gageure.

Ieannette d'Abadie dit auoir veu la Dame de Martiabalsarena, dancer au sabbat, auec quatre crapaux, l'vn vestu de veloux noir auec des sonnettes aux pieds, qu'elle portoit sur l'espaule gauche, & l'autre sans sonnette sur l'espaule droicte, & à chasque poing vn autre comme vn oyseau, ces trois derniers non reuestus, & en leur naturel. Surquoy est remarquable, que plusieurs nous ayant dict à S. Iean de Lus, qu'vn sorcier nommé Ansuperomin. ioüoit de la flusle au sabbat, monté sur le Diable en forme de bouc. Celuy nous dit, que le Diable voit parfois dancer simplement comme spectateur, parfois il mene la dance, changeant souuent de main & se mettant à la main de celles qui

DES DEMONS, MAG. ET SORC. LIV. III. 215
luy plaisent le plus. Qu'elle à veu vne sorciere dont elle n'a sceu dire le nom, prisonniere à Bayonne, sonner le grand tambour au sabbat, & le petit aueugle de Siboro le petit tabourin & la fluste.

Celles cy ne dancent donc à la Françoise, ains estant Basques & en plus belle disposition, elles font des sauts plus grands, & ont des mouuemens & agitations plus violentes.

Ceux qui ont descrit celles qui dancent à la Françoise, disent que les sorcieres de Logny, souloyent dire en dançant, Har Har, Diable Diable, saute icy, saute la, iouë icy, ioue la, & les autres disoyent, Sabbat Sabbat, c'est à dire la feste & iour de repos, en haussant les mains garnies de balais, pour dôner vn certain tesmoignage d'allegresse, & que de bon cœur elles seruent & adorent le Diable, & aussi pour imiter & contrefaire l'adoration que les Chrestiens font à Dieu: estant bien certain que les anciens Hebrieux portans leurs oblations au temple, commençoient à dancer deslors qu'ils s'approchoyent de l'autel.

Bod. l. 2. c. 4. Demon.

Et Dauid en signe d'allegresse dançant disoit.

Que Syon maintenant s'esgaye en asseurance,
Tonnent les tabourins, les chansons & la dance
Des filles de Iuda.

Psalm. 47. Magnus Dominus.

Et d'autres fois il sonnoit de la harpe deuant l'Arche d'alliance. Mais en cette deuote & mysterieuse dance, il n'y auoit rien de violent, ny accompagné d'indecence, ains le doux eslancement du corps rauissoit l'ame, & esleuoit le cœur au ciel.

Aussi se faisoyent les dances es lieux d'honneur, remplis de ioye & de contentement, parmy des personnes honnorables: où les Roys chantant & sonnant, faisoyent dancer le peuple de Dieu: au lieu qu'és sabbats, on n'y voit que Diables, Faunes, Satyres, boucs, dragons, tygres, lyons, loups, asnes, chiens & chats, auec des sorcieres enfumees, vieilles & defigurees, fournies de viperes crapaux & poisons, qu'elles tiennent en delice es carrefours & deserts, & estant au sabbat le long des ruisseaux.

A quoy se rapporte le lieu d'Isaye ch. 34. quand il dit que *Isaye c. 34.*

la ville de Babylone fera rafee, & que là danceront les Fees, les Luytons, les Demons, & les Demy-hommes & Demy-afnes.

Donc cet exercice qui fe faict en ces lieux n'a efté pour autre raifon inuenté de Satan, que pour faire iniure à la diuinité. Auffi refemble il ce facrifice ancien du peuple d'Ifraël, lors qu'il fe fabriqua le V.eau d'or au defert: aprés le facrifice duquel, ils commencerent à boire, manger & feftiner: & fe leuant de là ils fe mirent à chanter, & dancer en rond. En fin dit l'Italien.

9. Che la fal-tatione é fog-geto di perfo-ne ignobili il Garzoni dif. 45.

La faltatione é foggeto dy perfone ignobili. Et la dance des forciers *é vn cerchio ch'a il Diauolo per centro.*

Il faut donc fuir ces lieux, ou Satan faict iouer les inconftances les plus preiudiciables, & les plus ennemies de noftre falut: & où la feule abomination & horreur deuroit retirer les miferables, quand bien leur malheureufe dance n'auroit autre fuite que le feul exercice, & le plaifir & contentement que le corps prend à s'efbranler & fauter.

DE L'INCONSTANCE DES DEMONS, MAGICIENS ET SORCIERS.

De l'accouplement de Satan auec les Sorciers, & Sorcieres, & si d'iceluy se peut engendrer quelque fruict.

1. Que Plutarque n'a creu l'accouplement auec les Demons.
2. Plusieurs ont veu oculairement les remuemens & l'agitation de l'accouplement de Satan auec les Sorcieres.
3. En quel aage Satan oste la virginité aux filles.
4. Le Diable ne cognoit les Sorcieres pour plaisir qu'il preigne en ces accouplement.
5. Les amies de Satã prënent vn singulier plaisir de parler de l'accouplemët.
6. Que le Diable aime mieux s'accoupler auec vne femme mariée, qu'auec vne fille & pourquoy.
7. Histoire memorable des amours d'vn Incube.
8. De la Royne du Sabbat.
9. Pourquoy le Diable baille tant de chair aux Sorciers, soit pour manger, soit pour aiguiser en eux l'eguillon de la chair.
10. Histoire merueilleuse du Petrarque touchãt les amours d'vn Roy de Frãce.
11. Amours enchantees du Roy Henry II.
12. Si les Demons peuuent engendrer.
13. Neffesoliens se disent estre nez du sainct Esprit.

DISCOVRS V.

Lusieurs ont desnié l'accouplement & acointance de Satan auec les Sorciers ou Sorcieres: Le tirant de Plutarque en la vie de Numa qui dict que mal à propos on croit les Demons, qui ne sont qu'Esprits incorporels, estre esprits de la forme humaine, & auoir acointance auec les hommes.

1 Que Plutarque n'a creu l'accouplement auec les Demons.

& les femmes, veu qu'ils ne peuuent estre touchez de l'eguillon de perpetuer leur espece: d'autant que dés la creation du monde ils sont creez en nombre certain & immuable, & qu'il n'y a entre eux & les hommes conuenance ne conformité quelconque d'especes: Qui seroit nier tout à faict ce qu'on dict des Incubes & Succubes, & destruire ce que l'antiquité & nos procedures nous en ont faict voir. Ie ne parle pas des bons Anges esquels ne peut escheoir vne semblable brutalité: mais la verité est que les Demons se forment vn corps aëré, auec lequel, bien que cela semble estre chose merueilleuse & quasi impossible, ils peuuent pratiquer des actes de Venus. Voicy ce qu'en dict sainct Augustin, *Le bruict commun* (dict-il) *est, & plusieurs l'ont essayé, & encore entendu de ceux, la foy desquels ne peut estre reuoquee en doute, Que certains Faunes & animaux siluestres appellez du commun Incubes, ont esté fascheux & ennuieux aux femmes: tellement qu'ils ont souuent connoité d'habiter luxurieusement auec elles, & se trouuent certains Demons que les François appellent Dusij, lesquels s'esforcent tant qu'ils peuuent de cognoistre les femmes, & bien souuent ils accomplissent leur dessein: tellement que de nier cela* (dict-il) *c'est vn traict d'vn homme impudent.*

S. Aug. li. 5. De ciuit. Dei l. 23. & lib. 19. Super Genes. q. 3. Strosö lib. 3. c. 3. Del palagio de gli incanti.

Henry Institeur & Iaques Spranger, qui furent esleus du Pape Innocent VIII. pour faire le procez aux Sorciers d'Allemagne racontent, que bien souuent ils ont veu des Sorcieres couchees par terre le ventre en sus, remuant le corps auec la mesme agitation que celles qui sont en ceste sale action, prenant leur plaisir auec ces Esprits & Demons Incubes qui leur sont visibles, mais inuisibles à tous autres, sauf qu'ils voyent aprés cet abominable accouplement vne puante & sale vapeur s'esleuer du corps de la Sorciere, de la grandeur d'vn homme: si bien que plusieurs maris ialoux voyans les malins Esprits acointer ainsi & cognoistre leurs femmes, pensant que ce fussent vrayement des hommes mettroient la main à l'espee, & qu'alors les Demons disparoissans ils demeuroient moquez & rudement baffoüez par leurs femmes.

a Plusieurs ont veu oculairement les remuemens & l'agitation de l'accouplement de Satan, auec les Sorcieres.

S. Bernard deliura vne femme qui auoit esté cognuë par

vn Demon l'espace de six ans. Et ne se faut estonner, si les Demons ont vne telle puissance: car Dieu le leur permettant, ils lient tellement tous les sentimens des personnes desquelles ils veulent abuser, qu'ils les rendent immobiles comme statues de leur seule respiration & haleine.

François Pic de la Mirandole dict auoir cognu vn homme de 75. ans qui s'appelloit Benedeto Berna, lequel par l'espace de quarante ans eut acointance auec vn Esprit Succube qu'il appelloit Hermeline, & la conduisoit & menoit quand & luy en forme humaine, en la place & par tout, & parloit auec elle: De maniere que plusieurs l'oyant parler, & ne voyant personne le tenoient pour fol. Et vn autre nommé Pinet en tint vn l'espace de trente ans soubs le nom de Fiorina.

Surquoy est remarquable ce que dict Bodin, Que les Diables ne font paction expresse auec les enfans qui leur sont voüez, s'ils n'ont attaint l'aage de puberté: & dict que Ieanne Haruillers deposa que sa mere qui l'auoit dediee à Satan si tost quelle fut nee, ne fut iamais desiree par Satan ny ne s'accoupla auec luy, qu'elle n'eust attaint l'aage de douze ans. Et Magdeleine de la Croix Abbesse de Cordouë en Espagne dict de mesme, Que Satan n'eust cognoissance d'elle qu'en ce mesme aage.

En quel aage Satan oste la virginité aux filles.
Bodin liu. 4. c 5.

Or cette operation de luxure n'est commise ou practiquee par eux pour plaisir qu'ils y prennent, parce que comme simples Esprits, ils ne peuuent prendre aucune ioye ny plaisir des choses sensibles. Mais ils le font seulement pour faire choir l'homme dans le precipice dans lequel ils sont, qui est la disgrace de Dieu tres-haut & tres-puissant.

Le Diable necognoist les Sorcieres pour plaisir qu'il prenne en cet accouplement.

L'accouplement donc des Incubes & Succubes, tant publié par les Auteurs qui ont traicté ce subiect, est tres-veritable: estant mesme authorisé & tenu pour certain par S. Augustin, & autres grands & saincts personnages. A laquelle opinion est conforme la glose sur ce passage du Genese, *Cumque vidissent filij Dei filias hominum*, laquelle dict, *non est incredibile quosdam homines à quibusdam Dæmonibus genitos, qui sunt mulieribus improbi & tædiosi.*

S. Aug. li. 15. De ciuit. D. cb. Scot. lib. 2. Sentent. dist. 7. & quæst. vnica.

Outre ce l'accouplement des Demons est prouué clairement par deux passages de l'Escriture saincte. Au Deuteronome ch. 4. il est dict, Que tous ceux qui s'estoient accouplez au Diable Pehor, estoient peris malheureusement. Et au Leuitique on lit ces paroles, *Et vous n'irez plus sacrifier à vos Satyres Diables, aprés lesquels vous auez paillardé.*

Deuter. ch. 4.
Leuitic. 17.

Or cet accouplement infame & maudit, vient aprés la dance & les festins. Accouplement si abominable que c'est horreur d'en raconter les particularitez, à plus forte raison aux belles filles & autres personnes Chrestiénes, de le souffrir. Mais ie puis dire des filles & femmes de Labourt, qui ont pratiqué les Sabbats, qu'elles font tout à rebours du fils de Marcellus, lequel estant encore fort ieune deféra Capitolinus d'amour impudique enuers luy. Dequoy le Senat se voulant esclaircir, adiousta foy à luy seul, *non dicenti, iuranti, aut asserenti à Capitolino attentatam pudititiam : sed tacenti erubescenti & collachrymanti.* Car au lieu de taire ce damnable accouplement, d'en rougir & d'en pleurer, elles en content les circonstances & les traicts les plus sales & impudiques, auec vne telle liberté & gayeté, qu'elles font gloire de le dire, & prennent vn singulier plaisir de le raconter : prenant les amours de ce sale Demon pour plus dignes, que celles du plus iuste mary qu'elles pourroient iamais rencontrer. Elles ne rougissent du tout poinct, quelque impudente & sordide question ou sale interrogatoire qu'on leur face : de maniere que nostre interprete ou truchement, qui estoit Ecclesiastique auoit plus de honte de leur faire nos interrogatoires, qu'elles à y respondre : les fillettes de treize à quatorze ans, l'expriment plus volontiers qu'on ne leur demande. Encore sçay-je bon gré à celle qui prioit le Diable, lors qu'il la vouloit cognoistre charnellement, de luy changer de forme. Voicy ce que nous en dict Marie Dindarte de Sare aagee de dix sept ans, sorciere excellente, & qui menoit des enfans au Sabbat : Que le Diable voulant s'accoupler auec vne ieune Sorciere, elle le pria instamment de luy donner vne autre forme pour la faire mecognoistre, ce qu'il fit : Neantmoins elle le recognut, parce que le Diable ne se cache

Les amies de Satan prénent vn singulier plaisir de l'accouplement.

che des insignes Sorcieres comme elle. Ie me crains le touchant par escrit, que ie seray estimé encore plus efronté qu'elles. Mais ie ne sçauroy les couaincre d'efronterie si ie n'en d'y quelque chose, à la charge que ie ne diray rien qui ne soit couché en nos procedures, & encore en tairay-ie la moitié.

Iohannés d'Aguerre, dict que le Diable en forme de bouc auoit son membre au derriere & cognoissoit les femmes en agitant & poussant auec iceluy contre leur deuant.

Marie de Marigrane aagee de quinze ans habitante de Biarrix dict, Qu'elle a veu souuent le Diable s'accoupler auec vne infinité de femmes qu'elle nomme par nom & surnom: & que sa coustume est de cognoistre les belles pardeuant, & les laides tout au rebours.

Or encore que cela soit sale à le prononcer si peu ront re- cognoistre clairement qu'elle dict vray. *Faciunt verum fidem*, Cic.inTop. dit Ciceron, *pueritia, somnus, imprudentia, violentia, insania*. Encore qu'elle soit aucunement ieune, sa ieunesse est incapable d'vne si sale inuention. Or s'il est ainsi, comme celles qui l'ont mesme essayé le nous ont dict, (car le Diable ne se cache que des enfans, lesquels disent qu'ils voyent celles que le Diable veut cognoistre se separer de la troupe, s'escarter vn peu auec luy, & qu'ils ne le peuuent voir en cet acte execrable, par ce qu'il leur met audeuant quelque nuee espaisse: mais qu'ils les oyent crier comme personnes qui souffrent vne grande douleur, & qu'ils les voyent aussi tost reuenir au Sabbat toutes sanglantes) ie croy que c'est aussi bien deuant que derriere, selon le lieu ou il est allé heurter, *Ex inspecta natura, vel ex inspecto podice mulieris, deprehensa est vis turpitudinis, deformata est enim figura, deiectus spinter, venæ tumidiores, caro interior rubra, concussa vt vim illatam naturæ hac parte nemo dissimulare possit*. Et ne faut pas douter puis que le Diable és Sabbats faict *quæ omnia ibi sunt præpostera & ridicula*, qu'il ne prenne plus de plaisir de se faire baiser au derriere qu'au deuant : & de mesme quand il baise les enfans ou filles, qu'il ne prenne aussi plus de plaisir en la Sodomie, qu'en la plus reglee

E e

volupté & la plus naturelle. Car il ne cherche qu'offencer Dieu, interesser la nature, & perdre & deshonnorer le genre humain. Tellement qu'on peut dire de luy & ses compagnons, ce qu'on disoit anciennement des Sodomites, & les peut-on iustement appeller comme eux *ironice*, *Scarabei*, estant ainsi appellez, *quod instar Scarabeorum stercora persequerentur, & in his nidulari & volutari amarent, audcrentque hesterna,* (comme parle le Poëte Perse) *occurrere cane.* Ie lairray ce fascheux & sale discours, & ne m'engageray non plus en celuy des Incubes & Succubes pour raconter nuement ce que nos procedures nous en disent.

6 Que le Diable ayme mieux cognoistre & s'accoupler auec vne femme mariee qu'a uec vne fille, & pour quoy.

Plusieurs nous ont dict, qu'au Sabbat parmy ou apres la dance, le Diable prend les plus belles pour les cognoistre charnellement. Mais le plus souuent il faict cet honneur à la Royne du Sabbat, & à celle qu'il tient par faueur assise prés de luy. Parfois il en cognoist ouuertement plusieurs autres: la nuee qu'il interpose n'estant que pour les enfans. Surquoy vne vieille fille nous a dict vne particularité, que le Diable n'a guiere acoustumé d'auoir acointance auec les vierges, parce qu'il ne pourroit commettre adultere auec elles, ains il attend qu'elles soient mariees. Et nous a dict à ce propos, que le commun bruit estoit parmy elles, que le Maistre des Sabbats en retenoit vne fort belle, qu'elle nous a nommé, iusqu'à ce qu'elle soit mariee, ne voulant plustost la deshonnorer, comme si le peché n'estoit assez grand de corrompre sa virginité, sans adulterer auec elle. Et celles qui sont ainsi priuilegees qu'il tient à son costé pompeusement vestues, sont appellees & tenues communément pour Roynes du Sabbat: bien que nous auons preuue certaine, que souuent il pert tous ces respects, & se prend aux filles, aussi bien qu'aux femmes, & au Sabbat & ailleurs il les espouse & s'accouple auec elles: i'en mettray seulement icy vne histoire celebre.

7 Histoire memorable des amours d'vn Incube. Torque traict.3 dif. Dans mon liure de l'Inconst. l. 2. disc. 6.

En l'isle de Sardaigne & en la ville de Cagliari, vne fille de qualité, de fort riche & honnorable maison, ayant veu vn Gentilhomme d'vne parfaicte beauté &

bien accompli en toute sorte de perfectiõs s'amouracha de luy, & y logea son amitié auec vne extresme violence. L'honneur qui retient les plus desbordees en la vergogneuse simplicité de leurs plus ieunes ans, modera si bien cet ardeur, que le Gentilhomme qui ne s'en doutoit aucunement, ne s'apperçeut onc d'vne telle fortune. Vn mauuais Demon pipeur, plus instruit en l'amour & plus affronteur que luy, embrassant cette occasion, recognut aisément que cette fille esprise & combatue d'amour, seroit bien tost abbatue, qu'il est bien aisé de ioüir d'vne fille amoureuse, à celuy qui ne cognoit pas seulement son amour, ains qui sçait tout le dereglement de ses intentions: encore mieux à celuy qui comme ce mauuais Demon, poussoit ses mauuais desirs & ses pensees, & les hastoit pour venir à son point. O! qu'il est bien aisé à vn Follet domestique de fouler l'honneur d'vne fillette affolee d'amour & de rage. Elle n'a que trop d'amour pour le refuser, & luy que trop de pernicieuse volonté pour la perdre. Et pour y paruenir plus aisément, il emprunta le masque & le visage du vray Gentilhomme, prenant sa forme & figure, & se composa du tout à sa façon, si bien qu'on eust dict que c'estoit non seulement son portraict, mais vn autre luy mesme. Il la vit secrettement & parla à elle, luy feignit des amours & des commoditez pour se voir. De maniere que le mauuais Esprit qui trouue les sinistres conuentions les meilleures, abusa non seulement de la simplicité de ceste ieune fille, ains encore du Sacrement de mariage, par le moyen duquel, la pauure Damoyselle pensoit aucunement couurir sa faute & son honneur. De sorte que l'ayant espousé clandestinement, adioustant mal sur mal, comme plusieurs s'attachent ordinairement ensemble, pour mieux assortir quelque faict execrable tel que celuy-cy, ils ioüirent de leurs amours quelques mois, pendant lesquels cette fille faussement contente, cachoit le plus qu'il luy estoit possible ses amours. Le Demon creignant d'estre trop tost descouuert, la pria que se trouuant en compagnie auec le gentilhomme de qui il auoit emprunté la forme, elle ne fit aucun semblant de le cognoistre, & mesme qu'elle ne luy enuoyast iamais aucun messager, comme estant chose non seulement dangereuse, mais inutile, puisque toutes les nuicts il estoit en commodité de la voir: luy donnant à entendre que c'estoit pour tenir la chose plus secrette. Il aduint que sa mere luy donna quelque chose saincte qu'elle portoit par deuotion, qui luy seruit d'antidote contre le Demon & contre son amour, brouillant les entrees, & troublant ses commoditez. Elle print patience l'espace de trois mois, pendant lesquels le Demon ne l'estoit venu visiter. Le Diable qui la vouloit trauailler par autre moyen, luy ayant donné iusqu'à lors assez d'amour, s'esforça de la vexer encore & tourmenter par ialousie, luy donnant martel de quelque autre, qui le pouuoit auoir tiré en amour. De sorte qu'outree de ialousie & d'impatience elle enuoya querir le Gentil-homme, mais plustost auec forme de commandement de femme iustement irritee, qu'auec priere de fille amoureuse. Le depit de se voir si long temps abandonnee, & le souuenir de quelque faux plaisir la pressoient si fort, que son messager fut commandé luy dire qu'elle auoit vn tres-grand affaire à luy communiquer. Le Gentilhomme qui ne pensoit rien moins qu'a cet amour, & qui ne se fut iamais douté de ce qu'elle luy vouloit dire, fut la trouuer, plustost par ciuilité que par aucune autre occasion qu'il eust sçeu imaginer, & ayant espié la commodité de la rencontrer seule, le Gentilhomme l'ayant saluee auec beaucoup de respect luy demanda auec vne contenance fort reseruee, qu'est ce qu'elle luy vouloit commander. La Damoyselle voyant qu'il faisoit ainsi le froid & l'incognu, comme celuy qui ne sçauoit rien de ce qu'elle croyoit qu'il sçeut le mieux, prenant la courtoisie, l'honnesteté & la ceremonie de ses paroles pour autant d'affronts, reuoquant aussi à iniure son retardement, commença à parler ainsi à luy. *Ie m'estonne* (dict elle) *mon ami, que vous n'ayez non seulement oubliee, mais encore que vous ayez tant differé à me* venir voir. Le Gentilhomme admirant cette priuauté defdaigneuſe, comme celuy qui ignoroit du tout le ſubiect qui luy faiſoit tenir ces propos, liſant outre ce en ſon viſage l'aigreur d'vne femme offenſee, luy reſpondit de quelque façon qu'il ſembla à la Damoiſelle qu'il y auoit en luy trop de diſſimulation & de feintiſe, veu qu'il n'y auoit perſonne en leur chambre, qui les peuſt deſcouurir. Si bien que toute tráſportee elle luy dict. Puis qu'il auoit iouy d'elle ſi longuement, il ne penſaſt pas luy faire cet affront de l'abandōner, ains qu'il ſe reſolut de la tenir pour ſa femme, puis qu'il l'auoit eſpouſee : le gentilhomme bien eſtonné de ce langage, luy reſpondit fort courtoiſement, Qu'il ne la pouuoit entendre, comme celuy qui n'auoit onc parlé à elle, ny ne l'auoit veuë en ſecret, comme elle diſoit, encore moins l'auoit il eſpouſee, n'ayant iamais eu affaire quelconque à traicter auec elle. La pauure fille ſortoit de ſon entendement le voyant ſi entier & ſi aſſeuré à maintenir qu'il ne la cognoiſſoit que de veuë ſimplement, & comme le commun des autres dames de la ville. Dequoy eſtant en plus grand eſmoy qu'elle n'auoit eſté au commencement. Ne ſcauez vous pas, dit elle, que vous m'eſpouſaſtes vn tel iour : iour qu'on ne pouuoit bonnemét ny mettre en oubly ny denier, cóme eſtant le iour de quelque feſte ſoléne. Pouuez vous ignorer (dict elle) que l'eſpace de trois ou quatre mois nous n'ayons paiſiblement ioüy de nos amours, luy deſignant particulierement les priuautez les plus ſignalees & les premiers efforts de leurs amours; Et auec tout cela n'eſtes vous pas mon mari & moy voſtre femme, & ne viurons nous pas à l'aduenir comme tels. Moy Madamoiſelle (dit il) le iour que vous tenez ſi certain, ie n'eſtoy en cette ville, ains vingt iours auparauant, & vingt iours après, i'en eſtoy bien loing. Que ſi qu'elqu'vn ſoubs mon nom vous a pipee, ce n'eſt pas à moy à qui vous en deuez donner le blaſme. Et ſur ces entrefaictes ayant faict venir de la ville ſept ou huict hommes de qualité, & aucūs de ſes ſeruiteurs plus notables, ſans leur dire pourtant l'occaſion pour laquelle il les appelloit à teſmoins, ils atteſterent tous qu'au temps de cette feste, d'où elle datoit le secret de ses nopces, le Gentilhomme estoit à cinquante lieuës loing d'elle. Et ce fut à lors qu'elle demeura confuse & dolente, non pas tant pour cause du mariage acomply auec le Demon, auec qui il s'estoit passé tant de particularitez qu'elle voyoit bien qu'il estoit impossible qu'homme qui viue les peust desnier, que pour auoir faict cette faute, de s'estre descouuerte elle mesme à vn estranger. Si bien que croyant enfin que ce pouuoit estre quelque Demon qui l'auoit abusee, s'estant aussi informee que la chose estoit possible & faisable, voire aduenue autre fois, esclaircie de la verité du faict, elle se retira en vn monastere : où ayant renoncé à toute sorte de fol amour, & repudié le souuenir du passé si malencontreux, pour le ietter du tout à l'amour diuin, ayant faict penitence de son peche, elle vesquit saintement le reste de ses iours : Et enfin mourut en tel estat, que la mort priuant le monde d'vne fille, enrichit le Paradis d'vne ame bien heureuse.

8. De la Royne du sabbat.
Herod. in Clio.

Parlons vn peu de cette Maistresse de Satan la Royne du sabbat. Il semble que de tout temps le Diable à eu ainsi quelque femme en delices : car on dict qu'au temple du Dieu Belus en Babylone, vne certaine sorciere venoit toutes les nuicts coucher auec luy : & que Numa auoit sa nymphe Egerie.

Hector Boëtius in hist. Scotorum.

En l'histoire d'Escosse on list, qu'au païs de Marree vn Diable engrossa vne fille, & l'ayant confessé à ses parens ils surprindrent vn monstre horrible s'accouplant auec elle, lequel faisoit semblant de ne vouloir abandonner vn giste si delicieux; mais qu'enfin exorcisé par vn Prestre, il sortit de cet accouplement auec vn bruit si effroyable; qu'il brusla les meubles de la chambre & tout autant de toict qu'il occupa pour faire son yssue : Que trois iours aprés elle enfanta vn monstre que les Sages femmes estoufferent, encore qu'on die que la semence & accouplement du Diable soyent froids & du tout steriles. Dequoy nous dirons vn mot à la fin de ce discours.

Ieannette d'Abadie aagee de seize ans dict, Qu'elle a veu

hommes & femmes se mesler promiscuement au sabbat: Que le Diable leur commandoit de s'accoupler & se ioindre, leur baillant à chacun tout ce que la nature abhorre le plus, sçauoir la fille au pere le fils à la mere, la seur au frere, la filleulle au parrain, la penitente à son cõfesseur, sans distinction d'aage, de qualité, ny de parentele: de sorte qu'elle confessoit librement auoir esté cognue vne infinité de fois au sabbat, Par vn cousin germain de sa mere & par vne infinité d'autres: Que c'est vne perpetuelle ordure, en laquelle tout le monde s'esgayoit comme elle: Que hors du sabbat elle ne fit iamais de faute: qu'elle le faisoit tout autant de fois que le Diable le luy commandoit, & indifferemmẽt auec toute sorte de gens: ayant esté depucellee au sabbat puis l'aage de treize ans: Que le Diable les conuiant & forçant de faire cette faute, soit auec luy, soit auec des gens de rencontre en ces assemblees, la faute n'estoit sienne: Que de ces accouplemens on ne s'engrossoit iamais, soit qu'ils fussent auec le Maistre, soit auec d'autres sorciers: ce que pourtant plusieurs exemples dans nos histoires rendent extremement incertain & douteux: Qu'on ny sent que deplaisir, Qu'elle n'a iamais senty, qu'il eust aucune semence, sauf quand il la depucella qu'elle la sentit froide, mais que celle des autres hommes qui l'ont cognue, est naturelle: Qu'il se choisit & trie les plus belles; Et de vray toutes celles que nous auons veu qualifiees de ce tiltre de Roynes, estoient douees de quelque beauté plus singuliere que les autres. Si bien que celle Detsail à Vrrogne, lors qu'elle fut executee à mort, mourut si desdaigneusement que le bourreau de Bayonne ieune & de belle forme, voulant extorquer d'elle, comme c'est la coustume, le baiser du pardon, elle ne voulut iamais profaner sa belle bouche qui auoit accoustumé d'estre colee au derriere du Diable. Dict d'auantage que lors que le Diable les cognoist charnellement elles souffrent vne extresme douleur, les ayant ouyes crier, & au sortir de l'acte, les ayãt veues reuenir au sabbat toutes sanglantes, se plaignant de douleur, laquelle vient de ce que le membre du Demon estant faict à escailles comme vn poisson, elles se reserrēt en entrant, & se leuent & piquent en sortant: c'est pourquoy elles fuyent semblables rencontres.

Que le membre du Diable s'il estoit estendu est long enuiron d'vne aulne, mais il le tient entortillé & sinueux en forme de serpent: Que souuent il interpose quelque nuee quand il veut se ioindre à quelque femme ou fille. Qu'elle a veu le Diable auec plusieurs personnes au sabbat qu'elle nous a nommé, & que ie veux taire pour certaine raison: Et enfin qu'elle auoit aussi esté depucelle par luy dés laage de treze ans, & depuis cognue plusieurs fois en forme d'homme, & en mesme façon que les autres hommes ont accoustume de cognoistre leurs espouses, mais auec vne extreme douleur, par les raisons cy dessus deduictes: Qu'elle a veu faire tous ces accouplemens vne infinité de fois, par ce que celles que le mauuais Demon a cognues voyent fort bien quand le Diable en cognoit d'autres. Mais il a quelque vergogne de faire voir cette vilainie à celles, auec lesquelles il n'a encores eu acointance: qui est cause qu'il leur met au deuant cette nuee.

Marie d'Aspilcuette fille de dixneuf à vingt ans, disoit le mesme, pour ce qui est du membre en escailles, mais elle deposoit, que lors qu'il les vouloit cognoistre, il quitoit la forme de Bouc, & prenoit celle d'homme. Que les sorciers au sabbat prenoient chacun telle femme ou fille que bon luy sembloit, & à la veuë de tout le monde: qu'on n'y est iamais refusé, & que les maris souffrent que le Diable ou qui que ce soit du sabbat, iouïsse de sa femme tout deuant luy, & que le mari mesme parfois s'exerce auec sa femme: Que le membre du Diable est long enuiron la moitié d'vne aulne, de mediocre grosseur, rouge, obscur & tortu, fort rude & comme piquant.

En voicy d'vne autre sorte. Margueritte fille de Sare aagee de seize à dixsept ans, depose que le Diable, soit qu'il ayt la forme d'homme, ou qu'il soit en forme de Bouc, a tousiours vn membre de mulet, ayant chosy en imitation celuy de cet animal comme le mieux pourueu: Qu'il la long &
gros

gros comme le bras: que quand il veut cognoistre quelque fille ou femme au sabbat, comme il faict presque à chasque assemblee, il faict paroistre quelque forme de lict de soye, sur lequel il faict semblant de les coucher, qu'elles n'y prenent poinct de desplaisir, comme ont dict ces premieres: Et que iamais il ne paroist au sabbat en quelque action que ce soit, qu'il n'ait tousiours son instrumēt dehors, de cette belle forme & mesure: Tout à rebours de ce que dict Boguet, que celles de son païs ne luy ont veu guiere plus long que le doigt, & gros simplement à proportion: Si bien que les sorcieres de Labourt sont mieux seruies de Satan que celles de la Franche-conté.

Marie de Marigrane fille de Biarrix aagee de quinze ans dict, Qu'il semble que ce mauuais Demon ayt son membre my-party, moitié de fer, moitié de chair tout de son long, & de mesme les genitoires, & depose l'auoir veu en cette forme plusieurs fois au sabbat: & outre ce l'auoir ouy dire à des femmes que Satan auoit cognues: Qu'il les faict crier comme des femmes qui sont en mal d'enfant: & qu'il tient tousiours son membre dehors.

Perry de Linarre dict Que le Diable a le membre faict de corne, ou pour le moins il en a l'apparence: c'est pourquoy il faict tant crier les femmes.

Mais pourquoy est ce que les Demons au sabbat pour nous attraire & piper, vsent de la chair, & dressent si magnifiquemēt leurs tables, nous presentant ce double aiguillon de la chair, nous perdāt par festins & par femmes, par chair de charognes & femmes corrompues? C'est dict quelqu'vn par ce qu'estant en perpetuel desir de nous perdre, il tasche à nous opposer le plus fort ennemy que nous ayons, & nous presente de la chair deguisee en tant de façons, si abondamment, & auec vne telle licence, que la diuersité & multiplicité nous engraisse & remplit de vices & pechez, & nous tient perpetuellement en cette conuoitise, iusques à ce qu'il nous a du tout perdus. *Dæmones, inquit ad nostrarum animarum interitum, carne tanquam familiari ac domestico hoste vtuntur, in qua cupiditatum nostrarum radix existit, qua si ciborum multitudine ac varietate*

9. Pourquoy le Diable bail-le tant de chair aux sorciers, soit à manger soit pour aiguiser et eux aiguillon de la chair.

Vair de lib. 3 *cap.* 10.

Ff

pinguis reddita fuerit, sui amorem luxuria reliquorumque vitiorum impetus gerin habit.

Il nous engage au sortilege par vne faulse ioye & douceur, par faux plaisirs, la dance les festins & les femmes. Or *voluptas sicui salsam dulcedinem, ita veram amaritudinem coniunctam habet, & quia lætitiæ voluptas proxima est, ideo lætis moribus luxuriam dæmones proponunt.* C'est par ce moyen que Satan nous attire & nous depoüille de toute sorte de vertu, & nous retire de la grace de Dieu. Malheureuse & infauste deception, execrable & pernicieuse inconstance, de prendre pour maistre, & choisir & adorer pour Dieu, celuy qui nous impose & trompe tous les iours, & qui se reioüit de nous approfondir aux peines eternelles. *Infœlix deceptio tale numen colere quod hominibus quotidie imponit, eorumque sempiterno interitu gaudet.*

Satan nous sert donc bien souuent d'Incube & Succube, mais par fois il donne moyen à des femmes de nous ietter en des amours si sales & si abominables, qu'elles semblent estre pires & presque plus execrables, que celles que Satan nous faict traicter auec luy. Car il nous faict rencontrer des femmes qui nous charment tellement, empoisonnent & alterent les sens, que nous sommes non amoureux & amans simples, comme des hommes communs, mais bien animaux voraces & acharnez aprés des charognes. Les plus grands y sont prins, & n'en oseroy descrire l'histoire si elle n'estoit descrite en vne infinité de lieux: la tenant neantmoins aucunemẽt suspecte, par ce qu'elle est descrite par vn Italien cõtre vn de nos Roys. Bien qu'on pourroit dire que c'estoit vn fleau qui luy fut enuoye par la permission du tout puissant, vn charme de Satan & vn ensorcelement qui le violentoit, auquel il ne pouuoit resister.

10. Histoire merueilleuse du Petrarque touchant les amours du Roy de France li. 1. Epist. Epist. 3.

Le Petrarque escriuant à Iean Colomne, de maison illustre parmy les Romains dict, Qu'vn de nos Roys fut si rudemẽt & estroittement charme d'amour par vne dame, qu'il delaissa entierement le soing de tous ses estats pour la caresser.

La priere de ses bons seruiteurs, ou sa bonne auanture l'ayant conduicte à la mort auec reiouissance publique, toute cette ioye se reduisit en estonnement, quand on vit que son amour passoit au de là de la mort, & qu'on recognut qu'il aymoit beaucoup plus son corps puant & infect qu'il ne l'auoit onc aimé lors qu'il estoit viuant & en sa plus parfaicte beauté, il le fit embaumer, à fin que s'approchant de ce tronc funeste, & se consumant aprés, il ne fut affligé de quelque maladie. Vn Archeuesque lors chef du Cōseil, prenant conseil de Dieu seul, trouuant tous autres conseils humains inutiles, disant la Messe, meslant ses l'armes auec celles d'vne infinité de peuple, oüyt vne voix qui luy descouurit le charme, & luy dict que le sort qui tenoit ce grand Monarque si furieusement charmé, gisoit caché au dessoubs de la langue du corps mort de cette Dame. Ce bon Archeuesque courut secrettemēt à ce corps, & fouillant au dessoubs de la langue, il en arracha vne petite bague enchantee, dans laquelle il y auoit vne petite pierre enchassee. Il n'eust pas si tost executé ce bon aduis, que le Roy arriua pour continuer ses malheureux & infaustes exercices. Mais à peine eust il iette l'oeil dessus, qu'il chāgea ses amours en horreur, & ses affections suyuant la bague enchantee, il deuint si furieusement espris du pauure Archeuesque, qu'il se trouua en peine de s'en despetrer. La fin de cet amour gisoit à se defaire de cette bague : l'importance estoit de s'en deffaire seurement : Il luy vint vne fois en l'entendement de la ietter au feu, qui à accoustumé de purger toutes choses : mais creignāt que la perdre du tout sās esperance de recours, ne fut la perte du Roy, & ne luy apportast quelque nouueau desastre, il ayma mieux la ietter au fond de quelque marais, es enuirons de la ville en laquelle il faisoit lors sa residence: où il ne l'eut si tost iettee, qu'a mesme instant son affection accourut en ce lieu, & sautant des personnes aux choses, il cherit tellement ce marais, qu'il y establit son principal manoir, & sō seiour & y fit bastir Palais & Eglises somptueuses, auec resolution d'y viure, mourir & y faire son mausolee. Et bien que ceux qui ont descrit sa vie n'en disent mot, on respond qu'autre chose est d'escrire l'histoire d'vn Royaume ou empire, & autre chose d'escrire

Ff ij

simplement la vie d'vn Roy. Tant y a que Satan prenant la forme & figure de Succube, ne sçauroit faire plus de mal, ny parauanture de si important, que faisoit cette malheureuse femme qui l'auoit charmé, si tất est que nous en veuillős croire le Pretrarque, qui en est le premier autheur ennemi de nostre nation, Poëte fabuleux plustost qu'Historien veritable.

11. Amours enchantees du Roy Henry II. Le Roy Henry II. en eust vn peu meilleur marché, & ne fut lié d'vne sorcelerie si malefique ne si violente. Il receut vne bague d'vne Dame, & tant qu'il la porta, il l'ayma sur toutes choses. Enfin estất deuenu malade, il tira ses bagues du doigt: Quelque officier des siens les ayant serrees, il l'oublia aussi tost. Qui fut cause qu'elle le voyant refroidir en ses amours, fit vn effort pour le voir, & pour faire sa plainte, de ce qu'il ne portoit plus cette bague: Elle trouue moyen de la luy faire reprendre, & ralluma si biế son affectiõ, qu'il la garda auec toute sorte de violếce, iusqu'à ce qu'il receut le coup de lance, pour la guerison duquel luy ayant osté toutes ces bagues, il perdit en mesme instant & le nom & le souuenir de celle qui la luy auoit donnee.

C'est ainsi que le Diable traicte les Empereurs & les Roys & s'il n'a credit de les attirer au sabbat, & leur y donner des maistresses à souhait, selon l'vsage du lieu, il leur en fournit dấs les delices du mốde, qui sốt parfois plus preiudiciables & à leurs Empires & estats, à leur sấté, à leur vie & à leur salut, qu'en ces lieux maudits, où leur exếple n'est si à decouuert.

Mais le Diable ne se cőtente pas d'empoisonner & enchấter des bagues & anneaux, par le moyế desquels il corromp & altere le sens à des Empereurs & Monarques, faisất iouer le ieu à des femmelettes & se seruất de leur foiblesse en derrision de leur grấdeur, ainsi il suppose des Incubes, qui iouissent des plus belles filles & femmes qu'on sçauroit voir, les entretenant & de propos d'amour & de discours de mariage. Et aprés tous ces mauuais traictés & artifices, ils viennent en fin à des delices & iouissances diaboliques, formant les affaires & traictés auec tant de fortes apparences, qu'il n'y a entendement, qui ne se trouue pipé.

Demons inconstans qui n'auez sçeu vous tenir guiere plus d'vn moment en la grace de Dieu : contentez vous d'estre decheus du ciel, & ne deuoyez nos Princes, ny nous qui sommes leurs sujets, du chemin par lequel on trouue cette constance, laquelle nous peut conduire à nostre souuerain bien.

Reste maintenant à sçauoir, s'ils peuuent engendrer. Or la verité est que les Demons ne peuuent naturellement acointer ny engendrer d'eux mesmes, d'autant qu'ils n'ont aucune multiplication d'indiuidu ny d'espece, leur nombre ne pouuant croistre n'y decroistre. Ils sont sans corps naturel, sans nerfs, sans vertu & chaleur naturelle, & par consequent sans semence : comme mal à propos croioyent Marc Ephesien, Iosephe, Athenagorrs, Tertulien, & autres anciens peres. Or ils ne peuuent auoir de propre semence, parce que ce sont substances incorporelles, & que la semence est vne partie de la substance d'vn corps qui est en-vie. D'auantage ils n'ont point d'ame vegetatiue, dont le propre est de cuire par la chaleur naturelle, la viande qu'on a prise. Outre ce leur corps aërien est du tous denud de vases conuenables qui sont toutes choses requises pour la generation.

12 Si les Demons peuuent engendrer.

Stroff. lib 3. c. 3. Del pai. de gli. Inca.

Maiolus lib. 3.

Toutesfois y employant & se seruant des moyens naturels, se transformant en femmes, & seruant de Succubes à l'homme, ayant premierement recueilly la semence dans ce corps de femme, qu'ils ont des-ja prins lors qu'ils ont seruy de Succubes, prenant par aprés la forme d'homme, ils transportent en vn moment cette mesme semence dans la matrice de la femme, qu'ils cognoissent par aprés comme Incubes. Si bien que se meslant auec elles, ils viennent par fois à engendrer. Ce qui aduient quand cette mesme semence, est par eux gardee en la mesme qualité, & chaleur naturelle, & par aprés infuse en temps, lieu & matiere ou subiect conuenable.

Mais pourtant encore que les Incubes puissent engendrer en la façon que nous auons dict, si est ce qu'il n'est pas de mesme des Succubes, parce que l'Esprit en ce corps aërẽ qu'il s'est formé, ne peut comme la femme alimenter & nourrir son part dans le ventre, ny porter enfans, parce que cela ne se peut faire que par moyēs naturels, outre lesquels ne s'estendent les forces de Lucifer. De maniere que nul part ne peut s'engendrer, ny se conseruer, sinon dans le corps organisé d'vne femme.

Outre qu'il faut vne continuelle operation de l'ame vegetatiue, à nourrir le mesme part, & y concurrent ensemble d'autres effects de la nature, lesquels ne se peuuēt trouuer en ce corps que le Demon a prins pour faire cet effect. Ainsi les enfans nez d'vn Succube, ne sont vrayement engendrez dans son corps, de mesme que l'Esprit Incube en peut engendrer dans le corps d'vne femme, par la transfusion de quelque semēce qu'il peut auoir recueilly de quelque homme: ains s'il s'en trouue quelqu'vn, il le faut croire supposé.

Ananias lib. 4. De natur. Dæmon. Strozi.
Or pour mõstrer que de cet abominable accouplement des Incubes, il s'est autrefois engendré, & en est sorti plusieurs enfans, on dict qu'a vn grand & beau Palais, qui est sur le Rhin au diocese de Cologne, plusieurs Princes y estãs vn iour assemblez, arriua vne petite barquette ou gondole tirée auec vne chaisne d'or par vn Cygne, de laquelle en la presence de tous sortit vn soldat incognu, lequel se maria, & eust enfans. Et aprés plusieurs annees, la mesme barquette reuint: dans laquelle le mesme soldat estant rentré, s'en alla & ne fut plus veu, laissant sa femme & ses enfans: qui ne pouuoit estre autre qu'vn Incube.

C'est ce qu'on raconte de Merlin, qu'on dict estre né d'vn Incube & d'vne Religieuse. Et Suidas dict qu'Apollonius, Thianeus estoit fils d'vn Demõ Incube: que sa mere l'auoit veu plusieurs fois, bien qu'elle luy donnast à entendre, qu'il estoit né de Proteus l'Ægyptien.

13 Neffesoliens se disent estre nez du S. Esprit.
En mesme predicament pourroit on mettre ces gens, lesquels parmy les Mahometans on appelle Neffesoliens, qui se disent estre nez du S. Esprit, c'est à dire sans operation d'homme. Si bien que celuy s'estime bien heureux qui les peut toucher, ayant recognu & experimenté plusieurs fois,

que ſi vn malade peut eſtre touché d'vn de leurs cheueux, il eſt guery auſſi toſt. Qui eſt cauſe qu'on leur porte vn grād honneur, bien que ce ne ſoit qu'illuſion diabolique. Ie les tiendrois volōtiers pour ſupoſez ou nez de quelque Demō.

Il faut donc tenir pour certain que les Incubes peuuent acointer les femmes & engendrer, en la façon que nous auons dict, & qu'il en n'aiſt quelque fois des enfans bien formez, & le plus ſouuent des monſtres par la permiſſion de Dieu, pour marquer la lubricité & l'abomination des femmes, qui ſe laiſſent ainſi ſeduire à Satan, & qui ne daignent prendre ſoing de ſe tenir en la grace de Dieu, pour eſtre preſeruees de ſon ennemy. Et quand aux Succubes, qu'ils peuuent ſouffrir acointance, mais qu'ils ne peuuent engendrer. Que s'il ſe trouue quelque part, ſoit mōſtrueux ou parfaict en apparence, c'eſt par vne ſuppoſition & illuſion diabolique qu'il ſe maintient: car en fin il ſe perd & s'éuanoüit auec le temps. L'exemple en eſt tres-beau, Le Roy Roger regnant, en Sicile vn ieune hōme fort bon nageur ſe baignant de nuit aux rais de la Lune auec pluſieurs autres: voyāt celuy ſembloit quelqu'vn qui ſe noyoit, croyāt que ce fut de ſes cōpagnons il court aprés pour le ſauuer: & cōme il euſt bien auant plongé le bras dans l'eau pour le ſecourir, il trouue que c'eſt vne femme: laquelle ayant empoignee il tire hors par les cheueux: & ne pouuant ſur l'heure en tirer aucune parole, il la mene en ſon logis, & la trouuant de tres-belle forme, il s'en amouracha ſi fort qu'il l'eſpouſa publiquement & en eut vn bel enfant. De là a quelque temps vn ſien compagnon & luy en eſtant propos, comme il luy euſt aſſeuré que c'eſtoit vn phantoſme, il s'en va à elle, & deſirant rompre ſon ſilence, il luy dict fort aigrement, Que ſi elle ne vouloit reueler ſon origine, & extraction qu'il tueroit leur enfant deuant elle. A quoy elle reſpondit, Ha miſerable tu me priue de ta preſence me contraignant de parler. Car ſi tu m'euſſes permis de garder touſiours le ſilence qui m'eſtoit commandé, i'euſſe demeuré auec toy à tout iamais, au lieu que maintenant tu me perds & ne me verras plus, ce qu'ayant dict ſoudain elle diſparut & s'eſuanoüit.

Vincentius lib. 3 hiſtor: Maio. lib. 3. des Sorc.

& l'enfant deuenu grand, & aimant à nager comme son pere, s'estant faict considerer à plusieurs qui le voyoient nager au mesme endroict que sa mere fut trouuee, cette mesme femme phantastique parut, qui le rauit deuant tout le monde, & ne se vit iamais plus.

Encore faut-il que ie confesse que pour ce qui est de la generation des Incubes ou Succubes, nous n'en auons exéple ny traict quelconque en toutes nos procedures. Bien que pour l'acointance nous en ayons vne infinité d'exemples.

Nous auons bien veu plusieurs Sorcieres ieunes & belles que Satan tenoit pour Roynes au Sabbat, auec lesquelles il habitoit charnellement, qui auoient plusieurs enfans, mais la plus part estant mariees, il est plus vray-semblable qu'ils estoient plustost au mary, qu'à ce mauuais Demon. Et pour celles qui estoient à marier, parauanture leur disoit il ce qu'il dict vne fois à vne de ses amies. Vne Sorciere prés Compiegne presenta sa fille au Diable aagee de douze ans, (dict Bodin) aprés qu'il l'eust faicte renoncer il la cognut charnellement: cela cōtinua assez long temps tous les huict ou quinze iours. En fin le Diable luy demanda si elle vouloit estre grosse de luy, A quoy elle respondit que non; qui monstre que le Diable la pouuoit engrosser s'il eust voulu.

Bodin l. 2 c. de la Demono.

Neantmoins ie ne penseroy pas grandement errer de croire, qu'Incubes & Succubes peuuent s'acointer, mais non engendrer, iusqu'à ce que quelque preuue certaine m'ayt faict voir le contraire. Bien que Bodin raconte que plusieurs doctes personnages, ayant debatu cette question deuant l'Empereur Sigismōd, resolurent tous les deux, Que la copulation estoit possible, & que d'icelle pouuoit n'aistre quelque chose. Surquoy parauanture se sont fondez les Allemans, qui disent que de semblables copulations il y vient souuent des enfans, qu'ils appellent enfans Changés. On les appelle communement Cambious, beaucoup plus pesans que les autres, lesquels plus ils allaittent ou mangent, plus ils maigrissent: & lesquels tariroient trois nourrices sans se resentir de la nourriture qu'ils prennent. Et se fon-

Bodin li. 2. cap 7. Demon.

DES DEMONS, MAG. ET SORC. LIV. III. 233

fondent sur l'opinion de Thomas d'Aquin, qui dict que ceux qui en prouiennent, sont d'autre nature que ceux qui sont procreez naturellement. Comme aussi ie ne croy non plus cette bonne ame de Luther, lequel dict en ses colloques, que l'aage des enfans nez de l'accouplemēt des Demōs, est reglé à sept ans: qu'il en a veu vn qui cryoit quand on le manioit, & prenoit plaisir quand quelque sinistre accident arriuoit en la maisō, ou il estoit né: & qu'en fin il fut esteint par priere: Ie ne croiroy pas volontiers que ce fut par les siennes. Maiolus dict que tel estoit vn garçon qu'vn mendiant portoit par la Galice & l'Asturie il y a enuiron 25. ans, lequel estant rencontré par quelqu'vn de sa compagnie pres vn fleuue qu'il vouloit passer, esmeu de compassion, il le chargea sur son cheual, lequel s'en trouua si chargé, qu'à toute peine peut il arriuer à bord. Peu de temps après le mendiāt estant prins, d'autant que cet enfant ne faisoit iamais que crier, il confessa que c'estoit vn Demon qui luy auoit promis que tant qu'il seroit ainsi porté en habit de petit garçon malade & enueloppé de langes & drapeaux, personne ne luy refuseroit iamais l'aumosne.

<small>Thomas d'Aquin sur le chap. 7. du Genes.</small>

<small>Luther. Bodin.</small>

<small>Maio lib. 3. des sor. 10. 2.</small>

<small>Boguet chap. 14.</small>

Mais en cela ie seroy volontiers de l'aduis de l'autre S. Thomas, iusqu'à ce que l'experience m'en ayt leué le doute. Aussi est ce l'opinion de Boguet & autres qui ont faict le procez à vne infinité de Sorcieres, lesquels ie croy plus volontiers que ceux qui parlent par liure, & par ouyr dire simplement.

Gg

TABLEAV DE L'INCONSTANCE DES DEMONS, MAGICIENS ET SORCIERS.

LIVRE QVATRIESME.

De la Transformation des Sorciers.

1. *Des Transformations Metamorphoses ou Ligatures.*
2. *Ligature magique.*
3. *Ligature naturelle.*
4. *Sçauoir si Lucian & Apulee estoient veritablement & reellement asnes.*
5. *Transformations qui se font au Sabbat.*
6. *Que la transmutation essentielle ne se peut faire d'vne espece en autre differente espece.*
7. *Explication du can. Episcopi 26. q. 5.*
8. *Virgile & les autres se sont abusez, disant que les compagnons d'Vlisse changez en pourceaux auoient retenu la raison pendant leur changement.*
9. *Le Diable ne peut transformer le corps ny l'ame.*
10. *De la Transmutation de sexe.*

DISCOVRS I.

Il y a certaines transformations qu'aucuns Poëtes ont appellé Metamorphoses, & d'autres beaucoup plus proprement Ligatures ou liaisons, qui se font ores par le Pere de la nature, ores par la Nature mesme, & ores par le moyen des Demons. Ce qu'ils semblent auoir dict pour couurir la renouation & muance de toute sorte d'animaux, de plantes, d'herbes & de fleurs.

1 Des Transformations Metamorphoses ou Ligatures.

Gg ij

Car on voit qu'vn peu de semence, & fort peu de grain, se transforment en quelque animal, en quelque plante &en quelque fleur : & peut on dire en quelque sens, que les peres par la naissance de leurs enfans qui leur sont si fort semblables, & representẽt si bien leur image & leurs meurs, sont transformez en d'autres eux mesmes.

Surquoy il y a plusieurs belles considerations à entendre, que les Poëtes ont caché sous l'escorce de leurs fables. Car il est certain qu'en la production des choses celestes, & de celles de ce monde, les anciens ont recognu deux ligatures lesquelles n'ayant voulu decouurir, 'Is les ont representees par deux figures: l'vne de Protee lié, l'autre de Protee deslié, l'vne magique, & l'autre naturelle. Car la ligature de Protee que faict Aristee par le conseil de Cyrene sa mere, dans Homere & Virgile, est ligature magique. Mais c'est vn secret trop important, qui ne se peut ny ne se doit expliquer plus ouuertement.

2 Ligature magique.

Reuenons donc à la ligature naturelle, qui est la vraye & essentielle transformation, qui consiste en la renouation de toutes choses. Or cette ligature se faict par la grace de l'Esprit de Dieu, lequel descendant & deriuant des canaux sur-celestes, remue & renouuelle par sa vertu tous les cieux, & porte icy bas toutes leurs impressions & vertus : & auec icelles, s'arreste parmy les animaux, les plantes les herbes & les fleurs, & s'il ne les renoüueloit de la façon toutes les choses periroient.

3 Ligature naturelle.

Et c'est à l'auanture cette Cité saincte, que sainct Iean en l'Apocalipse vit descẽdre pleine de ioyaux & de pierreries: & pour cette occasion Dauid chante le Cantique nouueau voyant tant de choses renouuellees : & Esaye dict, *Creabo cœlum nouum & terram nouam*. Et en l'Apocalipse encore, *Ecce noua facio omnia*.

C'est l'eschelle de Iacob, par laquelle descendent & montent les esprits. Car le descendre est venir à faire cette renouation & transformation: & le monter, est le retour de l'esprit qui se va egayer après ce bel exploit, & reprendre comme vn nouueau rafreschissemẽt auec cet autre Esprit superieur & vniuersel.

DES DEMONS, MAG. ET SORC. LIV. IV. 237

De cette renouataion semble auoir voulu parler le Petrarque en ce sonnet mysterieux.

Quando il pianeta che distingue l'hore
Ad albergar col Tauro si ritorna.
Cade virtu da le celesti corna,
Che veste il mondo di nouel colore:

Il donne aux cieux cette operation, de retourner & laisser choir en bas quelque vertu qui renouuelle le monde, & le transforme & pare d'vne nouuelle couleur: N'entendant pas, que l'ame du monde pleine d'vn Esprit viuifiant qui est Iesus Christ, portee par le soleil au dessoubs de la concauité de la lune, descend auec plus grande abondance & fecondité, quand le soleil commence à tourner sur nous, que quand il est plus reculé de nous: ou quand suruient la mixtion ou meslange que la nature laisse escouler, lors qu'elle veut faire la production des herbes des fleurs, & des autres choses elementaires.

Et si cet Esprit n'interuenoit comme mediateur, à reconcilier les qualitez contraires qui sont en ce meslange & assemblage, & qui se font & lient par iceluy, leurs contrarietez ne pourroient subsister ny estre ensemble, soubs l'espece & soubs la forme de celle cy & de cette autre herbe, de celle ou de cette autre fleur.

Telle est donc la temperature de l'Esprit diuin de Iesus Christ, qu'il accorde mesmeles choses discordātes&c'est ce que dict le Prophete, *Ego cælum & terram impleo*. Et ailleurs dict l'Escriture saincte, *Pleni sunt cæli & terra gloria tua*.

Ce n'est pas l'Esprit de l'ame du monde (comme disent les Platoniciens) ains c'est le seul Esprit de Dieu, qui lie & estaye ces quatre discordans elemens, & qui viuifie, renouuelle & transforme ainsi toutes les choses dicy-bas. Ce que nous apprenons par le Psalme. *Auertente te faciem tuam turbabuntur, & omnia in puluerem reuertentur. Et emitte spiritum tuum & renouabis faciem terræ*. L'appellant *spiritum tuum*, il monstre que c'est l'Esprit de Dieu, & non celuy de l'ame du monde, lequel aussi S. Paul appelle Esprit viuifiant.

Donc suruenant la matiere premiere, c'est à dire Protee, plein de cet Esprit viuifiant, à la mixtion des herbes & des fleurs, & aux autres meslanges, cette matiere premiere demeure naturellement liee dans les termes ou bornes de cette herbe ou de cette fleur, iusqu'à ce qu'elles viennent à se flestrir ou se perdre.

Surquoy est notable le traict de Trimegiste dans l'Asclepius, *Quidquid de alto descendit generans est, quod sursum versus emanat, nutriens, id est præstans vitam, hoc est viuificans.*

Cet esprit descendant, suruenant à la mixtion ou meslange que la nature faict lors qu'elle veut produire quelque chose, se meslant auec des choses discordantes, il les reconcilie, puis les engendre & les viuifie, les produict & esleue.

Ainsi cet esprit demeure lié en chaque indiuidu, iusqu'à ce que vienne le temps de sa dissolution, mal à propos appellee la mort, selon le mesme Trimegiste. *Non moritur in mundo quidquam,* (dict il) *sed composita corpora dissoluuntur. Dissoluti mors non est, sed mixtionis resolutio quædam : soluitur autem vnio, non vt ea quæ sunt intereant, sed vt veterea iuuenescant.*

<small>Trimeg. au 12. de son Pymandre.</small>

Donc tout autant de temps que cette vnion des choses meslees par la nature, demeure en pied & en cette liaison, tout autant demeure liee, arrestee & restraincte cette partie de Protee, enfermee & renclose auec cet esprit.

Or cette renouation ou trasformation se faisant par la nature jointe auec l'Esprit de Dieu, est vne transformation essentielle ou naturelle, reelle & veritable, qui n'a aucune contrainte ny violence en soy, & tend tousiours à bien. Au contraire celle qui se faict par le Diable & les Demons, est prestigieuse, violente & forcee, & tend tousiours à mal: c'est pourquoy elle ne paroist ce que veritablement elle est, c'est Esprit maling ne la representant iamais aux yeux des mortels que par illusion, ne voulant qu'on cognoisse son dessin.

Quant aux transformations diaboliques ou liaisons magiques, que les Poëtes semblent auoir voulu exprimer par Protee deslié, ie l'airray ces liaisons, desquelles plusieurs gens doctes ont creu que Virgile a voulu parler en ces vers,

Necte tribus nodis ternos, Amarylli, colores, &c.

& parleray des autres, que Satan deslié pour rauager le monde nous faict voir tous les iours, transformant plusieurs sorciers & sorcieres en telle sorte d'animaux qu'il luy plaist, & que l'establissement de son regne requiert.

S. Augustin dict que les compagnons de Diomedes furent conuertis & transformez en oiseaux, & les compagnõs d'Vlisses en pourceaux, l'ayant tiré des Bucoliques de Virgile, *S. Aug. lib. 18. De ciuit. Dei cap. 18. Virg. in Bucoli. Horat. in Epod.*

Carminibus Circe socios mutauit Vlissis.

& qu'il y auoit de son temps des sorcieres, lesquelles ayant baillé certain morceau de formage à des hommes, aussi tost ils estoyent transformez en iumens ou autres cheuaux de charge, lesquels neantmoins leur charge faicte ou deschargee, reuenoyét en leur premiere forme: & dit auoir cognu le Pere Prestantius lequel fut transformé & changé en mulet de si bon commandement, qu'il portoit sur son dos le bagage des soldats.

On tient aussi que Lucian & Apulee furent changez en Asnes: & ont escrit eux mesmes que cette belle auanture leur estoit aduenue, par le moyen des sorcieres de Larisse, qu'ils estoient allez voir pour essayer si la chose estoit possible & faisable. De maniere qu'Apulee n'a peu si bien en attribuer le malefice ausdictes sorcieres, qu'il n'ayt esté estimé estre veritablement du mestier. Et encores qu'en son Apologie il face quelque semblant de se vouloir lauer de l'accusation de sorcier, est ce qu'il est aisé à voir qu'il veut qu'on croye, qu'il a esté vrayement trasformé en asne. Et S. Augustin dict qu'il ne l'ose nier ny asseurer tout à faict. D'auãtage il en fut mis en iustice pardeuant le Proconsul d'Afrique Claudius Maximus, lequel par fortune comme Chrestien estoit ennemi de tous ces faux miracles: & ce par Sicilius Æmilianus Céseur, du temps de l'Empereur Antonin premier, l'an 150. de Iesus Christ. Comme aussi auoit esté pour mesme raison actionné le sorcier Apollonius soubs l'Empereur Domitian, l'an 60. qui sont enuiron 90. ans auparauant; & cette reputation a duré iusqu'au temps de

4. Si Luciã & Apulee ont esté veritablemét asnes. Bod. l. 2 c. 6. Demon

S. Auguſtin, qui ſont 300. ans aprés, lequel eſtoit auſſi Africain. Or ayant eſtudié à Carthage, puis à Athenes, il eut enuie d'aller eſtudier en Magie en Theſſalie, où pluſieurs hommes & femmes faiſoyent profeſſion ſecrette de l'enſeigner. Là il fut transformé en aſne par vne ſorciere auant qu'il eſtudiaſt en Magie, puis elle le vendit, & par aprés le racheta. Puis il eſtudia ſi bien en Magie, que par le moyen d'icelle il attira en amour vne treſriche femme nommée Pudentille. Et fit bien pis: car n'ayant qu'vn ſeul enfant auquel elle deuoit ſucceder, qui eſtoit fort riche, il trouua moyen de s'en depecher. Or il ſe rendoit par fois inuiſible & ſe transformoit en cheual, en aſne, en oiſeau, ſe perçoit le corps d'vne eſpee ſans ſe b eſſer, & faiſoit d'autres traicts ſemblables: ſi b en qu'il eſtoit admiré pardeſſus les Sainćts, & tous autres Chreſtiens de ſon ſiecle, tant il eſtoit bien aſſiſté de ſon Demon & Eſprit familier.

Il y auoit donc grande apparence qu'il fut ſorcier, & qu'il auoit ſouffert cette transformation, veu qu'il auoit eſté Preſtre & Sacrificateur parmy les Payens: or dićt S. Auguſtin les Preſtres des Payens de ce temps la eſtoyent preſque tous ſorciers. Auſſi n'a il compoſé ſon liure De l'aſne doré, que pour couurir le bruićt de ſon aſiniſme l'ayant entremeſlé tout exprés de pluſieurs fables & diſcours pour manifeſter les vices des hommes de ſon temps, & les peines qu'il auoit ſouffert pendant ſa metamorphoſe.

Bodin liu. 2 c 5 Dem & en la ref. des op. d'Vrier Daniel. 4. Fænum vt boi comedes. Nabuchodonoſor fut mué en bœuf, & vequit ſept ans de la façon, paiſſant l'herbe comme vne beſte: ſi bien que Bodin tient que veritablement il fut transformé en bœuf, & que ſuiuant cet exemple le Diable peut par parmiſſion de Dieu, transformer les hommes en beſtes.

On en dićt tout autant de la femme de Loth conuertie en ſtatue de ſel, laquelle Ioſephe dićt auoir encore veuë de ſon temps en cet eſtat.

D Clemens & Anaſtaſius. Simon Magus ſe changeoit preſque en toutes ſortes de beſtes, voire ſe mettoit il par fois & ſe transformoit en or, comme fit Iupiter pour iouïr de Danaë: ſçachant que le monde approuue ſur toutes choſes & court à cette tranſmutation. Sainćt

DES DEMONS, MAG. ET SORC. LIV. IV. 241

Sainct Anthonin dict qu'vne certaine ieune fille fut conuertie en iument par vn perfide Iuif, à la priere d'vn ieune homme : & par ce qu'elle n'auoit voulu consentir à ses deshonnestes volontez en fille, il fit tout ce qu'il peut pour la surprendre en beste.

Iphigenia fut changee en beste, puis immolee en sacrifice en forme de beste.

Isidore amene l'exemple des Arcades, lesquels offroient quelque chose en sacrifice à leur faux Dieu Lycee, de laquelle quiconque en goustoit estoit aussi tost transformé en beste. *Isido. lib. 8. Ethymo. log.*

Spranger inquisiteur raconte d'vn ieune soldat Anglois, lequel en l'isle de Cypre fut conuerti en asne par vne sorciere ou magicienne : & resembloit si parfaictement vn asne, que voulant entrer dans vn nauire auec ses compagnons, il fut chassé par eux à coups de baston : De maniere qu'estant par force reuenu vers la sorciere, il demeura à son seruice trois ans en cette forme. *Strosii lib 4. c 5. Del palagio de gli incanti. Bod. liu. 2. c.6. Dæmo.*

P. Damianus fit le recit au P. Leon VII. de deux hostesses d'Allemagne sorcieres, lesquelles changeoient ainsi parfois leurs hostes en bestes. Et le doute en estant meu & agité deuant le P. Leon il fut resolu que cela estoit possible. *Bod. liu. 2. ca.6. Dem.*

Tout ainsi que les feuilles de quelques arbres, & certains fruicts qui se pourrissent dans la mer, ou dans certains fleuues. Ou bien des ais pourris d'vn nauire qui a faict naufrage, engendrent des canards & autres oiseaux.

Les cheueux d'vne femme enseuelis dans vn fumier, vne verge ou vne baguette pourrie, se conuertissent ou transforment en serpent, & les gouttes d'eau en la ville d'Arien prouince du nouueau monde, en petites grenoüilles. *Card. De subtil. lib. 11.*

Et plusieurs plantes & herbes par la transmutation, font voir plusieurs serpens, & engendrent plusieurs sortes de vers.

Il y a mesme des serpens qui se trouuent souuent en l'vn des rognons des vieux loups, long d'vn pied, par fois d'vn poulce, & d'autres moindres, lesquels par succession de temps font mourir le loup, & se conuertissent en viperes &

H h

bestes fort venimeuses.

Le Phœnix seul en son espece vit sans pair, & se faisant son borreau luy mesme & executeur de sa mort, se iettant au feu, meurt, puis se renouuelant il reuit encore, & se transforme en vn autre luy mesme, reuenant, contre tout ordre de nature, de la priuation à l'habitude, & trouuant regrés du non estre à l'estre.

C'est le mot de celles qui sont gueries par les remedes & suffrages de l'Eglise.

Et nos sorcieres remediees, celles qui confessent & à la torture & au supplice, & tous les tesmoins de bon aage qui vont au sabbat disent, Que lors que les insignes sorcieres reuiennent de leurs maudites assemblees, qu'elles se transforment en chat, en chien & en autres bestes semblables, pour effrayer ceux qu'elles trouuent par les chemins: & en partie aussi pour se faire mecognoistre : & que pendant qu'elles estoient ainsi, elles ne pouuoyent parler.

Et vne fille de l'aage de quatorze ans, reuenant du sabbat qui s'estoit tenu sur la montagne de la Rhune, rencontra de grand matin & sur le poinct du iour son pere, qui s'en alloit mener quelque bestail sur la montagne. Or il y auoit auec cette fille trois insignes sorcieres, lesquelles ne voulant estre recognues du pere de la fille (car c'estoit vne des trois qui auoit faict ladicte fille sorciere, & qui pour lors la ramenoit du sabbat) se transformerent en deux asnes & vn chien. La fille & le pere estát de là a quelque temps reuenus en leur maison, elle dict à son pere, s'il n'auoit pas veu ces deux asnes & ce chien. Il dict qu'ouy: C'estoit dict elle trois sorcieres qu'elle luy nomma, reuenans du sabbat, qui ne vouloyent que vous les reconussiez.

Nous auons aussi le tesmoignage de plusieurs sorcieres qui confessent mener des enfans au sabbat, & d'vn nombre infiny d'enfans qui y sont menez, Que les sorcieres les vont querir la nuict en forme de chat iusques dans le lict: & les ayant tirez hors des bras des peres & meres, & hors la maison, elles reprenent leur forme.

5. Transformations qui se font au sabbat.

Et At Ioua nous dict qu'au sabbat on voit des sorcieres insignes, lesquelles prenát la forme de toute sorte d'animaux comme on en voit à vne foire ou grand marché de quelque bonne ville, paſſent & repaſſent dans le champ du ſabbat en forme de beſte, vont & viennent deuant les perſonnes, & en vn moment s'éuanouiſſent au deuant d'elles, tout ainſi que des eſclairs.

Ce qui ſe côfirme encore par l'aduis de S. Thomas, lequel en a parlé clairement en cette façon. *Omnes angel. boni & mali ex virtute naturali habent poteſtatem tranſmutandi corpora noſtra.*

S. Tho. ſur le 2. liu. des ſentences diſt. 7. Art. 5

Et ne faut poinct dire que cette tranſmutation ſe face par illuſion, car l'Eſcriture ſaincte nous teſmoigne, que les ſorciers du Roy d'Ægipte tournoient les battons en ſerpens comme Moyſe. Or il eſt certain que moyſe ne faiſoit rien par illuſion.

Outre que l'experience ou eſpreuue en fut faicte ſi clairement deuant l'Empereur Ferdinand premier de ce nom, en preſence d'vne infinité de perſonnes qu'il ſemble que meshuy on n'en doiue plus douter: l'hiſtoire en eſt celebre. Aucuns de ſes courtiſans ſur la grande reputation d'vn magicien ou ſorcier Polonois qui eſtoit en la ville de Numbourg, luy voulurent mettre en deſir de s'informer auec iceluy, qu'elle yſſeüe auroit le different qui eſtoit entre luy & le grand Turc, touchant le Royaume d'Hongrie: l'Empereur qui eſtoit rêply de pieté, & grâdemêt religieux, n'entra iamais en cette curioſité. Qui fut cauſe que ceux qui luy en vouloyent faire entrer en deſir, trouuerêt moyê vn iour de l'introduire dans ſa châbre, où s'eſtât premieremêt oingt de quelque graiſſe, il ſe trâsforma en moins d'vne heure en cheual puis en bœuf, puis en lion: dequoy il euſt vne ſi grâde horreur qu'il cômâda qu'on le chaſſaſt hors de ſa preſence.

Neantmoins la verité eſt que la tranſmutation de l'homme en autre animal, oud'vn animal en quelque autre de differente eſpece, ne ſe peut faire eſſentiellement & reellemêt par le malin Eſprit, n'y par quelque autre puiſſance naturelle qu'elle que ce ſoit. Parce que quand le grand Dieu crea le monde, il ordonna que la terre, l'air & l'eau produiſiſſent toutes choſes auec tel ordre, que toute creature fut diſtincte en ſô eſpece, & que toute ameviuâte imprimaſt ſô corps auec ſa propre forme, ſelô la vertu ou faculté qui particulie-

6. Que la tranſmutation eſſentielle ne ſe peut faire d'vne eſpece en autre de differen te eſpece. *Stroſſi lib. 4. c. 5 Del palag. de gli incā.*

Hh ij

rement & diſtinctemēt luy fut donnee de ſa diuine maieſté.

Et ainſi c'eſtoit vne vraye folie à Pythagoras, lequel enſeignoit ouuertemēt que les ames paſſoiēt d'vn corps, & d'vne eſpece en l'autre : & diſoit ſe reſouuenir qu'il auoit eſté au monde du temps du ſiege de Troye, que ſon nom eſtoit Euphorbus, & qu'encore ſon eſcu eſtoit appendu au temple de Iunon, qui luy auoit eſté offert par vertu, après la guerre finie. Et ne diſoit pas ſeulemēt qu'il euſt eſté vn autre hõme d'autrefois, mais encore qu'il auoit eſté femme, & quelque autre ſorte d'animal & d'oiſeau, auant qu'il fut Pythagoras: & par ce il defendoit de manger chair ny ſang, d'aucune ſorte d'animal, de peur que par rencontre au lieu de cet animal, on ne mãgeaſt à telle heure, & on ſe repeuſt chacun des mēbres de ſon pere, de ſon frere ou autres parēs chãgez en cet animal. De la ſortirent les transformations & metamorphoſes d'Ouide & autres Poëtes, leſquelles bien que fabuleuſes, ne laiſſent de contenir en ſoy quelque ſens occulté & profond de la Theologie des Gentils.

Or il eſt certain, que l'ame humaine ne peut donner forme à vn corps de beſte, ny l'ame d'vn lion, donner forme au corps d'vn cheual: par ce que la forme ſubſtantielle pour donner l'eſtre à quelque animal que ce ſoit, recherce & deſire vne propre & particuliere diſpoſition du corps, vne diuiſion & correſpondance de membres, ſans laquelle elle ne pourroit meſme donner la forme à ſon propre corps.

Ariſto. De anima. C'eſt pourquoy le Philoſophe definit l'ame, & dict que c'eſt quelque choſe du corps naturel organizé de maniere qu'il ſoit capable de receuoir la forme d'icelle, comme vn ſeau ou cachet, qui ne peut grauer dans la cire autre forme que la ſiéne propre & particuliere, ſi bien que ſi le cachet a vn lion imprimé, il ne grauera iamais vn aigle. Que ſi l'ame humaine ne peut donner forme à vn loup, moins l'ame de loup donnera forme à vn hõme: & beaucoup moins encore pourront les Demons changer le corps & l'ame d'vn hõme, & le transformer en loup ou autre animal.

Donc les trãſmutatiõs qu'on lit des magiciens & ſorciers, ne ſe font reellemēt & eſſentiellemēt, mais ſeulemēt en apparēce, & auec preſtique & illuſiõ diabolique. Par ce que le malin Esprit presse & espaissit tellement l'air à l'entour des corps des Sorciers, que trompant nos sens, il les faict apparoir loups, chiens, chats & autre animaux.

Il leur change pareillement (Dieu le permettant ainsi) la fantasie, & leur broüille en telle façon les sens interieurs, qu'ils croyent estre changez tout à faict en ces animaux, se voyans eux mesmes en telle forme, & ayans des appetits brutaux, pour l'alteration que le Demon a faict de la complexion de l'homme.

Et ne faut douter que les Demons ne le puissent faire, nostre nature y estant bien souuent disposee : comme on voit des malades auoir des humeurs brutales, des frayeurs & terreurs Paniques, des appetits dereglez: & des personnes enragees faire des traicts de rage au dessus toute force & conuoitise humaine.

Mais la transmutation qui se faict par la nature, lors que nous sommes affligez de quelque indisposition, est toute differēte de celle qui se fait par le malin Esprit. Car par celle de la nature, l'homme seul se croit changé, mais par celle du Demon, & l'homme & les spectateurs sont trompez. Ainsi au premier, le malade seul souffre, qui croit estre ce qu'il n'est pas, mais au second, & le malade & les spectateurs souffrent illusion.

Bodin pourtant a esté d'vn aduis particulier, & a creu que la transformation se pouuoit faire quand au corps, & que les Demons pouuoient changer les corps des personnes en bestes, & les rendre tout à faict asnes, chiens & chats, mais non quant à l'ame ny quant à la raison, car elle ne peut estre changee.

Bodin liu. 2. cap. 6. Demon.

N'obste (dict-il) le can. *Episcopi* 26. *q. 5.* qui semble estre formellement contre luy. Car encore qu'il soit dict là, *Quisquis ergo aliquid credit posse fieri, aut aliquam creaturam in melius aut in deterius immutari, aut transformari in aliam speciem aut similitudinem, nisi ab ipso creatore qui omnia fecit, & per quem omnia facta sunt, profecto infidelis est & pagano deterior.*

7 Explication du ca. Episcopi 26. q. 5.

Il est vray que en ce lieu les Theologiens tiennent que les malins Esprits n'ont pas la puissance de changer la forme de l'homme; mais il faut entendre (dict-il) par cette forme, la forme essentielle de l'homme qui est la raison, qui ne change point, ains seulement la figure & forme corporelle: conformément à ce que dict Boëte sur autre propos, *& nihil manet integrum voce, corpore perditis, sola mens stabilis, super monstra quæ patitur, gemit.*

Boët. lib. 4 met. 3 De cō- solatio. Philoso.

Mais Bodin se trompe: en ce can. *Episcopi* il faut considerer principalement deux choses, la premiere en ces mots, *Quisquis cred t posse fieri*, ce mot *fieri* se peut entendre & signifier *creare*, qui conuient seulement à Dieu le Createur, qui a creé tout de rien. Ainsi autre que Dieu dict ce canon ne peut creer: mais quoy creer? le canon veut encor entendre creer ny faire vne creature parfaicte, *aliquam creaturam perfectam*, comme creer vn homme, vn cheual, vn asne: mais ouy bien quelque creature imparfaicte comme vn serpent, vne souris, vne grenouille, lesquelles sont appellees imparfaictes par ce qu'elles se peuuent engendrer par putrefaction & corruption.

S. Thomas 2. contra gentes cap. 22.

La seconde chose qu'il faut considerer en ce canon sont ces autres mots, *In aliam transmutationem conuerti*, & dire qu'il y a deux sortes de transmutation, l'vne substantielle, & l'autre accidentelle. Or le canon entend parler de la transmutation essentiele, substantielle & formelle, & en espece parfaicte & non generale par corruption ou putrefaction, ou prestige. La verité est donc, que ce canō n'exclud pas deux sortes de transmutations, lesquelles indubitablement se peuuent faire: l'vne est que le Diable peut transformer par illusion vn homme en chien & chat & autre animal, non pas reellement & corporellement qu'il soit tel, mais bien qu'il sera tel par illusion, & paroistra asne, ou chien, ou chat aux yeux de ceux qui le verront: voire l'homme mesme se croira & pensera estre tel. Aussi n'est ce pas ce que le can. dict, Qu'il n'y a autre que Dieu qui puisse trasformer vne espece en l'autre: car ce canon parle de la transmutation formelle & essentielle en espece parfaicte (comme il a esté dict cy dessus) si bien qu'il ne parle pas d'vne transmutation prestigieuse, moyennant laquelle le Diable faict paroistre vne chose pour vn autre, vn animal pour vn homme, car il peut aifément donner ces illusions & faire telles transmutations prestigieuses.

L'autre transmutation qui n'est excluse par ce canon, est celle qui se faict des choses qui s'engendrét par corruption ou putrefaction, lesquelles le Diable peut faire fort aifément. Comme par exemple, le Diable ne peut transmuer vn Sorcier en chien par vne transformation formelle & en propre espece, parce que ny l'homme ny le chien ne s'engendrent par corruption & putrefaction: c'est vn ouurage trop noble que la creation de l'homme qui n'appartiét qu'à Dieu, & la generation aussi qui n'appartient qu'à quelque autre homme de son espece, Dieu l'ayant ainsi establi lors qu'il crea le monde. Mais le Diable peut bien faire d'vn chien plusieurs mouches, & autres vers: de certaines fueilles, baguettes & choses semblables, des serpens, par ce que cela s'engendre par corruption & putrefaction, mais encore ne le faict il poinct que se seruant & y appliquant des agens naturels.

Il n'est pas en la puissance du Diable, de changer ny l'ame ny le corps de l'homme en beste, & ces deux pieces sont si bien liees ensemble, que tous les Demons ne sçauroient faire vne beste ny de l'vn ny de l'autre. Tirer l'ame raisonnable du corps d'vn homme, & faire de ce corps vn loup, vn asne, vn chien, est chose impossible, veu que ce corps a esté creé à l'image de Dieu. Faire que l'ame qui est vne image si precieuse & si saincte, print pour habitation & domicile le corps d'vn animal irraisonnable d'vne beste, seroit faire vne iniure notable & à la creature & au Createur, qui l'y a grauée & empraincte pour la recognoistre, & la tirer vn iour a soy.

Que si celuy qui reçoit cette grande mutation perd l'ame raisonnable, comment se peut il faire qu'il la recouure? & qu'estant vne fois vagabonde, il la rappelle, & elle reuienne à luy cóme vne chose volatile, lors qu'il a reprins la premiere figure d'homme? si cela estoit en la puissance du Diable, il feroit des miracles comme Dieu: car il n'y a poinct de

Richeome au disc. des miracles cha. 38.

retour ny regrés de la priuation à l'habitude.

Celuy seul peut changer la forme des choses à qui la creation en appartient. Seroit ce pas chose monstrueuse que l'homme qui a esté par le tout puissant creé superieur de tous les animaux, qui les y a comme mis à l'attache, fut reuestu de la figure d'vne beste? Si les bestes mesmes le sçauoient ou en pouuoient auoir la moindre cognoissance, elles auroient tres-iuste raison de secoüer le ioug, & en fuir & decliner l'obeyssance.

Il n'est pas en la puissance du Diable de loger vne ame Chrestienne que Dieu a creé pour estre en son Paradis, & qui de soy est immortelle, dans le corps d'vn animal que Dieu a de tous poincts soubmis & assubietti à l'homme: car estant logee en vn si puant repaire, elle deuiendroit brutale, & perdroit vray-semblablement le principal point pour lequel elle a esté faicte, qui est la recognoissance & l'amour de son Createur, & la voye de son salut. S. Augustin le dict clairement. *Ne putetis* (dict-il) *sicut impij quidam dicunt reuolui animas humanas ad pecora, ad canes, ad porcos, ad coruos, hoc à cordibus vestris excludite, & à fide vestra. Anima humana facta est ad imaginem Dei, non dabit imaginem suam cani & porco.*

S. Aug. sur le Psal. 146.

Et ailleurs il dict qu'il ne faut croire que les corps des hommes puissent estre changez és lineaments & formes des bestes, & que la matiere des choses visibles de l'vniuers, voire des plus nobles, obeisse & fleschisse à la volonté des Anges transgresseurs, ains à celle de Dieu le Createur d'icelles.

S. Aug. lib. 18. De ciuit. Dei c. 18. & lib. 3. de Trinitate.

Que si la substance du corps estoit changee, il faudroit admetre cette absurdité, que necessairement quand & quád l'ame qui informe les corps fut changee, si bien qu'vne ame raisonnable diuine & immortelle pourroit à cause du corps changé en beste, prendre vne ame brutale, sensitiue & mortelle. Il faut donc croire, que l'ame ne peut estre changee, ny le corps non plus. Ce seroit donner vn autre maistre aux creatures de Dieu que Dieu mesme, si on donnoit cette puissance à Satá de pouuoir changer & trásformer les creatures de Dieu en bestes, soit pour l'ame soit pour le corps.

Et

Et ne sont à propos les deux exemples de Moyse & de la femme de Loth, l'vn qui tournoit les verges en serpens, & l'autre qui fut conuertie en statue de sel: car ces deux transmutations estant purement de la main de Dieu ne peuuent se tirer en exemple en ce discours, dans lequel nous parlons seulement de la transmutation ou changement qui se faict immediatement par la volonté & puissance du malin Esprit. Et de faict ie tiens ces deux transformations faictes de la main de Dieu pour tres veritables, tout de mesme que celle de S. Spiridion & plusieurs autres semblables. Ce bon Sainct par la pure volonté & puissance de Dieu transforma vn serpent en or, & ce mesme or en serpent, pour tromper & eluder vn richard auare & immisericordieux. C'estoit vne transmutation miraculeuse qui venoit immediatement de Dieu: non pas dict Del Rio que cette conuersion ou transmutation eut esté parauanture impossible à Satan successiuement & auec le temps. D'autant que le serpent est vn insecte, duquel la matiere est fort proche de l'or, tous les deux prouenans de la terre.

_{Metaphrastes en sa vie Et Surius ibidem}

_{Del.Rio l. q 18.}

Or ie tiens ces exemples & miracles faicts par les Saincts, venir autant immediatement de Dieu, quoy qu'il se soit seruy des Saincts comme d'instrumens, que celuy qui se lit dans la vie de Iesus Christ, lors qu'au festin il conuertit l'eau en vin.

Pour celle de Nabuchodonosor, la verité est qu'il ne fut changé en bœuf, ains seulement par la permission de Dieu, qui vouloit chastier son extreme arrogance, il paissoit comme vn bœuf. Ce que Dieu ordonna ainsi iusqu'à ce que les cheueux luy fussent venus aussi longs que le col d'vn aigle, & que les ongles luy eussent creu comme celles d'vn oiseau. Or les bœufs n'ont ny cheueux ny ongles comme les hommes & les oyseaux.

Pour les compagnons de Diomedes ils ne furent pas conuertis ny transformez en oiseaux par vraye & essentielle transformation, par ce que l'especifique mutation d'vne essence en autre, surmonte & est au delà de la puissance de toute sorte de creatures, mais le Diable la fit par substractiō

I i

& supposition. Ce qui n'est pas mal-aysé au malin Esprit quand Dieu le luy permet. Ainsi la verité est que le Diable emmena en quelque autre part les compagnons de Diomedes, & mit & supposa en leur place ces oyseaux, lesquels se meslans & accouplans entre eux, engendrerent des petits comme faict chaque autre sorte d'oyseaux, & volerent long temps après à l'entour d'vn temple. Ou pour mieux dire c'estoient des Diables soubs ces formes d'oyseaux : selon ce que dict S. Augustin liu. 18. ch. 16. De la cité de Dieu, qu'en l'isle de Diomedes voisine du mont Garganus en la Poüille, des Diables assistent au temple de Diomedes en forme d'oyseaux auec des becs fort longs, lesquels sont si domestiques & priuez, que s'estant remplis le bec d'eau, & contrefaisant les sainctes ceremonies de l'Eglise, qui donne de l'eau beniste à son entree, en aspergent & arrousent ceux qui entrent dans ce temple pour faire prieres : mais aux Barbares & estrangers, ils font plusieurs outrages, leur cryaillant derriere, & leur montant sur la teste les blessent & tuët bien souuent, à force de les becqueter, tant ils ont le bec dur. On en pourroit dire tout autant de Circe.

Virgile & les autres se sont abusez, disant que les cõpagnons d'Vlisses changez en pourceaux auoient retenu leur raison pendant leur changement.

Mais tous les sçauans hommes croyent que Virgile & autres qui ont dict que les compagnons d'Vlisses auoyent la teste, le corps & le poil de pourceau, & neantmoins que la raison leur estoit demeuree entiere, se sont abusez.

De mesme peut on dire du sacrifice d'Iphigenia lequel ne fut faict que par illusion : car elle ne fut ny vrayement immolee, ny vrayement changee en beste : mais Satan l'ayant tiree du lieu ou elle estoit, supposa en sa place quelque animal, ce qui se preuue c'... en ce qu'elle a vescu longuement depuis ce sacr... esté veuë & trouuee ailleurs fort souuent.

Pour Lucian & Apulee, ie croy que le Diable les abusoit comme il faict tous autres qu'il faict semblant de conuertir en bestes : car ils ne furent changez d'espece n'y en corps ny en ame, ains leur imagination estant peruertie & les yeux de ceux qui les voyoient en ce temps la illudez & trompez par le maling Esprit, ils paroissoient asnes, & leur sembloit à eux mefme que vrayement ils eftoient tels, encore qu'ils ne le peuffent eftre. Si bien que Sainct Auguftin : ores qu'il ne l'ofe nier ny affeurer, fi eft ce qu'il conclud que cela luy femble vne fafcination. Ce qui fe confirme par ce que dict Apulee de luy mefme, qu'il viuoit de viandes humaines quand il en pouuoit trouuer, par ce qu'il n'auoit perdu la raifon, qui monftre que toute fon afnerie n'eftoit qu'illufion.

Et par mefme raifon ce ieune foldat Anglois eftoit trompé : car l'hiftoire porte qu'il demeura au feruice de la Sorciere qui luy auoit donné cette brutale fantafie trois ans, en forme d'afne : iufqu'a ce qu'vn iour paffant deuant vne Eglife on le vit fe mettre à genoux & plier les jambes de derriere, & leuer celles de deuant, adorant le fainct Sacrement de l'Hoftie. Dequoy s'eftãt apperçeu certains marchands de Genes firent prendre par la Iuftice l'afne & la Sorciere, laquelle confeffa tout, & demanda qu'il luy fut permis d'aller en fon logis pour remettre le foldat en fa premiere forme, ce quelle fit fi bien qu'elle fut bruflee en la ville de Famagoufte.

Or ce ieune homme, contoit qu'il n'auoit pas l'entendement fi offufqué, qu'il ne fe cognut eftre homme : mais pourtant il croyoit (tant fon imagination eftoit alteree par le Demon) que chacun qui le voyoit le tint affurément pour afne & animal irraifonnable. Ayant toutesfois (difoit-il) ce contentement, qu'il eftoit recognu des Magiciens & Sorcieres pour vray homme, tant ils pratiquoient humainement & conuerfoient auec luy : non pas à la verité qu'il peut parler, luy ayant le mauuais Efprit occupé les organes de la parole : tout conformément à ce que nous dict vne de nos Sorcieres, que les perfonnes transformees, ne peuuent iamais parler durant leur transformation.

Pour le Phœnix, oyfeau qui s'efcloft des flammes, ou cendres de fa ruine, qui vit fans per, fa tranfmutation eft naturelle : pour le moins eft il certain, qu'elle ne depend en rien du malin Efprit, outre que fa vie & fa mort & cette tranfmutation quelle qu'elle foit, eft fi incertaine, que

Ii ij

celuy qui en peut parler auec certitude pour en auoir veu ou autrement, est plus rare que le Phœnix mesme.

9. Le Diable ne peut trasformer le corps ny l'ame.

Aussi est-ce l'aduis de Remigius, de Loyer, de Strozzi, Del Garzoni, DelRio & de Boguet, tous autheurs modernes & bien experimentez, chez lesquels on peut trouuer les anciens qui sont en nombre infiny de ce mesme aduis, Que le Diable ne peut transformer en beste ny le corps ny l'ame, ains qu'il peut simplement par illusion & prestige persuader à quelqu'vn, qu'il est asne ou autre animal, & le faire voir pour tel, à tout le monde: sauf encore à celuy qui est sainct, ou doüé de quelque grace particuliere de Dieu: comme en l'exemple que sainct Anthonin Archeuesque de Florence raconte de ce ieune amoureux, lequel ne pouuant attirer à soy vne ieune fille pria vn Iuif Sorcier de la conuertir en iument, ce qu'il fit, & de faict elle apparoissoit telle aux yeux d'vn chacun: mais estant presentee à Sainct Macaire, il la vit non seulement en sa vraye forme de fille & non de iument comme les autres, mais encore ostant toute illusion diabolique, il la restitua aussi-tost en sa premiere forme, si bien que chacun la vit sans illusion, en sa naïfueté & propre naturel.

Remig. Demonolatria.
Loyer lib. 2. c 7 de spe.
Strozsi lib. 4. c 5 De palag. degli incanti. Il Garsoni nella piazza vni. Dis. 4'.
DelRio lib 5. sect 16
Boguet c. 53

10. De la transmutatiō de sexe.

Pour la transmutation de sexe, il faut voir ce que nous en auons dict au premier tome de l'inconstance, & Strozzi l. 4. c. 5. Del palag. de gli incanti: là il se trouuera vne infinité d'exemples de ceux qui se sont trouuez changez de femelle en masle: en ayant veu vn exemple notable à Rome en l'an 1600. d'vne ieune fille qui se tenoit chez vn *Spetiaro*, prés le temple de la *Pace*, laquelle i'ay veu vn gros garçon.

Strozzi lib. 4. c. 5. Del palag. degli. incanti.

Mais pour l'autre mutation de masle en femelle, quoy que Pline die que du temps du Consulat de Publius Licinius Crassus & C. Cassius Longinus, il se trouua à vn lieu appellé *Cassino* vn ieune enfant qui deuint fille, laquelle par commandement des Aruspices fut portee en vne isle deserte, où on la laissa mourir: si est-ce qu'on tient cela pour fabuleux: d'autant que la nature estant tousiours encline à faire les choses les plus parfaictes qu'elle peut, & la

Pli. l. 7. Strozzi lib. 4. c. 5.

femme estant vne creature imparfaicte, la nature est tousiours esueillee & tendue pour la reduire à perfection. Si bien qu'elle se deuoyeroit de son propre naturel, si elle faisoit cette transmutation de masle en femelle: mais non de femelle en masle.

Qui a faict dire à plusieurs que mesme celle de fille en garçon ne se pouuoit faire parfaictemét, ains la nature formoit vn Hermaphodite, au lieu de faire aucune mutation accomplie de tous poincts. ces premiers caracteres desquels nature nous auoit assorti dés nostre naissance, estant du tout indelebiles: ayant tresbien recognu & veu par experience, que les vases naturels de la femme ne sont iamais entierement bouchez: que s'ils le sont, c'est operation du Diable plustost que de la nature: se fondant sur ce passage de sainct Augustin & de son commentateur Viues qui dict, *Et profecto considéranti mihi rationem sexuum, difficile videtur ex mare fieri fœminam: contra fieri, non item. Nam retrahere naturam virile membrum intrinsecus, facereque ex eo locos fœmineos, difficillimum est: expellere vero locos foras, penisque in modum deformare, & si rarum, fieri tamen potest facilius quam credatur.* S. August. lib. 3 c 31. De ciuit. Di Viues la dessus.

De maniere que la transmutation de Tiresias Thebain, lequel ayant frappé d'vne gaule deux serpens entrelassez dans vne forest, de masle qu'il estoit deuint femelle, est chose & fabuleuse & incroyable.

Ii iiij

DE L'INCONSTANCE DES DEMONS, MAGICIENS ET SORCIERS.

De la Lycanthropie & changement de l'homme en loup & autre sorte d'animaux & singulierement du Loup-garou auquel la Cour de parlement de Bourdeaux fit le procez, & donna Arrest sur iceluy prononcé en robe rouge, le 6. Sep. 1603.

1. *Le sieur premier President Daffis homme plein de merite & digne de toute sorte de loüange.*
2. *Procedure contre le Loup-garou.*
3. *Arrest du Loup-garou prononcé en robe rouge par le sieur premier President Daffis le 6. Septembre 1603.*
4. *Il y a 4. sortes de transformation la 1. Diuine, la 2. Naturelle, La 3. par Imagination, la 4. par Sorcelerie.*
5. *Les Lycanthopes souffrent & font leurs courses ordinairement en Febvrier.*
6. *La 4. espece de transformation qui se faict par sorcelerie est expliquee.*
7. *Les Demons ne peuuent rien de surnaturel.*
8. *La transformation d'hôme en loup,*
9. *ne peut estre ny en l'ame ny au corps.*
10. *Dieu est le souuerain ordinateur des formes.*
11. *Pourquoy le Diable s'en prend ainsi aux enfants.*
12. *Si ce ieune garçon est capable de tant de maleficees n'ayant que 13. ans.*
13. *Herbes & pierres qu'on tient estre propres contre les Demons & les charmes.*
14. *Loups-garoux courent le Vendredy sainct, & ordinairement au bas de la lune.*
15. *Il y a quelque poinct de sorcelerie à ne se rogner les ongles.*
16. *Si la ieunesse excuse tout à faict vn loup-garou de la peine ou en partie.*

DISCOVRS II.

1. Le sieur premier President Daffis homme pleinde merite & digne de

Omme iestoy sur le point de rechercher curieusement & exactement ce que les bons liures disent de la Lycanthropie, il m'est tombé en main l'arrest du Loup-garou, qui a couru en ce païs de Guienne en la iurisdiction de la

Roche Chalais & en celle de Coutras en l'annee mil six cens trois, prononcé en robe rouge par le feu sieur Daffis premier President en cette Cour de Parlement de Bourdeaux. Homme plein de tant de merite & si suffisant & remarquable en sa charge, que si tous les Parlemens de France eussent esté reduicts en vn seul, il les eut aussi aisement maniez & auec la mesme dexterité, qu'il a heureusemēt gouuerné celuy cy l'espace de 24. ou 25. ans Aussi estoit il de race & famille de premiers Presidés, tousiours, par tout & en toutes façons premier, tenant si auantageusement & en degré superieur cette primauté, & remplissant si dignement cette premiere place, qu'homme du monde de tous ceux qui l'ont cognu ne fut iamais à mesme d'en douter. *toute sorte de loüange.*

Ce discours me fournissant assez de matiere m'a neantmoins aussi tost plōgé en deux scrupules, l'vn est, si ie le lairroy comme il est, sans rien obmettre ny changer: ses pieces estant de vrayes lignes d'Apelles qui veulent estre veües toutes entieres, & ne peuuent souffrir diuision, l'autre est si ie deuoy seulement trier & en raporter à mon subiect, ce que ie trouueroy estre le plus beau & le plus conuenable. Mais plusieurs considerations mont meu à ne le coucher icy tout à faict mot à mot.

Premierement que c'est vne piece qu'il a prononcee & non escrite, qui luy a esté derobee par quelque Echo luy parlant, & non dictant ny escriuant. Que parauanture est elle mal derobee, estant venuë à moy si mal transcrite & si dechiree, le latin, les vers, leur ordre, les allegations & apostilles, tout si mal rangé & si faulsement, comme passé par vne infinité de diuerses mains, qu'à peine pouuoy ie recognoistre l'ouurier en son ouurage.

Secondement quand ie l'eusse recouuré nettement, il auoit tousiours laissé eschapper en semblables actions, des pieces si rares, que ie ne sçay si celle cy pour belle qu'elle soit, eut respondu aux precedentes: ny parauanture si mesme elle eust esté tellement de son goust, qu'il en eust voulleu priuilegier la veuë & laisser produire celle cy, ayant iusques icy caché les autres.

S'il euſt veſcu lors que ie me ſuis mis aprés, ie luy en euſſe demandé licence ou aduis. Mais en cette incertitude i'ay mieux aimé choiſir, ce qui me ſemble propre pour mon ſubiect, portant ſeul dans ſon labeur la faute de ma mauuaiſe eſlectiō, que non pas produire peut eſtre auec la mauuaiſe grace des ſiens vne piece qu'il n'a iamais ſongé à mettre au iour par autruy. Outre qu'il y a difference d'vn diſcours, & d'vn Arreſt, chacun ayant ſes formes qui nous lient beaucoup plus l'vn que l'autre.

Ie veux donc porter ſeul la peine de mon mauuais chois, pluſtoſt qu'offencer ſa memoire ny cette honnorable famille que i'honnore & reſpecte ſur le ſouuenir de ſon merite: & aller touſiours inconſtament & librement à ma mode vaguant çà & là, courant apres ces loups-garoux & les chaſſant iuſqu'au profond des enfers pour ſeruir leur maiſtre Satan.

Et d'autant que ie trouue qu'il n'a dict le faict qu'en general & par forme de queſtion, par ce que le ſubiect le requeroit ainſi, & pour euiter longueur: les diſcours qui ſe peuuent loger dans des Arreſts ne pouuant eſtre ſi eſtendus que ceux qui ſe font es liures. Outre qu'il y a vne infinité de particularitez & circonſtances en la procedure & audition de ce loup-garou, qui confirment grandement ce que nous auons dict traictant les autres poincts du ſortilege. C'eſt pourquoy il m'a ſemblé tres-neceſſaire d'en coucher icy les principaux poincts & les plus importans, qui eſclairciront meſme ce qu'il en a dict, tirez mot à mot de la procedure, tout ainſi qu'elle eſt és regiſtres de la Cour de Parlement de Bourdeaux, ſans y rien adiouſter ny diminuer.

Procedure contre le loup-garou Le Iuge ordinaire de la Chaſtellenie & Baronnie de la Roche Chalais, eſtant aduerti par le Procureur d'office qu'il auoit eſté veu n'aguieres vne beſte ſauuage au village de Paulot paroiſſe de l'Eſparon, qui ſembloit vn loup, & s'eſtoit iettee de plein iour ſur vne ieune fille appellee Marguerite Poirier.

Et qu'en ce meſme village vn ieune garçon de 13. à 14. ans, ſeruiteur de Pierre Combaut, ſe iactoit que c'eſtoit luy qui

DES DEMONS, MAG. ET SORC. LIV. IV. 257

qui s'eſtoit ietté ſur ladicte Marguerite transformé en loup, & qu'il l'euſt mangee ſi elle ne ſe fut defendue auec vn baſton, tout ainſi qu'il auoit mangé (diſoit il) deux ou trois enfans ou filles.

Il informe le 9. May 1603. L'information eſt compoſee ſeulement de trois teſmoins, dont le ſecond eſt cette Marguerite Poirier aagee de 13. ans, laquelle dict, Qu'elle auoit accouſtumé de garder le beſtail auec ce ieune garçon Iean Grenier, auquel elle a ouy dire fort ſouuent qu'il deuenoit loup quand il vouloit, qu'il auoit prins & tué des chiens, en auoit mangé quelque morceau d'vn, & beu du ſang, mais qu'il n'eſtoit pas bon comme celuy des ieunes enfans & filles: & qu'il ny auoit pas long temps qu'il auoit pris vn enfant, & en auoit mangé deux morceaux, & ietté le reſte à vn autre loup qui eſtoit prés de luy, & depuis encore vne fille qu'il auoit mangee ſauf les bras & les eſpaules. *Informatiõ contre le Loup garou.*

Qu'vn iour gardant ſon beſtail, vne beſte ſauuage ſe ietta ſur elle, & la print par ſa robe à belles dents, ſur le deuant de la hanche du coſté droict, & la luy dechira: laquelle beſte elle frappa ſur l'echine d'vn baſton, ladicte beſte eſtant plus groſſe & plus courte qu'vn loup, de poil roux, vne queuë courte: laquelle beſte apres le coup s'eſloigna d'elle enuiron dix ou douze pas, s'aſſit ſur le derriere comme faict vn chien, l'auiſant d'vn regard furieux, qui fut cauſe qu'elle s'en fuit: que cette beſte a la teſte plus petite qu'vn loup.

Le 3. teſmoin eſt Ieanne Gaboriaut aagee de 18. ans, laquelle dict qu'vn iour gardant le beſtail elle & autres filles, arriua ce Iean Grenier qui demanda laquelle eſtoit la plus belle bergere. La depoſante luy demãda pourquoy. Par ce (dict il) que ie me veux marier auec elle, ſi bien que ſi c'eſt vous ie me veux marier auec vous Elle luy demanda qui eſtoit ſon pere. C'eſt vn preſtre (dict il). Et ſur ce elle luy dict qu'il eſtoit fort noir. Et il reſpondit qu'il n'y auoit pas long tẽps qu'il eſtoit ainſi. Elle repliqua, s'il eſtoit ainſi venu noir de froid, ou pour s'eſtre bruſlé. Et il reſpondit que c'eſtoit à cauſe d'vne peau de loup rougeaſtre qu'il portoit. Elle luy demanda qui luy auoit baillé cette peau. Il reſpon-

Kk

dit que c'estoit vn Pierre Labouraut. Et quel homme est ce (disoit la Bergere) Vn homme (dict il) qui portoit dans sa maison vne chaine de fer au col laquelle il rongeoit: & qu'en icelle maison y auoit des personnes en des chaires qui brusloient, des autres en des licts qui flamboyoient, & des autres qui faisoyent rostir, & mettoient des personnes en trauers sur les chenets, & des autres qui estoient en vne grande chaudiere, & que la maison & chambre estoient fort grande & fort noire.

Qu'il luy auoit dict, que quand il auoit sa peau de loup vestue, il se transformoit en loup, & en telle autre beste qu'il vouloit: qu'il auoit tué ainsi transformé en loup, des chiens, & leur auoit sucé le sang, mais qu'il n'estoit de bon goust, que les enfans & les filles estoient beaucoup plus plaisantes & delicates à manger : qu'il court à tous les bas de la lune le Lundy, le Vendredy & le Samedy, vne heure du iour seulement, aprochant vers le soir & vers le matin: Qu'ils estoient neuf qui couroyent en mesme temps & en mesmes heures tous voisins, dont il luy en nomma aucuns.

Cette information estant decretee de prinse de corps, il est prins, il est ouy : & par son audition il en confesse plus que les tesmoins n'en auoient deposé.

Audition du Loup-garou du 2. de Iuing 1603.

Il auoit dict à vn des tesmoins, qu'il estoit fils d'vn Prestre sans le nommer: maintenant il dict qu'il s'appelle Iean Grenier fils de Pierre Grenier laboureur, appellé communement le Croquant, lequel demeure en la parroisse de sainct Anthoine de Pizon iurisdiction de Coutras.

Dict qu'il y a trois mois qu'il est hors de la compagnie de son pere & qu'il ne la veu depuis qu'il en est party. Et que depuis qu'il est hors de chez son pere, il a esté vers Coutras, l'Esparon, S. Anlaye, Essars & Chenaut, qui sont parroisses circonuoisines. Et qu'en s'en retournant vers Coutras, il trouua vn homme chez lequel il se mit en seruice pour garder son bestail, auec lequel il a demeuré quinze iours & depuis il a changé de maistre, si bien que depuis vn mois en ça il se tient chez Combaut au village de Paulet, ayant quité son pere pour mandier. Qu'vn garçon nommé Pierre, du bourg de S. Antoine du Pizon, d'vne bonne maison & riche, qu'on appelle chez Pierre du Tilhaire, le trouuant sur le grand chemin de Coutras à Monpon, luy dict qu'il y auoit vn Monsieur en la forest de sainct Anthoine, qui vouloit parler à eux & que l'ayant conuié de l'aller voir ils y furent ensemble, & trouuerent dans la forest vn grand Monsieur tout seul, habillé de noir, & monté sur vn cheual noir, auquel ils dirent bon iour, par ce que c'estoit au soleil leuant: & lors il descendit de cheual, & les baisa auec vne bouche extremement froide: par apres il remonta à cheual, & bien tost ils le perdirent de veuë, leur ayant faict promettre à son depart qu'ils l'iroyent trouuer quand il les manderoit.

Et Interrogé combien de temps il y a qu'il s'est donné à ce Monsieur, s'il les marqua, & combien de fois, ils y sont allez, & ce qui s'est passé depuis entre eux.

Dict qu'il y peut auoir enuiron trois ans de cette premiere rencontre: Or il se dict aagé de 13. à 14. ans, ainsi il pouuoit lors auoir dix à vnze ans: qu'il les marqua tout deux à la fesse auec quelque broche qu'il auoit en main: & de faict il auoit en la fesse gauche vne marque ronde en forme de petit cachet: Et que quand ils veulent parler à luy, ils le vont trouuer en la forest, en laquelle ils ont esté trois fois: où estant il leur faict frotter son cheual, leur promet de l'argét, leur baille vn verre de vin, puis l'ayant beu ils se retirent. Confesse entierement la deposition de Marguerite Poirier estre veritable: Qu'il la print, la voulant tuer, & qu'elle luy bailla vn coup de baston: & tout le reste du discours; qu'il se vouloit marier auec elle. Confesse toutes les violences & excés dont il est accusé, sauf qu'il dict qu'il auoit bien tué ce chien blanc mais non pas beu le sang.

Interrogé quels enfans il a tué & mangé ainsi transformé en loup.

Dict qu'vne fois en allant de Coutras à Sainct Aulaye, suiuant les villages de la Double, il entra dans vne maison où il ne vit personne, & y trouua vn enfant d'vn an dans le berceau, lequel il print à la gorge à belles dents, l'emporta derriere vne palisse de iardin, en mangea tant qu'il voulut & bailla le reste à vn loup qui estoit là prés, ne sçait le nom du village ny de la parroisse, mais dict qu'il n'y auoit que trois maisons.

Que vers la parroisse S. Anthoine du Fizon, il se rua sur vne fille qui gardoit les brebis portant vne robe noire, la tua, & en mangea ce qu'il voulut comme de l'autre, puis bailla le reste à vn loup qui estoit prés de luy. Mais il est remarquable qu'il dict que ce fut luy ayant faict couler la robe en bas, car il ne la luy dechira pas : qui est vne chose qu'ō a obseruee, pour monstrer qu'encore que les vrays loups dechirent auec les griffes, neantmoins les loups-garoux dechirent auec les dens, & comme hommes sçauant depouiller les robes aux filles qu'ils veulent manger, sans les dechirer. Dict aussi qu'il pouuoit y auoir dix sepmaines, qu'il print vne fille prés d'vne pierriere, & l'ayant trainee dans des bruyeres il la mangea.

Que ce Pierre la Tilhaire & luy ont couru quatre fois ensemble, sãs qu'ils ayēt pourtāt rien prins ny tué ensēblémēt.

Que passant de nuict au bourg de l'Esparon, il auoit attaqué la chiéne de Daniel de Millon, laquelle il eut tuee, s'il n'eust mis la main à l'espee. Que quand il veut courir, il a vne peau de loup sur soy, laquelle Monsieur de la forest luy porte quand il veut qu'il coure : puis il se frotte de certaine graisse qu'il luy a aussi baillee, qu'il tient dans vn pot, ayant premierement laissé ses habits, qu'il porte ordinairement par les chaumes & buissons.

Qu'il court au bas de la lune vne heure ou deux du iour, & quelque fois la nuict.

Interrogé si son pere sçaict qu'il coure ainsi. Dict qu'ouy, & qu'il la graissé par trois fois, & aidé à vestir la peau de loup, laquelle ce Monsieur de la forest luy donna, & dict qu'il la gardast bien pour la luy rendre quand besoing seroit. Qu'il en bailla vn autre à Pierre de la Tilhaire son compagnon.

Interrogé s'il s'est iamais trouué deuant ce Monsieur de forest en compagnie d'autres hommes.

DES DEMONS, MAG. ET SORC. LIV. IV. 261

Respond qu'ouy, & en nombre, mais n'en sçait le compte, ny n'en cognoist que deux, Pierre de la Tilhaire & Vincent, auec lesquels deux il a couru.

Interrogé ou il tient sa peau & son pot de graisse. Respond que le tout est chez ce Monsieur de la Forest, lequel les luy enuoye quand il veut, & toutes les fois qu'il le met à mesme de courir en loup-garou.

Aprés son audition, & sur sa simple deposition, (ce qui est remarquable, pour monstrer que ce crime de sortilege, & autres crimes concernans les Demons, est si priuilegié, que la deposition & tesmoignage d'vn fils de treze ans est receu contre le pere) la Cour decreta prinse de corps contre ledict Pierre Croquant son pere, & contre ledict Pierre de la Tilhaire. Le pere seul est prins.

On faict vne seconde information pour sçauoir si pendant le temps que cet accusé confesse auoir mangé des enfans, il s'en trouue pas vn de mangé és villages dont il a parlé en son audition. Les peres qui ont des enfans mangez de ce loup-garou sont ouys, & luy sont confrontez sans obiect. (Car il est à noter, que de cent Sorciers ou Sorcieres preuenus par Iustice, il n'y en a pas deux qui baillent obiects, & s'ils en donnent ils sont tousiours impertinens) il se trouue que lesdicts tesmoins & l'accusé sont entierement conformes, & pour l'excez & pour le lieu, & pour les autres circonstances du temps, de la forme du loup-garou, des blessures, du secours que les parens ou autres ont donné aux enfans ou filles blessez, des mots qui se sont dicts en criant au loup, des armes ou bastons qu'ils auoient, iusques aux moindres particularitez, du choix que le loup-garou fit de trois enfans, ayant choisi le plus delicat & plus gras. De maniere qu'vn des tesmoins nommé Iean Roullier, ayant dict que le loup-garou luy auoit enleué le plus gras de trois enfans qu'il auoit trouué emmy les champs, lequel fut secouru par vn frere dudict tesmoin, auec des armes qu'il auoit en main, si bien que poursuiuant cette meschante beste, ledict frere du tesmoin luy dict la voyant fuir, *Ie t'arrousteray bien.*

Seconde information contre le loup-garou du 5. Iuin 1603.

K k iij

L'accusé au confrontement, dict qu'aussi tost qu'il eust descouuert la proye de ces trois petits enfans, ce Monsieur se trouua deuant luy, & luy bailla aussi tost vne robe de peau de loup qu'il vestit, puis en forme de loup il se jetta sur le plus petit des trois enfans, qui apparut notoirement deuant le iuge estre le plus gras, & le blessa de sa main gauche au visage, & au derriere de la teste, ne le pouuant emporter que trois ou quatre pas, parce que les autres deux crioyent : & que le monde, & entre autres vn homme qui dict en le poursuiuant ces mesmes mots, *Ie t'arrouteray bien*, le poursuiuoit.

Il confessa le mesme à vn autre tesmoin de l'information nommé Estienne Chagneau, Qui dict que le premier Vendredy de la lune de Mars, de l'an mil six cens trois, le loup-garou luy auoit mangé vne fille aagee de trois ans nommee Guyonne.

On ne se contenta pas de l'information, de sa confession, & des confrontemens sans obiect, mais encore on le fit mener par tous les villages & maisons ou il disoit auoir passé & commis ces excés. Et comme on fit venir cet homme qui luy auoit faict lascher son petit neueu auec ces mots, *Ie t'arrouteray bien*, il l'alla prendre aussi tost par le bras & le choisit parmy vn bon nombre d'autres, & luy dict que c'estoit luy qui auoit dict ces paroles, on luy fit aussi venir cette Marguerite Poirier qu'il auoit attaquee & blessee, ils se recognurent aussi-tost, & la choisit parmy quatre ou cinq autres filles, & monstra ses blesseures en la presence des officiers de la Iustice & de l'accusé, n'estant tout à faict guerie d'vne blessure sur la bouche & sur le menton du costé gauche.

Depuis estant sur la sellette, & comme on vouloit iuger son procés, il fut plus exactement interrogé : si bien qu'on luy demanda pourquoy il auoit laissé la compagnie de son pere.

Il respondit que c'estoit parce que son pere l'auoit batu outrageusement, pour auoir faict cuire & mangé du lart auec des choux en caresme, & en auoir faict manger à vn son frere, de maniere qu'il le quita par depit, & comme par desespoir, & s'en alla mandier.

Interrogé ou demeure sa marastre, dict qu'elle demeure au village de Theothe, parroisse de S. Christoffe, & ne demeure en la compagnie de son pere, parce qu'vn iour elle vit qu'il rendoit par sa gorge des pieds de chien, & des mains de petits enfans.

Interrogé s'il a iamais couru auec son pere, & s'il se sert de sa p. & quels excés ils ont commis ensemble.

Respond que son pere la mené quelque fois courir auec luy. Et vne fois ils trouuerent vne fille qui gardoit les oyes auprés du village de Grillaut, laquelle ils prindrent ayant vne robe blanche, & l'ayant emportee dans le bled, ils la mangerent au mois de May aura deux ans, mais que maintenant il faict ses courses à part, & son pere ne le mesne plus quand & luy.

Quant à ce qu'il a dict cy deuant que son pere se seruoit de sa peau: La verité est qu'il en a vne pour luy, & que pour la sienne, Pierre de la Tilhaire la luy serre en sa maison sur les tuiles d'vne grange, auec vne autre que ledict la Tilhaire a pour soy.

Outre ce il dict que ce Monsieur qui luy a baillé la peau, luy a defendu de ne rogner iamais l'ongle du poulce de la main gauche, qu'il a plus espaisse que les autres.

Et que tant qu'il est en forme de loup ce Monsieur ne le perd iamais de veuë : & que tout aussi-tost qu'il le perd de veuë, ledict accusé reuient, & reprend sa forme humaine.

Pierre Grenier son pere estant prisonnier, il fut ouy & confronté à son fils. Ce fils varie en beaucoup de choses, & cognut on que la longueur de la prison & la misere, l'auoit rendu aucunement hebeté. Neantmoins apres l'auoir laissé en repos, on les accara encore ensemble. Le fils luy soustint tout ce qu'il auoit dict contre luy.

<small>Confrontemens du loup garou faict à son pere.</small>

Reste maintenant à sçauoir si cette transformation, ou transmutation d'homme en beste, est veritabe. Et quand elle le seroit, quelle peine il faut ordonner contre les loups-garous, & mesme côtre celuy cy, qui confesse s'estre adonné au seruice de ce Monsieur de la Forest, (qui n'est autre chose que Satan) & auoir commis en forme de loup, soubs la peau qu'il luy a donnee vne infinité d'infanticides & autres excez. Et encores que nous ayons vn peu touché cette question en general au discours precedent, si est-ce que nous n'auons parlé en façon quelconque de la Lycantorpie, laquelle ne se peut traicter sans reprendre aussi les raisons du general de la transformation.

Arrest du Loup-garou prononcé en robe rouge au Parlement de Bourdeaux le 6 Sept. 1603.

Discovrs III.

<small>3 Raisons &motifs de la Cour de Parlement de Bourdeaux contre le loupgarou.</small>

Les histoires ont tenu pour vn prodige, & signe monstrueux & de mauuais augure, quand vn loup a assailly vn gendarme en sentinelle, & la mis en pieces. Quand les Romains voulans empescher Annibal de passer les Alpes, vn loup entra en leur armee, lequel aprés auoir dechiré ceux qui s'opposoient à sa course, sortit hors du camp sans atteinte. Quand vn loup trauersant l'armee de Lepidus, donna droit dans sa tente, & renuersa sa table luy souppant.

<small>Bourdeaux autre fois nommee la ville des Loups, cõme on lit dans les histoires.</small>

Quand en plein iour en cette ville de Bourdeaux, les loups s'estant iettez en icelle, ont estranglé les chiens, & faict fuir & escarter le monde à la veuë d'vn chacun. Ce fut chose merueilleuse de voir, qu'en Italie les bestes domestiques, perdant leur priuauté accoustumee, s'effaroucherent tout à coup contre leurs maistres, qui fut le presage de la guerre sociale qui suruint bien tost aprés. Voicy vn enfant aagé de treze à quatorze ans, qui dementant la nature, confesse s'estre reuestu d'vne peau de loup, transformé en loup, auoir marché à quatre pates comme vn loup, couru les champs acharné comme vn loup, faict les rauages & cruautez d'vn loup, estranglé chiens, couppé la gorge aux enfans & en auoir mangé.

Quel-

Quelqu'vn dira que c'est vn songe : cette procedure qui est des plus exactes que l'on sçauroit voir, & qui a esté faicte aux yeux de tous les villages de ce païs, porte tesmoignage du contraire. Outre plusieurs autres exemples des loups-garoux condamnez par Iustice rapportez par les liures, ou l'on recognoist vne conformité de depositions, & mesmes d'auditions & confessions des criminels, comme instruicts à mesme escole : qui est vne des plus grandes lumieres que l'on pourroit auoir en tels actes.

Mais comme l'incredulité de telles choses demeure encore en plusieurs esprits qui les rejettent comme fables & contes, il conuient resoudre deux difficultez : l'vne s'il se peut, & comme il se peut : & l'autre si cette espece de malefice peut tomber en la personne d'vn ieune garçon de cet aage, & parler de sa peine. Car on ne lit poinct dans les liures, qu'il y ayt eu cy deuant des loups-garoux si ieunes que celuy-cy, ains le Diable a presque tousiours accoustumé de choisir des plus insignes Sorciers & des hommes formez, pour estre plus capables de tous ces rauages & violences.

Ce n'est pas de ce temps que l'on a veu vn tel desordre & prodige en la nature. Herodote qui fut appellé le pere des fables & des histoires, parlant des Neuriens nation de la Scythie Europee, dict qu'ils sont diffamez d'estre grands Sorciers, & que tous les Scythes, leurs voisins, ensemble les Grecs qui habitent en Scythie, afferment, voire iurent, que certains iours de l'an ils deuiennent loups, & puis reprennent leur premiere figure. Mais tout ce grand nombre de tesmoins ny leurs sermens ne luy ont peu persuader chose si estrange. Solinus & Mela racontent la mesme chose sans dire leur opinion.

Pline qui a acoustumé d'en conter plus que nul autre, Pli.l.8.c.22 nie confidemment que les hommes se conuertissent en loups, & qu'ils reuiennent aprés en leur forme : quoy qu'il auoüe que ce mot de *Versipellis* est venu de là, comme qui diroit Tourne-peau. Et rapporte auoir leu dans Euantes, qu'il y auoit vne race d'Antheus en Arcadie, dont il falloit

L l

qu'il y en euſt touſiours vn transformé en loup. Celuy ſur lequel le ſort eſtoit tombé, eſtoit conduit en vn certain eſtang qu'il trauerſoit à nage, & ſe rendoit aux foreſts qui ſont au delà d'iceluy, eſquelles il deuenoit loup. Et aprés y auoir demeuré neuf ans loup, s'il s'abſtenoit pendant ce temps de manger chair humaine, il retournoit à la dixieſme annee à la riue de l'eſtang, & l'ayant paſſé reprenoit ſa premiere forme, ſauf qu'il eſtoit plus vieux de neuf ans.

Mirum dict Pline) *quo procedat græca credulitas, nullum tam impudens mendacium eſt quod teſte careat*.

Et à ſuite il rapporte d'Agriopas, Que Damnetus ayant mangé du ventre d'vn ieune enfant ſacrifié à Iupiter Lycee en Arcadie, fut conuerti en loup, & dix ans aprés retourna en ſa premiere forme, & emporta le prix de la luicte au mont Olympique: ce que quaſi en meſmes mots ſainct Auguſtin dict auoir leu dans Varron. Mais Platon en ſa Republique, eſtime que c'eſt vne pure fable, que ceux qui mangerent de la chair humaine du ſacrifice qu'on faiſoit à Iupiter Lycee deuinſent loups.

Aug. lib 18. De ciuit. Dei cap. 17 Plato lib 5. De Republi.

Comme auſſi entre les Mythologies on narre, que Lycaon ayant pour hoſte Iupiter, luy donna à manger des entrailles d'vn enfant, à l'occaſion dequoy, luy & ſes enfans furent changez en loups. Combien que Pauſanias & l'hiſtoire d'Arcadie le rapportent autrement. C'eſt que Lycaon fut transformé en loup pour auoir gouſté du ſang d'vn enfant ſacrifié à Iupiter Lycee.

Hecatæus. Mileſius lib. 2. Genealogi. Ouid lib. 2. Metam.

Plaute en ſon Amphitryo, baille cela pour vne vieille fourbe, *Muratos antiquos in Arcadia & ſæuas belluas manſitaſſe*. Comme auſſi Palephatus met au nombre des hiſtoires peu croyables, qu'Acteon natif d'Arcadie fut transformé en cerf, & de cerf reuint homme, comme choſe impoſſible. Et de meſme le changement de Hecuba en chienne, fut fabuleux à Ciceron. Comme auſſi les Poëtes ſe ſont joüez de telles transformations comme fabuleuſes, & ayant leur intelligence myſtique: voyla l'opinion de ces autheurs Payens.

lib. 3. Tuſcul.

Sainct Augustin traictant ce subiect dict ces mots. *Hæc vel falsa sunt, vel tam inusitata vt meritò non credantur.* Pour son regard il s'en resout là, que ce sont des illusions ou suppositions, & amene l'exemple du Pere Prestantius, lequel ayant mangé d'vn formage ensorcelé fut tellement endormi, qu'on ne le peut esueiller de quelques iours : & aprés contoit, qu'il auoit esté trasformé en cheual de voiture, & auoit porté le pain de la munition pour les gendarmes auec les autres cheuaux, encore qu'il n'eust bougé de place.

Il arriua aussi dict sainct Augustin, qu'vn autre sur la nuict auant le reposer, vit venir à soy vn Philosophe qui luy exposa quelque passage de Platon qu'il luy auoit auparauant refusé d'interpreter. Et quelques iours aprés, ce Philosophe interrogé pourquoy il auoit prins la peine de venir vers luy, l'ayant auparauant esconduit, il respondit qu'il n'y estoit pas venu, mais qu'il auoit songé d'y aller, *Ac per hoc alteri per imaginem phantasticam exhibitum est, quod alter vidit in somnis.*

Il dict à suyte que ce qu'on lit dans les liures, que des hommes ont esté changez en loups, est aduenu en cette maniere, (*si modo factum est*) qu'il n'y auoit point d'hommes transformez mais supposez au lieu de ceux qui ne paroissoient point. De mesme des compagnons d'Vlisse changez par Circé, ceux de Diomedes changez en oyseaux, que ce ne furent des veritables transformations, mais suppositions *non mutatis hominibus factas, sed substractis fuisse suppositas.* Comme d'Iphigenia changee en biche, que les Poëtes mesmes auoüent auoir esté retiree par Diane des yeux des hommes, & vne biche mise au lieu.

S. Aug. De spiritu & anima.

Euripid. In Iphigenia.

> *Victa dea est, nubemque oculis obiecit, & inter*
> *Officium turbamque sacri vocemque precantum*
> *Supposita fertur mutasse Mycenida cerua.*

Comme Simon le Magicien qui vouloit faire croire : que si on luy tranchoit la teste, il resusciteroit trois iours aprés, supposa au supplice vn mouton auec vne apparence fantastique de soy-mesme : ou comme aucuns disent, il mit en son

Ll ij

lieu Faustinianus à qui il bailla sa semblance, charmant les yeux des spectateurs, & puis fut veu trois iours après.

Le Concile d'Angory ou d'Ancyre qui est des plus anciens de l'Eglise, tenu en l'an 381. d'où est prins le can. *Episcopi*, 26. q. 5. ne veut pas que l'on croye cette transformation, ny ce dont les Sorcieres se vantent, qu'elles sont emportées de nuict sur des bestes vers Diane & Herodiade pour leur rendre seruice, comme cette Canidia dans Horace. *Vectabor humeris tuis ego inimicis.* Mais que c'est le Diable qui met en l'entendement de ces pauures femmes telles folies, pendant qu'elles songent, bien qu'elles ne bougent de lieu : & que le seul esprit trauaille à telles choses qui se fantasie que leur personne y est.

Canidia.

Quis vero tam stultus atque hebes sit, qui hæc omnia quæ in solo spiritu fuerint, etiam in corpore accidere arbitretur.

Ce sont les mots du canon. *Epis 26. q. 5.*

Ce que quasi en mesmes termes se trouue transcrit par l'autheur du liure *De spiritu & anima*, dans les œuures de sainct Augustin. Et le Cardinal Baronius au 4. volume de ses annales Ecclesiastiques rapporte le mesme auoir esté ordonné par vn Concile tenu à Rome du temps du Pape Damasius l'an 382.

En l'an 381. selon Delrio lib 5. sect. 6 f 85. Et selon Baronius 382.

Ce sont les efforts de l'extase laquelle par l'assoupissement de tous les sens rauit tellement les esprits, que les hommes reueillez de l'extase, ont opinion que leur corps a esté, ou l'esprit s'est trouué raui. De sorte que sainct Paul mesme ne sçait que penser, si en ce rauissement au troisiesme ciel, il fut seulement transporté en esprit, ou en tous les deux.

Arist. De diuin somno.

Ce n'est pas à dire que l'esprit se separe du corps, & aille errant comme l'ame de Hermotime, celles d'Aristée, d'Eros Armenien, de Pimenides de Crete & de Tymarcus : car l'ame n'est iamais hors du corps tant qu'il est viuant, *omnia* (dict Tertulien) *magis coniectari oportet, quam hanc licentiâ animæ sine morte fugitiuâ.* Et y a grãde difference entre l'extase & la separatiõ de l'ame. Car en l'extase l'ame ne delaisse sõ corps, quoy qu'elle sẽble en estre absẽte, estãt le corps priué des fonctiõs

In Conu. music. or. dans Luciã. Plut. De Dæmon. Socrat. Tertul. lib. De anima & resuscitatione. Plato lib. 10. De Rep. Pline liu. 7. chap. 52. Aug. li. 1 q. 85.

de l'ame sensitiue, mouuante & intelligēte. *Fit abstractio an m.e, dict S. Thomas, à sensibilibus potentijs, ne minuatur intentio animæ circa intellectum.* Comme sainct Augustin rapporte de Prestantius *lib. 14 De* Preltre, qui entroit souuent en extase. *Ita se auferebat à sensibus, ani. Dei. & iacebat similis mortuo, vt non solùm vellicantes a. que pungentes mini- me sentiret, sed aliquando e iam igne vreretur adusto, sine vllo doloris sensu nisi post modum ex vulnere.* Ce malin Esprit pour operer vn ex- *Torquem.* tase es hommes en liant, ou venant à estouper ou dissoudre *3. iour.* les sens exterieurs: en façon qu'vn corps viuant, semble mort & immobile comme cette sorciere dans Virgile.

Quæ se carminibus promittis soluere mentes,
Quas velit.

Combien que ce lieu puisse receuoir vne autre interpretation.

Mais la difference est grande entre les extases Diuines, *Extases* & les Diaboliques: celles la impriment (dict Tertulien) *Diuines.* l'amour diuin, la sapiēce, la pieté: celles cy l'impieté, le blas- *Tert. lib. De* pheme. l'extase diuine va aux choses surnaturelles, & S. *anima.* Thomas la definit en ces mots. *Eleuatio mentis ad supernaturalia Sec. secunde à Deo cum abstractione à sensibus.* *q. 74.*

La Diabolique rampe çà bas: & abuse les esprits. Telles *Extases Dia-* sont les extases de sorciers Lapiens dans Olaus, qui pour *boliques.* rapporter des nouuelles des païs esloignez se graissēr, & tōbent comme morts sur la place, & demeurent vingt quatre heures assoupis & immobiles en cer estat, & esueillez disent auoir faict vn long chemin, & content des nouuelles. Telle est l'extase que recite Torquemada en la troisiesme iournee, d'vne sorciere, laquelle n'ayant bougé de sa chambre, voire y ayant esté trouuee comme morte iusqu'a la brusler en vn pied, sans aucun sentiment: comme elle fut esueillee marquoit le lieu doù elle disoit venir, & en donnoit de certaines enseignes. Et si ce que narre Gaspard Peucer est veri- *Casp. Peucer* table, il y a des loups-garoux sans bouger de place. Non tou- *lib. 4. De diui-* te fois que l'esprit abandonne son corps, & sorte hors ice- *natione.* luy, le laissant cōme vne charogne morte pour le reprendre *4. Reg. 19.* aprés. car le Demō n'a le pouuoir de separer l'ame du corps, *Ecclesia. 48.* sinon lors que Dieu luy. permet de tuer: comme il fit aux

Ll iij.

sept maris de Sara, aux enfans de Iob, & en vne nuict à quatre vingts-cinq mille Assiriens : & lors l'ame n'y retourne point, Dieu seul ayant le pouuoir de restituer & remettre vne nature ia destruitte.

Can. Episcopi 26. q 5.

Donc ce qui est porté par le can. *Episcopi*, que le transport des sorcieres n'est qu'en esprit & en songe, estant accomodé au faict dont est question, seroit que le Demon à ioué deux tours de son mestier, l'vn faisant du rauage en forme de Loup-garou, & l'autre donnant l'impression à ce ieune garçon qui pense auoir esté le Loup-garou luy mesme.

Ce qui semble marquer vne illusion en ce faict, est que cette peau de loup, dont ce ieune accusé dict auoir esté couuert, ne se trouue point, & qu'il a creu que son pere Pierre Grenier, & son compagnon Pierre du Tilhaire ont couru auec luy : que toutefois sont reputez de tous leurs voysins gēs de biē, *Prastigia Satana*, dict S. Augustin, *quo magis fallat, vt se innocentes in sua potestate habere confingat*. C'est l'artifice du mauuais Demon de supposer des corps au lieu des absens, ainsi qu'a bien remarqué Guillelmus Parisiensis en ce docte œuure *De vniuerso*. Et de là vient que par fois les sorciers ne bougeans de place estoient veus en autres lieux : ce qui est confirmé par le dire de S. Germain lequel vit des sorciers en leurs assemblees, qui en mesme temps furent trouuez en leurs maisons.

C'estoit pour engager d'auantage ce ieune garçon, de luy faire voir son compagnon, & encore son pere courans auec luy : & voire luy representer son pere en sa maison vomissant des pieds de chien, & des mains de petits enfans : qui est vn charme comme celuy dans Cardan, d'vne femme qui vomissoit des cloux & des ferremens : & vn autre dans Grillandus qui rendoit de la plume, du soulfre, du charbon & autres choses semblables.

Seconde partie.

A prendre cet affaire de ce biays il sembleroit que ce ne fut qu'vne illusion, & qu'ayant preuue du crime neantmoins nous ne tiendrions les criminels. Cette opinion n'a pas eu faute de grands tenans, mesmes de nos iurisconsultes Alciat, Ponzibinius & autres qui ont reietté comme fables & illusions tout ce que les sorcieres disent de leurs Idolatries, de leurs dances, transports en l'air, & changement en autres choses. Ce qui a esté cause d'impunité de de telles gens, & a merueilleusement multiplié le nombre des sorciers qui se respendent auiourd'huy en tous lieux, à la ruine du Christianisme.

Il faut confesser que comme les sorciers n'estoient iadis en tel nombre qu'auiourd'huy, & se tenoyent separez aux montagnes & desertes, & retirez és païs de Noruegue, Danemarc, Suede, Gothie, Hirlande, Liuonie & autres païs du Septentrion, leurs Idolatries & malefices n'estoient si auant cognus, & tenoit on pour fable & conte de vieille ce que l'on en disoit.

Mais depuis qu'ils ont prins place par tout, habité les lieux les plus peuplez, on a commencé de les rechercher plus exactement: & n'est on plus au temps que S. Augustin disoit, *Hæc vel falsa sunt, vel ita rara vt meritò non credantur*.

Les Inquisiteurs & les Iuges qui ont trauaillé puis cent ans en telles procedures, ont plus esclairci cette matiere que tous autres. Les sorciers & sorcieres viennēt à douzaines en ce Parlement, tenans mesme langage par leurs confessions, & annonçans les œuures de leur maistre Satan.

Or ne faut il penser que ce qu'il opere en leur endroit, soit seulement par les illusions en l'esprit; il se remue en deux façons, tantost il agit en l'esprit seulement, tantost en l'esprit & au corps ensemble.

L'extase n'est pas vne petite marque de leur apostasie & societé contractee auec les Demons. Et le Concile d'Ancyre ne reiette pas seulement l'opinion conceuë par ces pauures sorciers: mais les condamne d'infidelité, parlant des mauuais Esprits en ces mots, *Cum mentem muliercula sibi per infidelitatem subiecerint*. Ce qui a vne telle consequence au moyē du pouuoir absolu que les Demons y ont acquis, qu'ores que les sorciers & sorcieres ne bougent de place, les coups qu'on pense donner à ces corps fantastiques, que les Demons supposent parfois en leur lieu, sont par luy rapportez sur leurs personnes, par cette entiere disposition que le De-

Le can. Epise. ne parle pas seulement d'illusion, car il dict men: en-

mon y a. De là leurs lassitudes, de là leurs blessures, sans s'estre departis d'vn lieu ny trauaillez qu'en esprit & extase. Et les extatiques soignent & graissent de mesme que les autres sorciers, & ne sont moins coulpables que les autres. De sorte que Sprenger & autres Inquisiteurs & Iuges qui ont cogneu de cette matiere, n'ont faict difficulté de les punir de mesme supplice. Lesquels aussi ont decouuert par les confessions des sorciers & sorcieres, qu'elles se seruent de deux sortes d'oignemens l'vn pour l'extase, l'autre pour l'action & transport de l'esprit & du corps ensemble. Que c'est vne seconde maniere d'agir que les Demons entreprenent sur les sorciers, de laquelle il ne faut aucunement douter: nonobstãt le can. *Episcopi* attribué au Concile d'Ancyre qui ne se trouue en l'Archetype grec d'iceluy. Ce fut vne question fort disputee deuant l'Empereur Sigismond, & fut resolu que le transport local des sorciers estoit veritable. Vbricus Molitor en a escript le discours, & la resolution qui en fut prinse en presence de cet Empereur, conformément aux confessions des sorciers. Outre que par plusieurs exemples ce transport en corps & esprit se trouue veritable, remarqué par Thomas de Brabant autrement Cantipratensis, au liure *De apibus mysticis*, & autres. Et Grilhandus qui croyoit que ce fust illusion changea d'aduis, après que le contraire luy fut manifesté par les procedures. Ioinct la maxime de tous nos Theologiens, que les Anges tãt bons que mauuais ont ce pouuoir sur les corps terrestres, iouxte l'ordre establi de Dieu en ses creatures: qu'ils les peuuent mouuoir de place & transporter Dieu le permettant ainsi. Abacuc fut porté par l'Ange, de Iudee en Caldee: Pythagoras fut transporté de Turie à Metaponte. Apollonius de Corinthe à Rome, voire d'Ethiopie à Rome. Et le seul exemple de nostre Seigneur transporté sur le pinacle du temple, outre ceux qu'on peut lire dans Arnobe, S. Clement, Epiphane, Abdias, & autres, seroit suffisant pour prouuer & verifier ce transport.

Et quant au deguisement & changement des corps en aparence, il ne le faut croire non plus que mescroire: Le

Demon

DES DEMONS, MAG. ET SORC. LIV. IV. 273

Demon pour deceuoir les hommes se masque & sy masque ses suppos & esclaues. De la vient que les anciẽs appelloyent leurs Dieux *Versipelles*, comme tournans leurs peaux. Et les Lombards ont donné aux sorciers le nom de Masques: qui faict aussi que la preuue de leurs maléfices en est d'autant plus malaysée, mais neantmoins plus priuilegée. *Arnob. & Plaute in Amphit.*

Non toutefois pour venir à des espreuues de l'eau, que l'Allemagne, l'Escosse & autres nations pratiquent sur ce subiect, & que les loix du Christianisme n'approuuẽt point. Et certes la difficulté de la preuue vient bien souuent de l'incredulité de Iuges qui ne se peuuẽt persuader tels changemens ny les effects qui en arriuent. Et en ces matieres il n'y a moings de vice de ne rien croire que de tout croire. *Espreuues prohibées.*

Et pour esclaircir mieux la chose, il conuient obseruer, qu'il y a quatre sortes de transformation, l'vne Diuine, l'autre Physique & naturelle, la troisiesme par Imagination, & la quatriesme par Sorcelerie. Nous ne parlerons point de la fabuleuse dont les Poëtes sont pleins puis qu'elle se decouure par son nom. *4. Il y a quatre sortes de Trãsformation.*

La diuine se faict quand il plaist à Dieu, non seulement en l'exterieur, mais en la mesme nature & forme essentielle: comme est la transformation de la femme de Loth en statue de sel, pour seruir de sel & de conduite en nos actions: de la verge de Moyse en serpent: de l'eau en vin. Et ce changement du substance au diuin Sacrement qui surpasse tous les miracles qui furent iamais, & qui est vn trop diuin mystere pour le mesler en ce discours.

Aucuns estiment que Nabuchodonosor fut veritablement transformé en bœuf, & que Iosephe l'a ainsi entendu, combien que Iosephe ne parle comme cela: & que ces mots *Fœnum quasi bos comedet*, ne marquent qu'vne qualité semblable en la façon de viure, & non en la forme du corps. Car apres il est dict que les cheueux luy deuindrent longs comme les plumes d'vn Aigle, & les ongles comme celles d'vn oyseau. Dorothée & Epiphane disent, que l'interieur de Nabuchodonosor ne fut changé, ains seulement la figure exterieure, qui au deuant sembloit vn bœuf, & le derriere *Nabuchodonosor. Daniel 4. Dorothee in synops. Epiph. sur Daniel.*

M m

vn lyon, pour signifier qu'au commencement de son regne il auoit esté addonné au ventre, & par aprés il s'estoit monstré violent & cruel. Mais l'Escriture saincte ne se fut teuë de ce meslange s'il y eust esté.

S. Thomas au liure du gouuernement des princes, attribue ce changemét de Nabuchodonosor à son imagination particuliere, si deprauee qu'il croyoit estre bœuf. Mais l'Histoire sacree tesmoigne plus que cela: & que le changement en luy estoit apperceu des autres, qui voyoient sa vie farouche & brutale.

S. Hierosme sur Daniel S. Gregoire in moral. lib 5. c. 8 Plin. l. 11. c. 30.

Il est plus à propos de suiure l'exposition la plus commune, qui est celle de S. Hierosme & de S. Gregoire, que Nabuchodonosor auoit tellement decliné & degeneré aux passions & aux sensualitez brutales, que comme vne beste il marchoit à quatre pieds, viuoit de foing, en la compagnie des brutes, comme aucuns des peuples d'Æthiopie viuent de la seule herbe que la terre produit, se tenoit separé des hommes, n'ayant iour & nuict que le ciel pour couuerture. Mais ayant faict penitence, *figura reuersa est*: il retourna en sa premiere forme de viure, *Et sensus redditus est*. Les fonctions de l'entendement qui estoient deprauees & alterees luy furent restablies. Autrement si l'on prenoit cette transformation pour toute entiere, non seulemét les organes de l'ame raisonnable eussent esté alterees en Nabuchodonosor, mais la mesme ame qu'est immortelle, eut esté reduite à neant ou sequestree, & par aprés cette ame de nouueau infuse dans ce corps ou vne autre creee: ce que les mots de l'Escripture saincte ne signifient point: combien qu'il n'y a rien d'impossible à Dieu, qui peut faire tels changemens que bon luy semble.

Peter sur Daniel.

Dequoy nous rapporterons deux exemples prins de deux histoires, l'vn de Nicephore parlant de Tiridates Prince d'Armenie, qui fut par punitió diuine changé en pourceau auec aucuns de ses conseillers, pour auoir tenu prisonier en vn estable de pourceaux parmy l'ordure & la fange ce grand Gregoire de Grece.

L'autre de Giraldus Combrensis qui viuoit il y a enuiron

DES DEMONS, MAG. ET SORC. LIV. IV. 275
500. ans, du temps du Roy Henry II. d'Angleterre, lequel en la Topographie d'Hirlande rapporte chose fort semblable à ce qu'on lict dans Pline de la famille d'Antheus: Qu'il y auoit en Irlande vne race & famille des Ossipiens, de laquelle de sept ans en sept ans deux hômes & femmes estoient transformez en loups, & vuidoient le païs par iugement de Dieu, pour vn outrage faict à vn bon Abbé, & que ceux qui auoient accomply leur septenaire, reprenoient leur forme humaine & retournoient dans leurs maisons, & d'autres alloyent à leur place: & à suite cet Historien disputé, si l'on doibt tenir tels transformez pour hômes, & s'en rapporte à ce qui en est. S. Augustin ayant parlé des Cynocephales & hommes monstrueux en Afrique au liure 26. de la cité de Dieu, narre à suite les transformations qui se font en cette isle la, par sorcelerie, comme fort differentes de celles des deux Ossipiens. La chose parle delle mesme. Que traictant de nostre Loup-garou nous ne sommes aux termes d'vne transformation Diuine.

S. Aug. De ciuit. Dei lib. 26.

L'autre espece de transformation est physique & naturelle, dont l'on peut voir des exemples dans Aristote, l'Euesque Albert le Grand, Pline, Athenée, Ouide, la nature transformant & diuersifiant les especes.

La 2. transformation est physique & naturelle qui se faict par generation ou corruption sur la terre & sur la mer.
Ouid. lib. 15 meta.
Plut. in Cleomene.

> *Nec species sua cuique manet, rerumque nouatrix*
> *Ex aliis alias reparat natura figuras,*
> *Nonne vides quacunque mora fluidoque calore*
> *Corpora tabuerint, in parua animalia verti?*

Les corps des animaux venant à mourir, & leur chair à se corrompre vne partie s'exhale & est conuertie en element. Et des autres s'engendrent des animaux de diuerse forme: comme de la chair corrompue d'vn bœuf ou taureau ou d'vn lyon, des mouches à miel: des cheuaux, des frelons & mouches-guespes: des asnes des escarbots, & des escorpiôs aussi: des vers à soye, & autres qui rongent les feuilles des arbres que les latins appellent *Eruca*, des papillons: des cancres de mer mis dans la terre, leur couppant les bras, des scorpions, & basilics: du fragment pourri d'vn vaisseau de mer, des canarts: du limon de la terre, des anguilles, &

Mm ij

des grenouilles: des cheuaux d'vne femme dans du fumier, & de la mouëlle du dos d'vn homme, des serpens: des cornes d'vn belier concassees & enterrees, des asperges: le bled change en yuroie, l'orge en auoine, le basilicum en serpolet: l'hyenne change de sexe tantost masle & tantost femelle: le poulpe change de couleur, & faisant ce changement, il mesle & remue si soudainement ses couleurs, qu'on ne sçauroit bonnement dire de quelle couleur il est: le coral qui est vn tendre arbrisseau naissant dans la mer, comme il est cueilli se change en pierre. *Mollis fuit herba sub vndis*. Aux Pyrenees le chesne couppé par succession de temps change en pierre: & y a des eaux qui ont cette force de petrifier les choses qu'on y trempe.

Ouid. lib 15. met.

Flumen habent Cycones quod potum saxea reddit
Viscera, quod tactis inducit marmora rebus.

Et dans Seneque, la poussiere à Poussol dans le Royaume de Naples, si elle touche l'eau se rend en pierre, & l'eau respendue sur la terre l'endurcit. Inde est, dict il liu. 3. des choses naturelles c. 20. & 25. *quod res iniectæ lapideæ subinde extrahuntur: quod in Italia quibusdam locis euenit, siue virgam siue frondem demerseris lapides post paucos dies extrahens: hoc minus videbitur tibi mirum si notaueris Albulam & Cæpe vel sulphuream aquam circa canales suos tubosque durari.* Et en plusieurs endroits l'eau par le froid se concree en crystal. En Escosse les fruicts d'vn arbre tombant en la mer se transforment en canards. Au Iapon vn animal terrestre bon à manger qui ressemble vn chié, ayant le poil extrememement deslié, se plonge en certaine saison dans la mer, & deuient peu à peu & à veue d'œil poisson.

Transformations qui se font par le feu.

Le feu ne cause pas moins de transformations, que la terre ou l'eau, comme l'on voit en la transmutatiõ des metaux, & Crysopee des Chymiques. *Ferrum de terra tollitur, & lapis solutus calore in æs vertitur*. dict Iob. Les Demõs ayãs cognoissance des secrets de nature & des causes secõdes, sont capables de faire telles trãsformations, non d'eux mesmes, mais par la force & operatiõ de la mesme nature & moyens employez d'icelle. *Insunt enim seminariæ rationes quædam, omniã elementa mundi*,

S. Aug. quæst. sup. Exod. cap. 21.

dict S. Augustin *agētia applicāt patiētibus* faisant par ce moyẽ des

œuures merueilleuses aux yeux des hommes, mais non sur- S. Denis lib.
naturelles: car les Demons ores que mauuais, nonobstant De diuinis
leur cheute, selon qu'en discourt sainct Denis Areopagite, nominibus.
retiennent leur premiere nature, quoy qu'ils ne soient plus
illustrez des dons de grace. Les hommes les plus versez aux
choses naturelles sont aprentis auprés d'eux, qui ont vne
merueilleuse intelligence de toutes choses de ce monde
elementaire. Toute cette science qu'on appelle magie naturelle leur est familiere. Ce n'est rien des secrets qu'en remarquent *Psellus de dæmonibus, Proclus De sacrificio & magia, Tri-*
themius De admirandis operib. infidelium, Remundus Lullius De secretis na-
turæ, Lemnius De occultis naturæ miraculis, Albertus De proprietate rerū,
& en diuers lieux de son histoire des animaux & des mineraux, Ficin l.4. De la Philosophie Platonique, *Guillelmus Pari-*
siensis De vniuerso, Fernel De Abditis rer. caussis, ny ce que Pline en
l'hist. naturelle en a recueilly, au pris de ce qu'ils en sçauent.

La medecine doit aux Anges bons ou mauuais les principaux & plus singuliers remedes, *Ab ipsis scripta oraculis.* Ce
liure qui estoit attaché à la porte du temple de Hierusalem
donnant les remedes à toutes les maladies, venoient de leur
enseignement. Ils sçauent les proprietez des mineraux, des
metaux, des pierres, des herbes, des animaux, des poissons:
nulle mixtion ne composition ne leur est incognuë. Ils sont
instruicts en la cognoissance du ciel, des estoiles, des in-
fluences des corps celestes, sympathie & antipathie des
choses. Ils entendent mieux que nous mesmes la nature, fa-
brique & composition du corps humain, les humeurs, qualitez, & accidens d'iceluy. Et comme leur nature est plus
intellectuelle que la nostre, ils conçoiuent tout à coup, ce
que les hommes ne conçoiuent que par discours & ratio-
cination. Auec leur agilité ils recourrent à vn moment des
nations estranges ce que la nature produit, comme ce Moe- *Ouid. lib. 7.*
ris dans Virgile. *Meta.*

Has herbas atque hæc Ponto mihi lecta venena:
Ipse dedit Mœris, nascuntur plurima Ponto.

Comme la Medee dans Ouide, qui portee sur vn chariot
attelé de dragons court par les regions, amassant des herbes

M iij

Et quas Ossa tulit, quasque altus Pelion herbas
Othryxque, & Pindus & Pindo maior Olympus
Perspicit, & placitas partim radice reuellit,
Partim succidit curuamine falcis ahenæ.

Et cette forciere dãs Olaus, qui rapporta au Roy de Suede, en l'extreme rigueur de l'hyuer, ne se trouuant vne seule herbe dans le païs qui ne fut seche, des simples merueilleux, tout vers & recens. Ces Esprits courent partout au dessus & au dessous nostre Hemisphere, vont au centre de la terre, fouillent tous les coings & entrailles d'icelle, montent aux nues, font foudroyer, tempester & plouuoir, le tout par les agens naturels, ainsi que Dieu le permet.

Mais ils ne peuuent rien de surnaturel: car c'est proprement faire miracle, ce qui n'appartient qu'au seul Dieu. Ils ne peuuent aussi changer l'ordre & disposition des lumieres: comme d'arrester le cours du Soleil. *Cælo deducere lunam.* Dans sainct Augustin liu. 21 De la cité c. 7. & 8. *l. multi C. De malef. & Math. & l. eorum eod. tit. can. nec mirum 26. q. 5. Iustinus quæst. ad Orthodox. 31.*

S. Aug lib. 3. De Trinit.
S. Thomas liu. 3. Cõtre les Gentils ch. 108.

Ne trouuons donc estrange si la loy dict qu'ils troublent les elemens, qu'ils excitent les gresles, les foudres, si aucuns des sorciers sont appellez νεφελοτίκ~, faisans plouuoir, & d'autres ès loix de Charlemagne, *Tempestarij*, s'ils eslancent les vents, s'ils les enserrent, & font mouuoir de terre. Si le pauure Iob Dieu le permettant a esté batu de tels fleaux, si Henry Roy de Suede faisoit changer les vẽts du costé qu'il tournoit son bonet, si Hannequin de Noruegue a combatu ses ennemis à coups de gresle, si les Lapiens & Finois associez auec les Demons vendent aux marchans estrãgers les vents tels qu'ils les veulent, si Medee tient ce lãgage dans Ouide.

Olaus li. 3. Des pays Septentrionaux

----Concussaque sisto,
Stantia concutio, cantu fera nubila pello,
Nubilaque induco, ventos abigoque, vocoque,
Vipereas rumpo & verbis & carmine fauces.
Viuaque saxa, sua conuulsaque robora terra,
Et syluas moueo, iubeoque tremiscere montes,
Et mugire solum.

Mais n'atribuons point tant aux Demons cette victorieuse iournee qu'a obtenu Marc Aurele contre les Marcommans, ou la legion Chrestienne appellee fouldroyante κεραυνοβόλος impetra de Dieu les pluyes, les vents & les feux tout ensemble. Dans Iustin, Eusebe, Gregoire de Nice, & Xiphilin, qui reprend auec raison le Payen Dion, lequel a donné l'honneur au Magicien Arnuphis. Ce fut vne pluye surnaturelle, faisant en mesme temps deux effects cõtraires, l'vn de rafreschir l'armee de M. Aurele acablee de soif, l'autre de brusler les ennemis, dõt parle Claudiã *in 6. Consulatu Honorij.*

Laus ibi nulla ducum, nam flammeus imber in hostem (*Decidit.*)

Et ce Poëte ores que Payen est contraint de confesser, que c'estoit vn œuure du tout puissant & souuerain.

Claud. in v. Panegir. Honorij.

----- *Caldea mago seu carmina ritu.*
Armauere deos, seu quod reor, omne tonantis
Imperium Marc. m. res potuere mereri.

Ne disons pas aussi que les Demõs puissent attaindre au miracle que fit S. Martin au nõ de Dieu, estaignãt vn feu merueilleusement embrazé par vn moyen surnaturel, sans recourir aux nues ny eaux terrestres.

Viuere qui solet, à eipso extinguitur ignis,
Martin que fides sine nubibus intulit imbres.

Disoit Fortunatus en la vie de ce sainct homme.

Mais nous ne leur pouuons denier, que par les agens naturels ils ne puissent transformer ce qui naturelement peut changer de forme. Et partant l'Abbé Tritheme traictant ceste matiere dict, que si les hommes exercez aux secrets occultes de la nature, par vne application de la matiere à la forme, produisent des effects non accoustumez, & merueilleux aux autres hõmes: comme de la rosee, des anguiles: de la chair de veau, des mouches à miel: des racines de quelques herbes, des serpẽs, & autres choses sẽblables. Qui pourra denier que les Demõs qui sont d'vne trop plus subtile nature, auec l'experiẽce de tãt de siecles, ne puissent faire le mesme par la nature des choses incognues aux hommes?

De admirãd: operib. infidelium. Demõs par les agens naturels peuuent trãsformer ce q'i naturellement change de forme.

Iustin Martyr escrit d'Apollonius qu'il estoit tellemẽt entendu en la vertu occulte de toutes choses, qu'il faisoit des merueilles par le moyen de cette science: combien que d'ailleurs il fut grand sorcier. Aristee est celebré par

Virgile, Varro, Columela, Pline & autres, d'auoir monſtré le moyen de remetre des ruches à miel du tout perdues & deſtruites, faiſant naiſtre naturellement des mouches de la chair de veau preparee pour cet effect. Et ceux qui de noſtre temps ont eſcrit de la maiſon ruſtique, enſeignent le moyen pour faire naiſtre de la chair de veau des vers à ſoye. Mais tels miracles ſont de la nature, & non des Demons ny des hommes. C'eſt comme il faut entendre ce que dict Iuſtin, qu'il ne peut eſtre verifié par l'Eſcriture, que les Demons facent la pluye. Et comme le laboureur jettant les ſemences en la terre, qui changent aprés en herbes & arbres, n'eſt pas celuy qui faict cette transformation: non plus ces Demons qui appliquent des agens de nature à la matiere.

Auſſi n'eſt-ce pas vne petite queſtion entre les Theologiens tant anciens que modernes, ſi les ſerpens & dragons, que les magiciens de Pharao firent paroiſtre de leurs verges, eſtoient vrays & naturels ſerpens & dragons: & de meſmes des grenouilles. Pluſieurs ont eſtimé que ce n'eſtoient que preſtiges & illuſions: comme Ioſephe, Pline, Iuſtin, Tertulien, ſainct Hieroſme, ſainct Ambroiſe, Rupert, Rabanus, & Hugo de S. Victore.

Mais d'autres auſſi en grand nombre ont creu que c'eſtoit de vrays ſerpens: comme Theodoret, S. Auguſtin, S. Thomas. Leur principale raiſon eſt, qu'il eſt neceſſaire de preſuppoſer, que c'eſtoient de vrays ſerpens, puis qu'il eſt dict qu'ils furent deuorez par ceux de Moyſe: non que les magiciens fuſſent createurs de tels ſerpens, ny leurs Demons, mais ils ſe ſeruoient en telles choſes des operations de nature, & ont conuerti ces verges en ſerpens, en appliquant inuiſiblement des agens naturels & incognus aux hommes, & encore tres-puiſſans, & tres-efficaces à produire promptement des ſerpens. Mais neantmoins vne partie d'iceux, qui tiennent l'opinion de la verité des dragons & ſerpens, ne peuuent approuuer le moyen ſi ſoudain de cette conuerſion & transformation.

Car la nature ne produict poinct de nouuelles eſpeces d'vne

d'vne matiere non auparauāt disposée & preparee, le temps y est necessaire.

Ouid. 15. Metam.

> *Nonne vides quæcunque mora fluidoque calore*
> *Corpora tabuerint, in parua animalia verti.*

Iusques aux anguilles & grenouilles qu'elle produict du limon de la terre, ce n'est en vn instant, ny sans disposition & preparation de la matiere.

Ouid. 15. Met.

> *Semina limus habet virides generatia ranas.*
> *Et generat truncas pedibus, mox apta natando.*
> *Crura dat.*

Et voyons le mesme des abeilles.

Ouid. ibid.

> *Melliferarum apium sine membris corpora nasciui*
> *Et serosque pedes, serasque assumere pennas.*

Ce qui est d'autant plus vray quand les especes sont grādes, & les corps plus vastes & composez de plus de membres, par ce que la preparation est plus grande *ad formam mixti quàm ad formam elementi*, & la nature pousse plustost vne plante, qu'elle ne produit des corps tous entiers, comme dragons & autres, lesquels aussi ne naissent naturellement grands, mais peu à peu acquierent cette grandeur. Et les Demons ne peuuent produire immediatement vne nouuelle forme, soit elle substantielle ou accidentelle, sans les dispositions precedentes & operations de la mesme nature.

S. Aug. li. 3. de Trinit. S. Tho. contra Gentil. c. 108

Or est-il que la matiere d'vne verge seule, est fort esloignee de receuoir à l'instant la forme d'vn serpent, ou d'vn dragon. Que si on dict que cela ne se faict que par plusieurs meslanges, & beaucoup de transformations, quoy que inuisiblement, cela mesme resiste aux mots de l'Escriture saincte: par ce que subitement les magiciens jettāt leurs verges firent naistre des dragōs. C'est pourquoy partie de ceux qui veulent que ce soient vrays serpens & dragōs, laissent cette application des moyens de nature, & recourent à l'illusion artifiée par le mauuais Esprit & disent que les magiciēs retirerent subtilemēt les verges, & firent venir au lieu, des vrays dragons & serpens, (qui est l'opinion de Lyranus) estāt certain que les Demons par leur agile subtilité & charme des

N n

yeux, sont capables de faire tels traicts. *Multa*, dict S. Augustin, *visibilia, inuisibiliter moliuntur, mutant atque versant*.

S. Aug. De diuinat. Dæ-mon. c. 4.

Quoy qu'il en soit nous ne sommes en cette espece de transformation, qui se faict par des agens naturels: car la nature ne produit des loups non plus que des lions, des ours, des chiens & autres semblables animaux de la seule corruption ou simplement du limon de la terre, quelque chose qu'aye narré Diodore: cela ne se voyant qu'en petits animaux, comme rats, grenouilles, mouches à miel, anguilles, lezards, & autres que nous appellons imparfaicts, & en insectes. Mais les parfaicts naissent de la generatiō de deux sexes: & de leur charogne & corruption ne reuiennent iamais des animaux de mesmes especes, & comme parlent les Philosophes, *eiusdem numeri*.

Diodorus lib. 1. historia.

La troisiesme sorte de transformation est l'imaginatiue, nostre ame ayāt trois puissances entre autres, qui sont à cōsiderer en la cognoissance & apprehension des choses: sçauoir l'imagination, ou fantasie, l'entendemēt, & la memoire. L'imagination est l'apprehension des obiects exterieurs qui nous sont presentez: l'entendement cognoist des choses presentes: & la memoire les conserue & retiēt. L'imagination a beaucoup de pouuoir sur la raison, & luy diuersifie les formes selon son apprehension: aussi est elle logee à la partie interieure du cerueau.

La 3. sorte de transformation est l'imagina-tiue.

Les Theologiens & Philosophes ont cognu son pouuoir, les Medecins aussi, qui attribuent la deprauation d'icelle & ses erreurs, aux vapeurs crasses & fuligineuses que l'humeur melācolique excite. De là vient qu'aucuns se pensent estre ours, d'autres lions, cerfs, ou autre sorte de beste, dans Auicenne, Ætius, Æginete, & Galien, lequel faict mentiō d'vn qui pensoit estre coq voyant chanter les coqs & se frapper les ailes, il frappoit des bras ses costez & taschoit d'imiter les coqs en tout.

Telle estoit la maladie des filles du Roy Agius Pretus, qui pensoiét estre deuenues vaches, lesquelles le Medecin Melampus guerit, comme Ælian rapporte, auec le laict de cheure, ou comme Galien escrit par l'ellebore, qui print de là le nom de Melampodium.

De la mesme sorte vient la cynanthropie & lycanthropie, l'homme se croyant transformé en chien ou en loup, que Marcellus appelle *Insaniam lupinam*: & Oribasius Sardianus Medecin de l'Empereur Iulien la descrit au long, auec les remedes pour la guerir.

<small>Lycantropie. l 8 ad Euf. fil cap 10 Marcel l.b E. ad Euf.c.11</small>

Ceux qui en sont trauaillez ont des affections & appetits semblables aux loups, de se ietter sur les troupeaux, voire sur les hommes & les deuorer. Ils sortent de nuict, habitent dans les speloncques, & sepulchres, heurlent comme loups, ont vne perpetuelle alteration, la langue seche, les yeux secs & enfoncez, les iambes blessees, à cause des ordinaires rencontres qu'ils font de nuict, & souffrent telles violentes passions principalemẽt au mois de Feburier, auquel temps les Romains, comme nous dirons cy apres, celebroient leurs Lupercales: ceux cy n'ont besoin d'vn Iuge, mais d'vn bon Medecin, ne plus ne moins que ceux qui ont de la manie, ou l'euphorbie, mordus d'vn chien enragé, fuyant l'eau, & s'imaginant d'y voir le chien qui les a mordus: cõme Tranſilās qui s'imaginoit que toutes les nauires de Piree estoiẽt à luy, & vn autre dãs Aristophane à qui il sẽbloit qu'il estoit ordinairemẽt dãs vn theatre, prenãt plaisir aux ieux publics.

<small>§ Les Lycã thropes sont siet & font leurs courses en Februier.

Athene.liu. 12 Ælian.lib.4. Aristo De arl mis auditor. Horace De arte poëti.</small>

> *In vacuo sessor lætus plaussorque theatro,*
> *Cætera qui vitæ seruaret munia recto*
> *More. vbi cognatorum opibus curisque resectus,*
> *Expulit elleboro morbum bilemque meraco,*
> *Et redit ad se, polme occidistis, amici,*
> *Non seruastis, ait, cui sic extorta voluptas,*
> *Et demptus per vim mentis gratissimus error.*

<small>Hora. Epi. 2.l. 2.</small>

Comme Phisander Rhodien, qui pesoit voyant son ombre que son ame fut separee de luy. Et celuy dãs Galien qui s'imaginoit d'estre deuenu pot de terre, & fuyoit toute sorte d'atteintes, craignãt d'estre cassé. Celuy dãs Ælius qui pensoit n'auoir point de teste, qui fut guery par le Medecin Philotome, luy mettant sur la teste vn bonnet de fer fort poisant. Celuy dans Galien qui croyoit auoir deuoré vn serpent, que le Medecin deliura de cette imagination en le faisant vomir, & luy iettant aussi tost vn serpent, qu'il avoit tout prest dans le bassin. Et celuy dans Arestee qui pensoit estre de brique, & ne vouloit iamais boire, craignant d'estre detrempé.

Lemniꝰ Lemnius lib. 1. De occult. naturæ mirac.

Ce sont les imaginations qui de soy n'ont point de crime, bien que le malin Esprit s'y mesle par fois, lequel s'auantage sur l'imbecilité humaine, & empiete sur ceux le plus souuent, qui ont le plus d'abondance de bile noire, glisse dans les passions turbulantes des hommes, tout ainsi qu'il se trouue parmy les vents & tempestes.

Aristote en ses Probl. sect. 30.

Combien qu'Aristote dans ses Problemes, attribue tous ces mouuemens Demoniaques à la seule humeur melancolique. De là (dict-il) les Sybiles, les Lymphatiques, les Lunatiques que l'on croit estre agitez d'vn Esprit : Ce qui ne vient que de la seule intemperature : qui est vne opinion repetee par Psellus au liure des Demons, reprenant les Medecins qui n'y recognoissoient autre Demon, que les humeurs vicieuses du corps. Et ce grand homme Aristote s'est abstenu en toutes ses œuures de discourir des Demons : soit qu'il fut de l'opinion des Sceptiques, soit qu'il estimast qu'estant des intelligences surpassant celles des hommes, il n'en pourroit parler pertinemment.

Aristote s'est abstenu de parler des Demōs.

La melancolie engendre certaines maladies qu'on croit venir d'vn Demō.

Mais pourtant il ne faut estre de l'opiniō des Gnostiques, qui disoiēt que chaque maladie auoit son Demon. Et Hippocrates reprēd le vulgaire, qui estimoit que tous ceux qui tomboient du haut mal, estoiēt affligez d'vn Demon. Toutefois Oribaze ores que Medecin & le premier de son aage, presupose qu'en l'Ephialte qui est vne maladie melācolique il y a vn Demon Incube meslé, *Non malus quidem* (dict-il) *Sed Aesculapij minister.* L'Euāgile represente vne personne agitee du mauuais Esprit, qui viuoit à la façō d'vn vray Lycanthrope, separé des autres hōmes, hors sa maison, dans les sepulchres & monumens. Et l'epileptique dās S. Marc, & S. Luc, lequel S. Mathieu appelle lunatique estoit semblablement vexé d'vn Demon.

Sardian l. 8.

S. Marc 5, Luc 9, S. Matthieu,

D'où viēt qu'aucūs ont estimé que les choses qui seruoiēt à chasser l'humeur melancolique, soulageoiēt les demoniaques : commē la musique à Saul, des fueilles de rue, l'herbe appellee ὑπερικόν, la fumee de fréne, & des cornes d'vne cheure: comme estant la melancholie le siege du Demon.

D'autres ont esté si hardis que de vouloir chasser toute sorte de mauuais Esprits par des medecines, en quoy ils se sont fort mecontez. Et Psellus au liure des Demons & Fernel *De abditis rer. caus.* monstrent leur trop grande hardiesse.

Erat in orat. laud medic. Petr. Pomponensis, sur les probl. d'Arist. Pomponatius & Cardan.

On n'a rien oublié en cet affaire, pour s'esclaircir de la verité du crime, ayant faict visiter ce ieune loup-garou par deux medecins, lesquels s'accordent en ce que ce ieune garçon est d'vne humeur atrabiliaire & melancholique: toutefois qu'il n'est touché de la maladie qu'on appelle lycanthropie: de sorte que nous ne sommes aux termes d'vne imaginaire metamorphose. Aussi l'imagination ne peut changer la personne imaginante, pour se faire voir l'oup ou autre beste telle qu'il se fantasie, ny seulement changer en luy le bout du doigt. Les Stigmates de S. François ne furent les naurures de son imagination, ains des graces que Dieu luy departit à cause de son ardent amour. Mais l'imagination peut beaucoup sur les hommes pour la façon de viure & actions ordinaires, qui se rapportent à leur imagination; voire elle peut ingenerer vne qualité à la geniture qui est encore dans le ventre de la mere, comme de la couleur & semblance.

S. Thomas in summa 3. art. quæst. 13. art. 3. & lib. 3. contra gentiles. art. 103.

Non toutefois agir dans les yeux d'autruy pour les charmer. Partant si bien par l'imagination l'homme se peut fantasier qu'il est loup, toutefois par cette sienne imagination il ne paroistra iamais loup aux yeux des autres, quelque chose qu'Auicenne en aye dict contre l'opinion d'vn chacun. Et puis que ce loup-garou dont est question, estoit veu en forme de loup, nous ne sommes au cas d'vne simple imagination, ny de la maladie qu'on appelle lycantropie.

La quatriesme espece de transformation, vient de l'artifice & subtilité du malin Esprit, qui est nostre propre subiect au procez. Et là conuient rapporter les changemés qu'Herodote, Pline, Solin & Mela narrent des Neuriens & Arcadiens en loups. De là les honneurs à Iupiter Lupin, & à Faune Lupin.

6. La 4. espece de trasformation qui se faict par sorcelerie.

Faunus in Arcadia templa Lycæus habet.

qui ont esté nommez des anciens, Lupins, par ce qu'ils croioient que de ces faux Dieux venoit leur transformation en loup, ainsi qu'atteste Varro, raporté par S Augustin. De là (dict il) les mysteres de Luperaces, de là les festes des Lupercales celebrees au mois de Feburier : de là les sacrifices à ces Dieux selon la coustume d'Arcadie, de petits enfans, comme s'ils eussent à appaiser des loups, & selon celle des Romains (qui ont tousiours eu en horreur d'y respandre le sang humain) les sacrifices de chiens comme ennemis des loups.

S. Aug. lib 18 De ciuit. c. 17.

Ce iour ainsi qu'escript Plutarque, les ieunes gens couroient la face ensanglantee, l'autre couuerte d'vne peau de cheure, cette peau estant agreable à Faune qui se monstroit souuent en forme de bouc. Et les anciens le my partyrent, & le firent demy bouq, du nombril en bas, pour le descrire aussi sale, lascif & lubrique qu'vn bouc.

Il faut rapporter à la mesme sorcelerie les effects de Circe.

Carminibus Circe socios mutauit Vlyssis.

Et de ce Mœris dans Virgile.

His ego sæpe lupum fieri & se condere syluis
Mœrim, sæpe animas imis exire sepulchris,
Atque satas alio vidi traducere messes.

Et de la sorciere dans Properce.

Audax cantatæ leges imponere lunæ,
Et sua nocturno fallere terga lupo.

Et d'vn autre qui se tournoit en oyseau . . Ouide.

Hanc ego nocturnas vuam volitare per auras
Suspicor, & pluma corpus anile tegi.

De là les transformatiōs en asne d'Apulee & de Luciā. Et dā Thritemius en la Chroniq Hirsaugiensis monasterij en l'an 1010. soubs le tēps de Henry Empereur : de là celles de Simon le Magiciē, qui se chāgeoit en forme de dragon & autre sorte d'animaux, & en statue d'or, & transformoit les siens en la figure qu'il vouloit : celle de Bayan Roy de Bulgarie, qui prenoit la forme de telle beste que bon luy sembloit : sainct Hierosme en la vie d'vne fēme qui sembloit à tous vne iument, fors qu'au seul Hilarion : & cette autre dans Palladius, qui aux yeux de tous, mesme de son mary, paroissoit

Sigisbert.

de mesme transformée en iument, sauf au seul S. Macaire. De la les exéples des trásformatiõs en toute sorte de bestes & mesme en loups, rapportez par Saxo grammaticus en l'histoire de Danemarc, & Olaus des païs Septentrionaux, en la Prussie, Noruege, Lituanie, Moscouie, Liuonie, qu'aucuns estiment estre le païs des Neuriens, dans cette Scythie Europée dont parle Herodote. Et encore on raconte qu'au mois de Decembre vn boiteux en Liuonie semond tous les sorciers & sorcieres de s'assembler & passer vne riuiere: à quoy le maling Esprit qui marche deuant auec vn foüet de chaines de fer les contraint : & la riuiere passée, changent en loups, se iettent sur les troupeaux, & douze iours après retournent en hommes.

A cette mesme sorcelerie il conuient rapporter ce que S. Augustin escript auoir ouy dire de certaines hostesses qui changeoyent les passans en cheuaux de voiture, leur baillant du formage à manger, & s'en seruoiét après pour quelques iours à porter ce qui leur estoit besoing, & puis les renuoioient en leur premiere forme. Et ce que narre Geraldus Canubrésis en la Topographie d'Hybernie, de certains sorciers qui alloyent vendre au marché des animaux transformez en pourceau gras, lesquels ayant passé quelque riuiere, reprenoyent aussi tost leur premiere forme.

Sorciers qui védoyét au marché des animaux trásformez en pourceaux l. 19.

Et d'autres sorciers tant au païs d'Hybernie qu'en Galice, Angleterre & Escosse, qui prenoyét la forme de lieures pour derober plus facilement le laict à leurs voysins, *Vetus quidem (dict il) sed adhuc frequens recens que querela*, Et ce que *Guillelmus Tyrius, De bello sacro* recite d'vne sorciere en Cypre, lors des guerres d'outre mer, qui mua vn ieune soldat son hoste en asne, lequel voulant se retirer au nauire auec ses compagnons fut chassé à coups de baston, & contrainct retourner à la sorciere, sans qu'on s'en apperceut, iusqu'a ce qu'on le vit agenouillé dans l'Eglise, & faire des choses qui ne pouuoyent partir d'vne brute: ce qui mit en soupçon la sorciere, laquelle prinse, le remit en sa forme trois ans après, & fut executee par iustice.

Et dans Vincens en son miroir, & Fulgose parlant d'vn

basteleur changé par son hostesse en asne qui donnoit mille plaisirs aux passans, & que depuis elle vēdit à des estrāgers, lequel s'estant plongé en l'eau retourna en sa premiere forme. L'on a veu vn cheual en cette ville semblable à l'asne que Belon en ses obseruations dit auoir veu en Egypte au grand Caire, conduit par vn basteleur, lequel entēdoit tout ce qu'on luy disoit. Ammonius Philosophe auoit ordinairement vn asne pour auditeur. Il faudroit beaucoup de temps pour rapporter les autres exemples de telles transformations, les loup-garoux n'en sont pas le moindre nombre, desquels on a plus parlé en nostre siecle qu'auparauant & dont plusieurs exemples sont remarquez par Torquemada, Thomas de Brabant, Binsfeldius & Fincelius, rapportant ce qui aduint à Constantinople du temps de Saluian, qui fut contraint faire armer les Ianissaires contre les loups-garoux. De là les condamnations qui s'en sont ensuiuies à Constance du temps de l'Empereur Sigismond, à Besançon en l'an 1521. à Orleans l'an 1583. au Parlement de Rennes l'an 1598. En celuy de Grenoble cette annee 1603. Et long temps auant à Poligni au Conté de Bourgogne: la procedure & condamnation se lit dans vn tableau mis au dedans l'Eglise des Iacobins dudict lieu. Et depuis au mesme Conté de Bourrgogne, Lorraine & Allemagne, en autres endroits, remarquez par les liures des Iuges mesmes qui ont faict les procedures.

De sorte qu'il ne faut douter des artifices & subtilitez du mauuais Demon en tels deguysemens: ils se donnent & departent aux hommes qui dependent d'eux en diuerses formes, qui n'ont que l'apparence sans changer la nature & la substance. Il se transfigure par fois en Ange de lumiere, par fois en homme, par fois en beste, par fois en des formes hideuses & estranges, selon qu'il pense estre besoing pour paruenir à ses effects.

Liu. 4. de ses dialogues. Cassian Colloq. 19.

Dans S. Gregoire & S. Atanaze en la vie S. Antoine, auquel entre autres figures le mauuais Esprit se montra en forme d'vn garçon noir. Et dans Cassian il apparut à vn religieux en forme d'Æthiopien. Et aux loups-garoux condamdamnez à Besançon trois Demons apparurent en forme d'hommes noirs, comme ce ieune accusé fit sa premiere rencōtre du malin g Esprit en cette forme. Le corps que le Demon prend est parfois d'vne charogne morte qu'il va chercher aux sepulchres ou gibets, laquelle charogne il ne peut viuifier, mais il luy donne vn mouuement local & non vital: au lieu que l'ame infuse dans le corps, l'illumine & viuifie. *Nec solum vt motor*, dict S. Thomas, *sed vt forma vnitur corpori*, le mauuais Esprit ne faict que mouuoir le corps mort, ainsi qu'vn Nautonier qui conduict vn vaisseau. Dequoy l'on peut voir des exemples dans Agathias, Galeus, & Phlegon.

<small>S Thomas: 1 part quæst 76. art 7. Agath lib. 2 De bello Pers. Gazæus in Theophrastii Pleton in mirabilib.</small>

Ou bien il se compose vn corps en l'air selon qu'en discourt Psellus, en resserrant l'air & l'espaississant, y conioignant des vapeurs de la terre pour y donner les apparences que bon luy semble. Ainsi qu'on voit aux nuees qui paroissent en diuersité de formes & coüleurs. Ce que Virgile n'a pas ignoré lors qu'il introduit Iunon formant vn corps d'vne nuee semblable à Ænée.

<small>Æneid. 10.</small>

> *Tum dea nube caua, tenuem sine viribus vmbram*
> *In faciem Aeneæ, visu miserabile monstrum,*
> *Dardanijsque ornat telis, clypeumque iubamque*
> *Diuini aßmilat capitis.*

Les Demons par quelque vertu occulte & incognue à nous espaississent l'air, *Elemento aëreo corporati* dict S. Augustin *apparent, nam & hoc elementum, cum flabello agitur, sensu corpus tactuque sentitur.* S Gregoire, *Nunquam Abraham angelos videre potuisset nisi corpus ex aëre sumpsissent.*

<small>S. Tho. in summa par. 1 q 52 art 3. S. Aug lib. 5. De ciuit cb. 35. S. Bern 5. cantico. S. Greg. 1. Catechis.</small>

Il faut neantmoins auoüer ce que dict S. Bernard qu'il est malaysé d'en expliquer le moyen. Et S. Augustin confesse que cela surpasse son intelligence. La cōmune opinion des Theologiens en passe par là, que l'air est vn element qui se peut espaissir, *condensabile, adsit virtus.* S. Bonauenture, *quæ hoc possit*: Cōme nous voyons que l'eau se concree & s'endurcit en crystal & en glace par le froid, ainsi l'air se peut espaissir plus ou moins, & rendre susceptible d'vne image & figure semblable à vn corps organizé: d'ou vient que tous les sor-

<small>S. Aug. l. 3. De Trin. cap. 1.</small>

ciers & forcieres qui ont touché le corps des Demons, disent qu'ils sont grandement froids, iusques aux Incubes & Succubes, n'estās composez que de l'air & vapeurs meslees & congelees. Ce que Alexander ab Alexandro & Cardan & Caietan ont obserué.

Les corps des Demōs sont froids parce qu'ils sont aerez.

Et ce miserable garçon tient le mesme langage parlant du baiser que luy donna ce maling Esprit, qu'il appelle Monsieur de la Forest, duquel il sentit la bouche extremement froide.

Bayser du Demon froid Monsieur de la Forest.

Quand aux figures desquelles le malin esprit deguise ses suppos & esclaues, il se sert du mesme moyen, les couurant d'vne apparence fantastique, ou bien il employe ses charmes & prestiges, ou s'aide de l'application des choses visibles. Le prestige gist à deceuoir les yeux, estant chose assez frequente, que les Demons par quelque force occulte de nature, infectent & eblouïssent tellement la veuë & imagination de ceux qui les regardent, qu'ils pensent voir ce qui n'est pas.

Tran mutation des sorcieres par la fascination que les Dēmō. sont charmant nos yeux, & nous faisāt voir vne chose pour vne autre. S. Tho. in pr. q 114. art. 3. & 4. Olaus. lib. 3.

Comme parmy des peuples Septentrionaux qu'Olaus appelle les Bothoniques, il y auoit des sorciers merueilleusement entendus à tels charmes & eblouïssemens. *Qui per summam ludificandorum oculorum peritiam suos alienosque vultus varijs rerum imaginibus adumbrare solebant, fallacibusque formis veros obscurare conspectus.* Et pour ce appelle on les sorciers *Versipelles, teterrimi versipelles, in quoduis animal ore conuerso latenter obrepūt; vt ipso, oculos solis & iustitiæ facile frustrentur. Nam & aues, & rursum canes & mures, imo etiam muscas induunt*, Le tout venant du charme des yeux: qui est le moyen que plusieurs des anciens ont estimé auoir esté tenu par le maling Esprit en faisant voir des dragons & serpens au lieu de verges, & du sang au lieu de l'eau. *Meras præstigias*, dict Iosephe, *spectantium oculis imponere* & S. Gregoire de Nice, *Re vera virgas, visus deceptione, serpentes.* Et Iustin Martyr. *Magis opera dæmonum præstigias oculis effundebant, & qui serpens non esset eum viderunt quasi serpentem, & non sanguinem quasi sanguinem, & non ranas quasi ranas.*

Iosn l. 2. antiq. In oratio. 40 Martyrum au liu. Respons. ad ortodox.

Le troisiesme moyen est l'application des choses visibles, comme d'vne peau de ....p, dont le mauuais Esprit a re-

Transmutation que faict le De-

vestu ce ieune garçon: & cestuy cy n'est pas le seul exemple de telles applications. Torquemada en la 6. iournee de ceux qui ont faict le procez au loups-garoux.

Mais ce moyen ne peut seruir où la quantité & dimension du corps resiste, qui ne se peut comprendre soubs la petitesse d'vne peau de loup, ou d'autre beste brute: cōme il arriue à ceux qu'il exhibe enforme de chats, de renards, & d'oyseaux: & ne pouuant retrancher cette quantité & la constraindre à moins qu'elle est, il s'ayde du prestige. Les Demons ne peuuent faire seruir ny peau de loup ny peau de chat quand la quantité ou dimension du corps resiste: car il ne sçauroit fourrer vn hōme dans la peau d'vn chat. Quoy qu'il soit, en toutes les sortes & manieres, il n'y a iamais que du deguysement en l'exterieur, sans changement de substance ou nature.

mon p. l'applicatiō des choses visibles, cōme d'vne peau de loup. Il faut que l'agent visible que le Demon employe, soit proportionné au corps.

Reprenons nostre maxime les Demons ne peuuent rien de surnaturel, la nature ne peut arriuer à cette transformation qui respond à la creation, par ce que le changement de la forme essentielle, est l'aneantissement de la premiere forme, & la creation d'vne seconde. La creation n'est pas de œuures de la nature, c'est vne production sans matiere precedente: le seul Dieu cree, & ne communique point ce pouuoir à la nature ny à autre creature: les Anges soyent ils bons ou mauuais ne l'ont point. Ce seroit vn blaspheme cōtre la Diuinité de penser autremēt. Satan la cognu & iugé luy mesme en ces mots, *Si filius Dei es, dic vt lapides isti panes fiant.* Presupposant le changement de pierre en pain, comme vne certaine marque de la Diuinité.

7. *Les Demons ne peuuent rien de surnaturel.*

Satan mesme a cognu que la creation estoit vu droit de la Diuinité.

Et pour rendre la chose plus claire, la transformation d'hōme en loup ne peut estre en l'ame ny au corps: en l'ame ce seroit vne espece de mortalité, à quoy l'ame n'est subiecte. Les sorceleries & magiques effects du malin Esprit, peuuent, quand Dieu le permet, estouper les conduits des sens, les troubler & en affoiblir les organes, *serpit hoc malùm* dict S. Augustin, *per omnes sensus dat se figuris, accommodat se coloribus, adhæret sonis, odoribus se subiicit, infundit se saporibus, & quibusdam nebulis implet omnes meatus intelligentiæ.*

8 *Commencement du traicté du loup-garou. La Transformation d'homme en loup ne peut estre en l'ame.*

Oo ij

Mais il ne peut aneantir & estaindre cette ame raisonable, effacer le caractere de l'image de Dieu, pour subroger à la place vne ame brutale. Ce qu'Homere a recognu en ceux que Circé transformoit, de qui l'ame ne changeoit point. Et S. Augustin, *Nec tamen in ijs fier mentem bestialem, sed rationalem humanamque seruari, sicut sibi ipsi accidisse Apuleius indicauit aut finxit.*

S. Aug. dict qu'Apulee mesme cōfessoit que l'ame raisonnable luy estoit demeurée.

Que si l'on disoit que l'ame raisonable se sequestre & faict place, cela ne peut arriuer, comme il a esté cy deuant discouru, que par la mort entiere du corps.

Les deux ames la raisonnable & la brutale ne peuuent ioindre ensemble.

Non plus est-il possible que les deux ames la raisonnable & la brutale, soyent ioinctes ensemble, par ce que cela seroit deux formes essentielles en mesme subiect, ce que les maximes de la Physique ne permettent point.

La transformation d'homme en loup ne peut estre au corps.

La transformation n'est non plus au corps, car ce vaisseau ne peut estre changé pour en substituer vn autre à l'ame raisonnable, laquelle aussi n'est propre pour viuifier & organizer le corps d'vne beste, comme fort à propos discourt Aristote reprenāt la Metempsycose des Pythagoriens. Cette teste, ce cerueau d'homme, qui a l'imagination logee au deuāt de la raison, laquelle est au ventricule moyen, comme la souueraine des autres, & la memoire qui vient aprés, qui est la fidelle gardiéne des choses qui passent par les deux premieres: & generalement tous les membres de tout ce corps, sont composez si à propos pour les fonctions de l'ame raisonnable, qu'elle ne peut loger dās la teste & corps d'vne brute. Aussi est ce vn ouurage admirable de Dieu, selon qu'en discourt Lactance *De opificio Dei.* S. Basile & S. Ambroise, S. Gregoire de Nice, Nemese & Theophile

Nemese De natura hominis. Theophile De humani corper fabrica.

9. Dieu est le souuerain ordinateur des formes.

Dieu côme disoit tres-bien Plotin, est le souuerain ordinateur des formes, lesquelles sont toutes inherentes à leurs subiects: & les matieres tellemēt disposees par la prouidéce de Dieu, que nulle forme ne peut estre sans sa matiere propre & cōuenable. Non toutefois qu'en l'hôme la forme d'iceluy procede de la force de la matiere, cōme en autres choses, ainsi que nos Physiciens disent que, *forma educitur ex vi & potentia materiæ:* car la forme qui est l'ame raisonnable, luy est immediatemēt infuse de Dieu qui la creée de rien, & logee dans vn vaisseau qu'il luy a approprié.

DES DEMONS, MAG. ET SORC. LIV. IV. 293

Concluons donc auec Sainct Augustin. *Nec sane dæmones naturas creant, sed specie tenus quæ à vero Deo creata sunt, commutant, vt v deantur esse quod non sunt. Non itaque solum an mum sed ne corpus quidem v la ra ione crediderim Dæmonum arte vel potestate in membra bestialia posse conuerti.*

Si ce ne sont que deguysemens dira quelqu'vn, comme est ce donques que les actions en sont brutales & bestiales, & les effects rapportant à leur figure, comme ils estoient bien en ceux que Circe changeoit? Les hommes & les femmes ayant la figure des chats, montent, grimpent & pendent sur les arbres. Dans Christianus Massæus, ceux qui ont la figure de taureau ruët de leurs cornes, *Froto rex dict Olaus à ma efica in bouem conuersa, dum eius cornibus impetitur examinatus occubuit.*

Ceux qui ont figure de loups comme ce ieune garçon, ont les yeux affreux & estincelans comme loups, font les rauages & cruautez des loups, estranglent chiens, couppent la gorge auec les dents aux ieunes enfans, prennent goust à la chair humaine comme les loups.

---*Eadem feritatis imago.*
Colligi. os rab.em & fuso iam sanguine gaudet.

ont l'addresse & resolution à la face des hommes d'executer tels actes, leurs dents & leurs ongles sont fortes & aiguisees comme celles des loups, ils trouuent goust à la chair crue comme loups, ils courent à quatre pates, & quand ils courent ensemble ils ont acoustumé de departir de leur chasse les vns aux autres, & s'ils sont saouls ils heurlent pour appeller les autres: s'il n'en vient point ils enseuelissent ce qu'il leur reste pour le garder, dans Albert le Grand li. 22. *De animali.*

Ce ieune garçon transformé en loup dict par ses auditions, qu'il departoit sa proye à vn autre loup qui le suyuoit. Ils vont aussi viste que loups, ce qui est entierement verifié par la procedure de celuy cy, & par celle qui fut faicte à Besançon 1521. rapportee au long par Vuier. Ce qui ne doit estre trouué incroyable ny impossible: car ce sont les effects du mauuais Demon, qui les assiste, les anime & les porte à.

[marginalia:]
S. Augustin tient que le Diable ne peut trasformer l'homme en loup, ny en co ps, ny en ame.
Si ce ne sôt que deguisement, cômment est ce que les actions en sont brutales? Christianus Massæus in Chronico.
Loups garoux ont les yeux affreux.

Voier: De præstig. lib. 5. c. 10 & seq Bog. ch 55.

cela: qui leur donne l'addresse, qui les façonne à la guise des loups, qui les y acharne & donne le goust, *Infundit se saporibus*.

Et ce ieune accusé declare, qu'il estoit tousiours assisté en tels actes de celuy qu'il appelle Monsieur de la Forest, & que dés lors qu'il le laissoit il n'estoit plus loup, mais reuenoit soudain en sa premiere forme.

C'est comme cet Energumene dans l'Euangile, qui rompoit iusques aux chaines de fer: comme ces voyageurs dans Torquemada, qui ne mirēt qu'vn iour d'aller de Vailladolit à Grenade, & les coureurs és ieux Circenses qui faisoient aller d'vne merueilleuse vistesse leurs chariots, que Symmachus appelle, *Quadrigas curraces* pour ce qu'ils auoient faict partie auec les Demons, lesquels hastoient les cheuaux de leurs partizans, & arrestoient les autres, en la l. *Quicunque* & en la derniere, *De Malef, & Mathe. C.* dont on peut voir des exemples dans Marcelin, S. Hierosme & Cassiodore, lequel faisant mention d'vn merueilleux carrossier, *Frequentia palmarum eum diu faciebat maleficum*. Et dans Arnobe parlant des œuures des Sorciers, il met cestuy cy. *In curriculis equos incitare, tardare, debilitare*. Et Olaus, *Venefica dape ignauos ad vitia alliciunt, & instar bullientis ollæ nauium autequorum & cursorum excitant celeritatem*. Tous ces effects procedent de la societé contractee auec les Demons, comme ont bien remarqué sainct Cyprian & sainct Augustin, *Percusserunt fœdus cum morte, & cum inferno fecerunt pactum*. Ce maling Esprit retire de ce miserable garçon promesse de le venir trouuer quand il luy mandera, luy promet de l'argent, retire de luy seruice & hommage, luy faict penser ses cheuaux qui sont d'autres Demons prenans la forme des cheuaux, l'employe à tourner la broche, comme celuy dans Remigius employé *Vertendo veru, & assandis carnibus*.

Le seau & le gage des promesses de ses esclaues, est la marque qu'il imprime en quelque partie de leur corps.

Onction. Satan est le singe de Dieu: il voit qu'au Baptesme les

Chrestiens sont oincts du sainct Chresme comme athletes, pour entrer au combat contre les vices & Esprits immondes dans sainct Cyprian. *De vnEtone Chrismatis. Ideo nos vnxit Deus*, dict sainct Augustin, *quia luctatores contra diabolum fecit.* Et comme parle sainct Paul aux Ephesiens, *vt nequitiis spiritualibus colluctemur.* Le Diable graisse les siens & mesme les loups-garoux comme les athletes en tous ses malefices. — Le Diable graisse les loups-garoux.

Dieu enrolle les enfans & les met au nombre de ses fideles: & luy aussi. Dieu les attire & appelle: & luy aussi. Dieu pour son effect, qui est leur salut: & luy pour leur ruine & perdition. Dieu establit sa louange par la bouche de ses enfans: & luy aussi, & manifeste ses diuinations dans vn miroir : & ce par le ministere des enfans : dequoy l'on peut voir des exemples dans Cardan & Fernel. Et Apulee en son Apologie recite, qu'à Tralles ville d'Asie, les Magiciens enquis de l'euenement de la guerre Mithridatique, s'ayderent d'vn enfant, qui vit dans l'eau l'effigie de Mercure, qui luy predit en cent vers ce qui deuoit arriuer à Mithridates. En somme il en est si desireux, que des le ventre de la mere, des le berceau il reçoit les promesses des peres & meres qui les luy vouent. — 10 Pourquoy le Diable s'en prend ainsi aux enfans. Leuit. 20. & 21. Psal. 106 4. des Roys c. 13 & 1 des Roys ch. 18.

Mais d'ailleurs il faict estat de seduire, destruire & n'espargner aage ne sexe, ny imbecillité ny maladie pour ietter les personnes au mal. Il espie le desespoir, il espie la tristesse, dans sainct Chrysostome au Moyne Stagire, il est aux aguets des esprits hebetés, & vn peu sur la rustique. — Le Diable n'espargne personne, mais communement il se prend aux plus foibles.

Il va aux enfans comme les plus aisez à gagner, il assaut la superstition comme la plus timide. — Pourquoy le Diable seduit les enfans.

Il gaigne plus de femmes que d'hommes, comme d'vne nature plus imbecille. Et voit on qu'au nombre des preuenus de la sorcelerie qu'on amene aux Parlemens, il y a dix fois plus de femmes que d'hommes. En somme il entreprent par tout & ne quite nul aduantage. — Il se prend plutost aux femmes qu'aux hommes.

Reste la derniere difficulté, si ce ieune garçon de la qualité qu'il est, est capable d'vn tel malefice, & de la peine qu'il merite. — 11 Si ce ieune garçon est capable de ce malefice n'aiant que 13. ans.

D'vne part les seules illusions du Demon, ses tentations & afflictions qu'il donne aux hommes, sont hors de crime & de peine : Non plus que les furieux les Maniacles les Fanatiques ny les Demoniacles ne sont punis, ny les Cynanthropes, ou Lycanthropes, qui est vne espece de folie: par ce comme dict la loy que leur affliction les punit assez. Icy l'hebetude, la foiblesse & trouble d'esprit & defaut d'aage concurrent ensemble.

Ælian. Si ce garçō merite la peine des Sorciers, qui est la mort. Pausanias. Les Areopages auant que punir vn enfant qui auoit derobé les lames d'or de la couronne de Diane, voulurent essayer s'il auoit du iugement, luy faisant presenter d'vne part les lames d'or, & de l'autre des ieux d'enfant, & sans ce qu'il se iecta sur les lames d'or, ils ne l'eussent iamais condamné comme sacrilege. Les Caphiens se repentirent d'auoir esté trop prompts à lapider vne troupe de ieunes enfans qui par maniere de ieu auoient trainé la statue de Diane, & attribuerent, à ce trop precipité & cruel iugement, l'auortement que firent aprés toutes leurs femmes grosses, & dont ils furent affligez, iusques à ce qu'admonestez par l'oracle ils expierent ce crime, *Quod innocentes occidissent.*

L'hebetude de ce miserable garçon est toute apparente, rapportee non seulement par les Medecins, mais tesmoignee par la procedure, & representee par luy mesme. C'est vn enfant rustique, mal instruit, ou à vray dire, non instruit en la cognoissance & crainte de Dieu : & moins encore aux moyens de se defendre des subtilitez de Satan. Les plus aduisez sont bien empechez en la discretion des Esprits, laquelle sainct Augustin mesme, estime tres-difficile.

S. Aug De cura pro mor. in agenda. c. 16.

Il y en a qui en ont faict des liures, s'estudiant d'en donner des marques & des aduertissemens, qui neantmoins ne sont tousiours certains & indubitables: par ce que le maling Esprit se transfigure par fois en Ange de lumiere. Comme peut on (dira quelqu'vn) acculer vn ieune garçon de l'aage de celuy cy, de n'auoir peu discerner vn mauuais Esprit, de ne l'auoir combatu, d'auoir esté seduit, charmé & suborné par luy ? les moyens de se garder de charme, & d'esloigner

DES DEMONS, MAG. ET SORC. LIV. IV. 297

loigner les Demons luy sont incognus.

Ce n'est pas vn Vlysse qui par l'herbe Moly se garantit des transformations de Circe, suiuant l'aduis que luy en donna Mercure. Il ne sçait que c'est du Piuoine noir, ny de la pierre Amianthus, que Pline dict estre bonne contre les charmes, ny de la pierre Democrite, appellee Collehirez, ny du Iaspis dans Dioscoride, ny du poisson appellé l'estoille, qui se prend en la mer d'Occident, ny de l'herbe Ramnis autremét Bourquespine, ny de l'Hypericon, ny de la Squille, ny de la Fapisia tât celebree par les Portugais pour chasser les Demons. Il ignore pour cet effect la force de l'argent vif enclos dans deux nœuds de Caune, ou des racines que mentionne Iosephe disant entre bonnes à cet effect: & specialement de celle qui fut enseignee à Halamond. S'il eust eu de ce cœur & de ce foye de poisson, dont l'Ange fournit à Tobie pour expeller les mauuais Esprits, ou autres simples herbes & pierres à qui Dieu a donné cette benediction, il s'en fut serui. Combien que de soy les choses corporelles & terrestres n'ont point de pouuoir sur vne nature intellectuelle, s'il n'y a vn agent surnaturel, qui est la vertu diuine. S'il eust sçeu que les Demons fuyoient quand on deguainoit contre eux vne espee ou vn cousteau, qui est vn remede que Psellus parlant des Demons n'a pas obmis, & qu'apprint aussi Mercure à Vlysses, il s'en fut aidé.

Mais le pauure idiot, n'estoit seulement aduerti & instruit, de se seruir des armes d'vn bon Chrestien, qui est le signe de croix, lequel les anciens peres appelloient l'armet & le casque des Chrestiens. Sainct Hierosme parlant de Hilarion, *Crucem signat in fronte, & tali armatus cassîde fortius præliabatur.* Et le mesme de Paul Hermite, *signi salutaris impressione frontem armat.* Et Paulinus en la vie de sainct Martin son contemporanee, le representant assailly des Demons, *Erigit armatam signi munimine dextram.* S. Martial escriuit aux Bourdelois, *Crucem domini semper in mente, in ore, in signo tenete, crux enim Domini armatura vestra.*

Sainct Chrysostome reprent aigrement la superstition

Herbes & pierres qu'ô tient estre propres côtre les Demons & les charmes.

Ioseph l. 18. antiq c 2. & l. 7. belli Iudaich 23.

S. Chrys.

Pp

Payenne, qu'aucuns des Chrestiens de son temps ne pouuoient oublier, qui estoit de prendre de la bouë & vilenie qui s'escoule au bas des estuues, & l'appliquer au front des enfans pour les garder des charmes, disant que c'est vne suggestion de l'Esprit immonde, & que quitant cette espece de Sorcelerie, il faut apprendre aux enfans dés qu'ils peuuent parler & manier le bras, de s'armer du signe de la Croix, & iusqu'alors faire ce signe sur les enfans, qui leur donne (dict-il) vne asseurance inexpugnable. Sainct Augustin au liure premier, Des confessions, ayant aprins de sa mere les mesmes enseignemens, l'enseigna à tous.

Mais entre tous les remedes spirituels, si ce miserable garçon eut sçeu la priere que nostre Seigneur nous à dicté, qui finit par la supplication de ne nous laisser en tentation, mais nous deliurer du maling Esprit, ces mots tres-efficaces comme tout ce qui procede du Verbe diuin, luy eussent impetré vne infaillible protection & victoire contre tous les aguets des Demons. Mais il ne sçait que c'est de reclamer Dieu par cette priere ordonnee, ne autre quelconque.

L'aage & la condition de ce garço.
Les tuteurs ne peuuent respondre pour leurs pupils, en matiere criminelle.
Les cófessions des pupils sont mal asseurees.
l. 1. C. de falsa mon. l. 1. §. si impuberi, Ad Syllan. D.
Il est exépt de la torture estant pupil, à plus forte raison de la mort.

En outre l'aage & la condition de ce garçon, ne s'y voit pas capable de souffrir vne procedure extraordinaire. Iustinian en matiere criminelle vouloit, que le tuteur interuint pour son pupil, & le curateur pour l'adulte, afin qu'ils ne fissent preiudice à leur ignorance, par vne responce mal aduisee. Mais comme cette loy n'a point de lieu auiourd'huy en France, les Iuges doyuent suppleer le defaut du tuteur & du curateur.

Les formalitez de iustice sont autant de pieges pour surprendre cet aage, s'il faut donner les obiects sur le champ, que peuuent ils faire? Les grands y sont assez empeschez: s'ils ont des faicts iustificatifs, ils ne sçauent comme les discerner & proposer. Auec ce, les confessions d'vn pupil sont mal asseurees, tout ainsi que leur tesmoignage n'est certain & solide, & ne sert que d'vn petit indice, dans Quintilian. Il ignore ce qu'il voit, & le rapporte sans iugement, il est exempt de la question extraordinaire, à plus forte raison de la mort.

DES DEMONS, MAG. ET SORC. LIV. IV. 299

Au contraire ce ieune garçon n'est si stupide & hebeté, qu'il ne soit entierement aprins & façonné à l'escole du mauuais Esprit, & n'y ait retenu tout ce que ses disciples & esclaues en disent. *Ad eos peruenit annos v. intelligat, nondum tamen fingat.* S'il varie en ce qui regarde ceux qu'il a accusez, il y a perseueré par huict ou dix auditions, tant pardeuant les iuges de la Roche & Coutras, qu'en la Cour.

Raisons ē̄ ce ie ieune garson

En ce qui le concerne, ce n'est pas de son inuention de feindre l'apparition d'vn homme noir & grand, ayant la bouche extremement froide. C'est le langage des Sorciers. Il n'a non plus inuenté ce tiltre de Monsieur De la forest, dont il nomme le malin Esprit.

Tout le monde elementaire est remply de Demons, il y en a de Terrestres, d'Aquatiques, d'Aëriens, de Montagnards, de Metalliques de Soubsterrains, de Syluestres & autres dans Psellus.

Psellus. De dæmonibus. S. Clement. Alex. in Protretico. S Aug lib. 15. De ciuit. c 18 cr̄ l. 1 Quest. sup. Genesim.

Les Syluestres estoient appellez des anciens Gaulois *Dusij*, dans sainct Augustin qui les nomme Faunes & Syluains, & vulgairement (dict-il) Incubes qui sont paillards, *Mulierum concubitum appetunt*. Et ce ieune garçon par ses propos se monstre nourry en ceste escole.

S Aug. l. 15 De ciuit. Dei cap. 8.

Δρυς en Grec signifie vn chesne, d'ou les Dryades, les Nymphes des forests, & les Druides auoient les noms des forests parmy les Gaulois, qui vsoient de tout plein de mots Grecs. C'est és forests que les Anciens logeoient partie de leur culte enuers les Demons, & les terreurs Paniques, & voix Demoniaques, estoient attribuees à ces Dieux forestiers, comme escrit Denis Halicarnasse. C'est où ils estimoient qu'Hecate paroissoit auec son attirail & chiens de chasse, ainsi que dict Lucian. Et en nostre aage de recente memoire, on a veu des apparitions nocturnes des chasseurs qui crioient comme vrays chasseurs, & entendu des bruits des cornets, des chiens, des cheuaux, des limiers, qui ne sont autre chose que Demons: ce que vulgairement on appelle la chasse du Roy Arthus, dont faict mention Spranger. Lequel aussi par les procedures qu'il à faict aux Sor-

Lib. 6. Ant. Rom.

La chasse du Roy Arthus composee de Demons.

Pp ij

ciers, a obserué qu'és forests principalement, les Sorciers & Sorcieres conuersent auec les Demons. Comme anciennement les Lituaniens & autres nations de Septentrion, y adoroient leurs Demons, & faisoient leurs damnables sacrifices.

Le Diable promet, à ce garçõ de luy donner de l'argent.

Et outre ce garçon exprime naifuement les promesses du mauuais Demon, de luy donner de l'argent, mais le Demon ne tient ce qu'il promet.

Luy a seruy de laquay.

Il dict luy auoir seruy de laquay: les Sorciers se disent tous couchez en l'estat de Satan.

Il a esté graillé par le Demõ, & parle du pot de graisse

Il rapporte auoir esté graissé, & parle du pot de graisse que le malin Esprit luy gardoit, *Olla*, dict Olaus, *maleficij præcipuum instrumen. vnu.* Et la Medee dans Ouide est representee faisant bouillir son pot.

Interea calido positum medicamen aheno
Feruet & exultat spumisque tumentibus albet.

Quels iours le loup garou couroit. Olaus lib. 3. 21. dict que le iour de la course est le Lundy, le Vẽdredy & le Samedy.

Il exprime le iour de sa course le Lundy, le Vendredy & le Samedy, les Sorciers disent de mesme auoir des iours certains de leurs assemblees, idolatries & malefices: Satan luy voulant imprimer quelque acte de soy, faict distinction des iours. Il dict, & la preuue en est euidente, qu'il a couru la veille de la Pentecoste, vn Vendredy de Caresme, & la Sepmaine saincte. C'est en ces iours de deuotion que les Sorciers s'accouplent auec les Demons, & qu'ils accordent auoir faict plus de mal.

2) C'est le Vendredy sainct que les loups-garoux principalement ont acoustumé de courir.

Ils courent au bas de la lune.

Il dict qu'il court au bas de la lune, c'est vn artifice du Demon pour le rendre plus susceptible de ses illusions. Ou bien comme sainct Hierosme & sainct Chrysostome disent, pour diffamer la lune, & calomnier cette creature de Dieu.

Il a vne marque.

Il monstre sa marque, que le maling Esprit luy a grauee, qui est comme vn petit cercle insensible au dedans, ainsi que des autres Sorciers, & comme les membres touchez du feu du ciel sont en la partie frappee insensibles. L'vne des preuues plus certaines de crime, & d'estre supost du Diable, est la marque, comme tous ceux qui en ont escrit ont obserué; qui est par fois emprainte au front, par fois à

DES DEMONS, MAG. ET SORC. LIV. IV. 301

la leure, parfois foubs la paupiere de l'œil, parfois aux parties honteuses, par fois autre part, selon que le mauuais Demon s'en veut iouer.

Il monstre l'ongle du poulce gauche fort espoix & fort long, que le Diable luy a defendu de coupper, qui est vne pure folie en soy, mais marque de creance & obeissance au mauuais Demon, qui tient les cœurs bandez par telles superstitions, & prohibe parfois de coupper le poil, par fois les ongles, par fois de ne lauer point les mains: ce que les sorciers par leurs auditiõs raportẽt. Domitiã fit raire Apollonius, qui estoit vn autre sorcier qui se laissoit croistre le poil. Pythagoras qu'aucũs disent auoir esté magiciẽ, logoit quelque poinct de sorcelerie & secret és ongles: par ce precepte, *Præsegmina vnguiũ criniumque ne cõmingito.* Et Pline qui est touché de la sorcelerie, dict que des rogneures des ongles des pieds & des mains, incorporez en cire, les sorciers font certain remede & charme cõtre les fieures. Et le mesme narre qu'ils enseignẽt de mettre des rogneures des ongles à l'entree du pertuis des fourmis, & la premiere qui en prẽdra estant mise au col, guerira de la fieure. Et qu'ils apprenent a couper les onges es iours de marché, *Nundinis* qui estoit aux Calendes, ou Nones du mois, sauf toutesfois l'ongle de l'vn ou de l'autre poulce, qu'ils reseruoyent. Canidia est representee en Horace en colere rognant l'ongle de son poulce.

14 Le Diable luy a defendu de coupper l'ongle du poulce gauche.

Laërtius in Pythagora. Il y a quelque poinct de sorcelerie à ne se rogner les ongles.
Pli. lib. 18. c. 7.

Horace, lib. 1. Epodon 5. ode.

Hic irresectum saua dente liuido
Canidia rodens pollicem.

Ils faisoyent tant de cas de ces rogneures qu'ils les alloient chercher iusques dans les sepulchres. Apulee instruit en leurs secrets, *Ne mortuorum quidem* (dict il *sepulchra tuta dicuntur, sed bustis & rogis reliquiæ quædam & cadauerum præsegmina ad exitiabiles viuentium fortunas petuntur.* Et dans Lucain la magicienne Erictho recueillit les os du milieu des feux & cendres des morts & singulierement les rogneures des ongles.

Apulee De Asino aureo.

Lucain. l. 6.

Immersitque manus oculis, gaudetque gelatos
Effodisse orbes, & sicca pallida rodit
Excrementa manus.

L'Esprit immonde se plaist à toutes ces ordures & saletez,

Pp iiij

comme nous auons cy deuant dict, de la bouë & souilleure qui tombe au bas des estuues.

Il est trouué tout las & harrassé aprés qu'il a couru. Il se trouue blessé es iambes & es mains.

Il est trouué tout las & harrassé aprés auoir couru, & le voit on comme blessé & esgratigné de ronces & buissons és pieds, iambes & mains: ce qui l'accuse d'vne presence corporelle, & qu'il y a plus que d'vn simple songe & imagination, sinon qu'on le pensast loup-garou en extase, blessé par le Demon, ainsi qu'il a esté cy deuant dict, dequoy il n'y a preuue ny indice par le procez.

Mais ce qui faict voir ce miserable garçon du tout façonné, & comme acquis & gaigné selon l'intention & desir du maling Esprit: la cruauté qu'il confesse auoir exercé soubs cette peau de loup, mangeant les enfans: il confesse les auoir *Il prend les enfans à la gorge comme vn loup. Il les deuestit sans deschirer leurs vestemens.* prins à la gorge en façon d'vn loup. Le Demon luy a Donné de l'addresse, car il les deuestit sans deschirer leurs vestemēs: qui est particulierement vne certaine façon des loups-garoux. Il confesse y auoir goust: le Demon luy a donné ce goust.

Ce n'est pas l'ordinaire des loups de courir aux hommes ou aux enfans, mais vne fois qu'ils en ont gousté, ils y sont extrememēt acharnez, Dans Pline & Albert le Grand, les mauuais Demons ont tousiours prins plaisir à cette anthropophagie & effusion de sang. En la Lituanie y a vn estang *Olaus lib. 3.* dont les vapeurs excitoyent ordinairement des tempestes, qui emportoyent les fruicts du païs, iusqu'a ce que les Lituaniens instruicts par Satan, respandirent annuellement du sang d'vn nombre de petis enfans dans cet estang: Ce qui a cessé deslors qu'ils se sont faicts Chrestiens.

Stryges. Les Stryges, les Lamies, les loups-garoux qui en sont les bourreaux, sont couchez en son estat. Les loix Saliques font mention de la Stric que les latins appellent *strix*, qui mange les hommes, *Si Stria hominem comederit, octo millia denariorum qui faciunt solidos 200. culpabilis iudicetur*. Ce nom (comme aucūs disent) estant venu *à Lestrigonibus* anciens antropophages dās Homere, ou comme d'autres estiment de l'oyseau appelle *Strix* en nostre langue Fresaye, duquel les sorcieres prenent la forme.

Carpere dicuntur lactantia corpora roſtris,
Et plenum poto ſangue ne guttur habent.

Des Lamies le temoignage en eſt aſſés cognu dans Dion Chryſoſtome en l'hiſtoire Libitique, & en l'oraiſon. Et dans Philoſtrate, Diodore, S. Clement Alexandrin, Ariſtote & dans Horace en ces mots.

Lamia

——— *Neu pranſa lamia*
Viuum puerum extrahat aluo.

D'excuſer vn tel crime par la ſeduction du mauuais Eſprit, ce ſeroit vn pretexte d'impunité pour tous les ſorciers. Les tentations de Satan ſont extremement violentes à toute ſorte d'aages & de ſexes: mais Dieu eſt fidelle, qui ne permet point que la tentation ſoit plus forte que le pouuoir d'y reſiſter. Et a, neantmoins en cela le ſoing des petits & des grands: & ſelon l'explication de Theodoret, ce mot de Fidelité, aſſure l'imbecillité & incapacité d'vn chacun.

Le mot de fidelité parlât de Dieu regarde la capacité & portee d'vn chacun.

Il n'y a nul qui n'ait vn bon Ange dés ſa naiſſance, qui repouſſe & renuoye le mauuais Eſprit, ſi la perſonne eſtant en aage de diſcretion, vſant de ſon liberal arbitre, ne luy donne ſon conſentement. Et combien que ceux que les mauuais Demons deçoiuent, ne ſoyent touſiours coulpables, toutesfois ceux qui ſe rendent inſtrumens de ces malefices, & luy preſtent hommage ſont ſans excuſe: ſi l'inſtruction leur defaut, la nature neantmoins, quelque hebetude qu'il y ait, les accuſe ſouuent, & ſingulierement au crime d'ont eſt queſtion.

Car manger ſon ſemblable de meſme eſpece, n'apporte pas ſeulement de l'horreur aux hommes, mais aux brutes; leſquelles ſi farouches qu'elles ſoyent, eſpargnent leur eſpece, iuſques aux loups. *Neque lupis hic mos eſt* (dict Horace) *niſi in diſpargenus*, voire ils gardent vne ſocieté entre eux, ſuiuât l'ancié prouerbe, *Vt fur furem, ita lupum lupus agnoſcit*. on peut veritablement nommer les loups-garoux, *Natura peregrinos*, comme la loy *multi*, *D: Malef. & Math.* appelle les ſorciers qu'elle veut eſtre expoſez aux beſtes, comme ennemis du genre humain, en ces mots. *Paſtus feralis abſumat*, ou la leçon vulgaire, *Peſtis feralis* n'eſt à propos & Spranger en ſon *Mal-*

Horace Epod. od. 7.

leus lit tresb ien, *pastus feralis*, car vne des punitions des sorciers estoit d'estre exposez à deuorer aux bestes, dans Paulus liure 5. Des sentences : supplice iniustement pratiqué contre les pauures Chrestiens calomniez d'estre sorciers : iusques à les couurir de peau de bestes brutes pour les faire manger aux chiens, & les y acharner d'auantage, *Pereuntibus addita ludibria*, dict Tacitus, *vti ferarum tergis contecti, laniatu canum interirent*.

Vn loup-garou exposé aux chiens.

Mais aux termes où nous sommes d'vn loup-garou, On lit vn Exemple de punition tres-iuste pratiquée par le Duc de Russie, lequel aduerty qu'vn sien subiect se changeoit en toute sorte de bestes l'enuoia chercher : & aprés l'auoir enchainé, luy commanda de faire vne experience de son art. Ce qu'il fit, se changeât aussi tost en loup. Mais ce Duc ayant preparé deux dogues, les fit elancer contre ce miserable, qui aussitost fut mis en pieces.

Le vray supplice de telles gens qui se transfigurent en bestes, est de les exposer aux bestes. Il n'est plus question en ce faict de la discretion des Esprits : mais bien de discerner le mal sur vn subiect, où la nature si hebetee qu'elle soit est assez aduisée & sçauante. Et si les Areopages condamnerent au dernier supplice vn enfant, qui creuoit les yeux à toutes les cailles qu'il pouuoit prendre, le iugeant par là, de malicieux & peruers naturel, comme eussent ils espargné celuy qui mange les enfans?

15. Si la ieunesse excuse de la peine tout à faict, ou en partie.

L'excuse ne semble bonne, prinse de l'aage : les petits enfans qui se moquerét d'Elisée furent donnez aux ours pour les deuorer. Les Thassiens condamnerent Theagenes pour sacrilege, n'ayant seulement que neuf ans. Thebius Germanus à vn seruiteur moindre de quatorze ans, lequel estát au pieds de son maistre qu'on estrangloit n'auoit crié & reuclé le meurtre. Et le Iurisconsulte en la loy, *Si arrogati, D. De*

1. Excipiütur Ad Sen. Syllan.

tutelis, faict mention d'vn pupil déporté pour crime, qui est vne peine capitale : Lollianus encore vne ieune garçon, *primæ lanuginis adolescens, nondum per ætatem firmato consilio*, fut condamné en exil du temps de l'Empereur Valens, pour auoir seulement transcript vn liure de Magic, & ayant appellé à

l'Eml'Empereur, finit ses iours par la main d'vn bourreau. Et vn ieune enfant d'onze ans, qui auoit tué vne fille d'vn coup de pierre, & puis l'auoit cachee, fut trainé sur vne claye au gibbet, par Arrest de la Cour de parlement de Paris en l'an 1594.

Il faut coupper chemin au mal dés son commencement, estouffer vn monstre dés sa naissance. *Malit. a præcoci puerum quis non aduerjetur vt oderit, cum videat velut monstrum quoddam, priue robustum scelere quàm tempore, ante nocentem quàm potentem; v.rili puerili. a cana malitia: hoc magis noxium, quod cum venia perniciosius est, & nondum pœnæ, magis iniuriæ sufficit.*

La malice a esté plus consideree en ces exemples que l'aage: aussi preuient elle l'aage parfois. La leçon Hebraique en ces mots du Pseaume 24. *Delicta inuentutis meæ Domine ne memineris*, selon qu'est remarqué des grands personnages porte, *Delicta pueritiæ*.

Mais S. Chrysostome marque la dixiesme annee pour estre capable de peche. Et dict qu'il faut combatre auec le peche dés ce temps là, & par consequent auec le Demon & que de là nous commencerons nostre reddition de compte au iour du Iugement. Marc Alexandrin en l'interrogatoire 48. à Theodore Balsamon, dict que les ieunes hommes à 14. ans, & les filles ou femmes à douze, sont obligez selon les loix de l'Eglise Grecque, à la confession: mais il conseille de commencer dés la septiesme, parce que l'aage des hômes croist tous les iours en malice. Et partant nos Iurisconsultes ne font point de difficulté, de iuger vn pupille capable de commettre vn crime, s'il est prochain de la puberté. C'est, dict Calistrate, s'il ne luy defaut que six mois à l'accomplir: où selon Galien, encore qu'il luy en manque vn an. L'Eglise Latine n'exprime point certaine annee, mais seulement l'aage de discretion, suiuant le Concile de Latran.

La dixiesme annee est capable de peché.

Et quant au trouble d'esprit, il y en a tousiours en ces gens là: ce que Cardan n'a pas obmis de marquer. Ce sont des esprits ensorcelez par leurs propres consentemens: & qui voit les sorciers, & entend les re-

reponces en Iustice, il les aperçoit tous frappez de mesme coing.

Et pource à Rome lors de la recherche des sorciers, ou plusieurs matrones se trouuerent meslees, T. Liue rapporte, que suiuant la superstition de ce temps là, il fut aduisé de creer vn Dictateur, *claui figendi causa*, pour ficher vn clou, afin que les Dieux arrestassent & affermissent les entendemens, *Vt mentes alienatæ sui compotes fierent, prodigi loco ea res habita, captiique magis ment bus, quàm consceleratis similis visa:* Qui sont de beaux mots pour nostre subiect, mais neantmoins la Iustice fit son effect.

Can mulier 35. q. 1 Guido Pap. q. 238 Antonius Massius De varietate pœna. Ins. ab solum.

Aussi la clemence en telle occasion semble trop dangereuse, Nourrissez vn loup appriuoisez le, il fera toussiours du loup, *Lupi pilum mutant, non mentem*. Mais qui plus est les brutes sont mises à mort pour vn tel crime: en detestation d'iceluy, Moyse l'auoit ainsi ordonné, & c'est chose que les saincts Decrets apprenent. Guido Papæ rapporte auoir veu en Bourgogne punir vne truye pour auoir mangé vn enfant au berceau. Le mesme a esté pratiqué à Nayac ville de Rouergue pour semblable subiect. La beste qui auoit tué, par les loix des Atheniens estoit exilee: & les armes ou autres instrumens d'vn meurtrier iettez hors la terre d'Athenes: Platon en ses loix ordonne semblable chose. La statue de Nico comme escript Suidas, ou bien selon Eusebe, celle de Diomedes, fut precipitee en la mer, pour auoir tué vn homme de sa cheute, & Pausanias rapporte le mesme de Theagenes. Les lions en Afrique (où ils abondent) estoiét par les loix de Phaloë pendus à l'entree des villes pour donner terreur aux autres & les en esloigner. La plus sage natió du monde à prins supplice des chiens, pour n'auoir descouuert les Gauloys eschelans le Capitole. Cette effusion du sang humain est tant deplaisante à Dieu, qu'il dict qu'il recherchera ce sang de la main de tous les animaux, & prohibe de manger du taureau qui aura tué vn homme. C'est chose admirable en la nature, que le serpét ayát mordu vn homme, ne peut iamais retrouuer son trou pour y rentrer, ny se faire tente pour se remettre dans le sein de la terre, &

demeure roidy de telle sorte, qu'il faut qu'il attende à descouuert que quelqu'vn l'assomme.

Toutes ces raisons ont esté examinees & pesees d'vne part & d'autre. Mais la Cour en fin a eu esgard à l'aage & imbecillité de cet enfant, qui est si stupide & idiot, que les enfans de sept à huict ans temoignent ordinairement plus de iugement: mal nourry en toutes sortes; & si petit que sa stature n'arriuant à son aage, on ne le iugeroit de dix ans.

L'opinion de ceux qui remettent à l'arbitre du iuge, si le pupille est capable de dol, sans l'astraindre aux annees, est la meilleure. Voicy vn ieune garçon abandonné & chassé par son pere, qui a vne marastre pour mere, vaguant par les champs, sans guide & sans personne du monde qui en ait du soing, mendiant son pain, qui n'a nulle instruction de la creinte de Dieu, à qui la mauuaise seduction, les necessitez & le desespoir ont corrompu le naturel, dont le maling Esprit à faict sa proye.

Faber au §. pupilis. De tutel. stip. Salicet in l. Quod vn. pu.s, De cond. indeb.

La Cour n'a voulu desesperer de ce ieune enfant, que le Diable auoit armé contre les enfans: & a mieux aimé, toutes choses considerees, mesmes sa variation & autres circonstances de la procedure, gaigner cette ame à Dieu que de l'estimer perdue.

Outre que par le rapport des bons religieux qui ont commencé à l'instruire & l'exhorter, il a desia monstré abhorrer & detester son crime, le temoignant par ses l'armes & sa re-repentance.

L'aage au dessoubs de quatorze ans vient en quelque consideration en plus grands crimes, comme de leze maiesté diuine, d'apostasie, & voire ou la nature est offencee. Les loix des Douze tables furent extrememēt seueres, qui condamnoyēt de peine capitale celuy qui auroit rōpu de nuict, & desrobé la maisō de son voisin. Mais elles reseruoiēt l'impubere à estre fouetté à l'arbitre du Preteur. Ce n'est pas pour en faire vne regle generale, mesme ou l'enormité du crime apporte de l'horreur: mais bien pour ne fermer du tout les yeux à la moderatiō de la peine, selon l'exigence du cas. Et aprés tout, il vaut mieux tendre raison à Dieu de la misericorde que de la cruauté

Que l'on n'eſtime pas que pour eſtre le crime grand & deteſtable, s'il y en eut iamais, il n'y ait point d'eſperance d'amendement, puis qu'il y a des hômes, meſmes d'vn aage parfaict, qui ayant faict pacte auec l'enfer s'en ſont deſpetrez. Monſtrelet faict mention d'vn docteur en Theologie nommé Andelin, qui pour cuyder iouïr de ſes plaiſirs, s'aſſeruit à Satan, luy rendit hommage & l'alloit trouuer à cheual ſur vn baſton. Choſe ridicule, mais qui monſtre comme le maling Eſprit ſe ſert du iouet de telles gens, & a tellement en meſpris & en hayne la nature humaine, marry du ſalut que Dieu luy a departy qu'il la deprime le plus qu'il peut, iuſques à ſe faire baiſer ſon derriere aux cōuenticules des ſorciers. Eſtât ce miſerable Docteur reduict à ce poinct, neantmoins reuint à ſoy & ayant vne viue repentence fut condamné à priſon perpetuelle.

n Docteur en Theologie códamné en priſon perpetuelle.

Cardan rapporte qu'au temps de Philippe Viceroy de Milan, il arriua qu'vn payſan fut mis à l'inquiſition comme ſorcier, homme autrement ſimple & aimé de ce Prince, lequel regrettant ſa fortune, fit tant auec les Iuges qu'ils le luy remirent en main auec caution. Et lors ce payſan commença de prendre vne autre habitude, & quittant la ſorcelerie deuint & perſeuera iuſques à la mort bon Chreſtien.

Mais l'exemple que rapporte Simeon Metaphraſte, eſt trop plus notable, de Theophile couronné en l'Egliſe d'Adale en Cilicie, qui entra en tel deſeſpoir pour vne faſcherie qui luy ſuruient, que perſuadé par vn Magicien, il fit promeſſe au malin Eſprit, ſignée de ſon ſang, d'eſtre à luy, par laquelle il renonçoit Dieu & ſon Bapteſme. Mais ayant demeuré dans vne Egliſe quarante iours entiers, en l'armes & prieres, ſe repentant de ſon forfaict, cette meſme promeſſe luy fut rendue par l'ayde de la Benoiſte Vierge. Ce que auſſi Sigiſbert en ſa chronique recite de pierre Damian, en vn ſermō qu'il a faict en honneur de la natiuité de la Vierge.

Dieu deſlie ceux que Satan a enchainez: Dieu rappelle ceux que ce maling Eſprit a enrollez & marquez: tel eſt dans la gueule de ce loup qui en echapper, el ſemble auoir le pied dans l'enfer, qui en releue. Et combien que tels exemples ne puissent estre considerez en la iustice, pour exempter vn sorcier n'y vn loup-garou de sa peine, toutesfois ils seruent à leuer cette opinion, qu'vne ieunesse puerile ne se puisse amender, & quiter vne telle vie.

La Cour à aduisé qu'il failloit oster ce garçon des yeux de ces villages, où il a perpetré tels actes, & pouruoir à deux choses, l'vne à ce qu'on en pourroit creindre à l'aduenir, l'autre à remetre vn esprit si dereglé & abusé en la creinte de Dieu.

Il faut oster ce garçō de ces villages où il pourroit ietter l'œil sur mesme chose.

Dans Spranger, vne mere sorciere ayant esté bruslee, sa fille agee seulement de huict ans fut logee en vn monastere pour y prendre vne habitude toute contraire. Torquemada rapporte vn exemple de semblable confinement en vn monastere, pour vn crime detestable commis par vn miserable religieux, en l'isle des singes. Et si comme Pausanias escript, les loups-garoux reprennent leur premiere figure au cas qu'ils desistent dix ans de gouster du sang humain, celuy qui perpetuellement est confiné dans vn monastere, est en beau chemin pour en perdre le goust. Et châger de peau. Mais neantmoins nous ne deuons obmetre, de recognoistre sur ce subiect les merueilleux & redoutables iugemens de Dieu, qui paroissent en cette saison, par la frequence des loups qui courent les champs, & deuorent les enfans à la veuë des peres. L'vne des deuotions annuelles de l'Eglise, qui est de trois iours des Rogations, auant la feste de l'Ascention, fut introduicte par l'Euesque de Vienne Mamercus, sur des cursions ordinaires des bestes sauuages qui se iettoient és villes, & faisoient leur retraicte en icelles, & autres prodiges espouuentables dont le peuple estoit trauaillé. C'est vne des anciennes menaces du courroux diuin, *Infantes eorum elidentur in oculis eorum.* Dieu promet aux iustes la paix auec les bestes farouches, *Si iustus sis, bestiæ terræ non formidabis, & bestiæ terræ pacificæ erunt tibi.* Il denonce aux mauuais la persecution des bestes, *Dentes bestiarum mittam in eos.* Il leur denonce la frequence des serpens & des Demōs en Esaye, *Replebitur domus draconum & habitabunt ibi Struthiones, &*

pilosi saltabunt, ibi cubauit Lamia, & vlulæ respondebũt in ædibus. Et par-apres. Et occurrent dæmonia, monocentaurus & pilosus, clamabit alter ad alterum : ibi cubauit lamia, & inueniet requiem. Par ces Velus dont parle Esaye, l'ancienneté comme remarquent S. Hierosme & Isidore, entendoit les Pans, Faunes, & Demõs Syluestres, Incubes & Succubes qui sauteront, dict Esaye, en tels lieux : ce sont les dances de ces Luytons & Demons forestiers, assemblez auec les Sorciers & Sorcieres, dont la Iustice entend si souuent parler : semblables à celles que Pline, Solin & Mela rapportent que tels Demons faisoient sur le mont Athos : & que Saxo & Olaus magnus narrent des Demons appellez Elices, és pais Septentrionaux, où ils sautellent & dancent en rond.

Et celles dont font mention les loix Saliques, parlant des Stryges, c'est à dire Sorciers, lesquels y portoiẽt vn vaysseau d'airain pour seruir d'instrument & sonnerie. *Vas æneum vbi Stryæ concinant.* Ce qui estoit iadis incognu és autres lieux qu'aux extremitez du monde & païs de solitude. Mais outre ce, que les Lamies y auoient leur retraicte & s'y reposerent, dict Esaye.

Et dans S. Hierosme, *Lamiæ non dabunt vbera.* L'ancienneté croyoit que c'estoient des bestes sauuages ayant le visage d'vne tres-belle femme, le regard gracieux & attrayant, le sein & le corps beau, & au surplus serpens, decouurans leurs tetins & leur estomach pour attirer les hommes, lesquels s'approchans estoient aussi tost deuorez : par ces Fées

Dion Chris. in rector lib. 1. quæst. & orat. 1.

Et combien que plusieurs estiment que ce soit vne fable : comme aussi qu'il y ait des Demõs en façon de velus : Toutesfois l'Escriture saincte s'est voulu accommoder au vulgaire, à qui la mention de tels noms apportoit de la terreur, signifiant neantmoins par iceux, les Demons & mauuais Esprits. Ainsi escriuent S. Hierosme, Cassian, sainct Basile, Athanase, Theodoret, & S. Ambroise.

De là les horribles & monstrueuses cruautez instiguees par ces Demons sanguinaires, Dieu le promettant, qui ne faict rien d'iniuste, & dont les hommes de ce tẽps doyuent faire profit, pour rẽtrer en sa creinte, redoubler leurs prieres appaiser son courroux par vne meilleure vie, afin de chasser du milieu d'eux ces Demons, & tout ce grand nombre de Sorciers & Sorcieres qui pullulent iournellement, renfermer les loups dans leurs tanieres, & exterminer cette nouuelle engeance de loups-garoux qui mangent les enfans.

La Cour a mis & met les appellations & ce dont a esté appellé au neant, &pour les cas resultans du procez, A condamné & condamne Iean Grenier à estre mis & renfermé dans sa vie dans vn des conuents de cette ville, pour seruir ledict conuent sa vie durant. Et luy faict inhibitions, & defences d'en departir à peine d'estre pendu & estranglé. Et pour le regard dudict Pierre Grenier son pere, & Pierre dit le Tilhaire, Ordonne ladicte Cour, qu'il sera plus amplement enquis dans le mois. Et cependant les a eslargis par tout en faisant les submissions accoustumees. Cōdamne ledit Iean Grenier aux despens enuers ledict Baron de la Roche, la taxe reseruee. Et les autres, reseruez en fin de cause. Prononcé à Bourdeaux le 6. Septembre 1603.

Arrest du 6 Sept. 1603 prononcé en robe rouge sur vn loup-garou.

DE L'INCONSTANCE DES DEMONS, MAGICIENS ET SORCIERS.

Quelle vie a mené ce Loup garou dans ce Monastere. Et si par sa forme de vie il a dementi cette accusation.

1. Nul Loup-garou au quel on ait fait le procez, n'a esté pardonné que celuy-cy.
2. Le Loup-garou haissoit mortellement son pere.
3. Que iusques à la mort, il a eu ceste inclination de conuoiter la chair humaine.
4. Merueilles que tous les Loups-garoux preuenus par Iustice, ont porté ce mesme nom de Garnier ou Grenier.
5. Sçauoir s'il y a des Loups-garoux, ou bien si c'est seulement vne illusion.
6. Que Satan donne cette illusion de la transformation, diuersement.
7. Comment le Diable prenant le corps d'vn absent, le vray corps de cet absent se trouue neantmoins bien souuent blessé.
8. Raison pourquoy le Diable se change plus volontiers en loup qu'en tout autre animal.
9. Merueilleux effect de la Grotta del Cane à Pouzzol.

DISCOVRS IV.

IE cõfesse que i'ay esté d'aussi difficile croyance en ce qui est de la transformation du Loup-garou, & autres particularitez qu'on dict, & de celuy-cy & des autres, qu'homme qui viue de ceux qui ont leu ce que les bons liures qui ont traicté ce subiect en disent. La raison est qu'en toute nostre commission, nous n'auons veu ny Demoniaque ny loup-garou:

DES DEMONS, MAG. ET SORC. LIV. IV. 315

garou: & qu'il y a vne infinité d'opinions diuerses là dessus. Si bien qu'il semble que nous n'en soyons du tout esclaircis par ce seul exemple de ce Iean Grenier, veu qu'il estoit comme hebeté lors du procez, & ieune de 13. à 14. ans. Les vieux Sorciers qui ont long temps faict le mestier, ausquels l'aage a donné cognoissance de la verité ou illusion, ceux la sont beaucoup plus croyables : aussi les on a faict mourir, & ne leur a on pardonné comme a celuy cy. Or si c'estoit illusion comme plusieurs disent, & les plus entendus, il y a grande apparence de dire qu'on a eu tort de les faire mourir, & qu'ils n'auoient non plus merité la mort que ce ieune garçon: nul ne pouuant empescher qu'estant absent, & parauanture endormi, le Diable ne se serue de luy, & ne face par illusion qu'il semble courir, & courant se serue de la semblance du corps de cet absent ou endormy, iusqu'à luy porter les coups que le Diable mesme reçoit souz la figure de ce mesme corps. D'ailleurs, que plusieurs bons autheurs ne mettent les Lycanthropes au rang des Sorciers, ains les tiennent pour leurs ennemis iurez, (chose qui semble bien estrange) en voycy vn exemple memorable. Vn villageois ayant souppé chez son Seigneur prés la ville de Rige, (ie ne sçay s'ils veulent dire *Reggio* en Italie,) Ayant vn peu trop gousté de la liqueur de Bacchus, ne pouuant trouuer le sommeil, se leua du lict. Et à la veue de tous ceux de la maison, se mit à courir à quatre pattes comme. vn loup. Ce seigneur prudent & bien aduisé, ayant recognu sa maladie, commanda à tous les siens qu'ils s'allassent coucher, & qu'on le laissast en paix. On trouua le lendemain dans vn champ là auprés, vn cheual de ce seigneur mis en pieces. On soupçonne celuy qu'on auoit ainsi veu faire la beste. Et de faict estant constitué prisonnier il confesse. Et dict qu'il s'en estoit allé poursuiure vne Sorciere deguysée & transformee en papillon : (car les Lycanthropes se vantent d'estre deputez pour chasser les Sorciers.) Et que la Sorciere pour se garantir de ses mains, s'estoit cachée soubs vn cheual qui paissoit dans le champ: ce que ce Lycanthrope ayant veu, auroit prins vne faux, taschât d'en frapper la Sorciere:

Maiol. lu 3. au ch. des Sorcieres to. 2

R r

mais par malheur au lieu de la Sorciere, le cheual receut les coups. De maniere qu'il fut tout estonné qu'il le vit en pieces. Voyla comment le Diable se ioüé des hommes, transformant les vns en bestes, pour aller à la chasse des autres. Et voyla vn Lycanthrope ennemy des Sorciers, qui semble estre chose bien estrange, attendu qu'on les tient eux mesme pour les plus grands Sorciers. Ceux qui ont esté cy deuant preuenus par Iustice ont decouuert force chose, & diroit on qu'ils en pouuoient mieux parler que ce ieune garçon, parce qu'ils estoient vieux.

Mais au contraire on peut dire, que de tous les exemples des loups-garoux qui ont esté, & qui sont tombez és mains de la Iustice, il n'y en eut onques vn duquel on en peust decouurir tant de particularitez, & tirer tant de certitude que de celuy-cy. Car tous les autres iusques au supplice ne parloient que par la bouche de Satan, & suiuant l'instruction mensongere qu'il leur donnoit: & apres le supplice il n'y auoit plus de moyen de rien apprendre d'eux.

Au lieu que celuy cy est encores viuant, & remis en beaucoup meilleur sens qu'il n'estoit lors qu'on luy faisoit le procez: qui estant assisté de Dieu par l'instruction de ces bons peres chez lesquels on l'a logé, abhorre luy mesme & semble detester son maistre ancien Monsieur De la forest, & tasche tant qu'il peut à decouurir ses ruses en ce poinct: & dict & decouure naifuement & ingenuement tout le commerce qu'ils ont eu ensemble, afin qu'vn chacun se garde de tomber en mesme piege.

C'est donc de luy que nous en pouuons apprendre plus de beaux traicts, & auec plus de verité que des autres, qui n'ont iamais esté remis en leur bõ sens, & qui en ont estouffé les secrets par leur mort.

I'ay donc esté curieux de voir la procedure faicte contre nostre loup-garou, & contre son pere, & son compagnon la Tilhaire, qui sont tous trois mentionnez en cet arrest. Et l'ayant esté voir dans le monastere des Cordeliers en bonne compagnie, mesme de gens qui sçauent que c'est de procedures criminelles, ie l'ay examiné cette presente année 1610. auſſi exactement que ſi ie luy euſſe deu faire le procez ſur vne plus ample inquiſition, & comme l'ouyr de nouueau ſur icelle.

Ie trouuay que c'eſtoit vn ieune garçon de l'aage enuiron de 20. à 21. an, de mediocre taille, pluſtoſt petit pour ſon aage, que grand, les yeux hagards, petits, enfoncez, & noirs, tout eſgarez, par la veuë deſquels il faiſoit paroiſtre qu'il eſtoit comme honteux de ſon deſaſtre, duquel il auoit quelque conoiſſãce, n'oſãt quaſi regarder le môde au viſage.

Il eſtoit aucunement hebeté, non pas qu'il n'entendit bien raiſon, & ne fit promptement ce que les bôs peres luy commandoiẽt, mais il eſtoit fort peu ſpirituel & ne fuſt pas meſme venu aiſément about des choſes legeres qui conſiſtent en ſens commun: ayant touſiours gardé du beſtail, n'ayant pas meſme veu du monde, que puis qu'il eſt au monaſtero, d'où encores il ne ſortoit guieres.

Il auoit les dents fort longues claires, larges plus que le commun, & aucunement en dehors, gaſtees & à demy noires, à force de ſe ruer ſur les animaux, & ſur les perſonnes: & les ongles auſſi, longs, & aucuns tous noirs depuis la racine iuſqu'au bout, meſme celuy du poulce de la main gauche, que le Diable luy auoit prohibé de rogner: & ceux qui eſtoient ainſi noirs, on euſt dict qu'ils eſtoient à demi vſez & plus enfoncez que les autres, & plus hors leur naturel: par ce qu'il s'en ſeruoit plus que de ſes pieds. Qui monſtre clairemẽt qu'il a faict le meſtier de loup-garou, & qu'il vſoit de ſes mains, & pour courir, & pour prendre les enfans & les chiens à la gorge.

Il me confeſſa iugenuement qu'il auoit eſté loup-garou, & qu'en cette qualité il auoit couru les champs par commandemẽt de Monſieur De la foreſt, ce qu'il confeſſoit libremẽt à tout le monde & ne le nioit à perſonne, croyant elider tout reproche & infamie de cet accident, en diſant qu'il ne l'eſtoit plus. Il auoit vne merueilleuſe aptitude à aller à quatre pattes au commencement qu'il entra dans le monaſtere, & à ſauter des foſſez comme font les animaux de quatre pieds. Qui me fait dire que le ieune garçon de sainct Pé qui alloit tous les iours au Sabbat, & marchoit si bien à quatre pates, estoit vn apprentis de Satan, lequel il instruisoit pour le faire courir quelque iour comme celuy cy. Car qui eust esté au dessous du plancher où ie le faisoy courir, il eust creu que c'eust esté vn grand chien qui alloit premierement son pas, puis il cheminoit en façon qu'on pouuoit fort bien marquer que c'estoit vne beste à quatre pieds, puis il alloit aussi viste qu'vn chien qui va fuyant, & au bout de la salle il tournoit aussi viste que quasi il m'en deroboit la veuë: puis dans nostre iardin il sautoit si dextrement, & bondissoit si legerement vn petit fossé, que sçauroit faire vn leurier:& prenoit vn singulier plaisir que nous luy en fissions faire l'essay, & tous les enfans ses compagnõs, auec ceux qui alloient au sabbat comme luy.

Loyer lib. 2.
26 De
spectr.

Sous l'Empire de Louys de Bauiere fut prins vn enfant s'aydant des pieds & des mains, courant aussi viste qu'vn loup: on se mit à mesme de l'appriuoiser: car il ne pouuoit quiter en son marcher la forme des quadrupedes: on luy lia les mains auec des bastons pour luy apprendre à marcher auec les hommes:& s'enquerant, où il auoit faict cet apprentissage, il disoit qu'estant de l'aage de trois ans, il fut enleué par des loups, lesquels le menerent en leur taniere, sans luy faire aucun mal ny deplaisir, luy faisant part & le nourrissant de leur proye, laquelle il deuoroit comme eux: qu'ils se couchoient l'hyuer prés de luy pour le defendre du froid, & le contraignoient de se trainer sur le ventre, courant auec les mains & les pieds comme eux, & l'auoyent rendu si adroit, qu'il n'y auoit loup qui le peust passer de vistesse. Cet enfant fut presenté à Henry l'Engraue Prince de Hasse:& disoit souuent qu'il eut mieux aimé viure auec les loups qu'auec les hommes, tant & si bien il auoit conuerty cette conuersation auec les loups, en habitude.

Ce ieune garçon m'accorda qu'il auoit vne peau que Monsieur De la forest luy auoit donnee en la forest de Droilha, qui est prés la parroisse de sainct Anthoine de Pison, dans le Marquisat de Fronsac, laquelle il cachoit sur le toict d'vne grange en son païs, non pas qu'il la luy portast toutes les fois qu'il le vouloit faire courir, qui est ce que dict Del Rio, *et quando* (dict il) *h minibus ipsis ferarum exuuias huiusmodi veras aptissimè circundat: quod sit quando illis dat lupinam pellem, à trunco quopiam cauæ arboris occulendam.*

Del Rio lib. 2. q 18. sect. 4. de γ. Magic.

Que son pere se seruoit aussi de cette peau. Et nous fut dict qu'il ne vouloit pas voir son pere en façon quelconque, ains il s'alloit cacher dans le conuent toutes les fois qu'il le venoit voir. Et au contraire il disoit fort souuent à ces bons religieux, & le nous dict aussi, qu'il vouloit venir voir feu Monsieur le Premier president Daffis, à cause qu'il luy auoit sauué la vie, & luy vouloit demander vn acoustrement.

Si bien qu'on voit qu'il hait notoirement son pere, l'estimant coulpable de sa mauuaise instruction, & le tenant aussi pour loup-garou: ayant declaré qu'il se seruoit de la mesme peau de loup, que luy. Qui faict qu'estant venu à quelque cognoissance de son inconuenient, il le haïssoit pour lors que ie le fut voir si fort. Et ne desiroit demander c'est autre acoustrement audict sieur President que pour empecher & faire en sorte qu'on ne luy demandast si souuent cette peau de loup, laquelle il luy sembloit aucunement qu'on luy trouuoit encores dessus quand on l'alloit voir, & qu'on luy faisoit les interrogatoires, où est ce qu'il la mettoit: estant tousiours vray-semblablement en cette erreur, iusqu'à ce qu'il eut eu quelque autre habit.

2. Ce loup-garou hayoit mortellement son pere.

Il me confessa aussi sans aucune ceremonie, qu'il auoit encores inclination à manger de la chair de petits enfans, parmy lesquels les petites filles luy estoyent ou seroyent en delices. Ie luy demanday s'il en mangeroit s'il n'estoit prohibé, il me dict franchement qu'ouy, & mieux des filles que des enfans, parce qu'elles sont plus tendres. Et les religieux m'ont dict, qu'au commencement qu'on le mit dãs le conuent, ils luy virent manger à cachettes des tripes ou entrailles du poisson qu'on aprestoit là dedans, mais ç'auoit esté fort rarement.

3. Que iusqu'à la mort il a eu cette inclination de conuoiter la chair humaine.

Il nous dict aussi, que Monsieur De la forest l'estoit venu voir au commencement qu'on le renuoya dans le mona-

R r iij

stere par deux fois, qu'il en auoit frayeur, mais qu'il s'en alla aussi tost, à cause qu'il fit plusieurs signes de Croix, & en faisoit tous les iours affin qu'il n'y vint plus: Ce qu'il n'a aussi faict iamais depuis. Et en disant ces paroles il nous fit le signe de la Croix. Et luy ayant demandé quels bons propos luy tint ce Monsieur De la forest, il nous dict qu'il luy offrit force richesses, & luy demanda s'il ne vouloit pas encores reuenir à son seruice: & il luy dict que non.

<small>4. Merueille que tous les loup-garoux preuenus par Iustice ont porté ce mesme nō de Garnier ou Grenier.</small> Il est aussi remarquable, que le loup-garou de Dole s'appelloit Gilles Garnier, & plusieurs autres ont eu mesme maistre que Monsieur De la forest, & porté le mesme nom de Garnier ou Grenier. Celuy cy s'appelloit Iean Grenier, son pere qui s'aidoit aussi de cette peau de loup, à ce que dict le fils, Pierre Grenier. Ils tenoyent leur peau chez François & Estienne Garnier. Ainsi ce nom est comme fatal aux loups-garoux.

<small>Math. liu. 1. de son hist. s'narrat. l'an 1599.</small> Ce Monsieur De la forest visite par fois les Roys aussi bien que de pauures bergers: le conte en est celebre. Le Grand Roy Henry IIII. chassant en la forest de Fontaine-bleau, entendit enuiron comme à vne demye lieuë loing, des iappemens de chiens, le cry & le cor des chasseurs, mais en vn moment ce bruit s'approcha à vingt pas de ses oreilles. Il commanda à Monsieur le Conte de Soissons de voir que c'estoit, n'estimant qu'il y eust personne si hardy qui voulut courir sur ses brisees, ny luy en derober le plaisir. Le Conte de Soissons s'aduance, & ouit vn grand bruit sans sçauoir d'ou il venoit. Vn grand homme noir se presente dans l'espaisseur de ces broussailles, qui cria, *M'entendez vous?* & soudain disparut. A cette parole les plus asseurez estimerent imprudence de s'arrester en cette chasse, en laquelle ils ne prindrent que de la peur. On prendroit cela pour vne fable, si la verité affermee par tant d'yeux n'eust osté tout subiect de douter. Les paisans & bergers des enuirons disent, que c'est vn Esprit ou Demon qu'ils appellent le Grand veneur, qui chasse par cette forest. Les autres tiennent que c'est la chasse S. Hubert, qui s'entend en d'autres lieux. A quoy i'adiousteray pour contenter les

curieux, Que nos historiens escriuét que ce phantosme ne predit rien de sinistre.

C'est aussi chose digne de quelque consideration, que la Cour ayant seulement dict qu'il seroit renfermé dans vn des conuens de la ville de Bourdeaux, par hasard il ait esté mené dans celuy des Cordeliers. Rien ne se faict en ces executions de la Iustice de Dieu sans quelque mistere. Ces bons religieux ont aprins de leur patron S. François, d'appriuoiser les loups pour cruelz & farouches qu'ils soyent. Car disoit François Pnœbus de cette illustre maison de Foix, en son liure De la chasse, ce mot *Garoux*, veut dire gardez vous. Or la chronique de S. François, & S. Bonnauanture disent (car S. François a eu cette bonne auanture qu'vn Sainct a descript la vie qu'vn loup, ie ne sçay si c'estoit vn loup-garou, pour le moings l'histoire dict qu'il ruinoit toute la ville, d'Agubio en la Marque d'Ancone, & tout le pays circonuoisin, lequel il auoit tellement rauagé, & mangé tant de monde, qu'il tenoit la ville assiegee, sans que personne osast sortir que bien armé & bien accópagné: Le bon S. François se tenant en la ville d'Assise, qui n'est pas fort loing de là, ayant pitié de ces pauures gens, s'en alla à la veüe de tout le peuple droict à ce loup: le monde sortit pour le voir deuorrer, & le loup sortit de son repaire pour le caresser. Ce fut vne merueille, car luy ayant faict le signe de la Croix, & faict commandement de la part de Dieu de ne trauailler ny molester plus les citoyens de cette ville, il le mena dans la ville comme vn petit chien, transformant du tout son naturel farouche en telle domesticité, que deuant tout le peuple, S. François luy fit promettre vne honeste pension, laquelle le loup faisant semblant d'accepter, & n'auoir faict deplaisir aux habitans d'Agubio que par necessité: s'inclinant le museau vers la terre, & les genoux du deuant, il donna sa patte à S. François, & la mit & la luy donna en sa main en signe d'approbation: & de faict iamais plus chien dans la ville n'abbaya contre luy: ains il alloit de porte en porte demander & quester sa pension, & vesquit ainsi deux ans, au grand estonnement, mais auec beaucoup

S. François appriuoisoit les loups.

S. Bonnauenture en la vie de S. François & la chronique de S. François M. Serafino Razzi nel giardino ssempi.

plus grand contentement, de tous ceux qui en auoyent veu le miracle.

Pline. Et Plut. in Camille. — Cela est beaucoup plus croyable venant de la part qu'il vient, que ce que Pline & Plutarque disent de Camillus, qu'ayant debellé les Veies, & voulant selon son veu porter les enseignes de la Deesse Iunon à Rome, ayant à ces fins appellé plusieurs bons maistres, il sacrifia à la statue de cette faulse Deesse, la suppliant qu'elle voulut en faueur du peuple Romain aller habiter à Rome, & qu'il luy pleust luy donner quelque tesmoignage si elle estoit en cette volôté: & qu'aussi tost cette statue se meut. Et non seulement embrassé Camillus, mais encore en acte & demonstration de ioye & de contentement, luy dict tout bas, Ie veux aller à Rome, & t'y suiuray volontiers.

Le loup garou auoit la marque du Diable. — Il est pareillement fort notable, qu'il est marqué par le Diable d'vne petite marque au derriere, laquelle estant notoirement insensible lors du iugement du procez, & clairement visible, maintenant qu'il est hors les pattes du Diable, qu'elle est & commence estre fort sensible & fort peu visible. Ce que nous auons veu & recognu en plusieurs de nos tesmoins de Labourt, lesquels ayant esté sorciers s'estoient retournez, & auoyent du tout quité cette abomination.

Il faut aussi remarquer, pour monstrer qu'il n'estoit veritablement & reellement transformé en loup-garou, ny en corps ny en ame, que par la procedure les tesmoins disent, Que lors qu'il prenoit ces filles par leur robe ou autres vestemens pour les manger, il ne leur dechiroit aucunement la robe, ains elles disent que leur robe se depouilloit sans sçauoir comment, & tomboit abas: si bien qu'auec l'ayde de Satan, elles se trouuoyent plutost depouillees de leur cottes ou garderobes, que nul animal ny loup veritable ne les eust peu depouiller nettement en les dechirant.

D'auantage il les prenoit à la gorge auec les dens, comme feroit vn homme naturel, & non auec les pates qui est l'ordinaire des loups.

Il prenoit plaisir à voir des loups. — Il nous dict aussi qu'il prendroit vn singulier plaisir de voir des loups: tout de mesme comme on lict, que plusieurs loups-

DES DEMONS, MAG. ET SORC. LIV. IV.

loups-garoux ont confeſſé deuant les officiers de la Iuſtice, qu'ils prenoyent autant de plaiſir lors qu'ils s'accouploient brutalement auec les louues, que lors qu'ils s'acointoyent humainement auec des femmes: comme depoſerent Pierre Burgot & Michiel Verdun qui furent bruſlez cõme loups-garoux, le procez leur ayant eſté faict à Beſançon par l'Inquiſiteur Iean Bois en Decembre l'an 1521.

Reſte maintenant à reſoudre par les bons autheurs, par les exemples anciens & modernes, par les procedures faictes puis cent ans, & meſme par celuy cy, ſçauoir s'il y a des loups-garoux, & comment ils ſont transformez: ſi c'eſt en corps & en ame, ou en corps ſeulement. Que s'ils ne le ſont ny en l'vn ny en l'autre, ains que ce ne ſoit qu'illuſion Diabolique: comment ſe faict cette illuſion, & comment aduient il, que n'eſtant loups-garoux que par deception, ils ſe trouuent neantmoins bleſſez & meurtris veritablement.

5. Sçauoir s'il y a des loups-garoux, ou bien ſi c'eſt ſeulement vne illuſiõ.

Pline n'a oſé decider ſeulement le premier poinct, Sçauoir s'il y auoit des loups-garoux ou non, bien qu'il fut eſtoné de ce qu'vne infinité, d'autheurs le croyent ainſi.

Pline l. 8. c. 22.

Homines (dict il) *in lupos verti, rurſumque reſtitui ſibi, falſum exiſtimare debemus, aut credere omnia quæ fabuloſa ſeculis comperimus.*

Or il ne faut point douter qu'il y en a. Olaus liu. 18. ch. 45. & ſuiuans dict, Que dans la Lituanie, Samogetie & Curion, il eſt encore demeuré en pied de vieilles murailles d'vn chaſteau ruiné, dans leſquelles en certaine ſaiſon de l'annee, il y arriue plus de mille loups, leſquels eſprouuent en ſautant leur agilité: mais auec vne telle diſcipline, que ceux qui pour eſtre trop lourds ne peuuent ſauter au de là de ces maſures, ils ſont eſtrillez par leurs gouerneurs. Parmy laquelle troupe on tient qu'il y a pluſieurs grands, & des plus nobles deſdictes cõtrees. Mais pour ſçauoir comment les hommes ſont ainſi transformez en loups: il faut croire ce que les Theologiens & Docteurs de l'Egliſe en croyent, qui iugent mieux que tous autres, ce que les Demons peuuent: & ſçauent diſcerner ſi leurs ouurages ſont choſes ſurnaturelles ou illuſions diaboliques. C'eſt pourquoy Tertulien dict fort bien, *Dæmones ſoli nouere Chriſtiani.*

Tertul. lib. De anima.

Sſ

De manière que Bodin, Spondanus, Peucer, Philippus Camerarius & quelques autres, qui ont soustenu que les loups-garoux estoyent trásformez en bestes quát au corps, mais neantmoins que l'esprit & la raison demeuroyent en leur entier, n'ont suiui l'opinion des principaux Docteurs de l'Eglise. Car S. Thomas dict que le Diable ne sçauroit changer vne espece en vn autre, ny faire du corps d'vn homme vn corps de loup, *Quia specifica mutatio essentiæ vnius in aliam, superat creaturæ potestatem.* Ce seroit vne œuure vrayemét miraculeuse, laquelle Dieu s'est reseruee pour luy, pour ses bons Anges, & pour les bien-heureux. Et aussi que les Diables sont incapables des dons surnaturels, comme sont les vrayes transformations de l'vne espece en l'autre. Ainsi pour bien cognoistre & discerner iusques où va la force des Demons, il faut estre premierement bon Chrestien, puis bon Philosophe, & qui plus est bon Theologien, & comme Iamblique disoit qu'il ne falloit parler des Pythagoriens sans lumiere, les Philosophes Pythagoriens & autres semblables, qui ne sont bien versez en la Philosophie Chrestienne, peuuent encore moins sans lumiere, parler n'y recognoistre la puissance & les ouurages des Demons.

Ie tireray donc cette resolution des Theologiens & de nos procedures, & autres plus certaines experiences.

Si bien qu'il faut croire, qu'il y en a plusieurs qui pensent estre loups, & se voyent & croyent tels: mais les autres les voyent neantmoins simplement hommes, & en leur naturel. Or ceux cy ne sont nullement magiciens ny sorciers, ains ils sont touchez de quelque melácholie, que les latins appellét, *Insaniam lupinam*, laquelle est la vraye maladie qu'on appelle Lycanthropie. Tellement qu'encores que cette sorte de transformation en loup soit illusoire, en ce qu'attaincts de cette maladie, ils pensent vrayement estre transformez en loups, bien qu'ils ne paroissent qu'a eux seuls & non aux autres: si est ce que cette transformation est accompagnee de plusieurs horribles & cruels effects, qui sont tres-veritables: comme le desir de manger des enfans, d'estrangler le bestail, & se monstrer en tout & par tout plus ennemy de l'homme que les loups mesmes: si bien qu'ils ont plus de besoing d'vn medecin, que d'vn Iuge. Or nostre ieune garçon ayant esté mis entre les mains de nos plus suffisans medecins, ils ont faict leur rapport à la Cour, & declaré nommément par iceluy, qu'il n'estoit nullement attainct de cette maladie qu'on appelle Lycanthroypie, qui donne ainsi ces appetits brutaux.

Mais quand le monde les voit transformer en chats, en loups & autres animaux, & qu'ils se croyent tels eux mesme: comme cette femme dans Palladius qui fut guerie par Sainct Macaire, qui se croyoit estre iument & paroissoit telle au monde, & autres semblables: cela est diabolique, & ne peut demeurer dans les bornes d'vne simple maladie.

Il est vray que le Diable a accoustumé de faire & donner cette illusion diuersement: car c'est folie de croire que le Diable transforme les hommes en loups, ny en ame & en corps, ny simplement en corps, ains il les transforme simplement par illusion.

<small>6. Que Satan donne cette illusió de la transformation diuersemét</small>

Ce qu'il faict en trois façons, l'vne substituant & supposant vn autre corps, pendant que celuy qu'il veut faire paroistre qu'il faict courir, est absent ou endormy en quelque lieu fort caché. Alors le Diable prenant le corps d'vn vray loup, ou s'en formant vn de l'air qu'il s'ammoncelle à lentour, il faict tous les excez que les hommes pensent estre faicts par ce pauure absent ou en dormy: qui est vne finesse qui a esté decouuerte & manifestee à tout le monde par vn sainct personnage, comme raconte Guilhelmus Parisiensis.

<small>Del Rio liu. 2.9.18 Disq. Guilh. Parif. d. part. vlt. c. 13.</small>

La seconde, quand luy mesme enuelope & entourne quelqu'vn de peau de loup ou autre animal, si proprement qu'on diroit que ce sont les bestes mesmes, & non les peaux. Ce qui se faict leur donnant vne peau de loup ou de quelque autre animal, laquelle il l[...] enseigne de cacher dans le corps de quelque arbre creux.

La troisiesme, quand par pacte & conuention expresse, il les entourne & enuironne de quelque forme & apparence de peau de loup ou autre animal, cóposee d'air, si bien

S f ij

qu'il accommode tous les membres, & les façonne & ioint l'vn auec l'autre, sçauoir la teste dans la teste, le visage dans le visage, le ventre dans le ventre, les pieds dans les pieds, les bras dans les bras, de celuy qu'il veut ainsi abuser. Ce qui aduient quand les loups-garoux se sont graissez de certaine graisse, comme ceux de Dole, comme celuy que le Duc de Russie fit dechirer à ses chiens: ou bien quand ils ont dict certaines paroles, que le mauuais Demon leur a apprinses pour cet effect: ou qu'il leur a baillé quelque chose comme à ce Pierre, lequel se ceignant d'vne ceinture large, qu'vn Demon qui luy seruoit de Succube luy auoit donné, il prenoit aussi tost la forme de loup: & en ce caz, ils ne laissent de marquer & imprimer aussi bien les traicts & pattes de loup quand ils marchent sur la terre, que s'ils estoyent vrayement loups, ou s'ils auoyent vne vraye peau.

7. Comment le Diable prenant le corps d'vn absent, le vray corps de cet absent se trouue neantmoins bien souuent blessé.

Mais comment est il possible, que le Diable supposant ou prenant la forme & figure d'vn homme absent ou en dormy en lieu caché, ce corps de cet absent ou endormy, se trouue neantmoins blessé de ces mesmes coups, & aux mesmes endroits & parties du corps, qu'on a donné à ce corps supposé? C'est que le Diable porte au vray corps de cet absent, & luy rue les mesmes coups qu'il a receu soubs son image ou figure, & blesse l'homme en la mesme partie, que le Diable l'a receue soubs la forme de beste.

Et quant à l'autre, lors que le Diable s'est formé vn corps aëré en semblance de loup, & en a couuert le vray corps de quelqu'vn, il ne faut trouuer estrange, s'il se trouue parfois blessé: car cet air dont ce corps estoit entourné, faisant legerement place au coup, la playe demeure emprainte dans le vray corps.

Et quant à celuy, auquel il a vrayement donné vne peau de loup, laquelle il luy a chargé de cacher vray-semblablement, il seroit plus aisé à blesser: car si la peau est aërée & faulse, il aduiendra ce que nous auons dict cy dessus: & si elle est veritable & non supposee plus aisement recoura il les coups. Car vn homme qui seroit couuert d'vne peau de loup simplement, cette peau ne le rend pas inuulnerable : ladicte peau ne peut estre à l'espreuue de toute sorte d'armes & de coups. Reste à respondre à l'argument de Bodin, Spondanus & autres, qui croyent que les Demons peuuent transformer les hommes quant au corps, en vrays loups, la raison pourtant qui est la vraye forme essentielle demeurant immuable.

Car (disent-ils) le Diable ne peut tenir si long temps le corps du Lycanthrope endormy. Estant certain que souuent en Liuonie ils demeurent pour le moins douze iours en forme de loups, & souuent trois mois, pendant lesquels les corps ne peuuent demeurer endormis. Outre que si cela estoit vray, il seroit impossible que par fois on ne trouuast quelqu'vn de ces corps endormis, or il n'est point de memoire qu'il s'en soit iamais trouué.

Mais cest argument est foible, car il est aisé au Diable d'endormir vn corps, & le rendre inuisible, si bien qu'il ne sera iamais veu que quand il luy plaira.

Or le Diable faict ces transmutations en loup plus volontiers qu'en tout autre animal tant par ce que le loup est deuorateur, & partant il faict plus de maux que tout autre: Comme aussi par ce qu'il est ennemi mortel de l'agneau, en la forme duquel fut figuré Iesus Christ nostre Sauueur & Redempteur.

8 Raison pourquoy le Diable se chāge plus volontiers en loup qu'en tout autre animal.

Mais Dieu permet souuent que ces loups-garoux soient recognus pour hommes, & que l'illusiō que le Diable nous veut donner, soit defectueuse & manque en quelque chose. Et de faict on allegue des exemples de plusieurs personnes qui ont esté assaillies par des loups, qui auoient audeuant des mains, & d'autres, au deriere des arteils & des pieds faicts comme vn homme : qui monstre clairement, que le Diable ne peut bien souent couurir ses suppos, de cette nuee aërée qu'il emprunte pour faire sa faulse transformation: si bien que ne pouuant faire sa supposition, ou illusion entiere, Dieu permet que quelque chose demeure en son entier, pour donner moyen à l'homme de decouurir les ruzes de Satan, se deliurer de luy, & le surprédre mesme.

en fa ruze & fuppofition. On faict donc par cette decouuerte bien fouuent plus de mal au Lycanthrope, que fon maiftre Satan ne luy donne moyen auec fa fuppofition & illufion d'en faire aux autres: tefmoin celuy de Padoüe, auquel on couppa les pattes, puis il fe trouua les bras & pieds couppez.

Iob Finiel.

Bog. ch.53.

Outre qu'ils reuiennent de leur courfe, fi las, fi haraffez, fi egratignez par le vifage, par les mains & par les iambes: par ce que comme principaux inftrumés de leur courfe, ce font ceux qui trauaillent le plus, que l'on en a veu de fi defigurez qu'ils n'auoient quafi point femblance d'homme, faifant horreur à ceux qui les regardoient. Qui monftre clairemét auec les autres circonftances que nous auons dict cy deffus, que ce font eux mefmes qui courent le plus fouuent.

Ie ne veux oublier vne autre faulfeté qui fe dict fur le fubiect des loups-garoux, qu'aucuns fe voulans remetre en leur forme & premiere figure, fe veautroient feulement parmy la rofee, ou bien ils fe lauoient dans l'eau de quelque riuiere. Qui a faict dire à Spranger, que l'homme tourné en befte, perdroit cette figure brutale, s'il eftoit baigné en eau viue. C'eft ce que dict Pline, Solin & Mela de plufieurs nations, parmy lefquelles aucuns paffant vne riuiere pour aller vers vn foreft, demeuroient certaines annees loups-garoux: & puis repaffant au bout de leur terme, & fe baignant dans cette mefme riuiere, ils reuenoient en leur premiere forme.

Mais tout cela font des contes, faicts à plaifir car la verité eft, que les loups-garoux ne font iamais changez en beftes, ny en ame ny en corps, ainfi il n'eft befoing d'eau ny rozee, pour les remetre en leur premiere forme, qu'ils ne peuuent quiter ny delaiffer, depuis que Dieu les amis au monde, iufques à ce que la terre les reprent, qu'ils fe tournent en vers & en pouffiere. Ainfi il n'eft befoin fe lauer ny frotter de chofe quelconque: ce n'eft qu'illufion, & n'ont rien du loup que la peau, les appetits, & la cruauté. L'ame ne delaiffe iamais fon corps ny fa forme, non plus que le pilote fon nauire, la feule mort la luy ofte. C'eft pourquoy l'ayant perdue, le corps a plus besoing de terre que d'eau.

Ce monde n'est pas comme *la Grotta del Cane* à Pouzzol, où vn chien enfoncé dans vne petite grotte, qui n'est pas plus profonde que l'espace ou capacité d'vn four, est tellement *affogato*(qu'ils appellent)ou atterré, & les organes de la respiration saisis de la puanteur & horribles vapeurs de la terre qui sortent de cette grotte, que si le chien n'est bien tost tiré delà, ie dis presque en vn moment, & plongé dans vn grand lac qui est là auprés, il meurt aussi tost. Ce que i'ay veu essayer en deux diuers voyages, ayant nous mesmes par curiosité faict porter vn grand chien vigoureux, pour euiter toute supposition.

Il n'en est pas de mesme d'vne personne: car quand vn hôme voulant tenter Dieu(comme on dit)auroit par damnable curiosité voulu faire l'essay, & prendre à grosses halainees les puantes vapeurs de la grotte du chien, nostre seigneur le lairroit courir la mesme auanture du chien. Tesmoin le sieur de Tournon, lequel les Italiens du lieu pour auctoriser cette nouueauté qui leur est grandement lucratiue, nous mettent tousiours (& à toutes nations qui en font faire l'essay) en reproche. Ce bon seigneur s'estant vn peu enfoncé dans cette grotte, reçeut tellemēt le venin & infection de ces vapeurs, que l'ayant plongé & replongé cent fois dans ce lac, il y mourut.

Ie ne sçay si c'est que Dieu ne veut que nous facions des essays & experiences de beste, nous rendās aussi les remedes de beste inutiles, ou bien si cest, qu'il y demeura vn peu trop, & plus qu'on n'a accoustumé d'y laisser les chiens: car le seiour ou demeure en est si reglee, que si on les y laisse vn moment dauantage, on a beau les lauer & relauer dās ce lac ils meurent aussi tost. L'eau n'a donc pas cette vertu, de redōner aux loups-garoux leur premiere forme, si tāt estqu'ils l'eussent veritablemēt perdue: mais la verité est, que ce n'est qu'illusiō & supposition, le Diable ayant enuers l'hōme som pouuoir limité: car autrement, si Dieu ne l'eut enchainé, & qu'il fut en pleine liberté, tres-volōtiers il transformeroit la meilleure & la plus grāde partie des mortels en loups, pour

9 Merueilleux effaict de la Grotta del Cane à Pouzzol.

Dieu ne veut que l'homme face des experiēces de beste.

deuorer les autres, & rendroit ce dire tres-veritable, *Homo homini lupus.*

Et puisque ce pauure garçon a finy sa vie en bon Chrestien, enuiron le commencement du mois de Nouembre 1610. bien assisté de ces bons religieux ou il estoit.

Nous finirons aussi ce discours auec S Augustin, & dirons que les Demons ne peuuent rien creer, mais sur les choses creees par le souuerain createur, ils peuuẽt faire vne telle & si illusoire transformation, qu'ils feront que les personnes & autres choses semblables, sembleront estre ce que veritablement elles ne sont pas.

S. Aug. lib. 18. 18. De ciuit. Dei.

Nec sane dæmones naturas creant, si aliquid tale faciunt, de quibus factis ista vertitur quæstio, sed specie tenus quæ à vero Deo sunt creata commutant, vt videantur esse quod non sunt.

TABLEAV
DE L'INCONSTANCE
DES DEMONS, MAGICIENS ET SORCIERS.

LIVRE CINQVIESME.

Du laue-main des Sorciers, Du laue-pied, De la guerison par oraison superstitieuse, par caracteres, par breuets, & autres moyens illicites. Et si on peut en saine conscience recourir au Sorcier qui a donné le mal, & le contraindre de l'oster.

1. Le Diable faict souuent reprendre le mal au Sorcier qui l'a donné.
2. Si pour guerir il faut auoir bonne opinion du medecin, on est à mesme de n: guerir iamais par la main d'vn Sorcier, que iustement on abhorré & tient pour ennemi.
3. Si pour guerir on peut en saine conscience recourir aux Sorciers qui ont donné le mal ou autres.
4. Que Dieu pour rabaisser la superbe des Espagnols, semble les auoir assubiettis à mendier leur santé de nos Roys.
5. Sorcier de la ville de Bourdeaux du temps de S. Gregoire de Tours.
6. Sorcier qui se disoit nepueu de Dieu.
7. Sorcier qui se disoit auoir l'esprit de sainct Iean.
8. Fol à Rome qui se disoit estre Adam.
9. Durmissals de Turquie.
10. S'il est loisible d'exorciser & maudire les animaux aussi bien que les hommes.
11. Quelles gens sont ceux qu'on appelle en Espagne Los Salutadores.
12. Oraison de laquelle vsent les Salutadores pour guerir les playes.
13. Merueille d'vn Salutador en Labour, lequel faisoit profession publique de cognoistre les Sorciers, & guerir les ensorcelez.
14. Que la guerison par la voye d'vn

Tt

330 TABLEAV DE L'INCONSTANCE

Sorcier est perilleuse.
15. Exemple memorable d'vn Sorcier, lequel mourut soudainement voulant guerir vn Conseiller de la Cour de Parlement de Bourdeaux.

16. Du laue-main des Sorciers.
17. Du laue-pied du grand Roy Mogor.
18. Qu'il faut vser de beaucoup de precaution pour recourir au Sorcier qui a donné le mal, ou à autre.

DISCOVRS I.

1 Le Diable faict souuẽt reprendre le mal au Sorcier qui l'a donné.

IL y a plusieurs personnes qui se meslent de guerir, & les maux qu'ils ont donné eux mesmes, & ceux qui ont esté donnez par autruy. Bien souuent le Diable se voulant monstrer iuste, faict reprendre le mal au Sorcier mesme qui l'a donné, voire à plus rudes conditions. C'est sa forme, il guerit vn mal par vn plus grãd mal, & n'altere iamais vn peché qu'auec vn autre plus grand peché. Si bien qu'il y a quelque espece de conscience de recourir au Sorcier qui nous a donné quelque mal, & le contraindre de nous guerir, s'il ne le peut faire sans employer de nouueau Satan son maistre. Car c'est laggrauer & approfondir dans l'enfer, c'est l'engager & l'obliger de nouueau à Satan.

Aussi semble il nous estre inutile de recourir à luy, puis que pour guerir il faut recourir à vn ami, prendre la medecine qu'il nous donnera comme d'vne main amie, & en venir iusqu'à ce poinct, qu'il faut mesme auoir bonne opinion de luy, puis que nous en attendons guerison: estant certain qu'il ny a rien qui nous approche plus de nostre santé, que d'estre traicté par vn medecin que nous estimons amy, suffisant & homme de bien.

Seneq. l. 2. ch. 8. c. 4. controuers. 4.

2 Si pour guerir il faut auoir bonne opiniõ du medecin, on est à mesme de ne guerir iamais par la main

C'est pourquoy plusieurs anciens Philosophes ont creu, que toutes les choses du monde estoient pleines d'esprits, & que de leur concorde, ou discorde procedoient tous les effects soit naturels soit accidentels ; & qu'il falloit en ce poinct loger entierement nostre deffience ou confience. Si bien que ce grand medecin Asclepiades, disoit fort à propos, Qu'à composer vne medecine, necessairement plusieurs choses concurroient & deuoient se lier ensemble:

l'esprit de l'autheur à l'escrire, l'esprit du medecin à l'or- | d'vn Sorcier
donner, l'esprit de l'apotiquaire à la composer, l'esprit du | que iuste-
malade à la croire propre pour sa guerison, & disposer le | ment on
corps son compagnon à la prendre & receuoir. A quoy il | abhorre &
adioustoit les esprits des herbes, & autres choses medecina- | tient pour
les, lesquelles estant toutes meslees & vnies ensemble, en- | ennemi.
trant dans le corps du malade, chassent & jettent hors ces
mauuais esprits, desquels la discordance causoit l'indisposition, y remettoient les bons, & les accordoient ensemble en
si bonne rencontre, qu'ils luy redonnoient la santé.

Et pour mieux assortir sa proposition, il disoit que la maladie n'estoit autre chose, qu'vne certaine discorde d'esprits, lesquels entrez auec quelque esmotion dans le corps
sain, le rendent à vn moment indisposé: par ce qu'à cause de
leur discorde & contrarieté, le plus foible cedant tousiours
au plus fort, ores vn esprit s'en fuit, ores vn autre: & ne pouuans viure en bonne intelligence pour nourrir le corps de
l'homme, il souffre tous les mauuais effects de leur discorde:
de maniere qu'il deuient tout stupide & hebeté, sans nulle
volonté reglee, plein de douleurs: & en fin aucuns de ces esprits luy alterant les humeurs, d'autres luy empeschant le
passage des viures & le saisissant à la gorge, d'autres occupāt
le reste des fonctions du corps, il n'attend plus que la mort.

Et puis que la cause de nostre santé est la force & vertu
des esprits confians, qui s'accordent & demeurent en bonne intelligence auec ceux sur lesquels ils agissent: quand le
malade a vn esprit repugnant à celuy de son medecin, il ne
faut pas trouuer estrange si la guerison en est si non impossible, pour le moins fort malaysee.

Or si cette discordance d'esprits, faict nostre guerison
si difficile aux medecins, qui peuuent par causes &
moyens naturels, redonner la santé au malade contre sa
volonté, (car il ne peut mourir quand il luy plaist) outre
que le malade ne tient communement tout medecin pour
ennemi: à plus forte raison sera il impossible aux Sorciers
de guerir vn malade, ou maleficié bien sensé, qui a en

Tt ij

horreur, & le medecin, & le remede, qui le tient pour ennemi formel, & qui n'attēd de luy qu'imposture, tromperie & deception, pratiquant sur sa personne des remedes sans raison, & qui ne sont meditez & consultez qu'auec Satan.

C'est ce que dict tres-bien ce grand medecin de Tholoze, Ferrier, Que si le malade n'a bonne opinion du Sorcier ou Enchanteur, soit qu'il estime le remede inepte, & ridicule (comme ils le sont ordinairement) soit qu'il soit empesché d'y mettre sa creance par ceux qui luy sont à l'entour, qui blasment en sa presence & le Sorcier & le remede: le Sorcier ou l'Enchanteur ne fera iamais aucun bon effect.

Augier Ferrier liu. 2. de sa Meth. c. 11.

Ie parleray premierement de la qualité du Sorcier, Magicien ou Enchanteur, qui faict l'Empirique & le Medecin, & entreprend des cures qui semblent du tout impossibles, par des moyens extraordinaires & sans raison. Puis nous parlerōs de l'ineptie de leurs remedes, & mōstrerons qu'ils sont tout à faict empruntez de Satan : & partant qu'on ne peut en saine conscience recourir à eux, sans encourir l'ire de Dieu, & la peine des loix diuines & humaines.

Surquoy on me dira parauanture que ma proposition est trop generale, que Dieu n'a pas tellement lié nostre santé aux herbes, aux plantes, & aux regles & axiomes de la medecine, qu'il ne la nous faille iamais attendre d'autres que de ceux qui ont estudié en cette faculté. Que c'est vne niaizerie de recourir aux medecins ordinaires en maladie extraordinaire, donnee par Sathan ou quelqu'vn de ses supos par la permission de Dieu. Que la bonne opinion, l'amitié ou l'inimitié, ne peuuent empecher les bons effects, d'vne recepte esprouuee : & qu'aprez cent mille experiences, il ne faut plus douter, que certains personnages n'ayent receu de Dieu la benediction & certain don de guerison, laissant la raison par laquelle ils redonnent la santé incognuë.

3 Si pour guerir on peut en saine conscience recourir aux Sorciers qui ont donné le mal, ou à autres.

Qu'on ne peut nier aprés tant de bons & anciens autheurs qui le nous tesmoignét que les Psylles ne guerissent les morsures des serpens, & ne donnassent cognoissance des enfans adulterins. Que les Ophyogenes en l'Hellespont, n'eussent la mesme vertu de guerir telles morsures, en touchant simplement les playes, faisant sortir hors icelles la picqueure & venin du serpent, deslors qu'ils auoyent passé la main au dessus. Que le Roy Pyrrhus auec le poulce du pied droit, ne guerist les maux de costé, & plusieurs autres maladies, lequel apres son deces ne peut iamais brusler.

Que les septiesmes masles nez ne guerissent les escrouelles, dont i'ay veu faire merueilles à vn mien beau-frere.

Que les Postumes ne guerissent ces grosses tumeurs que le vulgaire appelle loupes.

Que les Roys de France ont en benediction de guerir les escrouelles, que les Espagnols qui y sont ordinairement subiects, appellent fort à propos, *Los Lamparones*, comme qui diroit le mal des lamproyons: car à la verité cette maladie faict que le col de celuy qui en est touché, à par fois autant de trous que celuy d'vne l'amproye. Ce qui destruit entierement ce que nous auons dict cy dessus, qu'il faut auoir bonne opinion du medecin & receuoir le remede d'vne main amie. Car s'il en faut parler auec sincerité, il y a desia plusieurs annees, que les Espagnols sōt tenus par toute l'Europe & par toutes les histoires, pour emulateurs des François, & pour nos ennemis formels: Que les Ambassadeurs de France & d'Espagne renpuuellét tous les iours, & en font sentir quelques traict és cours des Papes, Empereurs, Monarques, Republiques & Estats: Que les nations admirét la grandeur de France, & rabatent de la superbe Espagnole, voyant que Dieu pour les humilier a assubietty leur outrecuidāce, à venir mendier de nos Roys, qu'ils tiennent pour ennemis, la guerison de cette sale maladie qui leur defigure le visage, & les esgorge.

Ie ne parle de ceux qui ont ce don de Dieu, que leur naissance leur a acquis, (ie ne sçay comment, si ce n'est qu'il faut tenir, que c'est vne particuliere grace du tout puissant)

Tt iij.

ny de ces autres lesquels par leur sainčteté de vie peuuent obtenir par prieres approuuees de l'Eglise, qu'ils gueriront certains maux.

Mais ie tiens plusieurs personnes qui s'en meslent, non seulement pour imposteurs, mais bien pour magiciens, enchanteurs & sorciers : leur deuotion feinčte & simulee, leurs paroles contees, leurs prieres forgees par eux à plaisir, leurs ieusnes, leur forme de vie, leurs remedes sans rithme ny raison, tout cela est suspect à tout bon Chrestien.

Et bien que i'aye quelque vergogne de recognoistre, que de longue main il y a des sorciers en ce païs de Guienne, si est ce qu'ayant entreprins de parler principalement de ceux là en mes discours, & descrire les accidens estranges qui sont aduenus & aduiennent tous les iours par leur moyen, & faire voir particulierement comment la Cour de Parlement de Bourdeaux a accoustumé de les traičter : Ie commenceray pour descouurir les imposteurs, & afin que chacun les recognoisse, de parler d'vn de cette ville, duquel Gregoire de Tours faičt mention en son histoire.

5. Sorcier de la ville de Bordeaux du temps de S. Gregoire.
Gregoire de Tours l. 19. Histor. num. 6.

Du temps du Roy Childebert (dičt cet Historien) & enuiron l'an douziesme de son regne, il vint à Tours vn insigne sorcier, citoien de la ville de Bourdeaux, nommé Desiderius ou Desiré, qui se disoit estre grand & celebre personnage, & se vantoit de pouuoir faire beaucoup de choses merueilleuses: disant qu'il y auoit bien souuent des mediateurs & Ambassadeurs entre S. Pierre, S. Paul & luy, se voulant recommāder par vne si honnorable & precieuse communication. Vne infinité de peuple luy emmenoit des aueugles & estropiats, & autre sorte de malades, lesquels il cherchoit plus à guerir par illusion de sortilege, que par sainčteté de vie. Il faisoit estendre les paralitiques & autres qui ne pouuoyent s'aider de leurs membres, afin de monstrer que ceux qu'il ne pouuoit guerir, en vertu de quelque grace diuine, il les guerissoit par art, suffisance & industrie, & les faisoit tant tirer par quelques gens qui estoyent à sa suite, que la plus part mouroyent entre ses bras.

En fin la reputation & voix populaire, le mit si fort en

vogue, qu'il n'auoit pas de honte de souftenir tout haut, que S. Martin estoit beaucoup moindre que luy, & qu'il estoit egal aux Apostres: & neantmoins ce n'estoit qu'vn magicien & sorcier. Car quelqu'vn ayant dict en secret mal de luy, il le luy reprochoit & le reprenoit deuant tout le monde, disant, Tu as dict cela de moy, qui sont choses indignes de ma sainteté. Ce qu'il ne pouuoit sçauoir que par le moyen des mauuais Esprits, qui le luy alloyent reueler, des aussi tost que quelqu'vn l'auoit dict. Son habit estoit vn capuchon, auec vne meschante robe de poil de cheure, pensant mieux suborner le monde par cette simplicité: fort sobre en son boire & manger deuant la compagnie qui le suyuoit, mais derriere, lors qu'il estoit caché & retiré dans quelque logis apart, il mangeoit & se remplissoit si fort, qu'vn homme seul n'eust peu suffire à luy porter la viande qu'il fourroit dans sa bouche. Mais ayant decouuert sa mauuaise vie & ses impostures, il fut chassé hors la ville de Tours, & ne sceut on iamais qu'est ce qu'il deuint.

Depuis sept ans en ça, & soubs le regne du Roy Chilperic, il en passa vn autre en la mesme ville de Tours, aussi grand seducteur que le Bourdelois: il portoit vn froc, & quelque forme de manteau par dessus ses habits, trainant vne croix, de laquelle pendoyent certaines petites ampulles, lesquelles il asseuroit estre pleines de sainct huyle. *Grego. de Tours recite la mesme histoi.*

Il disoit qu'il venoit d'Espaigne, & qu'il portoit des Reliques de sainct Vincens & de sainct Iulien martyrs. Estant arriué vn peu tard dans l'Eglise sainct Martin, & comme nous estions (dict S. Gregoire) dans la ville de Tours à prendre nostre repas, il nous enuoya denoncer par quelqu'vn de sa troupe, que nous vinsions au deuant des reliques qu'il portoit au col. Nous fimes responce, par ce que l'heure estoit incommode, qu'il mis ses sainctes reliques sur l'autel, & que le lendemain à bonne heure nous ne ferions faute d'y aller.

Sed hic primo diluculo consurgens, nec expectatis nobis, aduenit cum cruce sua, & in cellula nostra adfuit. Stupefactus ego, & admirans leuitatem, interrogo quid hæc sibi velint. Respondit quasi superbus & inflata voce, meliorem inquit occursum nobis exhibere debueras:sed hæc ego in aures Chilperici regis ingeram, ille autem vlcisceturdespectionem meam. Et ingressus in oratorium me postposito, ipse capitellum vnum atque alterum ac tertium dicit. Ipse orationem profert & consummat, eleuataque iterum cruce abijt: Erat en.m ei & sermo rust.cus, & ipsius linguæ latitudo turpis atque obscæna: sed nec de co sermo rationabilis procedebat, qui vsque Parisios accessit.

Or il arriua à Paris au temps des Rogatiōs, & sur le poinct que l'Euesque Ragnes auec tout son peuple estoit en procession, en laquelle cet imposteur suruenant auec la croix, reuestu d'vn habit nouueau, estrange & inuisité à ce peuple, ayant plusieurs publicains & vilageois aprés luy, il fit sa troupe apart & s'essaya comme Euesque à les mener d'Eglise en Eglise en procession. Ce que voyant Ragnes, il luy enuoya son Archidiacre, lequel luy dict, *Si reliquias Sanctorum exhibes, pone eas paululum in basilica, & nobiscum celebra dies sanctos, perfecta autem solemnitate discedes.*

Or luy mesprisant ce que l'Archidiacre luy auoit dict, commença à outrager l'Euesque, & dire plusieurs maledictions contre luy. Mais l'Archidiacre ayant entendu que c'estoit vn imposteur, commanda qu'on le mit en prison: & ayant epluché & recherché curieusement tout ce qu'il portoit, il luy trouua vn sac plein de racines de diuerses plantes, des dens de taupe, des os de souris, & des ongles & pates d'ours.

Et voyant que ce n'estoit que pour faire quelque malefice, il fit tout ietter dans la riuiere: & luy ayant osté sa croix, le fit chasser hors de Paris. Dequoy c'estuy cy indigné, ayāt refaict sa croix, il commença de nouueau à viure comme il auoit faict auparauant, qui fut cause que l'Archidiacre le fit remettre en prison.

En ce temps là (dict S. Gregoire) par fortune i'estoy venue à Paris, & me trouuay dans l'Eglise S. Iulien martyr, quand ce miserable ayant la nuict rompu sa prison, vint auec ses fers, & tout ainsi qu'on les luy auoit mis, en la mesme Eglise S. Iulien & tomba sur le paué, au lieu ou i'auoy accoustumé de me mettre dans ladicte Eglise: & s'en dor-

dormit accablé de vin & de sommeil. M'estant leué à minuict pour prier Dieu, sans rien sçauoir de tout cela, ie le trouuay endormy, iettant vne telle puanteur de son corps, qu'il n'y a voirie au monde si puante: de maniere que ie ne peus moy mesme entrer dans l'Eglise, tant cette mauuaise odeur me violentoit. En fin vn Prestre s'estant bouché le nez s'essaye de l'esueiller mais il ne peut, tant ce pauure miserable s'estoit profondement endormy sur son vin: qui fut cause que quatre Prestres se mirent aprés, & le leuant à force, le ietterent en vn coing de l'Eglise: & portant de l'eau pour lauer le lieu où il auoit reposé, y ayant aussi ietté de bonnes herbes, nous entrasmes dans l'Eglise faire nos prieres, sans que iamais pour nos chants & cantiques il se peut esueiller.

Or plusieurs Euesques s'estans assemblez dans Paris, on l'enuoya appeller, pour voir quel chastiement on luy donneroit. Et ayant comparu, tout aussi tost Amelius, que S. Gregoire de Tours appelle, *Biturritanæ vrbis Episcopum*, recognut que c'estoit vn sien seruiteur, lequel s'en estoit fuy. Et s'estant mis en quelque debuoir enuers son maistre, de presenter les excuses, il les receut, & le ramena en son païs.

Voila les traicts de ces Magiciens & Sorciers, lesquels faisans les charlatãs soubs vne deuotion & sainēteté simulee, mettent les plus sages & les plus gens de bien souuent en erreur, soubs pretexte de quelques petites cures & traicts de souplesse, qu'ils font parfois deuant le peuple pour le tirer en admiration: ne recognoissant pas, qu'ils tiennent tout ce qu'ils font qui semble nouueau & estrange, par conuention de Satan. En voicy vn autre qui vole encore plus haut, & mendie la bonne opinion du peuple par des artifices plus releuez & plus à couuert.

L'an 1543. il sortit du païs de Frise vn homme qui faisoit le Prophete, & changeoit par fois de nom pour se tenir mieux à couuert, & eust on dict qu'il auoit quelque certaine & particuliere intelligence auec les oyseaux: car il parloit toute sorte de langues auec eux: aucuns desquels luy portoient par fois de la proye pour son aliment: tout

6. Sorcier qui se disoit nepueu de Dieu.

ainsi que Pythagoras faisoit aller & venir son aigle.

Auant arriuer à Basle en Suisse, il se faisoit appeller George Dauid, & se disoit nepueu de Dieu. Il estoit natif de Delphe en Hollande & donnoit entendre à ses disciples & familiers, (car il se mesloit d'escrire & dogmatiser en secret) qu'il estoit ce vray Daniel, que Dieu auoit enuoyé en ce monde pour restituer & remetre le Royaume d'Israël, & le tabernacle de Iacob.

Mais à Basle il changea de nom, & viuoit & composoit toutes ses actions auec douceur & grauité, pour monstrer bon exemple à ses disciples, qu'il auoit en grand nombre, Il faisoit courir ses liures & ses escripts en Allemagne, en Hollande & en plusieurs autres contrees, ensorcelant les esprits, au lieu que les autres sorciers ensorcelent les corps.

En fin après auoir demeuré treze ans à Basle, il mourut, ayant tellement abusé le monde, qu'il fut enseuely tres-honnorablement en l'Eglise S. Leonard. Ses disciples qui le croyoient immortel, aux bourdes qu'il leur auoit persuadé, furent grandement estonnez de l'auoir veu defaillir, & porter en terre comme vn homme cômun : Neantmoins ils se consoloient sur ce qu'il les auoit asseurez qu'il ressusciteroit dans trois ans.

Et bien qu'il semblast que la mort qui met fin à toutes choses, deust terminer tous ces malheurs, si est ce que ceux de Basle, ayant decouuert & sa vie simulee, & sa faulse doctrine plaine de poison, semee parmy vn peuple qui n'a aucun chef qui ne soit populaire : ordonnerent qu'il seroit ignominieusement tiré du cercueil, mené au gibbet par le bourreau, & que là son corps, ses os, son tableau tiré au naturel, ses liures & ses escripts, le tout seroit bruslé, & ses biês côfisquez. Ce qui fut executé le 26. d'Aoust 1556. Cestuy cy auoit vne nouuelle façon d'ensorceler le monde, les amorçant par quelques escripts, dans la douceur desquels il y auoit du poison caché, beaucoup plus dangereux, que celuy des sorciers communs. Car il se faisoit adorer à cachettes dar ses disciples, faisant pis que le Diable qui n'ose publier qu'il est fils ou nepueu de Dieu comme celuy cy.

DES DEMONS, MAG. ET SORC. LIV. V. 339

D'autres le comptent vn peu diuersement, & disent, LaPopeli.
Que ce Dauid George qui depuis se fit appeller Iean Bruets 4 de son histoi.
s'estant faict appeller par ses sectateurs Roy & Christ immortel, mourut le 24. d'Aoust 1556. Il s'estoit retire auec sa femme & vne grande famille à Basle en l an 1544. Il se disoit fugitif de son païs pour l'Euangile. Il acheta prés la ville vn chasteau nommé Buiuingen, auec terres de grand reuenu. Deux accidens luy presagerent sa mort; l'vne de ses maisons qu'il auoit dans Basle fut frappee de foudre, & l'autre magnifiquement bastie en terre de pasturages, fut aussi bruslee auec partie de ses meubles fort rares & exquis. Bien tost après le plancher de la maison en laquelle il se tenoit tomba tout d'vn coup.

Ses disciples furent merueilleusement estonnez de sa mort, d'autant qu'ils s'asseuroyent de son immortalité: toutefois leur esperance fut aucunemét soustenue, parce qu'il leur auoit faict entendre quelques iours deuant qu'il reprendroit vie dás l'espace de trois ans. Et parferoit des choses excellentes.

Sa doctrine estoit. Que tout ce que iusque icy auoit esté donné de Dieu par Moyse, par les Propheres, par Iesus Christ mesme, par ses Apostres & Disciples est imparfaict & inutile à obtenir la vraye felicité : ains a esté baillé seulement à cet vsage, que iusques à present il reprimast les hommes comme ieunes enfans & adolescens. Et qu'il les contint en leur office: Mais la doctrine de Dauid George est parfaicte, & ayant efficace pour rendre bien heureux ce luy qui la receura comme estant le vray Christ & Messias, le bien aymé du pere, auquel il prend son bon plaisir, né non poinct de la chair, ains du S. Esprit & de l'Esprit de Iesus Christ, ayant esté gardé iusques à present en vn lieu incognu à tous les Saincts, pour restaurer en Esprit la maison d'Israël, non poinct par croix ou tribulations, ou par mort comme l'autre Christ: Ains par l'amour & grace de l'Esprit de Christ. Le 5. Mars l'an 1559. ses enfans, ses gendres, & tous ceux de sa famille & quelques autres de sa secte, furent adiournez deuant le Senat de Basle. Onze fu-

V v ij

rent prisoniers, lesquels ayans confessé la verité obtindrent pardon. Le 13. May ensuiuant ceux de Basle ordonnerent que tous les escripts comme pleins d'impieté & poison mortelle, Ité son corps ou ses os, & tout ce qui seroit trouué de reste en son sepulchre, seroyent bruslez auec son effigie, laquelle on auoit trouué en sa maison, le representant au vif: & ses biens confisquez.

Enuiron ce siecle ou peu aprés, il y en eut plusieurs autres lesquels la Iustice en plusieurs contrees tenant simplement pour fols naturels & sans dessin, laissoit eschapper par compassion & respect du trouble de leur entendement. Mais en d'autres lieux, on leur leuoit le masque tout à faict, & punissoit on de mort leur audace, irreligion & imposture.

7. Sorcier qui se disoit auoir l'esprit de S. Iean.

Tesmoin celuy, lequel s'estant ietté dans ce grand vniuers de Paris, abusoit de cette foule de peuple, se ventant qu'il auoit l'esprit de l'Apostre & Euangeliste S. Iean. Et estant arriué en cette ville de Bourdeaux, semant & publiant mesme chose, en eschappa neantmoins si fauorablement, qu'on se contenta de le mettre en prison, où il demeura longuement sans varier, se tenant constamét & cette premiere reputation. Mais quand il vit qu'on ne tenoit compte de l'eslargir, il mit le feu aux prisons, desquelles vne partie s'estant bruslee, cela donna occasion de l'eslargir & mettre hors, donnant contre luy simplement vn Arrest de bannissement: & ordonnant comme par risee de ses foles & capricieuses opinions de saincteté, qu'il deposeroit cette grande barbe qu'il portoit, ne voulant qu'il couurit d'vn si bel ornement vne bouche si infaicte, & de laquelle sortoit tant de blasphemes & mensonges.

Eschappé de Bourdeaux, il s'en va dans Tholoze où il porta cette mesme frenesie, Mais il n'en eschappa à si bon marché. Car le tenant pour heretique on le fit brusler comme tel: qui est la fin ordinaire de telle sorte de gens, que le Diable va semant parmy le monde pour mieux establir son regne.

En voicy vn plus moderé: aussi estoit il Italien (natió ordinairemét plus accompagnee de discretió que toute autre)

C'estuy-cy du temps du Roy Louys XI. rouant de ville en ville, faisant le circulateur & le medecin, comme font ces charlatans & empiriques qui se donnent le nom d'Operateurs, s'en vint en France, & ne voulant prendre le nom du fils de Dieu, n'y d'aucun de ses Apostres, comme ces premiers il se contenta de prendre celuy du Dieu Mercure, bien que son nom propre fut Iean. Il se disoit sectateur de cet autre grand Magicien & Sorcier Apollonius Thianæus, & portoit comme luy vne chaine de fer au col, comme si le maling esprit l'eust tenu enchainé par icelle. Il menoit sa femme, ses enfans & toute sa famille quand & luy.

Ayant demeuré quelque temps à Lyon, & acquis vne tres-grande reputation, le Roy mit plusieurs gens doctes & mesme des medecins fort suffisans apres luy, pour sçauoir comment & par quel moyen il faisoit ses cures. Il respondit si bien, ou Satan pour luy (car il n'auoit aucune sorte de lettres estant homme simple & rustique) qu'il leur dōna toute sorte de contentement. Qui ne se pouuoit faire sans l'ayde de quelque mauuais Demon qui luy dictoit ses responses, ayant satisfaict de tous poincts aux interrogatoires & questions qu'on luy auoit faict.

Il donna vne tres-belle espee au Roy : ie ne sçay si elle estoit enchantee. Tant y a que sa façon tira le Roy & toute sa cour en admiration : car elle estoit entournee de cent quatre-vingts cousteaux chacun portant sa façon. Il luy donna aussi vn bouclier ou il y auoit vn miroir, lequel il disoit estre de quelque grande force & vertu, & contenir en soy plusieurs grands & importans secrets : & puis dans quelque téps il s'escarta si bien, qu'on n'a onc peu sçauoir qu'est ce qu'il estoit deuenu.

Si nos Roys faisoient en France comme font les Ducs en Italie, & que de tout temps on eust dressé des Arsenals comme ils font, & comme nous auons commencé soubs le regne de Henry le Grand, nous trouuerions encore cette espee & ce bouclier, & vne infinité d'autres belles armes, qui effaceroient celles de toute l'Italie ; sinon qu'estans parauanture ces armes enchantees & fabriquees par quelque

V u iij

Magicien ou Sorcier, elles se soient esuanouies aussi bien que luy.

8. Fol à Rome qui se disoit estre nostre premier pere Adã.

Ie ne trouue pas si estrange celuy qui se disoit Adam, que les Gentils-hommes François, qu'il appelloit ses enfans, & les tenoit veritablement pour tels, alloient entretenir à Rome, *l'anno sancto, nello spedale dy pazzi*, où on l'auoit confiné auec les autres fols: encore qu'il n'eust autre grotesque dãs la teste, que cette capricieuse opinion qu'il estoit le vray Adam, laquelle il soustenoit auec beaucoup de passion, leur monstrant par fois son costé, d'où il disoit que Eue sa femme estoit sortie.

Mais parlons de certaine race de gens qui viennent d'Espagne, qu'on appelle *Los Salutadores*, lesquels se meslent de guerir les playes des soldats & capitaines aux armees, par le moyẽ de quelques oraisons qui consistent en paroles contees, & quelques salutations apostees. Tout à rebours du Philosophe Chrysippus qui haïssoit tant les salutations qu'au lieu de guerir par ce moyen, il se pasmoit quand trop de gens le saluoient.

9 Durmissals de Turquie.

Ils s'aprochent en quelque chose & semblent ces Durmissals de Turquie, qui sont certains religieux Mahometans Enchanteurs & Magiciens vagabons, lesquels pour monstrer leur humeur volage, portent des plumes à la teste en signe du haut vol de leur esprit, duquel ils font semblant d'estre doüez: & font deuant le peuple des choses merueilleuses pour se mettre en reputation de saincteté, & faire croire qu'ils ont quelque particuliere intelligence auec le Tout-puissant, lequel pourtant selon leur faulse croyance, ne peut estre autre que Mahomet. Ils rompent de grandes barres de fer auec le poing, duquel ils se seruent comme d'vn puissant marteau pour faire cet effort. Ils couppent des enfans de sept à huict ans par le milieu, puis les reioignent & rapiecent sans qu'on y puisse remarquer aucune cicatrice.

On dict qu'ils en firent l'essay deuant Sultan Muhamet l'an 1480. Ils marchẽt longuement pieds nuds sur des lames de fer, sortant de la plus ardãte fournaise qui se puisse trou-

DES DEMONS, MAG. ET SORC. LIV. V. 343

uer, souffrent qu'on leur face des playes bien larges & profondes en la poictrine auec des razoirs trenchants, & se les cauterisent eux mesmes deuant le peuple, auec de grandes chandelles ardentes: & font & souffrent vne infinité d'autres choses esmerueillables, qui ne peuuent deriuer en leur personne que de la boutique de Satan.

Mais quoy dira quelqu'vn, cela est suspect en ces Mhumetans & autres qui ne croyent en Iesus Christ, & non en ces ames pies & deuotes, qui exorcisent & chassent les maladies, & tout sorte d'animaux & insectes qui endomagent les hommes, le bestail & les fruicts, tout ainsi qu'on exorcise les Demons: & ce par des prieres & oraisons, & par toute autre sorte de benediction qui se faict au nom du Pere, du Fils & du S. Esprit. Il est loysible de benir les biens, les bons & vtiles animaux au nom de Dieu, & maudire les nuisibles les excommunier voire exorciser.

10 S'il est loisible d'exorciser & maudire les animaux aussi bien que les hommes.

S. Guillaume Euesque de Lozane estant offencé par des anguilles, il les maudit en telle façon, qu'il les bannit de tout son Diocese. B. Pruminius netoya entierement par ses prieres, l'isle sainct Marc prés de Constance, qui estoit infectee de certains vers qui rongeoient tout.

Et encore en ce mesme temps le mesme Euesque, chassa toutes les sansuës venimeuses qui infectoiët les saumons, & tous autres bons poissons de son diocese, ayant fait prononcer sur elles les exorcismes tirez de l'Escriture saincte.

Et en Suisse on faict le procez criminel par forme iudiciaire à certains vers qu'ils appellent Lauffzaffer, comme à des Sorciers ou autres malfaicteurs.

A quoy on respond que les exorcismes & depulsions Ecclesiastiques des animaux, receuës par l'vsage de l'Eglise, ou bié celles qui sont particulieres en chasque diocese, sont approuués, voire mesme celles qui ne sôt expressemét receuës, pourueu qu'elles ne soiët prohibees ny reuoquees en doute par les gés doctes & pies. Non pas indifferemment toutes celles que chaque particulier se forgera capricieusemét dans la teste, amoncelât certaines paroles côcertees, bien que tressainctes, lesquelles il met & râge ores en rithme, ores en prose, ny aussi ces autres formalitez. Il ne faut nô pl° faire le procés criminel aux vers, que faire pendre vn perroquet, ou vne pie pour ce qu'il a iniurié quelque passant par la ruë.

D'auantage ils disent que la *l. eorum C. de malef. & mathe. n.* dict, qu'il est permis de chasser vne tempeste excitee par malefice ou sortilege, par vn autre sortilege. Tout de mesme doit estre permis & trouué bon, de chasser vne maladie donnee par malefice, par vne oraison & priere superstitieuse. Mais on respond que cette loy & ceux qui la suiuent errent manifestement contre la foy.

Quelles gens sont ceux qu'on appelle en Espagne Los Salutadores.

Ie ne sçay pas si nos *Salutadores* Espagnols ont merité cette grace de Dieu, de pouuoir guerir plusieurs grandes maladies par leurs salutations simples, & par leurs prieres tissues de plusieurs mots qu'ils ont pesché deçà & delà, les plus specieux pourtant qu'ils ont peu choisir.

Car Nauarrus dict que ce sont gens dissolus & de mauuaise vie, & Torquemada raconte qu'ils naissent tous ayans vne marque en forme de roue, qu'il semble que Satan leur ait imprimé, pour tesmoigner qu'ils ont presque tous merité la roue. Aussi atteste Iulius Alexandrinus, que lors qu'on les veut recognoistre & faire espreuue silz sont vrayemët de cette race, on les faict passer par le feu: qui est vne espreuue prohibee par l'Eglise Catholique Apostolique & Romaine, & par des Arrests celebres de la plus part des Cours de Parlement de France.

Torquemada autheur Espagnol, n'a peu se contenir qu'il n'ayt lasché quelques mots pour tesmoigner qu'il les a grandement en soupçon, si non de Sorciers (ce qu'il n'a osé dire n'y franchir le mot, pour le respect qu'il a à sa nation) pour le moins qu'ils ne vont tousiours le droit chemin. Il dict qu'en saluant simplement ils guerissent de la male rage. Et souz le nom d'vn interlocuteur en son troisiesme colloque, il allegue l'exemple de son pere, lequel ayant esté mordu par vn grand chien en vne iambe, la botte n'ayant peu empescher que quelque goutte de sang n'en sortir, ne laissa de continuer son voyage, mesprisant son mal, iusqu'à ce que l'ayant porté trois ou quatre iours, & ainsi qu'il passoit pardeuant vne Eglise ou force peuple entroit, vn païsan se presenta

senta à luy, & luy dict sans qu'autrement il parust qu'il fut blessé, Dites moy Monsieur, quelque chien vous a il poinct mordu. Luy qui auoit desia oublié son mal, luy ayant respondu qu'ouy, & luy en ayant raconté le temps & les circonstances. Le païsan luy dict, ie le vous demande, par ce que Dieu vous a enuoyé par ce chemin, afin de vous sauuer la vie: *Porque yo soy Saludador*, & le chié qui vous a mordu estoit enragé, de maniere que si vous eussiez porté vostre mal neuf iours, c'estoit faict de vous, & en sussiez mort indubitablement. Et afin que vous n'en douriez point, & recognoissiez que ie vous dy la verité, il luy donna toutes les circōstances du chien, le poil, la taille, les marques & autres enseignes, de façon que le Gentilhomme en demeura tout estonné. Que si vous desirez, guerir (luy repliqua il encores) s'il vous plaist vous arrester icy, ie vous gueriray incontinent, & de faict l'ayant mené chez luy, le païsan le salua, & luy donnant à disner, il salua aussi tout ce qu'ils mangerent, & aprés disner il le resalüa pour la seconde fois: & sur le soir il luy donna trois petits coups dans les nazeaux auec vn petit cousteau, de chacun desquels il tira vn peu de sang, lequel il recueillit dans vn plat: puis il luy laua le nez auec vn peu de vin salué. Et s'entretenant à parler auec la compagnie enuiron demie heure, ils s'aperceurent qu'en chacune des goutes de sang qui estoit dans le plat, lesquelles estant separees ils n'auoient iamais perdu de veuë, il y auoit vn ver tout vif, lequel se remuoit visiblement. Et aprés cela il luy dict qu'il estoit guery, & pouuoit hardiment reprendre son chemin: ce qu'il fit aprés l'auoir fort remercié.

Surquoy est grandement à considerer, qu'il y auoit du Demon meslé. Car qui luy auoit reuelé, que ce Gentilhomme qui ne sentoit presque poinct son mal, & qui n'en faisoit aucun semblant eust esté mordu d'vn chien? d'où auoit il apprins le poil, la couleur & la grandeur, & qu'il estoit tellement enragé, que celuy qui en estoit mordu deuoit mourir cinq iours aprés? (car il en auoit desia laissé passer quatre sans douleur) l'Espagnol se contente de dire faisant le conte, *y auanque todo lò que este Saludador hizo, me parecia que* pudo ser por la gracia que tenia. Ma en quanto adezir la color del perro, no puedo dexar de ten-eralguna salpecha, de que no yua en todo por el camino derecho.

Del Rio en parle d'vne autre façon, & dit, Qu'on a opinion qu'ils soient gens de bien, & qu'ils guerissent gratuitement. Et a mis tout au long l'oraison de laquelle ils ont accoustumé d'vser parmy les soldats Espagnols: car il dict que c'est enuers ceux là seulement, & en leur guerison, qu'ils ont accoustumé de s'employer: voicy ses mots.

Del Rio lib. 3. pag. 2 & 4. fol. 7.

Est & alia oratio (dict-il) in vsu inter Hispanos milites, qua quidam Salutatores (vt ferunt) sanctè viuentes, & omnes gratis parantes, cum sola impositione linteorum, & certorum recitatione verborum vtuntur, formula fuit Hispanica, sed reddam latinè ad verbum.

22. Oraison de laquelle vient les Saludadores, pour guerir les playes.

Per Christum, & cum Christo, & in Christo. Est tibi Deo Patri omnipotenti, in vnitate Spiritus sancti, omnis honor & gloria, per omnia secula seculorum. Oremus. Salutaribus praceptis moniti, & diuina institutione formati, audemus dicere, Pater noster qui es in cœlis &c. Amen Iesus. Potentia Patris, sapientia Filij, virtus Spiritus sancti, sanet hoc vulnus ab omni malo. Amen Iesus. Domine mi Iesu Christe, credo quod nocte Iouis sancti in cœna, postquam lauisti pedes tuorum sanctorum discipulorum, accepisti panem sanctissimis manibus tuis, & benedixisti & fregisti, & dedisti tuis sanctis discipulis, dicens, accipite & comedite, hoc est enim corpus meum. Similiter accepisti calicem in sanctissimas manus, & gratias egisti, & tradidisti illis dicens, Accipite & bibite, quia hic est meus sanguis noui testamenti, qui pro multis effundetur in remissionẽ peccatorum. Hoc quotiescunque feceritis, facite in meam commemorationem. Obsecro te domine mi Iesu Christe, vt per hæc sanctissima verba, & per virtutem illorum, & per meritum sanctissimæ passionis tuæ, sanetur hoc vulnus, & malum istud, Amen Iesus. In nomine Patris & Filij, & Spiritus sancti, Amen Iesus.

Là question fut meuë (dict Del Rio) deuãt *Simonius Episcopus Iprensis*, veu que ces gens guerissoient sans aucun ingredient, ou agent naturel, si cette sorte de cure pouuoit estre approuuee de l'Eglise, & deuoit estre permise. Premierement il fut resolu par luy & plusieurs gens doctes qui l'assistoient, que cette forme de cure (presuposé encore qu'on en guerist) estoit entierement superstitieuse & illicite: parce que l'effect qu'on attend par icelle, s'attend par voye de miracle.

Or d'attendre ainsi continuellement des miracles de Dieu, & en demander comme par certaine couſtume, pour choſe de ſi peu d'importance que la gueriſon d'vn ſoldat mal viuant, bleſſé parauanture en vne guerre iniuſte, eſt tenter Dieu formellement.

Secondement les Saincts voulans faire des miracles n'auoient point & n'vſoient de certaines paroles, n'y de certaines prieres & oraiſons affectees : ils les faiſoient ſur le champ, & à l'auanture, ſelon que le Sainct Eſprit les leur ſuggeroit.

Tiercement la ſainctété de cette oraiſon, n'eſt pas aſſez approuuee : car il aduient ſouuent que les Sorciers & maleſiques teſmoignent par l'exterieur quelque eſpece de ſaincteté : en ce poinct les ſoldats n'en ſont guieres dignes iuges, veu que le plus ſouuent ceux qui ne produiſent au dehors de tres-grands pechez, ſont en leur endroit tenus pour Demi-ſaincts.

En quatrieſme lieu, ceux qui ont eu de Dieu le don de pouuoir donner la ſanté, ne le reçoiuent iamais que tres-librement, & non auec condition qu'ils vſeront de telles & telles paroles. Mais ces formules ainſi forgees en l'air, teſmoignent vn pacte pour le moins tacite, auec Satan.

En cinquieſme lieu, il n'eſt pas loiſible à des hommes priuez, d'inuenter & forger des oraiſons, leſquelles ne ſont approuuees ny par l'Eſcriture ſaincte, ny par l'vſage de l'Egliſe, comme eſt celle cy, laquelle abuſe licentieuſement, & depraue pluſieurs paroles du ſainct ſacrifice de la Meſſe, voire meſme du Canon.

D'ailleurs elle applique les paroles de la conſecration, à choſe pour laquelle elles n'ont pas eſté inſtituees, ce qui ne doit pas eſtre permis : Outre qu'elle demande que certain effect luy ſoit concedé par la force & efficace des ſuſdictes paroles. Lequel effect n'a pas eſté inſtitué par noſtre Sauueur, pour la cõſideration des playes du corps de l'homme, mais bien pour la tranſſubſtantiation du pain & du vin en ſon corps precieux.

348   TABLEAV DE L'INCONSTANCE

Et n'est pas à mespriser, que l'Eglise & ses enfans Catholiques ont tousiours eu ces sainctes paroles de la consecration, en si grande veneration, qu'ils ont pensé estre tres-mal faict d'en vser, & les employer ailleurs qu'au sainct sacrifice de la Messe : ou bien quand il est necessaire d'en vser dans l'Eglise, aux escoles & aux disputes. Au contraire le Diable & les Sorciers ses suppos, n'vsent d'aucune autre chose plus volontiers, ny plus souuent, pour assortir leurs sacrileges execrables, que de la venerable Eucharistie, & autres choses sainctes qui en dependent.

13. Merueille d'vn Salutador en Labourt lequel faisoit profession publique de cognoistre les Sorciers & guerir les enso:celez.

Mais en voicy vn qui se mesle bien de guerir d'autres maux, que morsures de chiens enragez, ny plaies de soldats. Enuiron le commencement de Septembre 1610. il y en eust vn qui vint d'Espagne au pays de Labourt à ce grand bruit des Sorciers, & vint en France pendant ce grand passage des Morisques ie ne sçay si s'en estoit vn   ce grand Morisque Satan, l'auoit laissé en ce p   r abuser le monde. Tant y a, son premier seiour f   u, où il dict qu'il estoit vn de ces Saludadores, qu'il auoit quelque don du S. Esprit, par le moyen duquel il sçauoit desensorceler, & guerir tous malefices donnez par sortilege.

Et outre ce qu'il sçauoit cognoistre ceux qui estoiét Sorciers, & qui ne l'estoient pas, iusques à certain aage. Depuis on m'a dict qu'il se faisoit appeller *Dom Pedro*, qu'il estoit de Pampelune, & qu'il sçauoit tres-bien la langue des Basques.

Le Curé ou Vicaire d'Hisatsou, pensant parauanture bien faire, mit à ce qu'on dict en la teste des parroissiens, d'appeller ce *Dom Pedro*, & se seruir de luy, tant pour guerir ceux qui estoiét Sorciers, que pour decouurir les incognus: que aussi pour enseigner au peuple ceux qui ne l'estoient pas.

Or voulant guerir ou decouurir ceux qui l'estoient, ou qui ne l'estoient pas, il les faisoit mettre à genoux dans vne chambre, & les mains iointes, les yeux tournez vers le ciel, il faisoit semblant de prier Dieu, si bas que personne n'en entendoit rien du tout, faisant quelques gesticulations à l'Espagnole, comme d'vn homme qui prie Dieu auec ferueur.

Mais en fin nous auons sçeu, qu'il n'entreprenoit de guerir que les enfans, iusques à l'aage de quatorze ans, & non au de là. Or il leur tastoit le poux, puis leur faisoit dessus troix fois le signe de la Croix, & leur souffloit au visage, autres trois fois; puis il disoit à aucuns, vous l'estes, vous l'estes, & à d'autres qui ne l'estoyét poinct, il leur disoit sans autre ceremonie, *Por esso senepeude*, *amdays* & proferoit souuent ce mot *Iesus*, en prolation Espagnole, comme par forme de tres-grande admiration.

Or de tous ceux qu'il admettoit seulement à fleschir le genouil deuant luy, il en prenoit vn escu: & ceux qu'il declaroit tout haut sorciers, il les renuoyoit aussi tost à confesse, & n'en prenoit qu'vn quart d'escu pour faire dire Messe (disoit il) en son pays.

Il donnoit entendre, qu'il auoit naturellement trois marques sur son corps, d'ont l'vne entre autres estoit soubs la langue, l'autre sur l'espaule, & l'autre en quelque autre partie de son corps.

Plusieurs personnes notables & de qualité, de la ville de Bayonne y furent, & le trouuerent si enuironné de gens, qu'à peine s'en peurent ils approcher: Neantmoins l'ayant accosté, ils luy remonstrerent, qu'il deuoit auoir vergogne d'abuser ainsi le monde, & exiger la plus part des moyens de ces pauures gens pour vn simple bastelage: ce qui luy donna l'alarme si chaude, qu'il fit vne retraitte clandestine & bien qu'il fut Salutador il s'en alla (comme on dict) *insalutato hospite*.

Mais il auoit desia tellement embabouiné le monde, qu'il eust esté dangereux de le prendre quand il estoit en assemblee, à force ouuerte. Le pis est qu'il ruinoit entierement le peuple qui est fort pauure en ce païs là. Et m'a esté asseuré de bonne part, qu'on rencontra vne pauure femme qui en reuenoit auec cinq enfans, qui disoit qu'il auoit tiré d'elle vingt quatre quarts d'escu, pour lesquels recouurer elle auoit vendu sa cotte, & les draps de son lict.

En fin la Iustice aduertie de ses impostures, y enuoya le Preuost pour le mener à Bayonne. Dequoy estant aduerty, on ne sçait s'il suiuit les Morisques qui passoyent lors à Carauanes à S. Iean de Luz, ou s'il s'en retourna en Espagne porter la nouuelle aux autres Saludadores, qu'il ne faisoit guiere bon pour eux en France.

Ils ont tous des moyens ineptes & superstiticux, lesquels pour si bien qu'ils s'essayent de couurir de saincteté & de prieres, monstrent tousiour... qu'il y a quelque chose qui ne peut estre de Dieu. Le Diab... i a faict pacte auec eux qu'ils gueriroyent soubs la condition portee par les conuentions qu'ils ont faict ensemble, leur varie le marché, & leur diuersifie les remedes, selon les diuers païs où ils s'acheminent. Les Saludadores guerissent gratuitemēt & ne prennent rien en Espagne : car ils se contentent d'engager les ames de ceux qu'ils guerissent, pour en faire vn present à leur maistre Satan : sçachant bien qu'on court aux remedes du medecin, qui n'a la gibessiere ouuerte, & qui faict semblant de n'operer que par charité.

Mais en France & en Labourt, où ils sont vn peu esloignez de l'inquisition, ils imposent la taille & guerissent par capitation, tant pour teste de sorcier, & tant pour celuy qui ne l'est pas.

Il y a tousiours quelque chose qui va de trauers, en la guerison que font les magiciens & sorciers, dont Medecin, Philosophe ny homme du monde ne sçauroit rendre raison. Ieusner tant de iours, tant de chandelles, tant de Pate-nostres, tant de chappelets, l'aumosne à tant de pauures, tant de signes de croix : tout cela & choses semblables, reduit & restrainct à certains nombres, monstre qu'outre la superstition & l'abuz, il y a certain maistre qui leur à prescrit cette regle. Ainsi si on veut vser de ces choses qui semblent pieuses, il faut les accompagner tousiours d'vne bonne & saincte intention, & pour les depouiller de tout soupçon de superstition, il les faut faire & en vser, *sine fiducia, in materia, forma, & numero*, & regarder bien à qui on s'addresse, & de qui on les reçoit. Car la plus part de ces gens qui s'en meslent, semblent, les Corybantes, lesquels estoyent cinquante deux, dont les 32. qui estoit le plus grande nombre, donnoyent les maleficcs, & les vingt qui eſtoit le plus petit, faiſoyent ſemblant de les guerir ou alleger.

Quant à ces caracteres conceus en Hieroglyphes non entendus, grauez en lettres inconues, & billebarrees en formes eſtranges: tous ces breuets compoſez de noms ſauuages, & mots nouueaux peu intelligibles: toutes ces receptes eſloignees des remedes communs & naturels, comme des os de taupe, des ailles de chauue ſouris, des pierres tirees de la teſte des crapaux, du bois d'vne potence, vne eguille qui a touché la robbe d'vn mort, de la poudre tiree du crane de la teſte d'vn larrõ qu'on aura pendu tout freſchement, des yeux de taupe qu'on dict ne paroiſtré iamais qu'après la mort, le premier denier qu'on donne à l'Egliſe le Ieudy ſainct (iour qui eſt ſans offrande) des plantes qui ne ſe trouuent dans le païs qu'on les cherche, & s'il s'en trouue, cueillies la veille de la S. Iean par vne fille vierge, la nuict obſcure, auec vne chandelle faicte de quelque drogue & compoſition, dans laquelle il y entre vne infinité d'ingrediens: Toutes ces ſuperſtitions difficiles à executer, & la plus part impoſſibles, nous tirent à des curioſitez diaboliques, qui faict que bien ſouuent ne les pouuant trouuer, par ce que la plus part ne ſont point, le Diable ſupplee au defaut, & nous en fourniſſant, ſe paye de noſtre curioſité, au peril de noſtre ame.

Que ſi nous gueriſſons par le moyen de ces inepties, ce n'eſt que pour vn temps: & ſi parauanture il faudra que le mal qui eſt oſté par vn ſorcier, ſoit redonné à quelque autre plus releué, & dont la mort eſt cent fois plus importante que celle du premier à qui on oſte la maladie. On fera ſauter le malefice d'vn petit enfant qui eſt en nourrice, au pere & chef de la famille, qui traine auec ſa mort la ruine entiere de ſa maiſon: d'vn Grand maiſtre de France, ſimplement officier de la couronne comme eſtoit Mumol, au petit fils de Childebert Roy de France, vray heritier & maiſtre ſouuerain de cette Couronne: d'vn vieux & decrepite qui a deſia fourny & eſt preſque au bout de la carriere de ſa vie, à vn ieune qui ne faict qui venir & ſaluer le monde.

14. Que la gueriſon par la voye d'vn ſorcier eſt perilleuſe.

Et ce qui teſmoigne encores plus clairement, que ſemblables gueriſons & remedes ſont violents, & tirez d'vne tres pernicieuſe ſource, c'eſt que s'ils manquent à loger le mal qu'ils ont faict, & lequel ils veulent oſter, au gré & contentement de leur maiſtre, ſouuent ils les force de payer la fole-enchere, & de reprendre le mal eux meſmes: comme fit l'eſcolier de Bodin lequel ayant comploté de rauir l'enfant de la mammelle de ſa nourrice, pour ſauuer le pere, Dieu permit que la nourrice euſt cette aſtuce de fuir & l'emporter hors la maiſon: de maniere que le ſorcier ayant manqué de les ſurprendre, mourut ainſi qu'il les pourſuyuoit.

Dequoy il y a vne infinité d'exemples dans les bons liures qui ont traicté ce ſubiect. Mais nul iamais plus euident, plus certain, ne plus veritable, que celuy d'vn Conſeiller de la Cour de Parlement de Bourdeaux, duquel ie tairay le nom pour certain reſpect, parce que nul ne prend volontiers plaiſir d'ouir raconter les afflictions de ſa famille, bien que ce ſoit choſe cognue à tous ceux du païs.

25. Exemple memorable d'vn ſorcier, lequel mourut ſoudainement voulât guerir vn Conſeiller de la Cour de parlement de Bordeaux.

Ce fut en l'an 1555. qu'eſtant attaint de la fiebure quarte, qui l'auoit tenu fort longemēt, vne Damoiſelle de ſes amies & ſa voyſine, luy vint dire que s'il vouloit, elle trouueroit moyé de luy faire bien toſt perdre ſa fiebure: car elle auoit rencontré vn ieune homme de vingt cinq ans, qui luy auoit promis de le guerir auſſi toſt. A quoy il reſpondit, ennuyé de porter ſi long temps vne maladie ſi faſcheuſe, qu'il le vouloit tres-bien. En fin aprés quelque diſcours, elle luy dict qu'elle en auoit faict le marché pour luy à dix eſcus.

Et ayant baillé le mot du guet au ſorcier pour s'introduire dans la maiſon, eſtant paſſé par vn porte de derriere, rencontrât vne petite baſſecour, il commença à faire quelques cernes & coniuratiōs: & la Damoiſelle qui luy faiſoit la main eſtant ſortie d'vne ſalle baſſe qui reſpond à ladicte baſſe-cour, luy allant au deuant auec le malade, le ſorcier luy demanda s'il n'auroit pas le cœur d'entrer dans ce cerne qu'il auoit faict dés l'entree. Luy qui eſtoit homme de courage, bien fondé en la crainte de Dieu, & qui parauanture

tenoit

tenoit cela pour vn badinage inutile, voyant d'ailleurs que c'eſtoit en plein iour, entre dedans ſans frayeur. Dequoy le magicien fort content, luy demanda s'il n'auoit poinct quelque vieille Tante, quelque vieux Oncle, quelque mauuais Frere, ou quelque ennemy duquel il ſe voulut defaire. Le malade fort homme de bien, à qui la longueur de la maladie auoit donné quelque plus particuliere cognoiſſance & amour de Dieu: qui n'euſt pas voulu quand il n'y euſt eu autre offence, donner meſme ſon mal par ſouhait à vn ſien ennemy, luy reſpondit ſainctement qu'il ne le vouloit ny donner, ny deſirer à perſonne. Comment Monſieur, faictes vous ces difficultez (dict le ſorcier) vous & moy ſommes mes-huy engagez trop auant pour ne faire ladicte nomination: dónez donc ie vous ſupplie voſtre mal à quelqu'vn. Moy, dict le malade, ie n'auoy faict deſſin de m'en decharger ſur perſonne, ſçachãt auec quelle violẽce mon mal me traicte: mais puis que vous me forcez à le donner, ie ne ſçauroy en faire preſent mieux à propos, qu'à vous meſme qui le ſçauez guerir.

Il n'euſt ſi toſt dict ces paroles, que le pauure ſorcier ou magicien, commença à s'eſcrier qu'il eſtoit mort. Et aprés auoir par pluſieurs fois donné aſſeurance de ſa mort ſans autrement s'expliquer ny en rendre la raiſon: Il dit à ſon malade, qu'il eſtoit eſtranger, ſans commodité n'y maiſon quelconque dans laquelle il peuſt ſe retirer & mourir ſans infamie: partant pour la courtoiſie qu'il luy auoit faict de le guerir, il le pria inſtament qu'il luy pleuſt le laiſſer mourir en ſa maiſon. Le malade charitable, bien eſtonné d'vn ſi eſtrange accident, luy dict qu'il le vouloit treſ-bien, & luy promit qu'il auroit ſoing de luy, ſi tant eſt qu'il en vint à cette extremité, ce qu'il ne pouuoit croire, & ſe mit en quelque debuoir de le conſoler. Mais ce fut en vain, car il mourut bien toſt aprés, & fut enſeuely au cimetiere de l'Egliſe prochaine de la maiſon du malade, au grand eſtonnement de tout la ville.

Surquoy eſt grandement à conſiderer (& ne ſçaỹ ſi c'eſt par faute que ſon malade n'adiouſtoit foy, & n'auoit bonne opinion de son medecin) que sa mort ny le remede duquel il auoit vsé, n'osterent aucunement la fiebure à ce pauure malade, & que Satan fit vne telle resiouissance d'auoir trouué moyen de donner ce coup mortel à ce sorcier, qu'on eust dict le soir qu'il mourut, que le ciel & la terre se deuoyent assembler, s'estant esleué tout à coup & quasi à mesme instant de sa mort, vn orage & tempeste si furieuse, accompagnee de tant desclairs & de grondans tonnerres, que le malade, sa femme & sa famille, furent contraincts de desloger & s'en aller en vne maison voisine où ils croyoiét estre en plus grande asseurance. Exemple si vray & si notable, qu'il n'y en a poinct au monde de plus exprés, pour nous apprendre que les cures des sorciers sont faulses, pour le moins presque tousiours incertaines, superstitieuses & malencontreuses.

I'appelle superstitieuses (car pour malencontreuses sont elles presque tousiours) celles qui sont faictes ou attentees par ces medecins sorciers ou magiciens, qui croyent que les remedes qu'on prend contre vn malefice, ne profitent de rien, si quelque autre y a mis la maison, & s'est essayé de les guerir, soit medecin du corps, soit medecin de l'ame ou confesseur. C'est vne desialosies du Diable, qui auroit peur qu'on atribuast l'honneur de cette cure, au medecin qui l'auroit premierement tentee, affin qu'il puisse reuoquer les personnes des remedes naturels. C'est pourquoy Del Rio dict qu'en l'an 1597. à Louuain, il eust grandement suspecte l'affiché que mit vne femme estrangere, qui disoit qu'elle ne pouuoit guerir les maleficiez ou malades qu'auec cette condition, qu'ils fussent malades d'vne maladie entiere, & dont la guerison n'auroit encore esté essayee de personne. Si bien que ces medecins sont en soupçon qui ne veulent que le malade se confesse, auant qu'il ayt prins leur medecine.

C'est aussi vne cure superstitieuse, de croire qu'vne sorciere ne puisse oster son malefice, qu'elle ne soit deliuree de prison & en pleine liberté, car elle peut oster ce malefice par vn autre malefice nouueau, tout autant de temps que

DES DEMONS, MAG. ET SORC. LIV. V. 355

son pacte dure auec le Diable, & iusqu'à ce qu'elle y ayt valablement renoncé. Elle peut aussi destruire ce malefice par le moyen du Diable, comme feroit tout autre sorcier ostant le charme, bien qu'elle soit encores prisonniere, *Remouendo signum* (disent ils) ostant les herbes, caracteres ou autres choses qui ont faict contracter & naistre ce malefice.

Mais quoy, le Diable qui cherche à toutes heures ses aduantages, contraint il tousiours les sorciers ou Magiciens de renuerser les malefices sur des hommes plus qualifiez, ou bien de les reprendre eux mesmes sur leurs personnes? Cela n'est encore si bien esclaircy qu'on en puisse faire regle certaine. Car on a veu des sorciers tirer tout à faict & oster le malefice des personnes pour le ietter simplement sur des animaux: comme celuy de cet estranger dans Boguet, lequel donna le mal d'vn certain maleficié à vn coq qu'il auoit dans sa maison, aprés en auoir demandé licence au malade. Boguet disc. 40.

En quoy certainement il y a quelque grand mistere que nous n'auons encore peu descouurir. Car bien que nous ayons veu vn monde de sorciers & sorcieres qui confessent, si est ce que le Diable ne leur permet de dire tout: sinon qu'on voulut dire que particulierement Satan auoit choisi cet animal, par ce que c'est l'espion du sabbat, son ennemy mortel, lequel par son chant glorieux faict aussi tost esuanouir ces detestables assemblees: dequoy nous auons parlé ailleurs plus au long.

Ie ne veux oublier que par fois parmy les sorciers & magiciens, le plus fort l'emporte, & destruit les malefices de son compagnon. Comme en Noruege où les Esprits sont si familiers, que la plus part des personnes en ont chacun le sien, qui se rend visible au monde, on les appelle *Bramins*, la plus part du temps ils se destruissent l'vn l'autre, iusqu'à se mettre & appeller en Iustice, à laquelle on tient qu'ils ne peuuent resister. De maniere que le magicien ou sorcier qui a vn Demon ou Bramin plus fort, peut aisément oster le malefice donné par vn autre sorcier, qui a vn Demon ou Bramin plus foible.

Y y ij

Il y en a vn riche exemple dans Grillandus, d'vn Aduocat lequel ayant esté lié par vn si puissant malefice, que nul art de medecine ne le pouuoit secourir, il eust recours à vn grand magicien, lequel luy fit prendre auant dormir quelque certaine potion, puis luy dict qu'il allat hardiment coucher auec sa femme, & qu'il se donnast garde seulement qu'elle ny luy ne fissent le signe de la croix, & sur tout qu'il ne s'effriast de rien. Comme il fut enuiron sur les onze heures & demie de la nuict, il commença à entendre de grands orages, esclairs, tonerres & tremblemens de terre, qu'on eut dict que la maison luy debuoit tomber dessus: par aprés il ouit de grands cris & gemissemens de plusieurs personnes, & ayãt porté les yeux a l'endroit ou il oyoit le bruict, il vit en sa chambre plus de mille personnes qui se meurtrissoyent à coups de poing & à coups de pied, & se dechiroiẽt auec les ongles & les dents, entre lesquelles il recognut vne certaine femme d'vn village voisin, qui auoit reputation d'estre sorciere, laquelle il soupçonnoit merueilleusement luy auoir donné ce mal, qui se plaignoit plus que tous, & s'estoit elle mesme dechiré toute la face & les cheueux, qui fut cause qu'il entra en quelque frayeur. Mais se ressouuenant de l'aduis que le magicien luy auoit donné, il reprint courage, tenãt tousiours la teste de sa femme couuerte soubs les draps, affin qu'elle ne vist rien de tout ce mistere, lequel dura iusques à minuict, que le maistre sorcier, estant entré, tout disparut: lequel luy ayant vn peu frotté les reins, luy dict qu'il estoit guery: ce qui fut vray, car aussi tost, il habita auec sa femme. Or dict l'autheur, c'estoit ce magicien lequel forçoit cette sorciere d'oster le mal qu'elle auoit donné, & tous ces combatans n'estoyent que les Demons qu'il auoit appellé à son aide.

16. Du laue main des sorciers.

La plus commune recepte de laquelle vsent nos sorciers de Labourt, pour guerir & desensorceler ceux qu'ils ont maleficiez, c'est le Laue-main. Nõ pas en la façõ que dict Boguet

Bog. disc. 41.

disc. 41. qu'vne sorciere nõmee la Foulet, bruslee en Bourgogne fut accusee par sa fille, que pour causer d'estre ensorcelee, elle luy auoit cõmãdé de lauer tous les matins ses mains d'eau frêche auāt sortir de la maisō: & que sa mere luy enseigna cōme vn secret, que c'estoit de peur qu'ō la chargeast de quelque malefice. Surquoy DelRio dict, que faussement les Sorcieres ont persuadé à Remigius *lib. 1. Dæmon. cap. 1.* que lauer les mains le matin, empechoit que de tout ce iour on ne pouuoit encourir aucū malefice. Car (dict DelRio) les Demons font par fois semblant d'aymer la netteté & pureté, mais c'est celle du corps, & non celle de l'ame, veu que c'est le Diable qui persuade aux femmes & aux hommes pour prendre plus de plaisir ensemble, de se peigner, s'attiffer, se lauer & s'estuuer, il aime donc la mondicité du corps quand elle luy est profitable, & celle de l'ame iamais.

DelRio lib. 5. c. 11. sect. 1. q. 1.

Mais le laue-main dont vsent les Sorcieres de Labourt se faict tout autrement: car on faict venir la Sorciere qui est soupçonnée d'auoir baillé le mal à quelque pauure creature: & luy ayant faict lauer les mains dans quelque bassin, on faict boire ces ordures qui restent à la personne ensorcelee, comme on fit à la fille du Suisse qui se tient au Sainct Esprit à Baionne. Dont le faict est, Que son Pere voulant acheter trois corbeillees de pommes, enuiron l'an 1605. d'vne Sorciere nommee Galanta, insigne & fameuse Dariolette, & d'vne nommee Mandibouro, cette fille marchandant en gousta par malheur d'vne qu'on luy mit en main, dans laquelle elle n'eust si tost mordu, qu'elle se trouua incontinent atteinte du haut mal, de si forte trempe & si bien assaisonné, qu'elle l'a tousiours eu depuis, & l'a encore: & qui pis est ne les voit iamais qu'elle n'en tombe à mesme instāt par terre, dequoy nous auons faict faire l'experience deuant nous, comme nous auons dict cy dessus, ayant touché le faict tout au long.

Or d'aller examiner si ce laue-main est vn remede & desenforcelement certain, ce seroit mal à propos, puis que nous en auons veu l'experience certaine, s'estant trouué faux en cette pauure fille: car elle a encore le haut mal, & n'en ay iamais veu qui en soient gueris. Neantmoins ils en vsent presque tous les iours en ce païs-la & croy que le Diable a permis que ce remede ayt reussy quelque fois, afin de

Y y iij.

tenir le monde en plus grand abuz & superstition. Mais nous n'en auons iamais peu voir aucun certain & veritable exploit, bien qu'on nous ait asseuré qu'vn Sorcier d'Asparren en auoit guery plusieurs.

17 Du laue pied du grand Roy Mogor.

On lit vn traict presque semblable en la vie du grand Roy Mogor, lequel guerissoit quelque certaine maladie de son laue-pied, & de l'eau dont il l'auoit ses pieds. Il auoit quelque inclination à estre Chrestien, & a long temps detenu ces bons Peres religieux qui sont en ce païs là en bonne bouche. Mais il voyoit qu'il ne le pouuoit estre sans quiter toutes ces vanitez, toutes ces cures faictes superstitieusement & faulses opinions: car il se vouloit entre autres choses faire declarer Dieu. Et iusqu'à ce qu'il fut paruenu en cette haute reputation, il adoroit le Soleil quatre fois en 24. heures, luy donnant lors qu'il luy faisoit sa priere, mille cinquante noms de louange, qu'il contoit à chaque fois auec des petites boulettes, qui estoiét autant de pierres precieuses, tout ainsi que nous employons plusieurs grains en nos chappelets. Qui mostre clairement que ses cures estoiét aussi mal asseurees que sa creance, ayát l'ame aussi mal nette que l'eau de laquelle il lauoit ses pieds estoit orde, sale & deplaisante à boire.

Que faut il donc faire à vn pauure malade, chargé de quelque malefice incurable, qui luy a esté donné par quelque Magicien ou Sorcier, qui sçait bien qu'il ne peut iamais guerir par agens naturels, ny par medecins communs? faut il qu'il croupisse perpetuellement en son mal, qu'il en souffre iour & nuict la gehenne, sans oser recourir au Sorcier qui peut en vn moment oster le charme, & luy redonner sa santé.

18. Qu'il faut vser de beaucoup de precaution pour recourir au Sorcier qui a donné le mal, ou à autre
Remig. lib. 3
Demonolat.
c. 3.

Ceux qui ont traicté cette question alleguent plusieurs cas, esquels il est loisible sans offencer Dieu, de recourir au Sorcier qui à donné le malefice, & le contraindre par menaces, par force, ou par coups, de guerir ou oster le mal qu'il a donné. Premierement il est permis (à ce qu'ils asseurent) d'vser de menaces & de force quand on sçait au vray l'autheur du malefice: car de battre, ny mal traitter ceux qu'on

DES DEMONS, MAG. ET SORC. LIV. V. 359

tient seulement en soupçon, le droict n'y les loix ne le permettent pas.

Secondement il suffit qu'on soit asseuré, qu'il n'y employera rië de superstitieux, & n'vsera d'vn malefice nouueau.

Tiercement qu'il ne transferera le malefice à aucun autre, ce qu'ils ont presque tousiours accoustumé de faire.

En quatriesme lieu quand par tel recours & contrainéte, on voit clairement que le Diable est deshonnoré, & qu'il n'y a nulle sorte de pacte auec luy, ny exprés ny tacite.

Mais DelRio qui enfonce cette question plus que tout autre, dict que l'aduis de Remigius li. 3. de sa Demonolatrie chap. 3. n'est pas assez expliqué, & qu'a le prëdre ainsi cruement, il pourroit estre tres-dangereux: quand il dict, qu'il n'est pas loisible de recourir au Sorcier auec prieres & sousmissiö, mais bië auec force & menaces voire auec des coups. *Del Rio lib. 2. c. 2. sect. 1. qu. 2.*

N'obste la *l. eorum, C. de malef. & math.* de laquelle les Iurisconsultes se seruent, pour dire que par le droict ciuil il est loisible, *maleficiis vti in bonum finem, nempe ad curandos morbos, vel ad repellendas tempestates*: veu qu'ils se trompent. Car cette loy de Cöstantin fut abrogee bien tost apres par la cöstitution 65. de l'Empereur Leö *ad Stylianum, De incantatorum pœna,* & ne faut s'estonner que Tribonian l'ait omise, veu que c'estoit vn homme esloigné de toute pieté & vraye religiö: & qu'il soit ainsi, voicy les mots de l'Empereur Leon. *Sanè vero si quis aliquo modo incantamentis vsus esse deprehensus fuerit, siue id restituendæ conseruandæve valetudinis, siue auertendæ à rebus frugiferis calamitatis causa fecerit, is Apostatarum pœnam subiens, vltimum supplicium sustineto.* *Hostiens. in summa. Aret. in summa Ae rod lib. 8. ver. Iudicar. tit. 7. cap. 6.*

Ainsi est il defendu absolument & sans distinction quelconque par la loy de Dieu, de recourir aux Sorciers. *Non decünctis ad Magos, neque ab Ariolis aliquid scisciteminì, vt polluamini per eos.* Il est certain que le Diable gaigne tousiours & fait quelque profit en ses cures: car il y mesle ordinairement quelque chose pour raison de laquelle l'homme prend quelque certaine confience en luy. *Leutiq. 19. v. 30. & 20. ver. 6. Deut 18. v. 10.*

D'ailleurs cest vn grand peché, *mala facere in bonum finem*. *D. Paul. ad Roman 3. vers. 8.*

On me dira que quand vn homme est maleficié, il n'y a nul moyen de le guerir que par le mesme Sorcier.

Mais on peut refpondre, que quand ainfi feroit, neantmoins il vaudroit mieux mourir mille-fois, s'il eftoit poffible, que guerir vne feule, par le moyen d'vn peché fi enorme que celuy-la. Car le bien de l'ame eft preferable à celuy du corps, & l'honneur de Dieu à tous honneurs : tenant pour certain que qui aime plus fa fanté & fon ame, que Dieu, la perdra.

Quand à ce que dict Remigius, que telle contrainte deshonnore Satan, & eft efloignee de toute forte de pacte exprés & tacite : cela eft faux, dict DelRio : car ce faifant & contraignant le Sorcier, on deshonnore Dieu, forçant le Sorcier de pecher de nouueau : & on honnore le Diable, puis qu'on a reduict le Sorcier à cette extremité de courir à luy, l'inuoquer & appeller au fecours, & le malefié ou malade l'honnore auffi en quelque façon, en tant que recourant au Sorcier & le forçant de le guerir, il ne croit pas feulemét que le Diable luy peut apporter la guerifon qu'il demande par cette mauuaife voye, *Sed etiam concurrit pofitiuè ad actum pofitiuum* (difent les Theologiens.) Ce que le Diable eftime & prife beaucoup plus que l'iniure ou ruine du Sorcier qui eft à luy, de l'afflction & precipice duquel il ne fait que rire & s'efiouïr. Et ne peut on eftimer immune & franc d'vn pacte tacite, celuy qui contraint le Sorcier malefique de venir à ces extremitez, veu que ce que le Sorcier en faict, n'eft qu'en vertu du pacte qui eft entre luy & Satan.

Et n'eft non plus à propos la loy. *Nullus, C. de malef. & math.* de laquelle s'ayde Remigius, *vbi punitur tantùm qui aruspicem vel magum induxerit precibus vel fuafionibus*. Ainfi, dict-il,) l'atrocité du crime & le peché ne confiftent qu'en cette douce induction. Car c'eft tout autant que fi quelqu'vn difoit, la loy punit ceux qui par perfuafion, induction & par prefens corrôpent la pudicité des femmes, côme fi tout le mal de cette mauuaife action ne côfiftaft qu'en la douceur de cette induction : fi bien que ceux qui contraignent les femmes par force & menaces de venir à cette infame compofition, ne feroient nullement puniffables.

Mais qui ne voit que contraindre les perfonnes à faire
vne

vne mechanceté, ou commettre vn peché par force & violence, est plus mechant que par persuasion : de maniere que s'il est mal faict de recourir au Sorcier par prieres & induction, il l'est beaucoup plus, par force & par menaces.

Et ne sert de dire & poser l'espece, que le Sorcier estoit prest de guerir volontairement le maleficié: car encores qu'il soit tout prest d'en commetre le peché, neantmoins, il ne l'eust commis en ce temps là, ny en cette occasion s'il n'y eust esté induict & prié de le faire. Car comme nul ne peut licitement commettre vn acte qui de soy est mauuais, aussi nul ne peut licitement estre induict à le faire. Donc celuy peche plus griefuement, *qui cogit inuitum, quem qui orat paratum.* Car qui force quelqu'vn contre son gré, la seule force porte iniure, outre que celuy qui contrainct & en vse, coopere en cette mauuaise action: au lieu que celuy qui le requiert, & en prie vn qui en est en bonne volonté, ne luy faict nul outrage.

Mais oyons cet autre qui semble mettre & poser vne espece plus forte. Il n'est defendu (dict-il) ne pouuant guerir autrement, d'aller vers le Sorcier qui a faict le mal ou autre, non pas pour faire hommage au Diable, n'y pour caresser le Sorcier, ains afin qu'il m'oste le mal qu'il m'a donné. Que si pour y paruenir le Sorcier negotie & traicte auec le Diable, ie n'y preste aucune sorte de consentement. Aussi voit on que bien souuent la Iustice contrainct les Sorciers, de restituer la santé qu'ils ont ostee. Voire, (dict-il) quand le Diable mesme m'auroit donné le mal, ie luy diroy franchement qu'il me l'ostast, sans neantmoins que ie luy fisse aucune sorte d'hommage. Mais Del Rio escrit au mesme lieu, Ce qu'il dict du Diable, ie le tiens pour tres-dangereux: car ie ne luy puis demander que comme on demande quelque chose à vn amy, bien que ie dois tousiours me declarer son ennemi, Dieu m'ayant commandé par exprés, de n'auoir familiarité, communiquation, ny commerce quelconque auec luy.

Ie ne puis non plus recourir à luy, pour en tirer secours par forme d'empire, ne pouuant vser enuers luy d'aucun

Zz

commandement, puis qu'il ne m'est en rien subiect.

Voire on ne peut non plus demander simplement & requerir le Sorcier qu'il oste le mal. Car puis que ie sçay qu'il ne se peut oster par luy que par moyen illicité, ie ne puis licitement le luy demander.

Quant à cet autre argument qu'on faict, Qu'il semble qu'on puisse vser de force contre le Sorcier qui nous a chargé de quelque malefice : Tout ainsi que ie pourray oster la bourse au larron, qui me l'ayant couppee l'auroit encores en main: de mesme (dict on) ce n'est pas tant faire vne iniure comme la repousser, lors que ie contrains vn Sorcier, de me rendre & restituer la santé qu'en quelque façon il me detient. Les Docteurs disent tous que le danger ou inconuenient n'en est pas esgal, & qu'on ne peut ietter n'y reduire le Sorcier en peril de sa vie, ny le mutiler d'aucun membre, ny le reietter en l'extremité de quelque grande maladie: car tous ces grands tormés appartiennent aux iuges, & non aux hommes priuez. Bref cette comparaison est du tout dissemblable, veu que la santé ne se peut arracher d'vn Sorcier, comme vne bourse de celuy qui l'a couppee. D'ailleurs que la santé est inuisible, & celuy qui l'a alteree, le plus souuent incertain & incognu à celuy auquel il a donné le mal.

Ainsi le meilleur est de peur de faillir, de iamais ne recourir à vn estranger, qui ne nous peut oster le mal sans vser de quelque nouueau malefice, & sans vser du ministere de Satan: ny mesme à celuy qui nous a donné le mal, puis qu'il ne peut estre induit à nous guerir par aucune bonne voye, & que luy mesme ne le peut faire sans vser de quelque moyen illicite & reprouué.

Que si nous sommes si mal conseillez, que de recourir à l'vn ou à l'autre, il sera tres-apropos de s'enquerir premierement du Sorcier de quel remede il veut vser : & si c'est vn remede naturel, que le malade consulte les medecins, si c'est vn remede diuin, qu'il consulte les Theologiens : & encores estant diuin tousiours sera il mieux qu'il soit appliqué par vn Prestre que par vn Sorcier.

Comme aussi il n'y a nulle offence, de contraindre le Sorcier s'il a faict quelque charme qu'il puisse aisément leuer sans en communiquer ny traicter en rien du monde de nouueau auec Satan, de l'oster: comme s'il a fiché quelque cloud, herbe, plante, poudres, caracteres, ou autres choses, lesquelles il puisse oster de luy mesmes sans nul ministere de Satan, & les ostant simplement, guerir & enleuer les maleficesen ce cas, il semble qu'il est fort à propos de le contraindre.

Mais quand pour guerir vn maleficié ou leuer quelque autre sort il faut que le Sorcier consulte Satan, & qu'il s'addresse à luy de nouueau, il n'est pas loysible de l'enfoncer d'auantage en enfer. Car outre que les loix diuines & humaines defendent indifferemment à toutes personnes de recourir à luy ny à autre comme nous auons monstré, cela tesmoigne de la part du maleficié requerant, quelque bassesse & abiection d'esprit humilié & rabaissé, & emporte quand & soy quelque espece de recognoissance & d'adoration enuers Satan : auquel le malade ne peut dire qu'il ne recoure sciemment, puis qu'il employe vn de ses suppos, qu'il sçait estre à luy, & auoir quité & abandonné le Sauueur. Autre chose est quand pour anticiper & preuenir le mal on les rudoye & gourmande, vsant de quelque menace pour les contenir & arrester en leur mauuais desseins. Car outre que les menaces contiennent certain mespris, & quelque forme d'empire & commandement sur le Diable & les Sorciers qui sont à luy, il est certain que les tenant ainsi en ceruelle, d'autant qu'ils sont timides & presque tousiours en peur, plus difficilement verseront ils leur venin sur nos personnes, sur nos biens & sur nos fruicts.

Et qui ne voudra estant maleficié vser de toutes ces prudentes & salutaires precautions, outre qu'il est en danger de s'esgarer & perdre la voye de son salut, il court encore fortune de se desuoyer de celle de sa santé, & courir à toute bride à quelque malencontreuse mort. Comme fit Sanchez d'Auila, lequel ayant esté blessé d'vn coup de pied de cheual, s'estant addressé à vn soldat qui se mesloit ainsi de guerir par certaines prieres & benedictions superstitieuses, au lieu de guerir il mourut pour peine de telle superstition, comme dict l'histoire de Portugal, liu. 10.

Bog. Disc. 41.

Et comme fit aussi cette fille dans sainct Gregoire, laquelle ayant esté deliuree d'vn Demon par le ministere d'vn Magicien, nostre Seigneur permit que cinq ou six mille prindrent aussi tost la place de celuy qui en auoit esté chassé par cette mauuaise voye. Il faut donc mieux mourir que recourir à si mauuais medecins que Satan & ses supos, veu que pensant rachetter cette vie miserable & temporelle, on se met notoirement en peril de perdre celle qui est eternelle, tombant en cette damnable inconstance, de quiter le Sauueur & Redempteur du monde, maistre souuerain des enfers & des Demons, aussi bien que de tout le reste, pour adherer & seruir des Esprits malings, qui ne nous peuuent faire aucun bien ny apporter que ruine, misere & desolation.

S. Greg. lib 1. Moral ca. 4.

Que si d'autres fois les Papes en ont octroyé dispense, c'estoit pour quelque si notable occasion, & auec tant de considerations, & si rarement, qu'on ne le sçauroit bonnement trouuer mauuais.

Spranger en faict le conte qui semble estre fort pressant. Car il escrit qu'vn Euesque attaint d'vne griefue maladie, ayant sçeu par le moyen d'vne Sorciere qu'il estoit ensorcelé, sans qu'il eust moyen quelconque de guerir, que faisant mourir la Sorciere qui luy auoit donné le mal: enuoya prier le P. Nicolas V. de luy donner dispense de recouurer sa santé par cette voye, veu qu'il n'en pouuoit trouuer d'autre. Le Pape qui aymoit vniquement cet Euesque, luy octroya

Sprang & Maiol. lib 3. Des sorcel.

sa dispense: auec cette clause toutefois, ou causee de façon qu'elle disoit que c'estoit pource que de deux maux il faut euiter le plus grand.

On recourt donc à cette sorciere, qui auoit descouuert sa compagne, & estan: priee d'entreprendre cette guerison (qui estoit en bon françois la prier d'homicide)elle respondit que puis que c'estoit la volonté du Pape & de Monsieur l'Euesque, qu'elle le gueriroit : & de faict sur la minuict l'Euesque se trouua guery, & la sorciere qui l'auoit ensorcelé se trouua morte de là à quelques iours, inuoquât tousiours Satan durant sa maladie.

Pour moy, ie m'esmerueille d'où Spranger a prins ce compte, & ne me puis guiere bien persuader, que cette dispense ayt onques esté ny donee ny demandee Bien qu'on pourroit dire, outre les autres consideracions à nous incognues, qu'il valoit mieux sauluer l'Euesque qui estoit homme de bien, & parauanture fort vtile pour le seruice de Dieu, que non cette malheureuse sorciere, qui ne faisoit que du mal en ce monde, laquelle ne meritoit encores de mourir d'vne mort si douce que celle que sa compagne luy procura.

Mais pourtant ie reuiens tousiours là que le meilleur est de se tenir ferme aux precautions que nous auons cy deuant donnees, quand bien nous serions attaints & affligez de maladies incurables, & qui ne se pourroyent guerir par autre voye que par celle de quelque sorcier

Zz iij

DE L'INCONSTANCE DES DEMONS, MAGICIENS ET SORCIERS.

Quel moyen il y a de recognoistre les faulses apparitions des ames des decedez, & les destinguer d'auec celles des Demons. Et si on peut discerner les bons Anges d'auec les mauuais.

1. Que les Magiciens & sorciers ne tirent nul bien ny commodité du commerce des Demons
2. Agrippa quoy que grand magicien, a plus descrié la Magie, que ne fit iamais autre qui fus du mestier.
3. Agrippa donnoit aduis à tout le monde de se garder des Demons, neantmoins il ne s'en peut garantir luy mesme.
4. Quel moyen il y a d'euiter les ruses de Satan puis qu'il est inuisible, &

qu'il se change en telle forme qu'il luy plaist.
5. Quel moyen il y a de discerner l'apparition des Ames des decedez & des Demons.
6. Si on peut discerner les Demons d'auec les bons Anges.
7. Que tous moyens humains sont foibles pour se garantir des Demons.
8. Que le seul moyen est de recourir à Dieu.

Discovrs II.

1. Que les Magiciens & sorciers ne tirent nul bien ny commodité du commerce des Demons.

L y reste maintenant deux poincts à considerer: l'vn à recognoistre le peu de bien que nous tirons des Demons & malins Esprits, l'autre est à pouuoir discerner & choisir les bons Anges d'entre les mauuais, & euiter le peril & le dommage des faulses apparitions.

Pour le premier qu'on regarde & considere exactement

tout ce que les Demons inuentent & traictent auec nous, ce ne sont que ruses, mauuais artifices & souplesses. Ils nous presentent à la verité des sciences, & font croire pour tromper le monde, qu'ils nous feront aussi sçauans que des Dieux. Qu'ils ont cognoissance parfaicte du bien & du mal & de toute sorte de sciences.

Mais il faut tenir pour certain, que si ce sont sciences humaines qui s'apprennét communement aux escoles, quoy que partois bien exploitees elles cõduisent à la vertu & au bien faire, si est ce que quand nous les tirons de Satan par quelque mauuaise conuention, & qu'il les nous enseigne, elles nous meinent tousiours à precipice. Car il les nous met dans l'entendement si mal rangees, & les y fourre auec tant de confusion, qu'on peut dire qu'elles sont plus variables que n'est le Poulpe ou le Cameleon, plus discordantes que les elemens, plus tumultueuses que les ondes, plus legeres que le vent, plus embrouillees qu'vn Labyrinthe, plus inconstantes que la lune, & plus obscures que les manoirs de Pluton. *Les autres l'appellent Polype.*

Que si elles sont surnaturelles & au dessus de la portee des hommes, elles nous font entrer en des curiositez execrables, & nous prostituét à tant d'abominations, qu'auant y pouuoir estre seulemét tant soit peu initsez, il se faut despouiller de tout bon naturel, & deuenir si ignorans, que iamais plus on ne puisse reuenir à apprendre cette science principale, qui est celle de nostre salut, si ce n'est par quelque particuliere grace de Dieu.

Pour les richesses, il n'y eut iamais Magicien ny sorcier qui ne fut belistre, & qui n'eust assez affaire à viure: tout le monde estant d'accord, que les richesses que Satan leur presente, ne tombent que sur les yeux, & poinct du tout és mains ny dans la bourse: que ce ne sont que feuilles & festus, dont la ioye mesmes s'en perd & s'esuanouit dans vingt-quatre heures.

Quant aux delices du manger, ce sont apprests & festins Diaboliques qui ne seruent que pour abuser le monde: que la main qui se porte au plat, n'emporte rien que du vent:

Que leurs tables sont chargees de viures qui n'engendrent que la faim: Que si on mange quelque chose, ce sont charognes, chair de pendus ou d'enfans non baptisez, de la paste de millet noir, & autres choses ennemies des yeux, du goust, de l'attouchement & du cœur.

Pour les delices des accouplemens, ils sont si horribles & accompagnez de tant d'ordure comme nous auons dict cy deuant, qu'ils ne se peuuent bonnement coucher par escrit sans offencer Dieu, & irriter la nature, donnant de l'horreur au lecteur, & du côtre-cœur à celuy mesme qui les veut exprimer: nostre lãgue françoise estãt d'ailleurs si imparfaicte, qu'elle n'a aucunes paroles assez couuertes pour en adoucir la rudesse, & moins encores pour en pallier la vergogne.

Mais appellons à tesmoins les Magiciens & les Sorciers mesmes: Satan ne leur peut si bien clorre la bouche, que le descry de leur science, & de tout ce mechant & detestable commerce qu'ils ont auec luy, ne leur eschappe bien souuent, & qu'ils ne nous baillẽt de tres-bons memoires pour nous en garantir, quoy qu'eux mesmes ne puissent que fort mal-aysément se sauuer du naufrage.

2. Agrippa grand Magicien a plus descrié la Magie cue ne fit iamais autre qui fut du mestier.

L'vn d'eux & des plus suffisans qui est Agrippa, composa trois liures assez grands de la Magie demoniaque, mais dans iceux il cõfessa ingenuement, qu'il n'auoit iamais receu benefice ny bien faict quelconque des Demons, & que la Magie & sorcelerie hors les malefices, consistoit seulement en quelque prestige que faict l'Esprit malin pour tromper les ignorans: dequoy on ne tire autre proffit qu'vn peu de gloire vanteuse, auec dommage & perdition de l'ame & du corps du Magicien ou Sorcier. Mais il vaut mieux qu'il conte luy mesme sa vergogne.

Prodierunt Magi propter quæstum & inanem gloriam, mentientes per diabolos aduersus Deum, vtilitatem nullam neque beneficia hominibus præstantes, sed decipientes in perniciem, & in errorem mittentes, & qui credunt illis cõfundentur in iudicio Dei. Verum de Magicis scripsi ego iuuenis adhuc libros tres, amplo satis volumine, quos De occulta Philosophia nuncupaui, in quibus quicquid per curiosam adolescentiam erratum est, nunc cautior hac palinodia recantatum volo. Permultum enim temporis & rerum in his vanitati-

DES DEMONS, MAG. ET SORC. LIV. V.

nitatibus olim contriui. Tantum hoc profeci, quod sciam quibus rationibus oporteat alios ab hac pernicie dehortari. Quicunque enim in elusione dæmonum, secundum operationem malorum spirituum diuinare & prophetare præsumunt, & per vanitates magicas, exorcismos, incantationes, amatoria agogima & cætera opera dæmoniaca, & idolatriæ fraudes exercentes, præstigia & phantasmata ostentantes, mox cessantia miracula sese operari iactant, omnes hi cum Iamne & Mambre & Simone Mago æternis ignibus cruciandi destinabuntur.

Voila leur fin & la sienne qu'il auoit fort bien predite, neantmoins ce miserable fut si aueuglé du Diable auquel il s'estoit soubsmis, qu'encore qu'il cognut tresbien sa perfidie & ses artifices, il ne les peut euiter: estant si bien amorcé & enueloppé dans ses rets, qu'il luy auoit persuadé & mis dans la teste, qu'encore qu'il se laissast tuer la mort n'auroit nul pouuoir de l'offencer, l'ayant asseuré qu'il le ressusciteroit & le rendroit immortel. Ce qui aduint tout autrement, car s'estant faict coupper la teste preuenu de cette faulse esperance, le Diable se moqua de luy, & ne voulut (aussi ne pouuoit il) luy redonner la vie, pour luy donner moyen de deplorer sa mort.

3. Agrippa dônoit aduis à tout le monde de se garder des Demõs bien qu'il ne s'en soit peu gardãt luy mesme. Strozzi lib. 4. c. 8. del Palagio de gli Incanti.

Il faut donc croire aprés vn exemple si formel, que les Magiciens & Sorciers ne rapportent autre chose du contract illicite & pacte infame faict auec le Diable, que des vanitez qui ne profitent rien, des promesses sans effect, des curiositez qui donnent perpetuellement de l'ennuy, des biens d'ont on ne peut iouïr, de sciences qu'on ne peut entendre, vn tourment d'esprit, vne perte de temps, vne trahison ineuitable, & en fin le coup mortel & certain precipice de l'honneur, de la vie & de l'ame.

Car le Diable qui ne tasche qu'a estre emulateur de Dieu, ne leur persuade tant de choses estranges, lors qu'il est en son throsne prestigieux, que pour les attirer au piege qu'il leur a tendu par toutes ces nouueautez: n'ayant autre but dans la teste que d'abismer entierement le genre humain, affin qu'il ne puisse iouïr de cette beatitude de laquelle il a esté priué pour sa superbe,

Mais quel moyen d'euiter ses ruses, puis qu'il est & inui-

4. Quel moyen il y

Aaa

sible & si puissant, que de tout temps il a eu le pouuoir de tourmenter les plus gens de bien, voire ceux qui estoyēt de plus saincte vie, & outre ce prendre telle forme qu'il luy plaist?

a deuiter les ruses du Diable puis qu'ilse met en telle forme qu'il luy plaist.

Quel moyē y a il de les discerner, puis qu'ils se peuuēt couurir d'air, d'eau & de terre: puis qu'ils peuuent varier en tāt de formes, se trāsformer en tāt de sortes de bestes, qu'ils peuuēt prēdre le corps des morts & des viuās, iusques à vsurper indignement la forme des Anges de lumiere, des Saincts, de la Benoiste Vierge, voire mesme celle de Iesus Christ?

Ny a il poinct quelque marque, enseigne, regle ou demonstration certaine qui le nous puisse descouurir, & nous en donner quelque certitude & cognoissance?

Mais parlons premierement s'il est possible de discerner les ames humaines des damnez ou des bien heureux d'auec les Demons: car il est autant ou plus malaysé, que distinguer & recognoistre les bons Anges d'auec les mauuais. Outre que leurs apparitiōs ne sont guiere moins dangereuses. Neantmoins on dict que l'vn & l'autre est aisé.

5. Quel moyē il y a de discerner l'apparition des ames des decedez d'auec celle des Demons.

1. Pour les ames humaines des decedez lors qu'elles apparoissent venant de l'autre monde à nous: on dict qu'on les peut recognoistre & distinguer des Demōs, parce qu'ordinairement elles se representent en hommes portans barbe, en vieillards, en enfans ou en femmes, bien que ce soit en habit & contenance funeste: or rien de tout cela ne conuient aux bons Anges.

2. Ou c'est l'ame d'vne personne bien heureuse, ou bien c'est l'ame d'vn damné, si c'est l'ame d'vn bien-heureux, & qu'elle reuiēne fort souuent, il faut tenir pour certain que c'est vn Demon, lequel ayant failly son coup de surprise, reuient & apparoist plusieurs foys pour le retenter encore. Car vne ame ne reuient plus quand elle est satisfaicte, si ce n'est parauanture, vne seule fois pour dire grand mercy. Que si c'est vne ame qui se die estre l'ame d'vn damné, il faut croire que c'est vn Demon, veu qu'a grand peine laisse on iamais sortir les ames des damnez, comme soustient Del Rio contre l'aduis de Peltan & de Tyræus. Car encore que

DES DEMONS, MAG. ET SORC. LIV. V. 371

Dieu le puisse permettre, ie ne voy pas pourtant (dict il) *Del Rio. lib.* *2.q.26.sect.* cause ny raison quelconque pour laquelle il le veuille ou *3.* le doibue. Et bien qu'il le pemist comment est il possible que ces ames se puissent discerner des Demons, sinon parauanture si elles denonçoyent ou indiquoyent des choses qui fussent au dessus toute la cognoissance des hommes, & non iamais aduenues. Comme en l'exemple qui se lit és chroniques de S. Dominique, où le refectoir fut trouué par les religieux, tout plein de moines decedez qui se disoyent damnez, ce que Dieu leur foisoit dire pour attirer les religieux viuans à vne meilleure vie.

3. Si le Demon occupoit le corps d'vne personne viuante. Car les ames ny les bons Anges n'entrent iamais & ne se iettent dans le corps des personnes qui sont en vie, ains c'est le propre des mauuais Demons: ce qui a esté confirmé par tous ceux qui ont traicté cette question.

4. Si cette ame a dict quelque fausse cause, ou prins quel- *Zoroaster in* que mauuais & faux pretexte de son apparition: comme si *Magicis* elle a dict qu'elle apparoissoit cotraincte & forcee par quel- *Loyer lib. 4.* que coniuration magique, ou pour reueler des choses cu- *de spirit. c.* rieuses, & peu necessaires, ou telles qu'il seroit plus expe- *pen.* dient de ne les sçauoir pas que de les sçauoir, à lors on peut inferer que c'est vn Demon.

5. Si cette ame tient quelque discours faux superstitieux & de pernicieuse & sinistre persuasiō, comme d'vne personne qui est en desespoir, ou d'vne personne superbe, desireuse de vengeance, lasciue, pleine de perturbation, & comme tesmoignant quelque certain faste & ostentation.

6. Si cette ame apparoist non en forme humaine, belle & bien formee, ains diforme, hideuse ou ville comme de serpent, d'homme noir, de chien, de chat, ou chose semblable. Que si c'est en forme humaine bonne en apparence, comme d'vn Ange, d'vn sainct, ou de Dieu mesme: alors il faut considerer si de soy, l'operation est mauuaise, comme s'il s'en ensuit blaspheme, superstition, mensonge, homicide, luxure: Ou bien si cette operation est frauduleuse, comme si de prim'abord elle apporte ioye au cœur, & tranquil-

Aaa ij

lité ou contentement, & par après le tout se conuertit en horreur, trouble & desolation. Ou bien si cette vision faict sa retraicte auec vn grand bruit, ruine & degast, alors on peut dire que c'est vn Demon ennemy & insidiateur de ceux ausquels elle apparoist, & non simplement vne ame qui reuient en ce monde mendier quelque secours, ou reueler quelque chose.

Mais ces marques ou indices ne nous peuuent donner qu'vne cognoissance fort incertaine. Car puis qu'vn bon Ange peut prendre la forme de celuy lequel Dieu a mis en sa protection, pourquoy ne prendra il la forme qu'auoit son client auant mourir, soit homme, femme ou enfant, vieux ou ieune, affin qu'il puisse mieux estre recognu? D'auantage il y a vne infinité de bons Anges qui ont apparu à des Saincts en vieux, en ieunes, en femmes, hommes & enfans.

Et pour tout le reste, nostre Seigneur qui a permis à ces ames de reuenir, leur a peu aussi bien permettre (pour des occasions à nous incognues) de se ietter dans les corps des viuans, de comparoir au monde par la force des coniurations magiques, de tenir des discours estranges & hors de nostre capacité, & pour ce faire leur conceder de prendre telle forme qu'il leur plaira. Car il est certain que les Ames des bien-heureux ont de plus hautes cognoissances que les Anges mesmes.

1. Quel moyen il y a de discerner les bons Anges d'auec les mauuais.

1. Quant aux faulses apparitions des Esprits malings, & sçauoir si on peut trier les mauuais Anges & les discerner des bons. On a obserué que iamais les bons Anges n'apparurent en forme de femme, n'y en formes estranges d'animaux, ou autre chose vile comme font les mauuais, ains seulement en forme d'homme: parce que la figure de son semblable est & reuient à chacun à consolation & plaisir: c'est pourquoy Iesus-Christ & les Anges paroissent volontiers en figure humaine, & presque tousiours en forme virile.

2. Iamais le Diable qui prend tant de formes, ne se transforma en agneau ou en colombe: non parauanture qu'il ne le peust, mais parce que Dieu n'a voulu permettre qu'il prinst & abusast de ces deux formes, que son Fils & le Sainct

Esprit s'estoient choisies & comme reseruees: ou bien parce que les Diables abhorrēt tellement nostre Seigneur, qu'ils dedaignent & ne veulent pratiquer, ces venerables formes qui ont esté exploitees par son ennemy nostre Sauueur.

3. Les corps des morts ne sont iamais ostez de leur repos par les bons Anges. Ils ne seruent iamais & ne prenēt vn corps d'vn mort en leurs sainctes ambassades. Les Demons seuls qui tourmentent les mortels & morts & viuans, ont accoustumé de s'en seruir. Et la raison en est bonne: car les bons Anges dedaigneroient de se ioindre aux corps des damnez: & à ceux des bien-heureux, ils leur portent tant de respect & de reuerence, qu'ils n'osent les destourner de leur repos. Que si par fois ils les prennent, c'est par exprez commandement de Dieu qui leur a ainsi prescrit pour quelque bien notable. Mais au contraire les Demons se joignent volontiers au corps des mechans & des damnez.

4. Toutes les operations des bons Anges tendent à la gloire de Dieu, & à ayder les hōmes à sortir du bourbier, leur dōnant tousiours de bons & saincts aduertissemens, & comme leur tendant la main pour reuenir an bon chemin. Mais les mauuais ne cherchent que plonger les hommes en peché, & les tirer en enfer, pour souffrir auec eux les peines eternelles.

5. Ils se cognoissent aussi parce que les bons Anges à l'entree espouuantent aucunement, mais en fin ils laissent ceux qu'ils visitent auec vne merueilleuse consolation. Au contraire l'entree & l'yssue des mechās apporte à ceux ausquels ils apparoissent vn perpetuel & tres-dangereux espouuantement.

6. Les bons Anges laissent tousiours vne tres-bonne & soüefue odeur. Au contraire les mauuais laissent vne puanteur merueilleuse.

7. Les mauuais Anges apparoissent auec quelque imperfection du corps, ou quelque autre tres-grand defaut & incommodité. Au contraire les bons se presentent auec toute perfection & bien-seance.

Les mauuais haissent les Agnus Dei, les Reliques des Saincts, le sel, l'eau & les chandelles benistes, & toutes autres choses que l'Eglise tient en prix, & sur tout les signes de la croix: parce que, *signo crucis*, dict Athanase, *omnia magica compescuntur, veneficia inefficacia fiunt, vniuersa idola deseruntur*, Et ailleurs, *solo signo crucis homo viens dolos à se dæmonum perpellit*. Pour le poison, l'exemple y est clair dans la vie de S. Benoist, auquel ses religieux ayant donné à boire vn verre de vin empoisonné, tout aussi tost qu'il eut faict le signe de la croix au dessus, le verre se cassa, & decouurit leur mauuais dessing. Mais en la vie du grand S. Gregoire il y est encore plus notable. Car certains Sorciers & Magiciens ayāt promis à vn Cheualier Romain ennemi de S. Gregoire de luy mettre vn Diable dans le corps de son cheual vn iour qu'il iroit par ville, qui l'agiteroit si tres-fort qu'ils esperoient luy faire rompre le col: ils ne manquerent poinct d'executer leur mauuais dessin: & de faict son cheual ayant ce Demon dans le corps se tourmenta si furieusement, que tous ceux qui acompagnoient S. Gregoire ne le peurent iamais arrester. Ce bon S. Pere y remedia luy seul: car ayant fait le signe de la croix par reuelation de Dieu, il chassa aussi tost le Diable hors du cheual, rendit les Sorciers aueugles, & ce miracle leur ayāt donné occasion de se faire Chrestiens, S. Gregoire les baptisa, mais il ne leur voulut restituer la veuë de peur qu'ils ne reuinssent à faire de nouueaux malefices & à lire des liures de Magie, & aima mieux qu'ils fussent entretenus aux despens de l'Eglise. Qui mōstre combien les Demons fuyēt les signes de croix, au lieu que tout à rebours, les bons Anges sont tousiours à les reuerer & admirer.

Les mauuais Demons, bien que par fois ils nous surprenent en plein midy, neantmoins comme vrays satellites de la nuict, ils sont communement ennemis du iour, de la beatitude & de la Diuinité. Au lieu que les bons, amis du iour, vont nuict & iour, & comme Anges de lumiere nous esclairent parmy l'espaisseur des tenebres & par tout: & estans tousious aux pieds de nostre beatitude & souuerain bien, nous mesnent par la main, & comme nos guides & directeurs, nous presentent à ce grãd Dieu tout puissant pere de la diuinité, qui ouure tres-volontiers les portes du ciel à ceux qui y sont conduits par ces Esprits bien heureux.

Mais pourtant, encore qu'il semble que ces moyens soiét assez suffisans pour les recognoistre, & que moyennãt iceux il y a quelque apparance de croire, qu'on se peult garder de tomber en leurs liens: Si est ce que leurs faulses apparitions sont reuestues de tant de tenebres, d'illusions, de faux miracles, de soudains mouuemens, de nouueautez extraordinaires, & autres choses estranges, qu'il est malaysé que nostre courage & nostre constance ne se relasche, de quelque costé, & qu'en ce poinct la frayeur ne nous tire comme esperdus hors de toute cognoissance.

7 Que tous moyẽs humains sont foibles pour se garantir des Demons.

Ces Demons inconstans, ces variables Protees, se transformẽt en tant de diuerses sortes d'animaux pour nous eluder & surprendre, & nous lient & obligẽt auec tãt de sortes de pactions illicites, & tant de promesses captieuses qu'ils tiennent & aneantissent quãd il leur plaist, qu'il ne faut pas douter que les sens de ceux ausquels ils apparoissent, estans troublez d'vne veuë si inopinee & si horrible, leur raisõ, leur cognoissance & leur iugemẽt ne s'effarouchent & ne s'affoiblissent, & par fois ne s'esgarent & perdent du tout. Si bien que par aprés, ces Esprits maudits sont en toute commodité & liberté, de prendre sur eux, comme dés oyseaux de rapine qui volent à l'entour de leur proye, tel aduantage qu'ils veulent.

Neantmoins encore qu'ils ne puissent se faire voir deuant l'homme vray image de Dieu, qu'auec espouuantement, puanteur, incommodité & imperfection: Que nous les voyons par fois oculairement trembler & fuir au deuant les remedes de nostre protection, qui sont les signes de la croix qu'ils abhorrent tant (parce qu'ayant enfraint les barrieres de cette sacree sauue-garde, ils se persuadent que nous sommes desarmez & à demy vaincus.) Si est ce qu'ils sçauent si bien couurir leurs mauuais desseins, & tirer tous nos meilleurs & plus saincts remedes en moquerie & risee, qu'il n'y a moyen de s'asseurer en la foiblesse de nostre cognoissance, pour se garantir d'vn ennemi si artificiel, si fardé

& si couuert de faux ombrages : & moins encore à nostre propre & seule deffence, ores que nous en eussions quelque certitude.

Qui faict que ie tiens toutes ces cognoissances & coniectures, pour foibles & fallacieuses, & qui ne nous donent que des simples presumptions, contraires à vne infinité d'exemples qui se rencontrent en la vie des Saincts.

Car de dire qu'on peut cognoistre les bons Anges, parce qu'ils ne changent guiere iamais de forme, se tenant tousjours à celle de l'homme, & sur tout n'en prenant de femme n'y de beste, comme asseure Trithemius, lequel nous voulant apprendre à les discerner, dict parlant des mauuais Anges. *Diuersarum quoque species assumunt: bestiarum, prout diuersis tanguntur affectionibus: sancti autem Angeli, quoniam affectione nunquam variantur, vniformiter semper apparent in forma virili. Nusquam enim legimus scriptum, quod bonus spiritus in forma sit visus muliebri, aut bestiæ cuiuscunque, sed semper in specie virili.*

Trith. lib.
Quæstionum
singul ad
Ferdinandū
Imper. q. 5.
Del Rio lib. 2.
q. 27. sect. 1.

Les exemples nous font voir qu'il se trompe : car cette immutabilité d'affections és bons Anges, & la mutabilité & variatiō au cōtraire és mauuais, ont vn fort foible & peu solide fondement : veu qu'vn bon Ange pour auoir tousjours son inclination & sa visee au bien, est veritablement en ce poinct communement immuable au mal. De mesme le mauuais Ange, qui a tousiours visee & propension au mal, est aussi communement immuable, & ne peut se tourner au bien. Mais pourtant comme le mauuais Ange en ce qui concerne le mal, peut varier & changer pour vn plus grand mal, & pour apporter plus de ruine & degast : ainsi se peut dire de mesme du bon Ange, en ce qui concerne le bien. Tellement qu'en l'vn & l'autre vray-semblablement chacun a diuerse fin, & l'vn pour le bien, l'autre pour le mal peuuent prendre diuerses formes, pourueu qu'elles ne soyent indecentes au bon Ange, lequel ne peut pour cette mutation encourir aucun reproche d'inconstance, parce que le changement en mieux ne peut souffrir ce blasme, estant loisible en ce poinct par toutes les loix diuines & humaines de varier : la variation quand elle se faict en mieux,

mieux, n'eſtant que tres-decente, tres-vtile, tres-honnorable & ſaincte.

Et quant à ce que le commun de ceux qui parlent de ces apparitions, tiennent qu'vn bon Ange n'apparut iamais en forme de beſte, il ſe trouue en la vie de ſainct Gommar, qu'vn bon Ange luy apparut en forme de colombe, laquelle luy diſſuada quelque peregrination : à quoy ayant obey, & ne s'en eſtant rié enſuyui, d'où l'on puiſſe preſumer que ce fut vn mauuais Demon, ains s'en eſtant enſuyui pluſieurs choſes qui doyuét faire croire que ce fut choſe commandee de Dieu : & qu'il ne ſe lit exemple que les Demons ayent abuſé & prins la forme de colombe, dediée au Sainct Eſprit, il faut croire que c'eſtoit vn bon Ange : dequoy il y a vn monde de pareils exemples. *Suri. a. 8. 10. J.*

A S. Vvambert il luy apparut en veillant vn Aigle qu'on tient auoir eſté vn bon Ange. *Suri. in vita S. Bertulphi c 2. die 5. Ianuar.*

En la vie de ſaincte Catherine de Siene on lit, que ſon pere vit ſur elle vn pigeon blanc, comme elle prioit Dieu en vn coing de ſa chambre, qui diſparut ſoudain, lequel ne pouuoit eſtre qu'vn bon Ange. *Ribade. en la vie de S. Catherine de Siene.*

Quant à l'autre poinct qu'on tient que iamais vn bon Ange n'apparut en femme : ils alleguent pour monſtrer le contraire ce que dict ſainct Laurens Iuſtinian, qu'vne vierge plus reſpládiſſante que le Soleil luy apparut, qui ſe diſoit eſtre la Sapiéce de Dieu, & auoir prins cette forme humaine pour la reformatió des hômes. Il la reçeut pour ſon eſpouſe, & luy ayát dóné le baiſer de la paix, elle ſe retira. Or ceux qui ont eſcrit ſa vie diſent que c'eſtoit Ieſus Chriſt meſme qui luy apparut en cette forme. Neantmoins on croit communement & plus probablement que c'eſtoit vn Ange, Noſtre Seigneur ne prenant la forme de femme pour apparoir aux hommes. Et quand ce ſeroit Ieſus Chriſt, puis qu'il s'eſt apparu en femme, qui peut dire que les bons Anges dedaignent où ayent en horreur cette forme, & ne puiſſent quelquefois apparoir en femme ? *Del Rio lib 2. q. 26 ſect. 3. De faſciculo amoris. Bernardin. Iuſtiniá. in eius vita cap. 1 apud Sur. tem. 1.*

Sinon qu'on voulut dire, que la vertu (dont la Sapience de Dieu eſt la premiere de toutes) bien qu'elle ſoit voilee

Bbb

d'vn nom & voile feminin, est neātmoins tout à faict masle. Si bien que cette vierge qui apparut à ce bon Sainct, prenant la forme de cette auguste & venerable vertu de la sapience de Dieu, c'estoit vrayement vn masle & non vne femelle, suiuant la doctrine de Philon le Iuif, qui dict qu'entre la vertu & l'ame d'vn homme de bien il y a quelque certain mariage, dans lequel contre ce qui se trouue communement és autres mariages, la vertu tient le lieu du mary, & partant est le vray masle, & l'ame le lieu de la femme, & partant la vraye femelle : voulant dire que la vertu, quoy qu'on la baptise d'vn nom feminin, a tousiours vn cœur masle, & viril, ne tenant rien de la femme que la simple terminaison.

Philo in lib. de Abrahā.

Au surplus à ce qu'on dict que nostre Seigneur n'a encore, qu'on sçache, permis à aucun Demon, d'apparoir & prendre la forme d'vne colombe, d'vne brebis simplette, ou d'vn agneau : parauanture parce que le vray agneau c'est Iesus Christ le bon & vray Pasteur, & que le Sainct Esprit à accoustumé d'apparoir en forme de colombe, & que ces animaux sont exempts de fraude & tromperie, n'ayant ny force ny inclination de porter aucun dommage. On peut repliquer à cela, qu'on a veu par fois, que quand le Diable veut induire quelqu'vn à mal soubs pretexte de bien, il apparoist & prend la forme de Iesus-Christ, comme il fit à sainct Martin, ou en forme de Dieu, comme il fit à la veufue Theodore, ou en forme de la Benoiste Vierge, comme dict DelRio estre aduenu en la ville de Bourdeaux pēdant qu'il y estoit, ou en forme de bon Ange, comme il fit à saincte Iulienne. Or puis que les Demons peuuent prendre la forme de Iesus Christ, de la Vierge, & des Anges, qui peut dire qu'ils ne puissent prendre la forme d'vne colombe, d'vne brebis ou d'vn agneau?

DelRio lib. 2. q. 26. sect. 7.

Et pource qu'on dict que les mauuais Anges laissent tousiours vne mauuaise odeur auec quelque certaine terreur : i'ay veu force gens qui auoient du tout perdu le sens de l'odorat, si bien que par ce moyen le mauuais Ange ne se pourroit discerner par eux. Et pour la terreur, l'appa-

rition des bons Anges est si inusitée, qu'il n'y a guiere
d'hõme sans vne particuliere grace de Dieu qui ne s'effraye
à les voir, & qui n'en demeure comme transporté & hors
de soy.

Ainsi dict DelRio, ie ne voy pas & ne tiens pour indubi- *DelRio lib.*
tables les moyens qu'on allegue pour discerner clairement *2.q 26. sect*
ces apparitions, soit des ames des bien heureux, ou des *3. f. 203.*
damnez, soit des bons ou mauuais Anges: car tous ces
exemples m'arrestent. Ie croiroy plustost (dict-il) que toute
cette discretion ou cognoissance d'Esprits (ce que person- *Lib. De cu-*
ne ne nie) depend entierement de la reuelation de Dieu. Et *ra cap. 16.*
afin que ie luy face dire sa creance à luy mesme, voicy sa resolution. *Propterea tutius & præstantius iudico* (dict-il) *cum S. Au-*
gustino, meam hic ignorantiam fateri, & discipulum me præstare,
quam precipiti temeritate aliquid definire, vel agere præceptorem. Res
enim hæc altior est, quam vt à me possit attingi, & abstrusior quam
vt eruere, & profundior quam vt vadare queam.

Il faut donc recourir à Dieu seul, les excellences duquel **8.** Que le
ne conuiennent plus proprement à chose quelconque qu'à seul moyen
descouurir, faire recognoistre vn si puissant & si couuert rantir des
ennemi, l'arrester au milieu de sa course, empescher l'essor Demõs est
qu'il faict prendre aux mortels, le trauerser, le faire trebu- à Dieu.
cher, voire le precipiter lors qu'il les transporte au plus haut
de l'air.

Car il est certain que la gloire de Dieu se monstre principalement en ce qu'il tient les longes de la surprinse, for-
faicture & du mal faire de Satan, & les luy retient & allon-
ge comme il luy plaist, veu que s'il luy donnoit la carriere
entiere & vne plainiere & libre puissance de malfaire, il
ruineroit tout l'vniuers: n'ayant ny dessein ny inclination
qui tende qu'a ce seul poinct.

Sa sapience se monstre en ce qu'encore qu'il permette à
Satan d'vser librement de ses forces naturelles, & pour
mieux y paruenir de se deguyser & transformer en mille
façons, & se rendre mesme inuisible & insensible: neantmoins Dieu permet bien souuent qu'vn petit hommelet
sainct personnage, auec vn seul mot, froisse la teste à

Bbb ij

Satan, & fracasse sa superbe, comme Esechias fit le serpent, le faict desloger, & le tire à toute sorte d'obeissance, & soubmission, luy faisant souffrir mille indignitez.

Sa puissance se monstre en ce que tirant de tres-bonnes eaux de tres-mauuaises sources, espraignant de grands maux, il en faict deriuer de grands biens, & du peché des vns, il tire le merite des autres.

Il faict rendre gorge à Satan quand il luy plaist, & le reduit non seulement à canceller les conuentions & mechantes promesses qu'il a extorquees de quelques ames foibles qu'il à surprinses, les leur ayant faict signer par fois de leur propre sang pour les lier à la rigueur: ains par le merite du propre sang de son fils espendu pour nous, & par la seule inuocation de son nom, il les luy faict bien souuent rendre & restituer visiblement & ignominieusement.

Et quoy qu'il se puisse rendre & inuisible & insensible, il ne peut tant s'approffondir dans la terre, il ne peut trouuer tant de cachots dans ces antres & rochers affreux, ny prendre tant de corps aërez dans la hauteur du ciel, que celuy qui est bien en la grace de Dieu estant en perpetuelle desfiance (comme chacun doit estre, s'il n'a cognoissance parfaicte de luy) ne s'oste pour le moins de ses pates.

Il faut donc le supplier tres-humblement, puis que Satan ne peut que ce que Dieu luy permet, de nous garder de toutes ces visions tres-dangereuses, & faulses apparitions, lesquelles nous apportent tant de frayeurs, qu'elles donnent communement la mort au corps: & quand cet autre malheur nous aduient qu'elles passent outre, & qu'elles emportent la victoire entiere sur nous, elles nous donnent vn tel coup mortel dans l'ame, que la mettant du tout au pouuoir de Satan, il luy faict souffrir en ce monde cent mille tourmens, & en l'autre les horribles flammes de l'enfer, & la peine eternelle des damnez.

On peut aussi rechercher & se seruir de l'intercession de la saincte Vierge & des Saincts, la plus part desquels ont receu ce benefice de Dieu d'interceder pour nous, lors que nous sommes attaints de maladies incurables, & dont le seul remede est en la main de Dieu, d'où l'Eglise nous apprend de le tirer par l'intercessiõ & merite des Saincts: Dieu leur, ayant pour cet effect approprié à chacun d'eux, la guerison de quelque particuliere maladie, comme l'experience nous à faict voir cent mille foys. Car tous remedes humains cessans en plusieurs maladies cette seule intercession y a notoirement apporté vne telle guerison, que l'heresie ny l'incredulité ne le sçauroyẽt nier sans calomnie euidẽte.

C'est pourquoy i'aduertis ceux qui ne tiennent les Saincts pour ennemis mortels, comme font les Heretiques, de recourir à leur saincte intercession (aussi est ce vne maladie spirituelle où les remedes humains sont inutiles) pour estre deliurez de la vexatiõ des malings Esprits, & de cette faulse apparition des Demons. Leur voulant encore donner cet aduis, que puis n'aguieres le bien heureux P. Ignace, duquel la beatification a esté puis deux ans tant celebree par toute la Chrestiété, a rendu tãt de tesmoignage que son intercession estoit agreable à Dieu contre les Demons, qu'on lit dans l'information de sa saincte vie & de ses miracles, qu'en monstrant son nom escrit aux Demoniaques, les Demons estoyent forcez de sortir. Ayant notoirement chassé les mauuais Esprits qui tourmentoyent les religieux de sa cõpagnie, en leur maison de Lorette, en l'an 1555. Ce qu'vne infinité de gens d'honneur ont veu qui sont pleins de vie, & vn monde de Pelerins qui alloyent & venoyent en ce temps la à Lorette.

Del Rio lib. 2.9.17.sui. 2.

De maniere que c'est maintenãt chose ordinaire, qu'on met son portraict sur les portes des maisons infestees des malings Esprits (remede que Dieu semble auoir reserué à la seule intercession de ce P. bien-heureux, n'estant cette grace encore recognue en la vie d'aucũ autre Sainct) deslors que voyant, son petit troupeau de Lorette tant infesté des Demons, il pria Dieu de si grande feruecur, que l'obtenant pour eux, il luy en conceda la grace pour tout le monde.

Bbb iij.

DE
L'INCONSTANCE
DES DEMONS, MAGICIENS
ET SORCIERS.

Discours de l'acte de la foy, celebré en la ville de Logroigne le septiesme & 8. Nouembre 1610.

DISCOVRS III.

Endant que nous trauailliõs pour exterminer les Sorciers du pays de Labourt, les Inquisiteurs trauailloyent en Espagne & Nauarre. Et voyans que non seulement plusieurs sorciers bannis par nous, alloyent comme en asyle vers eux pour la facilité & commodité du passage, mais encore qu'vn nombre infiny se refugioyent par toute la Nauarre & les villes prochaines d'Espagne, creignans d'estre preuenus en Labourt, où nous leur faisions bonne guerre. Messieurs les Inquisiteurs se trouuerent en peu de temps peuplez de tous les sorciers qui nous abandonnoyent : si bien que ceux de l'Inquisition furent fort empechez à faire le procez à tant de monde.

Et detant que leur forme de Iustice est toute autre que la nostre, & que mesme parmy leurs procedures il se trouue des sorciers qui ont confessé des crimes autres que les nostres : Il ma semblé estre fort à propos pour contenter la curiosité du lecteur, de coucher icy non seulement les traicts nouueaux, estranges & espouuantables, que le Diable faict faire aux sorciers au sabbat & ailleurs, en Espaigne & Nauarre, mais encore la forme, qu'ils ont tenu à leur faire le procez. Ce que i'ay tiré de la Relation d'Espagne, & du propre imprimé qui a esté faict à Logrogne qui m'est tombé en main. Voicy donc à plus prés ce qu'il contient.

Ceste execution de la foy est des choses plus notables qui se soyent veuës long temps y a, parce qu'il s'y assembla de toutes parts, soit d'Espagne ou autres Royaumes grãde quãtité de gens. Elle fut commencee le Samedy sixiesme du mois de Nouembre 1610. deux heures apres midy, par vne tressolemnelle & deuote procession. Où premierement marchoit vn riche estendart de la confrairie du Sainct office, accompagné de mil officiers tant Commissaires, Notaires, que Familiers, tous bien couuerts & en bel ordre, chacun auec son ecusson dor, & la Croix sur l'estomach, & les suiuoit vn grand nombre de religieux, tant de l'ordre sainct Dominique, S. François, la Mercy, la S. Trinité, que Iesuistes: desquels ordres il y a conuent dans ladicte ville. Et pour voir ladicte execution, de tous les conuens des enuirons y estoyent accourus grand nombre de religieux, qui causa que la procession fut aussi deuote qu'on en ayt encores veu. Au bout d'icelle alloit la Croix verte qui est la marque de l'Inquisition, portee par le Gardien de S. François, lequel est Conseiller du S. office, les musiciens & ioueurs de haultbois marchoint deuant ladicte Croix, & finissoient la procession par deux des principaux de l'Eglise Collegiale, apres laquelle marchoit l'huissier dudit S. office: lesquels auec vn bel ordre accompagnerent ladicte saincte Croix, pour estre plantee sur le plus haut d'vn theatre qui auoit esté dressé pour ceste execution, lequel auoit quatre vingts quatre pieds de long & tout autant de large: & demeura ladicte croix toute la nuict enuironnee de grands flambeaux, & de plusieurs Familiers dudit S. office, iusques au lendemain à l'aube du iour, que l'execution commença en ceste façon. Premierement cinquante-trois personnes furent tirees de l'Inquisition, en ceste forme. Sçauoir vingt-vne tant hommes que femmes qui alloyent en forme & auec marques de penitens, testes nues, sans cinture, vne chandelle de cire aux mains, six d'iceux des cordes

au col, qui eſtoit ſigne qu'ils deuoyent eſtre foüettez. A-
prés iceux marchoit vn pareil nombre de vingt-vne perſonnes chacune ayant vn habit de Sainct Benoiſt, vne groſſe mitre de carte peinte à la teſte, qui eſt ſigne qu'ils ſont
reconciliez, vne chandelle à la main, quelques vns d'iceux
auoyent la corde au col. Apprés ceux la on portoit cinq
effigies de perſonnes mortes, auec l'habit de S. Benoiſt, &
cinq caiſſes où les os des perſonnes qui eſtoyent repreſen-
tees par leſdictes effigies eſtoyent: & les autres ſix perſonnes qui reſtoyent, marchoyent auec des habits de S. Benoiſt
& vne mitre à la teſte, laquelle ſignifioit qu'ils auoyent eſté
relaxez d'autrefois de l'Inquiſition. Chacune des ſuſdictes
cinquáte trois perſonnes marchoit entre deux huiſſiers de
l'Inquiſition, auec vn bel ordre: & aprés marchoyent quatre
ſecretaires montez ſur de beaux cheuaux, & aprés eux vn
mulet de bagage chargé d'vn coffre de veloux noir, dans lequel toutes les ſentences & procedures eſtoyent: & aprés
Meſſieurs les Inquiſiteurs alloyent à cheual: Sçauoir le Docteur Alphonſe Beſera Holguin, Iean de Valle Aluarado
Licencier, Alonſe de Salazar y Frias auſſi Licencier: le plus
ancien d'iceux marchoit au milieu, & eſtoyent accompagnez des Eccleſiaſtiques qui marchoyent au coſté droict, &
& de la Iuſtice ſeculiere qui alloit au coſté gauche: & vn
peu deuant au milieu de la proceſſion, marchoit le Docteur
Iſidore de S. Vincens, qui portoit l'eſtendart de la foy auec
vne tres-decête grauité. Eſtans arriuez au theatre, tous les
penités furét mis en leur ſiege par ordre, qui eſtoyét ſoubs la
Croix: onze deſquels qui deuoiét eſtre relaxez, ſçauoir cinq
hommes & ſix femmes, furent aſſis ſur le plus haut degré,
conſecutiuement les reconciliez, & au plus bas ceux qui
deuoyent eſtre punis. Et vis à vis de l'autre coſté du theatre, où l'on montoit par onze degrez, eſtoyét aſſis meſſieurs
les Inquiſiteurs, & à leur main droicte Meſſieurs les Eccleſiaſtiques, & à la gauche les Iurats & Cheualiers. Au plus
haut degré eſtoit aſſis Monſieur le Procureur fiſcal du ſainct
office, auec l'eſtendart de la foy. Tout le reſte tant Con-
ſeillers, Relligieux que Eccleſiaſtiques, s'accommoderent
ſur

sur les degrez, où il entroit iusques à mille personnes. Le restant du theatre estoit plein de Cheualiers & des principaux bourgeois. Au milieu du theatre y auoit vn pulpitre quarré, où se mettoyent les penitens pour entendre lire leurs procedures & sentences, lesquelles estoient leües par les Secretaires du sainct office: & pour c'est effect ils auoyent deux pulpitres qui estoyent aux lieux plus commodes du theatre.

Auant que venir à l'execution on commença par vn sermon que fit le Prieur de sainct Dominique, qui est Conseiller dudict sainct office ; & ledict iour furent leües les procedures & sentences des onze personnes, lesquelles pour estre si longues, mesmes y ayant des cas si extraordinaires, on y employa tout le iour iusques au soir. Lesdictes personnes furent deliurees à la Iustice seculiere, qui s'en saisit pour les faire brusler: sçauoir six personnes, & les cinq effigiees auec leurs os, pour auoir tousiours nié, & pour auoir esté côuaincues du crime de sorcelerie & commis plusieurs mechancetez. Il y en eut vne nommee Marie de Zocaya qui confessa, & fut sa procedure vne des plus notables & effroyables qui furent leües, pour auoir maistrisé en son art, & faict beaucoup de personnes sorcieres tant hômes, femmes, qu'enfans, Et combien qu'elle confessast elle fut condamnee à estre bruslee, pour auoir esté vne si fameuse maistresse & si excellente à dogmatiser.

Le Lundy ensuiuant de grand matin, tous les autres penitans estoyent sur l'eschafaut, & Messieurs les Inquisiteurs soubs leur tante auec les Ecclesiastiques, & Iurats: & tout le surplus estoit disposé comme le iour precedent: & commença à se poursuiure ladicte execution par vn sermon que fit le Prouincial de l'ordre de sainct François, qui est aussi Conseiller dudict sainct office. Et tout aussi tost apres le Sermon on leut les procedures & sentéces de deux fameux trompeurs, lesquels feignants d'estre ministres du sainct office, auoyent commis grandes mechancetez: l'vn d'iceux fut banny de toute la iurisdiction de l'Inquisition, & l'autre condamné à payer & restituer grande somme de deniers

Ccc

qu'il auoyt volé par tromperie & mechanceté, qu'il commettoit soubs couleur dudict sainct office, & à deux cens coups de foüet, & banny perpetuellement de la Iurisdiction de l'Inquisition, & aux galleres sans solde pour cinq annees.

Il y en eut six qui furēt chastiez pour des blasphemes, par diuers chastiemens.

Et huict pour diuerses propositions Heretiques, qui furent chastiez par bannissemens & autre chastiemens, selon l'enormité de leurs crimes.

Six Chrestiens nouueaux des Indes, quatre desquels parce qu'ils obseruoyent le Samedy, & changeoyent ce iour de chemise & de fraize, prenoyent leurs meilleurs habits & faisoyent d'autres ceremonies de la loy de Moyse, abiurerent *de leui* (qu'ils appellent) & furent chastiez par bannissement & autres penitences. Vn autre des six, parce qu'il auoit chanté par diuerses fois ceste chanson, *Si es venido no es venido, el Messias prometido: Que no es venido*, & pour autres faulses propositions qu'il auoit tenu fut chastié de la mesme peine. Le sixiesme pour auoir esté Iuif & iudaisé l'espace de de vingt-cinq ans, aprés auoir demandé pardon à Dieu pleurant auec beaucoup de repentance, fut admis à se reconcilier auec l'habit de sainct Benoist, tenant prison au logis de la penitence du sainct office.

Vn autre More parce qu'il estoit Apostat, se reconcilia auec l'habit de S. Benoist, & fut condamné à prison perpetuelle.

Vn autre pour auoir esté empoisonné de l'heresie de Caluin, & soustenu quelques propositions de Luther, se reconcilia auec l'habit de sainct Benoist, & aprés auoir eu cent coups de foüet, fut mis en prison pour le reste de ses iours.

Les dixhuict qui restoyent se reconcilierent, & confesserent d'auoir esté toute leur vie à la suite des sorciers, & demanderēt auec beaucoup de larmes, misericorde, disans qu'ils vouloyent retourner à la foy des Chrestiens. Il s'y leut en leurs procedures des choses si horribles & effroyables, qui ne se sont iamais veuës, & en si grand nombre, qu'on y employa tout le iour iusques au soir, que Messieurs les Inquisiteurs commanderent d'abreger, affin qu'on acheuast ce iour là. On vsa de beaucoup de misericorde enuers les susdictes personnes, considerant beaucoup plus leur repentance que l'enormité de leurs fautes, & au temps qu'ils commençoyent à confesser leurs crimes; on punissoit beaucoup plus rigoureusemēt ceux qui faisoyent les rebelles & ne vouloyēt confesser qu'à toute extremité, que les autres.

L'execution estant acheuee au cōmencement de la nuict, vingt-vn qui se deuoient reconcilier furent menez aux degrez du costé ou estoit le pauillon & tribunal du sainct office, & estās à genouil au degré le plus haut, il se fit vn tres-solemnel & tres-deuot acte, par lequel on les receut à se reconcilier, & furent absouls de l'excōmunication en laquelle ils estoyent, par Monsieur le Docteur Alonzo Bezerra Holguin Inquisiteur plus ancien. Et cela se fit auec tant de grauité & auctorité que tout le monde auec vne grande deuotion en estoit en admiration. Et tout aussi tost que cet acte si celebre fut faict, ledict Seigneur Inquisiteur plus anciē, osta l'habit de sainct Benoist à vne des sorcieres qui s'appelloit Maria de Iureteguia, luy disant qu'il luy ostoit afin qu'elle seruit d'exēple à tous, de la misericorde qu'on vsoit enuers elle, parce qu'elle auoit bien confessé, & à cause du courage qu'elle auoit eu à se defendre des presecutions que les sorciers luy auoient faict, pour la reduire à leur parti. Ce qui causa vne si grande deuotion & pitié à tous, qu'on ne cessoit de bailler mille benedictions & loüanges à Dieu & au sainct office, auec lesquelles ce solemnel acte finit, & le Chantre de l'Eglise collegiale porta la saincte Croix à l'Eglise fort bien accompagné, auec la musique qui chantoit le TE DEVM LAVDAMVS. Aprés, tous les penités, lesquels accompagnez des Familiers du sainct office, furent ramenez à l'Inquisition : & les Ecclesiastiques & les Iurats retournerent accompagner Messieurs les Inquisiteurs, & s'acheua le tout bien auant dans la nuict. Or affin qu'on recognoisse les grandes mechancetez qui se commettent par les sorciers, ie mettray icy ce qui se passa en cet acte de la foy.

Il y auoit deux sorcieres voisines, habitantes du village de

Ccc ij

Zugarramurdy au Royaume de Nauarre, qui est aux confins de France, ausquelles on leut sur le champ vne infinité d'abominables crimes dont elles estoyent attainctes: Voicy leur procez.

Marie de Iureteguia & Ieanne de Telechea. Cette Marie confessa qu'estant de fort bas aage, elle fut seduite par vne autre sorciere, & introduite dans la compagnie des sorciers, Que se voulant reduire & cöfesser on l'estrangloit par le col, luy liant la langue, si biē que d'extreme douleur elle s'euanoüit & tomba par terre. Mais estant esuanoüie elle sentit dans son ame vne telle force, qu'incontinent elle respira & sentit sa langue & respiration libre, & fit vne entiere confession de ses pechez. Si bien qu'aprés auoir confessé & demandé publiquement pardon à Dieu, ayant ouuert les yeux de l'ame, elle eut en pensee de ne recognoistre iamais autre qué Iesus Christ. A cause dequoy, le Diable pour l'en destourner, cōsulta souuent auec ses sorciers qui estoyent prés de luy, quel moyen il y auoit de la retenir, honteux de ce qu'elle l'abandonnoit sans qu'il eut moyen de l'arrester. Que souuent elle fut molestee & persecutee, & qu'elle se deliura auec la Croix & son chappelet. Qu'vne nuict les sorciers la vindrent assaillir par la fenestre & par la cheminee, auec mille diuerses formes d'animaux, de chiens, de chats, loups, tygres, lyons & autres sortes de bestes. Que deux siennes tantes sorcieres la poursuiuoyent, & sur toutes la Royne du sabbat comme vne personne furieuse la menaçoit en forme d'vne iūment. Mais comme elles la virent ferme & constante embrassant la Croix, elles se retirerent, auec vne telle viollence pourtāt, qu'elles luy firent esbranler toute sa maison, luy gasterent tout son iardin : & pour monstrer plus leur rage, elles prindrent vn moulin auec ses meules qui estoit là voisin, le porterent & le mirent audessus d'vne mōtagne, auprés duquel ayant longuemēt dancé, ils le remirēt en son lieu, mais tout en desordre & en pieces.

Que pendāt qu'elles estoyēt sorcieres elles nioyent tout à faict l'obeissance à Dieu, & estoyent ennemies du ciel & filles de l'enfer. Si bien que toutes deux pour estre repenties, furent reconciliees à l'Eglise, & ayant receu l'absolution, l'vne d'icelles fut renuoyee en son païs.

Quant à celles qui estoyent en effigie, il y en auoit vne entre autres, qui auoit le visage maigre & ridé en forme de femme decrepite. Sa procedure disoit qu'elle s'appelloit Marie Zozaya habitante du village de Ranterie, de pere & ayeul Basques, aagee de plus de quatre-vingts ans, & disoit que le plus grand & agreable seruice qu'on pouuoit faire à Satan, c'estoit que de luy offrir de petits enfans pour luy seruir d'esclaues.

Que le Diable au Sabbat estoit assis dans vne chaire noire, si espouuentable & si affreux qu'il est impossible de le depeindre: qu'il a vne couronne de cornes noires, dont il y en a trois qui sont fort grandes, & enuiron comme celles d'vn bouc puät, & les autres plus petites, il en a autres deux au col, & vne autre au front, auec laquelle il donne lumiere & esclaire tous ceux qui sont au Sabbat, & rend vne plus grande lumiere que la Lune, & vn peu moindre que le Soleil: de maniere qu'il y en a assez pour faire voir & cognoistre entierement tout ce qui se faict au Sabbat. Ses cheueux sont herissez, le visage pasle & trouble. Il a les yeux ronds, grands & fort ouuerts, enflammez & hideux, la barbe de cheure, la forme du col & de tout le reste du corps mal taillee: le corps en forme d'homme & de bouc, les mains & les pieds come vne creature humaine, sauf que les doigts sont tous egaux & aigus, s'appointant par les bouts, armez d'ongles, & ses mains sont courbees en forme d'oyseau de proye & les pieds en forme d'oye, la queuë longue comme celle d'vn asne, auec laquelle il couure ses parties honteuses. Qu'au Sabbat il paroist soubs vn dé, par fois habillé de fort paure drap, mais auec cent mille formes estrages. Il a la voix effroyable & sans ton, quand il parle on diroit que c'est vn mullet qui se met à braire, il à la voix casse, la parole mal articullee, & peu intelligible, parce qu'il à tousiours la voix triste & enroüee. Neantmoins il tient vne grande grauité & superbe, auec vne contenance d'vne personne melancolique, & vn semblant d'homme qui est tousiours ennuyé.

Le lieu où on le trouue ordinairement s'appelle Lanne de bouc, & en basque *Aquelarre de verros, prado del Cabron*, & là les Sorciers le vont adorer trois nuicts durant, celle du Lundy, du Mercredy & du Vendredy. Et ceux qui par nonchalance ou autre petit empechement ne s'y trouuent, sont foüettez & batus à outrance.

Les iours de Pasques & autres festes solemnelles, ils vont à ces assemblees comme esclaues du Diable: & sur toutes les nuicts ils celebrent celle de S. Iean Baptiste, & est entre eux la feste de la plus grande desbauche & dissolution. Ils marchent & vont en ces lieux puis les neuf heures du soir iusques à douze, & disparoissent aussi tost qu'ils entendent le chant du coq.

Et là aprés l'adoration, les Sorcieres luy offrent des petits enfans le genouil en terre, luy disant auec vne soubmission, *Grand Seigneur lequel i'adore, ie vous ameine ce nouueau seruiteur, lequel*

Façon de presenter les enfans à Satan.

veut estre perpetuellement vostre esclaue : & iusques à l'aage de six ans elles n'ont point accoustumé pour les mener audict lieu, les oindre d'aucune graisse ou onguent. Et le Diable en signe de remerciement & gratification leur respond, *Approchez vous de moy*: à quoy obeissant, elles en se trainant à genouil, le luy presentent, & luy receuant l'enfant entre ses bras, le rend à la Sorciere, la remercie, & puis luy recommande d'en auoir soing, leur disant que par ce moyen sa troupe s'augmentera.

Que iusques à l'aage de neuf ans, ces enfans gardent les crapaux auec des petits bastōs, & ces crapaux sont ceux que le Diable baille à chaque Sorciere, comme pour Ange de sa garde, habillez de verd ou de gris: & si par fortune les petits enfans sans y penser les marchent auec les pieds, ils sont foüettez à l'instant.

Que si les enfans ayans attainct l'aage de neuf ans, par malheur se voüent au Diable sans estre forcez ny violentez d'aucun Sorcier, ils se prosternent par terre deuant Satan: lequel iettant du feu par les yeux, leur dict, Que demandez vous, voulez vous estre à moy? s'ils respondēt qu'ouy, il leur dict, Venez vous de vostre bonne volonté? ils respondent qu'ouy, Faictes dõc ce que ie veux,& ce que ie fay. Et alors la grande maistresse & Royne du Sabbat qui leur sert de pedaguogue, dict à ce nouueau qui se presente, qu'il die à haute voix, *Ie renie Dieu premierement, puis Iesus Christ son Fils, le S. Esprit, la Vierge, les Saincts, la Saincte Croix, le Chresme, le Baptesme, & la Foy que ie tiens, mes Parrain & Marraine, & me remets de tout poinct en ton pouuoir & entre tes mains, ne recognois autre Dieu: si bien que tu es mon Dieu & ie suis ton esclaue.* Aprés on luy baille vn crapaud habillé auec son capot ou manteau, puis il commande qu'on l'adore: si bien qu'obeyssans & s'estans mis à genouil, ils baisent le Diable auprés de l'œil gauche, à la poitrine, à la fesse, à la cuisse, & aux parties honteuses: puis leuant la queuë ils luy baisent le derriere, si bien que pour se moquer, il leur laisse aller en mesme temps dans la bouche plusieurs saletés & ordures.

Et aprés cecy il les egratigne tous auec le bras gauche, & les ongles de la main senestre. Et tout aussi tost prenãt vne espingle d'or faux, il les marque le plus souuent dãs le blanc de l'œil gauche, & leur imprime vne marque qui semble vn petit crapaud: par fois dans l'espaule & costé gauche, ou dans la cuisse, leur rompant & dechirant l'a peau & la chair iusques à effusion de sang: lequel ayant recueilly dans vn certain vaisseau, il le mesle auec des eaux & des pouldres, & en faict de petits morceaux tres-dangereux.

Si bien que pendant trois mois ils ont de tres-grandes douleurs, mais à celles qui sont plus affectionnees à son seruice, il leur applique vne certaine herbe auec laquelle la douleur s'appaise, & la chair demeure tellement stupifiée & amortie, qu'auec quelque instrument qu'on les pique, cette partie demeure tout à faict insensible.

Puis il leur baille aussi tost des receptes pour faire des sortileges, & vn crapaud pour le foüetter à loisir, & le faire enfler: & enflé qu'il est le pressant auec vn pied, il rend vne eau verte qui offence merueilleusement l'haleine & le sentiment. Il leur donne aussi de la ceruelle de petits enfans, des os de leurs pieds & mains, des pouldres d'vne infinité de sortes, des serpens, viperes, salemandres, limaçons,

& l'herbe nommee Pied de loup, & de tous ces mauuais ingrediens ils en font des emplaſtres tres-dangereux. Auec tout cecy les Sorcieres demeurēt pour ſiennes, & ſçauantes en ſorcelerie & Magie, ſelon la conuention & pacte qu'il faict auec elles: il en faict les vnes Roynes & les autres ſeruantes.

Ces eaux, pouldres & ſang aſſemblez, elles les ſechent ſecrettement au feu & au Soleil, & s'oignent les bras, l'echine & les iointures, & auec le crapaud veſtu elles volent de nuict comme des oyſeaux.

Et lors qu'elles ſoignent elles diſent & repetent ces mots *Emen hetan, emen hetan* qui ſignifie *icy & là, icy & là.*

Quelquefois plus furieuſes elles ſe batent entre elles meſmes, en diſant, *Ie ſuis le Diable, ie n'ay rien qui ne ſoit à toy, en ton nom Seigneur cette tienne ſeruante s'oingt, & dois eſtre quelque iour Diable & maling Eſprit comme toy.*

Quelque fois les crapaux vont deuant elles, balant & dançant auec mille ſortes de viſages & de figures, prouoquant les plus belles Sorcieres à luxure. Et quand elles ſont à Lanne de bouc, les crapaux ſe pleignent & accuſent leurs maiſtres & maiſtreſſes, de ce qu'ils n'ont point ſoing d'eux, & qu'ils ſont fort mal nourris: & le Diable ayant ouy leurs plaintes, pour la premiere fois, dict que leur plainte eſt iuſte, & commande aux Sorcieres de s'amender & les mieux traicter à l'aduenir, ce qu'elles promettēt de faire, & de faict à la premiere aſſemblee elles prient ces crapaux habillez, qui ſans doute ſont des Diables, de manger, & les couchent mollement dans des pots neufs, où elles les logent.

Elles adorent le Diable ſuiuant l'ordre de leur reception. Lors qu'elles ſe confeſſent oyant leurs bonnes œuures qu'il prend pour pechez, il les cenſure de tout ce qu'elles ont faict, qui peut eſtre cenſé bien faict: s'accuſans entre autres choſes d'auoir eſté à l'Egliſe les iours de feſte, pour complaire au peuple & à leur Curé. Elles confeſſent auſſi qu'elles ne voyent iamais la ſaincte Hoſtie, le Diable leur oppoſant vne nuee obſcure comme vn rideau pour les empecher

de

de la voir. Et quãd elles font leur Communion, la receuant aussi de la main du Prestre, elles disent qu'elles ne sentent aucun contentement: qu'elles prient Dieu & font des aumosnes contre leur gré. Que se prosternant deuant Satan & luy demandant misericorde de tout ce qu'elles ont faict de cela qui leur est commandé par l'Eglise, aprés luy auoir demandé pardon, & luy auoir dict qu'il est leur Roy & leur Seigneur, leuant le bras gauche il les absout, & pour penitence comme pour expier ces pechez dont elles demãdent l'absolution, il leur commande de manger chair le Vendredy, le Samedy, le Caresme, les Vigiles & autres iours prohibez par l'Eglise.

Aprés cela il s'habille en Prestre pour dire Messe, laquelle il faict semblant de celebrer auec mille fourbes & souplesses, auprés d'vn arbre, où par fois auprés d'vn rocher, dressant quelque forme d'autel sur des colomnes infernales, & sur iceluy sans dire le *Confiteor*, ny l'*Aleluya*, tournant les feuillets d'vn certain liure qu'il a en main, il commence à marmoter quelques mots de la Messe, & arriuant à l'offertoire il s'assiet, & toute l'assemblee le vient adorer le baisant soubs la queuë, & allumant des chandelles noires: Puis luy baisent la main gauche, tremblans auec mille angoisses, & luy offrent du pain, des œufs & de l'argent : & la Royne du Sabbat les reçoit, laquelle est assise à son costé gauche, & en sa main gauche elle tient vne paix ou patine, dans laquelle est grauee l'effigie de Lucifer, laquelle on ne baise qu'aprés l'auoir premierement baisee à elle.

Puis il se met à prescher, son subiect est communément de la vaine gloire. Il leur chante tousiours qu'il est leur vray Dieu : & que ceux qui en cherchent d'autre, ne courent à leur salut. Les induict & exhorte à persecuter les Chrestiẽs: & auec cela il finit son sermon, & continue ses autres ceremonies, leuãt vne certaine Hostie laquelle est noire & ronde, auec sa figure imprimee au dessus : & disant ces paroles *Cecy est mon corps*, il leue l'Hostie sur ses cornes : & à cette esleuatiõ tous ceux de l'assemblee l'adorent en disant ces mots, *Aquerra Goity, Aquerra Beyty. Aquerra goity, Aquerra Beyty,* qui veut

D d d

dire, *Cabron arriba, Cabron abaro*, de mesme en font ils au Calice, repetant ces mots iusqu'a ce qu'il a vuidé tout ce qui est dans iceluy.

Puis toute l'assemblee enuironnant l'autel en forme de croissant ou demy-lune, prosternez par terre, il leur faict vn autre sermon, puis leur baille à communier par ordre, donnant à chacun vn petit morceau de l'hostie, & pour leur donner moyen de l'aualer aisément, il leur donne deux gorgees de quelque medecine infernale, & certain breuuage de si mauuais goust & odeur, que l'aualant ils suent, & neātmoins il est si froid, qu'il leur gele le corps, les nerfs, & les moüelles. Puis il s'accouple auec elles, & leur commande d'en faire de mesme, si bien qu'ils commettent mille incestes & autres pechez contre nature.

Puis il les inuite à se mettre à table couuerte de nappes fort sales. Ils y sont assis par ordre, & luy à la teste de la table. A la main gauche, il met ordinairement le Roy ou la Royne plus soigneux de l'obseruation de ses commandemens. La lumiere auec laquelle on est esclairé en toutes ces ceremonies, ce sont des cornes mal taillees, auec de la poix. Le maistre d'hostel & les pages qui couurent les tables, ce sont des Diables. Communement on y sert des iambes des Sorciers & Sorcieres, de celles des petits enfans, & en font des hachis. Ils sucent le sang des petits enfans, par la teste, par le nombril, & par le membre: & le cœur, le foye & les poulmons sont pour le Maistre, & les autres pieces sont seruies au Roy & à la Royne de l'assemblee. Ils y seruent du bouilly de chair humaine, auquel ils trouuēt tel goust qu'ils en mangent iusques à le vomir. Il y a plusieurs crapaux presens, ausquels on baille leur portion tiree de chaque plat comme à de petits cochons. Et quand quelque Sorcier ou Sorciere meurent, c'est lors qu'ils font vn plus grand festin.

Ils vont à l'Eglise la nuict que le Sorcier est decedé, & desenseuelissent le corps. Le pere mere, ou autres parens du mort, ce sont eux ausquels on defere l'honneur de rompre & ouurir le corps, pour en tirer le ventre & les entrailles, lesquels ayant enterré & remis dans le linceul, ils emportent le reste du corps à Lanne de bouc. Où estât, le Diable cōmande qu'on le mette en pieces pour en faire le partage: lequel estant faict, s'il y reste quelque chose le Roy du Sabbat l'emporte, & le lōdemain il en faict festin à ses amis: & pour les os, ils les mettent dans des pots iusques à la nuict ensuiuāt, en laquelle ils les fōt cuire auec vne certaine herbe que le Diable leur monstre, laquelle les rend aussi tēdres que des naueaux: & de ce qui reste ils en font certaine paste laquelle ils pressent entre deux pierres, & en tirent vne liqueur mortelle. On y māge des oignons, des porreaux & du fromage, & y boit on des vins bons & mauuais.

Puis ils se mettēt à dancer & sauter auec de grādes croix, & y paroist certaines flammes par lesquelles ils passent & repassent sans danger, nō pas mesme en leurs habillemens: & le Diable leur donne entēdre que ce sont les plus rudes flammes d'enfer, afin qu'ils en perdent toute la crainte & l'apprehension.

On luy amene par aprés au son du tambour les plus beaux Sorciers & Sorcieres qui soyent en l'assemblee. Surquoy la contention est si grande, que souuent elles se batent & se tuent sur ce poinct, qui est la plus aimee de Satan.

Il leur cōmande aprés cela d'aller faire du mal aux hommes, és villes & sur les chemins. Et si aucūs ont des querelles ils se pleignent à luy, lequel leur donne volontiers permission de tuer leurs ennemis, & offre se trouuer lors qu'ils en feront l'execution.

Ils prennent la peau des crapaux, lesquels ils escorchent auec les dens, & les crapaux se secoüans le plus qu'ils peuuent auec les pates leur egrataignent le visage fort outrageusement.

Le Diable les accompagne la nuict lors qu'elles veulent faire leurs sorceleries, & leur eclaire auec le bras d'vn enfant que les parēs ont enseuely sans Baptesme. Et allāt par les maisōs, elles jettēt à ceux du logis quelques pouldres sur le visage, auec lesquelles elles leur prouoquēt vn si profond sōmeil, qu'il leur est quasi impossible de s'esueiller, iusqu'à ce que les Sorcieres ayent fait leur effect, & demeurēt pendant ce sommeil froids comme glace. Le Diable leur ouure la bouche, & le Sorcier leur met quelque chose sur la langue, & leur dict ces mots.

> *De las mortiferas aguas*
> *Dos Tragos dizen te applico*
> *Con quien los poluos de sagas*
> *Y mueras rabiando Tisico.*

Par fois elles jettent de ces pouldres sur les fruicts au teps qu'il faict grãd vent, pour faire venir la gresle: & le Diable les y accompagne en forme de laboureur, & jettãt ces pouldres, elles disent. *Poluos Poluos, Pierdase tado Queden los nuestros, y abrasense otros.*

Elles forment certains fantosmes par le moyen desquels elles infestent les voyageurs.

Voyla ce qu'en confessoient les penitentes. Quant aux autres aprés auoir leu leurs procedures & sentences, on les deliura au bras seculier, lequel aussi tost les executa à mort.

Le lẽdemain on leut encore la procedure de douze Sorciers & Sorcieres, lesquels entre autres confessions auoient deposé, que le Diable leur bailloit certaine monoye, laquelle s'ils ne dependoient & employoient dans vingt-quatre heures, elle s'esuanoüissoit dans leur bourse.

Et quand il y arriuoit de nouueaux Sorciers au Sabbat, ils chantoient en signe d'allegresse.

> *Alegremonos alegremos*
> *Que gente nueua tenemos.*

Qu'ils troublent tellement l'air & les ondes, qu'vne fois au lieu de S. Iean de Luz, ils firent perdre vne armee Espagnole, les mariniers estans au desespoir, voyans que les ondes alloient presque iusques au ciel.

Que le Diable faict des mariages au Sabbat entre les Sorciers & Sorcieres, & leur joignant les mains, il leur dict hautement.

> *Esta es buena parati,*
> *Este parati lo toma.*

Mais auant qu'ils couchent ensemble, il s'accouple auec elles, oste la virginité aux filles, & en cet acouplemẽt il leur faict perdre vne infinité de sang, & leur faict souffrir mille douleurs.

Que par fois du lieu de Lanne de bouc, il les traduict & mesne à Pampelone, & que là les eclairant auec le bras d'vn enfant, on y trouue vn autre grand Diable qu'on appelle Barrabam qui est le maistre de tous, lequel ils adorent, & est plus beau de visage, de meilleur regard & en plus grande pompe, ayant son throsne noir & doré, mais neantmoins auec vne grande queuë infernale, comme d'vn loup.

Si bien qu'vne nuict douze assemblees de douze diuers sabbats, s'assemblerent auec leurs sorciers & leurs maistres, lesquels se prosternerent tous deuant ce Barrabam qui est le Grand maistre, & l'adorant luy baiserent les parties honteuses.

Puis ils entrerent en France en si grande foule, & y en trouuerent aussi en leurs sabbats en si grand nombre, qu'il estoit impossible de les nombrer: & au sortir de là, comme cette maudite troupe se rompit, l'air en estoit si couuert qu'on ne voyoit autre chose.

Qu'vn iour à vn sabbat vint vne si excellente balladine, laquelle au son de *las castannelas* faisoit de si hautes capriolles que les sorcieres estants en admiration, il y en eut vne qui dict par estonnement, Iesus comme elle saute, Ce qu'elle n'eust si tost proferé, que tout s'en alla en fumee.

Laquelle depuis ils batirent à outrance & la fouëterent auec des ronces & espines, tellement qu'elle versoit le sang de tous costez.

Que si lors qu'elles vont faire quelque degast la nuict, le coq chante, les crapaux s'enfuient, & abandonnent ceux qui les auoyent en garde.

Qu'ils tirent en dormant les enfans d'entre les bras des peres & meres, & en font à la pelotte, n'ayans pareil pouuoir sur les grands qu'ils ne peuuent offencer, mesmes quand ils sont munis d'eau Beniste, de Croix, & d'Euangiles.

Voila les principaux poincts de leurs ceremonies, & les traicts plus signalez des sorcieres, qui ont quelque diuersité d'auec les nostres, mais fort peu. La Iustice & recherche en est bien plus differente : car l'vne se faict par des officiers Ecclesiastiques, qui est la leur, & la nostre par des seculiers. Tant y a que le Diable est le maistre des souplesses, & quelque diuersité qu'il employe pour eluder le monde, il tend neantmoins tousiours à vn mesme but, qui est de destruire entierement le genre humain : c'est pourquoy il se sert de tant de visages, de tant d'illusions, de tant de fourbes, & ne les estale guiere iamais qu'en tenebres, comme instrumét tres-propre de surprise. C'est pourquoy il est si muable & incertain, car quelque pacte & conuencion qu'on face auec luy, il le tient s'il luy est commode: mais où le rompre luy est plus auantageux, il le rompt aussi tost. C'est dequoy son inconstance paye ceux qui sont si miserables de se donner à luy. En fin bien-heureux est celuy qui n'est tombé en ses liens. Car certainemét quiconque est cheu en ce malheur, malaysément en peut il iamais rechapper: & s'il le peut, il le faut imputer à vne grace particuliere de Dieu.

TABLEAV DE L'INCONSTANCE DES DEMONS, MAGICIENS ET SORCIERS.

LIVRE SIXIESME.

Si vn Prestre commet ou tombe en irregularité
pour estre Interprete ou Truchement contre
des sorciers.

1. Le Diable faict tousiours naistre quelque doute en tous affaires pour aisez qu'ils soyent.
2. Raisons pour monstrer qu'vn Prestre ne peut estre Interprete.
3. Sçauoir si pendant qu'vn sorcier est à la gehenne, il est bon que celuy qu'on luy destine pour confesseur, s'en approche pour l'exhorter.
4. Raisons par lesquelles s'ort à propos nous choysismes vn Prestre pour Truchement & Interprete.
5. Procedure criminelle en laquelle vn mesme Religieux sert d'Interprete à la torture, & de Cōfesseur au supplice.
6. Que les Prestres qui sōt prins pour Interpretes n'encourent nulle irregularité, auec les circonstances posees cy dessus.

DISCOVRS I.

Tout au commencement de nostre commission il se presenta quelques petits doutes, que Satan faisoit naistre pour fauoriser les sorciers, retarder l'execution de nos desirs.

Vn Prestre seculier qui entendoit bien le langage des Basques, se presenta à nous affin de pouuoir

1. Le Diable faict tousiours naistre quelque doute en tous bés affaires, pour aisez qu'ils soyēt:

estre nostre Interprete, & pour expliquer les depositions des tesmoins & les auditions des sorciers.

D'abbord on l'estonna, car on luy dict que faisant cette charge il tomboit en irregularité, si bien que quelque sien ennemy pourroit impetrer ses benefices.

Il consulte ceux auec lesquels il auoit faict ses estudes & plusieurs autres bons Theologiens, lesquels luy dirent que l'office d'Interprete estant vn mestier reglé à referer les conceptions & le dire d'autruy simplement & fidelement sans rien adiouster du sien, ne pouuoit luy porter aucun preiudice.

2. Raisons pour dire qu'vn Prestre ne peut estre Interprete. Nous desirames aussi en estre esclaircis pour nostre consideration, croyans que ceux auec lesquels il auoit consulté l'eussent voulu flatter, ou qu'il ne leur eust pas decouuert toutes les circonstances de cette charge & fonction d'Interprete: si bien qu'on nous dict que certainement il commettoit irregularité, qu'il pouuoit faire beaucoup de maux aux preuenus de sorcelerie. Qu'encore qu'il entēdict merueilleusement bien cette langue, neantmoins il ne pouuoit nous la rapporter auec la mesme intelligence & fidelité, & la nous rendre en François: veu que la langue Basque a son idiome si pressant & significatif, qu'vn fort suffisant & bien versé en la langue Françoise seroit bien empeché à la tourner en mesme sens que la Basque, qui estoit toute l'importance & le vray poinct pour assoir iugement sur les confessions des sorciers & auditions des tesmoins.

Que bien souuent les Interpretes donnoyent les confessions des preuenus cōditionelles, pour confessions simples: neantmoins en cela gisoit principalement leur vie ou leur mort, de ne varier en rien à leurs respōces, & ne changer ny alterer tant soit peu le vray sens des mots. Que cela estoit cause qu'és Parlemēs on admet tousiours deux Interpretes. Outre que nous voyons par experience que bien souuent les deux Interprettes nous rapportoyent vne mesme chose diuersement.

D'ailleurs, qu'encore qu'il fust bien versé en la langue Basque,

Basque, il n'estoit si suffisant en la langue françoise, partant qu'il ne pourroit pas mesme faire nos interrogatoires si pressans que nous les luy donnions, ou parauanture les feroit il plus pressans lors que la langue Basque en auroit de plus propres & efficaces que la Françoise.

Qu'à vray dire il ne pouuoit eschapper, quand c'eust esté le plus sainct homme du monde & le plus franc & immune de passion, qu'il ne tombast en l'inconuenient qu'apporte le seul mestier d'Interprete, qui ne gist qu'à faire si viuement les interrogatoires, qu'on puisse tirer celuy qu'on interroge à confession, soit par surprise ou autrement. Que toute la suffisance d'vn Interprete gist en ce seul poinct: Car les interrogatoires qu'on faict à vn accusé, sont autant de pieges pour le faire tomber en confession. Qu'en quelque façon, il auoit part à la condamnation, puis que l'interrogatoire en estoit la premiere piece, & que sur iceluy en estoit basty le iugement. Que mesme les Notaires qui ne font que rediger par escrit l'intention des contractans sans rien adiouster du leur, ne laissent pas d'estre appellez & tenus en plusieurs affaires pour les premiers iuges: de mesmes les Interpretes lesquels sont encores Iuges plus importans & necessaires, pouuant tromper ou pour le moins eluder & les preuenus & les Iuges, qui sont le plus souuent cōtraincts comme mal satisfaicts des premieres responces des Interpretes, de leur demander ce qui leur semble des responces des sorciers, tournans les mots basques comme bon leur semble. Qu'estant de mesme patrie, tant d'executions faictes par Iustice le pourroit tirer à commiseration, ou bien estant Prestre, à se plaire au sang, voyant qu'il se presentoit plusieurs Prestres sorciers, se ressentant plus que les autres de l'indignité commise par des gens esleuez en mesme fonctiō & dignité que luy, & à ce sainct ordre de Prestrise.

D'ailleurs bien souuent la necessité & disette de personnes Ecclesiastiques qui sçachent la langue, le contraindroit de faire le mestier d'exhortateur à la gehenne, & de confesseur aprés la gehenne & à l'execution : n'estant pas raisonnable s'il ne s'en trouuoit d'autre qui sçeut la langue, de

Eee

laisser mourir vne pauure personne, qui pourroit se repentir & reconcilier auec Dieu, à faute de l'exhorter: car ce seroit mettre le Diable en pleine liberté, de tirer aux abois de la mort (où il faict principalement son ieu) au desespoir, & tourmenter à plaisir sans aucune resistance, vne pauure ame ainsi abandonnee.

3 Sçauoir si pendant qu'vn sorcier est à la gehenne il est bo. que celuy qu'o luy destine pour Confesseur s'en approche Del Rio. l. 6. sect. 3 de modo conf. ss

Del Rio traicte aucunement cette question, sçauoir si pendant qu'vne sorciere est à la gehenne, il en faut laisser approcher celuy qu'on luy destine pour confesseur.

Le bon Pere n'est pas de c'est aduis, & dict des iniures aux Iuges, & aux Confesseurs qui s'en approchent. *Abusus est certè* (dict il) *pro, ter irregularitatis multa quæ se hic ingerût pericula, nã que ibi necess̃tas confessarij, imo quæ vtilitas?* Si le cõfesseur l'exhorte au silence, il luy augmente le tourment, si à dire la verité, il luy accelere la sentence ou iugement de la mort. *Absit potius & fugiat*

Del Rio l. 6. sec. 3.

à tã acerbo & ferali spectaculo Sacerdos, seque contaminari putet, si propior adsistat & oculis hauriat hanc carnificinam. C'est pourquoy nos Conseillers Clercs és Cours souueraines, n'assistent iamais aux condãnations de mort, & n'y peuuent non seulement opiner mais non pas mesme assister, ouir, ny escouter vn arrest de mort. Voire entre les Religieux qui sont du tout hors de creinte de perdre leurs benefices, car ils n'en ont pas, quand quelqu'vn d'eux est aux abois de la mort, s'il demande à changer de lict, voire changer de place dans le mesme lict, & qu'vn sien compagnon Religieux par compassion obtemperant & se conformant à son desir, s'accommodant à la volonté de celuy qui tire à lafin, aide seulement à le tourner ou porter à vn autre lict, & il decede : bien qu'en toutes façons il n'eust peu eschapper, si est ce qu'il commet irregularité, de laquelle il faut que son superieur luy baille absolution, comme ayant acceleré la mort du malade.

A quoy ie veux ioindre qu'il est vergogneux à vn Prestre d'ouir vne infinité d'interrogatoires sur l'accouplement du Diable, si infames, que i'ay horreur de les penser seullemẽt. On luy pourroit dire ce qu'il sçait tres-bien, que ces filles effrontees qui ont eu accointance au sabbat auec leurs pe-

DES DEMONS, MAG. ET SORC. LIV. VI. 403

res, freres, & autres parens, qui ont adulteré en presence de leurs maris, voire qui ont baisé le Diable en toutes les plus sales parties que la nature a formé en toutes sortes de creatures, puis qui ont esté cognues charnellement de Satan, expriment si ioyeusement & auec vne telle gayeté ses embrassemens impudiques, la longueur, la largeur la grosseur des instrumens de la nature, que ces sales interrogatoires ne peuuent passer par leur bouche & par leurs chastes oreilles sans les offenser. D'auantage il y a en ces interrogatoires, quelque mauuais enseignement capable d'esueiller les plus froids à la poursuite de la proye, qu'ils designoyēt assez par leurs responses, mesmement vne qui accusa nos Prestres sorciers, & leur dict qu'ils entretenoyēt chacun vne belle fille qu'ils auoyent desloree, & auec laquelle ils habitoyent & au sabbat & ailleurs scandaleusement, deuant tout le monde, quand bon leur sembloit: lesquelles filles elle nommoit par nom & sur-nom. Outre que la langue Basque à nous incognue donnoit liberté à nos Interpretes, de s'en informer plainement, s'ils eussent voulu, sans que nous en eussions eu aucune cognoissance. *Marie d'Alpilcutte aagee de 19 à 20. ans.*

Ie croy que ces raisons sont tres-veritables, & eussions creu qu'il y eut eu irregularité, si plusieurs circonstances ne nous eussent pressé de choisir ce Prestre regulier plustost qu'vn autre. *4. Raisons par lesquelles fort à propos nous choisimes vn Prestre pour Truchement & Interprete.*

Nous pouuions dire de luy, ce que Ciceron parlant de son Interprete souloit dire escriuant à Termus. *Se Proconsule in Sicilia, in longa peregrinatione, singularem & propre incredibilem interpretis sui Marsilij fidem cognouisse.*

Il estoit fidele, prompt, clair, bien entendu en la langue, & homme entier & de bonne reputation, & d'vne profession qui s'approche plus de la sainēteté que toute autre. Aussi on compare les Interpretes aux Anges & aux saincts, qui rendent fidelement à Dieu toutes les prieres des mortels, si bien que pour cette raison il est dict en l'Escriture saincte, que Dieu le Pere enuoya le S. Esprit à ses Apostres en forme de langue, pour les instruire de toutes choses, les declarant par ce moyen vrays Interpretes de la volonté de Dieu. *Paracletus autem quem mittet pater in nomine meo, ille vos docebit omnia.*

Eee ij

On me dira qu'il est plus sçauant en son langage naturel qu'il n'entéd nostre langue Fráçoise, & qu'il les peut mieux interroger que nous rendre leurs responses en François. Mais parauanture au contraire, car il ne faut rien presumer de sinistre de luy, à peine aussi s'en trouueroit il vn dans le païs plus suffisant pour cet office : ioinct que le defaut venāt de la langue, il le faut souffrir & faire tout autant qu'elle peut, & excuser le surplus. On sçait bien que l'idiome basque est dissemblable au fráçois: que par fois à certaines rencontres il est plus efficace que le nostre, & parfois moins : outre que toutes langues perdent de leur beauté & de leur grace au change. Ainsi il faut souffrir ces incommoditez, quand elles ne viennent des Iuges ny des Interpretes.

Que s'il faict ses interrogatoires vigoureux, & qu'il tasche d'en tirer la verité, il n'y contribue rien du sien, que cette affection & inclination naturelle que chacū porte à tout subiect qu'il rencontre, & voit estre en quelque action.

Qu'il y a bien difference des Notaires & des Interpretes, ayans les Notaires plus de part és actes qu'ils recoiuent, que les Interpretes : car l'Interprete est muet sans le Iuge, où au contraire le Notaire parle & stipule pour la partie absente, & la faict parler sans qu'elle die mot, & obliger, bien qu'elle n'y soit presente.

A quoy i'adiousteray vn Arrest notable sur vn faict, lequel semble estre encore en plus forts termes que le nostre. Maistre Pierre Arnal, Chanoine de l'Eglise sainct André metropolitaine de Bourdeaux, signant les arrests de la chābre de la Tournelle du Parlemt de Bourdeaux, en l'absēce du Greffier Pontac, on luy mit en auant qu'il auoit commis irregularité : & defaict on obtint ses benefices, ayant signé plusieurs Arrests de condamnation de mort contre vne infinité de criminels, enquoy il cōtribuoit beaucoup plus à la mort des condamnez, voire des sorciers quand il s'en presentoit, que ne faisoit nostre Interprete : & pouuoit on dire qu'il dōnoit vrayemēt le coup de la mort, puisque le dernier poinct des Arrests cōsiste en la signature d'iceux : ne pouuās les criminels quoy que cōdānez estre executez, que preallablemēt lesdits arrests ne soiēt signez du Greffier de la Cour. Au cōtraire il disoit que cela estoit vray, mais qu'il n'entroit point en cognoissāce de cause, que c'estoit vn ouurage de ses mains & point du tout de son entēdemēt n'y de son affectiō: qu'vn enfant, voire vne personne qui n'eust sçeu lire, pour ueu qu'il eust sçeu signer, eust peu faire le mesme: que ce ne luy estoit que couruee: que c'estoit vne action necessaire qui ne dependoit de sa volonté. La chose ne fut decidee: car il composa auec ses parties.

Quant à ce que dict le bon pere DelRio, il ne sçeut iamais les particularitez des Sorcieres de Labourt & de celles de la basse Bretagne, où il faut des truchemens & interpretes pour leur faire le proces. S'il eust sçeu la disette qu'il y a de Religieux qui sçauent la langue basque, il eust cent fois plustost admis nostre Interprete estant Prestre & homme de bien, pour confesseur, que de donner cet aduantage à Satan, de les emmener en enfer si aisément, sans assistance & sans combat.

Si bien que tant s'en faut que nous ayons rebuté celuy cy pour estre Prestre, qu'au contraire nous l'auons receu auec ioye estant approuué par le sieur de Bayonne qui est Euesque diocesain des lieux, qui s'est tousiours monstré autant affectionné à exterminer cette peste du genre humain, comme il à d'interest, estant bon Pasteur, de deliurer sa bergerie, & la purger de cette abomination. Il a cognu sa fidelité & sa preudhommie, & a fort bien recognu que la contagion estoit si grande, & la maladie si frequente, qu'il se trouuoit fort peu d'Interpretes sans soupçon. Outre que se rencontrant des Prestres preuenus de sortilege deuāt nous, ils auroient notoirement plus de confience en vn Prestre leur compagnon, qui estoit de mesme profession qu'eux, qu'en tout autre.

De maniere qu'encore luy seul ne pouuant fournir à interroger, & exhorter plusieurs Sorcieres qu'on mettoit en vne matinee à suite à la question, on estoit contraint d'y employer par fois d'autres Prestres qui sont domestiques dudict sieur de Bayōne, des Chanoines, gens d'honneur qui sçauoient la langue, & par fois son grand Vicaire mesme, estoit prié par compassion, de venir interroger & exhorter, voire par fois exorciser les Sorcieres qui estoient sur le poinct de mourir sans assistance Chrestienne, & sans nulle forme d'instruction. Et tant s'en faut qu'on fut en aucun des cas ou inconueniens alleguez par DelRio, qu'au contraire se trouuant neuf ou dix Prestres en preuention, en l'absence du sieur Euesque de Bayonne, son Grand Vicaire ayant charge d'assister à toute la procedure & instruction qu'on faisoit contre eux, ledict Vicaire ayant particuliere cognoissance de leurs personnes & de leurs deportemens, ils parloient plus confidemment & luy confessoient plus ingenuement ce qu'il desiroit, qu'ils n'eussent faict à vn Prestre leur compagnon Interprete, qu'ils tenoiét pour ennemi. De maniere qu'au lieu de tous ces inconueniens, il en aduint cent mille biens, qui reuenoient au seruice de Dieu & à l'vtilité du public.

Et ne falloit pas craindre que ces gens d'honneur & bons Chrestiens assistans à la gehenne comme Interpretes, ou exhortateurs, & par aprés comme Confesseurs exhortassent les Sorciers à silence: car ils eussent esté plus endiablez que les Sorciers mesme: ils les exhortoient seulement à dire la verité, *neque ideo mortis sententiam accelerabant*, veu qu'ils estoient desia condamnez à la mort auparauant qu'on les appliquast à la torture: car de tous ceux qu'on a faict mourir, on n'en a pas cendamné trois à la torture en supplement de preuue, veu qu'il n'y en auoit que trop.

Il faut donc conclure auec ces circonstances, que cet Interprete estant agree par son Euesque diocesain, & estant mesme assisté d'vn compagnon, afin qu'il ne peust varier & nous dire vne chose pour l'autre : que les Interpretes *omnia agere ad præscriptum debent*, qu'ils ont leur leçon, & comme leur rollet qui leur est prescrit sans le pouuoir outrepasser d'vn seul mot qui importe: qu'outre & auant le iugement, les Sorcieres estoient encores interrogees sur la selletre deuant nos collegues & assistans, qui entendoient presque tous la langue basque : cela auec tout le reste cy dessus inseré faict qu'il ne peut eschoir irregularité quelconque.

Et deffaict j'ay veu depuis vn Religieux Augustin natif du païs de Labourt, demeurant en la ville de Bourdeaux, lequel fut appellé par la Chambre de la Tournelle, le troisiesme Septembre 1610. pour seruir d'Interprete aux Commissaires qui firent donner la torture à Catherine de Barrendeguy dicte Catalin Bardos de la paroisse de Haltsou, Sorciere insigne, lequel par apres luy seruit de Confesseur au supplice: laquelle confessa & en la torture & en l'execution des choses dont on n'auoit encore ouy parler en toutes les procedures des autres Sorciers. Ainsi il seruit & d'Interprete & de Confesseur: bien que ce ne soit la coustume des Confesseurs de la langue vulgaire & cognuë, d'assister aux tortures, ains simplement aux executions. Mais c'est le defaut & disette de personnes qui entendent la langue basque, qui contraignent par fois les Iuges de prendre des gens de rencontre, tels qu'ils les peuuent trouuer, & la presse des iugemens, & la circonspection & prudence des Iuges, lesquels sont forcez tenans vn criminel sur la selette, de n'attendre qu'on aille mandier & rechercher par toute la ville vn Interprete, s'il s'en trouue vn quel qu'il soit à la porte du Palais, ou de la Chambre.

Il faut donc conclure que les Interpretes, ou Truchemens n'encourent nulle irregularité, n'adioustans rien du leur aux interrogatoires que les Iuges leur commandent de faire, ny aux responses des criminels: non plus qu'on ne peut dire, que le canal d'vne fontaine soit la source de la fontaine, bien qu'on en voye sortir de l'eau, n'y vne sarbatane, par le dedans de laquelle on souffle quelque voix ou parole, soit la mesme parole, bien qu'on l'entende resonner & sortir de là: non plus qu'on ne peut dire que certains rochers, lesquels frappez d'vne voix ferme font retentir vn Echo, ce soit leur pierre dure & insensible qui prononce ces parolles redites, qu'elle rend par fois trois, cinq, sept, & iusqu'à neuf fois. Les Interpretes sont de vrays

5. Procedure criminelle en laquelle vne mesme personne sert d'Interprete à la torture, & de Confesseur au supplice. Duhalde religieux Augustin natif de Labourt.

6. Que les Prestres qui sont prins pour Interpretes, n'en courent nulle irregularité auec les circonstances potees cy dessus.

Echo, qui demeurent en perpetuel silence si on ne parle, & qui ont tousiours le dernier rollet à faire, ne pouuans parler si on se tait, ny se taire qu'on ne se taise pluftot qu'eux estant necessitez de parler si on parle, & ne varier mesme en rien les paroles qu'on leur dict, les prononçant auec le mesme ton, & auec la mesme aigreur qu'on les leur donne.

Ce n'est pas pourtant que ie veuille decider cette question, ny que i'entende l'auoir resoluë & decidee par des raisons si foibles & d'vne part & d'autre : ains ie m'en remets du tout aux Theologiens, & me contente d'en auoir dict seulement les circonstances.

DE L'IN-

DE L'INCONSTANCE DES DEMONS, MAGICIENS ET SORCIERS.

Des Prestres Sorciers. Et combien de choses singulieres, & belles circonstances se sont passees en leurs procedures, soit pour la sorcelerie, soit pour le iugement du crime de sortilege.

DISCOVRS II.

1. Que de tout temps il y a eu de grãds & notables Sorciers Philosophes, Poetes & autres, & non comme on dict des simples femmelettes.
2. Qu'est ce que Pline appelle Magie Cyprienne.
3. Procedure contre vn Prestre de la parroisse d'Ascain.
4. Procedure contre Migalena & Bocal Prestres de la parroisse de Siboro.
5. Combien nos Prestres ont de priuileges par dessus les anciens Sacrificateurs de la Loy Mosaique.
6. Procedure contre Ianne de Ribadin, qui faisoit la Prestresse és enuirons de la ville de Bourdeaux.
7. Qu'il n'est pas bon de prononcer presidentalement vn Arrest portant condamnation de mort.
8. Procedure contre le Curé de la parroisse de Muron au diocese de Xaintes, preuenu d'auoir homicidé son Prieur.
9. Sçauoir si vn homicide en vn Prestre est delict commun ou priuilegié. Et si en ce crime il faut octroyer le renuoy aux Prestres.
10. L'impetration des lettres de grace, par qui que ce soit priuilegié ou non faict que la cognoissance en appartient purement au Iuge Royal.
11. Que le Diable fournit par fois les Sorciers de conseil, de recusations & d'Auocats.

N tient qu'anciennement les plus habiles & sçauans hommes du monde, alloient en Ægypte & ailleurs apprendre la Magie, & en tenoit on escole formee. Ces grands Philosophes coureurs, qui se promenoient ainsi par

Fff

1. Que de tout temps il y a eu de grands & notables Sorciers, & comme on

tout, ce n'estoient qu'autant de Magiciens & Sorciers : qui faict que maintenant nous nous estonnons, de ce que nous ne voyons plus que des gens sans lettres & de fort petite fortune, qui font les Deuins & Magiciens.

dict de simples femme-lettes.

Ie diray vn mot des anciens : car il est bon de les recognoistre : & puis nous parlerons de ceux de ce siecle.

Il n'y a sorcelerie (car c'est vne espece ou partie de Magie) qu'on ne trouue, si on cherche bien, dans Orphee, qui viuoit il y a prés de trois mille ans, & autres Poetes anciens : & dans Homere entre autres il y en a tant de traicts, qu'on ne faict nul doute qu'il ne fust Sorcier. D'ailleurs les Sorciers ont esté recognus & condamnez par la Loy de Dieu, plus de cinq cens ans auant Orphee : c'est donc signe qu'il y en auoit dés lors.

Bod. en la refut. des opinions d'Vuier.

Et non sans cause a on celebré Zoroastre des premiers. Car on dict que Dieu enuoya le Deluge pour netoyer la terre immonde & souillee de tant de Magiciens & Sorciers, ne laissant que Noé, & trois de ses enfans auec leur femmes : dont l'vn nommé Chan enseigna cette magie & sorcelerie diabolique à vn sien fils nommé Mesraim, qui pour les grandes merueilles qu'il faisoit fut appellé Zoroastre, & lequel dit-on composa sur ce malheureux subiect cent mille vers : & en fin il fut emporté par le Diable en presence de ses disciples, & ne fut iamais plus veu comme a noté Suidas.

De là plusieurs siecles s'escoulerent iusques à Socrates, lequel quoy que Magicien & Sorcier, fut neantmoins par l'Oracle estimé en son temps le plus sage homme du monde. Il florissoit enuiron cinquäte ans auant Platon : Or Platon soustint qu'il y auoit des Demons & des Esprits contre l'aduis de plusieurs Philosophes de son temps, se fondant principalement sur l'aduis de Socrates, duquel on lit cette particularité, qu'il eust beaucoup mieux aimé mourir que dire vn mensonge.

Neantmoins il auoit vn Demon qui luy donnoit aduis de toutes choses : si bien qu'il dict à Charmidas, qu'il ne falloit qu'il allaft à la foreft Nemee : lequel ne le voulant croire, & y eftant allé y mourut. Et fe trouuant à table auec Timarcus, s'eftant voulu defrober par deux fois, Socrates l'empecha, mais en fin eftant efchappé pour aller tuer Nicias fils de Horofcomandre, il fut condamné à mort pour auoir commis cet hommicide. Il predict auffi la defaite de l'armee qui eftoit de fon temps en Sicile, & la mort de Neonus, & de Thrafilus, qui eftoient allez à la guerre en Ionie & en Ephefe. Et eftant aux abois de la mort, il affeura que fon fils qui eftoit pour lors de bonne vie & bonnes meurs, deuoit neantmoins changer bien toft, & deuenir fcelerat & mechant. Ainfi c'eftoit veritablement vn mauuais Demon, & non fon entendement, comme plufieurs ont penfé, duquel il oyoit affiduellement la voix, laquelle le diffuadoit toufiours de faire les chofes qui luy pouuoient porter quelque preiudice : où au contraire l'entendement a accouftumé nous perfuader, ou diffuader felon les occafions & occurrences.

Voicy comment Platon le faict parler. Ie me trouue auoir vn Demon lequel dés mon enfance s'eft rendu mon compagnon, c'eft vne voix laquelle me diffuade toufiours, & iamais ne me perfuade, ny ne m'inuite à faire chofe quelconque : & fi quelqu'vn de mes amis, me communique fa penfee, la mefme voix fe faict entendre, laquelle le diffuade, & ne permet qu'il accompliffe fon deffin. Or ce Demon de Socrates en quelque façon qu'on le qualifie, tefmoigne qu'il eftoit Sorcier. *Propos de Socrates dans Pla.*

Pythagoras auoit vn aigle qu'il faifoit monter & defcendre comme il vouloit : & auec fa cuiffe d'or Plutarque l'appelle cauteleux enchanteur. Auffi efcriuoit il de fon fang dans vn miroir ce que bon luy fembloit. Puis le tournant au rond de la Lune en fon plain, il monftroit à celuy qui eftoit derriere fes efpaules, les chofes qu'il auoit efcrites dans le mimiroir, & les luy faifoit voir grauees dans le cercle de la Lune. *Il Garzoni Difc. 41.*

Fff ij

Et auec ces nombres de lettres & obseruation de la Lune il apriuoisa vne ourse de demesuree grandeur, & la retint prés de luy fort long temps : & puis la voulant laisser vaguer, luy fit iurer de n'offencer iamais aucun animal de quelque espece que ce fut : si bien qu'estant libre par les forests elle luy tint promesse.

Et vn iour prés Tarente, ayant veu vn bœuf qui gastoit vn champ de febues, il cria le berger qu'il d'estournast le bœuf. Le berger se moquant de luy, dict qu'il n'auoit pas aprins à tancer les bestes, mais que c'estoit à luy qui auoit accoustumé de corriger des disciples à le faire. Dequoy estant aucunement esmeu, il tira ses liures de Magie, & ses caracteres: & apres auoir soufflé & murmuré quelques mots à lentour, il fit si bien que le bœuf sortit du champ aussi tost, comme si c'eust esté quelque personne raisonnable, & iamais plus ne gasta pareil champ : & quitant son berger il ne voulut iamais plus souffrir le ioug: ains ayant faict sa retraicte dans Tarente, il y demeura humainement le reste de ses iours, viuant de ce que les hommes luy donnoient, comme si c'eust esté vn chien domestique & priué. En fin Appollonius escrit que Pythagoras fut veu en vn mesme iour à Crotone & à Metaponte, y ayant esté transporté par vn Demon.

Cal. Rhodi. lib 19 c. 7.

Numa auoit sa Nymphe Egerie auec laquelle il s'accouploit, & faisoit semblant de mendier d'elle les loix qu'il donnoit aux Romains, & si pourtant c'estoit le plus grand Pontife & religieux Sacrificateur qui ait iamais esté parmy les Romains. Il lia par force de charmes Faunus & Picus Martius, pour sçauoir comment Iupiter Demon de feu pouuoit estre attiré par sacrifices.

Plut. in Numa.

Dans le siecle de Platon il y en eust plusieurs, & l'y a on logé des premiers, & son disciple Aristote : duquel Pline dict que soubs pretexte de rechercher les choses naturelles, il apprint à Antipater à porter certaine eau, auec laquelle il empoisonna l'Empereur Alexandre. C'estoit auec de l'eau de la fontaine Stix, si froi-

Pli. 30. c. 1. & 2.

de que vaze quelconque ne la pouuoit contenir: & Aristote ayant enseigné à Antipater, de la porter dans vn vase faict du pied d'vne mule, il le fit, & empoisonna par ce moyen Alexandre. Surquoy est à noter, ce que Pline adiouste faisant ce discours, Cela est de la forge d'Aristote (dict il). En quoy certes il le faict grand tort. Comme voulant dire qu'Aristote, soubs pretexte d'enseigner le Magie naturelle, il apprend à empoisonner & se defaire tout doucement des plus grands Monarques de la terre.

Virgile parle d'vn Prestre ou Sacrificateur sorcier qui s'appeloit Vmbro, lequel sacrifioit aux Idoles & enchantoit les serpens. *Virg 7. Æn.*

De là à plus prés on vint à Simon Magus, puis à Apollonius Thianæus, Puis à Plotin, à Porphyre son disciple, à Iamblicus, Mais nul de ceux là ne nous a chatouillé de si prés que Pline, lequel n'a pas eu honte d'accuser ce grand Prestre de la loy Moyse, (car il l'appelle Magicien, & sa doctrine Magie) Quant à la Magie Cyprienne (dict il) elle est de fraische memoire. Or il se trompe: ce n'estoit magie, ains la vraye doctrine du Tout-puissant, enseignee par Moyse, d'où Platon a puisé ce qui est de plus serieux & important dans ses escrits, approchant de la religion Chrestienne. *1. Qu'est-ce que Pline appelle Magie Cyprienne. l. 30. ch. 1.*

Et la Magie Cyprienne de fraische memoire, c'estoit la doctrine Euangelique preschee par sainct Paul, & sainct Barnabé en l'isle de Cypre, qui y furent des premiers, & Cypre des premiers lieux où la doctrine Euangelique, la natiuité & la mort de Iesus Christ furent publiees.

Si bien que Possidonius & Leotichidas qui l'auoyent appellee Magie, se trompent aussi bien que Pline: dequoy nous auons deux autheurs notables, l'vn est Iosephe, qui dict que Moyse estoit non vn Magicien, ains vne tres-docte & tres-grand personnage, & Strabon qui l'appelle tres-diuin. *Ioseph. lib. 2. Antiq. contra Apionem. Strabo l. 16. de sa Geogr.*

Apulee & Lucian ont esté sorciers plus formels, & se sont

plus approchez de ce que maintenant nous voyons en ce dernier siecle. Et puis que sainct Augustin remarque, que toutes les sectes des Philosophes, & toutes les religions qui furent iamais, ont decerné peine contre les sorciers & Magiciés, c'est donc signe que toutes les sectes de Philosophes, & toutes religions, ont recognu qu'il y en auoit, lesquels encore quasi nous adorons pour leur suffisance.

Mais ce n'est pas à dire qu'il ny en ait eu depuis, & mesme en ces derniers siecles de fort suffisans, comme Agrippa & Merlin. Cardan dict qu'Augustin Nypho Italien excellent sorcier, auoit vn Demon barbu, qui luy enseignoit toutes choses. Et dict aussi que son pere Facius Cardanus estoit souuent visité des Demons, qui luy enseignoient tout plain de hauts mysteres, mais neantmoins tous pleins d'imposture & de faulse doctrine. Ie n'en diray qu'vn seul traict.

Hierosme Cardan en son liure des Domŭs Strozzi l. 2. ch 3 Del palag. degli incanti.

Il dict qu'vn iour tresiesme d'Aoust mil quatre cens nonante vn, son pere estant sorti de la maison sur les vingt heures, car ils content ainsi en Italie (qui est à nous enuiron sur les quatre ou cinq heures du soir) ayant faict les cōiurations accoustumees, sept Demons qui auoyent accoustumé se presenter à luy bien souuent, luy apparurent en forme d'hommes vestus de soye, auec des capes à la Grecque, & des chausses rouges, chemises, pourpoins ou sayes resplendissans de cramoysi, de stature vn peu plus grande, plus robuste, & plus venerable que la commune des hommes, & que deux de ceux là qui paroissoiét à la veüe plus nobles precedoyent les autres: Dont l'vn qui estoit plus grand que l'autre, fort rouge, & l'autre plus petit & de couleur pasle, portāt par leur aspect chacun l'aage de 40. ans. Interrogez par Cardā qu'ils estoyét. Ils respondirét qu'ils estoiét hommes aërees: qu'ils naissoyent & mouroyét; mais que leur vie estoit beaucoup plus longue que la nostre, arriuant par fois iusques à trois cens ans: qu'il s'approchoyent beaucoup plus de la nature des Dieux que les hōmes terrestres. Mais neantmoins qu'entre eux & les Dieux il y auoit vne difference & inegalité infinie.

Qu'ils estoyent d'autant plus heureux & malheureux que

les hommes, que les mesmes hommes sont plus heureux ou malheureux que les animaux irraisonnables: Que rien ne leur estoit caché richesses, tresors, ny mesme la science des liures.

Et qu'estans composez d'vn corps tressubtil & delié, ils ne pouuoyent donner ny beaucoup d'aide, ny beaucoup d'incommodité à la vie humaine, excepté par visions, prestiges, ombres, larues, & espouuentemens, mais qu'ils pouuoient fort aider par science, d'autant qu'ils estoyent fort sçauans.

Ils auoyent des Academies, & qu'vn deux estoit maistre & precepteur de deux cēs disciples, & l'autre de trois cens.

Le plus grand de ces Demons cōme ils estoyent en conference, nia que Dieu eut faict le monde de toute eternité: & l'autre au contraire asseuroit, qu'encore pour le iourd'huy Dieu creoit le monde à tous momens, & que s'il auoit manqué vn seul moment à continuer & faire cette creation, tout le monde seroit aussi tost mis en ruine: & alleguoit plusieurs passages d'Auerroes & autres autheurs, les liures desquels n'auoient encore esté trouuez, comme aucuns d'eux ne le sont encore.

Or Agrippa, Merlin, ce Nypho, Cardan auec ces deux Demōs qui disoyēt auoir cinq cens disciples & si n'estoient que deux, Vuier, l'Escot, Trois-eschelles, & vne infinité d'autres, monstrent bien que toute la suffisance n'en est pas demeuree parmy des femmelettes, & des idiots, comme disent plusieurs qui veulent faire cette abomination legere, douteuse, fantastique & prestigieuse, pour la faire mecognoistre & sur tout pour la rendre impunie.

De maniere que ie ne suis de l'aduis d'vn de nos modernes qui a dict à ce propos: *Durat in hodiernum diem hac, seu magorum seu sortilegorum perniciosa factio, nisi quod ea non amplius philosophorum aut honestorum virorum sit, sed rusticorum aut idiotarum.* A quoy il adiouste ces mauuais mots, comme s'il ne croyoit rien de ce qu'on dict des sorciers, *Quæ res inquit vanitati vanitatem adiecit.* *Aerodimlii. 5. rer. Iudic. De maleficijs. cap. 11.*

Parauanture ne se souuient il pas, quand bien il tiendroit.

ces derniers que ie viens de nōmer pour rustiques & idiots: de ce que du temps de S. Gregoire, il y eust à Rome vn Senateur de bonne & ancienne famille nommé Basilius, magicien & sorcier, lequel s'estant rendu Moine pour euiter la peine de mort, fut en fin bruslé auec son compagnon Pretextatus, tous deux Senateurs Romains & de maison illustre : ce qui monstre que la sorcelerie n'est pas vne tache de simples femmelettes, rustiques & idiots.

S. Greg. Ann. lib. 1. c. 4.
Cassiod. lib. 4 varier. ep. 22. & 23.

Et affin que ie monstre plus clairement, que c'est vne maladie & contagion qui a saisi tout vn païs entier : ie parleray de ceux que nous auons veu, non pas rustiques ne idiots ains de ceux qui font profession d'instruire & enseigner la meilleure & plus approuuee doctrine qui ayt iamais esté parmy les mortels, qui est la parole de Dieu: qui sont des Prestres qui ont charge d'ames. Il me fasche bien d'en parler si sinistrement: & encore que ce soit la plus noble piece de nos procedures; si la voudroy-ie volontiers supprimer pour l'honneur & respect que ie porte à ce sainct Ordre de Prestrise, & de peur que les ennemis de l'Eglise n'en prenent quelque auantage. Mais les habitans de Labourt qui ont esté preuenus de ce crime auroyent tres-iuste occasion de se pleindre de nous, veu qu'ils semblent en quelque sorte n'estre obligez à vne vie si exéplaire, les vns ayans charge d'ames, & les autres n'estans chargez que d'eux mesmes. Outre que ie ne parle que de ceux de cette fort petite contree de Labourt, laquelle pour le defaut & difficulté de la langue (comme nous auons dict cy dessus) ne peut estre fournie de bons Predicateurs, comme tout le reste de la France, qui abonde en ce poinct de bons Ecclesiastiques & de nombre de Religieux qui menent vne bonne & tres-saincte vie. D'ailleurs que ie sçay que l'Eglise abhorre sur toutes choses cette abomination, & qu'elle tient pour ennemis & punit tres-volontiers ses officiers qui abusent ainsi de ce sainct Ordre.

Le païs de Labourt & toute cette coste de France & de la basse & haute Nauarre, est merueilleusement deuot en apparence, & a ses Eglises aussi bien ornees & seruies qu'il est

est possible de voir. Mais les gens ressentent aucunement l'Italie & l'Espagne, où aux predications on tire le rideau, enfermant les femmes dans quelque espace & barriere, tournant le dos aux hommes: affin que les vns ny les autres ne puissent enuoyer leurs muettes ambassades par le moyen des yeux. (inuention aucunement contraire à la liberté de France) Comme i'ay veu à Rome, à Milan, & en plusieurs autres villes d'Italie, à vn grãd iour de ceremonie, les hommes passer par vne porte de l'Eglise, & les femmes passant par vn des costez de la mesme porte, estre separees de certaines tables ou aix, qui empechoient qu'elles ne pouuoyent voir, toucher, ny se mesler auec les hommes.

C'est pourquoy en Labourt ils ont dans la nef des Eglises, deux ou trois estages de galeries, où les hommes se logent comme superieurs, laissant les femmes seules au bas: sauf les Abbez des parroisses, qui sont comme les Consuls & Echeuins, lesquels ont vn siege d'honneur, tout au deuant des femmes, & disposé de façon, qu'ils leur tournent le doz. Et defaict les hõmes ne descendẽt guieres desdictes galleries, pour venir à l'offrande, & n'y va que ces Abbez, & toutes les femmes iusques à la moindre.

Mais toutes ces ceremonies exterieures, n'empechent pas que la plus part ne soyent de grands & abominables sorciers, & sur tous les Prestres & Curez, lesquels sont si fort respectez, qu'on ne se scãdalise de nulle de leurs actiõs. Le cabaret, la dance, les habits, le ieu de la bale par les rues, l'espee au costé, la demipique en la main, se promenãt dans le vilage, ou allant aux festes des parroisses, ne leur sont en reproche. Aller aux veux seuls, à nostre Dame d'Iron, & par tous autres lieux dans le païs, accompagnez de trois ou quatre belles filles, sont choses communes & aux Prestres Nauarrois qui sont sur la frontiere, & aux nostres comme nous auõs veu plusieurs fois. Tant de priuileges furent cause qu'on n'osa au commencement de nostre commission, entrer en accusation contre eux. Mais en fin Satan ne peut empecher, qu'vn vieux Prestre de fort honneste maison ne fut deferé.

Ggg

3. Procedure contre le premier Prestre de la paroisse d'Ascain.

Ce bon Prestre, qui estoit en volonté de donner quelque salutaire yssue à son ame, nous fit remarquer par plusieurs fois, que le Diable ne luy laissoit la parole libre, laquelle il laschoit si tardifuement que rien plus: Il nous côfessa qu'il y auoit enuiron quinse ou seize ans, qu'il auoit voulu quiter cette abomination, mais que le Diable l'auoit tant tourmenté, qu'il demeura quelque temps presque desuoyé de son sens, si bien que ses parens croyoient le garantir par là, & l'excuser de folie ou de peu de sens. Mais Modestinus, en la loy 7. §. *vlt. ad l. Iul. maiest.* D. dict, *Neque insanis parcendum est, si tale sit delictum, quod vel ex scriptura legis descendit, vel et am ad exemplum legis vindicandum est:* Or *vel ex scriptura legis sacræ descendit prohibitio, vel ad exemplum legis sacræ vindicandum est sorilegium.* Car

Deut. 18 & au Leuit. 20

l'Escriture saincte, qui est nostre vraye loy le prohibe clairemét en vne infinité de lieux. Aussi se trouua-il, qu'il estoit à la verité tombé en sens reprouué, & que Dieu l'auoit ainsi permis, dont y auoit enuiron non seze ans comme il disoit auant son audition, mais bien vingt. Car il confessa que quatre ans auparauant, il auoit esté au sabbat, auoit renoncé & renié son Createur, & auoit prins le caractere du Diable, au lieu du sainct Ordre & caractere de Prestrise: que pendant vingt ans, il ne s'estoit iamais confessé de cette abomination, ny comme Confesseur ne l'auoit iamais blasmee en autruy.

Il n'estoit non plus excusable par vieillesse, car *In atrocioribus senectus neminem excusat.* D'auantage outre la preuue generale, & sa confession reiteree & signee de luy par trois fois, & en trois lieux, deux tesmoins nous asseurerét, l'auoir veu puis quinse iours au sabbat: & faisans la visite de sa maison, nous trouuames vne grande Croix de bois sur la porte de sa chambre, sur laquelle on tient vn essue-main, qui auoit la branche de hault rompue par force, car le bois estoit espais de plus de trois ou quatre doigts. Or ayant persisté deuant le grand Vicaire du sieur Euesque de Bayonne, & en nostre presence, soit en son audition, soit au supplice, & ayant nommé plusieurs personnes qu'il auoit veu au sabbat, le voyant mourir auec quelque deplaisance exterieure de

Iul. Clar. § f. ? 60. nu. 6.

cette execration, on luy permit de faire la Communion par trois fois, après laquelle il mourut sans estre violété du Diable au suplice, comme sont ordinairement les sorciers, qui ne sont en bon estat, que Satan attaque aux derniers aboys de la mort, plus vigoureusement qu'en nulle autre saison.

Et par ce qu'il faut qu'vn Euesque desgrade les Prestres condamnez à mort, nous trouuans en peine pour l'absence du sieur Euesque de Bayône, qui estoit en la ville de Bourdeaux, à la poursuitte d'vn affaire d'importance, il pria luy mesme, & escriuit au sieur Euesque d'Acqs, d'en vouloir prendre la peine, Ce qu'il fit. Et affin que la chose se fit plus conuenablement, & à propos, il la fit dans l'Eglise du Sainct Esprit qui est de son diocese.

La mort de ce Prestre fit vn grand esclat dans la ville de Bayonne, bien qu'il fut deffaict à Ascain pour seruir d'exemple: & donna de la terreur à tout le pays de Labourt, si bien que plusieurs prindrent liberté & asseurance de deferer d'autres Prestres. Plusieurs Prestres aussi prindrēt l'estor & d'autres forgerent des vœux à nostre Dame de Monserrat, & ailleurs, voulans soubs ce pretexte, couurir l'ignominie, & les sinistres occasions de leur fuite: d'autres prindrēt la mer. La licence de s'entre accuser & deferer, par deuant nous sembloit estre aucunement dangereuse, & nous mettoit en soupçon, que c'estoit parauanture des calomnies & partialitez, qui sont communement parmy les peuples: mesmemēt parmy les Basques, qui se disent tous Gentils-hommes, & qui sont glorieux, & lesquels ressentēt aucunement en ce poinct au voisinage de l'Espagnol. Mais tant de petits enfans innocens, & autres tesmoins estrangers hors de la parroisse, indifferens, & de toutes sortes, nous disoyent ingenuement, auoir veu au sabbat des Prestres, que nous fumes contraints, voyant que c'estoit eux qui gastoyent, & infestoyent tout le pays, d'en faire prendre aucuns des plus chargez.

Nous en fimes prendre sept des plus notables de tout le pays, la plus part desquels auoyent charge d'ames, és meilleures parroisses de Labourt. Nous en trouuames deux de

4. Procedure Contre Migalena & Bocal de

la paroisse dudict Siboro. Siboro, sçauoir Migalena aagé de soixante & quelques années, & Maistre Pierre Bocal aagé de 27. beaucoup plus chargez que les autres, bien que contre le moins chargé, il ny eust que trop de preuue.

Ces deux se trouuerent chargez d'auoir esté à ces lieux infames, auoir assisté à ces execrables ceremonies de ces Esprits infernaux, veu, recognu, & agreé, tout ce qui se faisoit en ces malheureuses academies, d'y auoir faict des Sacrifices abominables, auec pareilles ceremonies, qu'eux mesmes ont accoustumé faire à Dieu, quand ils sont dans la vraye Eglise; qui est ce que le Diable desire plus que toutes les choses du monde, pour l'ambition qu'il a, comme perpetuel emulateur de la Diuine maiesté, d'estre recognu pour le vray Dieu. Et particulierement ils furent accusez, d'auoir adoré le Diable, d'y auoir dict quelque forme de Messe, & auoir abusé du sainct Sacrement de l'Eucharistie. Ils faisoient semblant, reuestus comme Prestres, d'y dire la Messe, à Diacre, Soubs-diacre, d'y bailler de l'Eau-beniste, l'offrāde, de prescher, de faire l'eleuation de l'Hostie, & d'y entretenir le peuple. Vous pouuez penser, que disant la Messe faulsement sur la minuict, qui est l'heure du sabbat, & ce en honnneur de Belzebub, auec quelle pieté & deuotion ils la disoyent le lendemain en l'Eglise de Siboro, en presence de plus de deux cens personnes, qui la leur auoyent ouy dire quelques heures auparauant en ladicte mechante assemblee. Quel abus, quelle execration d'abuser ainsi le monde, qu'elles detestables cōfessiōs recepuoiét ils des sorciers qu'ils confessoyent, quels abominables conseils donnoient ils aux pauures idiots qui estoyent en doute, & parauanture en marché auec le Diable? n'estoit ce pas leur ouurir la porte d'enfer? n'estoit ce pas se moquer de Dieu, & de tant de pauures ames, ausquelles tous les iours ils bailloyent la Communion?

Pour Bocal il auoit encores vn plus pernicieux commencemēt: Car outre le gros de la sorcelerie, d'y auoir esté veu cent fois reuestu en Prestre, seruāt de Diacre, & Soubs-diacre, il fut preuenu d'y auoir esté veu, disant la Messe luy mesme, & les autres le seruans, les nuicts des trois iours derniers auant qu'il dict sa premiere Messe dans l'Eglise de Siboro, & comme on s'enqueroit de luy, comme trouuant nouueau, qu'il dict pluftoft Messe au Sabbat que dans l'Eglise, il respondit que c'estoit par essay, & pour voir si le iour qu'il diroit sa premiere Messe dans l'Eglise, il feroit bien les ceremonies. Voyez l'honnorable lieu, qu'il auoit esleu pour faire vne si saincte espreuue, s'il auoit bien choisi vn bon maistre pour l'instruire à faire les ceremonies, lesquelles ne chantent que la gloire & honneur du Souuerain. Voyez de combien cette saincte action & mystere qu'il contrefaisoit en honneur du Diable, estoit assortie de malheureuses & execrables circonstances. Aprés auoir renoncé son Createur, aprés l'auoir renié, & veu renier à vne infinité d'autres, en ayant donné l'exemple: (car on ne voit communement autre chose en ces assemblees) aprés auoir folastré, dancé salement & impudemment, aprés auoir mangé en leurs festins le cœur de quelque enfant non baptisé estouffé par violence, aprés cent mille accouplemens impudiques, sodomites, & endiablez, aprés auoir ouy vne infinité de iactances de forfaicts horribles & crimes detestables, aprés auoir veu escorcher vn monde de crapaux, en faire & debiter du poison & des poudres infectees pour perdre & les hommes & les fruicts, il y adioustoit pour dernier traict d'abomination, la risee du plus auguste & precieux Sacrement que Dieu ayt donné aux hommes pour acquerir leur salut: si bien que ce Bocal chanta sa premiere Messe, premierement au Sabbat, puis le lendemain pour faire la risee & le forfait plus grand, il alla chanter comme bien instruit, & en bonne escole, sa premiere Messe en l'Eglise de Siboro, auec vne si grande assemblee de pere & mere, parrain & marraine, suiuant ce qui se faict en l'Eglise à bonne intention, que ceux qui l'ont veu n'auoient autre dispute, que pour sçauoir où il y auoit eu plus de pompe & magnificence, & de quelle Messe il auoit tiré plus d'argent. Car la verité est qu'encore que le Diable ne donne que vent & feuilles, neantmoins l'argent qu'on donne au Sabbat est fort bon, comme estant porté à dessin par chacun qui y va, de sa maison : si bien qu'on dict, qu'il emporta plus de deux cens escuz de la Messe qu'il fit semblant de dire au Sabbat: & de celle qu'il dit dans l'Eglise, deduit le festin, les violons & autres dissolutions dont ce païs de Labourt à accoustumé d'vser par corruption, il n'en tira pas la moitié. La raison est qu'au Sabbat le Diable faisoit le festin, partant il ne luy coustoit rien.

Ils furent tous deux cõdamnez à mort, par ce qu'il y auoit preuue contre Migalena, de treze tesmoins de bon aage sans obiect: outre lesquels, faisant l'information contre les Sorciers de sainct Iean de Luz, nous en trouuames encores onze, qui font vingt quatre, lesquels l'auoient veu au Sabbat chantant Messe, ou aydant & seruant celuy qui estoit prés leur faux autel. Il fut degradé, ensemble Bocal, par le sieur Euesque de Bayonne, dans l'Eglise Nostre Dame, & lors qu'il fut executé, il estoit tellement tendu à rendre son ame au Diable, auquel il l'auoit promise, que iamais il ne voulut côfesser, & estant côuié & pressé par son Côfesseur, de prier Dieu, il ne sçeut iamais dire sa creáce, ny faire vne priere entiere, ains il disoit tousiours, & redisoit, perpetuellement, *Pater noster qui es in cœlis. Aue Maria gratia plena. Confiteor Deo omnipotenti. Pater noster. Credo in Deum. Aue Maria gratia plena*, recommençant ainsi & reprenant à diuerses fois, tantost le *Pater*, tantost l'*Aue Maria*, tantost le *Confiteor*. Et fut trouué, qu'il y auoit plus de vingt ans, qu'il auoit esté preuenu de sorcelerie, mais qu'il auoit trouué moyen d'en estouffer l'accusation.

Et contre Bocal, duquel la ieunesse nous tiroit à quelque commiseration, outre dix tesmoins qu'il y auoit recollez & confrontez sans obiect, nous trouuames encore contre luy, faisant le procez à ceux de Sainct Iean de Luz, sept tesmoins de bon aage, qui sont dix-sept, si bien que si nous eussions faict le procez à ceux de son village qui est Syboro, ie croy que nous eussions trouué plus de quarante tesmoins contre Migalena & contre luy. Mais nous

nous contentames, & les iugeames à mort sur la deposition de treze tesmoins sans obiect contre Migalena, & de dix contre Bocal.

D'ailleurs les tesmoins deposoient, que la mere, les sœurs, & toute la famille de Bocal estoient Sorciers, & diffamez de tout temps de ce crime, qu'ils auoient veu que celuy qui tenoit le Baßin, & receuoit les offrandes au Sabbat, duquel nous sçauons fort bien le nom, lors qu'il dict sa premiere Messe, auoit rendu l'argent desdictes offrandes à sa mere: en recompence parauanture, de ce qu'elle l'auoit dés sa naissance, comme font la plus part des autres meres Sorcieres, voué au Diable.

Nos Prestres ont beaucoup de priuileges & prerogatiues par dessus les anciens Prestres de la Loy Mosaïque. Le Prestre Euangelique l'excelle & le surpasse en benignité & douceur d'election, en solemnité de consecration, en noblesse d'ordre, en singularité de nourriture, en puissance de gouuernement, & en cognoissance des secretz du Dieu Tout-puissant.

En benignité & douceur d'election: car Iesus Christ faisant ou eslisant douze Apostres, il esleut douze Prestres, ou les fit & crea pour celebrer la saincte Messe, & les esleut comme domestiques & intimes amis, voire plus que freres.

En solemnité de consecration: car il y a bien difference du Sacrifice de l'ancienne Loy Mosaïque, que faisoit ce Grand Sacrificateur, au Sacrifice que fit Iesus Christ, ce grand Prestre à iamais selon l'ordre de Melchisedech, de son corps precieux.

En noblesse d'Ordre: car anciennement en la Loy Mosaïque, ce n'estoit que simples ceremonies, maintenant ce sont Sacremens, dont l'ordre de Prestrise, après le sainct Sacrement de l'Autel, semble estre des principaux.

En singularité de nourriture: car le corps precieux de Iesus Christ, que le Prestre consacre & reçoit tous les

5. Combien nos Prestres ont de priuileges par dessus les anciens Sacrificateurs de la Loy Mosaïque.

iours, eft bien autre viande que les pains de propofition & autres offerts à Dieu, les chairs des facrifices ordinaires, l'agneau Pafchal de l'ancienne loy, la Manne & autres chofes femblables.

En puiffance de gouuernement : car outre que le Preftre peut abfoudre & deflier, il eft plus abfolu Lieutenant de Dieu en terre, que ne fut iamais Moyfe, n'y autres Sacrificateurs anciens.

En cognoiffance des fecrets de Dieu : car Iefus Chrift fon fils, s'eft bien plus manifefté à fes Apoftres, & leur a bien apprins plus particulierement les fecrets de Dieu fon Pere, de la fainéte Trinité, & tout ce qui concernoit leur fouuerain bien, que Dieu n'auoit apprins à ce grand Legiflateur des Hebrieux.

Le grand Preftre Melchifedech Sacrificateur de Dieu fouuerain, offrit bien à Dieu pain & vin en Sacrifice, pour la victoire qu'auoit obtenue Abraham contre fes ennemis: mais le Sacrifice que fit Iefus Chrift Preftre à iamais felon l'ordre de Melchifedech, eft bien plus grand : ayant ordonné que fon corps feroit offert dans l'Eglife par fes Apoftres, & toufiours depuis fucceffiuement par les Preftres.

Donc les Preftres font de tant plus excellens par deffus les anciens Preftres de la loy ancienne, & par deffus le refte des hommes, qu'ils manient & traiétent tous les iours, les chofes les plus precieufes du monde, qui font les faincts Sacremens : & bien mieux, qu'ils traiétent le principal Sacrement de la fainéte Euchariftie, lequel eft fans comparaifon plus excellent que tous les autres Sacremens. Car encore que Dieu opere en tous les autres Sacremens pour noftre falut, & par fa grace, neantmoins nous receuons en ce Sacrement non feulement la grace, mais le Seigneur de toute grace. Auffi ce mot, *Euchariftia*, fignifie (bonne grace) par ce que c'eft vn Sacrement plein de grace, & qui confere vne plenitude de grace.

Es autres Sacremens les autres creatures font confacrees par la creature, & par la grace diuine : mais en ce Sacrement,

ment il y a cela de plus, que Dieu est present auec tous les plus precieux & excellens dons, & se ioinct tellement à nous en iceluy, qu'il permet qu'il soit luy mesme receu de nous corporellement, reellement & substantiellement, nous faisant participans de sa nature Diuine.

Si bien qu'il ne faut trouuer estrange, si les Prestres traittans des choses si precieuses, sont appellez en l'Escriture saincte. *Clerici, Presbyteri, Sacerdotes, Legati, Reges, Angeli, Dij.* C'est aux Prestres, ausquels a esté donnee la cognoissance des mysteres du Royaume de Dieu, ausquels a esté donnee à garder & prescher la lumiere du monde : ce sont les Recteurs de la terre, les enfans des Prophetes, les proches parens des Patriarches, les successeurs des Apostres.

En fin on peut dire d'eux & de leur dignité : ce que dict sainct Gregoire, *O veneranda Sacerdotum dignitas, in quorum manibus, velut in vtero Virginis filius incarnatur,*

Et Sainct Bernard. *O venerabilis sanctitudo manuum! O fælix exercitium! O verè mundi gaudium, cum Christus tractat Christum, Sacerdos, Dei Filium.*

Et Sainct Augustin encherissant par dessus tout cela, dict, que les Prestres ne cognoissent leur excellence, & s'escriant contre ces aueugles qui se rejettent ainsi & soubmettent à Satan, qui est beaucoup moins qu'eux, *O Sacerdos si altitudinem cæli contemplaris, altior es : si pulchritudinem solis & lunæ reuereris, pulchrior es : si Angelorum discretionem, discretior es : si omnium dominorum sublimitatem, sublimior es : solo tuo creatore inferior es.*

Il faut donc qu'ils soient purs & nets, pour traicter choses si precieuses, *Sancti erunt Deo suo, & non polluent nomen eius, incensum enim domini & panes Dei sui offerût, & ideo sancti erunt.* Car dict S. Ambroise, *Neque enim potest quisquam peccatis suis æger minimèque sanus, immortalium sanitatum remedia ministrare. Vide quid agis Sacerdos, ne febricitanti manu corpus Christi attingas, prius cura te vt ministrare possis.* O qu'il parle bien à nos Prestres Sorciers, qui ont les mains sales, & l'ame impure & malade! Ces faux

Leuitiq. 21.

S. Ambro li. de viduis.

Preſtres ſemblent les abeilles, leſquelles nous donnant par fois du miel, ne laiſſent de porter emprainte dans leurs entrailles l'effigie d'vn bœuf cornu, par ce qu'elles s'engendrent de la teſte d'iceluy : la nature voulant, que dans leurs entrailles ſoit peint le bœuf, qui leur a baillé l'eſtre.

Achilles Aldobradus cap. De apibus.

Tout de meſme, qui ouuriroit les entrailles à ces Sacrificateurs idolatres, quoy que par fois ils manient indignemēt le miel diuin du ſainct Sacrement de l'Autel, il y trouueroit neantmoins cette beſte cornuë bien repreſentée au vif, l'ayant logée dans le cœur, où Dieu parmy les bons s'eſt reſerué ſa place, lequel veut ainſi comme és abeilles, qu'ils portent graué, dans les entrailles, celuy qu'ils croyent faulſement leur auoir baillé l'eſtre : car nous ayant laiſſé noſtre liberal arbitro, volontiers il ſe tire & arrache du cœur infidele de celuy qui a laiſſé ſurprendre ſa place à Satan ſon ennemi.

De maniere que comme il eſtoit anciennement prohibé de ſacrifier à Dieu des cignes, d'autant qu'ils ont le cuir noir, quoy que leur plumage ſoit blanc & candide : auſſi faudroit il prohiber à ces Preſtres perfides & deſerteurs du vray culte de Dieu, de luy faire iamais aucun Sacrifice, & ne preſenter ſur l'autel la vraye Hoſtie : car quoy qu'elle ſoit blanche aux yeux de tous les Chreſtiens fidelles, ſi eſt ce qu'il eſt clairement verifié qu'a eux qui ſont indignes de la voir en ſa pureté & candeur, elle paroiſt noire & du tout hors ſon vray naturel.

Sainct Iean Chryſoſtome dict, qu'il y auoit de ſon temps, vne certaine femme appellée Macedonia, laquelle voulant receuoir le corps precieux de noſtre Seigneur, ayant ſuppoſé vn morceau de pain, au lieu de l'Hoſtie, ce pain ſe conuertit auſſi toſt en pierre dans ſa bouche, laquelle pierre fut longuement gardée entre les treſors de l'Egliſe à Conſtantinople, ayant vne couleur extraordinaire, & les marques des dens de ladicte Macedonia. Ie m'esmerueille, que quand ces faux Prestres veulent dire la Messe, que cela ou pis ne leur aduienne, & qu'il ne se trouue des rasoirs sur leurs testes, pour leur raire & effacer cette couronne, qui vise vers le ciel, & autres caracteres de l'Ordre de Prestrise, qu'indignement ils tiennent en depost de l'Eglise.

Mais quelqu'vn dira qu'importe qu'vn Prestre soit meschant? car ce n'est pas de luy ny de son merite que depend la grace de ce Sacrement: tellement qu'en ce qui concerne le principal d'iceluy, soit que le Prestre soit vicieux ou vertueux, il n'importe aucunement: attendu qu'il ne peut alterer en iceluy chose quelconque, non plus qu'és autres Sacremens, comme dict tres-sainctement le canon, *Vtrum sub figura. De consecrat. d st. 2. Intra sanctam Ecclesiam in mysterio corporis Christi nihil à bono maius, nihil à malo minus perficitur Sacerdote: quia non in merito consecrantis, sed in verbo efficitur creatoris, & in virtute Spiritus sancti.*

Cela s'entend bien, qu'vn Prestre pour bon qu'il soit, ne peut rien augmēter des dons & graces qui sont en ce sainct Sacrement de l'Autel, car il contient vne plenitude de grace, non plus qu'vn mechant pour grand sorcier & abominable qu'il soit, n'y peu rien alterer.

Neantmoins, voire par les loix humaines, quand la Loy diuine n'y resisteroit, il est bien raisonnable, que chose si saincte que la parole de Dieu, l'Euangile, & les saincts Sacremens soyent maniez par des Prestres qui soyent purs & mondes, & gens de bien & de bonnes meurs: *Populum meum docebunt, & quid sit inter sanctum & pollutum, inter mundum & immundum ostendent eis.* Et ailleurs, *Dabo vobis pastores iuxta cor meum, & pascent vos scientia & doctrina.* Ezech.c. 6.
Hierem. ch. 3.

Toutes choses crient contre le Prestre, affin qu'il soit pur & net. *Mundamini qui fertis vasa domini.* Et comme dict Sainct Hierosme en vne sienne Epistre. *Clamat vestis clericalis animæ honnestatem, clamat flatus,* Esaye 12.

puritatem , clamat cultus castitatem , clamat professio religionem, clamat officium deuotionem,clamat studium contemplationem.

C'est la vraye regle & miroir d'vn bon Prestre , c'est la maniere en laquelle il se doit conformer, afin qu'il puisse bien regler le monde, & par la bonne vie & par l'exemple: & afin que quand le chef & principal des Prestres apparoistra, ils puissent eux mesmes receuoir la couronne incorruptible de gloire.

Nous pouuons donc dire asseurement, que les Prestres mal viuans, & sur tout les Sorciers, qui ne s'adonnent qu'au culte & seruice particulier de Satan, vray ennemi de Dieu, abusans ainsi des choses sacrees, & disans la Messe au Sabbat, ne meritent tous ces beaux noms & eloges d'honneur. C'est trop mal employer les oraisons & suffrages de l'Eglise vray maison de Dieu. C'est manier auec trop d'irreuerence, les vases sacrez, où se consacre le precieux corps de Iesus Christ.

Esaye 1.v. 13.

Il nous faut beaucoup plustost croire, qu'ils prouoquent sur eux la commination du Prophete Esaye, qui tiét leur encens, duquel ils ont accoustumé de parfumer l'autel, pour puant & infect,& toutes leurs ceremonies, hypocrisie & superstitions deplaisantes à Dieu.

Incensum abominatio est mihi, Neomenias & Sabbatum & festiuitates alias non feram , Kalendas vestras & solemnitates vestras odiuit anima mea , facta sunt mihi molesta : & aprés tout il faut punir ces abominations & ces abus.

Or voicy les raisons de leur condamnation. Ils estoient Prestres administrans les choses les plus precieuses qui soient poinct, qui sont les saincts Sacremens, & le precieux corps de Iesus Christ, qui est en vn mot, dire tout ce qu'il y a au ciel & en la terre de plus precieux, parmy toutes les choses les plus precieuses. C'est pourquoy leur vie doit estre en bonne odeur à tout le monde; *Debet esse bonus odor vitæ in vitam,* dict l'Escriture saincte : Que si Themistocles fit recommander sa maison de ce qu'elle auoit vn bon voisin, la maison de Dieu est en-

Corinth. 2.

core plus recommandable quand elle a vn bon pasteur. *Mix'mum bonum, propter pastorem bonum.* C'est pourquoy Dieu leur a Dict qu'ils estoyent le chresme & le sel de la terre, parce que nostre ame tout ainsi que la terre, estant subiecte à vne infinité de corruptions, Dieu, a commis les Prestres comme bons pasteurs, pour l'assaisonner de bonnes & sainctes instructions & meditations, & ostant les vers de nos consciences, oster la puantur du peché, & estouffer ces mechans aiguillons de nostre chair: laquelle ils ne peuuent arrouser du sel incorruptible de la Diuinité, qu'ils n'ayent de ce bon sel en eux mesmes.

Vos estis sal terra.

Qui faict que les Prestres dispensateurs des graces & tresors de l'Eglise, sont appellez Sel, Medecins, Fontaines viues, Lumiere du monde, Pasteurs.

Nam & Sacerdotes (disent ils) dispensando mysteria Dei, medici sunt, eructando verbum vitæ, fons aquæ sunt, exemplo virtutum, lux mundi sunt, proferendo de thesauro suo noua & vetera, alimenta & cibus sunt: docent iustitiam, aperiunt vitæ ianuam, verbum veritatis administrant, vias mandatorum Dei demonstrant.

Qu'ay ie donc affaire d'obeir à ce sainct commandement, *Vade & ostende te sacerdoti*, si me presentant à luy, ie cours fortune de me perdre pour iamais.

Les Prestres sorciers s'entendent auec le Diable, & de tout temps, il a attiré les Sacrificateurs, Pontifes, & ceux qui faisoyent la fonction de Prestre, à sa cordelle, pour contaminer plus aisément toute sorte de religions, afin que par leur moyen, il peust gaster & infecter les peuples, & faire tourner leurs prieres en execrations. C'est pourquoy Platon n'a peu de bonne foy exempter de mort les Sacrificateurs sorciers.

Plat. lib. 12. De legib.

Ces deux derniers ne confessoyent rien, & estoyent muets, bien que conuaincus par repptation, comme d'vne infinité de tesmoings, voire non recherchez, ains tesmoins de rencontre & enquis sur autres crimes, & sur autres personnes, & d'autres parroisses que ceux cy: & outre ce conuaincus par plus de quarante tesmoins *de visu*.

Hhh iij.

de bon aage, & sans obiect : outre que la preuue croissoit tous les iours. Ils alloyent encore, & estoient veus pendant leur prison fort souuent au sabbat: chose qu'on leur a aussi maintenue sans obiect, sondant & recherchant la preuue de leur sorcelerie iusques au plus profond, pour le respect que nous deuions à leur qualité, *Eorum enim vexatio aut detractio ad Christum pertinet, cuius vice in Ecclesia & legatione funguntur.* Mais le Diable, qui veut oster à ses suppos toute sorte d'armes & defences spirituelles, affin de les perdre & precipiter plus aisément, les rendit muets, & ietta sur eux, aussi bien que sur les moindres sorcieres, le sort de silence *Præcipua namque dæmonum cura est, omnia spiritualia arma destruere, quibus homines internam lucem percipere, & diuinæ gratiæ auxilium contra ipsorum fallacias habere mereantur.*

Luc 8.
11.

C'est pourquoy parauanture il est dict en l'Euangile, *Erat Iesus eijciens dæmonium, & illud erat mutum*, Iesus Christ appelle le Diable muet, & puis il dict qu'il est, *fortis armatus custodiens atrium suum*, Satan fort & puissant garde & l'entree de nostre cœur, afin que l'amour de Iesus Christ n'y entre, & le passage de la parole, afin que du cœur ny de la bouche, nous ne receuions, ny n'inuoquions son ayde, & que nous deuenions muets, tout ainsi que luy, lors qu'ils nous a engagez à son seruice.

Per peccati enim dominium, atrium & ingressum cordis nostri ita custodit & tenet, vt nihil diuinum & salutare eò possit ingredi: tollit verbum de corde nostro, suffocat illud per fallacias, diuitias, sollicitudines & voluptates huius vitæ.

Mais bien encore reellement & veritablement il nous estouffe la parole en la bouche. Ce qui s'est veu notoirement, en ces deux Prestres, & en vne infinité d'autres sorcieres, dont nous auons preuue certaine, lesquels à l'article de la mort, ne peurent iamais chasser le Diable de leur entendement, pour confesser leur crime, & deuindrent, muets, ny ne sçeutent iamais dire leur *Pater noster*, l'*Aue Maria*, ny leur croyance. Aussi confessent tous les sorciers, & disent ingenuement, parlant de leur faux maistres, *Tollit verbum de corde nostro & suffocat illud.*

Et ne faut pas trouuer estrange, si le Diable oste ces belles oraisons & prieres de l'entendement des sorciers, mesme de celuy des Prestres, qui les doibuent mieux sçauoir. Car Cæsarius raconte, Qu'on demanda vne fois en Brabant, à vn Demon s'il sçauoit le *Pater noster*. Il dit qu'ouy, tres-bien, & se mit à le dire, mais il disoit tousiours, *Pater noster qui est in cœlis, nomen tuum, voluntas tua, & in terra, panem nostrum quotidianum da nobis hodie, sed libera nos à malo*.

Surius dist. 6. exemplo 18.

On luy dit qu'il auoit faict plusieurs sauts & barbarismes, il respondit, que plusieurs lays & seculiers laissoyent aussi eschapper plusieurs mauuaises discordances, & faisoyent faire des sauts aux paroles, en mettant de mal cousues & lices entre deux.

On luy demanda aussi s'il sçauoit le *Credo*, Il dict qu'ouy mais pourtant il ne voulut iamais dire ny proferer ces mots *Credo in vnum Deum*, ains il disoit tousiours simplement, *Credo in Deum, & Credo in deo*. Il disoit aussi qu'il sçauoit l'*Aue Maria*, mais il ne le sceut iamais dire.

Et en fin on luy demanda, comment est ce qu'il auoit la voix si enroüée, il dict que c'estoit par ce qu'en tous lieux où il auoit iamais esté, il brusloit comme estant tousiours dans le feu.

Ils estoient tout esperdus & troublez, & ne pouuoient se representer ny voir à l'article de la mort la vraye image de celuy qu'ils n'auoyent onques veu durant leur vie, ny faict voir au pauure peuple, que par tromperie & faulseté. Aussi est ce vn traict d'vne ame reposee & en bon estat, que de parler de Dieu de bon sens en ces dernieres heures, & en auoir tousiours l'image & representation deuant les yeux, *Loqui de Deo, quieta valde & liberæ mentis est, neque enim concussa aqua imaginem respicientis reddit, sed tunc in ea vultus intendentis aspicitur, cum non mouentur*.

S. Gregor. Homil. 1. in Ezechielem.

Ils estoyent nez d'vne racine infecte, pour le moins Bocal, & estoit de race de sorciers: car sa mere, ses sœurs, & la plus part de sa famille en estoient preuenus, voire il y auoit preuue au procez, que l'argent qui luy fut donné au sabbat lors. qu'il y dict sa premiere Messe, fut porté à sa mere.

Ils auoyent renié leur Createur & Sauueur, la Vierge Marie, les Saincts, l'Eglise, leur Baptesme, leur pere & mere, parrain & marraine : & auoyēt encores faict quelque plus exacte & particuliere renonciation, que les autres sorciers n'ont accoustumé de faire. Car se tenans, attendu leur ordre de Prestrise, vn peu plus ferme & plus serré dans les liens de l'Eglise leur mere que le commun, il falloit aussi, que le Diable venant à les faire siens, les liast d'vn nœud plus Diabolique, & les marquast d'vn plus fort caractere.

Ils auoyent faict paction auec Satan, qu'ils seroient siens, qu'ils attireroyent à luy toutes leurs brebis, & destruiroient la bergerie du Sauueur, Qu'ils ne parleroiēt iamais de Dieu qu'en blasphemant, ny de rien qui leur fut commandé de sa part, Qu'ils prenoient Satan pour leur seul maistre : qui ne ressent autre chose que son Idolatrie, Apostasie, Paganisme & Atheisme, tous crimes dignes de mort, & sur tout en la personne d'vn Prestre, qui ne peut donner en confession, ny autrement, autre conseil aux paures ames qui vont à luy, que celuy qu'il a desia prins pour luy mesme.

Ils s'estoient faicts domestiques de Satan, auoient beu, mangé & festiné auec luy, en compagnie reprouuée, mangé des viandes qui sont non seulement prohibees, mais qui sont en execration aux hommes, au bestes brutes, & à la nature.

Ils s'estoyent accouplez en toutes façons auec Satan, faict les incubes & succubes : & auoient abusé dés membres de la nature, luy faisant iniure & iniustice tout ensēble: iniure en la preposteration sodomite, & iniustice en la pollutiō, execration & peruertissement, & au dereglement contraire à toute sorte de loix diuines & humaines.

D'ailleurs ils auoyent vray-semblablement faict & donné du poison, ietté de mechantes poudres sur les fruicts, & empoisonné plusieurs personnes.

Que s'il n'y en auoit preuue particuliere, si ne pouuoient ils nier, que ce ne soit l'ordinaire, & que l'vn n'aduiēt guiere iamais sans l'autre.

D'auantage ils auoient ietté le poison de leur faulse doctrine

ctrine, auec laquelle ils auoyent empoisonné plus d'ames, infecté plus de monde, & faict plus de mal, que s'ils auoiēt veritablement faict mourir deux ou trois personnes, le moindre homicide desquels seroit plus que suffisant pour les faire mourir. Quelles malheureuses confessions ont ils faict? quelles abominables impressions ont ils donné, à des ames foiblettes, d'vne infinité de ieunesse, qu'ils faisoyent semblant d'exhorter à bien viure? Quels detestables conseils, ont ils imprimé dans la teste, de ceux qui auoyent tant soit peu d'impression du sortilege? A vostre aduis, les ont ils destournez de suiure ce qu'ils croyent estre les delices du monde? Migalena qui auoit prés de soixante dix ans, en auoit bien gasté soubs la bonne opinion qu'on auoit de quelque peu de suffisance, que l'ignorance generale des Prestres du païs auoit faict recommander en luy. Et Bocal meritoit bien la mort, d'auoir apprins les ceremonies de sa premiere Messe de l'ennemi de Dieu, & de l'auoir dite au sabbat sur l'entree & sur le premier autel de l'enfer, ayant pour saincte representation du Crucifix, le vray portraict du Diable, mais non le portraict, ains l'horrible figure de Satan, & luy mesme en personne, ou celle de quelque autre de ses suppos. Dieu ne nous a il pas monstré l'exēple? ne faut il pas cōme luy chasser du sainct Tēple, auec des fouëts de corde, ceux qui violent la sainctetéde son Eglise? n'y faut il pas après la corde y adiouster le feu, & après le feu exciter les vent, pour en porter si loing les cendres qu'il n'en soit iamais memoire? Que si par l'ancienne loy de ce Grand Prestre & Sacrificateur Moyse, on reiettoit les Victimes esquelles on trouuoit la moindre tache de laquelle on se pouuoit aduiser: que faut il faire contre ces Prestres immondes, qui se meslent de presanter & offrir eux mesmes l'Hostie immaculee, que Dieu nous a laissé à son depart, en commemoration de sa mort & passion pour nous, pour l'offrande & oblation de laquelle le Ciel mesme ne semble estre assez pur & monde, les Anges assez dignes ministres pour la presentation.

Et puis que les bons Anges qui sont demeurez en grace

n'ont cette grace qui a esté donnee à l'homme seul, de pouuoir administrer à l'homme le sainct Sacrement, & mesme celuy de la saincte Eucharistie, lors qu'on celebre la Messe: sera il au pouuoir des mauuaises Anges d'y assuiettir l'homme? leur sera il loysible d'en faire faire l'essay, & abuser ainsi de chose si precieuse, & vn bon Prestre se pourra il porter à vn crime si execrable.

Quoy? si nous ne les eussions condamnez à mort, que deuiendroient tant d'exemples que Dieu semble n'auoir conserué pour memoire dans nos liures pour autre chose que pour nous rendre d'auantage seueres contre des gens qui tomberoient en pareils accidens, & qui commettroient de si abominables forfaicts. Ceux cy ont contrefaict les Prestres au sabbat: & Dieu permit qu'vn Hollandois contrefaisant les Prestres quand ils disent la Messe, fut estrillé à outrance, par les Diables mesmes, en honneur desquels il pensoit faire cette risee. Vn certain Proculus Arrien, s'estât seulement faict des chemises & mouchoirs des nappes d'autel, se mangea la langue à morceaux.

Del Rio lib. 3. q. 7 L'an 1574.

Victor lib. 1. De persecut. Vandala.

Les Donatistes s'estans seruis mal à propos de la saincte Eucharistie pour se garder des chiens, furent malheureusement enuahis & traictez par ces chiens mesmes.

S. Cypri. sermone de lapsi.

Et S. Cyprien dict que de son temps, plusieurs personnes pour auoir indignement prins le sainct Sacrement, furent possedez de plusieurs Diables.

Vn Prestre d'Italie prés la ville de Viterbe, en vne chapelle tout contre le lac de Bolsena, ayant malicieusement & & par mescreance laissé tomber la saincte Hostie à terre, nostre Seigneur voulut marquer sa faute, de quatre gouttes de son sang precieux, que i'ay veu allant à Rome au Iubilé l'an 1600. pour monstrer qu'en cette saincte Hostie, est reellement le corps precieux de Iesus Christ, qui ne doibt estre indignement traicté par vn Prestre, qui est seruiteur domestique en la maison de Dieu. En l'annee 1609. certains mezeaux eschappez de la misere d'vn hospital, accompagnez de quelques vagabonds, porterent leurs mains à l'execution d'vn mauuais & infame dessin. Car la veille de

Pasques à la faueur de la nuict ils volerent l'Eglise de Pen-gnac au Diocese de Xaintonge, se saoulerent indignement & sans aucune reuerence du lieu ny du Sacrement mesmes, vray pain des Anges: & ce qui est encores plus abominable, prindrent le reste des Hosties consacrees, & d'vne main sa-crilege & prophane les ietterent sur le chemin de Pons, vil-se detenue par ceux de la religion pretendue, affin que la Iustice eut opinion que nos Religionnaires eussent cõmis vn crime si detestable. Mais les coniectures estans trop cer-taines, on mit à la torture ces hommes sans foy & sans nul-le Religion: incontinent ils confessent leur faute, & de-mandent pardon de leur temerité. La Cour de Parlement de Bourdeaux les cõdamna par arrest à estré bruslez. Arrest qui fut bien-tost suyui d'vne execution notable, qui arre-stera peut estre l'insolence & la malice de ceux qui pour-roient estre poussez d'vn semblable dessin (du moins si l'en-fer pouse encores au iour de semblables monstres) à plus forte raison doibuent estre bruslez ceux qui ne se conten-tent pas de les dissiper, ains vilainement & execrablemẽt les ont cent fois consacrees & prostituees au nom de Satan.

Il me souuient d'auoir veu en ce païs, vne certaine fon-taine, faitte par artifice qu'on à promenee par toute la Frãce laquelle representant vne sorte de mouuement sans fin, & prenant certaine eau dans vne vaze, où on l'auoit mise en conserue, la rendoit & ramenoit tousiours dans ce mesme vaze, cõme dans sa source, & passant par plusieurs canaux, faisant iouer vne monde de roües & de pompes, elle faisoit vne infinité de beaux effects. Cette fontaine represente proprement le sabbat, elle faisoit mouuoir vne couronne de gens dançans en rond deux à deux, & tousiours vne hom-me auec vne femme: puis vne seule femme estoit en per-spectiue, & en parade, d'ançant elle seule comme priuile-giee, au dehors du rond: & auprés d'elle estoit vn marmou-zet, lequel tenoit soubs ses bras vne petite corbeille, par la couuerture de laquelle, lors qu'elle souuroit, sortoit la teste d'vn homme, lequel le petit marmouzet ayant frappé deux ou trois coups, d'vne massue sur la teste, le faisoit remetre

& rentrer dans la corbeille: puis deux ou trois autres marmousets sonnoient si d'extremement du tambour, auec des mouuemens de teste si mesurez, & de si gentille inuention, qu'ils roüilloient mesmes les yeux dans la teste, au grand estonnement des plus curieux. Puis on oyoit certaines clochettes si raisonnantes qu'elles exprimoient vn son fort melodieux & plaisant.

Mais toutes ces roües, tous ces mouuemens, toutes ces dances & festins, estoient mesprisez quand on regardoit, que c'estoit vn vieux chien enfermé dans vne roüe de cuir toute deschiree & regratte des pates du chien qui faisoit tout ce remuement. Or voyant que c'estoit vne eau croupie & puante, qui ne pouuoit seruir à chose quelconque, qu'à moüiller & faire deplaisir au monde: que tout ce bandage, tous ces ressorts, toutes les roües & remuemens, tous ces tambours n'estoient que chose apostee pour corner la guerre: que ce n'estoit que marmousetz & grotesques, lesquels à la verité festinoient, dançoient & se caressoient, mais par artifice.

Voyant donc que tout cela ioüoit, par le moyen de cette vilaine beste noire, qui sembloit plus vn loup qu'vn chien, Il m'est resouuenu de tant de choses & visions estranges, que le Diable faict mouuoir au sabbat, où l'on voit de ces fontaines d'eau noire croupie & puäte, de ces lacs faicts en forme d'abisme, dans lesquels le Diable faict sëblät de vouloir precipiter ceux qui venäs à luy font la moindre difficulté de renyer & renoncer leur Createur. On y voit cent mille ressorts, cent mille mouuemens diuers, les vns en l'air, comme feux artificiels, eslancez à perte de veuë.

On y voit aussi les Sorcieres les vnes portees en l'air sur des bastons, les autres dancer en rond, & par fois deux à deux, auec des rencontres si impudiques, & si sales que rien plus. Puis on y voit de festins remplis de charognes si punaises & puantes, on y faict tant de faulses adorations, tant d'execrables ceremonies, on y côtrefaict tät de beaux mysteres, mais par aprés quand on voit que l'autel est noir & malencontreux, le Demon qui est au dessus comme leur

Sainct, hydeux & cornu, la Royne du Sabbat careſſee & foüillee d'vn amant ſi abominable, qu'on recognoiſt la ſimulation de quelque Eau-beniſte tiree de la cloaque du corps infect du malin Eſprit; qu'on y voit donner à Satan des pieces ſans croix & ſans mite; qu'on y voit eſleuer vne fauſſe Hoſtie, toute noire & ſans nulle figure; qu'on y voit preſcher des choſes ſi horribles, que les Diables meſmes en auroient horreur, ſi Dieu leur permetoit de choiſir, & ne les auoit liez à ces tenebres.

Ie confeſſe que tant de bizarres nouueautez, la merueille eſtrange, & la concurrence de tant de choſes merueilleuſes à la fois, recree les ignorans. Mais quand ils s'apperçoiuent que celuy qui faict mouuoir tant de reſſorts à la fois qu'on diroit que c'eſt vn monde, ceſt vn Diable cornu, hydeux, affreux, eſpouuentable & mal faiſant, & qui ne donne encore ce faux plaiſir, qu'on ne ſe ſoit donné à luy en corps & en ame, auec des conuentions ſi infames qu'il ny a poil en la teſte qui ne ſe dreſſe à l'entendre ſeulement, ny perſõne ſi aſſeuré qui ne s'eſpouuéte à le voir: il leur peut ſembler que c'eſt pluſtoſt vne repreſentation de l'enfer, où cette beſte effroyable preſide, que ſimplement vne aſſemblee ou Sabbat faict parmy les hommes, attendu meſme qu'il ſe faict le plus ſouuent en vn deſert, auſſi effroyable que le puits de l'abyſme.

I'ay memoire d'vne fille, laquelle embaboüinee par vn Preſtre, pour donner ſeulement l'offrande & de l'Eau-beniſte en vne grande Méſſe, ayant ſeulement faict la Preſtreſſe en ces deux poincts, & dict quelques mots d'aduis par forme de reuelation, fut condamnee à la mort: l'hiſtoire en'eſt celebre.

Ieanne'de Ribadiu. fille de l'aage de dix-huict à vingt ans, eſtant dans vn champ le iour d'vne feſte, cueillant des herbes, vn nommé Ieã d'Eſtouppes vint la ſuborner, & luy dict, qu'il n'eſtoit bon de trauailler les iours de feſtes: qu'il falloit qu'elle publiaſt ſa faute en plaine aſſemblee, & certaines autres petites inſtructions qu'il luy donna. La fille bien qu'elle euſt quelque frayeur au commencement, ſe

Sçauoir ſi en impoſture, ou ſcandalle public il faut renuoyer les criminels pardeuant le iuge d'Egliſe.

6. Procedure de Ieãne de Ribadiu qui faiſoit la Preſtreſſe, és enuirons de la ville de Bourdeaux.

laissa si bien persuader, qu'vn iour de sainct Iouin de Cernes, parroisse qui est en la iustice du sieur de Vicole, quatre bons compagnons, desquels ce premier qui auoit parlé à elle estoit le principal, menerēt cette fille vestue en Espousee dans l'Eglise, en presence de tout le peuple, qui à accoustumé de courir à vne si grand feste. Et là comme on disoit la Messe, elle ayant vne croix en la main, couuerte & ouuree de cire, aprés qu'elle eust dict, qu'il falloit chommer les petites festes, mesme la feste de la Translation sainct Michel, si on ne vouloit auoir quelque mal, duquel elle disoit auoir autre fois esté attainte pour y auoir manqué, qu'il ne falloit pas que les femmes portassent des chemises froncees aux manches, ny les hommes des bonnets rouges, & que l'Esprit qui s'estoit apparu à elle, luy auoit reuelé tout cela pour le dire au peuple : & nommément luy auoit prescrit & commandé de benir les champs qui estoient pollus. Aprés auoir dict cela, elle se laissa tomber comme pasmee ou rauie ex extase au pied de l'autel, où tout le peuple en grande deuotion, croyant que ce fut quelque grand miracle, attendit qu'elle fut reuenue, ce qu'elle fit aprés auoir demeuré en cet estat l'espace d'vne heure. Cela faict, & estant leuee en forme d'vn Esprit prophetique qui trauaille à receuoir & annoncer les merueilles de quelque haute reuelation, elle presenta l'offrande au peuple, & leur donna la croix qu'elle auoit en main, à baiser. Le monde se tuoit à luy porter & offrir chandelles ou argent, ayant tousiours le Prestre qui disoit la Messe, & ces quatre bons compagnons prés d'elle; auec lesquels elle alla faire la procession, enuironnant l'Eglise & cimetiere par trois fois, donnant à baiser sa croix, à ceux qui se presentoient, puis prenant de l'eau beniste à l'yssue de la Messe: & aprés le retour de cette procession, elle ressort de l'Eglise, & s'en va jetter de l'eau beniste sur les champs, que la voix luy auoit dict estre pollus.

A ce dernier coup de ceremonie, le Prestre qui luy faisoit faire toutes ces faulses ceremonies, & qui auoit esté si maladuisé que de luy permettre de bailler l'offrande & la croix à baiser, disoit tout haut, la voulant raisiblement recommander comme vne Saincte, qu'il falloit bien croire, tout ce que sainctement cette fille leur auoit dict & recommandé.

Depuis elle s'en alla à deux lieuës de là, en vne autre parroisse qu'on appelle au Tusan, en l'Eglise de laquelle par intelligence de ce mesme Prestre, elle fit les mesmes ceremonies, où le peuple accourut à si grande foule, qu'il y auoit plus de trois ou quatre mille personnes. Comme cela vint aux oreilles du sieur de Sansac pour lors Archeuesque de Bourdeaux, il trouue moyen de la faire mener & conduire en la ville de Bourdeaux où estant, la Cour en print aussi tost cognoissance, & deputa le sieur des Aignes Conseiller Clerc, non pour luy faire entierement le procez, auec l'Auditeur dudict sieur Archeuesque, ains pour l'ouir ensemblement. Elle confessa par son audition, qu'elle auoit esté seduitte, par le Curé dudict lieu de S. Ioüin, & par ces quatre compagnons: auec lesquels il estoit accordé, qu'elle partageroit les offrandes, & tout autre sorte de gain qui se feroit dans l'Eglise, & dict qu'elle en auoit eu la seule derniere fois pour sa part dix francs. Elle fut condamnee par le Iuge Ecclesiastique, à faire amende honnorable en l'Eglise Metropolitaine sainct André, la torche au poing: & là demander pardon à Dieu. Cette sentence est executee, & neantmoins sur la peine, elle est renuoyee en la Cour.

Par Arrest donné à la Tournelle, presidant le sieur d'Aimar, homme plein de courage & de suffisance, lequel a toute sa vie esté particulierement recommandé pour bien entendre les matieres criminelles. Cette sentence & procedure faicte par le Iuge Ecclesiastique est cassee, auec inhibitiōs & defences ausdicts Officiers Ecclesiastiques, de prēdre cognoissance, Cour ne Iurisdictiō, sur la Iurisdiction du Roy, enioint au Procureur General de le faire signifier ausdicts Officiers, & neantmoins pour le crime d'imposture, seduction, impieté, abus, & scandale public, elle est condamnee à auoir la teste trenchee, & par aprés son corps bruſlé comme celuy des Sorciers & des Preſtres qui abuſent ainſi des ſainċts Sacremens & ceremonies de la Meſſe, apres auoir faict amende honorable en l'audience de la Grand' chambre, bien qu'elle l'euſt faicte auparauant audenant l'Egliſe S. André, en vertu de la ſentence du Iuge Eccleſiaſtique. Et decret de prinſe de corps fut octroyé, tāt contre le Preſtre qui auoit ſeduit le peuple & enſorcellé cette pauure fille, que côtre les autres quatre compagnons: ſi bien qu'elle fut executee le 14. Iuillet 1587. Enioint a l'Eueſque Dioceſain, de pouruoir cette parroiſſe d'vn bon Preſtre, pour faire le ſeruice diuin, & faire faire vne predication au premier iour de feſte, ſur les impoſtures, impietés, ſeductions, & abus, que le Diable, & les Preſtres qui ont charge d'ames, & autres font ordinairement ſur les pauures ames, qui ne peut conuenir en effect à autres perſonnes qu'aux Preſtres Sorciers qui frequentent les Sabbats, & qui deſuoyent les ames du ſeruice de Dieu; & ſur tout à ceux qui diſent la Meſſe au Sabbat, ou pour le moins en font execrablement les ceremonies, pour ſeduire & abuſer le monde.

Au R. de monſieur d'Eſtiuale.

7. Qu'il n'eſt pas bō de pronōcer preſidentalemēt vn Arreſt portāt condamnation de mort.

Monſieur le Preſident Daffis le voulant prononcer preſidentalement, vint à la Tournelle, où ie ſeruois cette annee, mais ſes amis lui dirent, que fort raremēt on prononce des arreſts ſolemnes ſur la mort des perſonnes. Car puis que dans tout le reſſort, les Arreſts generaux ſe donnent pour loy, de laquelle on ne peut plus douter: non pas meſme obtenir requeſte ciuile, & que les peines ſont arbitraires en France, ce ſeroit en cas ſemblable captiuer la conſcience des Iuges, & les aſtraindre à punir de mort ſemblables delicts. Mais d'autres ont voulu dire, que c'eſtoit parauanture, par ce qu'il falloit diſputer, & faire choquer la Iuriſdiction Eccleſiaſtique auec la Royale. Gerſon dict qu'a Bourg en Breſſe il y auoit vne femme, laquelle ſoubs le māteau de deuotion, faiſoit quaſi des miracles, Elle ſe diſoit eſtre vne de ces cinq femmes enuoyees de Dieu par cōpaſſion, pour racheter vne infinité d'ames, qui eſtoient en enfer, elle liſoit au front les pechez d'vn chacun, à quoy peut

Cerſ. lib. de examina. doctrinarum lit. O in fine.

arriuer

DES DEMONS, MAG. ET SORC. LIV. VI. 441

arriuer, dict S. Augustin, la malice & suffisance du Diable: au reste elle auoit deux charbons aux pieds qui l'affligeoiēt toutes fois & quantes qu'vne ame descendoit en enfer: elle deliuroit tous les iours trois ames d'enfer, vne ou deux sans difficulté, mais d'autres au delà de deux, auec beaucoup plus grande peine comme elle disoit.

Elle auoit des rauissemens & extases, aprés lesquels elle disoit merueilles, elle estoit d'vne merueilleuse abstinence, & d'vne vie tres-singuliere. En fin on la soupçonna tant, qu'elle fut emprisonnee: & sur la question & torture, elle confessa tout, & dict qu'elle auoit feint tout cela pour viure, par ce quelle estoit fort pauure: & fut trouué qu'elle estoit subiecte au haut mal. On ne voulut pourtant la faire mourir comme Heretique, la voyant tres disposee à penitence. Elle deuinoit par le moyen du pacte qu'elle auoit auec le Diable: mais elle n'estoit Heretique, n'ayant en son entendement aucun erreur qu'elle voulust maintenir. Tacite l. 2. ch. 11. de ses Annales dict, que Maricus du païs des Boyens, donnoit ainsi entēdre, qu'il y auoit en luy quelque diuinité, bien que ce ne fut qu'vn Sorcier, lequel estoit si vain, qu'il se faisoit appeller Affrāchisseur & Dieu des Gaules, ayant desia assemblé souz ce faux nom plus de huict mille hommes: mais quelques Gaulois qui n'estoient qu'en fort petit nombre, ayant dissipé cette fole & insensee multitude, Maricus fut pris & jetté aux bestes: & d'autāt qu'elles ne le dechiroient point, cette populace croyoit, qu'il ne pouuoit estre offencé, mais en la presence de l'Empereur Vitellius il fut mis en pieces.

On dict qu'il aduint vn mesme traict en cette ville de Bourdeaux du temps d'Ausone, & en est aussi faict mention d'vn pareil dans T. Liue, où est au long descrit le malheur qui aduint en la famille des Pesiliens, qui voulurent à l'instigation d'Apius Claudius, communiquer les secrets de la Sacrificature du grand autel de Hercules, à des esclaues estrangers, pour leur en bailler la charge: si bien que douze familles en moururent dans l'an reuolu, & quelque temps aprés Apius Claudius en deuint aueugle.

T. Liue au 9. liu. de la pr. Decade.

Kkk

Or puis que la Cour trouua digne de mort cette ieune fille seduite par vn Prestre, pour auoir seulement commis scandale, & abusé des ceremonies de l'Eglise, en l'offrande & distribution de l'eau-benite, qui ne sont de l'essence des saincts Sacremens, qu'eust elle faict du Prestre seducteur, contre lequel elle auoit des-ja decreté de prinse de corps, sur la simple audition de cette ieune fille, laquelle sembloit deposer *ad sui exonerationem*. Tout le monde disoit qu'il meritoit mieux la mort qu'elle, & l'eust on indubitablement faict mourir, si on l'eust peu attrapper: neantmoins qui ne voit que son crime, & celuy de cette fille, ne sont en rien approchans du crime de ces Prestres Sorciers, qui abusent du plus precieux Sacrement qui soit, disans la Messe deuant le Diable, & deuant les Sorciers, en honneur de l'ennemy de Dieu, commettans cent mille crimes à la fois.

Mais venons à vne autre belle question, Sçauoir si vn homicide simple *in Presbytero* est vn crime priuilegié, ou vn delict commun, & s'il le faut renuoyer par deuant le Iuge d'Eglise, puis nous verrons de quelle nature est le sortilege.

Procedure contre le Curé de la parroisse de Muron au Diocese de Xainctes preuenu d'auoir homicidé son Prieur, au R de Monsieur Loyac en la Tournelle le 17 Febu. 1610.

Depuis quelques iours s'est presenté en ce Parlement de Bourdeaux vn beau faict; Vn Prestre regulier Curé de la parroisse de Muron au Diocese de Xainctes, ayant tué d'vn coup de cousteau feu Maistre Philippes le Clerc Prieur en ladicte parroisse, par ce que se rognant les ongles, son Prieur luy auoit donné vn soufflet par derriere, & dict quelques iniures. Ledict Prestre obtint Lettres de remission, adressantes au Lieutenant Criminel de Sainct Iean d'Angeli. Aprés la presentation desquelles, ayant demandé son renuoy pardeuant le Iuge d'Eglise il en fut debouté, si bien que n'ayant appellé dudict deboutement, ains subi iugement par deuant ledict Lieutenant Criminel, par sentence d'iceluy, il fut receu à faire apparoir des faicts iustificatifs metionnez esdictes Lettres. De laquelle vn parent de l'homicidé ayant appellé, & releué en la Cour: par Arrest l'appel & ce dōt auoit esté appellé furēt mis au neāt: Et euoquant le principal : auant faire droit sur iceluy, il fut ordonné, que les tesmoins viendroient, pour estre recolez & confrontez. Lesdicts recolemens & confrontemens faicts, appellé Monsieur M⁰. Iacques de Saignes Cōseiller Clerc en ladicte Cour: & le Procureur General ayant prins conclusions au fonds, le procez fut party en la Tournelle, sur ce qu'aucuns des Iuges estoient d'aduis, de proceder au iugement du procez, sans le renuoyer au Iuge d'Eglise, veu l'estat d'iceluy, les autres au contraire estoient d'aduis simplement de le luy renuoyer.

Or la perquisition de sçauoir si l'homicide, mesme celuy qui semble remissible, comme celuy qui se presente maintenant, est crime priuilegié ou delict commun en la personne d'vn Prestre, seruira grandement pour nous esclaircir, si le sortilege est crime priuilegié ou non, par la comparaison & concurrence des crimes qui se treuuent & acompagnent l'vn & l'autre forfaict.

9. Sçauoir si vn homicide en vn Prestre est delict commū ou priuilegié. Et si en ce crime il faut octroyer le renuoy aux Prestres.

Il semble de premier abord que le faict fut fort remissible : parce que sans qu'il eust querellé, ny dict chose quelconque à son Prieur, se couppant les ongles auec vn petit cousteau, il luy vint donner par trahison vn grand soufflet, & luy dict vne infinité d'iniures : si bien que sans sçauoir qui l'auoit frappé, il donna vn coup à son Prieur qu'il n'auoit encore recognu : ainsi cet accident se fit sans querelle, sans armes, par rencontre, & auec vn seul coup, qui est vn cas fortuit. Mais tout cela n'empechoit pas, qu'il ne fallut retenir la cause en la Cour, sans la renuoyer pardeuant le Iuge Ecclesiastique, & que mesme quand il l'eust fallu iuger au fonds qu'il ne fut digne de mort.

Les raisons qui empechoient le renuoy estoient prinses & de la forme de la procedure, des saincts Decrets, & de la Coustume generale de France, attributiue de Iurisdiction aux seuls Iuges Royaux de telles & semblables matieres.

Pour la procedure, il est certain qu'ores que le declinatoire des Clercs ne soit personnel, & que par consequent le Prestre n'y puisse renōcer, cōme estāt acquis à tout l'Ordre, & qu'il puisse estre proposé *in quacūque parte litis*, & que mesme

c. si diligenti & c. significasti. De foro comp.

K k k ij

la submission du Prestre, ne puisse proroger la Iurisdiction Royale. Toutefois il faut obseruer vne distinction au iugement de tel declinatoire : sçauoir, Ou que le Prestre le requiert, ou bien que son Euesque le vendique : Au premier cas, si le Prestre le requiert, il faut que ce soit auant la contestation en cause: Et au second cas, si le delict est commun & non priuilegié, l'Euesque le peut vendiquer, nonobstant la contestation en cause. De sorte que l'Euesque de Xainctes n'estant interuenu partie au procez, aux fins dudict renuoy, & ledict delinquant ayant volontairement contesté, & pardeuant le Lieutenant Criminel, & en la Cour, il n'y auoit lieu de le renuoyer: veu mesmes que la Cour en iugeant l'appel, auoit euoqué & retenu le principal, ayant preiugé par la retention du principal, que la cognoissance de l'excez luy appartenoit.

cap. Eu transmissa, De foro côp.

Ioan. Callus quæst. 218.

A l'instar du Sieur feodal côtre son tenancier, comme dit G. Pape de. 275.

Pour les raisons du principal & du fonds de la cause, il semble que cest homicide (ainsi qualifié qu'il est) soit vn delict commun & non priuilegié, veu que *vim vi repellere licet*, qu'il n'estoit agresseur, qu'il n'a iamais frappé qu'estant frappé par trahisô, & que le petit cousteau auec lequel il se rognoit les ongles, monstroit qu'il n'auoit nul dessin : outre qu'il n'a donné qu'vn seul coup, qui sont des circonstâces qui tesmoignent que c'est vn homicide purement casuel, & non volontaire. Dauantage, il n'y auoit aucune marque d'assassin ny de guet à pens, qui sont les deux cas, qui soubmettent principalemét les Clercs à la Iurisdiction seculiere, attendu que tous les autres cas semblent estre attribuez au Iuge d'Eglise, par la nouuelle constitution de Iustinian 83. faicte à la requeste de l'Archeuesque Mena Patriarche de Constantinople: Neantmoins cette constitution ayant esté faicte, incontinent aprés l'election dudict Iustinian à l'Empire, qui fut l'an 528. & soubs le Pontificat de Felix I. Gregoire I. en l'an 591. modera ce priuilege de clericature, & laissa aux Iuges seculiers la punition des crimes enormes, commis par les Prestres en trois cas.

Le premier est, quand vn Prestre tue vn autre Prestre

DES DEMONS, MAG. ET SORC. LIV. VI. 445

qui est releué en quelque dignité, suyuant le can. *Sunt quæ-* *Can. Sunt*
dam 23. 9. 5. Sunt quædam enormia flagitia quæ potius per mundi iudices, *quadam 23.*
quam par Antistites ecclesiaru vindicantur;sicut est, cum quis interficit Pon- *q. 5.*
tificem Apostolicum, Episcopum, Presbiterum, siue Diaconum : huiusmodi
reos reges & principes mundi damnant, nec sine causa gladium ferunt, qui
talia scelera disiudicant: sunt enim maximè constitui principes propter ho-
micidas & raptores, vt illos damnent & alios suo timore compescant.

Si bien qu'estant question de punir l'homicide commis par vn Prestre contre son Prieur, l'enormité d'vn tel crime fonde le Iuge lay de iurisdiction competente, contre le Prestre meurtrier par la disposition de ce canon.

Le second cas ou limitation, se prend du scandale commis par ce Prestre, n'y ayant rien de plus scandaleux, que de *Cap. sacerdo-* voir meurtrir presque de gayeté de cœur vn Prieur par son *tibus, Ne cler.* Curé pensionniere: occurence en laquelle *indignum est eis ab* *vel monachi* *Ecclesia subueniri, per quos in Ecclesia constat scandalum generari, cap. sacer-* *Jac. neg. se* *dotibus, Ne cler. vel monachi.* Et tel meurtre estant vne espece de *immisceant.* parricide, veu la qualité du meurtrier, & celle de l'homici- *cap.1.De ho-* dé, pour l'atrocité de laquelle *Clericus ab altari auellitur: nec gau-* *mi.* *det immunitate ecclesiastica homicida,* comme la Cour preiugea en *Boyer.q.168* la cause du Reclus & de Doüet.

Le troisiesme s'obserue, quand le Iuge d'Eglise ne se met en aucun debuoir de faire poursuiure, & venger les excez commis par les Prestres: *illo quippe deside,* Le Iuge seculier en peut prendre la cognoissance, mesme si l'excez du Prestre est commis contre la discipline Ecclesiastique, *quæ tota man-* *sueta est,* detestant le sang & le meurtre, *cap. suscepimus, De ho-* *micid. can. principes 23. q. 5.* C'est pourquoy il est dict que, *Sæpe per regnum terrenum, cœleste regnum proficit, vt qui intra Ecclesiam* *positi contra disciplinam agunt, rigore principum conterantur, ipsamque disci-* *plinam quam exercere vtilitas Ecclesiæ non præualet, ceruicibus superbo-* *rum potestas principalis imponat.* Et par ainsi, ledict meurtre ayant esté commis contre la discipline Ecclesiastique, la contrauention à ladicte discipline, l'a notoirement assubiecti à la Iurisdiction Royalle. Ce qu'ayant recognu l'Euesque de Xainctes, il n'en a entreprins aucune poursuite: au contraire il a creé le Curé de S. Iean, son Vicaire pour assister à l'instruction du procez criminel: l'assistance duquel faict cesser le renuoy pretendu.

Ioinct qu'en France le meurtre, le rapt, & le boutefeu, sont cas Royaux, exceptez de toute autre iurisdictiõ concedee par le Roy aux Prelats Ecclesiastiques, suiuant les traictez faicts auec les Euesques de Paris & de Carcassonne l'an 1270.

Mais ce qui rend cet homicide cas priuilegie sans aucun contredit, c'est l'impetration par luy faicte des Lettres de Grace, la cognoissance & iurisdiction desquelles, est vn cas purement Royal. Car comme il appartient au Roy seul en France, d'octroyer Lettres de Grace, & que ce pouuoir ait esté retranché, non seulemẽt aux Roynes Regentes, meres de nos Roys (cõme il fut du regne de François I. à sa mere, qui vouloit iouir de ce priuilege en consequence de la verification de son appannage du Duché d'Anjou) ains à tous autres, comme il fut aux Gouuerneurs du Daulphiné en l'annee 1580. & ce à cause du droict de Souueraineté que le Roy ne peut separer de sa Couronne. Aussi l'adresse de telles Lettres, ne peut estre faicte qu'aux Iuges Royaux suiuant l'Ordonnance.

Que si les Iuges Ecclesiastiques pouuoient cognoistre desdictes Lettres, il arriueroit deux inconueniens notables: l'vn que les subiects du Roy, pour auoir reparation d'vn meurtre commis par vn Prestre remissionaire, seroient tenus d'aller proceder en Cour de Rome, ou par deuant les Iuges deleguez par nostre S. Pere le Pape en cas d'appel: & l'autre que sa Saincteté seroit superieure au Roy en l'effect de tels Rescripts de grace, qui ne se peuuent octroyer en Frãce, par Coustume generalle, aux Prestres mesmes, que par le Roy seul. Si bien que le Roy a prescrit ce droict contre les Saincts Peres, & a faict, que, *Regia sceleru indulgentia clericos alligat regiæ iurisdictioni:* tout droict de superiorité ou Souueraineté se pouuant prescrire par le Roy *contra summum Pontificem*, suiuant la doctrine de Iean Faure. Et si cela ne s'obseruoit ainsi en France, les meurtres commis par les Ecclesiastiques, & autres crimes enormes demeureroyent impu-

Choppin. lib. 1. De dom. tit. 7. art. 12.
10. L'impetration des Lettres de Grace pour qui que ce soit priuilegié ou non, faict qu'à la cognoissance en appartient purement au Iuge Royal.
Cap. 4. secunda part styli Parl. & en l'indice de Ragueau in verbo cas Royaux.
Callius q.152. Ræned in cap. Rainut. in verbo, vxorem nomine Ædelasiam nu. 441.
Chopp. lib. 2. De doman. tit. 7. art. 12. L'Ord. de Molins art. 38. d'Amboise art. 9. de Bloys art. 199. Chassan. §. 1. in verbo Et quoniam tit. des Iustices & droict d'icelles
Aufrer. Clé. 1. De offic. ordinarij Francisc. Marcus dec. 515. Chopp.

nis. Aussi trouuons nous qu'il a esté resolu par le Concile *lib. 1 De*
de Tolede, que l'Eglise ne peut donner aucun iugement *Doman. tit.*
portant peine inflictiue de corps. *7. art. 12.*

Et par ces raisons & plusieurs autres, fut iugé en la Grand *Ioannes*
chambre où ledict partage fut decidé, qu'il n'y auoit lieu de *Faber in Aut Quas actiones, C*
renuoy. Et depuis par Arrest du 5. Mars 1610. les Lettres *De sacros.*
de grace furent enterinees, & fut seulement condamné en *Eccles.*
cent liures d'amende enuers les heritiers du deffunt. *1. Sententiâ sanguinis &*

Or s'il n'y a lieu de renuoy pour vne simple ceremonie *c clericis, Ne*
qui n'est pas de l'essence du S. Sacrement de l'Eucharistie, *clerici vel monachi se-*
ny en crime de simple homicide aduenu casuellement: *cularib. ne-*
quel moyen y a il de renuoyer des Prestres sorciers, qui ont *gol. se iminis-*
abusé du sainct Sacrement de la saincte Eucharistie, & au- *teât Et cau.*
tres Sacremens, & faict cent fois toutes les plus importātes *si aliquis. De*
ceremonies de la saincte Messe, & celebré Baptesmes, pres- *Homicid.*
ché, & adoré l'ennemy de Dieu au sabbat? Combiē d'hommes, d'enfans, & de bestail ont ils faict mourir par poison?
combien de fruicts ont ils gastez & perdus? & quand il ne
s'en pourroit verifier quelque acte particulier, combien
d'ames ont ils meurtri & empoisonné par le seul exemple,
de ceux qui ont creu les voyant en ces lieux abominables,
& par aprés aux Eglises, qu'ils ne pouuoient faire mal esdictes assemblees, puis qu'ils y voyoient leurs Pasteurs, &
ceux desquels ils deuoient prendre exemple, discipline, in
struction, & loy tout ensemble?

La mort de ces trois Prestres fit faire des efforts à Satan,
pour sauuer les cinq autres, qui estoiēt prisonniers, ausquels *11. Quels*
le procez estoit aussi faict & parfaict par recolemens & con- *Diablesfour-*
frontemens. *nit par fois les sorcie:s*
de co.seil

Ils voyoient que nostre commission s'en alloit expirer, *de recusa-*
& qu'il y auoit peu de iours à sauuer: ils recoururēt au sieur *tions, &*
Euesque de Bayonne Mais voyans qu'aprés auoir dégradé *d'Aduocats*
les deux qui furent executez, Migalena & Bocal, il auoit
encore faict laisser l'echaffaut, dans l'Eglise Nostre Dame
de Bayonne, sur lequel il les auoit degradez : ils le trouuerent pour ce coup si ferme, qu'il fit laisser cet echaffaut,

plus de six iours en pied, comme s'il eust attendu à les degrader tous à la fois. Ledict sieur Euesque vouloit, que leur salut vint d'autre que de luy, afin qu'il leur peust seruir de dernier remede si tous autres remedes humains leur defailloient.

Donc ils presenterent des causes de recusatiõ contre tous les Iuges, le propre iour qu... nous voulions proceder au iugement de leurs procez... s deputasmes M. Gestas vn de nos collegues, le Substitut du Procureur General, & le Sindic du païs, lesquels furent en diligence au siege de Dacqs cõme plus prochain, pour faire iuger nos recusations. Elles estoient toutes impertinentes, & la plus part Iugces au premier voyage que i'auoy faict. Car nous estans trouuez au commencement, & sur autre occasion partis au iugement de quelques recusations proposees contre aucuns de nous, ie fuz moy mesme departir les recusatiõs audict siege, & le Lieutenant general de Bayonne estant rapporteur & moy côtreparteur, ie fis declarer lesdictes recusations friuolles. Or d'autant que comme dict l'Italien, *qui hæ tempo a vita*, ils adiousterent quelque petite chose, & les amplierent, pensant par cet amusement nous porter au delà de nostre commission. Le Diable qui a des cheuaux qui courent la poste, quand les autres vont en relais, fit en sorte, que Gestas ne fut si tost à Dacqs, qu'il ne trouuat l'Aduocat des Prestres sorciers en teste, lequel menoit plus de bruit que luy. C'est merueille que le Diable & les sorciers, puissent ainsi trouuer des gens qui courent pour eux, les secourent, les appuyent, & mesmes leur apprenent des cauteles & reuirades cent fois plus deliees que celles de Cepola. Leur Aduocat recusa tout le siege. Gestas s'en va au siege prochain qui est celuy de S. Seuer. Leur aduocat suit: & cõme le Diable est tenace, sa charge portoit de suiure tous les sieges de proche en proche, auec procuration expresse, de proposer mesmes causes de recusation contre tout le Parlement. Nostre Seigneur qui va plus viste que Satan, quãd il luy plaist, porta celuy qui defendoit sa cause à Sainct Seuer, auec plus de celerité, que son ennemi ne fit celuy des sorciers,

sorciers, lequel trouuant les portes de la ville fermees, tempesta si fort, qu'il mit presque la ville en alarme. On est en peine de sçauoir qui c'est; & les portes des villes, aussi bien que les murs, estans comme sainctes ou sacrees, le Diable y a si peu de part, que son bruit n'estoit entēdu. On demande d'abord si c'est quelque courrier de la part du Roy aux magistrats. Il dict que non, ains au contraire qu'il vient de l'autre costé de deuers Bayonne. On s'enquiert donc quel il est, & qu'est ce qu'il veut à ces heures, troublant le repos de la ville. Il dict, qu'il est Aduocat de quelques Prestres sorciers, & qu'il a recusé tous les Iuges à Bayonne & à Dacqs, & qu'il veut defendre leur cause & soustenir leurs recusations à S. Seuer. Enfin Dieu permet que quand il fut entré, il trouua que les recusations par eux proposées contre les Presidiaux de Dacqs, auoient esté iugees, ayant esté mises au neant & declarees impertinentes. A la verité il se plaignoit pour excuser son retardement, de ce que Gestas plus diligent que luy en la cause de Dieu, luy auoit faict fermer les portes de la ville; mais ce sōt excuses, Dieu le vouloit ainsi. Les Presidiaux de Dacqs estās legitimez ils declarent nos recusatiōs impertinétes: si bien qu'estāt de retour à Bayonne, comme nous voulions proceder à leur condamnation, ils presenterent encores les mesmes recusations vn peu deguisées: mais comme nous estions sur le poinct d'y mettre neant, attendu qu'elles ne venoient que d'estre iugees, & mesme attendu l'estat du procez ils remuerent tant de pierres, qu'ils tirent à compassion ledict sieur Euesque de Bayonne: parauanture s'ennuyoit il estant mal disposé, de la longueur de cette action, de la degradation, & auoit vn contre-cœur merueilleux, qu'on vist des Prestres sacrez, qu'il auoit accoustumé de voir à l'autel auec de tres-beaux & hōnorables ornemens, sur vn eschaffaut ou theatre, habillez en gueux, vn bourreau à la queuë, au grand des-honneur de tout l'Ordre : si bien qu'on luy vit verser plusieurs fois des larmes sur leur misere. Ou bien parauanture croyoit il que ce fut assez, que la Iustice dans vn diocese si petit que le sien, en eut decimé trois pour l'expiation

Lll

d'vn forfaict, la preuue duquel pour claire & euidéte qu'elle fut, tenoit toufiours en quelque doute les plus clair-voyans. De maniere qu'encores que fon Grand Vicaire fort homme d'honneur, tref-digne de fa charge, mais particulierement affectionné à chaffer les forciers de fa patrie, euft affifté à toutes nos procedures, faifant luy mefme les interrogatoires en bafque, de peur d'eftre mefconté par les interrogatoires, & refponfes des Interpretes: quoy que ledict fieur Euefque, euft efcrit au fieur Euefque de Dacqs en fon abfence, de vouloir dégrader le premier Preftre d'Arguibel: qu'il euft veu toute la procedure entiere, fignee par tout de fon Grand Vicaire : qu'il en euft mefme dégrade deux: que ceux qui reftoient eftoient fuffifament conuaincuz, le moindre par neuf ou dix tefmoins, fans obiect, tels que le droict le requeroit: ce neantmoins, nous fufmes tout eftonnez de voir que fon Official interuint & le nous demanda par requefte. Et comme nous eftions fur le poinct nonobftant fon interuention (attendu l'eftat du procez, & qu'il n'y auoit nulle difference des deux premiers qu'il auoit dégradé, à ceux cy) de paffer outre à leur condamnation: ils nous firent fignifier vn Arreft de la Cour de Parlement de Bourdeaux, donné fur requefte, pendant les vacations, contenant inhibitions formelles à tous Iuges d'en prédre cognoiffance. Par cette requefte, ils eftoient appellans des procedures faictes par nous. Et la narratiue de la requefte inferee au veu de l'Arreft parloit bien des Cómiffaires, & qu'il nous fuft inhibé de paffer outre. Mais en la difpofitiue, il ne fe parloit point formellement de nous, par ce mot particulier de Commiffaires: ains fimplement il y auoit inhibitions à tous Iuges en general.

Surquoy nous difions que ladicte Chambre des vacatiós, ny la Cour mefme, quand elle euft tenu à plain Senat, ne pouuoit receuoir vn appel de nos procedures: par ce que le Roy nous auoit donné noftre commiffion en fouueraineté, & la Cour mefme l'auoit ainfi verifiee.

D'auantage, fi cela eftoit permis, chaque forcier ou forciere à l'aduenir, pourroit regratter nos iugemens, & leurs heritiers se porteroient appellans de nos procedures, pour reintegrer & remettre leurs peres & meres, & autres parens en leur bonne renommee.

Nous pensiõs qu'ils eussent dict par leur requeste, qu'ils estoient appellans comme d'abuz, mais elle n'en parloit pas vn seul mot, si faisoit bien celle qu'ils nous presenterent aprés, lors qu'ils firent interuenir l'Official; & encore, à cela nous eussions peu dire que l'appel cõme d'abus par l'Ordonnance, doibt estre releué non par requeste simple, comme ils auoiẽt faict, ains par des Lettres Royaux de la Chancellerie: & d'ailleurs qu'il n'y pouuoit auoir d'abuz, puis que ledict sieur Euesque de Bayõne auoit faict assister son Vicaire General à toutes nos procedures: qu'il en auoit faict dégrader le premier par le sieur Euesque de Dacqs, l'ẽ ayãt prié luy mesme, & cõiuré par lettres: qu'il en auoit degradé les deux suiuans, & que tous les autres estoient *in pari damnatione:* qu'il auoit eu communiquation de toutes les procedures, & que le renuoy ne se demãdoit iamais quand le procez est faict & parfaict par le Iuge Ecclesiastique & seculier comme icy. Qui fut cause que tant sur la requeste desdicts Prestres qui demandoient leur renuoy, que sur celle de l'Official qui les vouloit aussi vendiquer, & sur ledict Arrest de la Cour, qui nous faisoit inhibitions en termes generaux, nous donnasmes iugemẽt, par lequel sans auoir esgard audict renuoy, nonobstant l'Arrest, que nous cottions dans le veu estre donné simplemẽt par ladicte Chambre des vacations: nous ordonnasmes que les parties se pouruoiroyẽt pardeuers le Roy, pour estre reglees de Iuges.

Nostre commission ayant prins fin dés le premier de Nouembre 1609. Le sieur Presidẽt d'Espagnet estant pressé de se trouuer à la feste de la sainct Martin, qui est l'onzieme dudict mois, à Nerac, pour presider en la Chambre de l'Edict establie en Guyenne, & moy d'aller seruir au Parlement de Bourdeaux, les Prestres demeurerent longuement prisonniers, sauf deux, lesquels estãs és prisons de l'Official, qui respondent dans l'Eglise Nostre-Dame de Bayonne, firent semblant d'estre en quelque volonté, sur les cinq à six heures du soir, de vouloir prier Dieu, & se promener dans l'Eglise. Or par ce que l'Eglise en apparence estoit fermee de toutes parts à ces heures, ou le debuoit estre, ils font si bien, que le guichet se trouua seulement poussé, & non fermé à clef, & gaignent la porte de la ville au petit pas, à la veuë de tout le monde, en vne ville de frontiere, où les portes ne se ferment iamais, que le tambour batant, l'harquebuze sur le col, & la mesche allumee. Neantmoins ils sortirent ainsi comme on vouloit leuer le pont, sans que personne s'en apperceut: l'vn gaigne l'Espagne, d'où il n'est depuis teuenu qu'on sçache: & l'autre s'en alla droict au lieu où il estoit Vicaire, où il se tint couuert quelques iours. Mais en fin il alla par tout, tant la licence des Prestres en ce païs là est grande, iusqu'à ce que le sieur Euesque de Bayonne l'enuoya prendre par le V issenechal.

Il faut donc maintenant sçauoir, si le sortilege est vn delict commun, qu'il faille renuoyer par deuant le Iuge Ecclesiastique, ou bien vn crime priuilegie, & si comme tel nous qui n'estions que simples Commissaires, les pouuions retenir, ou bien s'il, les nous falloit renuoyer en la Cour de Parlement, & si mesme la Cour leur peut denier leur renuoy.

DE L'INCONSTANCE DES DEMONS, MAGICIENS ET SORCIERS.

Que le Diable en derrision du plus precieux Sacrement de l'Eglise faict celebrer au Sabbat quelque forme de Messe.

Discovrs III.

1. Que le Diable se faict voir au Sabbat assis, & pourquoy.
2. Que le Diable fait voir au Sabbat des Temples des Autels, & des Demons en forme de Saincts au dessus.
3. Que les croix & chappelets des Sorcieres sont presque tousiours imparfaicts.
4. Euesque du Sabbat.
5. Asperges en forme d'Eau-beniste au Sabbat.
6. Comment & en quelles horribles paroles se faict le signe de la Croix au Sabbat.
7. Que l'offrande qui se faict au Sabbat est de bon argent.
8. Sermon qui se dict au Sabbat.
9. Monstrueuse Eslenation d'Hostie au Sabbat.
10. Quand est ce que les Sorcieres appellent le Diable Barrabam.
11. Que le Diable a introduit au Sabbat des Messes nouuelles pour mieux seduire toute sorte de Prestres & Religieux.

E Diable voulant imiter nostre Seigneur en toutes choses, se sied dans vne grande chaire dorée, & magnifiquement parée: d'autant que nostre Seigneur estant parmy les siens, estoit tousiours assis, mesme quand il instruisoit les siens au temple *Quotidie apud vos sedebam docens in templo, & non me tenuistis.* Et ces paroles, dict S. Augustin, par lesquelles nostre Seigneur dict que *sedens*

1. Que le Diable se faict voir au Sabbat assis, & pourquoy.

Lll iij.

docebat, hoc pertiret ad dignitatem magistri. Mais Sathan se trompe, car il est és Sabbats assis, & Iesus Christ est és Eglises en croix & non assis: &s'il vouloit bien l'imiter, il faudroit qu'il fust bien crucifié pour les siens, & qu'il parust en cest estat esdictes assemblees.

2. Que le Diable fait voir au Sabbat des temples des autels & des Demons au dessus en forme de Saincts.

Donc le Diable voulant contrefaire & imiter les plus sainctes œuures de Dieu, se presente au Sabbat assis, & y faict paroistre des temples, des autels, des Demons sur iceux en forme de Saincts, la musique, les clochettes, les croix : il a ses Maistres des ceremonies, ses Prelats & Euesques, ses Prestres : mais quoy ses Prestres ? a il poinct les nostres ? il a trois Prestres : à sçauoir, le Diacre, le Soubs-diacre, & le Prestre qui dict la Messe, pour contrefaire nos grandes Messes. Il vse de chandelles, de l'aspersion, & de l'encensoir, & en donne à toute l'assistance: il a le Signe de la croix à l'entrée, l'offrande, le sermon, l'eleuation, Et l'*Ite Missa est*. En fin il a le faux martyre: & se trouue des Sorciers si acharnez à son seruice endiablé, qu'il n'y a torture n'y supplice qui les estonne, & diriez qu'ils vont au vray martyre & à la mort pour l'amour de luy, aussi gayement que s'ils alloient à vn festin de plaisir & de resiouyssance publique.

Pour le Temple, certaines filles qui vont au Sabbat, lesquelles y ont souuent ouy dire Messe en leur façon, nous ont dict y auoir veu quelque forme de murailles, comme celles d'vne Eglise, auec vn autel dressé, & au dessus vn petit Demon de la grandeur d'vn enfant de douze ans, lequel tient bonne mine & demeure immobile, pendant que cet abominable mystere & badinage se faict: & qu'iceluy faict, ledict autel & la statuë s'esuanoüissoient. La musique y est non seulement lors qu'on dict ceste Messe, mais encore tousiours tant que ledict Sabbat dure : & nous dict on qu'il s'y entend vn monde d'instrumens accompagnez de quelques clochettes si melodieuses, qu'on noüit iamais vne si douce harmonie. Il me souuient que vn fort honneste & bon Ecclesiastique Chanoine en l'Eglise Sainct André en cette ville de Bourdeaux, sa maison estant infectee de quelques Esprits, oyoit presque toutes les nuicts quelque musique comme d'vne espinette orguanisée, auec certaines clochettes si plaisantes, que cela luy ostoit vne partie de la fraueur & apprehétion desdicts Esprits. Et ne voyoit on esdicts Sabbats tous ces musiciens & ioueurs d'instrumens, ains simplement quelque petit tabourineur à la mode du païs. A la verité ie n'ay veu aucun tesmoin ny Sorciere, qui deposast auoir veu au Sabbat de grádes cloches, qui fait qu'il y a grande apparence de croire ce que Boguet dict, que le Diable hait tellement le son des cloches, que si parauāture pendant qu'on sonne l'*Aue Maria*, le Diable transporte quelque Sorcier par l'air, il est contraint de le laisser cheoir: comme il fit vne fois à vne Sorciere appellee Lucrece l'an 1524.

Crist. te se sortil. e. 7.

Pour les Croix, ils les portent toutes esbranchees, comme il se voit és cimetieres infectez par les sorciers, & esquels lesdits Sabbats ont accoustumé se tenir: comme i'ay veu au cimetiere Saincte Barbe, où le Sabbat se tint fort souuent, que les Portugais ont obtenu des habitans de Sainct Iean de Luz, qui est haut sur vn rocher en la coste de la mer, où en chaque sepulture suiuāt la coustume du païs se voit vne croix esbranchee, & y en a plus de deux ou trois cens, le Diable n'y en ayant laissé presque pas vne entiere, comme nous obseruasmes aussi en la maisō du Prestre d'Arguibel, en la parroisse d'Ascain, où il y auoit vne croix de bois plus grosse que les deux bras, qui auoit vne branche rompue, laquelle ne le pouuoit estre, attēdu sa grosseur, sans vn grand effort de Satā: car vn homme seul n'eust peu la rompre, sans se seruir de quelque cognee, ou autre semblable instrument, & encore à plusieurs fois. Surquoy est grandement considerable, ce que dict en la Chambre de la Tournelle en cette Cour de Parlement, Bertomiue de Gert insigne sorciere du lieu de Prechac, sur la fin du mois de Ianuier 1611. que quand quelque Sorciere reuenant du Sabbat estoit tuee par les chemins, le Diable a accoustumé en prendre soing, & la ramener & raporter en son logis, pour la tenir en bonne reputation, qui monstre clairement le

3. Que les Croix & les chappelets des Sorcieres sont tousiours imparfaicts

transport des Sorciers au Sabbat, soit qu'ils soient en vie soit qu'ils soient morts: mais si celuy qui l'a tuée, à quelque bougie & autre chandelle de cire sur soy, & qui luy en face vne croix & la luy met dessus, le Diable ne peut en toute sa puissance la tirer de là, ains est forcé de l'y laisser: Qui monstre combien a de vertu & puissance le signe & l'vsage de la Croix.

Tout de mesme en est il de leurs couronnes & chappelets, qui ont tousiours quelque chose à dire. De quoy quelques Sorcieres d'Ascain s'estans vne fois apperceuës, mesme ne pouuant monstrer chapellet qui ne fut deffectueux, portoient dans le sein à couuert des croix de bois fraischement faictes, aussi grandes que celles qu'on met en main à ceux qu'on va executer à mort, & par fois tous les grains estoient inegaux & mal rangez, & de diuerses couleurs: qui monstre que le Diable les tient tousiours en bizarrie & legereté, & qu'il les faict tousiours varier, remuer & changer.

Euesque du Sabbat. Il y a des Euesques & Prelats: mesmes en la parroisse de Sainct Pé. Le Diable ayant veu dans l'Eglise l'Image de Sainct Pierre auec vne thiare dorée, les tesmoins qui auoiēt accoustumé d'aller au Sabbat, nous dirent auoir veu le ieune Sieur de Lancinena, auec vn grand chapeau faict en forme de la mesme thiare, qui estoit communément appellé & tenu pour l'Euesque du Sabbat. Que le Diable dançant le prenoit par la main, & que passant deuant luy chacun le saluoit comme personne de grand respect.

Quand aux Prestres, ce sont aucuns de ceux qui ont esté preuenus deuant nous, & quelques autres que nous auons trouué en la parroisse d'Ascain, de Handaye, d'Vrroigne, de Siboro, de Sainct Iean de Luz, & de Sainct Pé. Et nous ont asseuré y auoir ouy dire vne forme de grande Messe, auec Diacre & Soubs-diacre, & les ont nommez par nom & sur-nom; & qui pis est le leur ont maintenu deuant nous, auec tant de circonstances & particularitez, & en si grand nombre de tesmoins, qu'ils estoient forcez, de dire & aduoüer, que le Diable les y faisoit voir en figure. On y voit aussi des chandelles allumées, auec lesquelles l'adoration

tion faicte, ils assistent à ces faux mysteres de leur Messe contrefaicte, lesquelles sont de resine: ou bien parce qu'elle n'est assez noire, le plus souuent elles sont de poix : c'est que le Diable veut contrefaire les Bayonnoites & Basques, lesquelles parent les places de leurs sepultures és Eglises & cimetieres d'vn drap noir : & plusieurs de la famille & les autres de mesme, sont à qui mettra au dessus de plus gros barils de bougie : si bien que la procession passant en l'Eglise Nostre Dame à Bayonne, celles dont les sepultures estoient iustement au milieu du cloistre, faisoient scrupule de les oster : de maniere que le plus souuent les grandes chappes des Chanoines, & nos grandes robbes versoient lesdicts barils & les esteignoient : mais aussi en recompence, les chandelles brusloient nos robes; vous en verriez des filles & des seruantes chargees, les iours de procession : & croy que toutes assemblees il s'en feroit vne grosse montagne.

Il vse aussi de l'Aspersion : & nous a esté asseuré que le Diable vrinoit le premier dans vn trou, puis tous ceux du Sabbat petits & grands : & par aprés par fois le Diable, par fois vn homme exprés, en iectoit sur toute la troupe & se voyoit aussi quelquefois de la mesme eau, dans quelque trou faict dans la muraille à l'entree de ce mechant temple. Pour l'Encensoir, ie n'en ay peu remarquer aucune particularité.

<small>5. Asperges & forme d'eau beniste au Sabbat.</small>

Pour le Signe de la croix : se voulans moquer de nous, ils disent.

<small>6 Commēt se faict le Signe de la croix au Sabbat.</small>

In nomine Patrica, Aragueaco
Petrica, Agora, Agora Valentia,
Iouanda goure gaitz goustia.

Qui veut dire *Au nom de Patrique, Petrique, d'Arragon, à cette heure à cette heure Valence, tout nostre mal est passé.*

Surquoy est à noter, qu'il y a trois sortes de langage en ce peu de mots, comme le Signe de la croix se faict en honneur de la Trinité, dequoy le Diable se veut moquer. *In nomine patrica*, ces trois premiers mots sont en langue Latine:

M m m

Aragueaco, *Petrica*, *Agora*, *Agora*, *Valencia*, sont en Espagnol, *Iouanda, goure, gnaus, goustia*, sont en langage Basque: & se faict le dit Signe de croix de la main gauche, par ce que Satan faict tout arebours des Chrestiens.

Ils vsent encore en faisant le Signe de la croix, de ces autres sales paroles, beaucoup plus blasphematoires que les premieres, & sans rime n'y raison, sauf l'irrision du mystere & disent.

In nomine patrica, Aragueaco, Petrica, Gastellaco Ianicot, Equidac ipordian pot. Qui veut dire au nom de Patrique, petrique d'Aragon. Iannicot de Castille faictes moy vn baiser au derriere.

7. L'offrāde qui se faict au Sabbat est de bon argent. — Pendant l'adoration qu'on faict à Satan, ou en mesme temps qu'on le va adorer, on va à l'offrande, si bien que par fois vne femme, par fois vn homme tient le bassin, dans lequel ceux du Sabbat iettent ores deux escuz, ores vn escu de bon argent (car ce n'est le Diable qui le donne) qui plus qui moins à discretion, & selõ sa portée: car ie n'y voy point de regle: & les petits garçons ou filles, le premier iour qu'ils y sont trainez par ces mechantes femmes, donnent vn quartille, qui leur est donné à chacun par celle qui les mesne, qui est vne piece d'Aragon valant cinq liards, qui s'expose iusques dans Bayonne & Dacqs, & par fois vn liard d'Espagne: & celuy qui amasse, & par fois Satan mesme, annoncent tout haut & font sçauoir à l'assemblee, que cet argent est pour employer aux procez, que les Sorciers ont contre ceux qui les poursuiuent pour les faire brusler.

Ieannette d'Abadie depose, qu'elle a veu aller à l'offrande au Sabbat, & qu'vn homme de Siboro qu'elle nomme, & que nous auons veu plusieurs fois, tenoit le bassin: que le Diable s'esloigne, ou s'escarte vn peu pendant icelle, par ce qu'il ne prend plaisir de voir la croix qui est grauée sur les quarts-d'escuz, & autres pieces qu'on y donne: ains prend plus de plaisir d'y voir donner des quartilles, par ce qu'il n'y a point de croix, que cet homme emporte cet argent en sa maison, pour deffendre les Sorciers de toute sorte d'accusation, & les ayder en tous leurs affaires qui concernent le sortilege. On a maintenu de mesme à Vrroigne, à vn nommé Detsail, qui a esté nourry sept ou huict ans à la Rochelle, & duquel la sœur a esté executée à mort pour auoir esté Royne du Sabbat, & s'estre souuent accouplée auec le Diable. Et depuis il nous fut dict qu'à vn celebre Sabbat qui fut tenu à Handaye, ce premier porteur de bassin remplit son plat, puis son chappeau d'argent, & au Sabbat prochain on luy demanda, qu'est ce qu'il auoit faict de l'argent, il dict qu'il l'auoit employé au procez des Sorciers & pour leur deffence, & ne sçachant bien rendre son compte, qu'il fut bien batu.

Le Diable faict aussi quelque espece de Sermon en Basque, & se met dans vne chaire en forme de bouc, droit sur les iambes de derriere, celles de deuant appuyées sur la chaire : & d'autres fois c'est vn Sorcier des plus celebres, mesmement la nuict du Samedy au soir. Et nous a esté dict qu'on auoit veu prescher à Syboro vn nommé Louys : lequel pour tous bons enseignemens, leur persuadoit d'accuser les innocens, excuser les coulpables, & de mener tousiours au Diable force enfans.

8. Sermon qui se faict au Sabbat.

Pour l'Eleuation, Le premier des modernes qui l'a le plus particularisé, est le sieur de Ræmond Conseiller en cette Cour de Parlement, parlant d'vne sorciere nommée Ieanne Bodeau, au iugement de laquelle i'assistay en nostre Tournelle, qui nous en descriuit le mystere : si bien que DelRio, Boguet, & autres modernes, n'en ont & n'alleguent que ce seul exemple : mais ie leur en fourniray plusieurs autres plus notables que celuy-là.

9. Monstrueuse Eleuation de l'Hostie au Sabbat.

Le commun a dict tousiours depuis, sur le rapport dudit sieur de Ræmond, qu'on disoit quelque forme de Messe au

Sabbat, le Prestre estant reuestu tout ainsi que les nostres, & luy estant tout au costé du Diable: qu'on y faisoit l'Eleuation auec vne Hostie noire toute simple, sans qu'il y eust rien de graué au dessus.

Mais des tesmoins mentionnez en nos procedures, desquels ie tairay le nom, pour beaucoup de bonnes considerations, nous ont dict plusieurs choses là dessus: & entre autres on nous a dict, auoir veu souuent dire Messe au Sabbat à maistre Martin Detcheguaray Prestre, à vn nommé Escola, Seal, & a cinq autres qui nous sont eschapez: & la leur a ouy dire l'vn aprés l'autre: que celuy qui la disoit estoit assisté d'autres deux, tous trois reuestus de mesme qu'a l'Eglise: Qu'il y a vne espece d'Eleuation d'vne Hostie noire, non ronde comme on dict, ains faicte en triangle sans qu'il y ait rien de graué au dessus.

Et vn autre habitant de Sainct Ieã de Luz aagé de quinze ans, depose auoir ouy dire Messe six ou sept fois au Sabbat à maistre Iean Souhardibels, au lieu appellé à la Cohandia, & faisoit l'Eleuation monstrant vne Hostie noire, luy estant esleué en l'air les pieds contremont, & la teste renuersee en bas deuant le Diable, & demeuroit en cette posture pendãt l'Eleuation, autant de temps qu'on mettroit à dire vn *Credo*: & le tesmoing se mit luy mesme deuant nous en mesme poinct, pour mieux nous en faire la demonstration: (car Satan leur aprend les plus horribles traicts qu'on vit iamais) & nous dict encore plus, & chose qu'il ne pouuoit exprimer, que tout le corps du Prestre estoit esleué en l'air, si bien qu'encores que son corps fut renuersé, & eust la teste en bas, & les pieds contremont, neantmoins faisant cette Eleuation, il disoit que le corps & les bras du Prestre à proportion, estoient aussi hauts, que nos Prestres les ont quand ils font la vraye Eleuation en l'Eglise de Dieu: parce que le Diable faict paroistre au Sabbat toutes choses renuersees, & qui semblent du tout impossibles aux hommes, mais non à luy.

Ieanne d'Abadie dict qu'elle y a ouy dire Messe plusieurs fois à des Prestres qu'elle nomme. Qu'on y faict vne sorte d'Eleuation auec vne Hostie noire, & n'a sçeu dire de quelle matiere: Qu'on luy à apprins au sabbat de dire tousiours à l'Eleuatiõ du calice en quelque part qu'elle se trouue & non de la saincte Hostie, *Corbeau noir, Corbeau noir*, ne pouuãt faire autre priere, ny prononcer autres mots que ceux là, ce qu'elle n'a sçeu autrement expliquer: Que les autres sorciers en disent de mesme: & qu'elle les a ouy dire à l'Eglise de Siboro à Mariacho de Bernatena.

Vne autre nous a dict, qu'on voit à ladicte Messe esleuer vne Hostie noire, & vn calice noir, & qu'à l'Eleuation du calice elles ont accoustumé de dire *Corbeau noir*, mais ne l'osent dire à l'Eleuation de l'Hostie.

Et en la procedure des trois Prestres de S. Iean de Luz preuenus de sorcelerie, en la Cour de Parlement de Bourdeaux, en Ianuier 1611. vn tesmoing accusa entre autres choses vn de ces Prestres, d'auoir dict la Messe, & faict tout ce que les Prestres ont accoustumé de faire: mais non le visage tourné vers l'autel, ains tout à rebours le visage tourné vers le peuple: & apres auoir leué leur Hostie, en signe de plus grãde execratiõ, l'auoir iettee aussi tost & foulee aux pieds.

Nous auons aussi remarqué plusieurs noms que les sorcieres donnent au Diable leur maistre, quand elles sont au sabbat: elles l'appellent Monsieur, Iauna, Maistre, le Gand maistre: mais quand elles sont entre les mains de la Iustice, faisant semblant de l'auoir en horreur, pour se rendre les Iuges plausibles, & leur tesmoigner qu'elles n'adherẽt nullement auec luy, elles l'appellent par desdain Barrabam: mais aussi quelque fois elles appellẽt Nostre Seigneur Barrabam: l'exemple en est certain & de fraische memoire. Car enuiron le 4. Octobre 1609. comme nous estions à leur faire le procez, à Cambo lieu celebre à cause des bains, vne sorciere s'estant mise derriere nous dans l'Eglise, ne peut se tenir comme on leuoit le sainct Sacrement de l'Hostie, de dire ce blaspheme pour toute priere, & crier *Barrabam, Barrabam*: ce qui fut ouy par Me. de Bedat Greffier de

10. Quãd est ce que les sorcieres appellent le Diable Barrabam.

Nerac, & Mᵉ Bourdieu Procureur en ce Parlement, lesquels ne sçachans l'importance de ces mots, vindrent aussi tost la Messe finie nous en faire le recit.

11. Que le Diable a introduit au sabbat des Messes nouuelles, pour mieux seduire toute sorte de Prestres & Religieux.

Le Diable ne se contente pas de cette imitation, il veut encore qu'on y die Messe nouuelle, à cause que les Prestres en Labourt y font tant de festins & de dissolution que rien plus, qui est chose fort agreable au Diable, qui ne touche en rien, ny ne destruict ce sainct & sacré mystere.

Plusieurs nous ont dict que Maistre Pierre Bocal Prestre aagé de vingt sept ans, voulant dire la Messe nouuelle en l'Eglise de Siboro, fit essay par deux ou trois fois au sabbat, les deux ou trois nuicts precedentes, s'il feroit bien les ceremonies, & y dict deux ou trois Messes: que le Maistre de l'assemblee nocturne, & autres petits Diables estoient sur l'autel, en forme de petites images de Saincts: & que par aprés au quatriesme iour, l'on ouyt deux Messes nouuelles de luy, l'vne dans l'Eglise de Siboro, & l'autre au sabbat, comme nous auons dit cy dessus plus amplement, lors que nous auons parlé de la procedure des Prestres.

Vne fille aagee de quinze à seize ans maintint audict Bocal, qu'elle auoit assisté & ouy sa premiere Messe au mois de Mars 1608. où on amassa vne infinité d'argent pour luy. Et que la nuict ensuiuant le Diable ayant conuoqué vn sabbat solemne, elle oüit aussi de luy mesme vne seconde Messe nouuelle: qu'il fit l'Eleuation auec vne Hostie noire non grauee: qu'il se fit vne aussi grande collecte ou plus, que lors qu'il dit sa premiere Messe dans l'Eglise de Siboro, ce sont les particularitez que nous auós apprinses sur tous les mysteres de la Messe, & autres ceremonies de l'Eglise que le Diable par derision faict imiter & contrefaire au sabbat.

DE L'INCONSTANCE DES DEMONS, MAGICIENS ET SORCIERS.

Sçauoir si le Sortilege en vn Prestre est vn delict cómun, ou priuilegié. Et si on luy peut iustemét denier son renuoy pardeuant son Iuge Ecclesiastique.

1. Question notable du renuoy des Prestres sorciers pardeuant leur Iuge.
2. Si des Commissaires qui peuuent iuger en souueraineté, sans appel peuuent condamner des Prestres sorciers à la mort, nonobstant leur priuilege.
3. La Cour de Parlement ayant verifié vne commission sans aucune modification, ne peut par aucun Arrest subsequent la rastraindre en faueur de particuliers au preiudice desdicts commissaires.
4. Sçauoir si l'adultere commis par vn Prestre est crime priuilegié ou non.
5. Faulseté est vn crime priuilegié.
6. Procedure contre Burdeus Augustin faicte en la Cour de Parlement de Tholoze.
7. Raisons de ceux qui ne sont d'aduis de condamner les Prestres sorciers à la mort.
8. Que le Sortilege in Sacerdote est vn crime priuilegié.
9. Qu'on ne peut transiger du Sortilege.
10. Les Prestres qui adioustent d'autres paroles à la Messe que celles qui sont receuees par l'Eglise sont magiciens ou sorciers.
11. Premier Arrest dans Peleus, par lequel le renuoy est denié à vn Prestre qualifié, pour auoir simplement dict des iniures au Lieutenant general de Bar.
12. Procedure notable de maistre Pierre Aupetis Prestre sorcier, lequel fut condüit à la mort, par le Vi-senechal de Limosin sans deferer à son renuoy.
13. Procedure contre trois Prestres sorciers du païs de Labourt, ausquels le renuoy à esté denié.
14. Arrest de deboutement de renuoy en crime de sortilege, donné contre des Prestres sorciers.

DISCOVRS IV.

*Question
n. b e de
nuos d s
ellies
reters
r deu ni
c lug
n il 7
no. 17.*

C'Est vne question qui n'a iamais esté formellement decidee par les compagnies souueraines pour le moins ne s'en trouue il Arrest formel dans les côpilateurs des Arrests: sauf vn si court & si peu raisonné, redigé par escrit par vn de nos modernes, qu'il semble qu'il nous ait plus voulu engager dans le doute que nous en bien resoudre: n'alleguant raison quelconque pour, ne contre, qui puisse apporter vne resolution au lecteur, ny vne satisfaction & contentement à vn bon Iuge qui le doibue faire pescher où il dict que l'Arrest a passé, n'y le tirer en exemple.

Ainsi il ne faut trouuer estrange si nous n'auons temerairement voulu iuger vne si grande & si importante question, où il s'agissoit de debouter cinq Prestres de leur renuoy, & enfraindre le priuilege de tout le Clergé entierement, & où se representoit outre ce plusieurs grandes & notables considerations & circonstances, fondees sur nostre commission, sur le temps, sur le lieu, & mesme après le iugement de trois autres Prestres sorciers, qui par leur mort auoient assés donné d'exemple & de terreur au païs.

Il nous sembloit qu'il y auoit deux raisons notables qui nous debuoient arrester & lier les mains: l'vne que ce seroit par trop choquer & rabaisser la Iurisdiction Ecclesiastique de debouter les Prestres tout à faict de leur renuoy en Sortilege; delict qui semble entierement dependre de la foy & lequel se commetant presque tousiours en tenebres, tiét encore la plus part des Iuges, & quasi tout le môde en quelque incertitude.

*. Si des
ommissai
rs qui peu
e t iuger
n souuerai
et & sans
ppel peu
at ordô-*

L'autre est que nos peres n'auoient iamais franchi la barriere, & donné Arrest absolu de condamnation de mort contre les sorciers sur le crime simple de sorcelerie, sans qu'il y eust quelque malefice: moins encore contre des Prestres qui ont priuilege particulier, & qui sembloyent en apparence n'estre accusez d'aucun malefice: partant qu'il lur falloit

DES DEMONS, MAG. ET SORC. LIV. VI. 465
falloit accorder leur renuoy.

Que si la Cour de Parlement n'auoit encore trenché le mot, ny rompu le baston de la mort, il sembloit bien rude, que des Commissaires simples, dont la commission ne portoit attribution particuliere de cognoistre de gens si priuilegiez, qui n'auoiét pas plus d'authorité que la mesme Cour, laquelle n'en auoit iamais voulu prendre cognoissance, decidassent formellement vn doute si espineux, qui ne se pouuoit terminer sans faire tort à l'vne ou à l'autre Iurisdiction, & parauanture à toutes deux.

D'ailleurs on nous disoit que bien que nous fussions Iuges souuerains, que cette commissiõ ne nous attribuoit pas indifferemment la cognoissance de toutes causes ny pouuoir absolu sur toute sorte de personnes. Car s'il se fut trouué vn de nos collegues ou autre Conseiller de Cour souueraine, sur les lieux, attainct & touché de cette abomination, nous n'eussiõs peu en prēdre cognoissance, ainsi il l'eust fallu renuoyer aux chambres de la Cour assemblees où il a son priuilege: à plus forte raison falloit il renuoyer les Prestres dont l'Ordre estoit beaucoup plus priuilegié & plus vniuersel que celuy des Senateurs.

De l'autre costé les renuoyant & n'en cognoissant poinct du tout, nous auions crainte d'imprimer quelque mauuaise tache & marque de precipitation sur nos iugemens precedens: bien qu'on eust peu repliquer qu'ils n'auoiēt iamais proposé tel declinatoire au commencement de nostre procedure, ny demādé leur renuoy, ny ledict sieur de Bayõne leur Euesque non plus: ains au cōtraire viuant en tresbonne intelligēce auec nous, & se sentāt aucunemēt obligé au Roy, à la Cour de Parlemēt, d'où nous estions tirez, & à nous qui prenions la couruee & hazardions nos vies pour purger & nettoyer son Diocese: mesme nous luy ayant faict escrire par son Vicaire, s'il luy agreeroit pendāt son absence qu'ō leur fit le procez, il luy reserruit qu'il eust à nous prester son assistāce, fauoriser & faciliter la Iustice en tout ce qu'il pourroit: recognoissant le notable interest qu'il auoit à exterminer vne si detestable fourmiliere de mauuaises gens

ner des Prestres sorciers à la mort nõ obstāt leur priuilege.

Nnn

ministres de Satan. Lesquelles raisons sembloient nous dōner occasion & licence de passer outre & n'auoir nul esgard à leur requeste.

D'auantage nous craignions d'offencer sa Maiesté, & mal recognoistre l'honneur que Monsieur le Chancelier nous auoit faict nous adressant cette cōmission: laquelle estant en toute souueraineté sans aucune dependence de la Cour de Parlement ou d'ailleurs, elle estoit verifiee sans aucune modification autre que du temps, il sembloit tres-iuste de ne relascher chose quelconque, qui peult esgratigner tant soit peu l'authorité que le Roy nous auoit dōnee par icelle, sans pour le moins luy en auoir premierement donné aduis.

Et ne faict rien au contraire, que nostre commission ne portoit nommeement puissance de cognoistre de gens si priuilegiez que les Prestres. Car n'y en ayant aussi nulle exception ny exclusion, par ce que parauanture leur qualité les ostoit hors de tout soupçō de crime si detestable, il estoit fort vray-semblable qu'en delict si frequēt & si dangereux, l'authorité nous estoit donnee de nous en prendre au plus coulpables, & à ceux qui causoient presque tout le mal, & & desquels le chastiement portoit & plus d'exemple, & plus d'vtile.

*La Cour
de Parle-
ment ayant
verifié vne
commissiō
sans aucune
modifica-
tiō ne peut
par aprés
souffrir au-
cun restre-
ctit la re-
mettre.*

Et cōtre l'Arrest qui les receuoit appellans cōtre nos procedures, on disoit que c'estoit passer vne esponge sur la Souueraineté qu'il auoit pleu au Roy & à Monsieur le Chancelier grauer sur nostre commission, effacer cette recognoissance & soubmission dont nous auions voulu honnorer la Cour la luy presentant & cherchant son approbation comme membres du corps, sans que nous y fussions aucunemēt tenus, & en fin souffrir de voir destruire ce qui s'estoit faict en plein Senat, la Grād Chambre & Tournelle assemblees lors de la verification, par vne seule Chambre des vacquations, & par vn Arrest sur requeste. Si bien que par ces raisons & plusieurs autres, qu'il est à propos de taire, nous fusmes d'aduis de ne iuger vne questiō lors si preiudiciable & de si notable interest pour les deux Iurisdictiōs: & renuoyasmes les parties au Roy, qui nous auoit honorez de cette commissiō, & à son conseil, affin qu'il ne nous peut blasmer d'auoir mal recognu & conserué l'authorité & Souueraineté qu'il luy auoit pleu nous mettre en depost.

Ioinct que nos procedures en ce qui est de la preuue demeurât tousiours, ils ne failoient que trainer leur bien. Car quand vn siege incompetant a cognu du faict d'vn sorcier & instruict le procez, & que le sorcier a confessé pardeuant luy: quand bien les procedures seroient par aprez mises au neant par incompetence ou autre nullité, si est ce que les preuues demeurent en leur force: autrement plusieurs crimes demeureroiét impunis & plusieurs criminels sans peine.

A quoy i'adiousteray que lors que cet Arrest fut donné, parauanture donna on à entendre mal à propos à la Cour, qu'estans sur les derniers iours & vers la fin de nostre commission qui auoit desia duré prés de quatre mois, nous estiõs harassez de tant de peine, & d'vn si desagreable bourdonnement que nous auions à nos oreilles, qui n'estoient perpetuellement batues que de ce facheux discours du maling Esprit des sabbats, enleuemens d'enfans, malefices des sorciers & autres forfaicts execrables, qui ne nous pouuoient donner qu'vn merueilleux & ardent desir de sortir de cette commission comme d'vn enfer.

Mais puisque *adhuc sub iudice lis est*, que la question a esté & est encores iusques icy indecise & que les procedures (nostre commission ayant ia prins fin il y a long temps) sont remises pardeuers la Cour: Il est raisonnable qu'on sçache desormais ce qu'il en faut tenir, & que les Cours de Parlemens en prenent vne bonne & saincte deliberation: mesme celle cy qui semble y auoir plus d'interest que toute autre, puis qu'elle est tombee en ce malheur qu'il y a cent fois plus de sorciers, & Prestres & autres en son ressort, qu'en celuy de tous les autres Parlemés ensemble, & que la maladie est plus grande & plus cognue, & les maux qui nous en reuienent plus frequens & plus notables, voire qui pullulent & croissent tous les iours.

Et la deliberation prinse, il est croyable, en vne si grande euidence & notorieté d'accidens aprés tant d'experiences & tant de seminaires d'enfans, par le moyen desquels le

Nnn

Diable prouigne son regne: que le voile de l'incertitude osté, les autres compagnies se feront sages à nos despens, & suyuront l'exemple que nous voudriōs tres-volontiers emprunter d'autruy, Satan pouuant dans leur ressort ce qu'il peut sur le nostre, & les raisons de le cognoistre & l'expeller estans raisons bonnes, qui militent, & doibuent auoir lieu par tout.

Or auant qu'entrer en ce discours ie protesteray syncerement que ce n'est mon intention de contrepezer & balancer la Iurisdiction Ecclesiastique auec la seculiere, retrancher de l'vne pour releuer & donner à l'autre: encore moins les faire choquer ensemble: S'çachāt tres-biē qu'il n'en faut parler ny escrire qu'auec vne plume respectueuse. Et bien qu'il semble que ie sois plus contrainct en ce subiect, que ne seroit vn homme d'autre profession que la mienne, d'autāt qu'il me seroit mal seant d'en escrire autrement qu'en hōme qui doibt sçauoir les priuileges de l'Eglise Gallicanne, les Ordonnāces de nos Roys, les Arrests des Cours souueraines, & la pratique vniuerselle de la France, lors qu'il sagit de personnes Ecclesiastiques: si est ce que ie m'en remettray tousiours au iugement de ceux ausquels appartiēt la determination de choses si importantes : & me contenteray de dire, laissant tout le monde en tres-bonne intelligence, & ces deux Iurisdictiōs en vne forte liaison pour punir & chastier toute sorte de delinquans, que nos priuileges tesmoignent & le merite de nos Roys enuers l'Eglise Romaine, & par mesme moyen la liberalité, gratificatiō & magnificence des Saincts Peres enuers l'Eglise Gallicane. Si que l'autorité semble iustement leur estre demeuree de le nous conceder, & à la France, & à nos Roys le bien & le bon heur de les meriter. I'allegueray donc simplemēt les raisōs d'vne part & d'autre, desirant me contenir de façon, que chacun ait le sien & non plus.

Venant donc à nostre question, ie diray que le Sortilege *in sacerdote*, semble beaucoup plutost estre vn crime priuilegié que non simplemēt vn delict cōmū, pour les grāds & horribles forfaicts contenus en iceluy, dont le moindre est crime

priuilegié & qui merite la mort: à plus forte raison estans
enchainez tous ensemble. Sur quoy sont grandement con-
siderables toutes les circonstances qui concurrent, soit au
crime soit en la personne des criminels.

Il n'y a rien de plus diuin que l'Ordre de Prestrise que le *Combien*
Tout-puissant nous a donné pour Sacrement, ny rié de plus *l'Ordre de*
important que la charge des ames : qui faict que de tout *Prestrise est*
temps les Prestres ont esté tenus pour les plus gens de bien, *excellent.*
de bonne vie & de bône exemple, triez comme des miroirs
qui ne representent que la verité & les plus hauts mysteres
de nostre salut. Les Payens mesme ont estimé que les hommes qui s'approchoient des autels deuoient estre les plus *Pythagoras*
gens de bien: à plus forte raison les Chrestiens ont ils eu occasion de croire que ceux qui estoiét destinez à vne si saincte vacation deuoient estre vouez dés leur naissance à Iesus Christ.

La mere de sainct Augustin le dedia au seruice de Dieu: *Saincte*
& dit luy mesme, que dés-ja dés le vêtre de sa mere, il auoit *Monique.*
gousté le sel de Dieu; qui vient fort à propos à ce que l'Escriture saincte appelle les Prestres le sel de la terre. Suiuant
lequel exemple les meres deuotes & qui ont quelque in-
spiration de Dieu, ont accoustumé d'offrir les fruicts de
leur ventre à la Diuine majesté, laquelle acceptant les oblations qui luy sont faictes d'vn bon cœur, a accoustumé de se-
conder les bonnes intentions & vœux des meres: tesmoin
Samuel, sainct Thomas d'Aquin & autres. C'est pourquoy
la mere de sainct Augustin, après l'auoir voué à Dieu, de-
bella si ardamant les peruerses inclinations de son fils,
afin de le conduire à cette retraction qui le rendit non seulement vertueux, ains chef d'vn grand Ordre, sainct, voire
des plus celebres qui ayent iamais esté en toute l'Eglise.

La mere de ce grand sainct Bernard auoit plusieurs enfans, chacun desquels aussi tost qu'il estoit né, elle souloit
prendre entre ses bras & le presenter à Iesus Christ. Les aymant deslors auec tant de respect, qu'elle les tenoit comme sacrez, & comme chose saincte que Dieu luy auoit donnée en depost. En quoy elle fut si heureuse, que de sept qu'elle

Nnn iij.

en euft, qui eft vn nombre facré, il n'y en eut pas vn qui ne fut de tref-saincte vie.

La Royne Blanche ne print pas moins de foing a dreffer le Roy fainct Louys fon fils. Car elle fit fi bien qu'il paruint à ce fupreſme degré de deuotion qui rend vne ame saincte compagne du Sauueur. Elle luy fouloit dire plufieurs fois le iour, qu'elle aimeroit mieux le voir mourir, que luy voir commettre vn feul peché mortel. Enfeignement qu'il retint fi bien, qu'il eſt monté en la gloire de Dieu tout ainfi que les autres. Et encore que l'efchelle femble eſtre diuer- fe, & que ce ne foit pas meſme degré, ces deux premiers ayans eu vne plus grande lumiere de l'Efcriture fainète, & du fouuerain bien & beatitude celeſte que luy, pour auoir toufiours eſté enueloppé dans les affaires du monde qui roullent fur la teſte des Roys & Monarques, & nommé- ment fur le chef de ceux qui font embarraffez dans le tra- cas des armees: il femble neantmoins qu'il ayt quelque me- rite particulier & preeminence, (fi des hommes mortels & pecheurs peuuent eſtre iuges de perfonnes fi fainctes) d'au- tant que fi la vertu fe releue par l'oppofition, il eſtoit plon- gé en vn eſtat de vie orageux & inquiete, qui ne luy laiſſoit la voye d'vne fi grande perfection à laquelle Dieu l'a efle- ué, n'y de fi libre accez que les autres.

Et comme le diamant par quelque antipathie fecrette empefche que l'aimant n'attire le fer, lequel foudain oſté d'alentour s'eflance vers iceluy: de meſme l'afpreté de la guerre, & la dureté de ce mechant diamant eſtoit caufe qu'il ne pouuoit s'eflancer tout à faict vers fon aimant, ny fuiure le violent defir de fon amour diuin, pendant qu'il eſtoit occupé à mener vne armee en païs eſtrange: mais ce foing oſté, il s'eflançoit auſſi toſt vers fon Createur.

Ces trois meres venerables eſtoient bien efloignees du vœu abominable de celles de nos Preſtres de Labourt, lef- quelles ordinairement font vn prefent de leurs enfans à Satan, auant meſme qu'ils foient nez: & afin que le pre- fent foit folemnel & mieux à luy, les priuent de Baptefme

& fȯt plustost seruir leurs corps à faire du poison pour violenter le monde, & des os en font des cierges & chandelles enchantees qui assoupissent les personnes dans vn si profond sōmeil, que des piqueures d'esguille ne les sçauroient esueiller. Aquoy les Sages femmes du païs contribuent merueilleusement, les meres leur en laissant faire l'office & le bourrelage à leur veuë & presence, voire elles y prestent vn consentement formel, par commandement de Satan, à l'exemple de ces Sages femmes d'Ægypte, ausquelles le Pharaon infernal auoit ordonné de tuer les enfans masles d'Israel, le iour mesme de leur naissance.

Non que ie ne sçache qu'au contraire les enfans gaignent souuent leurs peres, & les attirent au Sabbat soubs couleur de ioyeuseté ou autre mechant & faux pretexte, & les filles leurs meres. Aquoy est grandement propre la necessité: car les pauures pergs sont bien souuent contraincts en leur vieillesse, ne se pouuans passer du secours de leurs enfans, de s'engager à cette abomination auec eux, courir à leur piste, & se renger de leur costé comme faisoit Pisistratus, lequel ne pouuant approuuer ce que faisoient ses enfans, ayant pour raison de ce, quelque contention auec eux, & s'apperceuant que ses ennemis en receuoient du contentement il fit assembler la ville & dit tout haut au peuple, Qu'il eust bien desiré pouuoir attirer ses enfans à soy, mais puis qu'ils n'y vouloient entendre, qu'il se laissoit mener à eux.

Plutar. aux prop. d table.

Ainsi font nos Sorciers, & sur tout les meres, lesquelles ayant laissé prendre ce mauuais chemin à leurs enfans & filles, soit par leur moyen, soit par d'autres Sorcieres voisines ou parentes, elles ne peuuent les desuoyer, ains le plus souuent, leurs enfans ou filles les entraisnent.

La mere de Bocal auoit mal nourry & esleué son fils, & ne sçay si dés sa naissance, elle l'auoit voüé à Satan. Mais bien sçay-je qu'il estoit verifié en sa procedure qu'on luy auoit porté & rendu compte de toutes les offrandes que son fils auoit receu de cette premiere Messe qu'il

dict au Sabbat: qui estoit parauanture vne condition du pacte qu'elle auoit faict auec le Diable: sçauoir que son fils diroit premierement sa premiere Messe en cette maudite assemblee, en l'honneur de Satan, polluroit le sainct Autel,
& verseroit le sang de l'Agneau sans macule dans ce mechant lieu de malediction : & moyennant ce qu'elle prendroit les deniers impurs d'vne offrande si maudite, polluant
le sainct Ordre de Prestrise qu'il auoit desia prins le jour
auparauant.

ſ Hieros. O! qu'il a esté bien dict autresfois par vn bon pere ancien, qu'on choisit bien de l'or & des perles pour faire des
vases & autres ornemens de l'Eglise, mais qu'on choisit
tres-mal les Ministres d'icelle, & les dispensateurs de tous
ses beaux ornemens. On eslit tres-mal ceux qui admini-
strent les saincts Sacremens, pour la dispensation desquels
tous ces ornemens sont faicts.

Bod. liu. 2. Peut estre chanta il plusieurs premieres Messes en plu-
c. 4. de la sieurs & diuers Sabbats à la fois: comme on dict que Iean
Demw. Teutonic Prestre d'Halbestard, en l'an 1271. chanta trois
Messes à minuict, l'vne à Halberstard, l'autre à Magonce,
la troisiesme à Coulogne. Ce qui ne se pouuoit faire sans
l'ayde du malin Esprit.

Il n'est pas possible que ces Prestres qui ont faict vœu
de seruir Dieu, puissent seruir à deux maistres. Toutes ces
Simonies & confidences & autres procez & contentions
qui sont parmy les Ecclesiastiques, sont mieux & plus conuenablement appropriees en ce lieu qu'en tout autre. Le
benefice que Dieu a conferé à vn Prestre pour le seruir &
administrer les saincts Sacremens de son Eglise, ne peut
estre tenu en confidence du Diable.

Le Prestre qui celebre la Messe au Sabbat est le vray
Succube du benefice que Dieu luy a mis en main: & l'Escriture saincte ne nous apprend pour autre raison que Iesus Christ a prins mort & passion soubs vn Pontificat al-
terntaif d'Anne & de Caiphe que pour nous representer
que l'Ordre de Prestrise, que Dieu auoit donné à Aaron,
pour estre perpetuellement en sa posterité, estoit lors pollu

&

& diuisé: de façon qu'on peut dire puis qu'ils souffroient que ce grand & souuerain Pontife le Sauueur fust crucifié qu'ils tenoient leur Pontificat en confidence de Satan.

Les abeilles fuyent les echo, & tiennent cette duplicité pour ennemie. De mesme le Sauueur, & la douceur & le miel du sainct Esprit, representez par les abeilles, ne peuuent viure ny bien heurer ceux qui par vn retentissement double reclament vn maistre le iour & vn autre la nuict, qui ont double voix & double vœu. Cette fausse Deesse qui veut auantageusement auoir la derniere parole, & demeurer tousiours maistresse, ne leur peut estre qu'ennemie. Que si la voix double ou à double entente, & ces doubles retentissemens sont desagreables à Dieu: le cœur double l'est encore d'auantage, & le met en iuste ialousie: i'entens de cette bonne & saincte ialousie qui marque la pureté & perfection de l'amitié qu'il desire de nous, & sur tout des Prestres ses officiers & ministres: tout à rebours de cette ialousie humaine, laquelle au lieu que la perfection de l'amitié doit presuposer l'asseurance de la vertu de la personne qu'on aime, au contraire elle en presupose l'incertitude.

Le Sacrifice de la Messe veut estre offert à Dieu d'vn cœur sincere & entier, d'vn cœur simple, clair, pur & net, & nō d'vn cœur bazané, tenebreux, profane, tout vsé, frelatté, mortifié, & quasi conuaincu par le simple aspect de l'execrable prostitution d'vne conscience impure.

La Sacrificature & le Sacerdoce, prenent leur origine d'Abel, mais l'approchant plus prés de nous, aucuns l'ont voulu prendre de Noé, auquel Dieu donna charge de dresser l'Arche pour se preseruer, ensemble toute sa famille, de cette grande inondation des eaux. Or il exerça la Prestrise soubs laquelle il gouuerna & contint tout le peuple, iusques à ce grand Prestre Moyse, d'où les Roys ont prins leur source. Non pas que par cette mutation, la Sacrificature & Prestrise fut entierement eneruee: ains Moyse print son frere Aaron pour coadiuteur, Moyse gouuernant le

Que le Sacerdoce a tousiours est la premiere dignité.

Boer. d. cons. magni conf. nu. 127 Rebuff. in f. con. cer ut De protestat. cū cor §. 775. Durel.

spirituel & Aaron le temporel.

Joseph.lib.4.
c. 4.

Depuis & au temps des Hebrieux, ces deux puissances s'entretenoient encore, & ne recognoissoient diuers commandemens ny puissances, ains les Pontifes auoient la dignité Royale en main.

Onar. De beneficiis lib. 10.
c. 17.

Et venant aux Romains, qui sont ceux desquels nous auons principalement suiuy les loix, leurs Roys indifferemment vsurperent ces deux puissances, & manioient tant la sacrificature que le Royaume. Bien que la verité est que les Roys des Romains estoient pluftost recognus pour Roys que pour Pontifes & Sacrificateurs souuerains. Mais dés-lors qu'ils eurent le sceptre en main, ils se saisirent de tout ce qui appartenoit à la Sacrificature: tesmoin Numa & tous les Roys qui regnerent aprés luy, ensemble tous les premiers Empereurs qui vindrent aprés que le Roy Tarquin fut chassé.

Tom.1. De Sacerd. n. 1

Mais en fin on recognut que le Sacerdoce & l'Empire estoient deux choses diuerses: de maniere qu'on diuisa ces deux puissances de telle façon que chacun auoit en soy plenitude de puissance absolue. Et bien qu'au commencement les Pasteurs fussent esleus par la voix de Dieu comme Moyse & Aaron, si est ce qu'aprés la natiuité du Sauueur, voulant former son Eglise, il appella tous ses disciples, desquels il en esleut douze, & leur donna le nom d'Apostres, l'vn desquels, quãd il voulut faire son Ascensiõ glorieuse au ciel, il crea Pontife souuerain & son Vicaire & Lieutenant en terre; lequel bien que chef absolu de l'Eglise de Iesus Christ, ne voulut neantmoins vser seul d'vne puissance si releuée, ains auec les autres Apostres ses compagnons il procedoit à l'eslection des Prelats de l'Eglise, ores à la pluralité des voix, ores par sort.

l. 1. 6. huius studii De iustit. & iur.
2.

Comme sainct Iacques lors qu'il fut fait Euesque de Hierusalé. Comme sainct Mathias.

Depuis le peuple print quelque temps authorité d'y pouruoir: & par aprés les Empereurs & les Roys: puis l'Empereur Iustinian fit quelque distinction des crimes & des personnes: & voulut que si le crime estoit principalement faict contre l'Eglise, les Ecclesiastiques ne fussent iamais conuaincus que pardeuant le Iuge d'Eglise. Et comme cet

Auth. Statui-mus De Epi. & Cler.

Empereur a esté iuste conseruateur des priuileges des Ecclesiastiques, il se trouue aussi plusieurs saincts Peres qui ont
protesté de leur part qu'ils ne vouloient rien entreprendre *Cap. neuf: De*
sur la puissance temporelle & Iurisdiction des Roys: si bien *iudicijs.*
que plusieurs canons disent qu'il faut renuoyer les Ecclesiastiques criminels pardeuant le Iuge d'Eglise.

Mais aussi se trouue il plusieurs Nouuelles constitutions *Nouu. ll. 83.*
de Iustinian Empereur fort affectionné à l'Eglise, & force *canon. sunt*
beaux traicts des saincts Peres qui veulēt que chacun iouïs- *enim, can. si*
se nettement de ce qui luy appartient, ne voulans que les *can statuimus.*
Ecclesiastiques se meslent en rien du monde de ce qui ap- *Cap. I.*
partient à la Iurisdiction temporelle, si ce n'est qu'ils soient *Petrus*
ensemble Seigneurs temporels & spirituels.

Sainct Pierre dict qu'il faut que les Prelats. *Pascant gregem*
non dominantes. Sainct Hierosme *ad Nepotiam.* veut que les Euesq-
ques recognoissent, *se tantum Sacerdotes esse non dominos.* Les Apostres nō plus que Iesus-Christ leur maistre ne se sont iamais
meslez de iuger ny Ecclesiastique ny autre. *Non monstrabunt,* *S. Bernard.*
puto, qui hoc dicent, vbi aliquando quispiam Apostolorum iudex sederit ho- *lib. 1 De con-*
minum. Et neantmoins il se voit dans les Actes des Apostres, *sider.*
qu'ils ont suby la Iurisdiction du Magistrat seculier, à l'exēple de Iesus-Christ leur Maistre, lequel paya le tribut au
Prince temporel, & commanda à son exemple que les autres le payassent: & se laissant iuger par son Lieutenant, il recognut *eius potestatem ipsi datam esse desuper.*

Aussi dict le deuot Sainct Bernard *lib. 2. De consideratio. Pon-*
tifex erigitur super gentes & regna, sed ad administrandum non ad dominan-
dum. Ce n'est aux Prelats à punir les crimes, ny ietter les
mains sur le sang des criminels, si nous en voulons croire S. *S. Chriso. lib.*
Hierosme, *Christianis minimè omnium licet, peccantium lapsus vi corri-* *2. de Sacerd.*
gere, nec tanta nobis facultas à legibus data ad delinquentes coërcendos.
Ainsi c'est au seul Magistrat seculier de punir les Prestres *Nou. 123.*
qui ont commis quelque chose contre les Saincts Decrets.

La raison est, qu'encore que le iugement des choses sacrees & de la religion, semble proprement ap-
partenir aux gens d'Eglise : si est-ce qu'aprés que les
loix & les reigles sont faictes, C'est au Magistrat

seculier à les faire maintenir & obseruer. Si bien qu'il ne faut renuoyer les heresies, les blasphemes, les simonies, les confidences, ny autres impietez suiuant le can. *Quando*, 23. q. 4. can. *de Liguribus* 23. q. 5. can. *fil.is*, 16. q. 7.

Can. quoniam can. de capitulu 10. dist. can principes 23. q. 5.

De maniere qu'en France les compagnies Souueraines & autres Iuges Royaux passent maintenant par cette distinction.

Que si le delict de l'Ecclesiastique est priuilegié, ils en retiennent la cognoissance, mais si le delict est simplement commun, on le renuoye à l'Euesque ou autre Iuge Ecclesiastique auquel la cognoissance en appartient : à la charge toutesfois que son procez faict & parfaict, si le Iuge d'Eglise trouue qu'il merite la mort, le delinquant est premierement dégradé, puis il est remis és mains du Iuge Royal.

Ie ne voudroy pourtant sur cette question tomber en l'inconuenient du Dante Poëte Italien fort celebre, auquel le procez fut faict long temps aprés sa mort, pour auoir escrit en faueur de la dignité Imperiale & Royale, contre celle des Papes.

Mais cela sçay-ie bien, que le Roy Charlemagne, le Roy sainct Louys & plusieurs autres de nos Roys, ont si bien merité de l'Eglise, que les saincts Peres mesme ont baillé à l'Eglise Gallicane vne infinité de priuileges que ny les Roys estrangers ny leurs Royaumes n'ont pas. Les nominations des dignitez de l'Eglise & autres droicts de Regale sont particuliers à nos Roys : qui outre ce ont merité ce venerable & auguste nom & tiltre de Premiers fils de l'Eglise : côme leurs premiers nez en leur Royaume, celuy de Dauphin. Si qu'exalter les priuileges de nos Roys, c'est haut louer la liberalité des Papes qui les en ont gratifiez, & releuer leur authorité, en ce qu'ils les leur ont concedez.

Ils ont d'ailleurs la garde & protection de toutes les Eglises qui sont en iceluy, & la iurent solemnellement à leur sacre : qui faict que leurs Maiestez sont personnes sacrees. Duquel droict ils sont en possession depuis le commencement de leur regne : & ont droict de Regale, droict qui gift en la perception des fruicts des Eueschez vaquans, in-introduict par le Roy Philippe en l'an 1334. & peuuét conferer les Prebendes & autres Benefices (faut les Cures) en certains Eueschez & Archeueschez.

Qui a mesme faict dire aux Docteurs Italiens (comme nos autheurs François ont remarqué) que tout Prelat sans deroger à son grade & sans faire tort à sa qualité, se peut presenter au Roy l'estole au col & la main au picts, & en c'et estat luy prester Serment de fidelité. Surquoy il se trouue vne Chartre d'vn de nos Roys, laquelle parlant à ses Prelats, Obediant (dict il) *Papæ Romano sicut Apostolico, & mihi seruiunt vt domino.* Balde su: l. ch. nimis, De iureiur. Rouillard.

De Louys le Gros l'an 1105.

Tellement que nos Roys donnent aussi bien des Lettres de grace, de remissiõ & de pardõ aux Ecclesiastiques qu'aux seculiers, le Roy seul en France les donnant, & les Iuges Royaux estans seuls competens de les enteriner. Imbert lib. 5. Porro, inst. Forens. f. 170. Pap. L. 1. 1. 4. Art.

Donc cette derniere distinction estant obseruee en France par tous les Iuges Royaux & Cours de Parlemens, qu'il faut retenir & iuger les crimes priuilegiez, & renuoyer les Prestres pardeuant le Iuge d'Eglise lors seulement qu'ils ont commis vn delict commun: il ne reste plus qu'à sçauoir & cognoistre ce qui est crime priuilegie ou non: & si le Sortilege est du nombre des priuilegiez. 5.

L'Adultere commis par vn Prestre a esté puny és Parlemens comme vn crime priuilegié, quand manifestement & & impudamét il s'adonne à ce vice: mesme lors que pour exercer sa lubricité il est scandaleusement trouué trauesty ou *in lupanari,* ou chez quelque femme du tout perdue de reputation, ou bien lors qu'il est prins sur le faict: comme fut vn Prestre de Vayres auec vne femme mariee qu'on disoit qu'il auoit debauchee, lequel fut executé à mort pour auoir esté trouué vn iour de deuotion & feste fort solemnelle enfermé auec elle. Que si le crime est occulte & caché, sans scandale public, & sur vne simple delation, il est renuoyé au Iuge Ecclesiastique. 4. L'Adultere commis par vn Prestre est crime priuilegié. Arrest de la Cour de Parlement de Bourdeaux contre vn Prestre de Vayres. Papon. l. 22 tit. 9. Arr. 17. Boyer Dec. 71. Duret l. 2.

Il en est de mesme si le Prestre tient scandaleusement vne concubine chez soy.

Ooo iij

Le Prestre basteleur doibt estre poursuyui pardeuant le Iuge lay : car il se rend infame & commet scandale public: ainsi c'est vn crime priuilegié aprés auoir souffert trois admonitions de s'en desister.

Si le Prestre est vn blasphemateur ordinaire, le Iuge l'ay en peut cognoistre, & n'est tenu le renuoier. Ce qui a prins son origine de Robert fils de Hugues Caper, lequel estant prosterné deuant l'image de Iesus Christ crucifié, faisant priere pour la paix du Royaume de France, receut cette responfe par quelque voix Angelique. Qu'il n'auroit paix en son Estat s'il ne punissoit les blasphemes. De maniere que par preuentiõ les Iuges seculiers ou Ecclesiastiques en peuuent prédre cognoissance. Mais depuis il s'est trouué vn Arrest contre vn Clerc blasphemateur, par lequel il fut priué de sa Clericature sans qu'on l'ait iamais voulu renuoyer.

Vn Prestre ou autre Clerc ayant produict des tiltres faux en causes prophanes esquelles il estoit partie ne peut demander son renuoy pardeuant le Iuge Ecclesiastique. Tellement que le Prieur Sainct Martin des Champs qui auoit seulement employé quelques actes falsifiez, fut condamné en trois cens liures d'amende enuers le Roy prins sur son temporel, priué d'offices Royaux & declaré incapable d'iceux.

La falsification des sceaux du Roy est crime de leze maiesté, & partant vn crime priuilegié : si bien que la cognoissance en appartient à ses Iuges priuatiuemẽt au Iuge Ecclesiastique.

De mesme en est il de l'homicide quand il se faict de guet à pens & par assassinat : ou quand il est tellement qualifié que le meurtrier est sorti des bornes d'vne iuste regle, & desfence moderee. Il y en a vne exemple & Arrest memorable de la Cour de Parlement de Tholose donné le 4. Febvrier 1609. contre Burdæus Espagnol qui auoit esté Prouincial de l'ordre des Augustins, Docteur en Theologie, & grand personnage en suffiance & doctrine, & autres rares qualitez.

Il fut accusé d'auoir faict assassiner vn Aduocat de Tho-

lofe nommé Romani par le complot & intelligence du de Tholo-
Doyen des Conseillers du Senechal de Tholose aagé de ſe.
septante ans, & ce pour iouir, comme il fut verifié qu'il faisoit, d'vne Damoiselle femme de cet Aduocat Romani,
laquelle parauanture il auoit enuie d'espouser en quitant
son vœu & la Religion. Elle estoit aussi Portugaise de nation & estrangere comme luy.

Il n'y auoit pas vn tesmoin, mais les presomptions en
estoient si violentes, & la preuue si bien suyuie, qu'en fin ils
confesserent tous. Le Diable fit tout ce qu'il peut pour
les sauuer, leur enseignant des responces, pour ietter de la
poussiere aux yeux des Iuges, si pertinentes, qu'il falut que
cette cause, par artifice diabolique, se promenast à Castres,
au priué Conseil, & presque en toutes les Chãbres du Parlement de Tholose.

Premierement ceux de la Religion pretendue reformee,
croyans que ce Moine pour sa suffisance & autres qualitez
leur pouuoit estre vtile demãderent pour luy le renuoy en
ladicte Chambre de Castres: & representoient quelques
lettres pour monstrer qu'il y auoit long temps qu'il auoit
faict dessin de se deffroquer: & que tout de mesme que nos
Prestres sorciers, il ne consacroit iamais l'Hostie lors qu'il
vouloit dire Messe. Par aprés il demanda son renuoy pardeuant son Iuge Ecclesiastique. Mais on luy dict que l'assa-
sinat par luy commis, estoit vn crime si priuilegié qu'il ne
pouuoit estre renuoyé, voire qu'il n'auoit mesme besoing
d'aucune degradation.

Neantmoins nostre Seigneur eut pitié de luy & le fit mourir en la Religion Catholique Apostolique & Romaine de
laquelle toute sa vie il auoit faict professiõ ouuerte. Et sans
la dexterité, le courage, bonne conduite, & le grand & extresme soing & autres choses notables que fit Monsieur
de Verdun lors Premier President dudict Parlement, pour
recouurer les assassins & biē instruire cet assassinat, on n'en
eut iamais rien decouuert.

En fin Dieu fit la grace aux Iuges, qu'ils en decouurirent
iusques aux moindres circonstances, & qu'ils confesserent

toute l'affaire: & entre autres choses, que pour assortir cet assassinat, Burdæus qui en estoit l'autheur, auoit commis tant d'horribles mechancetez, qu'il meritoit cent mille morts.

Il n'y a rien de si mechant ne si ennemi de l'Eglise qu'vn Moine debauché. Aussi confessoit il, qu'il auoit souillé les autels & autres lieux sacrez par la conionctiō & acointance illicite qu'il eust auec cette femme le premier iour qu'elle se presenta à luy pour la confesser.

Et ne peut on dire qu'il n'y eust quelque espece de sortilege & mauuais charme. Car la verité est, que Burdæus Espagnol s'estoit tellement amouraché de cette femme Violente du Chastel Portugaise aagee de vingt sept ans, qu'il conspira de faire assassiner son mary, Aduocat au Parlement de Tholoze nommé Romani. Et à ces fins Burdæus auoit obligé vn sien disciple nommé Candolas natif de la mesme ville, aagé de dixneuf ans, de l'espouser, desirant l'espouser luy mesme s'il eut peu, & à ces fins ietter le froc aux orties, tesmoin ces paroles qu'il escriuit à vn des assassins *Ai vente cinque mi vesti come dessea mi sposi*. Bien que deuant les Iuges il les voulut expliquer autrement, & leur donner quelque autre sens.

Or le sortilege & charme diabolique estoit t.. q.. uoit debauchee & cognue lors qu'elle s'estoit prese luy en confession: le Diable le possedant tellement l'auoit poussé à la vouloir espouser, & quiter sa Rel.. pour ce faire. Et pour assortir ce forfaict, il fit assassiner son mary, par vn sien disciple nommé Candolas, qui en deuint aussi comme fol, la solicitant en prison de se tuer,& defaict elle confessa auoir receu deux fois du poison pour ce faire. D'auantage Burdæus se seruit aussi du Doyen des Conseillers du Seneschal de Tholoze nommé Garaut, & de son clerc nommé Sbaldit, desquels le premier se trouua si passionné d'amour de cette mesme femme, qu'encore qu'il fut septuagenaire, & còme on dict relasché du boyau, il endura neantmoins ioyeusement les tourmens de la question, sans decouurir chose quelconque. Ce qu'elle fit aussi encore

encore beaucoup plus courageusement que tous eux, mesprisant la bassesse de leur courage: desirât de viure & se garantir pour estre la proye d'vn Moine & de son disciple.

Et en cette procedure se passa tant de belles circonstances: & sur le poinct l'execution, & deuant les iuges Burdeus fit tant de belles harangues & discours: & elle qui estoit tres-diserte, lascha de son costé tant de beaux traicts, que cette histoire merite le iour plus que nul autre qui se lise dans nos liures.

C'est que le Diable opere contre les Prestres & Religieux plus suffisans, deslors qu'il leur a persuadé de changer de maistre, il leur faict changer d'habit, de meurs, de Religion, de vie & d'ame, & leur liure de si forts assauts sur le dernier poinct de la vie, qu'il est quasi impossible, sans vne merueilleuse grace de Dieu, d'eschapper de ses mains.

Le Prestre perd aussi son priuilege, outre les cas que nous auons cy dessus exprimez, par vn port d'armes illicite & prohibé: quand il rompt la sauuegarde du Roy: quand il est preuenu de fausse monoye, de leze maiesté, de sedition publique, d'Apostasie: s'il est degradé & deposé, & que neantmoins il s'ingere encore de traicter les choses sainctes: s'il exerce quelque mestier sordide & scandaleux, s'il est Bigame, ou s'il s'est faict Clerc après auoir commis quelque grand crime: & mesme s'il a composé & affiché par les carefours scandaleusement quelque libelle diffamatoire. *Bartc. l. 1. De pæn. lazon in l. cum quædam De iurifd. omni. iud. D. Guid. Pap. Dec. 138.*

Voire il perd son priuilege quand il est seulement trouué trauesty, *Quia talis quis præsumitur, qualis est habitus eius.* La raison est par ce qu'il est fort vray semblable qu'il ne se deguyse que pour faire quelque insigne mechanceté. Or vn Prestre sorcier qui dict Messe au sabbat, il est trauesty & deguisé & du corps & de l'ame. *Cap. in Audiuimus, De sent. excommuni.*

Mais *in sortilegio*, il semble que ce ne soit qu'illusion, & partant disent aucũs, c'est vn crime qu'il faut pluftost par commiseration renuoyer à vn bon Pasteur, que non pas le commettre entre les mains d'vn Iuge seuere, suiuant vn vieux Arrest la Cour de Parlement de Paris de l'an 1282. par lequel trois femmes accusées de sortilege furent renuoyes à

7. Raisons dot vient ceux qui ne sont d'aduis de condemner les sorciers à la mort. *Pap. l. 22.*

Ppp

tit. 9. au ch.
des sorciers
art. 2.
Seneq Ep.
86.

Layer lib. 1.
cap. 11. De
sortil.

l'Euesque de Paris: à plus forte raison si c'eust esté vn Prestre. Et aussi qu'il ne faut pas faire si bon marché du sang de ces pauures sorcieres *Clementia est alieno sanguini tanquam suo parcere, sciréque hom ne non esse prod gé vtendum.*

De maniere qu'on a distingué sçauoir si l'accusatiō contenoit vne simple illusion, ou bien vn malefice. Car pour l'illusion seule & des extases & rauissemens diaboliques, il faut (disent ils) renuoyer les Prestres, tout ainsi que les autres sorciers, pardeuant leur Iuge Ecclesiastique, suiuant le Concile, & le can. Episcopi 26. q. 5. Mais les maleficques, ils peuuent estre traictez par les Iuges Royaux.

Neantmoins on dict que cela s'entend du Droict ciuil: Car par le Droict canon, *In foro pœnitentiali, Sortilegi etiam confitentes sortilegia non hæreticalia, siue laici siue clerici sint, puniuntur tantum pænitentia 40. dierum, in cap. 1. De sortilegijs*: sans que le canon d'istingue si ce sont sorciers maleficques ou non.

Panor. in
cap. Afi
Clericus De
iudicius, ex.

Et Panorme recitant l'opinion d'vn certain Docteur de son temps, qui auoit dict qu'vn Prestre sorcier debuoit estre liuré au Iuge seculier par le can. *Admoneant* 26. q. 7. dict au contraire, qu'il le faloit renuoyer au Iuge d'Eglise non obstant le canon *Admoneant*, qui ne dit pas qu'il faille liurer le Prestre sorcier au Iuge seculier, ains simplement le canon dict, *si sortilegus sit clericus debet degradari, si laicus anathematizari*. Ce qui se doit entendre selon l'opinion dudit Docteur d'vne degradation simplement verbale, par le texte *in cap. tu.e, De pœnis*: où il est donné pour regle & comme pour maxime, qu'vn Clerc doit estre degradé *pro magnis sceleribus*, & mis dans vn monastere: ainsi il ne doit pas estre liuré au Iuge seculier. Car si la degradation estoit reelle & actuelle, incontinent le Clerc seroit mis és mains du Iuge seculier. D'auantage il n'est pas vray-semblable que ce canon fut si rigoureux, qu'vn Clerc pour sorcelerie fut liuré au Iuge seculier, pour le faire mourir, & qu'vn lay fut seulement puny d'vne simple excommunication.

N'obst. qu'on dict que le sortilege est vne crime de leze Maiesté diuine, voulant le rehausser par là, & en exasperer la peine. Car tout ainsi qu'en crime de leze Maiesté contre

DES DEMONS, MAG. ET SORC. LIV. VI. 483

des Roys & des Princes, le Iurisc. Modestinus en la loy *famosi* §. *hoc tamen D. Ad l. Iuliam maiest*. disoit que tel crime de leze Maiesté humaine deuoit estre traicté des Iuges *non in occasione ob principalis maiestatis venerationem, sed in veritate*. Le mesme se doit pratiquer és accusations de sortilege, qui ne doiuent estre rehaussees contre verité, soubs pretexte du crime de leze Maiesté diuine. Or pour chercher la verité du crime, il ne se faut escarter des formes receües en la Iustice, & approuuees par les Arrests: si bien que par Arrest donné en la Cour de Parlement de Paris, toutes espreuues soit par eau, soit par le feu, & toutes autres semblables en accusation de sortilege sont ostees: non pas tant pour l'impieté & scandale qui est és dictes espreuues, que pour l'incertitude qui se trouue en semblables accusations. Arr. dans Serui. du 1 Decembre 1601.

Neantmoins il semble que l'autre opinion soit la plus commune, & celle qui est mieux receüe és compagnies souueraines, à sçauoir que le sortilege est vn crime priuilegié mesmement *in presbytero*, & partant qu'il n'y a lieu de renuoy au Iuge d'Eglise, ains que la cognoissance en appartiét purement au Iuge seculier. § Que le sortilege in sacerdote est crime priuilegié.

Surquoy on allegue premierement le texte *in cap. accusatus* §. *sane, De Hæretic. in 6. Sane cum negotium fidei quod maximè priuilegiatum existit, per occupationes alias non debeat impediri: pestis inquisitores hereticæ à sede Apostolica diputati, de diuinationibus aut sortilegiis nisi hæresim saperent manifestè, intromittere se non debent, nec punire talia exercentes, sed eos relinquere suis iudicibus puniendos*.

Et bien que ledict chapitre ne face aucune mention des Ecclesiastiques, toutesfois puis qu'il n'y a aussi aucune exception, il y a grande apparence que generalement ce mesme canon ait voulu & entendu, que ceux qui sont touchez de sorcelerie soit Prestres ou autres, doiuent estre subiects à la Iurisdiction Seculiere, comme le crime estant si execrable que l'on le qualifie du tiltre de sacrilege. Can. illud 26. q. 2.

Secondement on allegue le ch. 10. *De iudiciis* où *clericus tunc traditur curiæ seculari, cum periculum est ne sit perditio plurimorum*. Or en ce crime de sorcelerie il y a vn tres-grand danger que le venin ne se respende à l'endroit de plusieurs: il faut donc

Ppp ij

que la Cour seculiere en prenne cognoissance.

D'autres ont creu que le sortilege appartenoit à toutes les deux Iurisdictions, comme Del Rio qui est celuy de tous qui en a escrit le plus sainement, & le plus iudicieusemēt & biē qu'il n'ayt iamais esté Iuge souuerain, si est ce qu'ayant esté vingt ans Aduocat comme il dict luy mesme, & tres-sçauant hōme, ie l'en croiroy beaucoup plustost que les anciēs, qui auoyent parauāture mieux espluché l'action, la Iurisdiction, & autres choses externes, qu'ils n'auoiēt cognu la maladie & le crime. Or parlāt du sortilege & d'vn sorcier, il dict, *Si vero ante fuit damnatus à iudice Ecclesiastico tunc quia in tam grauibus criminibus iudex Ecclesiasticus non potuit punire pœna condigna delicto, vt potest secularis iudex, ideo semper in his poterit iterum conueniri & damnari abs seculari iudice.*

Del Rio lib. 5. sectio. 1.

Et pour monstrer que c'est vn crime priuilegié voulant compter les crimes priuilegiez, *de quibus transigere non licet*, il dict qu'il y a plusieurs crimes desquels on ne peut transiger, *vt sunt crimina læsæ maiestatis diuinæ & humanæ, raptus virginum & similia, super quibus vt valeat transactio, consulendus primo est ipse Princeps: & his criminibus annumero sortilegium hæreticale.*

9. Qu'onne peut transiger du sortilege.
Del Rio lib. 5. sectio. 2. sub littera. G.

Et au mesme endroit *vix vnquam* (dict il) *sortiariæ carent hæresi: hæretici vero coram pluribus iudicibus ac diuersis iudiciis possunt conueniri, & vbicunque locorum reperiuntur, possunt à loci iudice puniri, ex communi sententia praxi recepta: habet enim hæresis crimen causam in se continuam successiuam, & ideo vbicunque hæreticus versatur, ibi delinquere censetur. Quæ ratio in sortiariis efficacissima est, quæ vix pedem sine loci damno & nouo crimine vspiam figunt.*

Le sortilege n'est iamais quiete sans heresie.

Et tout ensuiuant il tient que le sortilege accompagné d'heresie, qui est sa compagne ordinaire, comme quand on renie Nostre Seigneur, est vn crime si priuilegié, qu'il ne se prescrit par 20. ans comme tous autres crimes, *Imo etiam quandocunque tam graue est maleficium, vel sortilega superstitio, vt exceptum vel enorme crimen cenceri debeat, poterit quandiu viuit reus inquisitione pulsari.*

Ibidem sub littera H.

Et ailleurs il soustient que *crimen sortilegij est mixti fori*, si bien qu'ayant esté puny trop legerement *à curia Ecclesiastica poterit seuerius etiā ad mortē damnare iudex secularis, nec tunc censetur bis pro eodem*

Del Rio lib. 5. sect. 14. fo. 50. & 57.

crimine puniri, sed vtraque punitio pro eadem vna continuata habetur, & quia in atroci crimine verſamur, & cui expiando vix vlla ſupplicia ſufficiant.

Et ainſi eſtant vn crime de leze maieſté diuinine, que tous les Docteurs appellent enorme & horrible, *haberi debet tanquam crimen exceptum*, par ce qu'ils ont tous dict que le priuilege de Clericature, *non habet locum in crimine laeſæ maieſtatis, quoniam in ſola maieſtatis cauſa omnibus æqua conditio eſt, & in hac, militiæ, vel generis, vel dignitatis vel ordinis defenſione vel priuilegio vti prohibetur*. Que ſi on penſe que cela ſe doyue ſeulement entendre du crime de leze maieſté humaine: le crime de leze maieſté diuine ſe commet contre des perſonnes, cent mille fois plus priuilegiees que les Rois & Monarques de la terre, qui faict que ce petit priuilege de la Clericature, qui n'eſt fondé que ſur la grandeur & priuilege de celuy contre lequel ils commettent ledict crime, ne peut fonder vn iuſte renuoy, celuy s'eſtant du tout rendu indigne de tout priuilege, qui principalement offence celuy qui le luy auoit donné.

Bodin le tient ainſi, & tant s'en faut qu'il les faille renuoyer, qu'au contraire il dict nommeemēt que la peine des Sorciers eſt la mort, & quant aux Preſtres & Eccleſiaſtiques, que nonobſtant leur priuilege, elle doit eſtre plus rigoureuſe qu'à l'endroit des lais, ſans auoir eſgard à la diſpoſition du Droict canon, qui excommunie ſeulement les Preſtres Sorciers: auquel il reſpond que la peine Eccleſiaſtique, ne faict aucun preiudice aux peines des Iuges lais: & allegue l'exēple d'vn Curé de Soiſſons, duquel parle Froiſſard, qui baptiſa vn crapaud & luy bailla l'Hoſtie conſacree, dequoy eſtant conuaincu il fut bruſlé tout vif.

Bodin liv. 4. De la demono. c. 5.
Can. ſi quis clericus ex Concil. Aurelianen. can. ſi quis Epiſcopus ex Concilio Toletan. 26. q. 5.

On oppoſera l'Arreſt de Paris de l'an 1282. par lequel trois femmes accuſees de ſorcelerie furent ſeulement renuoyees à l'Eueſque de Paris pour eſtre ſimplement exhortees. Mais c'eſtoient des femmes qui n'auoient que quelque reſuerie dans la teſte, ſans eſtre accuſees de choſe quelconque, ie ne dy pas de malefice, ains le compilateur des Arreſts, n'allegue pas ſeulemēt qu'elles euſſent faict aucun

Ppp iij.

traict de Sorcieres, ny qu'elles eussent esté au Sabbat : ainsi *agebatur tantum de fide*, qui ne meritoit qu'vne simple instruction: & n'y auoit parauanture preuue par tesmoins n'y par confession, ains seulement *de communi fama* elles estoient tenues pour Sorcieres, en ce temps là vray-semblablement la maladie n'estoit cognue clairement comme elle est maintenant. Outre que le mesme compilateur allegue vn autre Arrest donné en la mesme Cour, l'an 1390. & cent huict ans aprés le precedent: par lequel il fut declaré que l'inquisition & cognoissance des accusez de sorcelerie appartenoit au Iuge lay : & fut ainsi iugé en faueur du Preuost de Paris contre l'Euesque de la dicte ville qui demandoit le renuoy: aussi ce premier Arrest, ne parloit aucunement de Prestres.

P. ap lib. 22. tit. 3.

On mettra encor en auant l'Arrest allegué par Robert, donné en la Cour de Parlement de Paris : mais il ne parle point d'vn prestre Sorcier, ains simplement d'vn prestre qui donna du poison à vn sien ennemi, duquel encores auec vne potion vomitoire celuy qui l'auoit prins se deschargea tres-bien: ayant demandé son renuoy pardeuant l'Euesque de Paris ou son Official, la Cour le renuoya à la verité pardeuant le Iuge Ecclesiastique: mais elle sçeut tresbien conseruer la Iurisdiction Royale. Tellement que ce renuoy fut faict à la charge, que l'vn & l'autre Iuge luy feroient le procez, & que rien ne se feroit par le Iuge Ecclesiastique sans le Iuge Royal, voire mesme qu'il ne pourroit le restraindre ny eslargir sans authorité dudict Iuge & de la Cour.

Robert. Rer. Iudic lib. 1. cap. 6. Arrest du 22. Feb. 1586. & 16. Aoust. 595.

Bodin liu. 4. cha. 3. de la Demonomanie, allegue vn faict semblable & vn Arrest tout contraire, & encore plus conforme à celuy de nos prestres : car c'est vn prestre qui bailla du poison à vn prestre. C'estoit vn Chanoine de Laual, qui au lieu de mettre le vin & l'eau dans le calice du Doyen dudict lieu, ainsi qu'il vouloit dire Messe, y mit du poison, lequel l'ayant prins en disant la Messe de minuict, tomba par terre, & neantmoins il reietta la poison, sans prendre autre contrepoison. Le Chanoine fut prins & cōfessa, mais estant condamné à mort il appella au Parlemēt, & nia. On ne parla iamais de renuoy, ains Bodin dict qu'il le vit mener au supplice, & que sur sa simple confession faicte deuant l'Ordinaire, encores qu'il n'y ait au parlement, il fut condamné à estre bruslé : il n'y auoit point d'homicide formel, car le Doyen vomit le poison.

Ainsi d'autant qu'on doit plus d'honneur & de veneration à l'Ordre Ecclesiastique, de tant faut il plus griefuement punir ceux lesquels par leurs mechancetez & turpitudes infament & ce sainct Ordre & la Religion, les priuileges n'ayans onc esté inuentez pour fauoriser les mechãs.

De maniere (dict-il) qu'on obserue maintenant cette distinction, & toutes les Cours de Parlement vont là, que les Ecclesiastiques sont bien renuoyez pardeuant le Iuge d'Eglise, lors qu'il s'agit de crimes legers & ordinaires, & encore ne les leur liure t'on iamais sinon à la charge de renuoy pardeuant le Iuge seculier en cas de crime priuilegié : suiuant l'Arrest de Paris donné contre vn Prestre nommé Guichon, le 23. Iuillet 1581. & autres cy aprés cottez, conformement à l'aduis du P. Anaclet, qui veut que les causes des Clercs se iugent pardeuant le Patriarche, & pardeuant le Magistrat seculier. *Can. ersus 1.q.6.*

Mais quand le crime est notoirement atroce & graue, & comme on dit priuilegié (comme nous auons monstré cy deuant qu'estoit le sortilege) les Canonistes mesmes tiennent que le iuge seculier en doit cognoistre : & comme dict le can. *sunt quædam* 23.q. 5. *Sunt quædam enormia flagitia quæ potius per mundi iudices quam per antistites & rectores Ecclesiarum vindicantur.* *Clo in l. ad l. flos C. De Episco. aud. cap. Perpendimus. De sent. exco.*

Et n'est ja besoin de faire tant valoir la degradatiõ, pour laquelle il semble qu'il faille de necessité renuoyer les Ecclesiastiques criminels, pour le moins pour estre premierement degradez par leur Euesque : car autre qu'vn Euesque ne peut degrader vn Ecclesiastique : si biẽ qu'en defaut du diocesain on à recours au plus prochain. Car les canõs mesme disẽt, qu'il y a plusieurs crimes que les Ecclesiastiques cõmettent qui sont si atroces, qu'il n'est besoing d'aucune degradatiõ. *Cap. Perpendimus, Ex. De sent. excõ. glo. & canoni. in cap. ad abolendum. de Hæret. Panor. in ca. at si clerici. De iudiciis.*

En quoy il faut obseruer, que si ce sont Prestres ou Ecclesiastiques simples, il faut en crime priuilegié, cõme le sortilege, qu'on les liure au iuge Ecclesiastique pour luy faire le procez à sa façon, ou bien qu'il assiste à l'instruction d'iceluy auec le Iuge Royal, comme on faict és Cours de Parlement : & auant que le Iuge Ecclesiastique les liure au Iuge seculier, il faut qu'ils soient premierement degradez: que si ce sont des simples Religieux, Moines reguliers, ou Religieuses, il ne faut autre degradation que simplement oster l'habit aux Moines, & aux Religieuses le voile *cum scapulari*, & qu'on leur baille vn autre habit seculier, puis qu'ils soient liurez aux Officiers de la iustice Royale.

Cap. Clericis cap sententias sanguinis, Ext. ne cler. vel mon. sec. se meg. im. Nou. 8; vt clers. apud proprios Epp. & Nou. 123. De Sanctiss. Epsc. Ie sçay bien que la dignité Presbyterale, le sacré-sainct charactere du Sacerdoce, & l'Ordre de Prestrise que le Sauueur en son Eglise nous a donné pour Sacremét, ont en horreur & execration les mains profanes & sanglantes des Iuges seculiers, & qu'à l'exemple de l'Empereur Constantin il faudroit lier toutes les procedures qu'on faict communement contre les Ecclesiastiques, & les ietter toutes dans le feu, pour ne publier les delicts de nos Pasteurs, & ne les ietter en la cognoissance & reprobation du peuple. Mais cela a tousiours esté expliqué & entendu par toutes les compagnies Souueraines, des crimes legers & delicts communs, esquels les Prestres, pour estre hommes & fragiles comme les autres, peuuent tomber tous les iours, qui s'expient par l'infamie d'vn simple emprisonnement, ou par la mortification d'vn ieusne ou d'vne discipline moderees.

Mais quand il s'agist d'vn homicide qualifié, d'vn assassinat & guet à pens, d'vn adultere, de sodomie, de falsification de tiltres & de sortilege, où il y a adoration du Diable, renonciation du Sauueur, de la saincte Vierge, des Saincts, du Baptesme : que le Diable a prins vn Prestre pour ami, pour commensal, pour Officier & Ministre au Sabbat, pour y contrefaire les ceremonies de la Messe : où il y a impieté, imposture, scandale, sodomie, adultere, heresie, apostasie, corruption de ieunesse, & cent mille autres crimes dont le Iuge Ecclesiastique n'a aucune cognoissance, & n'a accoustumé de traicter, il est raisonnable de retenir cela & le traicter pardeuant les Iuges Royaux.

Voire

Voire on est venu là, que les Prelats en France sont subiects aux loix & coustumes du païs où ils ont residence, & aux Ordonnances du Roy. Qui a faict dire à vn de nos modernes, *Obedientiam Pontificibus denegari, nisi prius profiteantur se parituros ed.Ctis Regum.* Et Balde Docteur Italien dict, *Res Ecclesiasticas esse iurisdictionis principis, & in his, consuetudines ligare Ecclesias.* Tellement que les Eglises en France ne peuuent posseder biens immeubles sans permission du Roy.

Mesmes les prestres & autres Ecclesiastiques pour se sauuer, & garantir de la Iurisdiction Ecclesiastique, tiennent à grand priuilege de pouuoir recourir, & se mettre soubs la protection de la Iurisdiction temporelle. De maniere qu'vn Euesque ayant excommunié vn prestre, le prestre en consequence de la liberté de l'Eglise Gallicane, recourant au iuge Royal, & se seruant du remede que l'Ordonnance luy donne, peut interiecter appel comme d'abus de la sentence d'excommunication donnée contre luy: & le iuge Royal peut contraindre l'Euesque de tollir ladicte excommunication, sinon tout à faict, pour le moins bailler absolution *ad cautelam.* Surquoy sont interuenus plusieurs Arrests notables, mesme contre l'Euesque de Sarlat qui auoit excommunié le Doyen de l'Eglise de Sarlat, pour auoir presché sans licence: & n'auoit on exprimé cette cause dans ladicte sentence, afin de laisser les iuges en doute de l'occasion & motif d'icelle. Ie n'en diray pas d'auātage, veu que plusieurs doctes personnages auant moy, & principalement ceux qui ont compilé les Arrests des Cours Souueraines ont traicté la question generale, En quel cas il faut octroyer ou denier le renuoy aux Ecclesiastiques.

On rapporte aussi l'Arrest qui est dans vn de nos compilateurs neoteriques, lequel semble estre formel en faueur d'vn prestre Sorcier qui demandoit son renuoy: mais à la verité ie puis dire, que dans tous nos autres liures d'Arrests, ie n'en ay iamais veu qui parlast en propres termes que celuy là, & ceux que Bodin a tirez de Froissard. Or par cet Arrest, le sortilege en la personne d'vn prestre, fut iugé estre vn delict commun, & comme tel le delinquant fut renuoyé pardeuant le Iugé d'Eglise.

Mais si on prend bien le faict & les circonstances de cet Arrest, il se trouuera que nous sõmes en beaucoup plus forts termes, & que l'espece est du tout dissemblable.

Car il est à noter que toute l'information consistoit en la deposition de quelques Sorciers, qui dirent simplement lors qu'on les executoit, que le Prestre estoit aussi Sorcier comme eux, sans qu'ils en rendissent aucune raison qui paroisse, ny qu'ils alleguassent malefice ny autre simple traict de Sorcier: si bien que la preuue estoit si foible, que la Cour n'auoit decerné contre le Prestre simplement qu'adiournement personnel.

Et n'eust pas grande peine à obtenir son renuoy pardeuant son Iuge: car outre la foiblesse de la preuue, Mariõ qui estoit Aduocat du Roy, consentit au renuoy, à la charge du cas priuilegié. Encores fut il dit par l'Arrest, que le Iuge Ecclesiastique luy feroit le procez, à la charge que le Iuge Royal y assisteroit pour ledict cas priuilegié: & deffences à l'Official de l'eslargir sans le consentement du Procureur General: le public ayant tres-grand interest que ceux qui s'en trouueroient conuaincuz ne fussent Iugez ailleurs que par le iuge lay, à cause des grands abuz qui se commettoient par les Iuges d'Eglise, en la punition de crimes si execrables qu'ils moderoient le plus souuent à vn iesune ou abstinence de quelques iours.

Or en nostre faict, ces trois Prestres que nous condamnasmes à mourir, ne demanderent iamais de renuoy, & l'vn confessa tousiours iusques à l'article de la mort, & signa sa confession par trois fois. Quant aux deux autres, biẽ qu'ils ne confessassent iamais, neantmoins la preuue estoit si forte & si claire, accompagnee de tant de tesmoins sans obiect, & y auoit de si horribles accusations, auec vn nombre infini de tesmoins nouueaux qui se trouuoient encore tous les iours, voire sans les rechercher, qu'il n'en y auoit que trop.

Et quant au renuoy requis par ceux qui sont detenus encor en prison, ils ont demandé leur renuoy aprés vne infinité de recusations friuoles, qu'ils tirerẽt en longueur, pour faire couler le temps de nostre commission, & le demanderent aprés la mort de leurs compagnons, le theatre où ils auoient esté degradez estant encor en pied par commandement de leur Euesque, qui croyoit que nous les ferions passer le lendemain par le feu, aussi bien que les autres: & tout sur le poinct que nous opinions.

D'auantage contre le moins chargé il y auoit neuf ou dix tesmoins sans obiect. D'ailleurs il y auoit de si horribles accusations: comme estoit d'auoir esté au Sabbat, cent fois y auoir renié Dieu leur Sauueur, la saincte Vierge, tous les Saincts de Paradis, y auoir adoré le Diable, dit & aidé à dire Messe sur vn autel où le Diable estoit mis en qualité de Sainct, y auoir baptisé des enfans & donné l'offrande & de l'eau-beniste à leur mode, & faict les esleuations de la saincte Hostie ridicules, mais scandaleuses, abominables & pleines d'impieté: & vn d'entre eux ayant esté tenu pour si confident du Diable, qu'il auoit dit publiquement ayant faict trois defauts, qu'il venoit de plaider la cause des Sorciers contre Iesus Christ qu'il appelloit par mespris Iannicot, laquelle il auoit gaignee, & qu'en recompence il vouloit que la feste de S. Iea lors prochaine on luy menast quatre-vingts enfans, & si par auanture il n'y estoit point, qu'on les donast à vn de ses Prestres qui estoit lors audict Sabbat, le prenant comme son lieutenant esdictes assemblees nocturnes. *C'estoit Arancette Vicaire de Hendaye.*

En outre cette grande Sorciere Necato & plusieurs enfans de bon aage qui alloient toutes les nuicts au Sabbat, maintindrent à plusieurs d'eux qu'ils les voyoient encore la plus part du temps & qu'ils ne s'en desistoient point pour estre prisonniers.

Et vne insigne Sorciere qui n'est plus en ceste escole, dit qu'elle auoit veu pendāt qu'elle y alloit, que le Diable ayāt percé le pied gauche à vn desdicts Prestres, luy suçoit le sāg: qui est vne recepte pratiquee par Satan pour obstiner ceux enuers lesquels il vse ainsi de ce traict, les faisant seruir de nourrices, qui au lieu de laict, allaittent les Demōs de sang humain, afin qu'ils leur conferēt par ce moyen le sort de taciturnité & vn silēce si fort, que tous les tourmēs du monde n'en peuuent rien extorquer. *Satan suce par fois le sang aux Sorciers, & que c'est pour les rēdre muets & ne descouurir rië aux tourmens.*

Atrocité de la Coüerie. Et leur procez bien instruict & parachevé de tous points, ayant trouvé qu'ils estoient de surcroist merveilleusement noircis par la deposition d'vne Marie d'Aspilcuete, habitante de Handaye, aagee de 19. à 20. ans, nous la confrontasmes en presence du sieur Euesque de Bayonne & de son Grand Vicaire qui auoit assisté à toute la procedure qui s'estoit faicte contre les prestres en absence dudict sieur, & elle leur maintint les auoir veus vne infinité de fois au Sabbat dire Messe, & faire tout ce que nous auons dict cy dessus: & de plus qu'audict Sabbat ils auoiēt chacun vne belle fille qu'ils auoient perdue & deflorée, & auec laquelle ils habitoient au mesme lieu scandaleusement (si ce lieu horrible peut souffrir scandale) deuant tout le monde, toutes fois & quantes qu'ils vouloient: & afin qu'ils n'en pretendissent cause d'ignorance, elle leur maintint, ledict sieur faisant luy mesme les interrogatoires, quelle les auoit veuz s'accoupler au Sabbat auec chacun leur maistresse, qu'elle nommoit par nom & par surnom, & que ie veux taire en ce lieu pour certaines considerations, encores qu'il soit couché dans nos procedures: disant outre ce, qu'ils en gouuernoient plusieurs autres. Si bien que l'vn d'eux plus fin & rusé que ses compagnons, se voyant si fort chargé trouua moyen d'euader.

Or aprés tant d'execrables mechancetez le procez leur estant faict & parfaict en presence du grand Vicaire dudict sieur, la procedure ayant esté exactement veuë par le sieur Euesque de Bayonne & quelques recolemēs & confrontemens faicts en sa presence, luy mesme faisant les interrogatoires en langue Basque, en laquelle pour estre de la nation, il est merueilleusement versé, sans que iamais ils ayent demādé leur renuoy, aprés en auoir degradé trois qui ont esté executez qui n'estoient pas parauāture si chargez que ceux cy (pour le moins d'Arguibel & Migalena, les deux vieux qui ont esté executez, car ils n'estoiēt accusez comme ceux cy d'auoir desbauché des filles de bonne maison au Sabbat) seroit il raisonnable de prendre toutes ces mechancetez & abominations pour delicts commūs. Et puis que l'adultere auec certaines circonstances cōmis par vn Prestre est puny de mort comme nous auons monstré de celuy de Vayres qui fut pendu auec sa paillarde au costé, sans auoir esgard à son renuoy, quelle moindre peine pourroit on bailler à ceux cy qui ont adulteré auec le Diable, seruy d'Incubes & Succubes, qui ont abusé du S. Sacrement de la saincte Eucharistie, profané le saincte Hostie, qui ont esté commensaux de Satan, qui l'ont adoré, & qui ont desbauché tant de filles & femmes, faict tant de faulses & erronees confessions, & commis tant de crimes detestables, que le moindre, portant la marque de crime priuilegié, est plus que suffisant de leur desnier tout renuoy, voire de ne les souffrir plus au mõde, au preiudice & grand scãdale de tant d'ames qu'ils ont desia corrõpues, & de celles qu'ils pourroient corrompre & desuoyer?

Et pour monstrer qu'il a tousiours esté iugé de la façon, & mesmes contre des Prestres qualifiez (car les plus doctes sont les plus curieux, & partant les plus dangereux) Edeline Docteur de la Sorbonne fut condamné comme sorcier la veille de Noel l'an 1553. Ayant confessé le transport, la renonciation à Dieu, l'adoration de Satan, & la paction auec luy. *Sorcier Edeline Docteur de la Sorbõne fut par Arrest condamné à la mort. Ian Chartier quia faict l'histoire de Charles. 7. Bod. l. 2. c. 4.*

Benoist Berne Prestre sorcier aagé de 80. ans ayant confessé d'auoir eu 40. ans acointance auec vn Demon deguisé en femme, portant le nom d'Hermione, & humé le sang de plusieurs petits enfans, en la mesme façon qu'on disoit en nos procedures que le Diable au sabbat auoit succé celuy d'vn de nos Prestres, fut bruslé tout vif, cõme dict Pic de la Mirande : & raconte le mesme d'vn autre Prestre aagé de 70. ans, lequel pour auoir eu copulation plus de 50. ans auec vn Demon en guise de femme, fut aussi bruslé tout vif. *Iean François Pic de la Mirand. in lib. de prænotion. Bod. l. 2. c. 4.*

Guillaume de Lure Docteur en Theologie grand predicateur fut condamné comme sorcier à Poitiers l'an 1453. & le 12. Decembre conuaincu par sa propre confession, & par tesmoins, ayant d'ailleurs esté trouué saisy d'vne obligatiõ reciproque entre luy & Satan, par laquelle renõçãt à Dieu, & sacrifiant au Diable, il auoit promis de prescher comme *Vide Petrum Mamer. In flagello maleficorum Bod. en la ref. des op. d'Vvier.*

il faisoit, que tout ce qu'on disoit au descry des sorciers n'estoient que fables : & par tant qu'il y auoit trop de cruauté de les condamner à mort. Et prescha si bien, comme rapporte celuy qui en descrit l'histoire, que le regne de Satan fut estably, & la punition des sorciers cessa. Tous les prescheurs de cette sorte ne sont pas morts : car nos sorciers de Labourt disoient auoir ouy souuent prescher nos Prestres qui chantoient mesme chanson, & pour refrain souloient dire Qu'on cessast de faire bien, & qu'on ne fit iamais que du mal, & qu'il ne falloit autre meilleur sermon.

Bod. en la refut. des op. d'Vvier.

Voire les Prestres sorciers sont si meschants, qu'ils font semblant de guerir les Demoniaques, se voulans insinuer en la bonne grace du peuple par quelque reputation de saincteté. Tesmoin ce Prestre nommé la Motte, fameux sorcier, lequel contrefaisoit l'Exorciste : & le Diable pour le mettre en credit, & se garantir des autres Prestres ou Religieux de bonne vie, dict vn iour qu'il ne sortiroit poinct du corps d'vn Demoniaque que par la puissance de celuy là qu'il tenoit en sa possession & qui luy estoit affidé. Y eust il

Au Rosier. historial f. 220. pag. 1. col. 2. & seq. Greg. en son syntag. l. 34. c. 15. nu. 9.

iamais vn plus meschant Prestre que celuy qui estant Curé à vn village prés Soissons, se voulant venger de ses ennemis consulta auec vne sorciere le moyen d'en venir à bout. Elle luy persuada de baptiser vn crapaud, à la forme qu'on baptise vn enfant parmy les Chrestiens, & luy donner le nom de Iean, puis consacrer vne Hostie la luy donnant à manger. Ce qu'ayant faict, elle mit ce crapaud en pieces & fit vn certain sortilege, qu'elle luy commanda de faire ietter dans la maison de ses ennemis, si bien qu'ils moururent presque tous. Ce qu'estant venu à la cognoissance de la Iustice, elle fut bruslee toute viue l'an 1460.

Satan faisoit manger les Hosties consacrees aux crapaux : mais il est fort remarquable qu'il ne leur faisoit offrir que par les Prestres, qui sont ceux lesquels principalement & plus asseurément doiuent tenir pour certain & indubitable que la saincte Hostie consacree n'est autre chose que Dieu mesme. Comme aussi on peut dire que le Diable faisoit tirer des coups de traict au Crucifix en Allemagne à ces

DES DEMONS, MAG. ET SORC. LIV. VI. 495

sorciers parricides, qu'on appelloit Sagittaires, par ce qu'ils croyoient qu'il y auoit quelque Diuinité és Crucifix: si bien que cette malheureuse engeance à cessé dellors que leur creance à changé, & qu'ils ont creu qu'il n'y auoit esdicts Crucifix aucune Diuinité.

Toutes ces execrations s'aprochans de ce que dict Cardan, qu'au sabbat en Allemagne, les sorciers y estans on les forçoit & d'acheter vne Hostie consacree, à laquelle par aprés auant partir, Satan par rage & execration faisoit donner trois coups de poignard par vn fille vierge, puis quelque meschant Prestre sorcier disoit quelque forme de Messe pour finir la ceremonie & cet acte malheureux auec plus d'abomination. Et Del Rio en raconte deux autres presque autāt execrables. Et aprés auoir dict que les Sorciers au sabbat *semen profusum Diabolo dicant.* raconte. Cardan. l. 20. De sub-tilit.

Qu'vn Prestre sorcier estoit si detestable que *Venerem in templo cum muliere exercens, semen sacro chrismati miscebat.* Et vn autre lequel *communione sumpta, sacram hostiam in ore asseruatam & extractam, dæmoni oblatam, coram eo pede conculcabat.* Del Rio 12. q. 16.

La loy Diuine & tout ce qui appartient au sainctes ceremonies & culte Diuin nous ont premierement aprins qu'il falloit punir de mort celuy qui violoit & souilloit choses si sainctes: Dieu ayāt dict au Leuitique 17. *Ne vous aduienne iamais par cy aprés d'aller sacrifier aux Diables & Satyres, aprés lesquels vous auez Idolatré & paillardé.* Exod. 12. & Leuit. 17. & 20.

Platon, esclairé seulemant de la lumiere naturelle, nous donnoit pour enseignement qu'il faloit punir les Prestres & Aruspices qui s'estoient essayez & auoient procuré la mort à quelqu'vn par mauuais & execrables sacrifices, enchantemens, liaisons & autres sorceleries. Plat. lib. 11. De legib.

Les loix des Romains vindrent aprés & nos Iurisconsultes payens: l'vn desquels nous donna cette loy, *Ex senatusconsulto, De sicar. D.* fort Chrestienne, où il est dict, *Ex senatusconsulto eadem legis Cornelia pœna tenetur, qui mala sacrificia fecerit, habuerit.* Ce qui ne se peut entendre que des sacrifices detestables des sorciers, que les Prestres font au sabbat: & ne peut s'accorder le sens du Iurisconsulte aux sacrifices des payens, suyuāt l'aduis du Gloſſateur Accurſe, qui peut eſtre n'auoit iamais ouy parler que les Preſtres de ſon temps euſſent tant de communicatiō auec le Diable, qu'ils ſe meſlaſſent de contrefaire les ſainctes ceremonies de l'Egliſe en ces maudites aſſemblees.

Bodin, l. s. Preſtres qui adiouſtent d'autres paroles à la Meſſe que celles qui ſont receuës par l'Egliſe ſont m giciens ou ſorciers. Paul. Gril. land. l. 2. c. 6 de ſortileg. Bodin en la refut. des op. d'Vuier. Bod. en la ref. des op. d'Vuier.

Vn Preſtre Italien nommé Iaques, natif de la ville de Perouſe, ſorcier merueilleux, au lieu de dire lors qu'il diſoit la Meſſe, *Orate pro me fratres*, dict vn iour tout haut, *Orate pro caſtris Eccleſiæ, quia laborant in extremis*: & ſe trouua qu'en cet inſtant qu'il diſoit ces paroles de diuination que Satan luy ſuggeroit, l'armee fut deffaicte qui eſtoit à cinquante mille ou plus de la ville de Perouſe.

Philippe de Commines raconte vn pareil traict de l'Archeueſque de Vienne, lequel diſant la Meſſe à S. Martin de Tours, le iour des Roys, deuant le Roy Louys XI. luy dict ces mots luy donnāt la paix à baiſer. *Pax tib.*, Sire, voſtre ennemi eſt mort: & il ſe trouua qu'à l'heure meſme, Charles Duc de Bourgogne ſon ennemi, auoit eſté tué en Lorraine, deuāt la ville de Nancy: Ie me crains, dict celuy qui rapporte cette hiſtoire, qu'il ne fut du meſtier de ceux que Satan depute vers les Princes pour les infecter de cette contagion.

Qui me faict dire que ces Preſtres meritoient le feu; & eſt merueille que Satan leur maiſtre pour l'euiter ne leur auoit aprins la ruze qu'il aprend par foys à des Religieux & Religieuſes, pour adiouſter impoſture ſur impoſture, & les attacher de plus forts liens aux peines d'Enfer.

Et Bod. l. 2. c. 7 de la Demon.

Caſſiodorus Renius, a publié vne Hiſtoire qui a couru par toute la Chreſtienté, & eſt inſeree en tous les liures qui traictent de ſorcelerie, comme ſont les autres exemples rares & nouueaux, & comme on publiera & ſe ſeruira à l'aduenir de ceux cy puis que la nouueauté les rend recommādables, & que nul autheur que ie ſçache n'en a eſcrit de pareils.

Bodin.

Madeleine de la Croix natiue de Cordoüe en Eſpagne, Abbeſſe du monaſtere de S^{te}. Claire ſe voyāt ſoupçonn e, & preſque decouuerte par ſes Religieuſes d'eſtre ſorciere, craingnant le feu preuint ſon accuſation, & ſe deferant elle meſme,

mesme, confessa, que dés l'aage de douze ans, vn malin Esprit en forme de More noir, la solicita de son honneur, auquel elle consentit: & quelque deplaisir, que les sorcieres disent qu'elles sentent en ces accouplemens, neantmoins elle continua trente ans: & dict qu'estant dans l'Eglise, elle estoit esleuee en haut, & quand les Religieuses communioyent aprés la consecration, l'Hostie venoit en l'air iusques à elle en presence de toutes les autres Religieuses, lesquelles admirant vn faict si estrange, la tenoient pour Saincte, & le Prestre pareillement, lequel sçachant le conte des Hosties qu'il auoit aprestees, trouuoit lors à dire cette Hostie qui estoit ainsi sautee d'elle mesme dans la bouche de cette fausse Religieuse: & par fois aussi la muraille s'entrouuroit pour luy faire voir l'Hostie qui venoit vers elle: neātmoins elle obtint pardon de Paul III. s'estant repentie auant son accusation.

Mais plusieurs autres le content bien diuersement, & auec de plus belles circonstances. Car ils disent qu'estant yssue de pauure famille elle fut receuë dans ce monastere parce qu'ayant prins la peine d'amasser force aumosnes, elle auoit faict refaire le bastiment de ce couuent qui estoit ruineux.

Paxier lib. 1. c. 46. Maiol. liu. 3 des sorcelet. tom. 2.

Qu'estant ieune de dix à douze ans, vn Demon en forme d'Æthiopien l'attira & amorça par des allechemens admirables: que par l'instruction de ce Demon, elle deuint en peu de temps tres-sage & admiree de tous à cause de sa ieunesse, de sa sainteté, & de son austerité de vie. Et à peine fut elle arriuee à son douzieme an, que le Diable la voulāt captiuer absolument la demanda en mariage, & l'espousa à condition que durant trente ans & plus, elle seroit egale, ou supasseroit en saincteté de vie tous ceux & celles qui furent iamais de sa vacation & condition parmy l'Espagne.

Or il aduint que le Demon estant occuppé à aller en autres endroits, se disant de grande maison, il luy laissa vn seruiteur tel que ce Sosias supposé, qui l'assistoit par tout, prenant par fois la figure de ladicte Madeleine, & l'imitant dehors & dedans le monastere, où elle reuenoit quand elle estoit lasse & ennuyee de courir, où son espoux le Demon la venoit trouuer aussitost, luy faisant recit de tout ce qui se passoit digne d'estre sceu parmy le môde. Et de faict, il luy vint raporter la prinse du Roy François I. Le degast qui n'aguires s'estoit lors faict à Rome : ce qu'on prenoit pour reuelation de quelque bon Ange.

De maniere qu'a ce grand bruit, elle fut faicte Abbesse auec tres-grand aplaudissement de toutes les Religieuses, iusques à faire plusieurs miracles, mais vains, petits, & ioyeux.

Es principales festes elle estoit veuë eleuee en haut de trois coudees, portant bien souuent en ses mains l'image de nostre Seigneur, & monstroit parfois vne cheuelure qui luy alloit iusques aux talons, laquelle neantmoins se dissippoit tout soudain.

Quand les Religieuses faisoyent leur communion, ayans compté & preparé certain nombre d'Hosties, tousiours la sienne manquoit, voulant monstrer que quelque bon Ange l'auoit reseruee pour la luy donner luy mesme : & de faict, elle faisoit voir publiquement qu'elle l'auoit dans la bouche.

Ce qui augmenta, & acreut tellement la reputation de sa saincteté, que les Papes, Empereurs, Roys & Princes, luy escriuoient plusieurs lettres pour se recommander à ses prieres.

Les Princesses Espagnoles y furent trompees les premieres. Car la femme de Charles le V. luy enuoya des langes & bandelettes pour lier Philippe II. son fils encore petit enfant, pour estre benistes de sa main.

Les trente ans du pacte ou peu moins estans expirez en cet infame & malencontreux mariage, & enuiron l'an 1546. Dieu luy fit la grace de se recognoistre & reuenir à soy, & quoy que son Demon la tourmentast horriblement, elle ne laissa pourtant de le detester, & contre toute esperance elle descouurit son forfaict aux Visiteurs de l'Orde : ausquels ayant faict vne confession generale, elle demanda secours. Mais pour mieux expier son peché on la mit en prison, pendant laquelle (chose admirable & qui iustifie clairement vn grand secret de sorcelerie) ce Sosias que son Demon luy auoit baillé pour seruiteur & comme surueillant, la representoit à tous coups, & soubs sa figure faisoit entierement tout ce qui estoit de la charge de cette Madelaine, à toutes occasions & en tous lieux & endroicts du monastere: dequoy nous parlerons en autre part.

En fin le Diable ne peut empecher qu'elle n'obtint pardon du Pape Paul III. tant à cause des grandes penitences, contritions & satisfactions qu'elle fit, que parce qu'elle s'estoit descouuerte elle mesme s'estant repentie deuant aucune delation ny accusation.

Sainct Gregoire en ses dialogues, conte d'vn Moine sorcier qui auoit tellement ensorcelé vne pauure Religieuse qu'on l'oyoit crier iournellement qu'elle estoit morte si elle n'estoit cognue de ce Moyne.

Que le Sauueur s'est tellement & si souuent manifesté dans la saincte Hostie, que ie me meruueille comment il se trouue des gés si abrutis qui en puissent douter. Vn Prestre au païs des Grisons, portant le S. sacrement à vn de ses paroissiens malade, monta à cheual, parce qu'il estoit loing, & pressé. Ayant vn peu auancé chemin, vn homme incognu se presenta incontinent à luy, & s'offrit s'il le vouloit suyure, de luy faire voir sans aucun retardement de grandes & merueilleuses choses: la curiosité l'ayant aussi tost enuelopé en ce desir, il descend du cheual, & soudain il se trouua transporté en vne prairie fort plaisante & agreable, où il vit toutes sortes de delectations humaines, & outre tout cela, vne Royne belle à merueilles esleuée en son throsne, & toute couuerte de ioyaux & pierres precieuses, que chacun des assistans adoroit à genoux, & estant admonesté d'en faire autant, croyant que ce fut la vraye Royne de Paradis, l'heureuse Vierge Marie, il estima que la plus belle offrande qu'il luy pourroit

Del Rio.

faire, ce seroit de luy presenter le precieux corps de son fils, si bien que luy ayant presenté la saincte Hostie, incontinent tout disparut, & se trouua esloigné 50. lieues de sa demeure, en vn desert effroiable & affreux.

C'est merueille combien la recherche des sorciers tesmoigne veritablement la realité, du S. Sacrement. Le Diable persuade les personnes qu'il veut attirer à luy, d'abuser de la saincte Hostie, la diffamer, la prostituer, par ce qu'il sçait bien qu'offençant l'Hostie consacree, il offence Dieu mesme, blasphemant contre la saincte Hostie, il blaspheme, & faict blasphemer contre Dieu.

Del Rio lib. 3. q. 7. litera F.

Vn meschant sorcier ayant dict cet horrible blaspheme, qu'vne araigne estoit plus digne de reuerence que la saincte Hostie, il y tomba aussi tost du plancher vne grosse araigne, qui luy sauta tout d'vn coup à la gorge pour l'estrangler : & fit de si grands efforts pour y entrer, que le miracle visible tesmoigna que ce n'estoit que pour punir cette bouche detestable qui auoit prononcé vn si horrible blaspheme.

1. Arrest dans Peleus par lequel se renuoy est denié à vn Prestre qualifié pour auoir simplemēt dict les iniures au Lieutenant de Bar.

Aprés tout il y en a vn Arrest dans nos modernes, par lequel la Cour de Parlemēt de Paris debouta de son renuoy vn Prestre qualifié & Doié d'vne Eglise celebre, pour auoir simplemēt dict des iniures verbales au Lieutenāt de Bar sur Seine, auec inhibitions d'y retourner, & le condamna aux despens. Qui seroit par trop venger les iniures faictes à vn homme commun, quoy qu'homme d'honneur, si on ne vouloit venger les iniures faictes à Dieu, par celuy qui est conuaincu d'estre sorcier, & vser de pareille condamnation enuers luy.

Bo. I lin 4. c. 5. de la Demono Bo I. au mesme lieu.

Le President Gentil à Paris, estant seulement trouué saisy d'vne Hostie consacree en sa prochette, fut pendu à Mont-faulcon : à plus forte raison meritent la mort les Prestres sorciers, qui les consacrent : ce qui se faict souuent par argent, ou par faueur : de maniere que plusieurs Prestres disent Messe pour les sorciers, leur fournissēt d'Hosties cōsacrees, ou bien ils cōsacrēt du parchemin vierge, ou mettēt des anneaux, lames characterisees, ou autres choses sēblables sur l'autel, & au dessoubs les nappes, pendant qu'ils disent la Messe.

Or c'est double impieté, dict Bodin, en la personne des Prestres, quant ils ont pactió auec Satan, & qu'ils font d'vn sacrifice, vne sorcelerie detestable. Car tous les Theologiens demeurét d'accord, que le Prestre ne consacre point, s'il n'a intention de consacrer, encore qu'il prononce les mots sacramentaux. Et de faict, il y eust vn Curé de sainct Iean le petit à Lyon, lequel fut bruslé tout vif, l'an 1548. pour auoir dict & confessé en iugement, qu'il ne consacroit point l'Hostie quád il disoit la Messe pour faire damner ses parroissiens (a ce qu'il disoit) à cause d'vn procez qu'il auoit contre eux, combien que Dieu excusast l'ignorance du pauure peuple.

Tellement qu'il n'y a nul doute que le sortilege ne soit vn crime excepté & priuilegié sur tous autres, que ce ne soit vn crime digne de mort: & partant qu'il ne faille debouter les Prestres qui en sont conuaincus, de leur renuoy.

Tous les sçauans Iurisconsultes l'ont ainsi decidé, & croy que les Theologiens ont raison de dire qu'on est tenu de les faire mourir, *sub culpa lethalis peccati*, veu que par l'absolution des Sorciers, les gens de bien ont occasion de demeurer scandalisez.

Farin. q. 4. nu. 24 & c. 20. nu. 81. Del Rio sect. 14. lib. 5. cap. de abso lutio. f. 56.

Qui a faict dire à sainct Ambroise, *vbi impius interficitur, Christus infunditur, vbi abominatio aboletur sanctificatio consecratur.*

S. Ambr. li. 2 de paraí dyso.

Les Cours de Parlement, quelque chose que die l'Ordonnance, en ont pour cela tres-apropos mesprisé les appellations. Le Lieutenant Lassé en condamna vne quarantaine sans deferer à leur appel, ny faire interuenir le Procureur General, ou son Substitut, pour en interjetter aucun. Et en l'an 1598, le Vi-seneschal de Limozin & les Presidiaux de Limoges en firent de mesme, & condamnerent vn Prestre Sorcier à mourir, sans parler de son appel en façon quelcóquo, ny faire conte de son renuoy. Et d'autant qu'il estoit excellent en sorcelerie, & que l'exemple en est de plus fraische memoire qu'aucun autre, & que plus volontiers ie parle des exemples aduenus en nostre ressort,

Rrr iij

par ce que i'en suis plus asseuré ie le mettray vn peu au long.

Messire Pierre Aupetit Prestre du village de la Fossas, parroisse de Païas, prés la ville de Chalu en Limozin, aagé de cinquante ans, & Prestre depuis trente ans, estant accusé de sorcelerie, le Vi-seneschal de Limozin informa contre luy: l'information est decrettee de prinse de corps.

12. Procedure notable de M Pierre Aupetit Prestre Sorcier lequel fut condamné à la mort par le Vi seneschal de Limozin sans deferer à son réuoy ny à son appel. 25. May 1598.

Comme ledict Vi-seneschal & le Conseiller du Perrat, veulent proceder à son audition, il demande son réuoy: & à tous les interrogatoires persiste en iceluy, sans vouloir faire autre responce. Le tout communiqué au Substitut du Procureur General, il interuient sentence des Presidiaux, par laquelle ils declarent ladicte cause de sortilege estre de celles, dont la Iurisdiction & cognoissance est attribuee aux Preuosts des Mareschaux, Baillifs, Vi-seneschaux, & Iuges Presidiaux. Et comme telle ordonne que le procez sera faict audict Prestre par ledict Vi-seneschal assisté suyuant l'Ordonnance : sauf d'estre traicté conioinctement pardeuant le Iuge d'Eglise sur le cas commun, attendu sa qualité.

L'Official de l'Euesque de Limoges, ou son Assesseur estant appellé pour assister auec le Vi-seneschal & le Conseiller du Peyrat, on procede à son audition.

Interrogé s'il auoit esté au Sabbat de Memeiras & lande appellee au Deuert, parroisse du Vigen : Si là il ne vit pas Messire Antoine du Mons de sainct Laurens, qui fournissoit de chandelle au Sabbat pour l'adoration : si ledict accusé ne portoit pas le fusil pour allumer lesdictes chandelles:& si là il ne demanda pas entre autres choses à Satan, de pouuoir seduire filles & femmes pour en iouïr à son plaisir.

Il respondit qu'il ne sçauoit que c'estoit,& dict (qui est vn secret de sorcelerie) qu'il prioit Dieu de le garder de sa figure: ce qu'vn autre Prestre me dict tout de mesme en Labourt que nous expliquerons en son lieu.

Interrogé si lors qu'il va au Sabbat, il se graisse d'vne certaine graisse appellee la liberté : & si estant vn iour au

Sabbat en vn autre lieu appellé Mathegoute, lisant vn liure, il fit venir vn grand nombre de cochons qui crioyent à force, & luy respondoyent, *Tiran, Tiran, Ramaßien, Ramaßien, nous demandons cercles & cernes, pour faire l'assemblee que nous t'auons promis.* Et qu'a lors il fit mettre tous les assistans en rond, & vn au milieu, auquel il dict, qu'il ne bougeast, autrement que tous estoient perdus.

Respond qu'il ne sçait que c'est. Interrogé s'il ne sçait pas embarrer & desembarrer, se rendre inuisible estant prisonnier, s'il faict dire Messe pour guerir tous malades. Il nie tout: sauf qu'il confesse qu'il faict dire Messe seulemēt pour les riches, & par fois, & non tousiours : & ce en honneur des cinq playes de Nostre Seigneur, & en honneur de Monsieur sainct Cosme.

Par sentence du Vi-seneschal & Presidiaux il est condamné à estre bruslé tout vif, auec force amendes, & qu'il sera enuoyé prealablement à l'Euesque de Limoges pour le degrader: & auant estre executé à mort, qu'il sera apliqué à la question & torture. *15. Iuin 1598.*

A la torture il confesse qu'il a esté au Sabbat à Mathegoute, qui est à l'endroit de sainct Iunien, que l'Aueugle les mandoit à l'assemblee.

Que là il prenoit vn certain liure qu'il lisoit, lequel il a faict brusler craignant la Iustice, escrit comme vn imprimé, auec des mots estranges & qu'il n'entendoit nullement.

Que le Diable cōparoissoit au Sabbat en forme de mouton, & demandoit à ceux de l'assemblee, qu'est ce qu'ils vouloient de luy. Que le mouton estoit plus noir que blāc. Qu'il se faisoit adorer auec quelques chandelles que le Diable leur bailloit, se faisant baiser le derriere. Qu'il leur disoit qu'il estoit le Diable, & leur demandoit s'ils ne vouloient pas croire en luy.

Que le Diable luy demanda en recompense son petit doigt, & de faict il le luy promit: qu'il demanda aprés cela à tous ceux de l'assemblee s'ils n'y vouloient pas retourner vne autre fois : qu'ils dirent qu'ouy, pourueu qu'ils fussent aduertis. Qu'a mesme instant le Diable leur mõstra vne nuee, au dedãs de laquelle il se voioit cõme vn mouton : & leur dict que toutesfois & quantes qu'ils verroient cette nuee, que c'estoit le signal pour s'assembler : & defaict lors qu'ils la voyoient, ils s'assembloyent à Mathegoute, ou ailleurs où l'assignation estoit baillee.

Dict qu'il peut y auoir vingt-ans qu'il frequente & a esté au Sabbat : que feu Gratoulet, insigne Sorcier de son temps, luy apprint il y a plus de vingt ans à embarrer, à estancher & arrester le sang, & iouïr de telle fille qu'il voudroit : & que son Esprit ou Demon s'appeloit Beelzebub.

Confesse qu'il vse de la sorcelerie pour faire perdre les chastaignes, faire mourir les hommes, femmes & enfans, & que pour ce faire, Satan leur bailloit certaine pouldre noire, de laquelle peut y auoir enuiron dix ans, qu'en ayant mis dans le sein à vn nommé Pichin de la Iourdaine, il en mourut aussi tost. Qu'il en a aussi baillé autrefois à vn Iean de Maum, auquel il vouloit mal. Que le Diable leur defendoit d'en bailler qu'à leurs ennemis.

Qu'il a esté au Sabbat au Puy de Dome, & d'autrefois à Mathegoute.

Que pour faire perdre les chastaigniers & autres fruicts, il falloit faire vn cerne. Que lors qu'ils se vouloient assembler auec le Diable pour faire ledict cerne, ils voyoient ladite nuee, & faisoiẽt cinq fois le signe de la croix, & sur ce le Diable qui estoit en forme de mouton, s'en alloit où il vouloit faire ladicte assemblee, où l'accusé & les autres se trouuoient.

Et lors que l'accusé vouloit ou desiroit quelque chose, il appelloit Beelzebub en sa maison où ailleurs, & il venoit en forme de mouton.

Qu'estant esdictes assemblees, lors que Beelzebub son Demon s'en vouloit aller, il se transmuoit en forme d'vn homme noir, & demandoit à l'accusé s'il luy vouloit bailler quelque autre chose que son petit doigt qu'il luy auoit desia donné, lequel luy dict qu'il en print vn autre, s'il vouloit : ce que Beelzebub fit, & luy en print vn autre. Et le premier doigt qu'il luy bailla fut prins par luy si subtilement, qu'il qu'il le luy força sans luy faire mal: & l'a tousiours eu depuis droict & roide, si bien qu'il ne l'a iamais peu plier.

Que le Diable leur faisoit faire des signes de croix, mais non comme les Chrestiens font au nom de Dieu, ains au nom de Beelzebub.

A dict qu'estant au Sabbat & en l'assemblee, ils crioyent *Tiran, Tiran, Beelzebub.* Et le faisoit venir à luy pour sçauoir ce qu'il faloit faire.

Que lors que ledict accusé vouloit donner ou faire venir du mal à quelqu'vn, il disoit entre ses dens à celuy auquel il vouloit bailler le mal, *malediction t'aduienne.*

Confesse qu'il a faict de grands maux, & commis plusieurs maleficies depuis qu'il est Sorcier: ayant faict mourir ceux qu'il a nommez, & languir plusieurs autres de diuerses maladies.

Dict que lors qu'il fut au Sabbat au Puy de Doume, ils y allerent six en nombre, & ce inuisiblement. Que pour ce faire ils estoient graissez par Beelzebub par tout le corps, & ce faict en disant au nom du Diable, ils s'en alloient & y arriuoient en peu de temps, & luy sembloit qu'il auoit des ailes, & y estans ils faisoyent le cerne comme il a dict cy dessus.

Qu'il peut y auoir quinze ou vingt ans, qu'estant à la Lande de Mathegoute il se donna au Diable entierement corps & ame: & moyennant ce, il luy aprint à guerir des fieures frenetiques, & iouïr d'vne fille ou femme comme il voudroit. Que lors qu'on le payoit bien, il guerissoit les malades tout aussi tost: sinon il les faisoit languir iusqu'à ce qu'ils l'eussent bien contenté. Dict que lors qu'il se mesloit de vouloit guerir quelqu'vn, s'il vouloit qu'il ne guerist pas, il disoit, *Au nom du Diable ie te gueris.* Et pour auoir cette faculté de guerir ou retarder la guerison, il bailla vn membre de son corps au Diable, auparauant qu'il luy eust donné son corps tout entier.

Qu'il auoit grande frayeur quand Beelzebub s'aprochoit de luy, bien qu'il luy dict qu'il ne falloit pas qu'il eust peur: car il ne luy feroit point de mal.

Sss

Que lors qu'il alloit guerir les malades, le Diable s'apparoissoit à luy en forme de grosse mouche, & luy commandoit ce qu'il falloit faire, & luy disoit certains mots incognus, ne sçait de quel langage.

Qu'il a dict la Messe plusieurs fois, plus en intention de prier le Diable, que non à l'honneur de Dieu. Et qu'à l'introit de la Messe, comme il auoit dict *In nomine Patris & Filij & Spiritus Sancti*, il disoit au nom du Diable & en son nom soit faict, & au lieu de dire. *Hoc est corpus meum*, il disoit trois fois. Beelzebub, Beelzebub, Beelzebub: & de mesme lors qu'il falloit dire. *Hic est sanguis*: lesquels mots Beelzebub luy apprint, peut y auoir quinze ans estant au Sabbat: lequel luy ayant demandé de quelle qualité il estoit, & l'accusé luy ayant dict qu'il estoit Prestre, il luy dict qu'il falloit qu'il dict ces mots au lieu de ces autres. Et lors qu'il mangeoit aussi la saincte Hostie, & qu'il l'auoit dans la bouche, il disoit Beelzebub, Beelzebub.

Que lors qu'il disoit la Messe par deuotion, ledict Beelzebub se presentoit à luy en forme de papillon, & luy deffendoit de dire les paroles de la Messe, ains celles qu'il luy auoit aprins, & lesquelles il luy auoit promis de dire: si bien qu'il luy brouilloit l'entendement pour l'induire à faire comme auparauant.

Dict que lors qu'il estoit graissé, Beelzebub luy disoit qu'il l'adorast & fit ce qu'il voudroit: & moyennant cé, il s'en alloit aussi loing qu'il vouloit & qu'il eut desiré pour faire ou aller trouuer l'assemblee.

Dict aussi que si Bourdeau d'Aixe se fust voulu graisser de ladicte graisse il luy eust monstré le Diable.

Qu'il sçait embarrer en mettant vn liard dans vne esguillete, & inuoquant le nom du Diable: & à embarré vne Marsale de Maioubert en la parroisse de Pagau.

Dict que Beelzebub est venu plusieurs fois dans l'estude de Gratoulet en forme de chat, entrant par vne fenestre: que lors qu'il parloit, il sembloit à la voix que ce fut la voix d'vne personne renfermee.

Que lors qu'il se vouloit confesser & faire autres actes

de deuotion, il se presentoit à luy en forme de papillon, & faisoit tant qu'il l'empeschoit, & le tourmentoit aussi bien lors qu'il disoit la Messe, que lors qu'il vouloit faire quelqu'vne de ces autres actions: & sur tout il le tourmétoit lors qu'il estoit sur le point de se repentir & demander pardon à Dieu.

Que pour marque il luy tourna le petit doigt, lequel depuis il n'a iamais peu plier.

Que lors que le Diable parle aux Sorciers, il parle en langage vulgaire, aussi bien & aussi distinctement que luy.

Que s'il vouloit aller par les maisons faire du mal, le Diable luy a dict qu'il luy en donneroit le moyen.

Dict que lors qu'il vouloit guerir quelqu'vn Beelzebub l'empeschoit, de façon qu'il faisoit plus de mal au malade que de bien: & voulant bailler du mal à quelqu'vn il disoit, *Malheur te soit donné au nom de Beelzebub*, en disant ces mots incognus.

Vach, vech, stest, sty, slu.

Dict qu'il auoit baillé du mal à la femme d'Hebrard, parce qu'il luy faisoit payer quelque rente: mais aprés qu'il fut menassé par luy & les siens il la guerit.

Voyla son audition & confession, en laquelle il persista au supplice.

Il me faict souuenir à poinct nommé, par son inuoquation de Beelzebub, d'Ochozias Roy de Samarie, lequel estant deuenu idolatre, Dieu le fit tomber en vne griefue maladie, & ne voulant retourner au vray culte de Dieu, ny recourir à luy, pour rauoir sa santé: ains enuoyant des ambassadeurs à l'idole des Accaronites, appellee Beelzebub, pour sçauoir s'il releueroit de cette maladie, Dieu s'en estant offencé enuoya le Prophete Elie luy annoncer la mort auec ces paroles.

Hæc dicit Dominus, quia misisti nuncios ad consulendum Beelzebub Deum Accaron, quasi non esset Deus in Israel à quo posses interrogare sermonem, ideo de lectulo super quem ascendisti non descendes, sed morte morieris.

Et ainsi le Roy Ochozias mourut incontinent. Or s'il mourut pour auoir simplement desiré de sçauoir l'estat de sa maladie: de quelle mort doit mourir ce Prestre, qui ayant delaissé le culte du vray Dieu duquel il auoit charge particuliere en son Eglise, a non seulement inuoqué la mesme idole Beelzebub, ains sacrifié tous les iours en son nom, luy donnant l'honneur qu'il auoit promis à son Souuerain? Aussi Dieu permit qu'on mesprisa son renuoy, & qu'on le fit mourir aussi tost d'vne mort qu'il auoit plus iustement meritee que Ochozias. Mais en voicy vn Arrest formel, pour lequel bien entendre il faut sçauoir, que.

23. Procedure contre trois Prestres Sorciers du païs de Labourt ausquels le rénuoy a esté denié

Sur le poinct que i'acheuois ce discours, on a prins, outre les cinq Prestres ausquels nous auions parfaict le procez, trois autres Prestres Sorciers qui s'estoient refugiez en Espagne & Nauarre : aucuns d'eux feignans certains pelerinages, les autres roüans à l'entour de leurs maisons parmy leurs parens. Ils ont demandé leur renuoy tout dés l'entree de leur prison, & ont esté assistez de l'Official du sieur Euesque de Bayonne, lequel disoit qu'il n'y auoit simplement que le decret de prinse de corps contre eux emané de nous lors de nostre commission. A la verité ils sembloyent estre de meilleure condition que les cinq autres eschappez ausquels nous auions de tous poincts faict le procez, n'y ayant qu'vn simple decret contre ceux cy.

Arrest de la Cour de Parlement de Bourdeaux donné en la Chambre de la Tournelle, le 5. Aoust 1610.

La mesme question s'est donc nettement presentee, & a fallu que la Cour ayt iugé à poinct nommé, s'il leur falloit octroyer leur renuoy, & si le sortilege estoit delict commun, ou priuilegié: & de faict la Cour y a prononcé & donné son Arrest, & d'autant que dans iceluy i'ay trouué les plaidoyers de deux fort honnestes & suffisans Aduocats, i'ay pensé ne faire rien mal à propos, d'inserer icy cet Arrest tout entier

Ces trois Prestres estoient demandeurs en renuoy pardeuant le Iuge d'Eglise qui estoit le sieur Euesque de Bayonne, contre le Baille & Iurats de S. Iean de Luz.

Pour obtenir leur renuoy, leur Aduocat disoit que certainement ce ne seroit point auoir de loix ne de Iustice entre les hommes, si elles n'estoient certaines & constantes. Pe-*rinde est nulla sint, si sint incertæ leges.* C'est pourquoy, si par le droit Diuin, les loix humaines, le droit de la France & par la contrainte des Arrests, les Prestres accusez de sorcelerie doibuent estre renuoyez pardeuant leur Iuge d'Eglise, il s'en ensuiura que lesdicts deffendeurs s'opposans au renuoy calomnient la Iustice de vanité, & luy imposent qu'elle n'est qu'vne ombre, *Et iuris nomen inane.*

Or on ne doubte pas qu'auparauant qu'aucune loy & constitution des hommes fut faicte, les Ecclesiastiques ne fussent exempts de la Iurisdiction seculiere, comme la docte glose nous enseigne *in can. si Imperator, in verb. discuti d st.* 96. A raison de quoy tous les bons autheurs ont estimé que le priuilege d'vn Prestre estoit fondé au droict Diuin, ainsi que Rebuffe le confirme amplement sur le concordat, *in rub. De protectione,* & cela n'a iamais esté disputé que par les Heretiques anciens, comme le reproche Constantin le Grand, & S. Athanase en l'Apologie 2. *Et in epistola de synodis,* où il dict que les Heretiques Vrsacius & Valens & lesdicts Ecclesiastiques, *adibant Consules quod ante factū nec auditum est apud Christianos.*

Tellement que qui suyura diligemment les traces de l'histoire, il trouuera que le changement & variation qui se remarque auoir esté és loix des Empereurs sur ce subiect, viennent des monopoles & complots des Heretiques. Et qu'il soit ainsi, la loy derniere au Code Theodosien. *De Episcopo iudi.* a fort bien remarqué, que de tout temps les Ecclesiastiques *Habebant Iudices suos,* à raison de quoy les Empereurs Theodoze & Arcadius par vne loy qu'ils appellent eternelle, *Continua lege sanciunt nomen Episcoporum vel eorum qui Ecclesiæ necessitatibus seruiunt, ne ad iudicia, siue ordinariorum, siue extraordinariorum iudicum pertrahatur.*

Mais pour ce que ce priuilege general n'est point subiect à dispute, lesdicts demādeurs feront voir qu'au propre faict qui se presente de Sortilege, Magie, & cōmunication auec les Demōs imposez aux Clercs, la cognoissance a tousiours esté iugée apartenir aux Ecclesiastiques.

Ainsi nous lisons au canon des Apostres 62. Au Synode d'Ancyre can. 1. au Synode de Laodicee, can. 36. que l'Eglise iugeoit *de clericis apostatis, sacrificatoribus, & magis, incantatoribus, veneficis:* ce que Baltamon raporte *tit. 9. De peccat. & iudi. Episcopi & cleric.*

A quoy n'est nullement contraire ce que les deffendeurs alleguent, que les Empereurs Chrestiens ont adressé leurs loix soubs le tiltre *De malefic, & mathemat.* aux Iuges lais & mesme la loy, *Nullus Aruspex*, qu'ils supposent parler notament des Prestres en ces mots, *Nullus sacerdos* & en cette loy de Constantin s'entende de nostre Prestre Chrestien: car la glose l'a tres-bien interpreté *de Doctore necromātiæ.* Et la raison pour laquelle il s'appelloit *Sacerdos*, c'est pour ce qu'il sacrifioit aux Demons, *Et factis sacrificiis ariolabatur*, comme on voit dans Harmenopule liu. 6. tit. 10. Et c'est chose notoire que les Augures estoient appellez *Sacerdotes*, & l'Aruspicine *Sacerdotium*, temoing Ciceron de *Aruspicum responsis, & lib. 2. De natu. Deor.* Et qui ne sçaict qu'en Homere, Virgile & Statius, Calcas, Amphiaraus, Tiresias, & Helenus grands magiciens & enchanteurs sont appellez *sacerdotes, vates*. Et ainsi le mot de *Sacerdos*, ne signifie autre chose en cette loy que *Ariolum, vatem & augurem*, qui sont ioincts en la loy *Nemo* au mesme tiltre. Et partant puis qu'en toutes les loix des Empereurs, il ne s'en trouue pas vne qui comprëne les Prestres Chrestiens, l'argument que les deffendeurs ont prins de l'adresse de ces loix ne conclud rien du tout.

Car quel preiudice faisoyent ces Empereurs Chrestiens à la Iurisdiction de l'Eglise, & au priuilege des Prestres, de prohiber aux hômes lais ce detestable crime, & d'en commander aux Maigstrats la punition. Au contraire ces mesmes, Empereurs defferoyent tant à l'authorité des Euesques, qu'ils vouloyent que les questions de magie & sorcelerie fussent iugees par eux, & les liures bruslez *sub oculis Episcopi*, comme on voit *in l. Mathematicos, De Episcop. audi.* prinse de la loy derniere *De malefic. & Mathe.* au Code Theodosien.

Mais pour ce que le recueil des loix Romains & exemples anciens seroient trop longs, lesdicts demandeurs s'aresteront seulement à iustifier, que par le droict & constitutions Françoises, par les Arrests & la pratique des Parlemens, les Prestres accusez de sacrilege, adoration de Demon, & magie ont esté tousiours renuoyez pardeuant le Iuge d'Eglise, comme estant ce crime estimé commun & non priuilegié.

Charlemagne qui dans ses constitutions raportees par Huicmarus, auoit faict cette ordonnance, *Vt Clerici si culpam incurrerint, apud Ecclesiasticos iudicentur non apud seculares*, nous à enseigné que sortilege & enchantemēt estoit crime Ecclesiastique, *Statuimus vt singulis annis vnusquisque parochiam suam sollicité circumeat populum confirmare, & plebem docere, & inuestigare & prohibere paganas obseruationes, diuinosque vel sortilegos, auguria, phylacteria, incantationes, vel omnes spurcitias gentilium studeat*. Ce que ce bon Empereur auoit apris des Conciles Chrestiens, & mesme de celuy de Carthage 4. can. 89. d'Ancyre ch. 1. & & de Tolede can. 7. où les Prestres enchanteurs, magiciēs, & sacrifians aux Demons sont iugez par les Euesques. Desquels Conciles ont esté extraicts le canō *Auguriis*, le canon *Episcopi* & le canon *Quicunque* 26. q. 5.

Il n'a iamais esté iugé autrement en France depuis qu'elle a estably sa Iustice. Car comme au Concile d'Oleans ch. 44. les Clercs sorciers estoient mulctez par l'Euesque, comon voit *In. can. siquis Clericus* 26. q. 5. aussi on a tousiours suiuy les Conciles & constitutiōs de Charlemagne, voire anciennement les Parlemens de France iugeoyēt que le sortilege & la magie estoiēt en toutes personnes crime Ecclesiastique comme on voit en Gallus au lieu allegué au plaidoyer des des sorciers. Mais depuis on a estimé que ce crime n'estoit Ecclesiastique qu'en la personne des Clers & Prestres, non des lays. Et neantmoint à present on vient tellement à peruertir les loix anciennes, que de rendre les Prestres calomniez de sorcelerie, subiects à la Iurisdiction seculiere chose bien extrauagante.

Et de faict tous les autheurs qui traictent cette question, mesme Spranger, & Gregoire de Tholoze, alleguez par lesdicts deffēdeurs, ne fōt aucū doute, qu'en la persōne du Prestre, ce crime ne soit Ecclesiastique. Et affin de combatre les deffendeurs par leurs propres armes, voicy les paroles de Gregoire liure 4. *Partitionum* tit. 12. ch. 1 conforme à l'opinion de Spranger, *Incantationes, sortilegia, cultus Dæmonum, ligatura diuersi sori tenentur, vel Episcopi & inquisitionis fidei, aliquando solius Episcopi, aliquando iudicis secularis.* Et puis en l'annotatiō de ce chapitre, *Hanc quæst.onē sori definiemus habita ratione sortilegii, nam si agatur de personis Ecclesiasticis, proculdubio illæ coram suo ordinario iudice Episcopo vocandæ sunt & iudicandæ, can. si clerici De iudiciis. Si vero agatur de Laicis personis, ad Episcopū & inquisitores fidei notio pertinet*, Ce qui est si amplement confirmé par là, qu'il est estrange que les deffendeurs se soient voulu seruir de son temoignage, aussi bien que de celuy de Spranger. Et tant s'en faut que l'exemple d'Alexandre VI. & autres, preiudicie en cela aux demandeurs, qu'au contraire il leur assiste. Car ces Papes voyans qu'en Lombardie *multi errores inducebantur à maleficis & incantatoribus*, donnerent pouuoir aux Inquisiteurs de la foy de proceder contre eux. Ce qui monstre que sans le pouuoir de l'Eglise, ils n'estoient pas Iuges contre les lais mesmes.

Les Arrests & l'vsage des Parlemens de France deuoyent empecher la dispute de cette cause. Car premierement Choppin qui n'a rien ignoré des loix de ce Royaume, au lieu allegué au playdoier des deffendeurs, à tenu disertemēt que la sorcelerie & magie en vn Prestre estoit crime Ecclesiastique, & de faict, lors qu'il nomme les cas priuilegiez lib. 2. de Domanio Franciæ cap. 7. il n'y comprend point ledict crime: non plus aussi que Chassaneus, Benedicti, & autres alleguez, par lesdicts deffendeurs, ausquels toutes les authoritez qu'ils citent repugnent, si elles sont verifiees par la veüe des liures.

L'Arrest du Parlement de Paris qui est rapporté par Peleus liu. 7. act. 27. iugé en propres termes, Marion Aduouocat General playdant que le Prestre accusé de sorcelerie deuoit estre rendu à son Iuge d'Eglise, à la charge du cas priuilegié, pour lequel assisteroit le Iuge Royal.

L'autre Arrest de Robert liure 1. ch. 6. enuoya le Prestre preuenu d'empoisonement, à l'Official, & en ce Parlement

ment il y a deux ans que le Curé de sainct Magne accusé de magic fut rendu au Iuge d'Eglise.

Et nostre histoire Françoise ne nous enseigne elle pas, que Ieane d'Arc, appellee la pucelle d'Orleans, accusee par les Anglois de magie, charmes, & sorcelerie, fut deliurée aux Iuges Ecclesiastiques pour estre iugee? & ce fut par iceux qu'elle fut declarée desnaturee, Sorciere & Heretique.

Contre ce droit diuin & humain, contre ces Ordonnances de Charlemagne, l'authorité de tant d'Arrests, que peut on aporter? Aussi la Cour voit que lesdicts deffendeurs ne fondent & ne confirmét aucunement leur insistement: & l'exaggeration est sans aparence. Car doutent ils que l'atheisme, l'heresie, l'apostasie, ne soyent des plus grands malefices du monde? & toutefois voudroient ils disputer que pour ces crimes, le Prestre ne deubt estre renuoyé?

D'auantage, y a il crime & sacrilege plus detestable que de se meurtrir soy mesme? & neantmoins il a esté iugé en France en l'an 1431. que le cadaure d'vn Prestre qui s'estoit pendu à Paris, deuoit estre rendu à l'Euesque. D'où resoult doctement Rebuffe sur le Concordat, *Rubrica de Propter. Patet quod ecclesiasticus iudex cognoscit contra clericos viuos & mortuos, quia character est impressus animæ & ossibus, ideo non euellitur.*

Il s'ensuit donc qu'il faudroit destruire l'establissement des loix diuines & humaines, & renuerser la forme & l'vsage des iugemens souuerains, de desnier à vn Prestre son renuoy. Et de faict lesdicts deffendeurs n'en ont point cotté, ny autheur, ny Arrest. Car les Conciles de Constantinople, de Taragon & de Mascon, ne disent point ce qu'ils presuposent.

Au contraire toute l'authorité des Conciles, (sinon ceux esquels les Heretiques ont dominé cõme celuy d'Arrimini) confirme le preuilege du Prestre. D'autre part, l'exemple des payens nous feroit rougir si nous y contreuenions. Car Ciceron *pro domo sua*. Tite Liue, & autres bons autheurs, tesmoignent que les Vestales, les Prestres, & les Pontifes, n'estoient iugez que par les Pontifes mesmes. Et nous voulõs en la Chrestienté combatre les loix de l'Eglise, le priuilege

Ttt

de nos Prestres Chrestiens, & imiter en cela l'iniure des Heretiques qui ont esté les premiers autheurs de telles questions, comme l'histoire Ecclesiastique nous enseigne.

Finalement les deffendeurs, voyans que ledict renuoy ne peut estre empesché par leur insistement, improperent contre verité ausdicts demandeurs, qu'ils se sont rendus fugitifs du païs. Voire leur calomnie a passé iusques là en plaidant la cause, de leur suposer qu'ils auoyent esté contumacez & effigiez : de laquelle imposture ils sont apresent conuaincuz par leur production propre, qui n'en parle vn seul mot.

A tant s'il plaict à la Cour sans auoir esgard à chose dicte ne alleguee au contraire, les demandeurs obtiendront leurs fins & conclusions.

Playdoyer contre les Prestres sorciers aux fins qu'ils soient deboutez de leur renuoy

Au cõtraire l'Aduocat desdicts Baille & Iurats de Sainct Iean de Luz dict, Que Messieurs d'Espagnet & de Lancre President & Conseiller du Roy en la Cour, faisans le procez aux sorciers du païs & Bailliage de Labourt suyuant leur commission, informerent, entre autres accusez, contre six Prestres, desquels les trois estans aprehendez & oüis, demanderent leur renuoy pardeuant le Iuge d'Eglise, qui leur fut desnié tellement que le procez leur estant faict & parfaict, ils furent conuaincus, condamnez à mort, executez, & bruslez, comme il resulte de la procedure faicte par lesdicts sieurs Commissaires.

Quant aux Prestres qui sont la Masse, Lasson, & de Haritourena ils gaignerent l'Espagne, & s'enfuirent dés aussi tost qu'ils eurent le vent du decret de prinse de corps contre eux decerné : & ont demeuré fugitifs plus de neuf mois sans estre venus en France, si ce n'est quelque fois à la desrobee & de nuict, estans desguisez & habillez en façon de laboureurs. En fin s'en estans venus en cette ville, en esperance d'obtenir secrettement inhibitions de faire mettre à execution le decret contre eux octroyé par lesdicts sieurs Commissaires, ils ont esté attrapez dans vne maison où ils estoiët cachez, & esté menez en la conciergerie de la Cour en vertu de l'Arrest du 4. May 1610. portant permission de faire emprisonner lesdicts Prestres & autres nommez audict decret.

Ayans esté oüys, ils demãdent leur renuoy pardeuãt le Iuge d'Eglise le sieur Euesque de Bayõne ou son Official: a quoy lesdicts Baille & Iurats de S. Iean de Luz insistent, & soustiennent n'y auoir lieu de renuoy, pour plusieurs considerations.

Premierement, si on suit les loix des premiers Empereurs Chrestiens Constantin le Grand, Constantius, Valentinian I. Theodoze, Arcadius, l'on trouuera que la cognoissance du crime de sorcelerie compete & apartient aux Iuges lais, indifferémment contre toutes personnes tant laïques qu'Ecclesiastiques. Car les loix desdicts Empereurs mises au Code soubs le tit. *De malef. & mathe.* sont toutes adressees, *ad Præfectos vrbi, ad Præfectos prætorio, vel ad populum,* & en vn mot aux Iuges lais: ausquels est mandé de punir telles gens des plus exquis suplices. La loy *Nullus Aruspex*, parle notamẽt des Prestres sorciers en ces mots, *Nullus Sacerdos*. Voyla donc la Cour fondee de Iurisdiction par le droict commun des Empereurs Chrestiens.

Iustinian semble auoir esté le premier qui a faict distinction entre le crime ciuil & l'Ecclesiastique, en sa nouuelle constitution 183. *Vt clerici apud propr. Episcop. prim. conueniant. tit. 2. coll. 6.* où il entend le crime ciuil celuy auquel est question de la violation des loix ciuiles & publiques, & du trouble du repos public: & le crime Ecclesiastique auquel s'agist de la Religion, & de ce qui en depend. Delà est venu qu'on a appellé l'Heresie, & la Simonie proprement crimes Ecclesiastiques. D'autant que s'il estoit question de iuger si vn erreur est vn heresie ou non. Ou si vne paction non encores oüye ny determinee par les saincts Decrets est Simonie: la diffinition en apartiendroit à l'Eglise & aux Iuges Ecclesiastiques & non aux Roys, Princes, Iuges Royaux & seculiers. Et par ce que la magie, la sorcellerie, l'adoration du Diable, & autres prestiges demoniaques & infernaux, *sapiunt hæresim*, les constitutions Canoniques ont soubmis à la Iurisdiction Ecclesiastique les personnes accusees de sorcelerie : & ce au temps que l'Eglise s'efforçoit de cognoistre de toutes causes indifferemment, & entre toutes sortes de personnes, comme chacun sçait.

Toutefois lesdictes constitutions Canoniques amplificatiues de la iurisdiction Ecclesiastique, n'ont iamais eu tant d'authorité en France comme au reste de la Chrestienté. Car en ce Royaume l'on a receu deux autres distinctions des crimes, lesquelles ne se raportent pas totalement à la distinctiõ de Iustinian. L'on a dict en matiere d'excez, que les vns sont cas Royaux, desquels les Iuges Royaux cognoissent. Les autres non Royaux, desquels les Iuges des Seigneurs Hauts-iusticiers peuuent prendre la cognoissance. L'on a aussi dict qu'il y a delict commun, ainsi appellé par ce que tous Iuges sont competens d'en cognoistre & mesme le Iuge Ecclesiastique entre personnes subiectes à sa Iurisdiction : Et crime priuilegié, duquel la cognoissance apartient aux Iuges Royaux, priuatiuement aux Iuges Ecclesiastiques, ou en tout cas conioinctement auec eux.

Car en France l'accusation, instruction, & punition du crime d'heresie desia cõdamnee par quelque Concile, n'est point réuoyee au Iuge Ecclesiastique : ores que par le droict commun ce soit *vere crimen ecclesiasticum*, & que le Iuge Ecclesiastique soit seul competent d'en cognoistre, *cap. vt inquisitions, §. prohibemus, De Hæretic. in 6*. Ains est mise entre les cas Royaux & priuilegiez, dont la cognoissance apartient au Iuge lay, suyuant ce qui a esté raporté *in stylo Curiæ Parlamenti tit. Quorum cognit. pertinet ad Regem*, & par l'Ordonnance du Roy François I. de l'an 1540. raportee en la cõference par Guenois, au liure 1. tit. 5. des Heretiques. Dequoy l'on a veu des exemples frequés soubs le Roy François I. & depuis, quand on faisoit brusler les Lutheriens, iusques aux Edicts de pacification. Et la raison en est prinse de ce que les Heretiques troublent l'estat, dans lequel est l'Eglise, & non l'Estat dans l'Eglise, selon Optatus Mileuitanus : & que les Iuges d'Eglise qui n'ont autre coërction que le glaiue spirituel, selon S. Paul, n'ont des peines condignes à l'atrocité de tel crime. Et qu'on ne pourroit aussi arrester le venin de l'heresie qui s'espend abondament depuis qu'elle a vne fois mis le pied en vne prouince : & en fin infecteroit tout, si la Iustice Ecclesiastique n'estoit secouruë & assistee de la Iustice temporelle & seculiere.

Que si l'heresie, crime vrayement Ecclesiastique, est tenu pour crime priuilegié, pourquoy ne sera la sorcelerie, laquelle n'est estimee crime Ecclesiastique, si ce n'est en tant qu'elle retient de l'heresie, comme est contenu en la Bulle du Pape Innocent. *Aduersus hæresim maleficiar. Apud Paulum Grillandum & Alphonsum de Castro* & autres? Consideré mesmement qu'elle n'est pas moins dangereuse que l'heresie, voire l'est plus. Car l'heresie se manifeste & decouure, ce que ne faict la sorcelerie, qui ne cherche que l'obscurité & les tenebres. L'ennemi caché en ses embusches est plus dangereux que celuy qui se monstre & faict la guerre à Mars ouuert. L'heresie ne faict mal qu'aux Heretiques, & profite à ceux qui luy resistent & se maintiennent en la vraye foy, en tant qu'elle les faict tenir en leur deuoir, & sert d'vn piquant aiguillon pour desdormir & esueiller les Pasteurs de l'Eglise, *Ideo oportet esse hæreses*, selon l'Apostre, au contraire la sorcelerie ne damne pas seulement les Sorciers, & ceux qu'elle infecte de son venin: mais aussi tue par venin, ou par charme les corps des gens de bien, engendre les pestes par l'infection de l'air, faict mourir le bestail, gaste les fruicts de la terre, par les gresles, tempestes, & broüees empestees qu'elle faict naistre par ses enchantemens: & par tous ces moyens elle trouble le repos public des hommes, des bestes, & de toute la nature. C'est pourquoy les Empereurs és loix prealleguees *De malef. & mathem.* appellent les Sorciers *Humani generis inimicos, naturæ peregrinos, & communis hostes salutis, feralie peste absumendos.*

L'abominable & execrable grandeur & horreur de ce crime, faict voir qu'il ne peut estre prins pour vn delict commun. Les delicts communs ne s'entendent pas des graues & atroces crimes publics, *Delicta priuata, sunt crimina publica*, comme font entendre les tiltres du droict *De priuatis delictis, De publicis iudiciis*. Et qui oseroit dire que la sorcelerie doyue

Ttt iij

estre mise *inter minora del fla.* & mesmement celle des deffendeurs, qui sont accusez par infinis tesmoins de faire des sacrifices nocturnes, & celebrer des Messes infernales, à l'honneur du Prince des tenebres & de l'ennemi conjuré du Dieu viuant? Que peut on penser de plus horrible?

Plusieurs Autheurs François ont escrit des cas priuilegiez, pour raison desquels les Clercs & Prestres ne peuuent estre delaissez aux Iuges Ecclesiastiques. Le denombrement desdicts cas est faict par l'autheur de l'ancien style de la Cour de Parlement de Paris au tit. *Quorum cognitio pertinet ad Regem* Par Guill. Bened. sur le ch. *Rainutius, in ver. & vxorem, in* 2. *decisio.nu.* 143. *& multis sequentibus.* Par Chassance sur les Coustumes de Bourgongne au tit. des Iustices, §. 5. *in verbo,* S'il n'a grace, depuis le nombre 46. iusques au 69. Par Monsieur Boier en la decision 247. par Monsieur le President Lizet, au liure 1. chapitre 4. par Choppin au liure 2. *de Domanio, tit.* 7. & encore sur la Coustume d'Aniou, liure 1. art. 65. par Bacquet au traicté des Iustices chapitre 7. par Eiraut au liure 2. De l'ordre Iudiciaire, & par Ragueau en son indice sur le mot, *Cas Royal,* où il allegue Terrieu, du Tillet & autres, lesquels entre les cas priuilegiez, en mettent plusieurs de peu d'importance au regard dudit crime de sorcelerie.

Ledict Chassance nomme le crime d'apostasie entre quatorze cas, pour chacun desquels le Iuge Royal est competent, & n'est tenu de faire delaissement du Clerc ou Prestre: & ce d'autāt que qui a apostaté n'est digne de iouyr du priuilege de Clericature. Or est il que la confederation que les Sorciers font auec le Diable, quitans & renians Dieu, est vne vraye espece d'apostasie, plustost que d'heresie, comme est dict par plusieurs bulles des Papes, desquels sera parlé cy aprés. Car ceux qui ont renié Dieu pour adorer & seruir le Diable, sont de vrays apostats de la foy, & Religion Chrestienne. Aussi disent les Theologiens, que l'apostasie est vn peché plus grief que l'heresie.

Spranger *in par. 3. maleï a'efic.* 10. dispute *ex professo*, deuant quel Iuge est tenu de respondre le Clerc ou Prestre accusé de sorcellerie: & après luy Gregoire Tholozain. *In partitionibus iuris canonici, lib. 4. tit. 12. cap. 1.* Et combien qu'ils traictent la question sans parler du droict de France, ny du priuilege des cas Royaux: ils disent neantmoins que les Papes Alexandre IIII. & Alexandre VI. Innocent VIII. & Leon X. & Adrian VI. furent contraincts de leur temps, de decerner diuerses commissions aux Inquisiteurs de la foy, lesquels sont meslez de gens laiz & Ecclesiastiques en diuerses contrees, par des bulles donnans ce pouuoir absolu de faire le procez aux Sorciers qui pulluloyent à merueilles par la negligence des Euesques diocesains & de leurs Officiaux, qui n'en faisoient aucune recherche, ainsi qu'appert par les bulles susdictes, dans Spranger & dans Grillandus: & les trois dernieres d'Innocent, Leon & Adrian sont aussi dans Petrus Matthæus. *In summa constitutionum Pontifici.* Qui est pour confirmer qu'en France il a esté necessaire que les Iuges Royaux prinssent cognoissance du crime de sorcelerie aussi bien contre les Prestres, que contre les autres: comme en Italie, en Allemagne, en Espagne, l'on a eu besoing d'Inquisiteurs qui sont creez en partie de laiz & seculiers aussi bien que d'Ecclesiastiques, ainsi qu'il a desia esté dict.

Choppin au liure. 2. *De sacra politia, tit. 2. nu.* 11. ne touche pas particulierement cette question. si les Prestres doibuent estre renuoyez en crime de sorcellerie. Mais seulement si les Iuges Ecclesiastiques sont competens de faire le procez aux gens lays accusez de sorcellerie: & dict qu'anciennement ils auoient vsurpé cette Iurisdiction, selon vn Arrest de l'an mil deux cens quatre-vingt deux: mais que depuis ils ont esté declarez incompetens selon autre Arrest de l'an mil trois cens quatre-vingt sept, raporté, par Gallus en la question deux cens quarante six, dont Papon auoit tiré ce qu'il en escrit en sa collection au liure 22. titre 5. Des sorcieres.

Les demandeurs alleguent à leur auantage ledict Choppin, en ce qu'il escrit au lieu preallegué que les imposteurs magiques qui sacrifient aux Demons doyuent estre declarez ennemis impies de nostre Religion, selon sainct Augustin au liure *De natura dæmonum*, d'où est prins le canon *Igitur genus diuinationis* 26. q. 3. & ce qu'il en escrit au liure *De ciuit. Dei*, c. 8. Mais ce que ledict Choppin adiouste, *Eos Pontifici animaduersioni submitti*, n'est pas dans sainct Augustin, n'y n'est veritable absoluement, si ce n'est entant que si tels Sorciers & Magiciens estoient Prestres le procez leur pourroit estre faict conioinctement par les Iuges laiz & Ecclesiastiques. Car autrement il est certain que la cognoissance en appartiendroit aux Iuges laiz par le Concile premier de Constantinople soubs l'Empereur Theodoze, par celuy de Tarragon en Espagne, *Tarraconensi concilio, can*. 4. Et par celuy de Mascon en Bourgogne, *Matisconensi concilio*. Car par les Conciles susdicts les Prestres accusez d'enchantement sont declarez iusticiables des Iuges lais & seculiers, comme à fort bien rapporté ledict Airaut audict liure 2. au nombre 7. sur la fin. A quoy se rapporte aussi fort bien le dire de Monsieur le President Lizet au lieu preallegué; où il tient que pour l'atrocité du crime qui estant aueré merite la mort, les Prestres se rendent iusticiables des Iuges temporels & seculiers.

A toutes ces authoritez les deffendeurs adioustent vne raison qui est sans response, Les demandeurs accordent que le crime de sorcelerie n'est point tenu auiourd'huy en France pour crime Ecclesiastique, veu que l'Eglise n'a poinct de Iurisdiction sur les Sorciers lais & seculiers: S'il n'est pas Ecclesiastique, il s'ensuit qu'il n'est pas donc delict commun, par ce que vulgairement ce que l'on appelle delict commun, ne signifie autre chose que delict Ecclesiastique & non priuilegié ny Royal.

Que si l'on dict au contraire que le delict commun *est vtriusque fori*, & peut estre de l'vne & de l'autre Iurisdiction. Les demandeurs l'accordent souz cette modification veritable, que le cas priuilegié peut estre dict commun, en
ce

ce que les Cours souueraines de ce Royaume faisant le procez à vn Ecclesiastique, sont tenues d'appeller vn Iuge d'Eglise de leur corps, ou autre, pour instruire la procedure contre lesdits Prestres, & pour le degrader s'il faut venir à la condamnation du dernier suplice : ce que les deffendeurs prenent à leur aduantage ; car puis que les Parlemens qui estoient anciennement my-partis de Iuges Ecclesiastiques & de laiz, ne iugent les Prestres que conjointement auec quelqu'homme d'Eglise delegué par l'Euesque diocesain, l'on ne faict aucune bresche à la Iurisdiction Ecclesiastique, en retenant la cognoissance du crime de sorcelerie qui est plus que priuilegié par son atrocité : comme raporte *Annæus Robertus, Rer. iud. lib.* 1. *cap.* 6. qu'en tout cas où il y a atrocité d'effect, & y va de l'interest public, les deux, Seculiere & Ecclesiastique conjoinctement en prenent la cognoissance : ce qui se pratique ausdits Parlements, en demandant à l'Euesque diocesain vn ou plusieurs deleguez Ecclesiastiques, pour assister à l'instruction du procez criminel.

D'auantage ce que ledict Robert allegue au lieu prealleguié est tres-veritable, que les renuois qu'on obtient ordinairement pardeuant les Officiaux, ne sont que des asyles d'impunité ; de ceux que la Iustice seculiere en delaisse à l'Ecclesiastique l'on n'en voit pas vn qui soit par aprés remis & deliuré entre les mains de la Iustice temporelle. Il importe donc de ne les point renuoyer en cas de crimes qui troublent le repos public & causent grand scandale s'ils ne sont punis exemplairement.

Comme en ce faict : qu'elle apparence de renuoyer ces trois Sorciers pardeuant l'Official de Bayonne qui les a protegez & deffendus des poursuites de la Iustice ? Il les à veus deguisez : en lieu de leur faire le procez, il leur a donné des certificats, *prælato die* comme les deffendeurs ont oüy dire, pour persuader qu'ils ne s'en sont pas fuys de peur d'estre aprehendez. Mais tel artifice est trop grossier : car s'ils fussent allez à sainct Iacques, le voyage n'eust esté que de cinq ou six sepmaines, & ils ont demeuré neuf mois en fuite : pourquoy cela ? *Quia fugit impius persequente nemine:*

Vuu

(dict le Sage) *habet enim intùs persequentem conscientiam, mille testibus potentiorem.*

Au reste il y a en cette cause des considerations particulieres pour lesquelles le renuoy doit estre denié. Car toute l'Officialité de Bayonne est suspecte & recusable. D'ailleurs les demandeurs demeurét en partie conuaincuz par la procedure que lesdits Sieurs d'Espagnet & de Lâcre ont faict aux autres Sorciers condamnez & executez à mort, qui ont chargé ceux-cy au suplice & ailleurs. Or les Iuges d'Eglise ne voudroient pas asseoir iugement à ladite procedure contre le chapitre, *Et si Clerici*, *De iudici.* mais la Cour y aura bien esgard. Et partant afin que la preuue ne perisse, & d'autant aussi que le Sieur Euesque de Bayonne pourra bailler ou la Cour prendre d'office Monsieur des Aigues, Conseiller du Roy en icelle, ou autre Ecclesiastique pour proceder à l'instruction du procez, il est beaucoup plus à propos de retenir la cognoissance de ce crime, que de la renuoyer pardeuant ceux qui solicitent, à ce qu'on dict, pour les accusez.

A tant, s'il plaist à la Cour, il sera dict sans auoir esgard au renuoy requis, que les tesmoins viendront pour estre accarez & confrontez ausdits accusez en cette ville, & cependant qu'ils tiendront prison close.

14 Arrest de deboutement de renuoy en crime de sortilege contre les Prestres Sorciers.

Par Arrest du 5. Aoust 1610. tant lesdits Prestres Sorciers, que l'Official furent deboutez de leur renuoy: Et fut ordonné que les tesmoins viendroyent pour estre recolez & confrontez, à quoy assisteroit le Sieur des Aiguës Conseiller Clerc en cette Cour de Parlement.

Et en mesme temps en fut donné vn autre contre vn Prestre des Lannes accusé d'adultere, lequel demandoit aussi son renuoy, lequel en fut aussi debouté. Mais il y auoit vne tres-grande circonstance, C'est que la partie aduerse du Prestre soustenoit qu'il n'y auoit lieu de renuoy, d'autãt que l'Official ayant desia donné trois sentences contre le Prestre adultere, il n'en auoit faict executer pas vne.

Arrest de deny de rénuoy contre vn Prestre

Mais plus freschement, & le 10. Decembre 1610. fut dõné vn autre Arrest au raport de Monsieur d'Alesme, Doyen en cette Cour de Parlement, contre vn Prestre de Pomeuic, accusé d'auoir scandaleusement donné à lire vn libelle diffamatoire qu'vn nommé Cassain auoit affiché à vn pilier d'vn cimetiere, par lequel il fut aussi debouté de son renuoy.

qui auoit scandaleusement fait voir vn libelle diffamatoire.

Or les Cours de Parlement leur desnient leur renuoy en sortilege & autres crimes enormes & scandaleux, quand ils voyent la conniuence & douceur des Iuges Ecclesiastiques: car quand mesme ils les veulent punir, il est certain que la plus grande punition qu'ait l'Eglise & les Iuges Ecclesiastiques contre les Prestres, c'est qu'ils les degradent, puis les condamnent pour tout dernier suplice à prison perpetuelle quand ils auroient commis les crimes les plus sales & horribles, *Quæ suprema iuris canonici pœna est & in mortis locum successit.* Or cette peine de prison perpetuelle est le plus souuent eludee, comme il s'est veu en nos Prestres: car deux des cinq prests à iuger estans eschappez des prisons de Bayonne de plein iour, & l'vn ayant esté reprins, on diroit qu'il vint querir tous ses autres compagnons, & qu'il n'estoit venu que pour les tirer de prison, ou leur enseigner le moyē d'en sortir: car depuis il les a tous emmenez, & sont tous dehors, à la veuë du Lieutenant General de Bayonne, de celuy du païs de Labourt, du Parlement, & du Sieur Euesque de Bayonne, bien que leur procez leur soit faict par recolemens & confrontemens, & tout prest à iuger.

Et puis dire auec verité, qu'aprés mesme que deux de leurs compagnons, Migalena & Bocal, furent degradez & bruslez, ces cinq, au lieu de s'effrayer, nous enuoyerent dire qu'ils s'asseuroient qu'ils ne mourroient point quelque preuue de Sortilege qu'il y eust contre eux, tant ils auoient prins de confience sur les promesses de leur maistre Satan.

Et au contraire ie puis dire que nous estions en tres-bonne volonté de leur faire Iustice. Car il est fort dangereux de pardonner la sorcelerie, la magie, & crimes semblables, à vn Prestre, mesmement à vn qui a charge d'ames. Car c'est vne clemence mal assise & tres-dāgereuse pour la

Vuu ij

Republique, & sur tout en vn païs si infecté que celuy de Labourt, ce que ie dis auec plus de liberté, parce que ie recognoy l'Eglise Catholique Apostolique & Romaine improuuer dauantage telles actions en telle sorte de personnes qui sont plus particulierement dediees au seruice de Dieu, & qui partant deuroient auec plus de saincteté s'acquiter d'vne charge si noble, si importante & si saincte.

De maniere que ce n'est pas vne petite & legere presomption, mais bien forte contre vn Iuge qui tourne la sorcelerie en risée, qui faict le mescreant, faisant toutes choses ou ridicules ou impossibles. Plusieurs Iuges sont comme les maris pusillanimes & indulgens, lesquels bien qu'ils touchent quasi leurs cornes de leur doigt, taschent neantmoins à couurir & donner pretexte à leur infame patience par incredulité, *Nituntur adumbrare patientiam pretextu incredulitatis*, dict la loy *Ma. si lenocinium*, *Ad l. Iul. de Adult. D.* Aussi les Iuges lasches & estourdis de la grandeur & choses estranges qui se rencontrent au sortilege, bien souuent sous couleur & pretexte d'impossibilité viennent à tel point, qu'ils ne croyent rien de ce que mesme les Sorciers confessent ingenuement, s'ils ne touchent presque au doigt, & ne voyent les cornes du Diable qui conduit les Sorciers au Sabbat, tout ainsi que faict le belier cornu qui va audeuant d'vn troupeau de brebis.

Ce sont de mauuais Chrestiens qui ont quelque grain d'idolatrie, d'atheisme, d'heresie, ou de iuifuerie tout ensemble dans la teste, & sont comme ces Iuifs que i'ay veu à Rome, ou en Auignon, se faire Chrestiens : la plus part desquels, mesme ceux qui ne le font que pour des considerations humaines, ont presque tousiours les cornes de Moyse dans la teste.

Le Magistrat qui est depositaire de la Iustice que Dieu luy a mis en main, doit plus soigneusement prendre garde aux mechancetez & delicts occultes, comme la sorcelerie, qui ne se peut monstrer au doigt ny à l'œil, qu'à tous autres crimes, veu qu'outre qu'elle est exercee en tenebres, elle part aussi de ce malin & tenebreux Esprit qui est le plus fort ennemi que l'homme sçauroit auoir, & qui a le plus obsti- *Tert. in* nement coniuré sa ruine. *Operatio Dæmonum est hominis euersio,* *Apologet.* *sic malitia spiritalis à primordio auspicata est in hominis exitium* dict Tertullien.

Ainsi les tenant vne fois és liens de la Iustice, s'il aduient qu'il les laisse euader, il se rend comptable de tous les malefices & pechez qu'ils commettent, par le moyen de ce crime aprez qu'il les a relaschez, & luy peut on iustement reprocher qu'il ne se sied en son tribunal de Iustice que pour maintenir le regne de Satan.

DE L'INCONSTANCE DES DEMONS, MAGICIENS ET SORCIERS.

Qu'il faut faire mourir les sorciers pour auoir esté simplement au sabbat & faict paction auec le Diable, bien qu'ils ne soyent preuenus d'aucun malefice: pourueu qu'il y ait preuue contre eux qu'ils ont faict audict lieu tout ce qu'ordinairement les autres sorciers ont acoustumé d'y faire.

1. Pour estre sorcier il faut necessairemēt auoir perdu l'entēdemēt & la cognoissance de Dieu.
2. Qu'il y a deux sortes de Sorcieres.
3. Explication du canon Episcopi.
4. Spinæus dict que les Iurisconsultes entendēt tres-mal le canon Episcopi, en ce qui touche le poinct de Theologie.
5. Qu'il y a plusieurs regles pour cognoistre si les confessions des sorcieres sont veritables.
6. Que l'acouplement auec Satan est l'action en laquelle l'illusion est plus à craindre.
7. S'il faut faire mourir les sorciers pour auoir renié Dieu.
8. Enumeration des crimes qui influēt dans le sortilege.
9. Qu'il y a plusieurs crimes qui concurrent auec le sortilege, dont le moindre merite la mort.
10. Que le sortilege est crimen exceptum & priuilegiatum.
11. S'il faut surcharger les sorciers de peine à cause de l'importance du crime de leze Maiesté diuine.
12. Que la preuue contre les sorciers est priuilegiée.
13. Que les enfans sont admis à deposer contre les sorciers, & en quelle maniere.
14. S'il faut faire mourir les sorcieres repenties.
15. Explication de la l. 8. De malefic. C.
16. En quel aage il faut faire le procez aux enfans sorciers.
17. Qu'il faut faire mourir les sorciers pour auoir esté simplement au sabbat.
18. Arrest du 10. Iuillet 1610. par lequel vne sorciere fut condamnee à

mort pour auoir esté simplement au sabbat.
19. Sçauoir si par l'inquisition les sorciers sont punis pour aller simplemēt au sabbat.

Discovrs V.

Our estre Sorcier, on dict qu'il faut perdre l'entādement & la cognoissance de Dieu, qui semble presque estre mesme chose, pour le moings se tirer l'vn apres l'autre par necessaire consequécee: car il n'est pas possible de perdre la cognoissance de Dieu, & qu'elle s'eclipse en nostre ame qui a quelque essence de Diuinité, que premierement nous n'ayons tout à faict perdu l'entendement, & ne soyons tombez en sens reprouué. S. Cyprien qui auoit esté grand sorcier auant qu'il fut rappellé en la grace de Dieu, dict clairement, qu'on ne peut estre sorcier sans deuenir premierement aueugle en ce qui est de cette cognoissance de Dieu, voulant dire que qui cognoist bien le vray Dieu mescognoist Satan, & ne peut l'adorer ny le seruir.

1. Pour estre sorcier il faut necessairement perdre l'entendement & la cognoissance de Dieu.

C'est pourquoy Dieu auoit aprins à S. François ces quatre belles paroles qu'il repetoit incessamment sans dire iamais autre chose lors qu'il se donnoit là discipline, *Nouerim te, nouerim me.* Parlant à Dieu la discipline en la main, il luy disoit que ie te cognoisse Seigneur, & que ie me cognoisse: c'est à dire conserue moy l'entendement, affin que ie cognoisse qui tu és, & que ie ne m'esgare aussi en la cognoissance de moy mesme.

Pour ce qui est de l'entendement, la coustume du malin Esprit est pour paruenir à ce poinct, de faire mescognoistre le Createur à ceux qu'il veut attirer à sa cordelle, de leur oster premierement le sens, les troubler, les effrayer les desuoyer, les conduire par des tenebres effroyables, en des deserts, leur faire voir toutes choses nouuelles & estranges: bref leur faire perdre la cognoissance, & de Dieu, & d'eux mesmes.

Mais encores que le Diable ayt osté l'entendement aux sorciers, cela ne les excuse pas de la peine s'ils sont conuaincus d'estre sorciers: car c'est leur seule volonté qui les a liurez à Satan, & les a faict siens: car autrement il ne peut rien sur l'homme: ains au contraire il s'est veu fort souuent de simples Religieux arrester les Demons, les contraindre de rebrousser chemin, & les destourner en despit d'eux, du mal qu'ils alloient faire: tesmoing ce qu'on lict de Iulien l'Apostat, lequel allant à la guerre en Perse, ayant enuoyé vn iour en occident vn Demon pour vn affaire de tresgrande importance, il trouua sur son chemin vn Moine nommé Publius, lequel priant Dieu fort deuotement, l'arresta l'espace de dix iours, sans qu'il peust passer outre, ains s'en retournant à l'Empereur Iulien, il luy dict que les prieres de Publius l'auoiēt empesché de poursuyre son chemin: si bien qu'il menaça de faire mourir le Moine à son retour de Perse: mais au contraire l'année en suyuant l'Empereur mourut, & vn des siens se fit Religieux.

<small>Surius dist 1. Exemp. 191.</small>

Et Eusebe raconte, parlant des miracles de l'Euesque de Pont, Gregoire, qu'allāt ce sainct personnage en hyuer, par des montagnes tres-malaysees & rudes, la nuict l'ayant surprins, trouuant tout le païs couuert de neige, il ne trouua autre giste ou logis qu' vn certain tēple où Apollon auoit acoustumé de rendre ses oracles, & le matin il continua son voyage. Mais pendant qu'il y fut, il pria tellement Nostre Seigneur, qu'il se trouua qu'il auoit tout à faict imposé silence perpetuel au meschant Demon, lequel souloit donner des responses, par la bouche de la statue d'Apollon. Le Prestre qui estoit dans ce tēple, qui ne viuoit d'autre chose que du gain qu'il faisoit de ces responses, demeura fort mal satisfaict d'auoir logé ce bon Pere: si bien que recherchant la cause, du nouueau silence de son Demon, & s'en informant auec luy, il respondit que le seiour d'vne nuict du bon Pere en estoit cause, lequel par ses prieres l'auoit tout à faict interdict, banny, & rebuté, de sorte que sans sa licence il n'y pouuoit plus reuenir. De maniere qu'il courut aprés ce Religieux, & l'ayant atrapé il le pria qu'en consideration de la charité & courtoisie qu'il auoit receuë de luy en si mauuais temps, il vouluft remettre son Dieu dans son temple,

<small>Eusebe en l'hist. Ecclés. Grenade au 1. to. de l'introduction au symbole pag. 101.</small>

ple, d'où il l'auoit deslogé, & luy en son gain, sans lequel il n'auoit moyen de viure. Le sainct homme esmeu de ses prieres, escriuit vne lettre à ce faux Dieu, de telle teneur, & en fut luy mesme le porteur, *Gregoire à Apollon: Ie te permets, ô Apollon, de retourner en ta place & premiere demeure, & de faire comme tu auois acoustumé.* Le Prestre s'en retourne au temple, & met cette lettre en la main de la statue, & tout aussi tost le Demon reuint en sa place, & rendit ses responses à l'acoustumé. Alors ce faux Prestre considerant comme les seruiteurs du Dieu des Chrestiens, commadoyent aux faux Dieux des payens & estoient aussi tost obeïs, illuminé de Dieu, ferma les portes du temple, & s'en alla vers ce sainct homme se ietter à ses pieds, & renonça au paganisme, fut instruit par luy, puis baptisé, & fut de si saincte vie, qu'aprés le trespas de Gregoire, il fut Euesque, & son successeur.

C'est vne obseruation digne d'vn bon Chrestien, que quelque puissance que Dieu ait donee aux Demōs, neantmoins c'est merueille qu'vn simple Moine arrestast vn Empereur & vn Demon: comme aussi on a veu souuent, qu'vn homme de peu d'authorité & de credit a chassé vne infinité de Diables, & cōtraint par force de sortir du corps des possedez, pour monstrer que celuy qui est bien auec Dieu, est maistre & superieur de Satan. Il faut donc bien entendre qu'est ce qu'estre sorcier: combien il y en a de sortes: quels sont ceux qui doibuent estre condamnez à la mort, & quels doibuent simplement emouuoir les Iuges à compassion, & estre renuoyez à leurs Pasteurs.

Le canon *Episcopi*, 26. q. 5. referé par Gratian, a mis tout le monde en peine, & les plus sçauans, qui excuse aucunement les compagnies souueraines, & les Iuges qui ont varié sur la peine qu'il faut doner aux sorciers. Car certainement encores que le gros de tous les sorciers du mōde soyēt d'accord és poincts principaux, & que l'experience, nous en donne vne asseurance presque parfaicte, neantmoins les voyant dire & desdire en vn instant, confesser & desnier, & celles mesmes qui confessent, dire la plus part comme hebetees choses ineptes, absurdes, contraires, & qui semblent

Xxx

du tout impossibles: il ne faut pas trouuer estrange si on varie, soit en la creance qu'on en auoit desia conceue, soit en la peine. Outre que ce canon *Episcopi* semble estre si formel, quelque interpretation qu'on luy veuille donner, pour dire que toutes les sorceleries du monde ne sont que prestiges & illusions de Satan, & qu'il n'y a rien d'essentiel & reel: qu'on peut quasi asseurer qu'il ne veut dire autre chose sinon que toutes les sorcieres resuent & songent, quand elles pensent estre reelement & corporellement transportees au sabbat. Qui a faict recourir aux premiers autheurs qui ont parlé des sorciers, & qui ont voulu expliquer ce canon, mesmes Bodin & autres, à dire que c'estoit vn Conciliabule national ou prouincial, & non vn Concile general legitimement tenu & aprouué des saincts Peres: lequel ne vouloit dire autre chose, selon leur opinion, sinon que les sorcieres qui croyent que Satan ou elles ayent d'elles mesmes cette puissance ou faculté portee par ce canon, d'aller auec Diane ou Herodiade transportees par l'air, & faire le reste de ce qui est contenu audict canon, se trompent, ensemble tous ceux qui auroient pareille creance, veu que ce n'est que prestige & illusion de Satan. Mais neantmoins ce seroit vne lourde heresie de penser que Dieu ne donast cette puissance à Satan quand bon luy semble.

En fin voyant que cette explicatiõ ne peut satisfaire aux Esprits delicats & de dure creance, Bodin reuient encores sur la fin de son discours, en la refutation des opinions d'Vuier, à dire que ce canõ est reprouué par tous les Theologiens, & en cotte les passages.

Gregoire en son Syntagma ne dict point qu'il soit reprouué par les Theologiens, bien qu'il fut Docteur en Theologie, & Ecclesiastique fort suffisant: & Del Rio n'a pas aprouué toutes ces fuites: ains a dict clairement, qu'on ne pouuoit reuoquer en doute l'autorité de ce canon, veu qu'il se trouue inseré dans le decret de Gratian, corrigé & imprimé à Rome, par le commandement de Gregoire XIII.

DES DEMONS, MAG. ET SORC. LIV. VI. 531

Ainsi il ne le faut improuuer, ains expliquer & sçauoir quand, & par qui il a esté faict: & monstrer que les sorciers ny leurs fauteurs n'en peuuent prendre aucun aduantage. Donc la plus commune & la plus forte opinion est, que ce canon *Episcopi* ne veut pas dire qu'il n'y a point de sorciers, que tout cela ne sont qu'illusions, songes & resueries, & que, *Sacerdotes perpetuò predicare per Ecclesias debent hæc esse falsa.*

Ains il dict, & la plus commune opinion est celle de Del Rio, qu'il y a deux sortes de sorcieres: les premieres qui adherent au Diable simplement, par des imaginations & illusions, & se meslent de guerir les ensorcelez & malades, & vient de poisons pour cest effect; les autres qui renoncent expressément à Dieu, & se sont voüees à Satan, lesquelles sont transportees reellement & corporellement au sabbat, se transformans en plusieurs sortes d'animaux, & font cent mille mechancetez & malefices. 2. Qu'il y a deux sortes de sorcieres.

Or le canon *Episcopi* tiré du concile d'Ancyre ou d'Angoury referé par Gratian, se doibt entendre de ces premieres sorcieres qui ont simplement des illusions: si bien que le canon dict que ces premieres se trompent: mais que cela n'empeche pas que les secondes pource que les premieres sont eludees, n'aillent corporellement au sabbat: veu qu'on ne peut dire que cela soit impossible, attendu les exemples qu'ils alleguent du transport de Iesus Christ, d'Abacuc, de S. Philippe, & d'vne infinité d'autres. 3. Interpretation du can. *Episcopi*. *Matth. 4. Daniel 14. Act. 1.*

Les premieres qui ne sont tourmentees que par illusion, eludees seulement en leur entendement par Satan, ne peuuent estre dictes apostates ny deuoyees tout à faict de la foy c'est pourquoy on les peut renuoyer à leur Pasteur.

Mais les autres qui vont sans illusion corporellement au sabbat, sont tombees tout à faict en heresie & apostasie, ayant abiuré le vray Dieu, & s'estant du tout dediees au seruice du Diable.

Les premieres, douteuses en leur foy seulement, peuuẽt par penitence se reconsilier auec Dieu & son Eglise: mais *Cap. firmissime, De Hæ-*

Xxx ij

532　Tableav de l'Inconstance

rel. can. qui
iusta saluatore
26. q. 2.

les autres du tout alienees de la foy, & comme estát tout à faict tombees en apostasie, sont de beaucoup pire condition: de maniere que trouuees en cest estat, elles peuuent auec les autres circonstáces, que nous dirons cy aprés estre condamnees à mort.

Les premieres se voüent bien au Diable tacitement: mais celles cy ouuertement, par paction & serment exprés se donnent à luy, bien qu'elles sçachent que c'est le Diable aduersaire des hommes, & l'ennemi formel de Dieu.

Celles qui ne sont sorcieres que par illusion, ne font nul sortilege: elles souffrent seulement & sont molestees de ces malheureuses resueries, elles ne s'informent point auec Satan de l'aduenir comme Deuineresses, & ne luy demandent aucunes responses: elles ne luy font nul sacrifice, ne baptisent point en son nom, & ne font aucun malefice qui puisse nuire aux hommes, aux animaux de la terre, ny aux fruicts: mais celles qui vont au sabbat font tout cela & cent fois d'auantage.

Neantmoins les paroles de ce canon sont si expresses & si fortes, pour dire que ce n'est qu'illusion, & semblent tellement parler de toutes sortes de sorcieres, & mesmes en propres termes de celles qui croyent estre transportees reellement & corporellement, qu'vn Italien le voulant interpreter à dict que *pare que questo Canone, faccia vn oppositione a questa opinione de la realita, perche par che tenga il contrario, dicendo le seguente parole.*

a Carzoni
disc. 41. della
piazza vni-
ue.

Illud etiam non est omittendum, quod quædam sceleratæ mulieres retrò post Satanam conuersæ, dæmonum illusionibus & phantasmatibus seductæ, credunt & profitentur, se nocturnis horis cum Diana Dea paganorum, vel eum Herodiade, & innumera multitudine mulierũ, equitare super quasdam bestias, & multarum terrarum spatia, intempestæ noctis silentio pertrãsire. one soggionge, dict le mesme autheur, *per acrescer pui il dubio quest altre parole.*

Quis vero tam stultus & hebes sit, qui hæc omnia quæ in solo spiritu fiunt etiam in corpore accidere arbitretur? Et finalmente conchiude, *Quod omnibus publice annũciandũ est, quod qui talia credit & his similia, fidẽ perdit.* Non dimeno egli e vero che possono esser portate veramente, & realmente, per Diuina permissione essendosi Christo stesso, lasciato portar dal Demonio sul pinnacolo del Tempio.

Vn autre Italien nommé Strozzi, n'el suo Palagio de gli incanti, l'interprete de mesme, mais encore ce semble plus clairement, Credeuano alcune di queste streghe (dict-il) che andauano a y ridotti notturni de Diauoli, che satanasso fosse Diana, ouero Herodiade Dea de Pagani, con laquale stimauano andarsi sol azzando di notte a cauallo d'alcune bestie deformi; & così dagli spiriti veni vano ingannate, liquali dauano loro a credere che altri numi oltre Dio si ritrouassero. Aprés cela il adiouste les paroles du canon, pour monstrer qu'elles se trompoient, lesquelles ie repeteray encores pour plus claire intelligence.

Strozzi nel palagio de gli Incanto. lib. 4. c. 4.

Illud etiam non est omitendum, quod quædam scelerate mulieres retro post Satanam conuersæ, dæmonum illusionibus & phantasmatibus seductæ, credunt & profitentur se nocturnis horis cum Diana Dea paganorum, vel cum Herodiade, & innumera multitudine mulierum, equitare super quasdam bestias & multarum terrarum spatia intempestæ noctis silentio pertransire, eiusque iussionibus velut dominæ obedire: & certis noctibus ad eius seruitium euocari, sed vtinam hæ solæ in perfidia sua periissent, & non multos secum ad infidelitatis interitum pertraxissent: Nam innumera multitudo hac falsa opinione decepta, hæc vera esse credunt, & credendo à recta fide deuiant, & errore paganorum inuoluuntur, cùm aliquid diuinitatis aut numinis extra vnum Deum arbitrantur.

Il y en a vn autre qui dict fort bien, que ce canon *Episcopi* n'entend pas improuuer, que le maling Esprit, Dieu le luy permetant, ne puisse porter les Sorcieres corporellement d'vn lieu à vn autre: car ce canon le diroit contre l'opinion de tous les Theologiens & Canonistes, voire contre l'Euangile, où aucuns tiennent que le Diable porta corporellement Iesus Christ sur le pinacle du Temple: & ce q'uon raconte de Simon Magus, qu'estant porté en l'air par les Demons, sainct Pierre ayant prié nostre Seigneur qu'il ne voulust pas ainsi laisser illuder tant de peuple par ce magicien; Dieu l'exauçant, Simon Magus tomba à terre se rompit les jambes, & mourut bien tost aprés: qui monstre clairement qu'il estoit transporté.

Guiseppe Puzzi lib. de i Donneschi disseti. disc. 13.

Mais ce canon veut seulement rabroüer l'opinion de
Xxx iij

ces mauuaises femmes, qui croyoient estre transportées, & aller auec la Deesse Diane, ou auec cette effrontee Herodiade, sur des bestes vrayes, & que ces transports se faisoyent corporellement par la puissance de l'Esprit Diuin, & non par le maling Esprit, lequel par illusion Diabolique les trompoit. DelRio monstre clairement, qu'il y a fort long temps qu'on prenoit ce canon *Ep. scopi* pour vn escueil, & qu'on tiroit de là comme des inhibitions formelles contre les Iuges bien sensez de faire mourir les Sorcieres. C'est pourquoy il a prins tant de peine à interpreter ce canon, rechercher s'il est vrayement de Gratian, s'il est tiré du Concile general ou Prouincial d'Aquillee ou d'Angoury, s'il entend garantir de mort les Sorcieres, & les tirer simplement en commiseration, & les renuoyer à leurs Pasteurs, comme souffrans illusion : ou bien s'il les faut condamner à la mort. Par ce qu'encore que ce canon die, qu'il y a des Sorcieres qui souffrent illusion, lesquelles il renuoye simplement à leur Pasteur, que pourtant cela n'exclud pas qu'il n'y en ayt, qui vont reellement & corporellement au Sabbat, lesquelles ce canon n'entendit iamais garantir de la peine que meritent les Sorcieres, lesquelles faisant paction auec Satan vont au Sabbat, renoncét leur Createur, adorent le Diable, & ramenent à effect, tout ce que necessairement tous ceux & celles qui vont esdictes assemblees ont accoustumé de faire.

Il dict donc, quel doute que les anciens ayent eu dans la teste, que ce canon a esté mal entendu & que neantmoins.

Communis opinio Theologorum & Iurisconsultorum est capitulum Episcopi ad Lamias nostras non pertinere, tenent hoc Abulensi, Turre-cremata. Et vn nombre infini de grands personnages qu'il cite, *& sic passim Romæ, in Italia, Hispania, Gallia, Germania, fidei inquisitores à sede Apostolica deputati & confirmati & iudices seculares qui iustiores & doctiores vnanimiter practicant, vt non obstante isto capitulo, lamiarum confessionibus credant, & contra easdem ad mortis vsque supplicium procedant.*

Puis venant au particulier, il conclud, *Dico igitur sententiam extendentium hunc canonem ad lamias nostras, primo lamijs ipsis infructuosam esse: deinde perniciosam Ecclesiæ & Reip. tertio perniciosam assertoribus: quarto rationi & veritati parum consentaneam.*

Ce qu'il prouue par aprés article par article : n'en voulant rien dire dauantage, de peur d'oster le contentement au Lecteur, de le voir tout au long dans son liure, en meilleur ordre que ie ne sçaurois faire.

Ie diray seulement, que ie ne m'esmerueille pas, si ceux qui ne veulent prendre la peine de lire les liures, & particulierement le sien, continuent en l'erreur de nos Peres : du temps desquels la maladie n'estant mise au iour, ny cognue si à clair qu'elle est maintenant, on auoit acoustumé de les renuoyer aux Pasteurs de l'Eglise, & à leurs Curez: lesquels estoient la plus part plus grands Sorciers qu'eux: contre lesquels, ensemble contre les Iuges mescreans & ignorans en Theologie, Spineus à tres-bien dict.

Spineus Apolog. c.1.3.

Potissimam labem cur sic inualescat ista pestis, esse quorundam iuristarum persecutionem, quibus principes Theologiæ imperiti facile credunt, quasi sapientibus, licet in huiusmodi satis rudes existant : vt pote Dei prouidentiam, Diaboli potestatem atque malitiam, & pleraque alia Theologica, ad quæ præsens articulus deducitur, ignorantes, & implent allegationibus legum, folia, quæ & in pluribus non faciunt ad propositum, eo quod puros actus humanos possunt regulare leges humanæ, non autem diabolicis colligatos possunt bene cognoscere : sed solum præsupposita cognitione superioris scientiæ, sacræ inquam Theologiæ, possunt pœnas determinare talibus conuenientes.

Et aprés au chapitre quatriesme, il dict. *Hoc capitulum, Episcopi, male intellectum à iuristis, quatenus hæc quæ ad Theologiam pertinent pertractat, est causa illorum ruinæ, putantium eo quod in corpore iuris canonici reductum est, posse proprium sensum circa illud ita prodere, vt etiam Theologorum sensui se opponant.*

4 Spineus dict que les Iuriscõ. euidemment tresmal le can. Episc. ce qui touche le point de Theologie.

Et au chapitre 9. il dict, que cette contagion de sorcelerie s'estoit tellement augmentee, & auoit faict vn tel progrés, que le Diable auoit dict en quelque certain Sabbat apparoissant en forme de Prince, comme ont racôté quelques Sorciers surprins par la Iustice, parlant à ses supos. Ayez bon courage (dict-il) *Neque enim elabentur anni multi, quòd numero superabitis Christi fideles. Quod optimè diabolus obtinet suffragio diaboli sibique similium, qui se patribus inquisitoribus opponunt, dicentes hæc esse deliramenta, sicque sceleStis his apoStatis fauent, & in hæresibus suis indirectè confirmant.*

Il y a donc en ce canon des choses, lesquelles par nature ne se peuuent faire par les Demons ; comme monter sur des animaux, lesquels estans transportez en l'air, nous portent & facent faire tant de chemin, & en si peu de temps; aller en compagnie auec la Deesse Diane & Herodiade, veu qu'il n'y a point de Diane Deesse au monde, qu'en nul lieu de cet Vniuers on ne sçauroit trouuer non plus vne Herodiade qui marche à cheual ny à pied, veu que si elle a iamais esté, elle est maintenant en Enfer. Comme aussi on ne peut ny ne doit recognoistre aucune autre essence Diuine que celle de Dieu ; tellement que si on contreuient à cette proposition, c'est vn crime digne du feu.

Et quant au surplus de ce qui se trouue escrit dans ce canon, qui ne repugne à la nature, & n'excede les forces de Satan, comme est ce que nous disons qu'il peut transporter corporellement les Sorcieres au Sabbat, ce canon ne nie pas que cela ne puisse aduenir : & sainct Thomas le tient ainsi, *quæSt.16. art.5. & 6. tit. de Dæmonib.*

Ainsi la verité est, que le canon *Episcopi* accuse d'heresie, ceux qui croyent à ces sorcieres, lors qu'elles racontent ces niaiseries & illusions, de la façon & en la qualité que ie viens de dire, & auec les circonstances qu'elles racontent: sçauoir qu'elles soyent transportees en l'air, auec la Deesse Diane & Herodiade, & tout le reste.

Aussi n'est il pas d'ailleurs raisonnable, que les Iuges les croyent, lors que surprinses d'auoir esté au Sabbat, elles disent qu'elles n'y ont esté que par illusion, ou par figure,

gure, qui est leur echapatoire ordinaire.

Car si vn Sorcier auoit conspiré contre son Prince, & abiuré son seruice, pour seruir vn Prince estranger, & qu'il dict que c'estoit par illusion, nul Iuge ne l'oseroit absoudre, ains il croyroit estre obligé à le condamner comme criminel de leze majesté, & si les Iuges qui ne sont souuerains mesprisoient cette iniure publique, ils auroient adiournement personel en la Cour de Parlement, & le Procureur General seroit blasmé s'il n'en faisoit la poursuite. Or pourquoy faut il estre plus nonchalant, à punir les iniures faictes à Dieu nostre vray Prince souuerain, veu qu'elles tournent au plus grand preiudice d'iceluy, de son Eglise, & de la nature, que d'vn simple Prince terrien.

Ouy: mais disent ceux qui les veulent excuser, puis qu'il y a de deux sortes de Sorcieres, aucunes qui souffrent illusion, d'autres qui vont en corps & en ame au Sabbat, quãd bien elles confesseroient y'auoir esté reellement & corporellement, comment croyra ou cognoistra le Iuge en cet indiuidu, lors qu'on luy en presentera quelqu'vne, sçauoir si son imagination l'a trompee, ou si veritablement elle a commis ce qu'elle confesse : *sæpe decipiuntur*, disent les autheurs Heretiques, *ergo index nunquam earum confessioni tutò credat:* la consequence n'en est pas bonne.

La verité est, qu'il ne faut s'arrester en ce cas à sa seule confession, ains il faut exactement examiner & espluchcr les autres preuues & indices, & sa confession fortifiee d'autres indices, le Iuge la peut iustement apliquer à la torture, & sa confession validee par la torture, perseuerant en icelle aprés les 24. heures, & les formes des Parlemens gardees, il faut croire ce que dict DelRio, qui a les opinions en ce delict occulte & caché, les plus selon la creance de l'Eglise Catholique Apostolique & Romaine, qu'autre qui en ayt iamais escrit. *Constat ergo* dict-il *secundùm leges, tales stryges à iudicibus legitimè captas, tortas, confessas puniri morte debere: & indices hoc facere nolentes, lethaliter peccare in Deum & Remp. & tales indices in hoc proposito manentes, absolui in foro conscientiæ*

DelRio lib. 5 sect. 16.

Yyy

nullatenus posse , quod accuratè perpendendum est corum confes-
saryis.

Il a donc esté tres-bien dict par aucuns, que du temps de ce canon *Episcopi*, les peines estoient douces, & la maladie plus incognue. C'est pourquoy il faut maintenant que la licence de faire plus de maux, & la hardiesse de commettre des mechancetez est plus grãde, que les loix soyent plus seueres: outre qu'on craignoit plus en ce temps là les loix pecuniaires, presque, que les loix capitales.

<small>Gregor. in syntag.lib. 34 cap.14.</small>

Voicy vn autre argument qu'ils font, La force des tourmens faict parfois qu'vn innocent confesse ce qu'il n'a pas faict : donc le Iuge incertain ne le doit pas condamner. Mais cela est faux, d'autant qu'il le peut legitimement condamner. Car autrement il y auroit pareille raison de dire , Plusieurs tesmoins sans obiect oppriment & deposent contre vn innocent, donc le Iuge commet vne grande faute de le condamner : ce qui est notoirement faux.

<small>5. Qu'il y a plusieurs regles pour connoistre si les confessions des Sorcieres sont veritables : dont voicy la premiere.</small>

Les confessions des Sorciers se rencontrent auec des indices si violens, qu'on peut asseurer, qu'elles sont veritables, reelles & non prestigieuses ny par illusion: qui met les Iuges hors de tout scrupule. Car quand ils confessent les infanticides , les parens trouuent leurs enfans suffoquez , ou leur sang tout sucé : Quand le desenseuelissement des corps , & la religion des sepulchres violee, on trouue que les corps arrachez de leurs sepulchres ne se trouuent plus és lieux où ils auoient esté mis: Quand elles confessent auoir donné vn morceau d'habit à Satan pour arres , on trouue en l'habit cette piece à dire: Quand elles disent qu'elles ont baillé le mal à tel homme, ou à tel animal, & par fois elles confessent les auoir gueris, cela se voit à l'œil, & se rencontre qu'ils sont maleficiez, mehaignez, ou gueris: par ainsi ce n'est pas illusion.

Voyla la premiere regle qui nous faict voir clairement ce que la Sorciere a faict, ou par sa confession fortifiee par des indices preſſans, & des preſomptions tres-grandes & tres-violentes, ou par des teſmoins ſans reproche.

La ſeconde regle de cette cognoiſſance eſt, ſçauoir ſi ce qu'elles confeſſent, ou que les teſmoins depoſent contre elles, eſt poſſible à Satan. Or nous auons prouué que le tranſport, & tout le reſte dont on les accuſe, luy eſtoit non ſeulement poſſible, mais fort ayſé. *Seconde regle.*

La troiſieſme regle eſt prinſe, de la qualité, & de la multitude des teſmoins, du nombre infiny des Sorcieres gueries & remediees par la grace de Dieu, par les ſuffrages de l'Egliſe, qui le content naïfuement, & le maintiennent virilement aux non remediees: cinq cens enfans de Labourt voire plus de mille, bien que ce ne ſoit qu'vne petite contree, qui ſont tous les iours portez eſdites aſſemblees par ces mauuaiſes femmes, leſquels ſont tous marquez, & portent le charactere du Diable, & preſque autant qui dorment toutes les nuicts dans l'Egliſe, le plus aſſeuré deſquels dormant vne nuict dehors, retombe és pates du Diable, par le moyen de la Sorciere qui a accouſtumé le mener au Sabbat: conformité d'accidens, vne ſi grande concorde de diſcordans & diuers entendemens, & le conſentement vniuerſel de toutes les nations pour eſloignees qu'elles ſoient, qui les font, racontent, & deſcriuent tous ſemblables. Que ſi c'eſtoient des ſonges, comment ont elles faict ou peu faire meſmes ſonges? comment eſt-il poſſible que cela leur ſoit aduenu de meſme façon, en meſme lieu, en meſme temps, en meſme iour, en meſmes heures? Les Medecins diſent que la quantité & qualité des viures, diuerſifient les ſonges, la diuerſité de l'aage, & la diuerſe temperature des humeurs: neantmoins au ſortilege, elles ſongent meſme choſe, petits & grands, vieux & ieunes, hommes & femmes, bilieux & phlegmatiques, ſanguins & melancoliques. *Troiſieſme regle.*

L'acouplement, & cette abominable acointance, *6. Que l'acouplemēt auec Satan eſt l'action où l'illuſion eſt plus à craindre.*

que le Diable faict auec ses supos, est l'action & le crime le plus malaysé à descouurir, & où l'illusion est plus à craindre: parce que la simple volupté & acointance des femmes, voire celle qui se faict sans aucun ministere de Satan, est communément cachee parmy les hommes, pour estre vne action accompagnee de quelque vergogne, ou saleté.

Remig. lib. 1. cap. 6.

Toutesfois, Remigius donne deux indices notables pour le cognoistre, & conuaincre les Sorcieres: La premiere est, si aprés vn si detestable concubinage, la fille estât degradee, il a fallu que quelques iours auant mourir, de grande lassitude elle ait gardé le lict: La seconde, si s'estant couchee les draps ont esté trouuez moites & trempez d'vne grande effusion de sang, ce que deux Sorcieres à ce qu'il assure ont aduoüé en iugement, Ce sont deux indices qui tesmoignent que la Sorciere ne songeoit pas. Car quiconque execute telles actions, si bien le commencement se faict en songe, si est-ce qu'en l'action formelle, il faut qu'il

S. Hierosm. Traditio in Genesim.

s'esueille, parce que *rerum natura non capit quemquam coire nescientem*; Il y a plusieurs autres indices semblables, que le Iuge prudent & bien aduisé peut ayément descouurir.

Il aduient aux hommes plusieurs choses merueillables, mais pourtant fort veritables, lesquelles estant racontees à des ignorans, perdent leur foy.

Ouy: mais vn innocent peut estre representé au Sabbat, tellement que tous les Sorciers desposeront qu'ils l'y

Del Rio lib. 5. sect. 16. f. 75.

ont veu. A quoy on respond, que Dieu ne l'a iamais permis, ou s'il a parfois permis que des innocens ayent esté diffamez, il n'a iamais permis qu'ils ayent esté condamnez: comme on dict de sainct Athanase, qui fut faussement accusé d'auoir coupé le bras d'Arsenius pour l'employer comme font les Sorcieres à quelque vsage de Magie: Ils pourront de mesmes dire de tous les crimes, que par illusion le Diable fera voir vn innocent, qui adultere, qui tue, & choses semblables. S'ils nient que cela n'a pas de lieu és autres crimes: qu'ils rendent donc la raison pourquoy le Diable peut repreſenter & faire voir vn innocent au ſeul crime de ſorcelerie, & aux autres non.

Mais à cela nous a ſatisfaict naguieres vne notable ſorciere Catherine de Barrendeguy, laquelle & à la torture, & au ſupplice, le troiſieſme Septembre 1610. confeſſa que les ſorcieres qui veulent mal à quelqu'vn, ont pouuoir de repreſenter la figure de celuy auquel elles veulent mal, que le Diable à leur priere en repreſente la figure pour les perdre s'il peut, & les faire accuſer de ſortilege: mais que la verité eſt, que ladicte figure ne bouge point. De maniere que c'eſt vn poinct notable de ſorcelerie, que le Diable peut repreſenter la figure meſme des ſorciers qui ſont priſoniers, & celle de toute autre perſonne qu'il luy plaiſt, mais cette figure ſera du tout ſans mouuement, & n'aparoiſtra au ſabbat faiſant du poiſon, dançant ou autre choſe, ains ſimplement comme celle d'vn ſimple ſpectateur.

Ils font encores cet autre argument, Il ne faut pas faire mourir les ſorcieres pour auoir renié Dieu, car ceux qui pechent mortellement, renient leur foy, & ayans delaiſſé leur Createur, adherent à Satan, qui eſt ce qu'on dict contre les ſorcieres: neantmoins on ne les faict pas mourir pour cela. S. Pierre renia trois fois Noſtre Seigneur, & pourtant il ne mourut pas, ny n'eſt declaré digne de mort par perſonne.

7. S'il faut faire mourir les ſorciers pour auoir renié Dieu.

On reſpond, que les pecheurs s'eſlognent de Dieu par deſobeiſſance ſeulement, & nonobſtant ils ſont improprement appelez infidelles, & accuſez d'auoir nié la foy. Mais les ſorciers ne s'eſloignent de Dieu par deſobeiſſance, ains par expreſſe abnegation, & renonciation de Dieu & de la foy, qui eſt Apoſtaſie formee, proprement tenue pour eſpece d'infidelité: conſtituant & formant vne ſorte de peché particulier, diſtinct & ſeparé des autres peches mortels.

Del Rio lib. 3 ſect. 16. f. 74.

Quant à S. Pierre, il a ſeulement failly contre le precepte de la confeſſion de la foy, mais il n'a iamais perdu la foy: les ſorciers reiettent la foy, & du cœur & de la bouche, & ce de leur bon gré, ſans nulle crainte vrgente: outre qu'il.

s'eſt incontinent repenty, & au contraire elles demeurent obſtinees en leurs defauts. Ainſi tous ces argumens n'empechent pas qu'on ne recognoiſſe bien clairement les ſorcieres, leurs pactions auec Satan, & qu'elle peine elles meritent.

Exod. 22. verſ. 18. Leuit. 20.

D'ailleurs, la loy Diuine diſant, *maleficos non patieris viuere*, ne s'entend pas comme dict Vvier des ſorciers, qui ſont ſeulement malefiques & empoiſonneurs, comme pluſieurs Heretiques ont penſé, ains de tous ſorciers qui ont paction auec Satan, & qui ont renié Dieu: ce que Del Rio prouue clairement *lib. 1. c. 2. de voce Mechaſſephim*, & Bodin contre Vvier.

Bodin en la refut. des op. d'Vvier

On prouue auſſi que les ſorcieres ſont dignes de mort, ſans autrement eſtre conuaincues d'aucun maleſice, par ce qu'il faut aggrauer la peine par la grauité du crime. Or la grauité du crime ſe prend, & ſe meſure par la dignité ou grade de la perſonne offencee, & de la qualité ou ſorte d'offence. En cette ſeule action le Dieu Treſ-puiſſant eſt offencé par les ſorciers, la Benoiſte Vierge ſa Mere, tous les Saincts, l'Egliſe vniuerſelle, tout le genre humain, & toutes choſes animees & inanimees. Car ils maudiſſent Dieu, & tout ce qui eſt au ciel & en la terre, qui eſt hors la domination & pouuoir de Satan, & proferent toute ſorte de blaſphemes à l'encontre: ils abuſent & dreſſent des embuſches contre toutes les autres creatures, leſquelles ils taſchent de deuoyer du ſeruice de Dieu, les ruiner & les perdre, & ce par des moyens tous pleins de contumelie & de cruauté.

8. Enumeration des crimes qui influent dans le ſortilege *Exod. 32. uẽſ. 5.*

Et particulariſant vn peu plus formellement leur abomination, Premierement ils commettent vne plus grande Idolatrie contre Dieu, que les Iſraëlites: car ils n'adoroyent qu'vn Veau d'or, à l'entour duquel ils beuuoyẽt, ſautoyent, & chantoyent, & ceux cy font toutes ces actions deuant le Diable meſme, auquel ils ſe donnent & ſacrifient, & luy rendent hommage de fidelité: ſi bien qu'on peut dire que Dieu a la ſorcelerie en ſi grand abomination, qu'il n'en parle iamais qu'auec des paroles de fureur & de vengence. Ce qui est particulier pour l'idolatrie, car il n'vse pas de pareils mots és autres mechancetez.

En second lieu, souuent ils consultent Satan, & prennent des conseils pernicieux de luy, (car il n'en sçauroit donner d'autres) qui tendent tous à la ruine des creatures de Dieu: ce qui est digne de mort, par la loy de Dieu. *Leuitiq. 12.*

En troisiesme lieu, ils offrent leurs enfans & filles & tous ceux d'autruy tant qu'il leur est possible à Satan. Or par la loy de Dieu il faut faire mourir ceux, *Qui semen suum offerunt Moloch.* *Leuit. c. 20. v. 2.*

En quatriesme lieu, les sorciers & sorcieres adulterent, & sont en perpetuel concubinage auec le Diable, & auec leurs plus proches, commettēt adultere, inceste & sodomie, & plusieurs crimes tout ensemble: & pechent non seulement contre le sexe & hors leur espece, mais bien hors leur genre: ce qui est plus pernicieux & detestable que tous les peches de la chair. C'est pourquoy il est commādé par la loy de Dieu, de punir de mort celuy, *qui cum iumento coierit,* & qui a commis aussi toute autre sorte de peché contre nature. *Leuitiq. 20. Exod. 22. v. 18. Et le tit. vt non luxur. contr. nat. in Auth.*

En cinquiesme lieu, en ce crime de sorcelerie interuient & concurre vn tres-horrible blaspheme & malediction enuers Dieu, lequel la loy Diuine punit aussi de mort. *Leuit 24. v. 15. Deut. d. 31.*

En sixiesme lieu, l'heresie se coule aisément dans le sortilege, à peine est il iamais sans heresie, disent tous les Docteurs Theologiens qui en ont escrit. Et quant à l'apostasie, c'est de mesme. Or en l'apostasie, par la *l. 3. C. de Apost. in foro externo poenitentiæ locus non est*: pour faire qu'vn homme ne puisse esuiter la peine du feu, par la coustume generale de la Chrestienté *sufficit fidei abnegatio* & la paction auec le Diable: Bartole en a faict vn conseil qui commence, *Mulier Striga.* *Bart. cons. mulier, stri-q d. inf.*

Ainsi en ce crime concurrent & s'influent l'heresie & l'apostasie, la confederation auec le Diable, l'impenitence, l'obstination, le sacrilege, le concubinage, l'inceste, le peché contre nature, le blaspheme, la reuolte & la hayne enuers Dieu, le moindre desquels merite la mort.

Or la seule deflexion du vray Dieu, à vne personne qui faict profession d'estre Chrestien, le sacrifice qu'ils font à Satan, est vn crime plus sale, qu'autre qui ayt iamais esté commis par les payens: se reuolter du seruice de Dieu, estre deserteur de la foy, pour fuir vers le malin Esprit son ennemi, & aprés s'estre enrollez par le sacrement de Baptesme en la milice de Dieu & dans son Eglise, se faire rebaptiser par le Diable au sabbat, changer son nom, & tascher à effacer le charactere du chresme, & le S. Sacrement de Confirmation, & rompre les bras & les cuisses aux Crucifix qu'ils pensoyent estre Dieux, prendre l'Hostie en communion, la garder pour en repaistre des crapaux, villaniser, detester & maudire, tout ce qu'ils pensent auoir quelque dependence de la Diuinité, ne sont ce pas crimes dignes de cent mil morts?

Le crime de leze maiesté Diuine qui est tres-manifeste par la simple profession de Satan, & par le pacte, confederation & alliance, duquel il apert par la seule formule & ceremonie de cette damnable adoration : les assemblees nocturnes pour les aprests de magie & de sorcelerie, qui ne se font que pour s'armer & munir de poyson, & autres choses pour destruire les hommes & les fruicts: cela seul est iugé capital par toute sorte de loix humaines.

Ils font hommage au Diable, luy sacrifient, & les plus detestables font vne fosse, & prosternent la face en terre, & adorent le Diable de tout leur cœur : ils voüent leurs enfans à Satan auant mesme qu'ils soyent baptisez, afin qu'ils perdent l'ame, & qu'ils soient plus vtiles & propres à faire leur graisse, & ces abominables chandelles desquelles les sorcieres se seruent pour aller rauager les maisons. Et ne se contentent pas de les sacrifier auant le Baptesme, & les faire brusler par forme de sacrifice, ains les consacrent à Satan des le ventre de leur mere: ainsi c'est vn double parricide, & vne detestable idolatrie.

Les sorciers promettent à Satan, d'attirer à son seruice tout autant de gens qu'ils pourront, & les deuoyer de Dieu: ce qui ne se peut faire sans encourir le vice de subornation,

de

de corruption, & de la perdition de l'ame de ceux qui y prestent l'oreille.

Les sorciers en signe d'honeur inuoquent Satan leur maistre, ne iurent que par luy, & font toutes choses en son nom contre la loy de Dieu.

Hure 3. & 11.

Les sorciers s'acouplent auec Satan, lequel acouplement seul, bié qu'ordinairement il est acompaigné d'vne infinité d'autres crimes execrables, merite la mort, par la loy de Dieu, qui dict au Leuit. 20. *Anima quæ declinauerit ad magos & ariolos, & fornicata fuerit cum eis, ponam faciam meam contra eam, & interficiam eam de medio populi sui*, & si bien il dict, *anima*, le mot, *interficiam*, monstre qu'il veut aussi bien entendre du corps. Outre qu'on peut dire que les sorciers sont engendrez en despit de la nature, qui abhorre de se mesler auec son propre sang: neantmoins chassans tout respect qui se recognoist mesme és animaux, Satan leur persuade qu'il n'y eut onques magicien ny sorcier qui ne fut engendré du pere & de la fille, de la mere & du fils, & en degré inegal, pour y marquer tousiours quelque dereglement.

Les sorciers aprénent au sabbat à s'armer contre le genre humain, & contre les biens de la terre que Dieu leur a donnez, s'instruisent de poisons pour leur faire iniure & outrage: & ce auec des armes de trahison, armes perfides, & partant presque ineuitables, comme poison, pouldres, paste de millet noir, crapaux, serpens, mechantes graisses, chair de pendus, chair & os d'enfans non baptisés: cela s'aprend & se distribue au sabbat, affin que chacun ait dequoy se venger, tuer, meurtrir, steriliser, maudire, rauager les champs, oster cette belle face à la terre, creature de Dieu, la despoüiller de la beauté des fruicts dont il l'auoit ornée, & aneantir les graces & dons du Tout-puissant, troubler les elemens, exciter les orages, c'est vne iniure tres-grande qu'ils font aux hommes. Car le Diable leur ayant osté les fruicts, se voyans reduicts à la faim, ils font mille mechancetez pour viure, & Satan les espiant en ce mauuais passage de la necessité, leur faict mendier son

Les sorcieres sont meslies.

secours & de mendians les rend enfin sorciers. Mais cette iniure ainsi faicte aux hommes, n'est rien au respect de celle qu'ils font à Dieu allant au sabbat : de maniere que les Iuges lesquels punissent plus volontiers de mort, le malefice de gaster les fruicts, que cette autre iniure que les sorciers font à Dieu allans au sabbat, où ils renient & renoncent à Dieu, & la suite, & font tant de maux que Pandore n'en contint iamais la mo... dans sa coupe, ont tresgrand tort. Car Dieu trouue beaucoup plus mauuais, que les Iuges soyent plus acharnez à venger les iniures que les sorciers font aux hommes, les priuant de leurs fruicts, que non celles qu'ils font à sa maiesté Diuine, le reniant, le blasphemant, & le maudissant.

Samuel ch. 7. liu. 1.

Il seroit cruel que les Iuges punissent des petites iniures faictes aux hommes, & en leurs personnes & en leurs fruicts: comme quelque petite maladie, & quelque petite sterilité iettee par des sorciers sur leur champ, & mespriser les iniures faictes à Dieu, à la Vierge, à tous les Saincts & Sainctes, à l'Eglise, aux saincts Sacremens, aux peres & meres, parrains marraines, aux parens, à toute la famille, voire à toute la Republique.

prager. Baptista Aporta. Bodin liu. 4. c. Demo.

Les sorciers font mestier au sabbat de faire des infanticides, & faire bouillir & consommer leur chair innocente, iusques à ce qu'elle se conuertit presque en humeur & se rend potable : elles boyuent leur sang, & puis accommodent leur chair comme i'ay dict, & ne pouuans porter des enfans non baptisez & autres au sabbat, elles vont enleuer les corps des sepulchres, ou tirer les pendus du gibet, pour en bailler à manger au sabbat; qui a faict dire à Apulee qu'il gaigna vne fois six escus pour garder vn corps mort vne nuict, contre les sorciers de Thessalie.

l.1. in verbo venen. cm confecerit, De si D. l.1. De malef. C.

Or tout homme qui faict, qui vend, qui vse de poison, merite la mort : & outre que la loy tient pour crime plus grand, tuer de poison, que de glaiue, quiconque ayant tué de ce poison quelque enfant, ou par autre voye, le faict manger au sabbat (comme les sorciers font souuent le cœur des pendus & le cœur des enfans,) il merite la mort la plus cruelle qu'on luy sçauroit donner. Le Patissier de Paris en la rue des Marmousets, lequel faisoit profession de faire manger des pastez de chair de pendus, fut par Arrest bruslé tout vif, & sa maison razee, auec inhibitions d'y bastir : & neantmoins il semble qu'il ne fut contable que de la façon & non de l'homicide : car il ne tuoit pas les enfans ny les hommes, comme les sorciers, pour les mettre & exposer en festin sur la table de Satan, qui distribue les cœurs des enfans, & en enuoye des morceaux en plusieurs paroisses, comme nos sorcieres nous ont dict les y auoir portez elles mesmes, & en auoir veu faire la distribution. *Bod. liu. 4. ch. 5. Demo*

Les sorcieres s'acouplent auec Satan, les filles luy consacrent leur virginité, chose enuers Dieu si precieuse, & les femmes mariees commettent adultere & sodomie auec luy en presence du mary, pour rendre le forfaict plus grand, & puis les prostituant incestueusement aux plus proches parens, le mary en est le plus souuent le proxenete. Or cela seul merite la mort, comme il fut iugé en ce parlement contre cette sorciere Ieanne Bodeau, laquelle ne fut iamais accusee ny ne confessa autre chose, qu'auoir esté au sabbat au Puy de Dome, & auoir adoré le Diable, & s'estre acouplee auec luy, qui fut vne tresbelle consideration des Iuges, qui disoient qu'il n'estoit besoin de laisser au monde, ny contraindre vn mary d'adherer auec vne femme qui auoit adulteré auec le Diable, trouuant mesme iniuste de la laisser vaguer és lieux les plus sales & deshonnestes qu'on se sçauroit imaginer.

Les sorciers demandent souuent d'estre rebaptisees en l'Eglise, pour oster ce maudict charactere que le Diable leur à imprimé en les rebaptisant. Ce qu'il a accoustumé de faire, pour leur oster ce premier Baptesme qu'elles ont receu en l'Eglise, & leur rendre inutile. Et de faict il leur faict changer de nom, chose mesme punissable par les loix ciuiles, & qui ne se faict guiere iamais que pour assortir quelque insigne mechanceté.

9. Qu'il y a plusieurs crimes qui influent dās le sortilege: dōt le moindre merite la mort.

Voila vne infinité de crimes detestables, dont le moindre merite la mort : & si bien pour auoir esté au sabbat les sorciers ne semblent estre coulpables de tous, si est il certain qu'ils sont coulpables de la plus grande partie: outre qu'ils en commettent vne infinité, qui ne peuuent estre cognus ny arrachez de cette obscurité tenebreuse qui est en ces maudites assemblees où chacun doibt prendre à prix faict, & entrer en obligation de faire vne infinité de maux, & puis en rendre compte, & auec plaisir & honneur s'en vanter deuant tout le monde, pour conuier tout le reste d'en faire autant ou plus, pour se recommander & & authoriser enuers Satan.

10. Que le sortilege est crimen exceptum & priuilegiatum.

A quoy i'adiousteray, que tous ces crimes font que, *sortilegium cum tot criminibus commixtum, est crimen exceptum & priuilegiatum, & dicitur passon crimen grauissimum, atrocissimum & enormissimum, in quo influunt circunstantiæ criminum enormissimorum :* dans lequel s'escoulent tous ces crimes que nous auons narré cy dessus: tous capitaux par les plus douces loix du monde.

D'ailleurs, c'est vn crime fort punissable & auquel il faut couper chemin, car *irrepit vt serpens*, il se glisse & s'insinue aisément, & faict des degats admirables. Qu'il n'y ayt qu'vne seule sorciere dans vn grand village, dans peu de temps vous voyez tant d'enfans perdus, tant de femmes enceintes perdans leur fruit, tant de haut mal donné à des pauures creatures, tant d'animaux perdus, tant de fruicts gastez, que le foudre ny autre fleau du ciel ne sont rien en comparaison.

Satan tesmoigne bien en iceluy sa malignité, entant qu'il tient presque tousiours ses assises, *nocturno tempore, quo homines minus sibi cauere possunt, aut meridie*, qui est sur le haut poinct du silence des Eglises, saison en laquelle le maling Esprit est en toute liberté, les prieres de l'Eglise finies, de faire tout autant de mal qu'il veut.

Fit clam, proditoriè & per insidiosam industriam, tousiours par surprise, par ruze, par trahison, par pieges, par embusches

& de guet à pens, qui rend les crimes plus graues & plus punissables.

Exercetur aduersus coniunctissimas personas : car vne Sorciere a cela de mauuais, qu'elle s'ataque plustost à ses plus proches qu'aux estrangers. Le mary veut tousiours atirer sa femme à la cordelle de Satan, de peur qu'elle ne le descouure: de mesme la femme le mary, la mere son fils ou sa fille, la nourrice son nourriçon, & la marraine son fils spirituel, la mere grand & la tante sa niepce.

Fit animo deliberato & dolo manifesto, quod indicat & peruicaciam & & complacentiam, le sortilege se faict tousiours auec dessein & deliberation pourpensee. Ils se donnent au Diable & vont faire l'adoration au Sabbat, dancer & festoyer auec luy, oüir le concert des instrumens, iouir de leurs amours, s'instruire & s'armer de poison, pour se venger de leurs ennemis : & ce auec tant de plaisir & complaisance, que plusieurs m'ont dict qu'ils tiennent le sortilege pour Religion, dans laquelle aussi voyent ils plusieurs Prestres contrefaire le sainct sacrifice de la Messe, & abuser des Sacremens, & le lieu du Sabbat pour vn Paradis.

Toutes lesquelles circonstances rendent ce crime si priuilegié, que plusieurs Docteurs ont dict qu'encore que tous autres crimes se prescriuent par vingt ans, neantmoins *crimen sortilegij cum sola haeresi commixtum,* ne se prescrit iamais. Et bien qu'en crime de leze Maiesté humaine, aprés que le criminel a esté executé, ses heritiers ne puissent estre condamnez payer les amendes pecuniaires *post quinquennium:* si est ce que les heritiers d'vn Sorcier qui a esté executé à mort, peuuent estre contrains au payement de semblables amendes, & ne peuuent prescrire le payement d'icelles que par 40. ans. *Del Rio.*

Comme aussi, *de crimine sortilegij non potest transigi inconsulto Principe.*

Aussi a on accoustumé d'en priuilegier les preuues. Ie sçay bien le bon mot qui est dans la loy *famosi, §. hoc tamen, Ad l. Iul. maiest. D.* que les fauteurs des Sorciers ont acoustumé de prendre à leur auantage. On compare le sortilege qui est vn crime de leze maiesté Diuine, auec le crime de leze maiesté humaine: mais cette mesme loy en ce §. dict, qu'encore que quelqu'vn soit accusé du crime de leze maiesté humaine, qu'il ne faut pas tant faire valoir & priuilegier l'accusation, ny mesme la preuue, qu'on en exaspere la peine, ains il faut simplement se contenter d'en rechercher la verité.

Non in occasione ob venerationem maiestatis, sed in veritate inquirendum est de crimine læze maiestatis.

Il ne faut pas aussi (dict-on) *ob venerationem maiestatis Diuinæ, vel quasi* in *illa occasione*, pendre, brusler & tourmenter les paures Sorciers: il faut seulemēt rechercher la verité de leurs malefices, & bien examiner la preuue.

Neantmoins les plus grands fauteurs des Sorciers ne sçauroient nier, que s'il y a lieu de priuilegier la preuue quand on a offencé nos Roys, qu'il y en a beaucoup plus quand on offence & renonce Dieu, qui est le maistre Souuerain de tous les Roys.

12. Que la preuue cōtre les Sorciers est priuilegiee. *Del Rio lib. 5 sect. 6. Farin. q. 12. nu. 12 & seq Clar. lib. 5 §. f. q. 21. Qui DD. in l. pa rentes D. De testib. Eiusd. de consil. malefic. mēd to 2. rem in 5. Bodin liu. 4 cha. 2. Boguet en ses aduis.*

Il n'y a donc point de doute, *quin sortilegium sit crimen exceptum & priuilegiatum*, ayant ce priuilege entre autres, d'estre *crimen mixti fori*, qui peut estre traicté selon la qualité des personnes en double tribunal.

Secondement, que la preuue n'en soit ou doyue estre priuilegiee, comme estant vn crime occulte & caché, qui se faict parmy l'espaisseur des tenebres par Satan Prince des tenebres. C'est pourquoy par priuilege à tous autres crimes, tous les Docteurs ont dict, que *in hoc crimine priuilegiato omnes testes alioquin inhabiles admittuntur: veluti mulier, minor, impubes, infans, omnes parentes, laicus contra clericum, infames & criminosi, socij criminis, excommunicati etiam maiori excommunicatione: soli inimici capitales repelluntur, quia est impedimentum iuris naturalis.*

13. Que les enfans sont admis à de poser cōtre les sorciers, & en quelle maniere. Quant aux enfans il y a plus de doute que de tous, mais depuis qu'on a veu tant d'enfans, qui accusoyent celles qui ont accoustumé les mener au Sabbat, qui leur soustenoiēt constament qu'elles les auoyent menez, mesme pendant leur prison, que par toutes les parroisses de Labourt, ils

faisoyent semblables accusations sans iamais varier ny iecter l'accusatiō de les auoir menez que sur vne mesme personne : qu'on en a veu plus de cinq cens en Labourt, qui deposoyent tous ensemblément, d'auoir veu mesme chose au Sabbat, qu'on les met apart, que chacune de celles qui les menent leur baillent vn baston pour garder leur petit troupeau de crapaux, qu'elles ont soing particulier d'eux, au Sabbat, pourquoy ne les croira on veritables.

Dieu ne tire il pas souuent la verité & sa louange, *ex ore infantium*, voire *ex ore lactantium*, qui sont les plus petits? *Ps.*

Que si vn enfant de deux ans a l'esprit & le iugement de recognoistre sa nourrice, quād elle seroit parmy trois mille femmes estrangeres, à plus forte raison recognoistra vn enfant de six, de sept, & de huict ans & au dessus, vne mauuaise & endiablee nourrice, qui le va querir trois ou quatre fois la sepmaine, qui l'a presenté au maistre du Sabbat, & qui luy a faict voir cent mille choses estranges, lesquelles vray-semblablement il tient & imprime beaucoup mieux dans sa memoire, par ce qu'il les voit plus longuement: car il n'est pas si tost dessevré de l'vn, que de l'autre: la seule estrangeté luy graue cela dans l'imagination plus fort, que ne faict la mammelle de sa nourrice, qui est chose commune, qui se passe auec delice: au lieu que le reste se passe auec crainte, frayeur & terreur, qui sont choses que les petits enfans se mettent & logent plus violemment dans l'imagination.

Ie sçay bien qu'il y en a qui ont dict, qu'il faut n'employer que deux filles de bon aage pour vn masle: faisant valoir la deposition de deux femelles pour vn tesmoin, comme nous expliquerons cy aprés. *Bodin & autres.*

Nous auons tousiours vsé en ce poinct d'vne precaution notable, & laquelle ie conseilleray volontiers à toute sorte de Iuges qui font le procez à des Sorciers de pratiquer.

C'est que nous n'auons iamais priuilegié la preuue si auant, que nous ayons faict valoir la deposition des filles, si elles n'auoient passé la puberté qui est douze ans, ny des enfans s'ils n'auoyent passé les quatorze.

Sauf des enfans de six ans, sept & huict ans & au dela, la deposition desquels nous receuions en ce seulement que chacun d'eux maintenoit virilement & sans iamais varier, à chacune de celles qui auoyent accoustumé les mener au Sabbat qu'elles les auoyent subornez vn tel iour, par tel & tel moyen, les auoyent menez vne telle nuict au Sabbat, en telle façon, les auoyent faict renoncer à Dieu, à la Saincte Vierge, & à tout le reste, & adoré le Diable, baillé des crapaux à garder, & auoient continué puis cinq ou six ans, & continuoyent encores, & les auoyent faict marquer de la marque du Diable, laquelle marque nous voyions visiblement, & en faisions faire l'espreuue deuant nous.

Donc en ce seul poinct vn enfant de huict ans, & encore d'aage plus bas, marqué de marque insensible est fort croyable: qui est vne preuue contre la Sorciere qu'elle va au Sabbat, & quelle mesne des enfans.

Et quand la Sorciere a continué le mener six ou sept ans, qu'il a passé les quatorze ans, qu'il se trouue marqué de marque insensible, pourquoy est ce que ce tesmoin ne sera creu, non seulement de ce que la Sorciere va au Sabbat, & qu'elle le mesne, mais encores de tout ce qu'il luy voit faire esdictes assemblees, comme dancer, festiner, faire du poison, s'acoupler auec Satan, escorcher des crapaux, mener les enfans, les faire renoncer, & en baptiser d'autres, se vanter des maux qu'elles ont faict, & mille autres execrations semblables?

Boguet. Il y en a deux procedures dans Boguet, l'vne d'vne fille de huict ans, qui dict qu'vne Sorciere luy auoit mis cinq Demons dans le corps.

L'autre d'vn enfant de douze ans, qui accusa tellement son pere sorcier, de l'auoir mené au Sabbat, que sur sa deposition qui estoit la premiere & la principale au procez, & autres preuues & indices, le pere fut bruslé.

En ce Parlement de Bourdeaux vn ieune enfant de douze ans, qui est encores plein de vie, & estant logé (par Arrest solemnel prononcé en robe rouge) en l'Eglise des Cordeliers, qui peut estre veu par ceux qui en auront la curio-

curiofité: fa depofition fut receüe contre fon pere, lequel il accufoit de fe feruir par fois de fa peau de loup, & courir les champs comme luy: & valut non feulement *ad inquirendum* comme ils difent, ains fans autre prefomption ne indice, on luy fit le procez par recolement & confrontement de fondict fils, lequel le luy maintint. Mais en fin pour l'excez on pardonna à la ieuneffe du fils: & contre le pere on dict qu'il feroit plus amplement enquis.

Si bien qu'on voit clairement que le fortilege eft vn crime fi priuilegié, que non feulement la depofition des tefmoins finguliers eft receuë, mais bien des enfans: auec les limitations pourtant & circonftances que i'ay dictes cy deffus, & non feulement des enfans communs, mais bien des enfans contre leurs propres peres: n'eftant raifonnable, puis que le pere defnaturé, a defrobé à fon fils fon vray pere qui eft Dieu, pour le liurer à Satã, que le fils foit touché d'aucun aiguillon de nature: il faut qu'il foit auffi infenfible dans le cœur & par tout, que cette marque qu'il luy a faict grauer au Sabbat par ce mauuais Demon eft infenfible

Il faut donc fonder cette propofition, Qu'en matiere de procedure & inftruction contre les Sorciers, pour ce qui confifte en la fimple veuë, comme qui mefne vn enfant au Sabbat, & qu'eft ce qu'il y voit faire, il faut croire l'enfant en ce qu'il dict fimplement, qu'vne telle Sorciere l'y a mené & mefne toutes les nuicts qu'elle y va, pourueu qu'il aye la marque & le charactere du Diable. Mais en ce qui eft des malefices, comme fi l'enfant dict outre ce qu'il l'a veuë au Sabbat, qu'il luy a veu faire tel & tel malefice: fi l'enfant a paffé la puberté, & fe trouue marqué de marque infenfible, fon tefmoignage eft admis, & des filles tout de mefme, au pis aller contant deux pour vne, fi deux filles marquees qui ont paffé la puberté fe doyuent compter pour vn bon tefmoin.

Ie ne veux oublier vne autre forte de preuue, qu'on a accouftumé de mefprifer au iugemét de leurs procez, laquelle neantmoins ie tiens pour tres-bóne & concluante: auffi a elle efté auctorifee par des Arrefts en cette mefme Cour de Parlement.

Il se trouue de vieilles sorcieres, lesquelles ayans ingenuement confessé auoir esté au Sabbat, & commis tous les maleficcs qu'on leur a mis sus, pardeuant le Iuge ordinaire, le confessent encores en la Cour, puis encores à la torture: neantmoins à l'execution elles s'en dedisent: nous en auons veu vne infinité; cela iette par fois de la poussiere aux yeux des Iuges, si bien qu'ils croyent que cette derniere denegation, est plus forte que les trois premieres confessions.

Surquoy la verité est, qu'outre qu'on dict que *standum est primæ depositioni iuratæ*, mesmement quand elle est trigeminee comme icy, nous auons veu par experience, qu'en ce païs de Labour les executions y estoient si mal-aylees, pour le grand nombre de Sorciers, que seulement pour crier aucuns sorciers ou sorcieres à trois briefs iours, nous demeurasmes plus d'vn mois sans pouuoir contraindre ny sergent ny trompette d'y aller, tant ils estoient menacez, & auoient peur de courir fortune de leur vie.

De maniere que si les sorcieres qui ont confessé deux & trois fois, se desdisent au suplice, c'est que le diable leur a ietté le sort de silence & taciturnité, de sorte qu'elles ne peuuent rien descouurir, quand mesmes elles en seroient en bonne volonté.

Secondement lors qu'elles vont au suplice, elles sont acompagnees d'vne infinité de personnes qu'elles ont accusé, qui taschent par amis ou autrement, de leur persuader qu'il les faut descharger: ce qui estoit plus aisé en ce païs là, qu'en vne bonne ville: car le plus souuent la difficulté du langage basque faisoit qu'on ne pouuoit trouuer aucun bon exhortateur, qui sçeut la langue, & tout ensemble qui fust capable de les exhorter. Qui faict que le plus souuent, (Dieu le permettant ainsi) elles mouroyent comme des bestes sans assistence. Outre qu'estant perchees au haut de la potence, elles voyoient peres, meres, tantes, maris, femmes, seurs, freres, filles, niepces, & vne infinité d'autres parens, lesquels la larme à l'œil les conuioyent assez de s'en desdire, & les descharger de peur de deshonnorer & faire mourir toute leur famille, & destruire toute leur allience à la fois.

Iusques à en estre venus là, que pour les faire desdire, ou accuser quelques vns du païs, ils ont souuent porté, auec leur promptitude naturelle, le poignard à la gorge de celles qu'on alloit executer, qui disoyent comme le Philosophe à Athenes, qu'il n'estoit pas possible en Labourt de mourir en paix : & n'estoit en la puissance des Iuges d'y donner ordre.

Ie ne trouue pas bonnes toutes ces violences, non plus que celle du Milanois, lequel fit enuers son ennemy, ce que le Diable a accoustumé de faire aux sorciers, il luy fit renier Dieu le poignard à la gorge, puis il le fit encores protester reniant Dieu, qu'il le faisoit de bon cœur : puis il le tua afin de tuer & se venger de l'ame & du corps. L'Allemant estoit plus discret, & sembloit faire moins de mal, lequel disputant de la Religion auec vn Iuif, dans vn bateau sur le Rhin, le print par les pieds, & luy plongeant par plusieurs fois la teste dans l'eau, & ores la luy rehaussant, luy dict que s'il ne vouloit croire en Iesus Christ, & ne renonçoit sa loy sans plus atendre son Messias, qu'il n'atendroit aussi vn moment à le ietter dans la riuiere. Le Iuif en apparence y renonça volontiers, croyant que ce fut le seul moyen d'eschaper d'vn si grand peril, puis il luy demanda, comme le Milanois à l'autre, s'il n'embrassoit pas de bon cœur la creance de l'Espouse de Iesus Christ son Eglise: il n'eust pas plustost dict ouy & laché le mot qu'il le lascha dans l'eau, & le faisant noyer, luy dict, Va, tu ne sçaurois mourir en meilleur estat : car ce donnant la vie tu trahirois encor vn coup, & crucifierois Nostre Seigneur. Ce dernier à la verité auoit vne meilleure intention : mais ie ne sçay si Dieu a pour agreable, qu'on luy donne ainsi des ames, auec telles & semblables violences. A contre sens on pourroit dire, *Non in commotione Dominus*: il ne faut attendre à se reietter à Dieu, lors que nous l'auons esmeu, & que par nos pechez il

Bodin liu. 4. c. 1.

il a iuste raison d'estre irrité contre nous : il ne faut non plus que nous nous rejettions à luy par desespoir, & lors que nous sommes violentez & en mauuais estat. Il ne faut pas pour toutes ces violéces accuser l'innocent, ny descharger le coupable, comme faisoyent nos sorcieres. Et quát au Milanois ie trouue qu'il estoit du tout sans courage. Il n'en est pas ainsi des sorciers: car le Diable leur donne vn si grád cœur & vne si vigoureuse & forte obstination, que cent poignatds à la gorge, & le precipice & profondeur de tous les abysmes estans reduicts à vn seul abysme, & tous les tourmens à vn seul tourment, ne sçauroient en deuoyer vn seul du seruice qu'il luy a voüé.

En fin la resolution de tous ceux qui ont iamais escrit du sortilege est, Qu'estant vn crime priuilegié sur tous autres, *Omnes testes alioqui inhabiles admittuntur*: comme sont les enfans auec les circonstances que nous y auons apporté cy dessus.

Aussi n'y a il point de doute, que ce crime de sorcelerie estant extraordinaire, secret & caché sur tous les crimes du monde, qu'il en faut aussi faire vne recherche extraordinaire, plus curieuse & plus exacte qu'en tous les autres crimes. Et trouue fort à propos les formes de la iustice d'Escosse & de Milan, où la coustume est de mettre vn tronc à l'Eglise, dans lequel il est loisible à vn chacun de mettre dedans vn billet de papier le nom du sorcier, le cas par luy commis, le lieu, le temps, les tesmoins : lequel est ouuert tous les quinze iours par le Iuge, en presence des gens du Roy, auec chacun leur clef, & ce pour informer plus secretement.

<small>Bodin li.4. c.1. Demo.</small>

Ils ne font pas là tant de mysteres pour les condamner à mort, quand elles ont simplement esté au Sabbat, pourueu qu'il se trouue preuue qu'elles ont le serment de l'espee. Surquoy Bodin parle en plus forts termes. Car il dict que quand mesme il n'y auroit nulle preuue contre les sorciers des idolatries, blasphemes, sacrifices, adulteres & paillardises auec satan, & autres mechancetez, si est ce (dict-il) que s'il est verifié, que l'accusé

<small>Bod.c.4.c.5.</small>

soit sorcier simplement, il merite la mort, pour auoir simplement faict paction auec Satan: alleguant là dessus l'exemple de l'Empereur Claudius, qui fit executer à mort vn Cheualier Romain, pour auoir porté sur luy vn œuf de coq, les autres disent de serpent, croyant par ce moyen corrompre les Iuges, & gaigner sa cause par quelque espece de sortilege. Il alloit vn peu bien auant, de le faire mourir sans preuue, & sur vne simple presomption.

Tacite. Pli. l. 29. c. 3.

Bodin dict encore plus, qu'il est mesmes permis de promettre impunité aux complices denonciateurs ou accusateurs, & la leur tenir, pourueu qu'ils se repentent & renoncent à Satan: qui monstre clairement que le sortilege est vn crime excepté ou priuilegié, & non simplement vn delict commun.

Ioannes Erandus, in speculo iur. De accusa.

Aussi a on obserué, qu'encore que du temps du Roy Charles IX. on espargnast fort les sorciers en France, ce n'estoit qu'à cause de la foule, & que Trois-echelles sorcier insigne, en auoit tant deferé, que toutes les echelles à main de la France, n'eussent esté sufisantes pour les monter au suplice. Neantmoins il dict qu'auparauant le Roy Henry II. on n'auoit faict toutes ces difficultes, & que depuis encore on a ouuert les yeux: si bien qu'il conclud tousiours qu'on n'a plus faict de difficulté de les faire mourir.

Bodin. liu. 4. c. 1. Demo.

Les Venitiens qui font porter la qualité & le nom de Sages à leurs Magistrats, soit à ceux de mer, soit à ceux de la terre, ont aussi acoustumé, tenant le crime de sortilege pour priuilegié, d'en priuilegier la preuue. Mais auec vne telle moderation, que voyant que ces maudites assemblees sont plus fournies de femmes que d'hommes, pour ce que *fœminarū scientia præualet in veneficis*: ils ont voulu par ordōnance de l'an 1524. suyuie de tout l'Orient, que d'eux femmes ne fussent contees que pour vn tesmoin.

Saggi de mar. Saggi di terra.

Pli. lib. 2. cap. 11. Bod. lib. 1. cap. 2. Demonom.

Or puis que tant de crimes concurrent en ce crime, desquels le moindre est tres-digne de mort, *videtur communi iudicio carere, qui communem hanc pestem non censet igne gladióque abolendam, & suspicionem occulti consensus atque conspirationis meritò præbet, qui se Dei & hominum coniuratos hostes defendere atque tueri velle profitetur*, disent nos Docteurs.

Del Rio 2 s. sect. 16.

Et puis que hors la prison & le feu, iamais les sorcieres ne se conuertissent, comment se conuertiront celles qui meurent dans la maison, estans à l'abry de la Iustice, & hors de toute côtraincte, n'ayas chez elles personne qui les reuoque à Dieu? *Itaque*, dict del Rio, *etiamsi nullū occiderint, al, consequens est eas adhuc meritò morte plecti*: & qui les exempte de la peine de mort, il les tient pour impies, cruels, quasi côme parricides de la patrie, & de la Republique.

Quant à l'Ordonnance du Roy Charles, art. 109. qui semble dire, que si elles ont commis malefice ou donné du poison, & non autrement, (comme pour auoir esté simplement au sabbat) qu'il les faut punir: & que si elles n'ont faict mal à personne, qu'il les faut aussi punir, mais selon la qualité du delict.

Elle veut dire que celles qui ont cômis malefice & donné du poison, que perpetuellement il les faut faire mourir, mais celles qui n'ont cômis aucun malefice, ains seulement ont esté au sabbat, & ont côtracté alliance auec le Diable, & faict le reste de ce qu'on a accoustumé de faire esdictes assemblees, qu'il les faut parfois punir par le feu, & parfois de quelque autre suplice.

Chez Sebastia Michaelis in Pneumalogia & chez Del Rio.

La sentéce de l'Inquisiteur d'Auignô, couchee au lôg chez tous nos modernes, dict que l'Inquisiteur qui estoit vrayement le Iuge d'Eglise, les liura au Iuge seculier, comme il faudroit que tous Iuges Ecclesiastiques fissent, affin qu'ils fussent punis de peine condigne à de si grands forfaicts: laquelle est en ce digne d'obseruation, qu'elle descrit & raisonne tous les crimes execrables, desquels vn sorcier qui a esté plusieurs fois au sabbat, & a paction auec le Diable, peut estre legitimement accusé.

Ils font tant de choses contre la nature, qu'encore que le Diable les mesne en lieu tenebreux pour les leur aprendre, si est ce que l'estrangeté des choses qu'elles font, & les execrables malefices qu'elles cômettent les decouurét assez. Elles sçauent troubler les elemens, exciter pluyes, orages, gresles, tonerres, en temps que l'air n'y est nullemét disposé: elles sçauent transplanter les plantes, gaster le bestail & les fruicts, esleuer les corps en l'air, & porter des corps graues

& pesans fort haut, fort loing, & en fort peu de temps: si bien que le depart & le retour semble quasi estre mesme chose.

Le sorcier, lequel entant qu'homme est le vray temple de Dieu, se consacrant & donnant tout à faict au Diable qui est son ennemi, faict violence & à Dieu, & aux Iuges qui doibuent entrer en cognoissance de son forfaict: & pouuōs dire qu'il les force tous deux de ne luy pardōner. Et ne pourroit on mieux raporter à pas vne sorte de delinquās qu'aux sorciers, le traict de Saluiā, lequel parlāt de ceux qui offencent Dieu fort griefuement dict, *Vim Deo facimus iniquitatibus nostris, ipsi in nos iram Diuinitatis armamus: cogimus ad vlciscēdas criminū nostrorū immanitates nolentem Deum, propè est vt ei non permittamus vt parcat.* Salui. lib. 5. de guber. Dei.

Et en ce que les sorcieres & leurs fauteurs indulgens soustiennent, qu'aller aux dictes assemblees ne merite la mort, puis qu'elles sont deceuës par le Diable, & qu'elles y vont comme forcees: voulās que cette force les excuse de toute peine; ces regles de droict sont bonnes pour regler les affaires, & le commerce comun de ce qui se traicte d'homme à homme, ou pour mieux dire, de ce qui concerne seulemēt le corps, pour valider des cōuentiōs ou pactiōs de leurs biens temporels: mais ces pactions ou cōuentions qui se font auec Satan, qui consistent en foy & religion, qui nous deprennēt de nostre Createur, qui cōcernent l'ame qui a mis en compromis & en ce mauuais marché son salut & la gloire eternelle: c'est la plus haute conuention, & la plus importante que l'homme sçauroit faire.

Que si les cōuētiōs faictes auec certains Subiects, par celuy qui est ennemy capital de leur Prince, sont irremissiblemēt punis de mort, commēt pourra on excuser ou remettre ces pactiōs abominables, qui se font & se noüent si estroitemēt & si pernicieusemēt auec l'ennemy mortel de Dieu, de l'Eglise son espouse, de la Religiō, & de tous les bōs Chrestiēs? Vvier au der. ch. De lamiis. & Bodin en la refut. des opin. d'Vvier. 14 S'il faut faire mourir les sorcieres repenties.

Ils adioustent encor vn traict plus pernicieux pour fauoriser les sorciers, que tous les autres: & disent qu'il faut pardonner aux sorcieres repenties, comme on faict aux Heretiques & aux obstinez, de peur de tuer le corps & l'ame.

Surquoy le doute est qui sont ces sorcieres repentíes; car

elles sont fort rares. Et quand on les cognoistroit certainement, il leur faudroit pardonner, lors que long temps auāt estre preuenues par la Iustice, sans force ny contrainte, elles se seroyent d'elles mesmes iettees aux pieds d'vn bon Confesseur, abiuré cette abomination, & recherché tous les remedes que l'Eglise leur donne.

Car autrement, pardonner aux sorcieres repenties! elles sont repenties le plus souuent par force : si bien que le Diable les ramenāt à luy, les faict repentir de ce qu'elles se sont repenties, & les bat, effraye & tourmente incessamment, iusqu'à ce qu'il les ayt ramenees à leur premier peché. Et quāt aux obstinees, Nostre Seigneur ne leur pardonne pas, si elles meurent en leur obstination : & les Iuges encore moins, ains ils les punissent griefuement, puis qu'ils en sont pressez par toute sorte de loix, & Diuines & humaines.

Bodin en la ref. des opi. d'Vvier. & en vne infi-nité de lieux de sa Demonom. liu. 4. c. 4 & 5.

Voulez vous voir ce qu'en dict Bodin? Il y a plusieurs sorciers (dict il) qui n'ont faict mourir ny maleficié homme, beste, ny fruict, & mesme qui ont tousiours guary des personnes ensorcelees, qui semble estre vne action plausible : si est ce que pour auoir renoncé Dieu, & traicté auec Satan, ils meritét d'estre bruslez tout vifs. Car telle conuention est sans comparaison plus capitale, que de faire mourir par feu & par glaiue, les fruicts, les bestes, & les hommes : d'autant que cecy se faict auec les creatures, auec lesquelles on peut composer. Mais traicter auec Satan c'est directement combatre la Maiesté de Dieu, & se reietter à son ennemi en despit de luy.

Samuel 2. c. l. 2.

C'est pourquoy la loy de Dieu dict que la sorciere soit soudain mise à mort : sans dire precisément si c'est pour auoir faict mourir les hōmes, les fruicts ou le bestail. Voulant dire que la loy de Dieu veut, qu'on sçache qu'il ne faut punir les Sorcieres principalement pour auoir faict mourir les hommes, & commis autres maleficés, mais pour auoir traicté & faict paction auec Satan.

Philo. Iud. in lib. de specia. lib. legib.

Et passant à vne autre belle consideration ; La loy de Dieu dict, Qu'on ne laisse viure les sorciers : c'est affin que soudain (dict Philon le Iuif) ils soiét executez à mort le iour mesme.

C'est

C'est donc l'aduis de Bodin en vne infinité de lieux en sa Demonomanie, & en la refutatiõ des opiniõs d'Vuier, qu'il faut faire mourir la sorciere pour auoir esté simplement au sabbat, & beaucoup plustost que pour autre malefice que ce soit, pour raison duquel les Iuges ne font nulle difficulté de les faire mourir.

Tous vices ont leurs plaisirs qui nous attirent, & qui seruent d'hameçon pour nous surprendre, *Nullum sine auctoramento malum est*: la cholere nous point, & nous met tousiours ce plaisant desir de la vengeance deuant les yeux: l'auarice promet de l'argent, & se dict & maintient la vraye & seule maistresse de nos moyens: la luxure, plusieurs & diuerses voluptez: la gourmandise, cent mille plaisirs: l'ambition donne la pourpre l'aplaudissement, & en fin la reputation, le credit & la puissance. Il est donc vray que, *mercede nos vitia sollicitant*. Mais le sortilege n'est incité par aucune volupté, ains le sorcier est attiré à ce forfaict, d'vne ame purement malefique & pernicieuse, sans autre volupté que celle qui le faict tomber en sens reprouué, & en fin en damnation eternelle, auant mesme qu'il ayt abandonné ce monde: veu qu'il semble que les sorciers estans au sabbat ayent quasi prins en quelque façon possession de l'enfer.

Les peines ne sont pas establies simplement pour chasser le forfaict, c'est le moindre fruict qui en reüssit à la Republique; mais le plus grand & le principal est pour apaiser l'ire de Dieu, mesmement si le forfaict est directement contre sa Maiesté, comme est pardessus tous crimes, le crime de sorcelerie.

Pusieurs s'amusent à vn traict qui est dans la loy 8. *De malefic. C.* qui dict, *culpam similem esse tam probibita discere quam docere*: & disent par là qu'il ne faut faire mourir ny les magiciens ny les sorciers. On n'a pas accoustumé disent ils, de faire mourir vn enfant, lequel vne sorciere porte la nuit au sabbat pour l'instruire, ainsi elle qui l'enseigne ne doibt non plus mourir: pour ce que, *culpa similis est, tam probibita discere quam docere*. Il semble que ce traict conuienne beaucoup

15. Explication de la l. 8. *De malefic. C.*

mieux à la magie qu'à la sorcelerie. Car en matiere de magie, ils se trompent de dire, qu'on ne feroit mourir ceux qui enseignent la magie, comme si ce n'estoit qu'vne simple curiosité. Car au contraire la loy veut dire qu'il en faut faire mourir, & les maistres, & les disciples : & c'et exemple le nous aprend, qui dict Qu'Apronius Preuost de Rome condamna à mort vn Hilarius, par ce qu'il auoit baillé son fils à instruire à vn magicien ou sorcier : si bien qu'il fut tiré de l'Eglise pour estre mis à mort. Or si Hilarius qui n'estoit ny le magicien qui enseignoit la magie, ny le disciple qui l'aprenoit, ains simplement vn tiers qui mettoit son fils en aprentissage, fut condamné à la mort, & qu'en sa personne ce traict, *Quod idem erat discere atque docere*, ne se pouoit verifier : par ce que *neque discebat neque docebat*, à plus forte raison faudra-il condamner à mort le maistre & le disciple.

Vlpian. Marcel. lib. 16.

Quant au sortilege, ce seroit vne sotise de dire, que la sorciere qui mesne son fils au Sabat pour l'initier & instruire de bonne heure, ne fust pas en plus grãde faute que l'enfant qui est du tout innocent, iusques à ce qu'il est paruenu à certain aage de discretion, & cognoissance, qui ne sçait ce qu'il aprend, n'estant en aage ny en volonté de rien aprendre, & ny va que par force.

Que si on veut accommoder cela non à vn enfant, ains à vne personne qui seroit de bon aage, qui voudroit aprendre d'aller au sabbat, & de faict iroit, & feroit comme les autres : veritablement lors, *culpa similis est tam prohibita discere quam docere*, & y en auroit assez, s'il auoit passé la puberté, pour le faire mourir. Et de faict nous fismes mourir vne sorciere qui auoit 22. ans, qui s'estoit faict mener au sabbat, par vne autre sorciere nommee Daguerre pour s'instruire, ce qu'elles confesserent toutes deux. Surquoy Bodin dict, que l'enfant sorcier qui a atteint la puberté, doit estre executé à mort, s'il n'a declaré les assemblees auec les Diables, mesmement estant preuenu, & qu'il soit conuaincu ne voulant rien confesser, mais s'ils sont fort ieunes l'aage, & l'induction de leurs meres sorcieres, leur doibt impe-

Bodin liu. 4. ch. 5. Dem.

trer impunité : bien que la loy *Auxilium §. in dilectis, De minorib. D.* dise *Neque sexus neque ætatis excusatio est aduersus legum præcepta*, par ce que les filles & les enfans sont aussi bien appellez à la saluation, & à la damnation que leurs peres & meres.

Quant à Remigius, qui a faict le procez à vne infinité de sorciers au païs de Lorraine, il tient qu'il faut faire mourir les enfans criminels : à plus forte raison ceux qui vont au sabbat, selon l'esprit malicieux qu'ils tesmoignent faisant quelque malefice.

Quadraginta pueri, dict l'Escriture saincte, *à duobus vrsis laceratis sunt, ea solùm causa, quod Eliseo proteruè illusissent dicentes, ascède calue.*

Et en la Loy *Excipiuntur. D. Ad syllan.* on fit mourir vn enfant, de ce que dormant aux pieds de son maistre, il n'auoit crié quand on le tuoit. Et par Arrest de Paris vn enfant de douze ans fut condamné à mourir, pour ce qu'il auoit tué vn autre enfant de mesme aage que luy d'vn coup de pierre, & en auoit caché le corps.

Il ne faut pas espargner la vie d'vn enfant, pour garantir celle de plusieurs, qu'il rauira par sa mechante vie, par sortilege, poison, ou autrement. Car il n'y a point de doute, que ce qu'encores ignorans ils executent par la volonté d'autruy & comme par commandement, ils ne l'entreprennēt & essayent par aprés auec plus d'ardeur, lors que l'aage aura allumé leur cholere & armé le desir de vengeance.

Et dict qu'il vit condamner vn enfant moindre de sept ans, mené au sabbat par son pere & sa mere, pour auoir tourné la broche au sabbat, & pris du poison par les mains du Diable, lequel il auoit souuent ietté sur des iumens : par ce qu'en ces circonstances & malefices, *innocentia consilij quæ alioqui infantes tuetur, nulla dici ac defendi poterat*, la loy *Infans Ad l. Cor. de sic. D.* & par ce que *vbi perseuerantia animi indicium ostendit, impunitas delicti propter ætatem non datur.*

Et ailleurs il dict, que c'est la coustume, & qu'il la mesme ainsi iugé, qu'il faut que lesdicts enfans sorciers qui vont au sabbat, soyent foüettez par trois fois, à l'entour des lieux où les peres & les meres seront bruslez: & que s'ils ont faict du poison, *& sint doli capaces*, qu'il les faut faire mourir.

Greg. in Hosiag. lib. 34. c. 21. num. 11.

Gregoire dict qu'au Parlement de Tholose, en l'an mil cinq cens septante sept, il mourut plus de sorcieres cette annee, & en y eust en plus grand nombre, dont aucuns furent bruslees, les autres punies & chastiees seuerement selon la preuue, qu'il n'y eust de toute sorte d'autres criminels en deux ans. A la verité il ne dict pas que ce fut pour auoir esté simplement au sabbat: mais il est fort vray-semblable qu'en vn si grand nombre toutes n'estoient pas malefiques: car il dict qu'il en fut executé plus de quatre cens.

Del Rio lib. 5. sect. 16. §. 72. & 76.

Quant à l'opinion de Del Rio, que ie tiens pour le plus curieux & exacte rechercheur de sorcelerie qui ayt esté iusqu'icy, & auquel il faut que tous ceux qui en ont escript de nostre temps cedent: il dict tres-bien que pour sçauoir si telles ou semblables choses que le Diable faict voir au sabbat, lesquelles estant reuoquees en doute, font aussi que les Iuges demeurent en doute de la peine, sont croyables ou incroyables, possibles ou impossibles, le iugement en apartient aux Theologiés qui ont conioinct la Philosophie Diuine auec l'humaine. *Nudi vero literatores* (dit il) *iurista, vel medici, non sunt idonei iudices: multo minus homines quidam Lucianij & athei seu politici nostri trochi, pietatis, publicæ salutis, & Catholicæ Religionis negligentissimi, ambitionis vero & diuitiarum vndequaque aggregandarum studiosissimi.*

Del Rio lib. 5. sect. 16. §. 76.

Or ie ne le sçauroy confirmer plus clairement, qu'a faict Del Rio liu. 5. sect. 16. ny alleguer d'autres autheurs, d'autres loix, ny d'autres canons: & ne luy veux oster la gloire d'en auoir faict la recherche; si bien qu'aprés qu'il en allegue vne pleine page, & des plus sçauãs de l'Europe, de toutes nations, & de toute sorte de professions, dissout les argumens ineptes des fauteurs des sorciers: Il conclud, que

17. Qu'il faut faire mourir les sorcieres pour auoir esté simplement au sabbat.

Lamiæ sunt occidendæ, etiamsi hominem nullum veneno necassent, etiamsi segetibus & animantibus non nocuissent, etiamsi necromantica non forent: eo ipso tantum quod dæmoni fœderata, quod conuentui interesse solita, & quæ ibi exercentur præstare.

Duquel aduis est aussi Boguet, duquel ie fay grand estat

pour auoir esté Iuge, & faict & parfaict le procez à vne infinité, tout conformément à nos procedures : qui monstre que le Diable & ses supos Sorciers & Sorcieres, sont vniformes en mechanceté, en maleficcs, & en tous les autres mysteres de la sorcelerie & du sabbat. Si bien que qui desormais en chose si tenebreuse, voudra rechercher & desirera trouuer plus de clarté, pour plus asseurément & certainement asseoir la peine, on luy pourra dire ce qu'a dict DelRio, qu'*in re tam occulta & ardua probationis, non est moderati aut sensati hominis demonstrationes exigere.*

Boguet c. 73.
Codex Fabrianus lib. 9 tit. 12. definiti. 2. nu. 10. in allegation.

DdRio lib. 5. sect. 16.

Et qu'il est danger quand les Magistrats sont doux enuers les Sorciers, que Dieu ne leur face ressentir sa iustice, comme il est aduenu puis vn an, à compter du temps que Bodin escriuoit sa Demonomanie, à Haguenone, prés la ville de Laon, Que deux Sorcieres qui auoient iustement merité la mort, furent condamnees, l'vne seulement au foüet, l'autre à y assister : mais le peuple chassant les Officiers comme trop indulgens les lapida. Vne Sorciere fut bruslee tout viue en despit des Iuges, & du bourreau : car Nostre Seigneur permit qu'elle se destacha & sauta hors du feu par trois fois, si bien que le bourreau fut contraint de l'assommer, qui est vne leçon aux Iuges, du iuste iugement de Dieu, qui leur tesmoigne clairement en ce poinct, que souuent ils les traictent trop doucement, si bien que Dieu qui est le souuerain Iuge, y met encores en ce monde la main aprés eux, & souuent punit & chastie la pernicieuse curiosité des Iuges, & leur douceur, voire la nonchalance de leurs Officiers & executeurs : comme fit cette Sorciere, laquelle estant preste à mettre dans le feu, dict qu'elle vouloit bailler la recompense au bourreau, si bien que luy soufflant au trauers du visage, elle le rendit ladre & mourut bien tost aprés, qui monstre clairement qu'il ne faisoit son deuoir. Et bien qu'on die qu'elles ne peuuent nuire dés qu'elles sont és mains de la Iustice, cela est vray tant que les Officiers font leur deuoir, mais dés qu'ils vont tant soit peu de trauers & qu'ils y manquent, il n'y a nul doute que le Diable ne puisse faire en sorte, que

Bodi. 4. c. 1. Demo.

Boguet ch. 41.
Spranger pag. 1. q. 1. c. 12.

Bbbb iiij

les Sorcieres leur bailleront quelque attainéte.

Ainsi celuy là auoit raison de s'escrier contre les Iuges, *Negligere sort.legos cum possis perdere, nihil aliud est quam peruersos fouere: error cui non resistitur approbatur, & veritas quæ non defenditur opprimitur.*

Et pour venir aux opinions que les Iuges en tiennent en ce Parlement de Bourdeaux, chacun sçait que les preuues & les peines sont arbitraires en France. La grande multiplicité, & le grand abord de Sorcieres, qui se deschargea dans ce Palais aprés nostre commission, fut telle, que les prisons pleines, il fallut les loger dans les ruines du chasteau du Ha. Or d'autant que les Iuges *laborabant in eligendo*, on se faschoit de tant de tourmens: par ce que outre que la plus part bien qu'elles confessent, s'expliquent tres-mal, outre qu'il faut receuoir leurs confessions, recolemens & confrontemens entre elles, par la bouche d'vn tiers, qui sont deux truchemens Basques, qui peuuent, sinon adiouster ou diminuer, pour le moins adoucir & renforcer l'interrogatoire; Messieurs de la Tournelle de l'année 1609. venant à la Sainct Martin 1610. donnerent vn Arrest, par lequel, quand il n'y auoit assez de preuue pour les malefices dont la Sorciere estoit accusee, ils ordonnoyent que sur les malefices il seroit plus amplement enquis, & soustenoient la peine qu'elle meritoit pour auoir esté simplement au sabbat. Et si par aprés la preuue de la plus ample inquisition faicte, elle se trouuoit encores foible: ils ne la condamnoient pas à la mort, ains ils la faisoyent simplement foüetter & bannir.

Mais depuis s'estans partis sur vn faict presque semblable, où le transport au sabbat estoit bien verifié, mais les malefices tenus pour assez legers, ou pour le moins nullement verifiez, le procez fut departy en la Grand' Chambre: où chacun ayant pour s'esclaircir prins la peine de voir ce qu'en disoyent & les bons autheurs, & les bons Iuges qui en auoient faict des liures: de dix que nous estiós, il y en eut huict qui embrasserent cette opinion, Qu'il faloit faire mourir les Sorcieres pour auoir esté simplement au Sabbat, quand bien elles ne seroyent preuenues d'aucun maleſice. Et de faict par Arreſt du 10. Iuillet 1610. vne Sorciere qui confeſſoit ſimplemẽt auoir eſté au ſabbat par trois fois en figure ſeulement, mais il y auoit preuue qu'elle y auoit eſté veuë vne infinité de fois reellement & corporellement, fut condamnee à eſtre bruſlee ſans qu'elle fuſt conuaincuë d'aucun maleſice par preuue ſuffiſante.

18. Arreſt du 10. Iuillet 1610. par lequel vne Sorciere fut condãnee à mort pour auoir eſté ſimplement au Sabbat.

Et croy qu'à l'aduenir ces opiniõs, comme les plus aprochantes de la loy de Dieu & de ſon Egliſe, ſeront deſormais ſuyuies; imitant en ce poinct l'Ordonnance de l'Archiduc Albert, lequel ſainctement en a faict vne Conſtitution Imperiale proclamee par tous les païs bas, & qui maintenant s'obſerue ainſi par toute l'Allemagne: & ſeroit beſoing pour la gloire de Dieu, qu'il y en euſt de ſemblables par tous les tribunaux de toute la Chreſtienté, & vn bon tableau graué en toutes les Tournelles de tous les Parlemens de France. Comme auſſi on a mis dans vn tableau en l'Egliſe des Iacobins à Beſançon, l'Arreſt contre le Loup-garou qui couroit en Bourgogne, & y fut executé à mort l'an mil cinq cens vingt vn.

Del Rio & Boguet l'ont mis au long dans leurs liures.

vuiner. lib. 6. De præſti. Dæmo.

L'Inquiſition en Eſpagne en vſe ce ſemble vn peu autrement que nous: & font difference des Sorciers qui confeſſent, & de ceux qui ne confeſſent pas: & m'a on aſſeuré que le 6. Nouembre 1610. l'*Autto* de l'Inquiſition (qui eſt la grande iournee en laquelle l'Inquiſition faict vne Iuſtice ſolemnelle des Sorciers) s'eſtant tenuë à Logroigne en Caſtille: apres auoir conſulté noſtre S. Pere Paul V. & tous les ſçauans Theologiens d'Eſpagne, ſur le doute & incertitude qu'on pouuoit faire en certaines occurrences & traicts de la ſorcelerie qui ſemblẽt impoſſible, ils en executerent en ce lieu où ſe tient le grand tribunal de l'Iquiſition, enuiron ſeize, & pardonnerent à vn nombre infiny qui confeſſoient: ayant à ces fins dreſſé deux grands theatres expoſez à la veuë du peuple, l'vn appellé *lo Tablado*, ſur lequel on met tous les Sorciers penitens, qui ſont ceux qui confeſſent. Et apres leur auoir faict preſter le ſermẽt qu'ils appellent *De vehementi*, & iurer eſtroitement & promettre

Sçauoir ſi par l'Inquiſition les ſorciers ſõt punis pour aller ſimplement au ſabbat.

qu'ils n'adhereront iamais plus à telle abomination, on les congedie & eslargit des prisons. Et sur l'autre qu'ils appellent *lo Candalsso*, ils mettent les impenitens & obstinez, qui ne veulent confesser, n'y abandonner Satan. Si bien qu'ayant leu en presence de tout le peuple, toutes les principales accusations, & les sentences de mort, on les faict pendre & brusler.

 Or au contraire en France nous ferions plustost mourir ceux qui confessent, auec des preuues & indices requis par nos loix & ordonnances, que non ceux qui ne confessent pas, quelque preuue qu'il y ayt : si ce n'est qu'ils se soyent venus deferer eux mesmes, & soubmis aux peines, rigueurs & penitences de l'Eglise, & qu'ils facent clairement aparoir, que long temps auant leur delation ou accusation, ils ont quité le mestier.

 Tant y a qu'en Espagne & ailleurs on les faict mourir aussi bien qu'en France, s'il y a preuue qu'ils ayent esté au Sabbat, faict paction auec le Diable, renoncé Dieu, la saincte Vierge & toute la suite, idolatré, adoré Satan, & faict tout le reste de ce que les autres Sorciers ont accoustumé d'y faire, sans estre preuenus d'aucun malefice. Aussi est il certain que l'Inquisition est plus instituee pour punir ceux qui errent contre la foy, comme Heretiques, Apostats, Sorciers & autres, que pour chastier & punir ceux qui font des malefices.

 Qui me faict conclure, aprés tant de grands personnages qui ont faict toucher la chose comme au doigt : aprés tant de raisons, d'auctoritez, de si fortes considerations, & singulierement aprés de si nobles constitutions des Empereurs & Chambres imperiales, iugemens & arrests donnez sur ce subiect en Allemagne, en France, en Italie, en Espagne, qui ont condamné le sortilege faict auec la seule renonciation à Dieu, acompagné du pacte exprez faict auec le Diable, sans autre malefice : Qu'il faut faire le mesme & les condamner à mort. A quoy doibuent estre portez sur tout les Parlemés, d'autant qu'il se voit clairement que le sortilege a desia passé la frontiere en trois lieux remarquables de la France, sçauoir en celle de Prouence, où s'est descouuert ce grand Magicien & Sorcier Messire Louys de Gauffredy, & en celle de Guyéne tirant vers la Nauarre & l'Espagne, ayāt desia outrepassé tout le païs de Labourt, & assiegé rudement la ville de Bayonne qui est cruellement affligee de ce voisinage, Satan ayant faict sauter à grandes volees & en pleine liberté le Sabbat, & planté son throsne en vne infinité de lieux de nos deserts & landes de Bordeaux: iusques à auoir prins possession du carrefour de cet ancien palais Galiene qui a voisiné nos murs: faict seruir de dome, pour exalter son faux culte, l'affreuse montagne de Dome: passé la riuiere à Bordeaux, & tenu le Sabbat vers Blaye & le petit Niort: faict courir les Loups-garoux vers Coutras & la Roche Chalais. *Suiuant la deposition d'Isaac du Queiran. Suiuant la deposition de Messire Pierre Aupetit.*

Si bien que toutes ces considerations ne sont que trop pressantes, pour desloger nostre mécreance, nous détourner de la douceur des iugemens de nos peres, & porter les compagnies souueraines, & tous bons iuges, à faire cette resolutiō generale en France & ailleurs, De punir de mort les Sorciers qui auront esté simplemēt au sabbat plusieurs foys, bien qu'ils ne soyent cōuaincus d'aucun malefice. Et ce pour auoir renié leur Createur, faict pactiō auec le Diable, receu & prins son caractere & sa marque, luy auoir faict hōmage, promis le seruir, l'auoir adoré & baisé, auoir dancé & festiné auec luy, & faict vne infinité d'autres choses execrables, qui les rendent indignes du nom de Chrestien, & criminels de leze maiesté diuine. *Suiuant la deposition de Riuasseau. Suiuant la deposition de Grenier & l'Arrest prononcé en robe rouge contre luy.*

FIN.

TABLE DES MATIERES
qui sont contenues en ce liure.

A

Bacta grande Sorciere. 54.
Abacuc fut porté par l'Ange de Iudée en Caldée. 272.
Abbadon chef de certains Demons, qui sont nommez Furies. 22.
Abel premier sacrificateur. 473.
Abeone Deesse, employee pour faire voyager l'enfant, estant en aage. 24.
Abscence des maris, engendre le desamour de leurs femmes. 38.
Accouplement des Demons. 213. 214. 216. 217. celuy que le Diable faict auec ses supposts, est l'action, & le crime le plus malaysé à descouurir. 540.
Acteon transformé en cerf, & de cerf en homme. 266.
Actes de la foy celebrez en la ville de Logrogne. 383. 384.
Adeone Deesse destinee iadis pour faire le petit enfant. 24.
Adoration du Diable comme se fait. 72. 74. 75.
Adultere commis par vn prestre est crime priuilegié. 477.
vn Aduocat lié par vn malefice, & & comme il en fut gueri. 356.
Agilité des hommes, femmes, & filles de Labourt. 45. 46.
Agrippa grand Magicien a plus decrié la magie que ne fit iamais aucun autre qui fut du mestier. 366. 367.

Aigle qui apparut a saint Vvambert. 377.
Alcine grande enchanteresse. 56.
Aigle de Pythagoras 411.
Amaryllis sorciere apprit à lier. 53.
Ames raisonnables & brutales ne se peuuent ioindre ensemble. 292.
Ame & sa definition selon le Philosophe. 244.
l'Ame durant les assoupissemens, & extases n'abandonne iamais son domicile. 86.
Amianthus pierre propre contre les charmes. 297.
Amies de Satan prennent vn singulier plaisir de l'accouplement. 216.
Amilcar se treuue trompé par l'Oracle. 8.
Amours d'vn Incube. 218.
Amours enchantées du Roy Henry II. 218.
Amphiaraus grand Magicien & enchanteur nommé Sacerdos & Vates. 510.
Amphitrite enchanteresse. 56.
Anaxo enchanteresse. 50.
Andelin docteur Theologien condamné à vne prison perpetuelle. 308.
Anciens marquoient leurs esclaues. 183.
Androgina sorciere entroit par les maisons & bien-tost tous y mouroient. 138.
Anduitse de Siboro, celuy qui donne

Cccc ij

TABLE.

les assignations a comparoir au Sabat. 95.

Angerot d'Armore sorcier & son proces. 106. 107.

Ange bon, ou mauuais va si viste, que tout le môde n'est qu'vn seul lieu. 83.

Ange qui apparut à saint Gommar en forme de colombe. 377.

Anges mauuais tombans du Ciel accomparez à Vulcan. 14.

Anges solaires apparus en forme de coq. 156.

Anges bons comment peuuent estre discernés d'auec les mauuais. 372. 373. 374.

Anges bons n'apparoissent iamais en forme de femme. 377.

Ansuperomin Sorcier, qui ioüoit de la flutte au Sabbat, monté sur le Diable en forme de bouc. 210. vn de la race d'Antheus en Arcadie estoit tousiours transformé en loup. 265. 266.

Anthoine de Leua se treuue deceu par le diable en la prediction qu'il luy auoit faicte. 9.

Antonius qui vainquit l'Empereur Vitellius en France, fut appellé lors de sa Ieunesse Beth, & pourquoy. 161.

Anus eriplus, ancien prouerbe, & d'où venu. 16.

Apostasie crime horrible. 518.

Apparitions des ames decedees comme peuuent elles estre discernees d'auec celles des Demons. 370.

Apparitions diuerses du mauuais esprit. 288. 289.

Appius Claudius, l'vn des Prestres Saliens bien que vieil, gaignoit à sauter tous ses compagnons. 101. deuint aueugle, & pourquoy. 441.

Apollon rendoit ses Oracles en Grec. 7.

Appollonius grand magicien se transforme en plus de sortes que Prothee. 16. transporté de Corinthe à Rome. 272. fort entendu en la vertu occulte de toutes choses. 279. fut r .ué par le commandement de Domitian. 184.

Apulee s'il fut chãgé en asne. 239. 240. confessoit que l'ame raisonnable luy estoit demeuree. 292.

Arabes pour faire leurs sorcelleries mangoient ou le cœur, ou le foye d'vn dragon volant. 19.

Araigne qui voulut estrangler vn sorcier; our auoir blasphemé contre la saincte Hostie. 500.

Arcades, offroient quelque chose à leur faux Dieu Lycee, de laquelle quiconque en goustoit, estoit transformé en beste. 241.

Arcadiens changez en 'oups. 285.

Areopages auant que punir vn ieune enfant qui auoit derobé les lames d'or de la couronne de Diane, voulurent essayer s'il auoit du iugement. 296.

Areopages condamnerent au dernier supplice vn enfant qui creuoit les yeux à toutes les cailles qu'il pouuoit prendre. 304.

Argent vif enclos dans deux nœuds de canne quelle proprieté il a. 297.

Argent vif pourquoy accomparé aux demons. 15.

Aristee celebré dans diuer: autheurs pour auoir mis sur les ruches à miel. 280.

Aristote enseigna à Antipater a porter d'vne eau dans vn vase fait du pied d'vne mule, de laquelle Alexandre fut enpoisonné. 425. s'est abstenu de parler des Demons. 284.

Armes d'vn meurtrier iettees hors la terre d'Athenes. 306.

TABLE.

Armide fille d'Arbilau Roy de Damas enchantereffe. 56.
Arreſt du Loup-garou prononcé en robbe rouge au Parlement de Bourdeaux le 6. Sep. 264.
Arreſt portant cōdamnation de mort ne doit eſtre prononcé preſidialement. 440.
Arreſt dans Peleus, par lequel le renuoy eſt denié a vn Preſtre qualifié pour auoir dit ſimplement des iniures au Lieutenant de Bar. 500.
Arreſt de la Cour de Parlement de Bourdeaux contre vn Preſtre de Vayres. 477.
Arreſt de la Cour de Parlement de Bourdeaux donné en la chambre de la Tornelle. 508.
Aruſpices, & leurs inept:s. 10.
Aſclepiades grand medecin, & ſon dire. 330.
Aſſemblees que le Diable faict en deriſion des Catholiques. 68.
Aſmodee Prince des eſprits dicts vengeurs de meſchanceté. 21.
Aſpilette de Handaye à depoſé qu'elle auoit baiſé le derriere du Diable, & en quelle forme. 72.
Aſtharoth Prince des Demons qui ſont touſiours en aguet. 22.
S. Athanaſe accuſé d'auoir coupé le bras d'Arſenius pour l'employer comme ſont les ſorcieres a quelque vſage de Magie. 540.
Atheniens ne faiſoyent qu'vne fois l'an ſacrifice ſolemnel au Dieu d'Enfer. 18.
Athos mont où les Demons faiſoyent leurs danſes. 310.
Attia mere d'Auguſte, ſe treuue la forme du diable en ſerpent imprimee ſur le ventre. 31.
Audition d'vn certain Loup-garou. 258. 259.

Augures, & leurs inepties. 10.
Augures, & leur douze eſpeces. 11.
Augures nommez *Sacerdotes*. 510.
Auguſte Empereur fait vne ſainte ordonnance touchant les vers des Sybilles. 6.
Auguſtin Nypho Italien excellent ſorcier auoit vn Demon barbu, qui luy enſeignoit toutes choſes. 414.

B

Baiſers deſquels le Diable ſe ſert au Sabbat, & pourquoy. 76. 77. ſont d'ordinaire froids. 290.
Banquets faits au Sabbat. 193. 194. 195.
Baſilius ſenateur Romain de bonne & ancienne famille magicien, & ſorcier ſe rendit moyne pour euiter la mort, mais il ne peut. 416.
Baſques grāds voyageurs, & qui n'ayment ny leur patrie, ny leurs femmes. 36. ſont fideles. 41.
Bayan Roy de Bulgarie prenoit la forme de telle beſte que bon luy ſembloit. 286.
Beatrix ſorciere pleura amerement à rebours des autres. 92. 93.
B. Pruminius nettoya entierement par ſes prieres, l'Ile ſainct Marc pres de Conſtance. 343.
Bech, vocable des Scythes qui ſignifie la viande. 162.
Beelſebub Prince, & chef de la premiere Hierarchie des faux Dieux. 21.
Behemoth, nom donné au diable par noſtre Seigneur. 2. prend la figure des beſtes plus aſtuces qu'il peut. 23.
Belial chef de la troiſieſme Hierarchie des Eſprits mauuais. 22.
Belus Dieu adoré & Babylone. 119.
Benedetto Berna a eu accointance auec vn eſprit ſuccube, qu'il nommoit Hermetine l'eſpace de qua-

Cccc iij.

TABLE.

-rante ans. 213.
Benedictes de Labourt. 59.
Benedicte femme au païs de Basque qui faict la charge de Marguillier. 44.
Benoist Berne Prestre sorcier aagé de 80. ans confessa d'auoir eu accointance 40. ans auec vn Demon deguisé en femme. 493.
Bergamasque la seule de toutes les dances venues d'Italie. 203.
S. Bernard deliura vne femme qui auoit esté cognuë du Diable l'espace de six ans. 215.
Bertomine de Gert insigne sorciere, & sa deposition. 455.
Bertrand de Handuch dict qu'il a presque tousiours veu au Sabbat vn grād & petit Diable. 76.
Beste qui auoit tué, par les loix des Atheniens estoit exilee. 306.
Blasphemes doiuent estre punis. 478.
Bohemes coureurs d'vne part & d'autre, frequentent souuent le païs de Labourt, & la forme de leur dance. 208.
Boiteux dancent plus legerement aux Sabbats que les autres. 209.
Bothoniques peuples Septentrionaux, grands sorciers. 290.
Bouclier d'Idomenens portoit vn coq, & pourquoy. 162.
Bourdeaux autrefois nommé la ville des Loups. 264.
Bucer aux abois de la mort void le Diable present. 5.

C

CAlice noir eleué au Sabbat. 461.
Calamitez des mortels, festins des Demons. 25.
Cambions, enfans ainsi nommés, & leur naturel. 232.
Cambo lieu celebré pour les bains. 461.
Camillus apres la victoire des Vejes, sacrifiant à la statue de la Deesse Iunon, & la priant d'aller habiter à Rome, elle se meut. 320.
Ceux de canada quelle langue parlent pour traicter auec les Françoys. 30.31.
Canidia representé dans Horace en colere, rognant ses ongles. 301
Caphiens se repentirent d'auoir lapidé vne trouppe de ieunes enfans, & pourquoy. 296.
Capitolinus accusé d'amour impudique par Marcellus. 216.
Carmenta deuineresse. 10.
Carpocratiens antiens heretiques, & sorciers marquoient leurs disciples d'vn fer chaud au bas de l'oreille droicte. 182.
Carrefours lieux que le Diable choisit pour tenir le sabbat 69.
Caruart accusee sorciere. 144.
Cassandre quoy que grande Magicienne & sorciere, ne sceut pourtant remedier à la prise & destruction de Troye. 49.
Castabalides sorcieres. 55.
S. Catherine de Sienne en priant Dieu, vn pigeon blanc se fit voir sur elle. 377.
Catherine d'Arreiouaque d'Ascain comme fut menée au sabbat. 96.
Catherine de Naguille a deposé qu'elle auoit esté auec sa compagne en plein midy au sabbat. 66.
Cemis Dieu des Indiens. 38.
Cercle au tour duquel les sorciers dançoient. 210. Trois cens Chameleons treuués en vn lieu où le Diable auoit tenu le sabbat. 19.20.
Chau celuy qui enseigna la magie, & la sorcelerie diabolique à vn sien

TABLE.

fils. 410.
Chanson recitee à l'honneur de Flauius Vopiscus. 200.
Chant du coq a interrompu plusieurs fois le sabbat. 90. contraire aux Demons aussi bien qu'aux Lyons. 155.
Chappelets des sorcieres imparfaicts. 455.
Chasse du Roy Arthus composee de Demons. 299.
Chastiment des Prestres ordonné par Platon, & par les loix des Romains. 495.
Cheual semblable à vn asne. 288.
Cheuelure des Basques & Bayonnoises. 42.
Chrysie Enchanteresse. 55.
Chrysippus Philosophe, hayssoit les Salutations. 342.
Ciceron se mocque de la diuinité d'Apollon. 7.
Circe instruite par Hecate. 51. 52.
Citalis, ou Citais Enchanteresse. 54.
Claudius Empereur fit executer à mort vne cheualier Romain pour auoir porté vn œuf de coq sur soy. 557.
Coeffure des Basques & Bayonnoises aucunement indecente. 42.
Cœur de quelques enfans porté au sabbat, & presenté au Diable, estant morts sans baptesme. 195.
Cohoba certaine herbe de laquelle les Indiens, en l'Ile Espagnole s'en seruent. 38.
Collehites ou pierre Democrite propre contre les charm. 297.
Commissaires qui peuuent iuger en souueraineté, & sans appel, s'ils peuuent ordonner des Prestres sorciers à la mort nonobstant leur priuilege. 464. 465.
Commission decernée au sieur President Espagnet pour visiter toute la costé du païs de Labourt. 35.
Compagnons de Diomedes conuertis & transformez en oyseaux. 239.
Composition de la graisse des sorciers. 117.
Confesseur destiné pour vn sorcier, s'il est de besoin qu'il s'approche de luy pendant qu'il est à la gehenne. 402.
Confession de Marie Choropique sorciere, & plusieurs choses abominables recitees par elle. 106. 107. 108.
Confessions des pupils mal asseurees. 298.
Confrontemens d'vn certain Loupgarou faict à son pere. 263.
Contrée inhabitablee toute pleine d'aisles. 16.
Conuention d'vn Aduocat faite au diable, & signee de sa propre main, & de son sang. 178.
Conuention d'vn ieune homme faicte au Diable. 171. iusques a 174.
Coq, & toutes les proprietez remarquables en luy. 154. 155. 156. 157. 158. immolé à la nuict. 163. parla au territoire d'Arimini, & en quel temps. 162. sonne la retraicte aux sorciers lors qu'ils sont au sabbat. 154. 155. dedié à plusieurs Dieux. 161. 162. hierogliphe des Gaulois. 160. de quelque diuinité. 162.
Corneille Brolic violenté pour baiser le derriere du Diable. 74. 75.
Corps de nostre Seigneur Iesus Christ est reellement en la saincte Eucharistie. 434.
Corps des demons sont froids, parce qu'ils sont aerez. 290.
Corybantes des Gaulois, & leur dance aux sacrifices de la mere des Dieux. 32.
Corybantes comme ils dançoient en leurs combats. 199. estant separez, & ce qu'ils faisoyent. 330. 331.

TABLE.

Cour de Parlement ayant verifié vne Commission sans aucune modification ne peut par aprez par aucun arrest la restraindre. 466.467.
Craca Magicienne conuertissoit les viandes en autre forme estant mises sur la table. 56.
Cratæis nourrice de Sylla, sorciere. 53.
Crimes qui influent dans le sortilege, & leur nombre. 542.543.
Cristoual de la Garralde comme il fut transporté par Marissans au sabbat. 115.
Croix des Basques, bien ornees, de quelle longueur, & auec des sonnettes ainsi que celles de Labourt. 45.
Croix des sorcieres imparfaictes. 455.
Cunine Deesse voüee pour garder l'enfant d'encombre pendant qu'il estoit au berceau. 24.
Curé de Soissons, qui baptisa vn crapaud, & luy bailla l'Hostie consacree, fut depuis brulé. 485.
Curetes en Crete vsoyent de certaines saltations en leurs combats. 199.
Cynantropie qu'est ce. 283.

D

DAmnetus conuerti en loup, pourquoy, & combien de temps il fut en ceste forme. 266.
Dance d'où a pris son origine. 199.
Dance des sorciers, est vne dance des gens furieux & forcenez. 204.
Diuerses manieres de dances. 200.201.
Dance des sorciers, è in cerchio ch'à il Diauolo per centro. 212.
Dance sans son est monstrueuse, & indecente. 201.
Dance Pyrrhique. 200.
Dante quels noms donne aux Hierarchies des mauuais Anges. 22.23.

Dauid Georges se disoit nepueu de Dieu. 337.338.339.
Debat entre les Basques, & les Espagnols pour les Iles & sables qui sont vis à vis de Fontarrabie. 35.
Defaut leué contre les sorcieres quãd elles ne se treuuent au sabbat. 91. 92.
Demonax Philosophe aduertit l'Empereur Adrian de ne se trouuer aux sacrifices de la Deesse Eleusine, & pourquoy. 156.
Demons pourquoy sont ils dicts aussi inconstans que la foudre. 14.
Demons par les agens naturels peuuent transformer ce qui naturellement change de forme. 279.
Demons se transformẽt en mille manieres pour nous surprendre. 13.
Demons ne font rien d'auantageux pour les hommes que ce ne soit en vertu de quelque mechante conuention. 168.169.
Demons quelles formes prennent pour deceuoir l'homme. 1.2.
Demons ayans esté chassés du Iappon, & des Indes, se sont iettez en ces montagnes de Labourt. 39.
Demons ne peuuent rien de surnaturel. 292.
Demons peuuent ils engendrer. 229.
Dent de sainte Appollonie a notoirement donné allegement à vn enfant ensorcelé. 152.
Depositions notables d'vne sorciere & d'vn sorcier, preuuent clairement le transport reel. 104.
Description singuliere du Sabbat. 130. 131.132.
Desiderius grand sorcier de la ville de Bourdeaux du temps de S. Gregoire. 334.335.336.
Despencier du Diable. 144.
De vaux marqué au dos d'vn petit chien

chien noir. 184.
Derfail forcier cõuaincu d'auoir tenu le baffin à l'offrande durant le fabbat, & à quoy il a employé cet argent. 90. 91.
Deuife du Pape Xifte V. 255.
Diable fit fon entree dans Rome fous le nom d'Æfculape. 3. fe treuua à la mort de Bucer. 5. fait renouueller fouuent la renonciatiõ qu'on a faict à Dieu. 76. fait toufiours naiftre quelque doute en toutes bonnes affaires pour aifees qu'elles foyent. 399. pourquoy donne tant de chair aux forciers foit à manger, foit pour aiguifer en eux l'aiguillõ de la chair. 225. comme nous attaque t'il. 4. ayme mieux cognoiftre, & s'accoupler auec vne femme mariee qu'auec vne fille, & pourquoy. 218. ne peut transformer l'homme ny en corps ny en ame. 292. fouloit autrefois tenir fon Sabbat le Lundy, mais il la depuis changé. 65. ne connoift les forciers pour plaifir qu'il prenne en cet accouplement. 215. auffi incõftãt & variable en fa forme qu'en tout le refte. 73. fe change pluftoft en loup, qu'en tout autre animal. 325. comment prenant le corps d'vn abfent, le vray corps de cet abfent fe treuue neantmoins bien fouuent bleffé. 324. fe faict voir au fabbat affis, & pourquoy. 453. fe prefente en forme de faincts. 454. fait toufiours fes promeffes doubles. 172. faict particulierement faire la renontiation à fainct Antoine. 74. par fes marques fe veut parangonner à Dieu & ftigmatifer les fiens comme Dieu faict les faincts. 181. quel fut le premier corps qu'il prit. 2. ne veut qu'on aille au fabbat, ou au lieu, où on refide, ains chacun au lieu de fa naiffance. 95. engroffa vne fille au païs de Marree. 222. vfe d'onguens de graiffe, & d'onctions. 112. plante d'ordinaire fa chaire doree vis a vis le grand autel, & pourquoy 69. fournit parfois les forciers de Confeil, de recufations, & d'Aduocats. 447. prend plaifir au fabbat de danfer auec les plus belles. 206. faict à croire aux forciers, qu'il eft le vray Dieu, & que le fabbat eft le commencemẽt de la plus grande gloire d'enfer.127. 128. par fois voulant mener des filles au fabbat met leur figure entre les bras de leur mere. 101. graiffe les Loups-garoux. 295. n'efpargne perfonne, & fe prend cõmunemẽt aux plus foibles la mefme. pourquoy s'en prẽd ainfi aux enfans. la mefme. & pluftoft aux femmes qu'aux hommes la mefme. apparut à vn Religieux en forme d'Ethiophien. 228. faict fouuent reprendre le mal aux forciers qu'il a dõné. 330. fe fert des femmes pour porter les enfans au fabbat. 119. imprime plufieurs marques, & pourquoy 190. ne peut transfomer ny les corps ny l'ame 252. nõmé ferpent par Iefus Chrift. 3. Diables qui affiftent au Temple de Diomedes en l'Ile de Diomedes pres du mont Garganus en la Poüille, & leur charge, 250. eftant fortis vne fois hors des corps des demoniaques ont horreur de retourner en enfer. 20. comme nommés par les faincts Peres. 17. ennemis de la Conftance. 13.
Diaconiffe, femmes qui auoient aucunement l'adminiftratiõ des Eglifes 61.
Dieu permet que les enfans Innocens foient donnés au Diable, &
Dddd

pourquoy 119. 120. pourquoy permet que les viandes qui sont seruies au sabbat, soyent insipides & de mauuais degoust. 198. pour rabaisser l'orgueil des Espagnols semble les auoir assuiectis à mendier leur santé de nos Roys. 333. est le souuerain ordinateur des formes. 292.

Dieu pourquoy a voulu auoir vn si puissant ennemy que le Diable. 28.

Dion Payen & ce qui est recité de luy. 279.

Dipsade Sorciere. 54.

Dojartzabal ieune fille comme fut transportée au sabbat, & par qui. 100.

Domingina Maletena sorciere & les sauts qu'elle faisoit au sabbat. 210.

Diane Taurine, & les victimes qu'elle receuoit. 4.

Dictateur créé à Rome lors de la recherche des sorciers. 306.

Dom-Pietro de Medicis, & son seiour qu'il fit à Bordeaux. 204. 205.

Domitian Empereur fit raire le poil au sorcier Apollonius Thianæus. 184.

Donatistes Heretiques, & quels estoient leurs passetemps. 13.

Donatistes mal-traictez des chiens, s'estant serui mal à propos de la saincte Eucharistie. 434.

Dragon iamais n'est en repos. 19.

..., sorte de chaisne, de laquelle se seruoient les Dryades & Nymphes. 299.

Duhalde religieux Augustin, natif de Labourt, appellé par la chambre de la Tournelle pour seruir d'Interprete aux Commissaires qui firent donner la torture à Catherine de Barrendeguy. 407.

Durmissals de Turquie. 342.

Dusij certains Demons que les François nomment de la sorte. 114.

E

Eau auec laquelle Antipater empoisonna Alexandre Empereur. 412. 413.

Eau beniste du sabbat. 457.

Edeline sorcier, Docteur de Sorbonne par arrest condamné à la mort. 493.

Egerie nymphe de Numa. 222.

Eglises profanees en la terre de Labourt. 39.

Egyptiens pourquoy haïssoyent les choses maritimes. 32.

Eidothea grande Magicienne. 49.

Eleuation monstrueuse de l'Hostie au sabbat. 459.

Elices Demós ainsi appellés, & pourquoy. 310.

Emilia faict vne priere en paroles inconnues à la Deesse Vesta, le feu sacré estant mort &c. 56.

Ellebore d'où a pris le nom de Melápodium. 282. 283.

Empereurs Romains marquoyent leurs gens d'armes. 183.

Empusa sorciere, ce qui en a esté dict. 48. vn ieune enfant de douze ans ayant tué vne fille d'vn coup de pierre, & puis l'auoir cachee, fut trainé sur vne claye au gibet. 305.

Enfans changés pourquoy ainsi nommez. 232.

Enfans en quel aage commencent à adorer le Diable. 130.

vn Enfant qui s'aydans des pieds, & des mains couroit aussi viste qu'vn loup. 316.

Enfans sont admis pour deposer contre les sorciers & en quelle maniere. 550.

TABLE.

Enfans, baptifez, & non baptizés feruis en façon de viande au fabbat, parmy leurs feftins. 196.
Enfans en quel aage commencent à faire du poifon. 144.
Enothea grande Enchanterefſe. 54. 55.
Enfans, & ieunes filles, la premiere fois qu'ils vont au fabbat, le Diable leur faict renoncer Dieu. &c. 143.
Erichtho Enchanterefſe. 54.
Erucce, vne forte de vers à foye. 275.
Efpagnols mendient la fanté de nos Roys. 333.
Monfieur le Prefident Efpagnet deputé pour vifiter la cofte du païs de Labourt. 35.
Efprits fi familiers en Noruege que prefque chacun en a la fien. 355.
Eftangs en la Lituanie, les vapeurs duquel excitoiēt des tempeftes. 302.
Eftoille poiffon qui fe prend en la mer d'Occident à quoy propre. 297.
Eftropiats dancent plus legerement au fabbat que les autres. 210. vn certain Euefque ayant efté enforcelé, pria le Pape Nicolas V. de luy permettre de recouurer fa fanté par la voye d'vn forcier. 364-365.
Euefque du fabbat. 456.
Exēples de ceux qui ont efté relegués en diuers lieux, pour ne fuiure l'habitude de leurs parens forciers. 309.
Exemple de certains Carrofſiets qui marchoient auec vne merueilleufe vitefſe. 294.
Exemple de punition trefiufte pratiquée par le Duc de Ruffie. 304.
Exemple d'vn certain homme lequel fe trouuant au feftin du fabbat, & ayant dict le nom de Iefus voyant mettre le fel fur table fe trouua aprés de Naples de cent mille de fa maifon. 50.
Exemples diuers des Lycantrophes. 283. 284.
Exemple des transformations en toute forte de beftes. 287. 288.
Exemple memorable d'vn Sorcier lequel mourut foudainement, voulāt guerir vn Cōfeiller de la Cour de Parlement de Bordeaux. 352. 353.
Exemple d'vn ieune enfant, lequel donnant à baifer la paix en l'Eglife fut enforcelé 138.
Exemple d'vne certaine fille de Geneue à laquelle le Diable auoit appris à faire dancer & fauter tous ceux qu'elle touchoit auec vne verge de fer. 205.
Exemples diuers des enfans nez des Incubes. 232. 233.
Exemple d'vn ieune hōme enforcelé, & pactifé auec le Diable. 171. 172. 173.
Exemples des effects du figne de la Croix. 374.
Exemples des tranfmutations en fexe. 252.
s'il eft loifible d'Exorcifer, & maudire les animaux, auffi bien que les enfans. 343.
Extatiques s'oignent, & fe graiffent de mefme que les autres forciers. 272.

F

Fabius Maximus fit mettre la ftatue d'Hercule au Capitole apres auoir fubiugué les Tarentins. 24
Facius Cardanus eftoit fouuent vifité des Demons. 414. & ce qui eft recité de luy. la mefme.
Façon de prefenter les enfans à Satan. 390.
Fapifia herbe, qui a la vertu de chaffer les Demons. 297.
Femmes des Bafques & Bayonnoifes portent certains tourions, ou mou-

TABLE.

rions indecens. 42.

Femmes doiuent s'abstenir de toutes charges ciuiles, & publiques. 61.

vne certaine femme qui faisoit des miracles, & ce qui est plus à plein recité d'elle. 440. 441.

Femme de Loth conuertie en statuë de sel. 240.

certaines Femmes qu'on voyoit au festin, & neantmoins se treuuoit chacune en sa maison en mesme temps. 85.

la Femme a plus d'inclination à la sorcellerie que l'homme, & pouquoy. 57.

les Femmes ne reuiennent iamais du bal si chastes qu'elles y sont allees. 207.

Femmes de Labourt comme vont habillees. 43.

Femme qui enfanta l'Inconstance. 16.

si vne Femme ou fille peut estre Benedicte ou Marguilliere dans nos Eglises. 60. 63. 64.

vne Femme mena son fils au sabbat, lequel sçauoit iouër de la fluste, ainsi qu'il en iouoit monté sur vn arbre, il vient à choir, se rompit l'espaule, & fut decouuert. 106.

Femmes desquelles le Diable se sert pour porter les enfans au sabbat. 113.

Femmes qui amassent les offrandes au païs de Labourt. 59.

Femmes ont inuenté les poisons & venins. 58.

Ferrier grand medecin de Tholose, & son opinion touchant la santé des ceux qui sont atteins de sortilege. 332.

Festins de Numa, de Pases, & de Tiridates. 193.

mot de Fidelité parlant de Dieu regarde la capicité & pottee d'vn chacun. 303.

Fille d'vne sorciere apres la mort de sa mere logee dans vn monastere pour y prendre vn autre habitude. 309.

Fille de Marie de la Rat marquee par le Diable de sa Corne à l'œil. 145.

vne Fille conuertie en Iument par la priere d'vn ieune homme, par vn perfide Iuif, selon le recit de sainct Antonin. 241. 252.

vne Fille de 17. ans merueilleusemẽt adextre pour treuuer les marques des enfans. 185.

Finois associés auec les Demōs vendent aux marchands estrangers les vents tels qu'ils veulent. 278.

Flauius Vopiscus, & ses faicts heroiques. 200.

Flora Deesse instituar le Peuple Romain heritier de tous ses moyens qu'elle auoit acquis par ses lubricitez. 62.

Fol. à Rome qui se disoit estre nostre premier pere Adam. 342.

Folia Magicienne. 54.

Fontaine faicte par artifice, promenee en France & sa description. 435. 436.

Monsieur de le Forest visite quelques fois les Roys aussi bien que les bergers, & entre autres le Grand Henry. IV. 318.

Formes diuerses, esquelles se transforment les Demons pour deceuoir l'homme. 1. 2.

Forme de laquelle on dance au sabbat. 107. 208.

Forme. esquelles le Diable a accoustumé de se presenter au sabbat. 71. 72.

S. François appriuoisoit les Loups. 323.

TABLE.

G

Galanta sorciere, insigne & fameuse Dariolette. 357.
Gallicenes femmes voüees au seruice d'vn Dieu Gaulois. 61.
vn certain Gascon faict esclaue en Turquie, comme fut il chastré. 85. 86.
Geneuois haissent toute sorte de dances, & pourquoy. 205.
le President Gentil à Paris treuué saisi d'vne Hostie consacree en sa pochette fut pendu à môt faulcon. 500.
Germanicus meurt auec vn œuf de coq que Martine sorciere luy donne. 165.
Geyseric fort mal traicté par le Diable. 5.
Gnostiques affirmoient que chaque maladie auoit son Demon. 284.
Gonderic Roy des Vâdales precipité par le Diable. 5.
Gouttes d'eau en la ville d'Arien, prouince du noueau monde muees en petites grenouilles. 241.
Gouuerneur du sabbat. 115.
quatre cens Grains de bled tirés d'vn seul grain au territoire de Bizance en Barbarie, enuoyés à l'Empereur Auguste. 31.32.
Graisse de laquelle le Diable donne aux sorcieres ne sert de rien au trãsport. 113.
Gratidia sorciere trompa Pompee. 53.
Gratoulet insigne sorcier. 504.
Grotta del Caue à Puzzol, & ses merueilleux effects. 327.
Guerison par le voye d'vn sorcier est perilleuse. 311.
Guillaume de Lure grand Predicateur fut condamné à Poitiers comme sorcier. 493.

H

Habit des Basques, & Bayonnois pour le commun est aucunement indecent. 42.
Habitans de Labourt oisifs presque la moitié de l'annee. 35.
Habitans de Sepharuaim en Samarie sacrifioyent leurs propres enfans, 4. 5.
Habondia Reyne de toutes les Enchanteresses. 57.
ceux de Handaye n'osent paroistre sur la riuiere sur vn bateau, autre que d'vn pescheur, & pourquoy. 34.
Hannequin de Noruegue a combatu ses ennemis a coups de gresle. 278.
Hayne representee par la mer, l'eau & le poisson. 32.
Hebrieux portant leurs oblations au temple commençoient à dancer, deslors qu'il s'approchoient de l'autel.
Hecate faisoit la Pythonisse. 49.51.57.
Hecuba changee en chienne. 266.
Hecacontalithos pierre offerte par les Troglodites en leurs sacrifices. 18.
Helenus grand Magicien, & enchanteur, nommé, Sacerdos, & vates. 510.
Heleus faux vaticinateur. 10.
Henry Roy de Suede faisoit changer les vents du costé qu'il tournoit son bonnet. 278.
Herbes qu'on tiët estre propres contre les Demons, & charmes. 297.
Heure de minuict celle que le Diable choisit pour mener les sorciers au sabbat. 66.67.
neuf Hierarchies des mauuais Anges. 21.
Hierarchies des bons Anges neuf de nombre, celles des mauuais autant 27.

Dddd iiij

TABLE.

Hirigoyen Prestre, & Vicaire de la Parroisse de Fallo difoit, & adoroit le Diable. 144.

Histoire d'vne sorciere qui rapporta au Roy de Suede des simples merueilleux, tous vers, & recens en plein hyuer. 278.

Histoire d'vn certain Iehan qui se disoit grand Operateur, & medecin du temps dy Roy Louys XI. 341.

Histoire d'vn ieune enfant qui faisoit le Loup-garou. 187.

Histoire admirable aduenuë à Sicile du Regne de Roger. 251.252.

Histoire d'vn Incube arriuee au Diocese de Cologne. 230.

Histoire d'vn Italien excellent sauteur. 176.

Histoire d'vn sorcier Polonnois qui se transforma en diuerses manieres. 243.

Histoire d'vn Prestre des Grisons qui portoit nostre Seigneur monté à cheual, & ce qui luy aduint. 499.

Histoire du ieune enfant qui deuint fille.&c. 252.

Histoire memorable des amours d'vn Incube. 218.219.220.221.

Histoires de diuerses personnes, hommes ou femmes qui sembloient à tous estre transformees en quelque forme d'animaux. 286.287.

Histoire merueilleuse recitée par Petrarque touchant les amours du Roy de France. 225.

vn Hollandois cōtrefaisant le Prestre & disāt la Messe, fut estrillé à outrāce par les Diables mesmes. 434.

Sçauoir si vn Homicide en vn Prestre est delict commun ou priuilegié. 443. 444. 445.

Honorin Dieu. 25.

Hostie noire offerte au sabbat. 461.

Hydraotte grand Magicien & Enchanteur. 56.57.

Hymne à la louange du Dimanche. 156.157.

Hypericon herbe à quoy propre. 297.

Hyppias Tyran d'Athenes. 57.

I

Ianicot blaspheme du Diable contre le Sauueur. 70.71.

Iaques Prestre Italien disant Messe changeoit cette priere *Orate pro me*, & la disoit autrement. 496.

Iapponnois quelles images auoient ils en leur temple. 17.

Ieanne Biscarrena ne se mouuoit aucunement au sabbat. 144.

Ieanne d'Abadie a tesmoigné que le Diable auoit deux visages, l'vn deuant, & l'autre derriere. 72.

Iean Teutonic chanta trois Messes à minuict, & où. 470.

Ieanne Haruillier, & sa deposition, touchant la sorcellerie. 179.

Iannette d'Abadie de Siboro, sa deposition qu'elle a faicte touchant le sabbat. 66.

Ieanne d'Arc pucelle d'Orleans accusee de Magie & sorcellerie. 513.

Ieanne Perrin grande sorciere, & ce qui est rapporté d'elle. 175.

Ieanne de Telechia, sorciere, ses depositions & abominables crimes dont elle estoit attente. 388.389.

Iehanne d'Hortilapits a deposé que le Diable l'auoit baisee au cul, ensemble plusieurs autres ieunes enfans. 76.

Teānette de Belloc, dicte Atsoua a confessé que depuis son ieune aage elle auoit esté faicte sorciere. 130.

Ieannette Biscar estant au sabbat y estoit portee par vn bouc, & faisoit en apres la culbulte deuant luy. 141.

Ieannette Ribadin qui faisoit la Pre-

TABLE.

strelle és enuirons de Bordeaux, & les procedures contre elle. 437. 438. 439.

Ieanne Bodeau sorciere, & sa deposition touchant la monstrueuse eleuation de l'Hostie au sabbat. 459.

Iehanne Dabillon disoit que le sabbat c'estoit vn vray Paradis. 126.

Iehannes du Hard, touchant le bras de Marie Chorropique sortant de l'Eglise deuint comme mort. 106.

P. Ignace, ses miracles, & son intercession agreable à Dieu. 381.

Iinx Enchanteresse. 56.

Ile en la mer Armorique où on oyt vn Oracle d'vn Dieu Gaulois. 61.

Iles Balladines. 18.

Illusions des sorciers. 86.

Images des Demons parmy les Indiës se font de plume & pourquoy. 16.

Impetration des lettres de grace pour qui que ce soit priuilegié où non, fait que la cognoissance en appartient purement au iuge Royal. 446.

Incubes, & leurs accouplemens auec les sorcieres. 214.

Incubes, ne peuuent engendrer. 219. 231.

Inconstance des Demons. 14.

Inconstant, & clocher la mesme chose. 14.

Indiens ont vne adoration Inconstante. 17.

Indiens in l'Ile Espagnole prennent d'vne certaine herbe nōmee Cohota, ainsi que ceux qui vsent du Petun. 38.

Inepties des Augures, & Aruspices. 10

Infertilité du païs de Labourt. 31.

Informations faictes contre vn Loup-garou. 257. 258. 261.

Insania lupina pourquoy ainsi appellee. 283.

Interpretes accomparés aux Anges,

ou aux saincts. 403.

Inuocation des sorciers au sabbat auant leurs festins. 194.

Io. mise au rang des sorciers. 48.

Iphigenie changee en beste & immolee de la sorte. 241.

Isaac de Queyran sorcier & sa deposition. 145. 146. 147. 148. 149. iusques à 154.

Iuifs celebrent le samedy. 66.

Iuppiter transformé en or pour iouyr de Danae. 240.

K

KAbod Duc de Frise ne voulut estre baptisé, & pourquoy. 123

L

LAbourt presque tout remply de sorciers. 20. sa descriptiō, la mes.

Lamparones maladie, dont les Espagnols sont frappez. 333.

Larrecin hay mortellement par les Basques. 41.

Laue-pied du grand Roy Mogor. 358.

Licina se desfit de son mari par sortilege. 55.

Ligatures des sorciers 235. diuerses manieres. 236. 236.

Lisalde ieune fille, sorciere, comme elle menoit les enfans au sabbat. 141.

Locusta Enchanteresse. 54. 55.

Lollianus condamné en exil en fort bas aage & pourquoy. 304. 305.

Loups-garoux ont les yeux affreux. 293.

Loups-garoux courent principalement le Vendredy sainct. 300.

Louys Gaufredy Prestre, fameux Magicien, & sorcier. 177. & la promesse qu'il fit au Diable. 178.

Lucian s'il fut changé en asne. 239.

TABLE.

Lucifer tombant du ciel accomparé à Vulcan. 14.
Lucine Deeſſe eſtoit iadis ſupplice de ſe treuuer à la porte pour accueillir l'enfant nouuellement né. 24.
Lupercales en quel temps celebrees. 283. 286.
Lycantrophes ſouffrent, & font leurs courſes en Feburier. 283.
Lycantrophes ſelon quelques vns ennemis des ſorciers. 313.
Lycaõ, & ſes enfans chãgés en Loups, & pourquoy. 266.
Lycoris ſorciere. 53.
Lyons d'Afrique où ils abondoient eſtoient pendus à l'entree de la porte, par les loix de Phaloe, &c. 306.

M

Macrodor Medecin Eſcoſſois tenu pour Magicien, & Sorcier. 174.
Magdelaine de la Croix, Abbeſſe de Cordoüé en Eſpagne dict auoir eu connoiſſance auec Satan, & en quel aage. 215.
Magiciens ne tirent nul bien ny commodité du commerce des Demons. 366.
Magiciens de Pharao, firent reellement paroiſtre leurs verges des vrays & naturels ſerpens, dragons, & grenouilles. 280.
Magiciens à Tralles ville d'Aſie enquis de l'euenement de la guerre Mythridatique s'ayderent d'vn enfant. 235.
Magiciens & deuinateurs ne peuuent rien deuiner aux iours du Vendredi & Dimanche, & pourquoy. 122.
Magie Cypriéne qu'eſt ce ſelon Pline. 413.
Magiſtrats, & officiers entre les Baſques vſurpent ſouuent des noms Eccleſiaſtiques. 44.
Maimon chef des Demons nommés tentateurs, ou Inſidiateurs. 22.
Maire Dindarte de Saro, comme elle alloit au ſabbat, & ſa confeſſion. 97.
Maiſtre des Ceremonies du ſabbat. 121.
Maladies gueries par diuerſes perſonnes qui ont ce don. 333.
Maladie des filles du Roy Agius Pretus. 282.
Malefice d'vn petit enfant peut eſtre enuoyé au pere, a la mere, & à toute la famille. 351.
Mandibouro ſorciere, & ce qui eſt recité d'elle. 557.
Monto deuin. 10.
Marcellus comme nomme la Lycancantrophie. 283.
Marcellus fit baſtir vn Temple à Venus demy lieuë de Rome. 55.
Marguerite de Sare, côme faicte ſorciere, & comme tranſportee au ſabbat. 95.
Marguerite Poirier attaquee par vn Loup-garou. 256.
Marguerite, fille de ſainct Pé a depoſé qu'il y auoit autant de monde au ſabbat & aſſemblees du Diable comme d'eſtoilles au Ciel. 68.
Mariacho de Moleres ſorciere comme elle s'oignoit voulant eſtre tranſportee. 116.
Maricus du pays des Boyens donnoit à entendre qu'il auoit quelque diuinité en luy, bien qu'il ne fut qu'vn ſorcier. 441.
Marie d'Aſpilcuette commé tráſportee au ſabbat. 116.
Marie de Gaſtagnalde battue par Naceto ſorciere, parce qu'elle auoit découuert pluſieurs choſes du ſabbat. 50. 91.

Marie

TABLE.

Marie de la Ralde confessa auoir esté au sabbat, & par qui menee. 126.
Marie de Zocaya conuaincue de sorcelerie, & les procedures faictes contre elle. 381. condamnee à estre brulee, la mesme, &. 389.
Marie de Haussy y souloit dancer au sabbat auec vn Prestre. 144.
Marie de Naguille portee par sa mere au sabbat. 118.
Marie de Turetegina de Zugarramūdi, sa confession, les abominables crimes par elle commis, & les procedures faictes contre elle. 388.
Marie de la Ralde, & sa deposition touchant le sabbat. 93.
Marie de la Parque, sorciere & sa deposition. 210.
Marie Martin confesse sa sorcellerie. 130.
Marie Dindarte, alloit seule au sabbat, & comme elle s'engraissoit. 116.
Marie Pipy a serui d'eschanson au sabbat, & donnoit à boire aux autres sorcieres. 143.
Marie Balcoin accusee d'auoir mangé l'oreille de l'enfant de maistre Iean de Lasse Lieutenāt en la Seneschaucee des Lannes. 196.
Marie de Chorropique condamnee à mort, conuaincue de sorcellerie. 106.
Marierchiquerra de Machinena sorcier executé à mort. 71.
Marque dont le Diable stigmatise les sorcieres, & les enfans au sabbat est vne tresforte preuue de la realité du transport. 103.
Marque des sorciers si elle vient par imagination, ou maladie. 181. est de grande consideration pour le iugement de la sorcellerie, la mesme.
Martha deuin. 10.
la Dame de Martiabalsarena dançoit auec quatre crapaux, & comme vestus. 210.
Martine sorciere fit mourir Germanicus auec vn œuf de Coq. 165.
Marsa grande sorciere. 52.
Masures de certaine vieille maison en la Lituanie, ou en vne saison il y arriue plus de mille loups. 321.
Medee fille d'Hecate. 52.
trempe ses mains dans le pur sang de ses enfans à la veuë de son mary. 4.
Melampus Medecin guerit les filles du Roy Agius Pretus. 282.
Melancolie engendre certaines maladies qu'on croit venir d'vn Demon. 284.
Melissa trompe Agramante par ses charmes. 56.
Melitta faisoit des drogues pour ensorceler les hommes. 56.
Mentale Deesse destinee pour donner bon entendement à l'enfant. 24.
Meon faux vacinateur. 10.
Meresin, chef des Demons qui se font nommer puissances aërees. 22.
Merlin selon le recit de plusieurs est né d'vn succube. 230.
Mestra Enchanteresse. 56.
Metamorphoses des sorciers. 235.
Michel Verdun bruslé comme Loupgarou. 321.
Michel Lescot inuenteur de certains mots estrangers. 12.
Migualena Prestre à celebré la messe au sabbat. 135.
Miracle aduenu en la ville de Limoges. 197.
Miracle du pretieux corps de nostre Seigneur Iesus Christ a l'endroit d'vne femme. 426.
Miracle de sainct Martin au nom de Dieu. 279.
Miracles du mespris de la saincte Eucharistie. 434.

Eeee

TABLE.

Miracles du P. Ignace. 381.
Miguel de Sahourspe, & sa deposition de ce qu'il auoit veu au sabbat. 76.
Moly sorte d'herbe, de laquelle Vlysse se seruit contre les transformations de Circe. 297.
saincte Monique dedie son fils S. Augustin tout au seruice de Dieu. 469.
Moplus faux vaticinateur. 10.
Mort dicte fille de la nuict, & pourquoy. 163.
la Motte Prestre fameux sorcier, contrefaisoit l'exorcise. 494.
Moyens humains sont foibles pour se guarantir des Demons. 385.
Moyne sorcier qui auoit tellemēt ensorcelé vne Religieuse qu'elle crioit iournellement qu'elle estoit morte, si elle n'estoit cognue de ce Moyne. 499.
Musique du sabbat quelle. 454.
Mycale sorciere. 52. 53.

N

Nabuchodonosor chāgé en bœuf, & vesquit sept ans de la façon. 240. 273.
Naissance des sorciers, & l'estrange opinion d'icelle. 18.
Necato sorciere, & sa confession touchant ce qu'elle auoit mené Marie de Gastagnalde au sabbat. 90. 91. transportee au sabbat estāt engraissée. 114. 115.
Neffesoliens se disent estre nés du sainct Esprit. 230.
Neron Empereur se vestoit par fois de la peau d'vn Loup, ou de quelque autre beste. 19.
Neuriens, nation de la Scythie Europee en certains iours de l'an deuiennent Loups, & puis reprennent leur premiere figure. 265.

Neuriens transformez en Loups. 285
Nombre des noms, & surnoms de la Monarchie de Satan. 27.
Nombre Ternaire agreable aux Dieux. 53.
Nom de Iesus a interrompu plusieurs fois le sabbat. 90.
diuers Noms des sorcieres, & Enchanteresses. 57.
Noms diuers donnés au Diable. 3.
Noms des chefs des neufs Hierarchies des mauuais Anges. 22. 23.
Nemo fere saltat ebrius, dire de Ciceron se treuue faux en la dāce des sorciers au sabbat. 207.
Nuict la plus orageuse, c'est celle que le Diable cerche pour faire le sabbat. 125. 126.
Nuict mere des Dieux, & des hommes. 163. sa deriuation, la mesme.

O.

Ochozias Roy de Samarie estant tombé malade conseille l'idole des Accaronites. 507. 508.
Offrande qui se faict au sabbat est de bon argent. 458.
il y a quelque poinct de sorcelerie de ne se rogner les Ongles. 302.
deux sortes d'Oignemens. 272.
Onguent duquel le Diable engraisse les sorciers dequoy composé. 112. 113. 114.
Ophionaus, nom du Prince des Demons, pourquoy ainsi appellé. 2.
Opiniastreté de la femme plus grande que celle de l'homme. 58.
Opis Deesse estoit employée iadis pour faire tetter l'enfant. 24.
vn Oracle dict à Philippe de Macedoine qu'il se gardast des carrosses. 7.
Oracles rendoient non seulement des responces fausses, mais encores des

TABLE.

contes. 37.
Oracle d'vn Dieu Gaulois qui rend ses responces en vne Ile en la mer Armorique. 61.
Ordre de Prestrise combien excellent 469.
Oraison de laquelle vsent les saluadores pour guerir les playes. 346.347.
Oribasius Sardianus Medecin de l'Empereur Iulien, descrit au long la Lycantrophie 283. son opinion touchant l'Ephialte. 284.
Ossipiens, certaine famille en Irlande, de laquelle de sept ans en sept ans deux hommes, & femmes, estoient transformés en loups, &c.

P

Pacte faict par escrit auec le Diable. 171.
Pacte faict auec vn sorcier qu'il bailleroit la moitié de son pied. 175.
Pagola lieu où le sabbat se tenoit. 118.
Pain du sabbat est comunement faict de millet noir. 195.
Parrain, ou marraine nouuelle quand on faict la renonciation au Diable. 74.
Pasetis semiobolus, adage, & ce qu'il signifie. 194.
Pasteur de l'Eglise accōparé au Coq. 163.
Patissier de Paris en la ruë des Marmousets fut pendu, accusé de faire des pastez de la chair de pédus. 547.
Pauline des honnoree dans le Temple d'Anubis par vn Prestre. 61.
vn certain Paysan mis à l'inquisition à Milan, & accusé d'estre sorcier, comment deliuré. 308.
Peau des Loups-garoux pourquoy est elle de trois ou quatre couleurs. 19.
Pesliés, & le mal qui leur aduint pour auoir voulu reueler les secrets de la sacrificature du grand autel d'Hercules. 441.
Pelude quelle sorte d'herbe, & à quoy propre. 150.
Peridicmene sous le corps d'vn taon tourmente Hercule. 7.
Perimeda Magicienne. 50.
Perruque entiere entre les Basques & Bayōnoises marque de virginité. 42.
Petri d'Aguerre executé à mort pour la sorcellerie, ensemble sa femme, & toute sa famille. 118. 119. 125.
Petry de Lisalde estant au sabbat, estoit immobile. 144.
Petun rend ceux qui en vsent de mauuaise haleine. 38.
Peuplier pourquoy voüé aux enfers, & aux Demons. 15.
Phenix vit sans pair, & se renouuelle. 242.
Pherecides Syrien quel nom donne-t'il au Prince des Demons. 2.
Philista chambriere de la Magicienne Simoetha. 50.
Phisander Rhodien attint de Lycantrophie. 283.
Phylumena sorciere. 55.
Picus Martius lie par force de charmes à Fraunus par Numa. 412.
Pierre Burgot bruslé comme Loup-garou. 321.
Pierre d'inconstance quelle est. 15.
Pierres qu'on tient estre propres contre les Demons. 297.
Pinet tint vn succube l'espace de trente ans, sous le nom de Fiorma. 215.
Pisistratus, & son dire. 471.
Plaintes des sorciers de Labourt contre le Diable. 70.
Playdoiers pour trois Prestres sorciers demandeurs en renuoy par deuant le Iuge Ecclesiastique. 509.

Eeee ij

TABLE.

Pline pourquoy appelle la magie Cyprienne. 413.

Pluye surnaturelle aduenuë faisant deux effects. 279.

Poëtes ont recommandé de tout tẽps en leurs ouurages quelque insigne Magicienne, ou sorciere. 48.

Poison qui se faict au sabbat, & comment distribué. 94. 95.

Polybius Corinthien faux vaticinateur. 10.

Poudres desquelles se seruent les sorciers dequoy composees. 139.

Pourtraict du B. P. Ignace mis sur les portes infestees des malins esprits. 381.

Prelats en France suiects aux loix & coustumes du païs. 489.

Prestige en quoy gist. 290.

Prelat du sabbat. 456.

Prestantius changé en mulet. 239.

Prothee tenu pour faux vaticinateur dans Virgile. 10.

Prestre Ieau comme marque ceux de sa milice. 183.

Prestres qui sont pris pour interpretes n'encourent nulle irregularité auec circonstances requises. 407.

Prestres qui aioustent d'autres paroles à la Messe que celles qui sont receuës par l'Euangile, sont magiciens ou sorciers. 496.

Vn Prestre s'estant oinct d'vn certain onguent, tomboit à terre raui en extase, & ce qu'il disoit estant reuenu à soy. 80.

Prestres, leurs preeminences, priuileges & les diuers noms donnés dans l'Escriture. 425.

vn Prestre qui mit du poison dans le Calice de son doyen, & sa punition. 486. 487.

Prestre pourquoy ne peut estre interprete. 400. 401.

Prestres pourquoy nommez sel & autres semblabes noms. 429.

Pretextatus senateur Romain magicien, & sorcier fut bruslé. 416.

vn Prestre Limosin donne au diable par pacte l'vn de ses doigts. 176.

Prestres Egyptiens bigarroient leurs visages, & peignoiët leurs cheueux de diuerses couleurs pour faire leurs sacrifices. 18.

Preuue contre les sorciers est priuilegiee. 550.

Preuue contre les sorcieres quand les enfans qu'elles menẽt au sabbat sont mariez. 189.

Priuileges de nos Prestres par dessus les anciens sacrificateurs de la loy Mosaique. 423.

Processions que le Diable faict en derision des nostres. 68.

Procedure du Loup-garou faite à Besançon. 293.

Procedure notable de M. Pierre Auge petit Prestre sorcier, lequel fut condamné à la mort par le Visenschal de Limosin sans deferer à son renuoy ny à son appel. 502. 503. 505.

Procedure côtre trois Prestres sorciers du païs de Labourt, auxquels le renuoy à esté denié. 508.

Procedure criminelle en laquelle vne mesme personne sert d'interprete à la torture, & de Confesseur au supplice. 407.

Procedure contre Migalena, & Bocal de la paroisse dudict Sibore. 420.

Procedure contre le premier Prestre d'Ascain. 418.

Procés faict à quarante sorcieres le 5. Iuillet 1576. 419.

Proculus Arrien se mangea la langue, & pourquoy. 434.

Prodige arriué pres la ville de Bazas. 133. 134.

Promesse par escrit faicte auec vn homme, par laquelle il s'obligeoit à vn medecin qu'aussi tost qu'il seroit decedé, son esprit viendroit, &c. 174.
Promesse d'vne Damoiselle escrite de sa main faicte au Diable 176. 177.
Proselinon Enchanteresse, qui trainoit tousiours apres soy la Lune. 55.
Propos de Socrates dans Platon. 411.
Proserpine, & ses responces. 55.
Publicia se deffit de son mary par sortilege. 55.
Publicius Vaticinateur, est treuué faux imposteur. 9.
Publius Claudius Consul, fit ietter certains poulets dans le Tybre, & pourquoy. 10.
Publius Moine arresta l'espace de dix iours le Demon de Iulien l'Apostat. 528.
Pureté du Prestre, combien requise. 427. 428.
Pyrrhus Roy guerissoit de plusieurs maladies. 333.
Pythagoras enseignoit que les ames, passoient d'vn corps, & d'vne espece en l'autre. 244. transporté de Turie à Metaponte. 272.
Python chef des Esprits de Mensonge. 21.

Q

Veiran natif de Nerac de la religion pretendue reformee condamné à mort, ayant esté conuaincu de sorcellerie. 108.

R

Raisin inconstant. 15.
Raisons dōt vsent ceux qui sont d'auis de condamner les sorciers à la mort. 481.
Raisons & motifs de la Cour de Parlemēt de Bourdeaux cōtre le Loupgarou. 264.
Ramnis herbe à quoy propre. 297.
Reistres lors qu'ils vont par les champs ont tousiours des coqs sur leurs Chariots. 165.
Relation des Actes de la foy celebrez en la ville de Logrogne. 183.
Remuemēs occulaires de l'accouplement de Satan auec les sorcieres. 114.
Remedes propres pour la melancolie. 284. 285.
Renonciation comme se fait à Dieu. 73. 74. 75.
Renonciation de Louys-Gauffredy prestre faite à Dieu. 178.
Responces ambigues des Demons. 7.
Responces des Oracles faictes par faulceté, & par mauuais artifice. 9.
Responces du Diable doubles & à deux ententes. 171.
la Reyne Blanche quel soing elle eut a eleuer le Roy S. Louys son fils. 470.
Robert fils de Hugues Capet & la voix qui ouyt en priant Dieu. 478.
Rogations par qui introduites. 309.
Romains reprochēt à Clodius d'auoir violé, & pollué les loix & Ceremonies. 61.
Romains se sont laissez glisser à l'idolatrie des faux Dieux. 24.
Royne du sabbat. 222.
Roys de France guerissent des Escroüelles. 333.
Roys des Indes ne pouuoient s'enyurer, sinon le iour qu'ils sacrifioyēt au soleil. 201.
Ruche qui se treuue au milieu du sabbat, d'où sort le Diable. 71.
Ruses du Diable, comme peuuent estre euitees, puis qu'il se met en telle forme qu'il luy plaist. 370.

Eeee iij

Ruse nouuelle du Diable. 115.
Russiens pourquoy adorent les Demons du mydi. 67.

S

Sabbat fort bien descrit par Tasso. 124.
Sabbat se faict d'ordinaire pres d'vn lac ou d'vn ruisseau. 75.
Sabbat & son lieu pourquoy appellé Lane de Bouc. 69.
Sabbats d'Italie où se tiennent principalement. 10.
Sabaudine de Subiette sorciere comme s'oignoit elle auant que d'aller au sabbat. 118.
Sacerdoce a tousiours esté la premiere dignité. 473.
Sacrifices faicts par les Anciens à la sorciere Hecate. 50.
Sacrifices faicts aux Lupins. 286.
Sagana la plus vieille sorciere. 53. la plus ieune, la mesme. 54.
Sagittaires sorciers parricides d'Allemagne pourquoy ainsi nómés. 495.
Saliens Prestres des Romains sautoient à l'honneur du Dieu Mars. 201.
Saltatione è sogetto d'y persone ignobili 212.
Saluian fut contrainct de faire armer les Ianissaires contre les Loups-garoux. 288.
Salutadores en Espagne quelles gens, & dequoy se meslent. 190.191.
Salutadores guerissent en Espagne gratuitement. 350.
Merueille d'vn Salutador en Labourt, lequel faisoit profession publique de connoistre les sorciers, & guerir les ensorcelés. 348.349.
Sansinena sorciere disoit souuent la Messe au sabbat. 141.142.
Sarabande la dance la plus passionnée qui ayt iamais esté. 203.
en quel aage Satan oste la virginité aux filles. 215.
Satan imprime par fois des marques, & les efface. 188.
Satan donne illusion de la transformation diuersement. 323.
Satan chef des Esprits trompeurs, Magiciens, &c. 21.22.
Sauterelles hierogliphes des Diables. 16.
Sauts des sorciers au sabbat. 210.
Sel deffendu aux festins du sabbat. 89. 90.195.198.
Septiesme Masles guerissēt des escroüelles. 333.
Sermon qui se faict au sabbat. 459.
Serpent d'airain de Moyse, figure de nostre redemption. 3.
Serpens qui se treuuent en l'vn des rognons des vieux Loups. 241.
Serpent ayant mordu vn homme ne peut retrouuer son trou. 306.
Serpent seruit de premier corps au Diable, pour deceuoir l'homme. 2.
Sicilius Emilianus Proconsul accusé Apulée, & le faict citer par deuant Claudius Maximus Proconsul d'Afrique. 239.
Siecle de Platon. 412.
Signe de croix comme se faict au sabbat. 457.
Simetra sorciere, & ses enchantemens. 51.
Simoetha Enchanteresse. 50.
Simon Magus se changeoit en toutes sortes de bestes. 240.
Simon le Magicien inuenta vne sorte de tonsure pour marquer les siens. 183.
Situation du païs de Labourt. 31.
Socoa quel lieu au païs de Labourt. 35.36.
Socrates quoy que Magicien estimé

TABLE.

neantmoins en son temps par l'oracle le plus sage homme du monde, & en quel temps il florissoit. 410.

Soldats de Flauius Vopiscus sautant & dançant, chantoient vne certaine chanson en son honneur. 200.

Sorcellerie n'est pas vne tache de simples femmelettes. 416.

Sorcelerie selon plusieurs sorciers est vne espece de vraye religion. 126.

Sorciers faisant leur sabbat en Allemagne, apperceuz par quelques vns se disparurent incontinent. 19.

Sorciers surnagent estant iettés dans l'eau. 10.

pour estre Sorcier, il faut necessairement perdre l'entendement, & la connoissance de Dieu. 527.

Sorciers du Roy d'Egypte conuertissoient les bastons en serpens comme Moyse. 243.

Sorciers qui vendoient au marché des animaux, transformés en pourceaux 287.

Sorcier de la ville de Bourdeaux du temps de S. Gregoire. 334.

Sorciers mangent au sabbat. 194.

Si les Sorciers ont besoing d'onguet pour estre transportés au sabbat. 111.

Sorciers volent par l'air à trouppes. 129.

il n'y a que les corps des Sorciers, & Sorcieres sauf des enfans qui sont des-enterrez des Cimetieres. 196.

Sorciers sçauent coniurer les coqs, & leur interdire le chant. 167.

Sorcier qui se disoit auoir l'esprit de S. Iean. 340.

vn Sorcier fut apperceu à Bastide en la Basse Nauarre contestant le payement d'vn ieune homme, pris, & puny la dessus. 93.

Sorciers ont vne certaine legereté particuliere à eux. 12.

Sorcieres qui ne confessent ny a la torture, ny au supplice. 135. 136.

vne Sorciere de Labourt conuaincuë d'auoir faict rostir vne partie d'vn enfant. 196.

deux sortes de Sorcieres. 551.

cent septante Sorcieres executees à Rome sous le consulat de Claudius Marcellus, & Valerius Flaccus. 138.

Sorcieres vrayes si elles ne pleurent iamais. 92.

Sorcieres ne vont iamais au sabbat sans dormir parauant. 98.

Sorcieres estant en prison ne laissent d'aller au sabbat, & comme cela se peut faire. 100.

Sorcieres font mestier. 545. 546.

trois insignes Sorcieres reuenant du sabbat, crainte d'estre reconnues, se transformerent en deux Asnes & en vn chien. 242.

Sorcieres ne doiuët estre iettées dans l'eau contre l'Eglise. 11.

Sorcieres qui ont confessé cent fois, neantmoins nient tout au supplice. 116. 117.

Sorcieres appellent le Diable en Gascon Lou-Peccat. 92. 93.

vne Sorciere qui venoit toutes les nuicts coucher auec le Dieu Belus en Babylone. 222.

Sorcieres qui auec certains morceaux de fromage faisoyent changer les hommes en cheuaux. 234.

Sorcieres ne tirent nul bien ne commodité du commerce des sorciers. 366.

Sorcieres de Logny quel mot elles proferent en dançant. 221.

Sorcieres de Biarrix marquees communement en l'œil gauche. 187.

Sorcieres pour auoir renié si elles sont dignes de mort. 541.

Sorciere de Marcaye bruslee, qui

auoit trois marques. 190.

vne certaine Sorciere qui auoit vn Demon qui luy feruoit de mary. 92.

ſi les Sorciers ſont tranſportez reellement ou corporellement au ſabbat. 78.

Sorcieres quand eſt ce qu'elles appellent le Diable Barrabant. 461.

vne Sorciere de Ville-Franche depoſa côme elle emmenoit, & trãſportoit vne ieune femme au ſabbat. 97.

Sorcieres ignorent le plus ſouuent qu'elles ſoient marquees. 158.

Sorciers ont en ce monde vn pied dans l'enfer. 29.

Vne Sorciere de Compiegne preſenta ſa fille au Diable, lequel la connut, & tout ce qui s'en enſuiuit. 232.

Sorcier qui ſe diſoit neueu de Dieu. 337. 338.

Sorcieres repenties ſi elles doiuent eſtre condamnees à la mort. 559. elles doiuent mourir pour auoir eſté ſimplement au ſabbat. 564.

Sorcieres oinctes de certain onguent tomboient inanimées, & le recit qu'elles faiſoient en apres de cet aſſoupiſſement. 80.

Sorciers inſignes ont eſté de tout tẽps 409.

Sorcieres inſignes ſçauẽt le iour qu'il faut aller au ſabbat. 92.

Sortilege, *crimen exemptum & priuilegiatum*. 148.

Sortilege crime de leze Majeſté. 482. *in ſacerdote* eſt crime priuilegié. 483.

Soſipatre deuin. 10.

Souhandourra, arbriſſeau, la moëlle, & l'eſcorce duquel ſert aux ſorciers pour faire leur poiſon. 128.

S. Spiridion transforma par la permiſſion de Dieu vn ſerpent en or, & ce meſme or en ſerpent. 249.

Squille herbe à quoy propre. 297.

Statius, & ſon hiſtoire, faiſant profeſſiõ publique de la Chiromance. 187.

Statue de Nico precipitée dãs la mer, pour auoir tué vn homme de ſa cheute. 306.

Stilicon fait ſupprimer tous les vers compoſés en faueur des Demons. 7.

Stix fleuue, quelle vertu il a, & pourquoy tout ce qu'on y iette dedãs perd ſon poids, & ſa peſanteur. 19.

Stryges, quelles formes prennent. 302. 310.

Statilinus Dieu, deſtiné pour garder l'enfant eſtant aſſis. 24.

Strix oyſeau ainſi nommé. 302.

Succubes diuers. 215.

Succubes ne peuuent engendrer. 229.

Supplice de ceux qui ſe transfigurent en beſtes. 304.

Sybarites ne voulurent auoir aucun coq en leur ville, & pourquoy. 162.

Sybilles ont eſté tenuës fort ſuſpectes. 55.

Syluestres Demons, comme nommés des anciens Gaulois. 299.

T

TAntalus appreſte la chair de ſon fils Pelops pour la ſeruir ſur table 4.

Tarentins tenoiẽt Hercule pour Dieu. 124.

Temple de la Deeſſe Flora baſti à Rome ſous le regne d'Ancus Martius 62.

Thaſſiens condamnerent Theagenes pour ſacrilege n'ayant que neuf ans. 304.

Theagenes condamné pour ſacrilege n'ayant que neuf ans. 304.

Thebius Germanus condamna à mort

TABLE

vn sien seruiteur en fort bas aage. 304.
Testilis Magicienne. 50.
Theophile couronné en l'Eglise d'Adale en Cilicie, & ce qui est recité de luy. 308.
Thessaliènes ont esté estimees de tout temps grandes sorcieres. 52.
Theucharila Enchanteresse. 50.
Trepié d'où les Demons rendoient les Oracles estoit à pieds inegaux, & pourquoy. 17.
Theutas Demon, inuenteur de la tromperie des ieux. 21.
Tiridates Prince d'Armenie changé en pourceau auec aucuns de ses Conseillers. 272.
Tirsias Thebain, & sa transmutation. 253.
Transformations des sorciers. 235. 237. 2,8.
Transformation d'homme en Loup ne peut estre en l'ame. 291.
Transformations qui se font au sabbat. 242.
Transformation d'homme en Loup ne peut estre au corps. 292.
Transformation physique, & naturelle qui se faict par generation ou corruption sur la terre, & sur la mer. 275.
Transsilaus atteint de la Lycantrophie. 283.
Transmutation essentielle ne se peut faire d'vne espece en autre differente espece. 243.
quatre sortes de Transformatiōs. 273.
Transmutation des sorcieres par la fascination. 290.
Transmutation de sexe. 252.
Transport faict par vn bon ou mauuais Ange en quoy different ils. 84.
Transport des sorciers, & les diuerses opinions d'iceluy. 78. 79.
Transport de Iesus Christ. 85.
Transports se font en quatre manieres. 87. 88. 89.
Transport des sorcieres de France different à celuy de celles d'Italie. 113.
rien ne peut rendre le Transport reel impossible. 103.
Troglodites en leurs sorcelleries magiques offroient au Diable vne pierre, ou gemme, &c. 18.
Trois Rieux s'oblige à vn medecin, de luy seruir de Demon apres sa mort. 174.
Turcs celebrent le vendredy. 66.
Tuscia Vestale accusée d'inceste. 55.
Truye punie pour auoir mangé vn enfant au berceau. 306.
Tuteur ne peuuent respondre pour leurs pupils en matiere criminelle. 298.
Transmutation que fait le Diable par l'application des choses visibles, comme d'vne peau de Loup. 291.

V

Vagicanus Dieu destiné pour empescher de pleurer l'enfant. 24.
Vases, & vtancilles de la maison de Childebert marqués de diuerses marques. 12.
Vaticinateurs ont predict par fois des choses veritables. 9.
Veia, on Venia sorciere. 54.
Velus qu'elle sorte de Demons. 310.
Vendredy iour celebré par les Turcs. 66.
Versipellis d'où venu, & qu'il signifie. 265.
Veufues des Basques, & Bayonnoises portent le morion sans creste, pour

Ffff

TABLE.

marquer que le masle leur deffaut. 42.

Viandes presentees au sabbat en plein festin, insipides, & pourquoy. 155.

Victimes immolees à l'Idole Moloch. 4.

Victoire presagée aux Boeciens contre les Lacedemoniens par le Coq. 159. 160.

Villageois, & villageoises du païs de Labourt, comme se font elles appeller. 44. 45.

vn Villageois qui apres auoir souppé en la maison de son Seigneur se mit à courre a quatre pattes. 313.

Vision d'Ezechiel, nommée transport d'esprit. 87.

Vitellius Empereur estant à Vienne en France, & rendant Iustice, vn coq se vint mettre sur ses espaules. 160.

Vitesse des coureurs és ieux Circenses. 294.

Vities femmes de Scythie qui auoient des fascinations aux yeux. 56.

Viures que le Diable estale au sabbat, il les tire de Salemanque, & pourquoy. 197.

Vlysse pour se garantir des transformations de Circe se seruit de l'herbe Moly. 297.

Vmbro sacrificateur, sorcier qui sacrifioit aux idoles & enchantoit les serpens. 415.

Vnguentum paganum, dequoy composé. 123.

maistre Vocal Prestre a dict vne forme de Messe nouuelle au sabbat. 90.

Volumnus, Dieu, & la Volumne Deesse destinés pour rendre l'enfant de bonne volonté. 24.

Volte sorte de dance portée en France par certains sorciers Italiens, & les maux, & inconueniens qu'elle cause. 204.

Voyageurs qui alloyent en vn iour de Valladolit a Grenade. 294.

Vrrogne, l'vne des meilleures parroisses du païs de Labourt. 33.

Z

Zoroaste l'vn des premiers sorciers, & pourquoy ainsi nommé. 410.

FIN.

Fautes suruenues en l'impression.

Page 4. ligne 29. lisez du nom. p. 5. l. 25. l. m uuemens que. p. 9. l. 26 l. Vaticinateurs. p. 11. l. 19. l. Conferueccia. l. 37. l. consuluistiz. q. 5. p. 12. l. 20. l. s'entrecossans. p. 17. l. 14. l. tantost. l. 27. l. sçauoir. p. 18. l. 26. l. Agatharchides. p. 19. l. 1. sa beauté & diuersité estoit. p. 20. l. 28. l. hommes? Pour. p. 22. l. 34. l. qu'amoncelent. p. 27. l. 28. l. multæ variant formæ, quæ trinaque signa. p. 28. l. 10. l. leurs canteles. l. 34. l. ses plus. p. 31. l. 34. l. on faisoit. p. 35. l. 29. l. au Socos. p. 43. l. 15. l. seduire. Et. p. 49. l. 31. l. Aëthę patruo. p. 51. l. 6. l. fauilla. p. 52. l. 19. l. Iason, elle. p. 53. l. 28. l. Canidiam. l. 32. l. mordicus agnam. p. 54. l. 28. l. duxerat. p. 57. l. 12. l. Magicienne Hyanthe. l. 13. l. parlant Francus. p. 68. l. 18. l. en rencontre. p. 102. l. 11. l. neātmoins. p. 135. l. 14. l. se ietter. p. 136. l. 21. l. sorcieres. p. 145. l. 24. l. aage. p. 156. l. 6. l. Proclus. p. 161. l. 14. l. celeste. p. 169. l. 26. l. superstitionis. p. 178. l. 15. l. Il dict. p. 191. l. 15. l. il pince. p. 195. l. 18. l. vouloyent. p. 198. l. 1. l. conseilla de. p. 199. l. 21. l. que la fougue. p. 205. l. 26. l. vne verge. p. 231. l. 28. l. estans en propos. p. 255. l. 8. l. Episcopi 2. q. 5. p. 239. l. 16. l. pere d'vn Prestantino. l. 27. l. si est ce. p. 267. l. 4. l. pere d'vn Prestantius. p. 268. l. 6. 2. q. 5. l. 29. l. l'esprit. l. 33. l. animæ siue. p. 276. l. 19. l. res iniectæ. p. 278. l. 32. l. concutio cantu freta, nubila. p. 281. l. 12. l. nasci. p. 283. l. 19. & 20. l. Trasillus. p. 293. l. 13. l. exanimatus. p. 297. l. 12. l. nœuds decanne. p. 301. l. 24. l. rongeant. p. 304. l. 34. l. encore ieune. p. 305. l. 37. l. entend leurs. p. 308. l. 37. l. en eschappe, tel. p. 311. l. 9. l. durant sa vie. p. 338. l. 36. l. par ses. p. 340. l. 20. l. constament en. p. 354. l. 22. l. ialousies. p. 356. l. 8. l. s'effrayast. p. 415. l. 14. l. le monde, ains qu'il estoit de. p. 428. l. 22. l. insect. p. 429. l. 10. l. incorruptible. p. 430. l. 36. l. maistre. p. 445. l. 2. l. 2. q. 5. p. 460. l. 11. l. auoir ouy. p. 466. l. 19. l. aux plus. p. 470. l. 11. l. par mesme. p. 481. l. 5. l. poinct de l'execution. p. 500. l. 31. l. pocheste. p. 517. l. 30. & 31. l. ferali. p. 532. l. 1. l. alienees. p. 535. l. 15. l. Curez. p. 258. l. 4. l. n'ayans chez. p. 559. l. 36. l. Heretiques, & aux obstinees.

Nº 1678
Reg Inv
1875

www.ingramcontent.com/pod-product-compliance
Lightning Source LLC
Chambersburg PA
CBHW051321230426
43668CB00010B/1100